北京文物与考古系列丛书

海淀中坞

——北京市南水北调配套工程团城湖调节池工程考古发掘报告

北京市文物研究所　编著

科学出版社
北　京

内 容 简 介

2012年8月～2013年4月，北京市文物研究所对海淀中坞遗址进行了考古发掘，发掘明代墓葬32座，清代墓葬86座和清代窑址7座，以及年代不详墓葬22座，其中包括迁葬墓1座，火葬墓1座。明代、清代墓葬及清代窑址都曾遭到了严重的破坏，保存较差，出土随葬品也比较简陋。墓葬出土器物包括陶器、瓷器、玉器、料器、骨器、玻璃器、金器、银器、铜器、铁器、锡器、石器、铜钱。这些墓葬为研究北京地区考古和中坞古村历史变迁提供了重要的资料。

本书可供从事考古、文物、历史研究的专家学者及大专院校相关师生参考、阅读。

图书在版编目（CIP）数据

海淀中坞：北京市南水北调配套工程团城湖调节池工程考古发掘报告 / 北京市文物研究所编著. —北京：科学出版社，2017. 11
（北京文物与考古系列丛书）

ISBN 978-7-03-055251-8

Ⅰ. ①海…　Ⅱ. ①北…　Ⅲ. ①文化遗址-考古发掘-发掘报告-海淀区
Ⅳ. ①K878. 05

中国版本图书馆CIP数据核字（2017）第272968号

责任编辑：柴丽丽 / 责任校对：张凤琴

责任印制：肖　兴 / 封面设计：北京美光制版有限公司

科学出版社 出版
北京东黄城根北街16号
邮政编码：100717
http://www.sciencep.com

中国科学院印刷厂 印刷
科学出版社发行　各地新华书店经销

*

2017年11月第　一　版　　开本：889 × 1194　1/16
2017年11月第一次印刷　　印张：23　插页：49
字数：662 000

定价：328.00元

（如有印装质量问题，我社负责调换）

HAIDIAN ZHONGWU

Report of Archaeological Excavation of Tuanchenghu Regulating Reservoir, under the Beijing Municipal Supporting Project of The South-to-North Water Diversion Project

By

Beijing Municipal Institute of Cultural Relics

北京文物与考古系列丛书

目　　录

插图目录

图版目录

第一章 绪　论

第一节　地理环境与历史概况

海淀区位于北京城区和近郊区的西部和西北部，周边与朝阳区、西城区、丰台区、石景山区、门头沟区以及昌平区接壤。境内地跨东经116° 03′ ~ 116° 23′、北纬39° 53′ ~ 40° 09′，面积426平方公里，约占北京市总面积的2.53%。辖区呈不规则平行四边形，东、西两边长于南、北两边。东极点河北村与西极点阳台山相距约29公里，北极点双塔村与南极点吴家场相距约30公里。1995年底全区常住人口142.9万，有56个民族。全区辖11个乡、17个街道办事处。土地资源总面积64.17万亩（1995年），其中城市、乡镇居民点、工矿及道路交通用地33.68万亩，耕地及林牧渔业等用地30.49万亩。

海淀区地处华北平原北部边缘，位于与太行山余脉西山山脉交汇地带，上风上水地形西高东低，地处兼有山地、平原。山区分布于西部，占总面积的16.5%，平原占总面积的83.5%。以百望山为界，山南称山前，山北称山后。聂各庄、北安河一带山势较巍峨陡峭，海拔较高，最高峰为阳台山，海拔1278米，南部诸山海拔在200 ~ 600米。平原残丘有玉泉山、万寿山、荷叶山、田村山。西山东部为向东微倾斜的平原，属华北平原的西北边缘。山前平原为永定河冲积扇，山后平原为南沙河、南口洪冲积扇。平原海拔35 ~ 50米。位于东升乡东北部的黑泉村，海拔35米，为境内最低处。

境内有大小河流10条，总长度119.8公里，主要水系有高粱河、清河、万泉河、南长河、小月河、南沙河、北沙河及人工开凿的永定河引水渠和京密引水渠，还有昆明湖、玉渊潭、紫竹院湖、上庄水库等水面，占北京市湖泊总数的20%；水域面积4平方公里，占北京市水域面积的41.28%。湖泊数量和水域面积均列北京市各区县之首。昆明湖是北京市最大的湖泊，水域面积1.94平方公里。境内水资源总量约2.91亿立方米。丰沛的水源为京都供水、漕运、灌溉、繁荣经济、园林建设、美化环境起了巨大作用。

海淀区地处暖温带半湿润半干旱大陆性季风气候区，冬季寒冷干燥，盛行西北风，夏季高温多雨，盛行东南风，四季分明，年平均气温12.5℃，1月份平均气温-4.4℃，极端最低气温为-21.7℃，7月份平均气温为25.8℃，最高气温为41.6℃。年日照数2662小时，无霜期211天。多年平均降水量614毫米，降水的时空分布不均衡，集中于夏季的6 ~ 8月，降水量为465.1毫米，占全年降水的70%；冬季的12 ~ 2月份降水量最少，仅占1%。因此，夏季雨水多、春秋干旱、冬季寒冷干燥是该区的气候特点。境内水旱灾害、地震、大风及降雹等自然灾害最为突出。

境内地质方面，岩性较齐全，沉积岩、岩浆岩、变质岩三大类均有出露，地质构造形迹复杂等特点。受地质、气候、地形诸因素影响，土壤具多样性。受地貌、气候、土壤的影响，从山区到平原，植被具较明显的分带特征。矿产资源有泥炭、砂石、石灰石、石墨、矿泉水等。

海淀区境内受地貌、气候、土壤等条件的影响，区内植被呈垂直性分布规律。海拔800米的中山地区，一般生长着刺玫等野生植物，覆盖率达60%～70%；海拔300～800米的低山地区，主要为油松、山杨等人工栽培的林木，覆盖率达30%～40%；海拔70～300米，多为人工栽培的苹果、梨、杏等果树和油松、侧柏等；平原地带主要是农田栽培，以蔬菜、水稻、小麦为主，此外还种植有杨、柳、槐、榆等树木①。

在古代，海淀镇一带是一片浅湖区，当地人称之为“海淀”。在湖边逐渐形成居民聚落，亦以“海淀”命名。“海淀”在历史文献中亦称为“海甸”、“海店”。

海淀区历史悠久，距今7000～4000年已有人类在此居住和活动，确有史实可考的时间始于商、周之际。距今4700多年的黄帝时期，属于幽州；4300年前的唐尧时期属于朔方；4200年前的夏、禹时期属于幽州；3800年前商、殷时属冀州；西周武王分封诸侯国，昌平先属于蓟，后燕国强大并蓟，后又属燕国的疆土。战国末年燕王喜（公元前228年）筑长城，并在长城内侧建上谷、渔阳等五郡，同时为屯兵驻军，建军都县，属上谷郡。

历史上（1949年7月以前）海淀区没有设置单独的行政建制，而分属不同的行政区域。海淀区在秦代属幽州广阳郡蓟县，西汉属广阳国蓟县，魏、晋属幽州燕国蓟县、昌平县，南北朝时期属幽州燕郡蓟县，隋代属涿郡蓟县、昌平县，唐代分属幽州的蓟县、广平县和昌平县，五代属幽州，辽代和北宋时期属析津府的玉河、宛平、昌平诸县，金代属大兴府宛平县和昌平县，元代属大都路宛平县和昌平县，明代属顺天府宛平县和昌平州，清代属直隶省顺天府宛平县和昌平州，民国时期分属市郊区和河北省宛平、昌平两县。

海淀区境内北半部历来都是以北京为中心的大行政区（幽州—析津府—大兴府—大都路—顺天府—京兆地方）属县（州）的辖区。海淀区境内南半部自秦汉以来主要隶属于历代北京城的附廓县（蓟县—幽都—宛平），金、元两代还曾有少部分地区分别是金中都、元大都的城区；清代，绝大部分划入京师直辖区域；至1928年北京地区设市后，又成为最初的市辖行政区域。同年年底，北平市设市辖区建制，至1948年底分属北平市十六、十七、十八、十九区和河北省宛平县、昌平县。1948年12月，海淀区现辖域解放。1949年7月，成立新的十六区，中华人民共和国建立后成为首都的市辖区。1950年8月，十六区改名为十三区。1952年9月1日，十三区改称为海淀区，其行政区域经过多次变动，至1963年1月形成现辖域。

海淀区具有优越的山水环境，早在南北朝即在此兴建佛寺、道观。辽、金时期，西山一带兴建“西山八院”等多处皇家行宫、寺庙。元、明时期，西郊曾建有“大永安寺”（香山）、大护国仁王寺、大承天护圣寺（功德寺）、万寿寺、慈寿寺等多处皇家寺院以及清华园、勺园等园林景区。

---

① 北京市海淀区地方志编纂委员会：《北京市海淀区志》，北京市出版社，2014年。

清代，皇家园林的建设达到鼎盛时期，先后兴建玉泉山静明园、香山静宜园、畅春园、圆明园、万寿山清漪园（颐和园）等“三山五园”，汇集了全国园林建筑艺术的精华，成为中华民族悠久历史文化遗产的重要组成部分。经清康熙至嘉庆百余年构建的圆明园被誉为“万园之园”，遭英法联军劫掠、焚毁，至北平解放前夕已成一片废墟。

此次考古发掘区域位于中坞村和后窑村范围内。中坞村属四季青乡玉泉村委会辖村，位于乡政府北偏西2.5公里，在颐和园佛香阁南偏西3公里，坞村路东，闵庄路口东北（图一）。明永乐十三年（1415年）这一带发生大水灾，朝廷派船队来此救灾，长达两年之久，当时船只集中停泊三个点，称北坞、中坞、南坞，后此三处渐成村落，又渐演变成村名，中坞即其一。明代名中务村，村

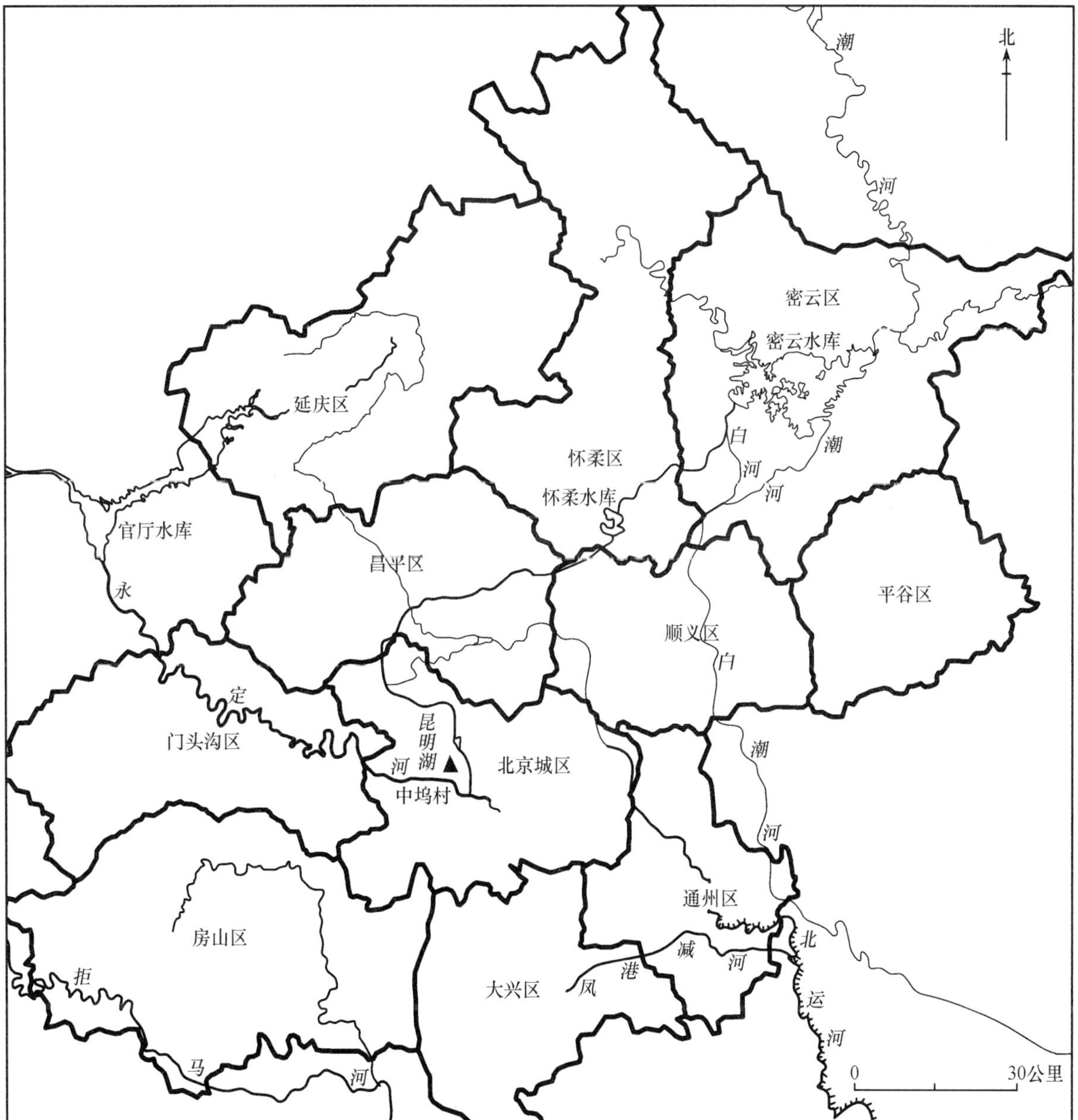

图一　海淀中坞位置图

西天仙庙中清嘉庆五年（1800年）的碑刻中称中坞。村南曾有清代教军场，有个规模宏大的建筑，称为大亭子，已拆毁，慈禧曾在这里设有安装德国进口小火车和铁道的游乐场。中坞村占地520.1亩，海拔50～54米。村呈东西长方形，主街东西走向。村址及四周属平原地貌，地下水较充沛，村西北有成片果园。村内有602户，1707人。

后窑村亦属四季青乡玉泉村委会辖村，位于乡政府北偏西2.9公里，颐和园佛香阁南偏西2.4公里，中坞村东北，船营村西北。北长河从村东北流过。清光绪十四年至二十一年（1888～1895年）在清漪园的废墟上兴建颐和园，在这里设砖瓦窑，窑工等人逐渐定居成村。因窑在颐和园后得名。占地240亩，海拔51米。村呈东西长方形，主街东西走向。村址及四周属平原地貌，地上、下水丰沛，村旁有农田。村中曾有光绪二十一年（1895年）建的老爷庙，已拆毁。村内有222户，641人①。

第二节　发掘经过与资料整理

海淀中坞遗址位于北京市海淀区四季青乡玉泉村委会所辖的中坞村、后窑村区域内。为配合南水北调配套工程团城湖调节池工程项目建设，北京市文物研究所对该项目用地范围进行了考古勘探，对发现的遗址及墓葬进行了考古发掘。发掘区域位于颐和园南墙外偏西的位置，东南邻西四环，西南临北坞村路。发掘区域地理坐标为东经116°15′49.65″、北纬39°58′32.21″，海拔55米。地表层为村庄、果林和耕地。发掘区地势平坦，范围较大，其中发掘区Ⅱ区距离北四环西路0.9公里，Ⅲ区距离北坞村路330米，Ⅰ区南端距离Ⅱ区约180米，Ⅱ区北端距离Ⅲ区约210米。

因属于配合基础设施建设的抢救性发掘，时间紧张，加之冬日寒冷多雪，夏日酷暑多雨，因此在对海淀中坞遗址进行发掘时，采用象限布方法布了探方，部分区域在时间允许的情况下进行了布方发掘，其他区域没有以探方为单位进行发掘，而是以墓葬单位进行发掘的。在清理过程中，严格遵守《田野考古工作规程》进行发掘工作。

第一个阶段发掘的起始时间为2012年8月8日，于9月19日结束，发掘墓葬77座，发掘面积3360平方米；第二阶段的发掘始于2012年11月8日，于12月23日结束，发掘墓葬55座，清代窑址7座，发掘面积1412平方米；第三阶段的发掘始于2013年4月13日，结束于4月15日，发掘墓葬8座，发掘面积120平方米。三个阶段共发掘清理墓葬140座，清代窑址7座，共发掘4892平方米。

发掘项目的前期协调工作由朱志刚完成，具体发掘工作由北京市文物研究所于璞负责。参加发掘的技工队为北京市田野秋实考古勘探技术有限公司，民工队为北京市文物古建工程公司。参加发掘的技工有古艳兵、刘晓贺、同新、薛凯辉。现场照片由于璞拍摄，器物照片由王殿平拍摄。

根据墓地内窑址及墓葬的分布情况，并根据南水北调配套工程团城湖调节池工程项目进展情况，将发掘区自东向西分为四个小区，分别以Ⅰ、Ⅱ、Ⅲ、Ⅳ表示。墓葬的编号以阿拉伯数字为顺

① 北京市海淀区地方志编纂委员会：《北京市海淀区志》，北京出版社，2014年；《海淀区地名志》编辑委员会编：《北京市海淀区地名志》，北京出版社，1992年。

序依次编号，没有因为分为三个小区而各自编号。窑址、墓葬的编号以阿拉伯数字为顺序依次编号，没有因为分为四个小区而各自编号（图二）。

1. Ⅰ区

在Ⅰ区布10米×10米探方196个（T1001～T1011、T1101～T1111、T1201～T1211、T1301～T1311、T1401～T1411、T1501～T1511、T1601～T1611、T1701～T1711、T1801～T1811、T1901～T1911、T2001～T2011、T2101～T2111、T2201～T2211、T2301～T2311、T2401～T2411、T2501～T2511、T0709～T0712、T0809～T0812、T0909～T0911、T0115～T0117、T0215～T0217、

图二　遗址位置示意图

T0315～T0317）（图三、图四）。发掘的墓葬分别为：

明代墓葬30座，编号为M33～M35、M37、M39～M45、M48～M53、M56～M58、M62、M69～M71、M73～M77、M125。

清代墓葬58座，编号为M59、M64、M65、M68、M72、M78～M117、M126～M132、M134～M136、M138～M140。

年代不详墓葬20座，编号为M36、M38、M46、M47、M60、M61、M63、M66、M67、M118～M124、M133、M137；火葬墓1座，编号为M55；搬迁墓1座，编号为M54。

2. Ⅱ区

在Ⅱ区布10米×10米探方21个（T0102、T0103、T0202、T0203、T0802～T0804、T0901～T0904、T1004、T1104、T1204、T2009、T2010、T1614～T1616、T1715、T1716）（图五、图六）。发掘的墓葬分别为：

明代墓葬2座，编号为M16、M17。

清代墓葬23座，编号为M1～M15、M18～M24、M26。

年代不详墓葬1座，编号M25。

3. Ⅲ区

在Ⅲ区布10米×10米探方6个（T0102、T0401、T0505、T0605、T0706、T0806）（图七、图八）。发掘的墓葬分别为：

清代墓葬5座，编号为M27～M31。

年代不详墓葬1座，编号为M32。

4. Ⅳ区

在Ⅳ区布10米×10米探方4个（T0102、T0201～T0203）（图九、图一〇）。发掘清代窑址7座，编号Y1～Y7。

考古发掘结束后，我们将出土文物和发掘资料运送至北京市文物研究所整理基地，做进一步的资料整理工作。

资料整理由于璞负责，王策参与了部分整理工作。由于这期间有配合基本建设的任务与其他工作，故海淀中坞的整理工作主要集中在2014年3月～2016年12月。本书由于璞、王策执笔，几经修改，于2016年12月定稿。

海淀中坞遗址的发掘和整理，得到了北京市文物研究所领导的重视，同时也得到了北京市文物研究所上宅基地的支持，在此表示诚挚的谢意。

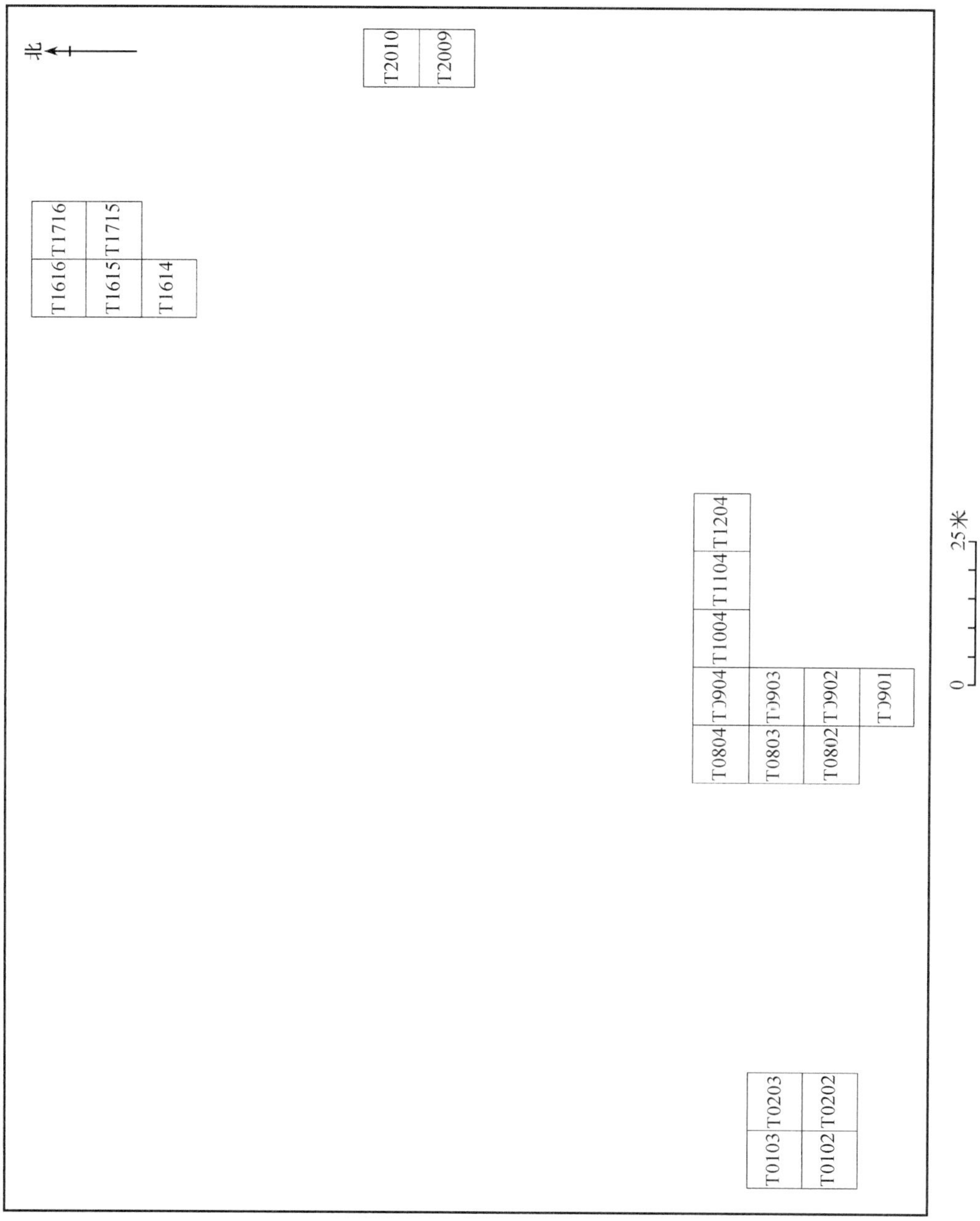
北
T2010
T2009
T1716
T1715
T1616
T1615
T1614
T1204
T1104
T1004
T0904
T0903
T0902
T0901
T0804
T0803
T0802
T0203
T0202
T0103
T0102
0
25米

图五 II区探方分布图

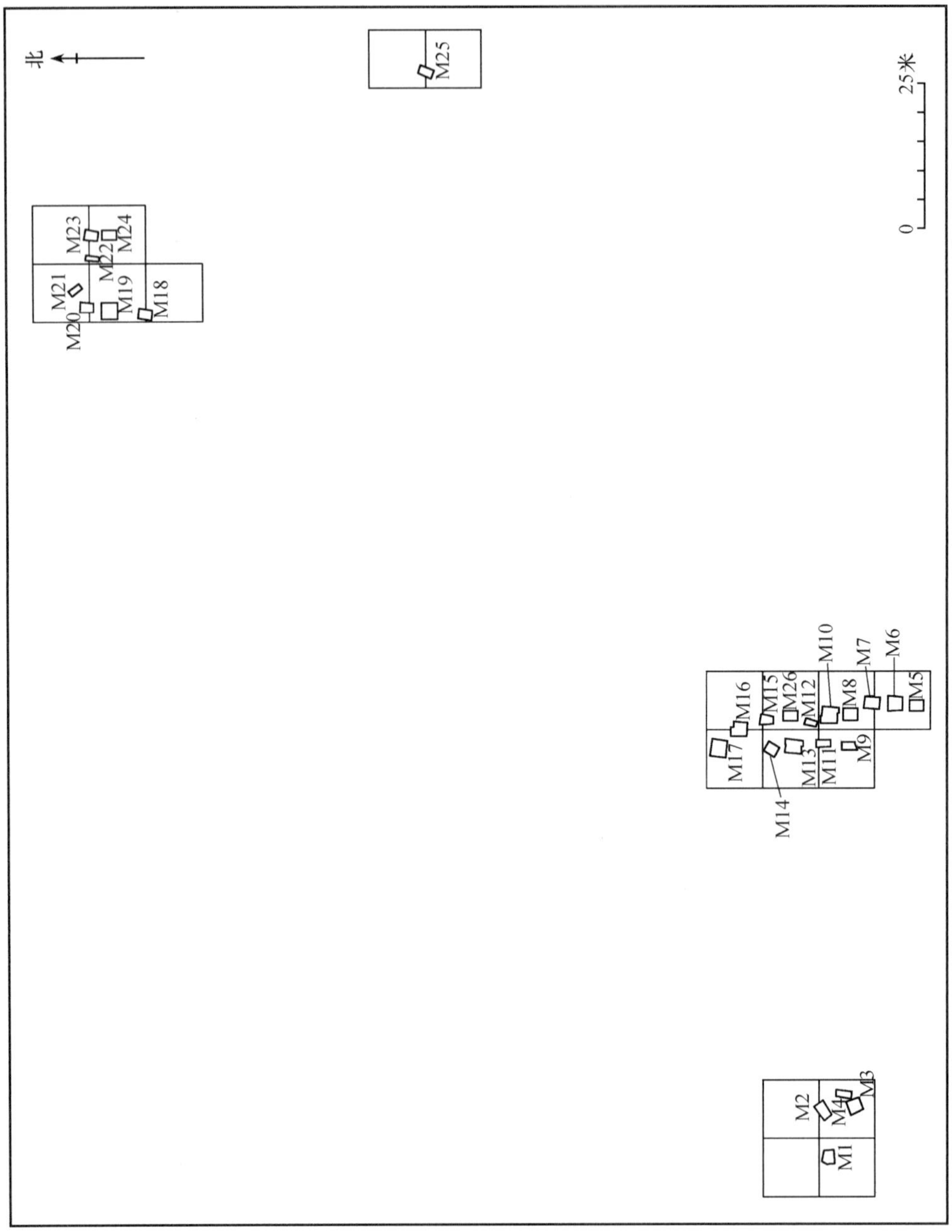
北
0
25米
M1
M2
M3
M4
M5
M6
M7
M8
M9
M10
M11
M12
M13
M14
M15
M16
M17
M18
M19
M20
M21
M22
M23
M24
M25
M26

图六　II区墓葬分布图

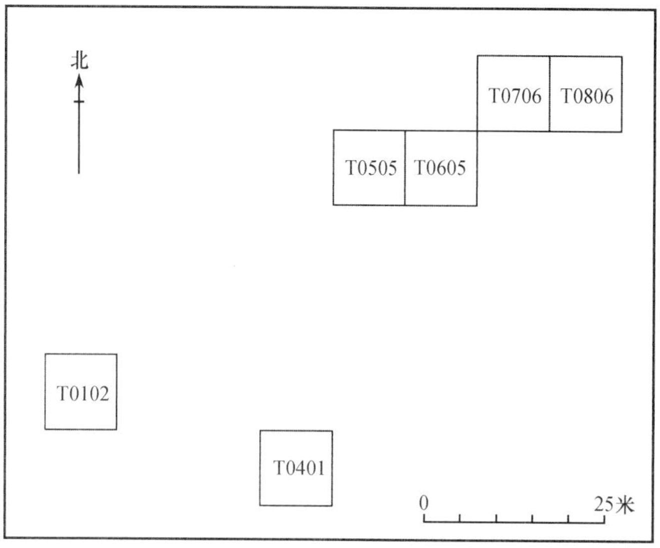

图七 Ⅲ区探方分布图

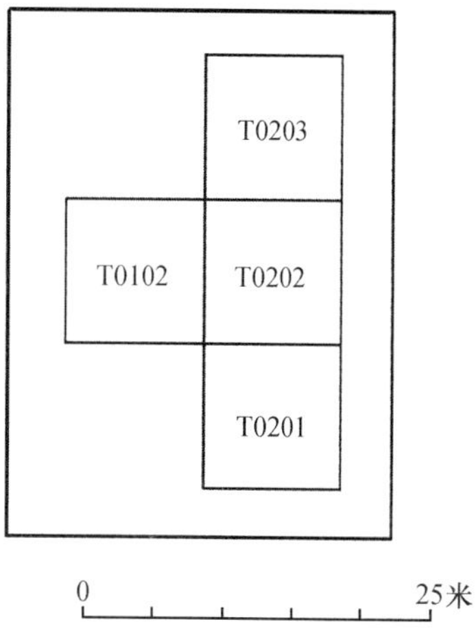

图九 Ⅳ区探方分布图

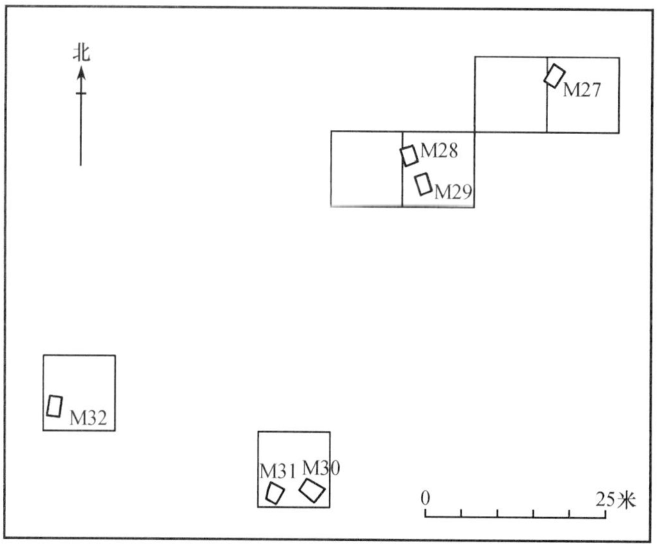

图八 Ⅲ区墓葬分布图

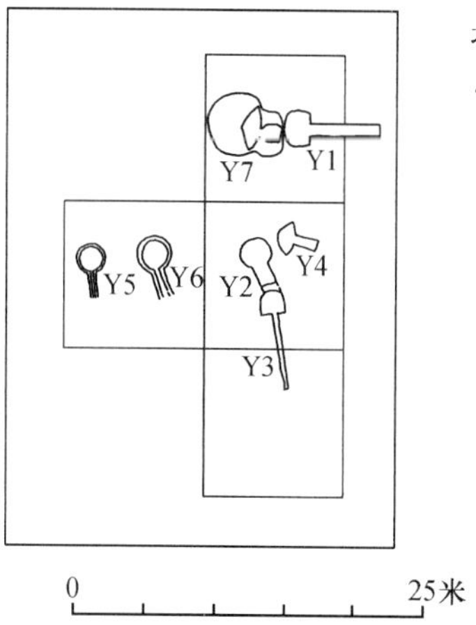

图一○ Ⅳ区窑址分布图

第二章　地层堆积

此次发掘由于工期紧张，加之地层堆积较厚，发掘任务较为繁重，因此未按所布探方进行全面揭露，而是采取以墓葬分布情况为主，逐层下挖的方式。经过发掘表明，墓地Ⅰ、Ⅱ、Ⅲ、Ⅳ区虽然相距较远，但通过对墓葬上部不同层位的土质、土色、包含物等综合分析、比较，发现各区地层中普遍存在第1、2层，其包含物、土质、土色基本相同。现以部分探方剖面为例，介绍各区地层堆积情况。

1. Ⅰ区T1410南壁

Ⅰ区以T1410南壁为例，介绍地层堆积情况如下（图一一，1）：

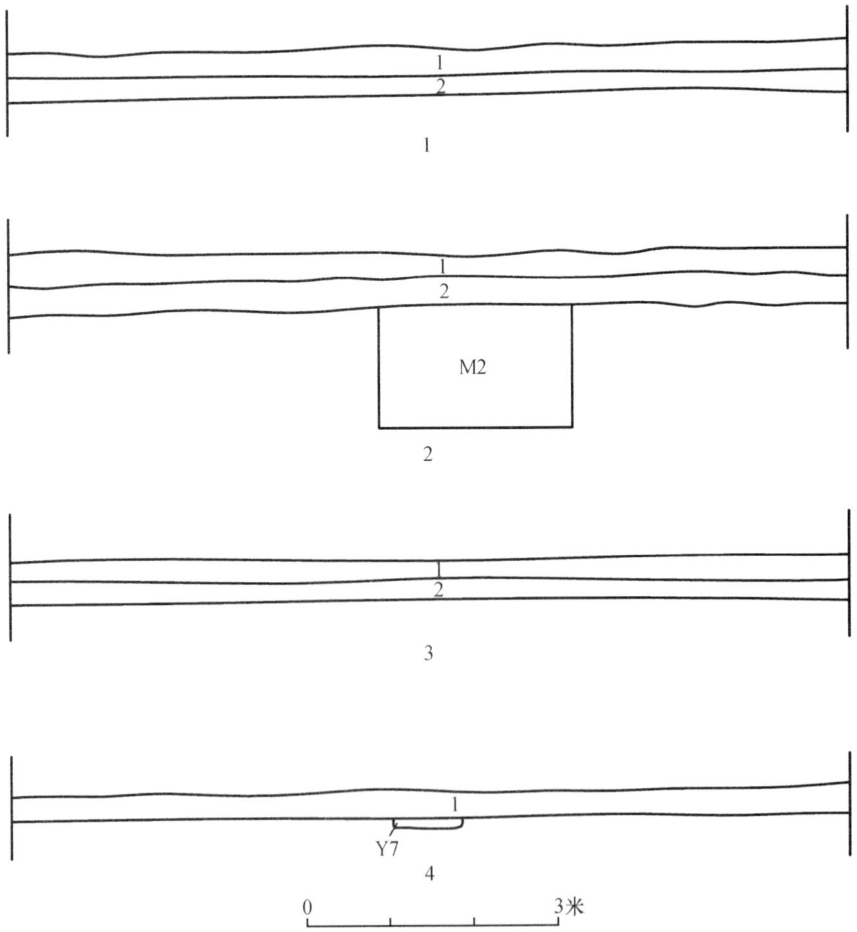

图一一　Ⅰ～Ⅳ区地层剖面图

1. Ⅰ区T1410南壁　2. Ⅱ区T0202北壁　3. Ⅲ区T0102北壁　4. Ⅳ区T0203东壁

第1层：耕土层，灰褐色土，质地较硬，包含物有植物根系、现代砖渣、石块等杂物。厚约0.15米。层状堆积，全方分布。

第2层：浅褐色土层，土质较为疏松，包含物有、炭粒。厚0.25～0.35米。层状堆积，全方分布。

以下为生土。

2. Ⅱ区T0202北壁

Ⅱ区以T0202北壁为例，介绍地层堆积情况如下（图一一，2）：

第1层：耕土层，灰褐色土，质地疏松，包含物有植物根系、现代砖渣、石块等杂物。厚0.25～0.4米。层状堆积，全方分布。

第2层：浅灰色土层，土质较松，包含物有青砖粒、炭粒。厚0.3～0.4米。层状堆积，全方分布。M2～M4开口于第2层下，打破生土。

以下为生土。

3. Ⅲ区T0102北壁

Ⅲ区以T0102北壁为例，介绍地层堆积情况如下（图一一，3）：

第1层：耕土层，灰褐色土，质地较硬，包含物有植物根系、现代砖渣、石块等杂物。厚0.22～0.35米。层状堆积，全方分布。

第2层：浅褐色土层，土质较为疏松，包含物有青砖粒。厚0.22～0.35米。层状堆积，全方分布。M32开口于第2层下，打破生土。

以下为生土。

4. Ⅳ区T0203东壁

Ⅳ区以T0203东壁为例，介绍地层堆积情况如下（图一一，4）：

第1层：耕土层，灰褐色土，质地较硬，包含物有植物根系、现代砖渣、石块等杂物。厚约0.15米。层状堆积，全方分布。

Y7开口于第1层下，打破生土。

由于墓葬在建成之后多遭到破坏，原始地层已经不存在，因此出现了不同时代的墓葬开口于同一层位的现象。现依据各发掘区的地层堆积情况，并参考各墓葬的形制与出土器物特征，可将墓葬分为两期：第一期为明代墓葬，第二期为清代墓葬。另有年代不详墓葬。

为便于读者阅读和检索，本报告以时代为顺序分章节介绍。

第三章　清代窑址

发掘清代窑址7座，编号分别为Y1～Y7。根据窑室形制可分为近正方形、近弧角长方形、近半圆形、弧角椭圆形、近圆形五类。

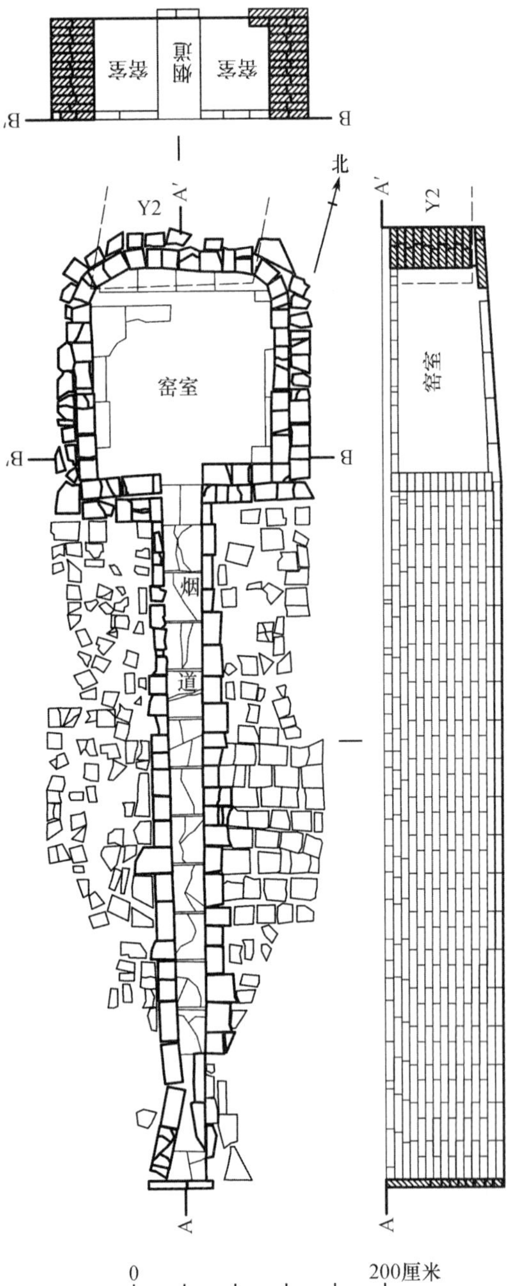

图一二　Y3平、剖面图

一、窑室近正方形窑址

1座。为Y3。

Y3位于Ⅳ区T0202南部，北邻Y2。开口于第1层下。坐北朝南，平面呈“凸”字形，南北总长7.24米，东西最宽2米。窑上部损毁严重，残存窑室和烟道两部分（图一二；图版三，1）。

窑室位于烟道北部。平面近正方形，外壁南北长2.04米，东西宽2米，残高0.7～0.82米，窑室内壁与窑床面垂直。内壁南北长1.52米，东西宽1.4米，残高0.7～0.82米，用青砖平砖错缝砌制而成，现存青砖12～13层，表面用黄泥浆抹面，现已形成蓝色烧结面，所用青砖规格为长0.3、宽0.15、厚0.06米。窑室底部北高南低，高差约0.08米，南部中间与烟道相连，窑室底部铺有厚0.15米的草木灰。窑室北部打破Y2烟道。

烟道位于窑室南部。南北向，北接窑室，平面呈长方形，南部破坏严重。烟道东壁现存东西宽0.16～0.95米，西壁现存东西宽0.24～0.98米，全长5.36米。两壁用青砖砌制而成，现残存15层，用砖规格为长0.3、宽0.15、厚0.06米。两壁与土圹间用碎砖加黄泥土填充。东西壁砌制成后，在中部形成一个长5.36、宽0.32～0.84米的出烟道。烟道用青砖铺底，碎裂严重。

窑内堆积属一次性形成，为灰黄色土夹杂红烧土、炭灰、白灰颗粒，在窑室和烟道内包含较多的碎砖、瓦片、蓝色烧结层块和红烧土块。根据窑址形制结构，初步推断该窑为烧白灰所用。

二、窑室近弧角长方形窑址

1座。为Y7。

Y7位于Ⅳ区T0203西部，东邻Y1。开口于第1层下。坐西朝东，平面呈“凸”字形，南北最宽2.06米，东西总长2.8米。由于毁坏严重，残存窑室、火膛和操作间三部分（图一三；图版三，3）。

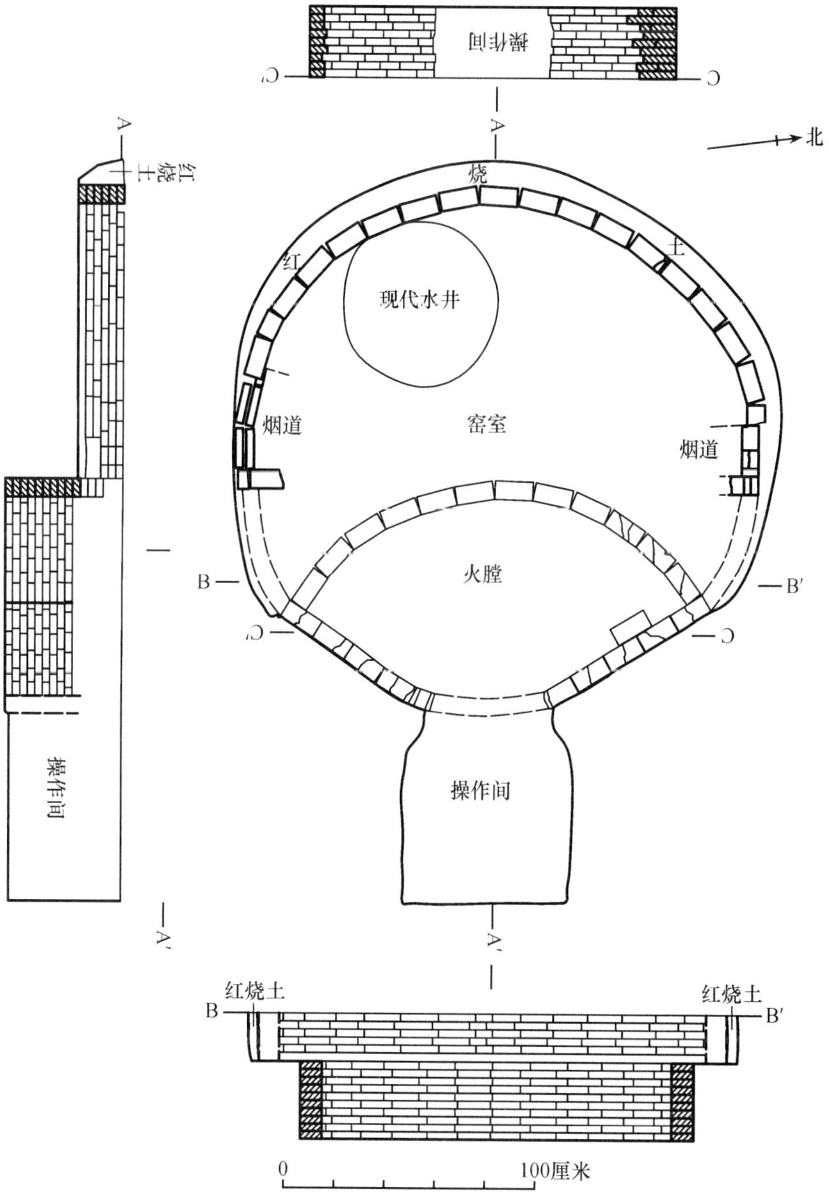

图一三　Y7平、剖面图

窑室平面近弧角长方形，外壁南北长2.06米，东西宽1.18米，残高0.2米，内壁南北长1.94米，东西宽1.04米，残高0.2米，用青砖平砖错缝砌制而成，现存青砖5层，表面用黄泥浆抹面，现已形成蓝色烧结面，所用青砖规格为长0.3、宽0.15、厚0.06米。窑室底部西高东低，高差约0.08米，南部中间与烟道相连，窑室底部铺有厚0.15米的草木灰。

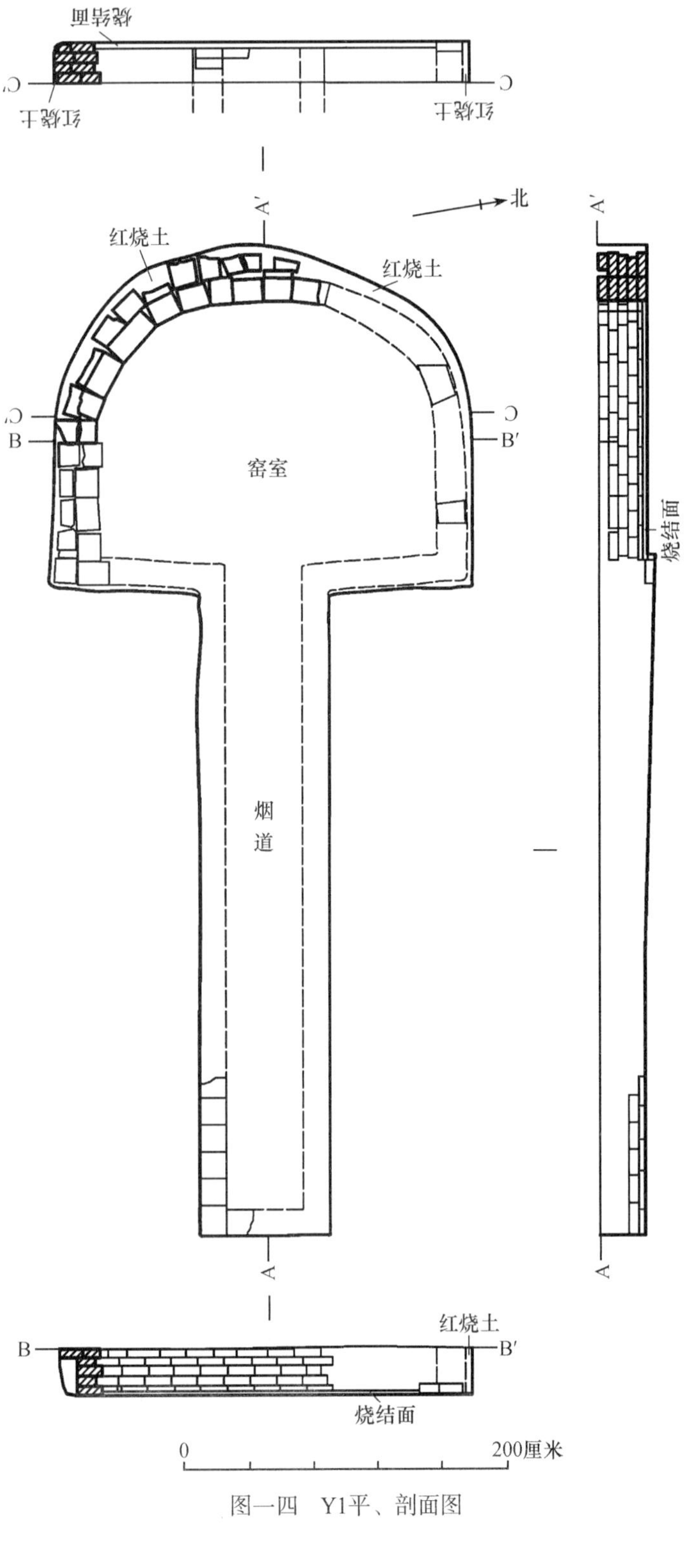

图一四　Y1平、剖面图

火膛位于窑室东部，与窑室连为一体。平面呈扇形，东西径0.88米，用残砖加泥浆错缝垒砌而成，残砖长度不一，宽0.14、厚0.05米。火膛内径东西长0.74米，南北宽1.5米，残高0.28米。火膛内壁与土圹之间用杂土填充，已形成厚0.02～0.05米的红烧土。因毁坏严重，仅存火膛南部部分砖墙。火膛底部较平整，堆积有厚0.1米的黑灰。火膛内蓝色烧结面厚约0.02米。

操作间位于火膛东部。平面近长方形，东西长0.7米，南北宽0.68米，深0.44米。

窑内堆积属一次性形成，为灰黄色土夹杂红烧土、炭灰、白灰颗粒，在窑室和火膛内包含较多的碎砖块和红烧土块。根据窑址形制结构，初步推断该窑为烧白灰所用。

三、窑室近半圆形窑址

1座。为Y1。

Y1位于Ⅳ区T0203中部偏东，西临Y7。开口于第1层下。坐西朝东，平面近“凸”字形，东西总长5.8米，南北最宽2.6米。由于毁坏严重，窑室上部不存，残存窑室和烟道两部分（图一四；图版三，2）。

窑室平面近半圆形，东西径1.88米，南北径2.6米，残高0.28米，窑壁用青砖加泥浆错缝砌制而成，窑壁与窑床面垂直。用砖规格为长0.3、宽0.14、厚0.06米。窑室内壁与土圹之间用杂土填充，已形成厚约0.16米的红烧土。窑室底部窑床较平整，已形成厚约0.08米的蓝色烧结面。

烟道位于窑室东部。平面呈长方形，东西长4米，南北宽0.78～0.8米。因破坏严重，仅存烟道底部分砖墙，南北立砖错缝垒砌，东西用平砖错缝垒砌，上部结构不详。烟道东部高于西部0.08米，烟道内堆积厚约0.1米的黑灰。因毁坏严重，仅存东部部分砖墙，残高0.12米，平砖错缝加泥浆垒砌而成。

窑内堆积属一次性形成，为灰黄色土夹杂红烧土、炭灰、白灰颗粒，在窑室和烟道内包含较多碎砖块和红烧土。根据窑址形制结构，初步推断该窑为烧白灰所用。

四、窑室弧角椭圆形窑址

1座。为Y4。

Y4位于Ⅳ区T0202东北部，西临Y2。开口于第1层下。坐西朝东，平面近“凸”字形，东西总长3.16米，南北最宽2.36米。窑上部损毁严重，残存窑室和烟道两部分（图一五；图版四）。

窑室位于烟道西部。平面呈弧角椭圆形，窑外壁南北长2.36米，东西宽1.32米，残高0.68米，窑内壁与窑床面垂直，南北长1.92米，东西最宽1米，残高0.68米，用青砖平砖错缝砌制而成，现留有青砖11层，用砖规格为长0.29、宽0.13、厚0.06米及长0.3、宽0.15、厚0.06米，窑室壁用黄泥抹面，现已成蓝色烧结面，脱落严重。窑室底部窑床有厚约0.08米的草木灰。

烟道位于窑室东部。东西向，平面呈长方形，破坏较严重。烟道南壁残存东西长1.7米，宽0.3米，深0.59米；北壁残存东西长1.89米，宽0.28～0.4米，深0.59米。两壁均用青砖加黄泥垒砌而成，用砖规格为长0.29、宽0.13、厚0.06米及长0.3、宽0.15、厚0.06米，残存砖10层。两壁砌成后形成的出烟道长1.78米，宽0.2～0.24米，深0.59米。

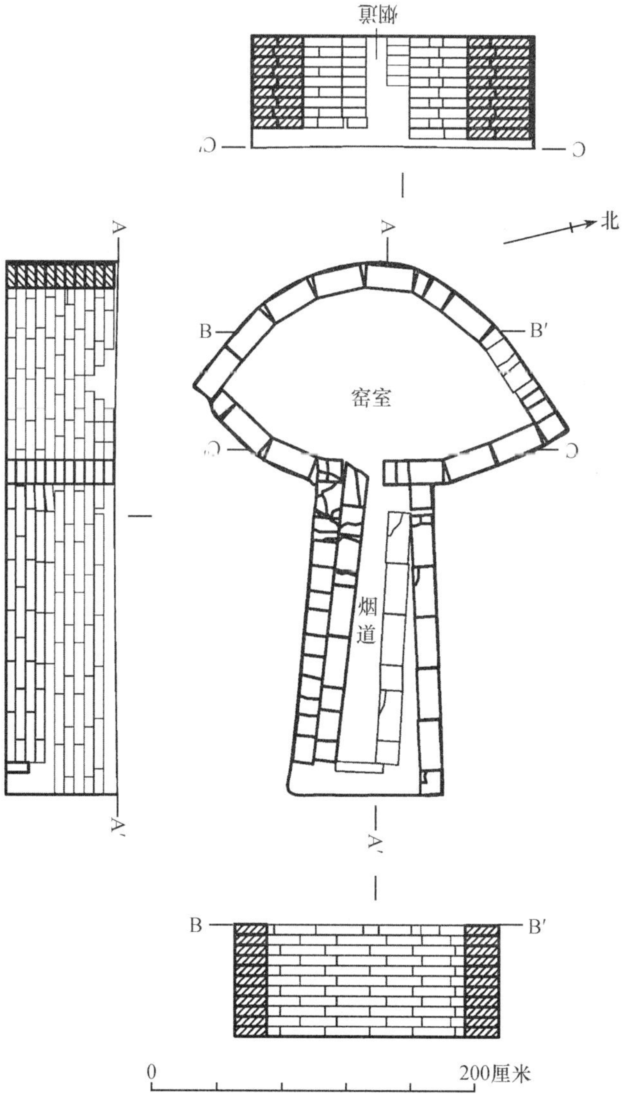

图一五　Y4平、剖面图

窑内堆积属一次性形成，为灰黄色土夹杂红烧土、炭灰、白灰颗粒，在窑室和烟道内包含较多的碎砖块、蓝色烧结层块和红烧土块。根据窑址形制结构，初步推断该窑为烧白灰所用。

五、窑室近圆形窑址

3座。为Y2、Y5、Y6。

（一）Y2

Y2位于Ⅳ区T0202中部，南邻Y3，东北邻Y4。开口于第1层下。坐北朝南，平面呈“凸”字形，南北残长3.44米，东西最宽1.92米。残存窑室和烟道两部分（图一六；图版五，3）。

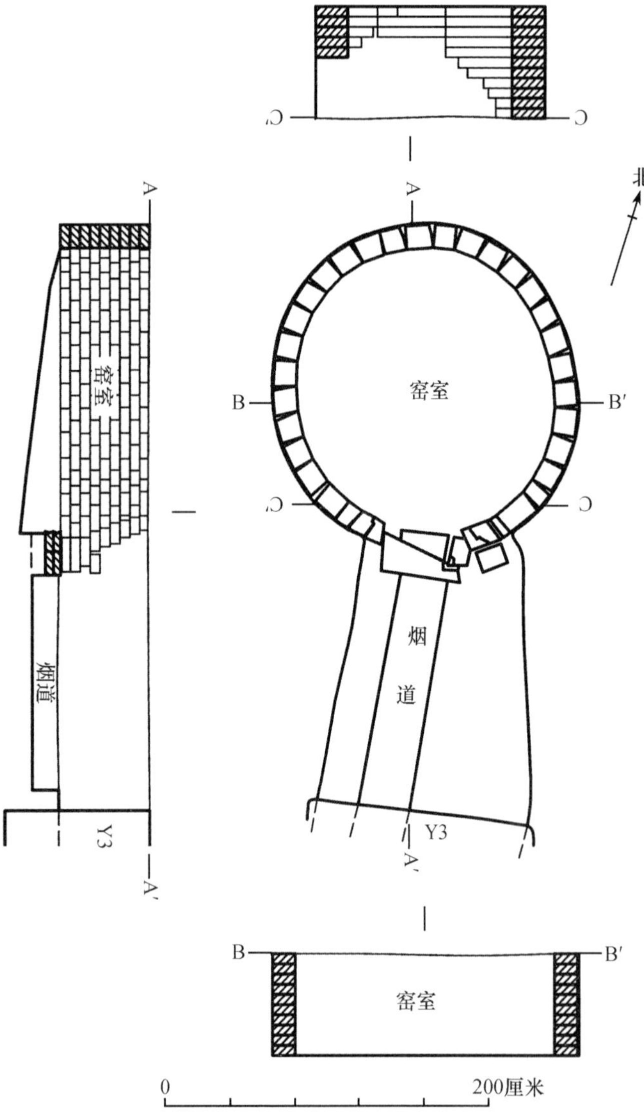

图一六　Y2平、剖面图

窑室平面近圆形，外部直径1.92米，内部直径1.56米，残高0.56～0.8米，残存青砖9～10层，所用青砖规格为长0.3、宽0.14、厚0.05米，平砖错缝砌制而成，表面为黄泥浆抹面，现已成蓝色烧结面。窑室底部北高南低，高差为0.21米，其南部中间部位与烟道相连，底部堆积黑灰厚约0.05米。

烟道位于窑室的南部，南部被Y3窑室北部打破。南北向，平面呈长方形，垒砌烟道的青砖已荡然无存，只留下一个土圹。据现存情况可知烟道东壁长1.48米，宽0.38～0.72米，深0.54米；西壁长1.52米，宽0.24～0.26米，深0.54米。两壁中部为残长1.32、宽0.28、深0.14～0.16米的出烟通道，底部可见黑色灰痕，出烟道北低南高，高差为0.02米。

窑内堆积属一次性形成，为灰黄色土夹杂红烧土、炭灰、白灰颗粒，在窑室和烟道内包含较多的碎砖块、蓝色烧结层块和红烧土块。根据窑址形制结构，初步推断该窑为烧白灰所用。

（二）Y5

Y5位于Ⅳ区T0102中部偏西，东临Y6。开口于第1层下。坐北朝南，平面呈“凸”字形，南北残长3.84米，东西最宽2.6米。窑上部毁坏严重，现残存窑室和烟道两部分（图一七；图版五，1）。

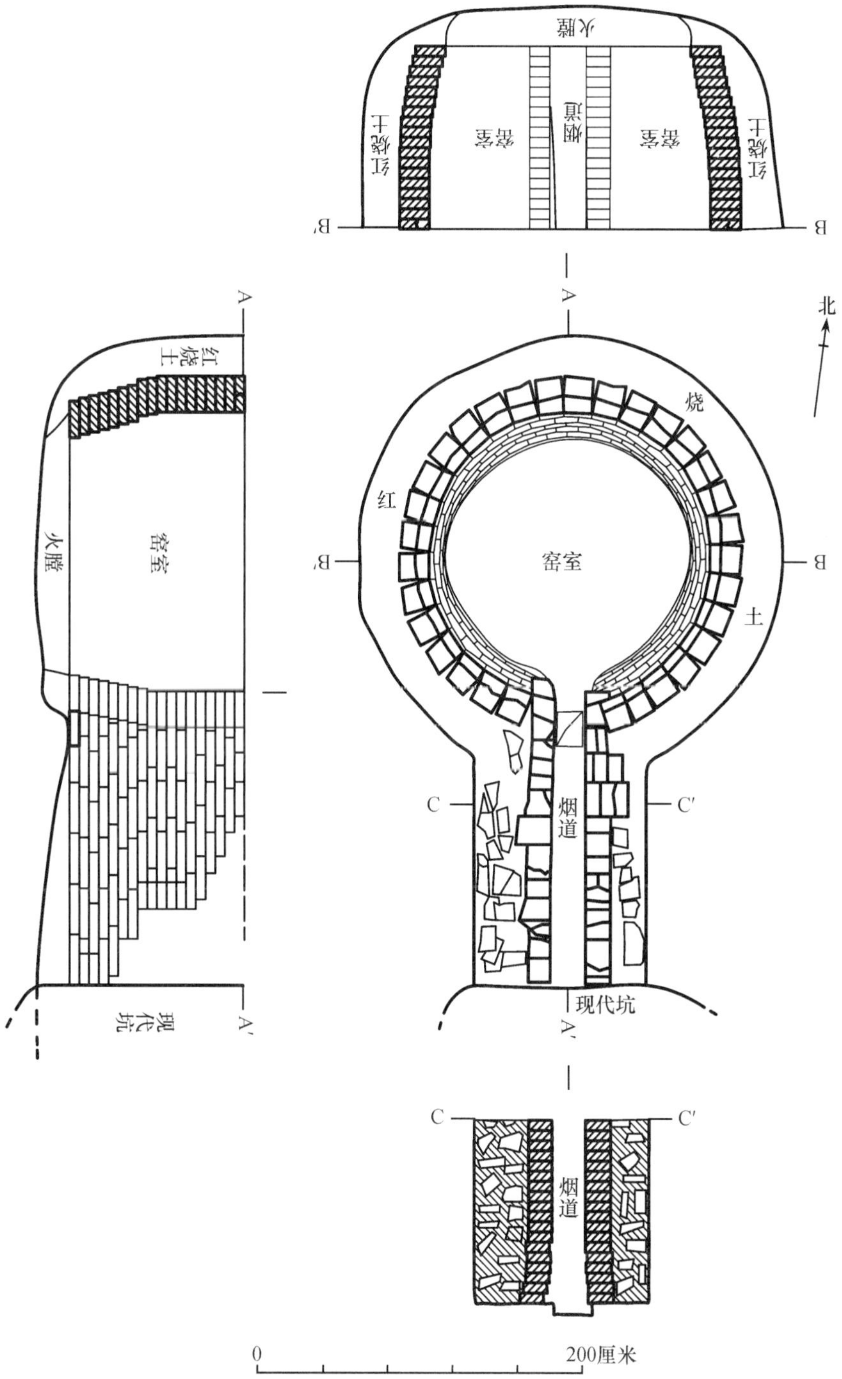

图一七　Y5平、剖面图

窑室平面近圆形，首先是在生土中开挖直径为2.64米的土圹，深1.3米，窑内壁口大底小，内壁直径为1.52～1.72米，由青砖残块加黄泥浆平砌而成，用砖规格为残长0.2、宽0.16、厚0.06米，表面是黄泥浆抹面，厚约0.5厘米，已形成蓝色烧结面。窑室内砖壁和土圹之间是用杂土填充而成，现形成红烧土，红烧土厚0.26米。另在窑室底部的生土中挖成一个锅底形状的火膛，火膛底径约1.36米，深0.2米，在火膛底部堆积有厚0.2米的黑灰。

烟道位于窑室南部。平面呈长方形，南部被现代坑打破，南北残长1.72米，宽1.08米，深1.08～1.32米。首先是在生土中开挖成宽0.98、深1.08米的长方形土圹，然后在土圹的中部用杂平砖加黄泥浆砌成上窄下宽的梯形圹，上口宽0.17米，底宽0.26米。烟道底部呈北高南低的坡状，其中南部位于生土中，深0.13米。烟道东西两壁宽约0.15米，所用青砖规格为长0.28、宽0.15、厚0.04米，长0.26、宽0.13、厚0.03米，长0.32、宽0.16、厚0.06米。烟道底部堆积厚0.1～0.15米的黑灰。烟道东西两壁和土圹之间用碎砖和泥土填充而成。

窑内堆积属一次性形成，为灰黄色土夹杂红烧土、炭灰、白灰颗粒，在窑室和烟道内包含较多的碎砖块、蓝色烧结层块和红烧土块。根据窑址形制结构，初步推断该窑为烧白灰所用。

（三）Y6

Y6位于Ⅳ区T0102中部偏东，西临Y5。开口于第1层下。坐北朝南，平面呈“凸”字形，南北总长4.48米，东西最宽2.24米。窑上部毁坏严重，残存窑室和烟道两部分（图一八；图版五，2）。

窑室平面近圆形，首先是在生土中开挖直径为2.24米的土圹，深0.9米，窑内壁口大底小，内壁直径为1.68米，由青砖残块加黄泥浆平砌而成，残剩砖12层，砖规格为残长0.13、宽0.12、厚0.05米，表面是黄泥浆抹面，厚约0.5厘米，已形成蓝色烧结面。窑室内砖壁和土圹之间是用杂土填充而成，现形成红烧土，红烧土厚0.2米。另在窑室底部的生土中挖成一个锅底形状的火膛，火膛中部有一个近似长方形的土坑，南部和烟道口相连，土坑长约0.6米，宽约0.3米，在火膛底部堆积有厚0.15～0.2米的黑灰。

烟道位于窑室的南部。平面呈长方形，南部被现代坑打破，南北残长2.3米，宽1.6米，深0.76米。首先是在生土中开挖成宽1.6、深0.84米的长方形土圹，然后在土圹的中部用杂平砖加黄泥浆砌成上窄下宽的梯形圹，上口宽0.17米，底宽0.31米，砖残剩11层。烟道底部是用方砖平铺而成，北高南低，高度差0.04米，烟道东西两壁宽约0.68米，用砖规格为长0.49、宽0.49、厚0.075米，长0.48、宽0.25～0.28、厚0.055米，长0.31、宽0.16、厚0.055米，长0.36、宽0.18、厚0.07米。烟道东西两壁和土圹之间用碎砖块和泥土填充而成。

窑内堆积属一次性形成，为灰黄色土夹杂红烧土、炭灰、白灰颗粒，在窑室和烟道内包含较多的碎砖、瓦块、蓝色烧结层块和红烧土块。根据窑址形制结构，初步推断该窑为烧白灰所用。

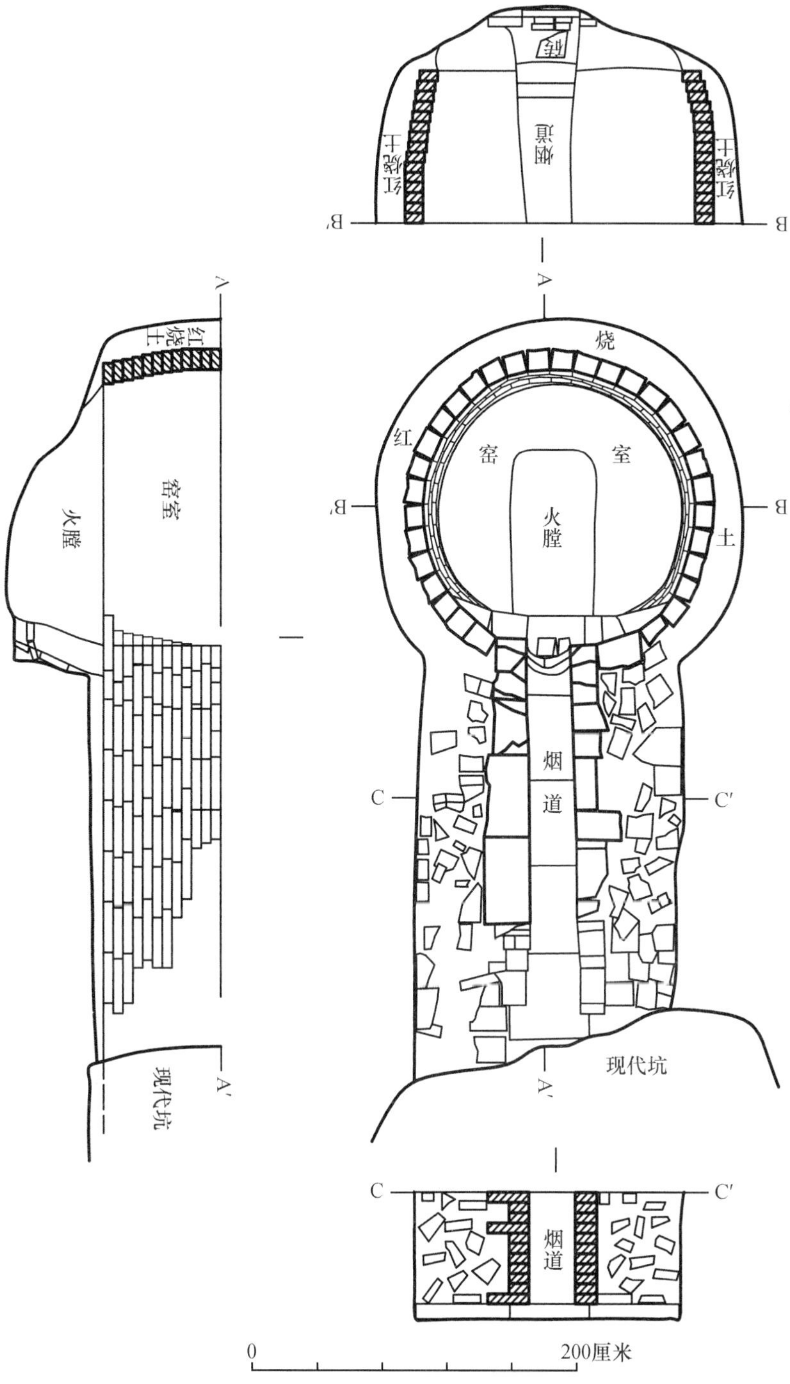

图一八 Y6平、剖面图

第四章　明代墓葬

明代墓葬32座，分布于Ⅰ、Ⅱ区。编号为M16、M17、M33～M35、M37、M39～M45、M48～M53、M56～M58、M62、M69～M71、M73～M77、M125，可分为单棺墓、双棺墓、三棺墓、搬迁墓、明堂。其中单棺墓13座，编号为M39、M41、M43、M49、M51、M56～M58、M70、M71、M76、M77、M125；双棺墓15座，编号为M33～M35、M37、M40、M42、M44、M45、M48、M50、M52、M53、M69、M74、M75；三棺墓2座，编号为M16、M17；搬迁墓1座，编号为M73；明堂1座，编号为M62。

第一节　单　棺　墓

单棺墓13座，编号为M39、M41、M43、M49、M51、M56～M58、M70、M71、M76、M77、M125。

一、M39

（一）墓葬形制

M39位于Ⅰ区T1402西南部，北邻M46。开口于第2层下。近长方形竖穴土圹单棺墓，南北向，方向352°。墓圹南北长2.3米，东西宽1.4米，墓口距地表深0.35米，墓口距墓底深1.18米，内填胶质花土，土质湿黏（图一九；图版六，1）。

墓底内置单棺，略呈长方形，棺木腐朽严重，仅存棺痕，长1.76米，宽0.5～0.52米，残高0.24米。棺内葬人骨1具，头向北，面向不清，人骨架腐朽严重，仅残存部分骨骸，葬式、性别不详。

墓内随葬铜钱15枚（M39：1），无规律散布于棺内。

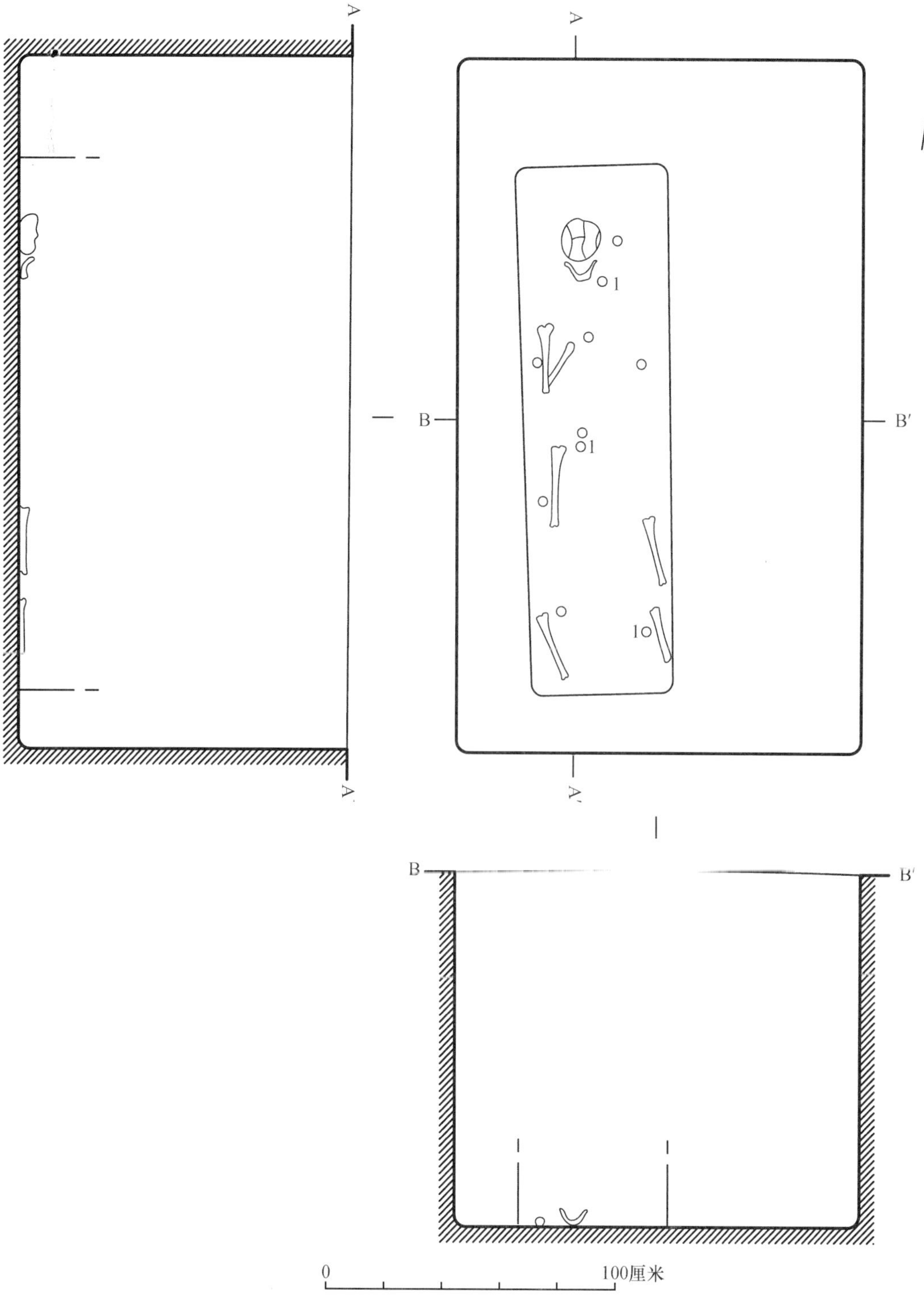

图一九　M39平、剖面图
1. 铜钱

（二）随葬品

铜钱　15枚。

皇宋通宝　1枚。标本M39：1-1，完整，圆形，方穿，正、背面有圆郭，正面铸“皇宋通宝”四字，篆书，对读，背面无纹。钱径2.5、穿宽0.7、郭宽0.3厘米，重2.28克（图二〇，1）。

嘉靖通宝　2枚。标本M39：1-2，锈残，圆形，方穿，正、背面有圆郭，正面铸“嘉靖通宝”四字，楷书，对读，背面无纹。钱径2.5、穿宽0.7、郭宽0.25厘米，重3.94克（图二〇，2）。标本M39：1-3，锈残，圆形，方穿，正、背面有圆郭，正面铸“嘉靖通宝”四字，楷书，对读，背面无纹。钱径2.5、穿宽0.6、郭宽0.2厘米，重4.21克（图二〇，3）。

另12枚锈残不详。

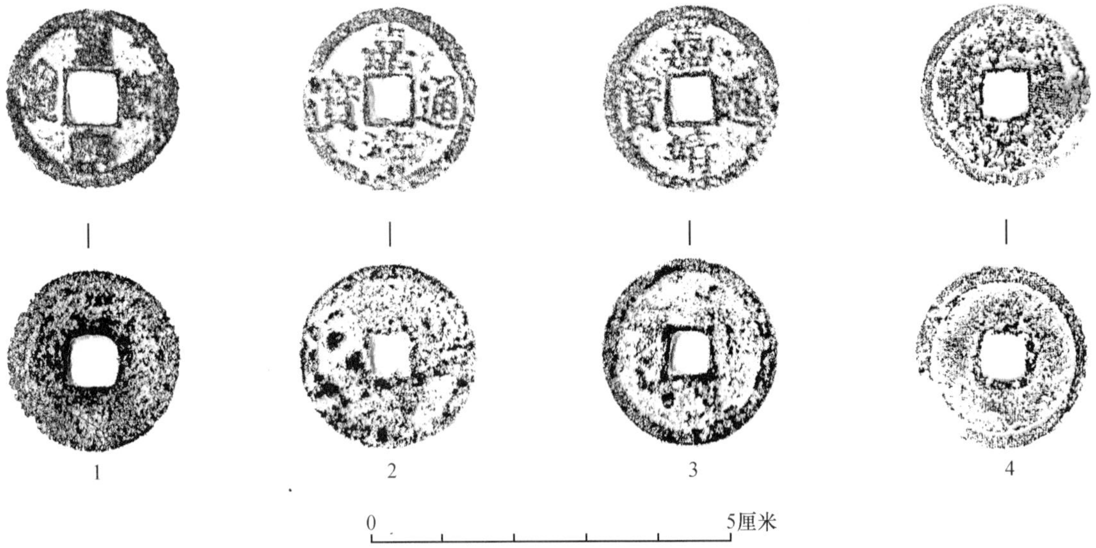

图二〇　M39、M41出土铜钱

1. 皇宋通宝（M39：1-1）　2、3. 嘉靖通宝（M39：1-2、M39：1-3）　4. 弘治通宝（M41：1）

二、M41

（一）墓葬形制

M41位于Ⅰ区T1502西南部，东邻M42。开口于第2层下。长方形竖穴土圹单棺墓，南北向，方向342°。墓圹南北长2.54米，东西宽1.15米，墓口距地表深0.29米，墓口距墓底深0.85米，内填胶质花土，土质湿黏，含水分较大（图二一；图版六，2）。

墓内置单棺，呈长方形，棺木腐朽严重，长1.9米，宽0.53米，残高0.1米。棺内葬人骨1具，头向北，面向北，仰身直肢葬，性别不详。

墓内随葬铜钱1枚（M41：1），位于棺内中北部，骨架左上肢南部。

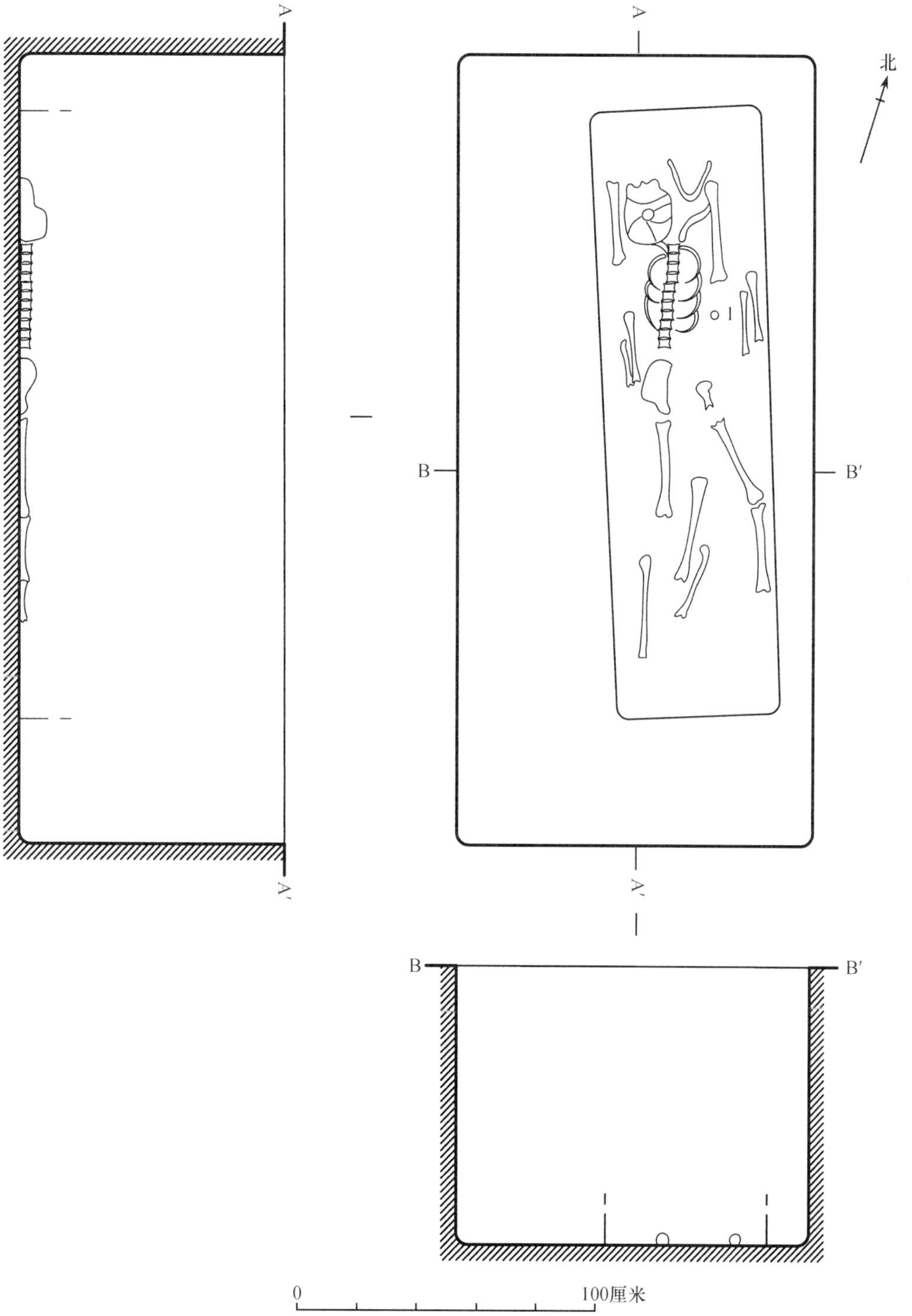

图二一 M41平、剖面图
1. 铜钱

（二）随葬品

铜钱 1枚。

弘治通宝 1枚。标本M41：1，锈残，圆形，方穿，正、背面有圆郭，正面铸“弘治通宝”四字，楷书，对读，背面无纹。钱径2.5、穿宽0.65、郭宽0.2厘米，重1.95克（图二〇，4）。

三、M43

（一）墓葬形制

M43位于Ⅰ区T1602西南部，进入T1502东隔梁南部，西北邻M44。开口于第2层下。梯形竖穴土圹单棺墓，北宽南窄，南北向，方向342°。墓圹南北长2.2米，东西宽0.9～1.02米，墓口距地表深0.34米，墓口距墓底深0.55米，内填胶质花土，土质较硬（图二二；图版六，3）。

墓底内置单棺，呈梯形，北宽南窄，棺木已朽，长1.94米，宽0.5～0.66米，残高0.2米。棺内葬人骨1具，头向北，面向东，仰身直肢葬，墓主颅骨较大，骨壁较厚重，盆骨入口近心形，骨骼较粗壮，推断为男性。

（二）随葬品

无。

四、M49

（一）墓葬形制

M49位于Ⅰ区T1502西北部，西邻M48。开口于第2层下。长方形竖穴土圹单棺墓，南北向，方向346°。墓圹南北长2.3米，东西宽1米，墓口距地表深0.35米，墓口距墓底深0.86米，内填胶质花土，土质湿黏（图二三；图版七，1）。

墓底内置单棺，略呈梯形，北宽南窄，棺木腐朽严重，仅存棺痕，长1.75米，宽0.44～0.52米，残高0.1米。棺内葬人骨1具，头向北，面向东，仰身直肢葬，墓主颅骨较小，骨壁较薄，乳突较小，初步推断为女性。

墓内随葬饰件12粒（M49：1），位于右臂骨与肋骨间；铜钱10枚（M49：2），无规律散布于上臂骨和下肢骨处。

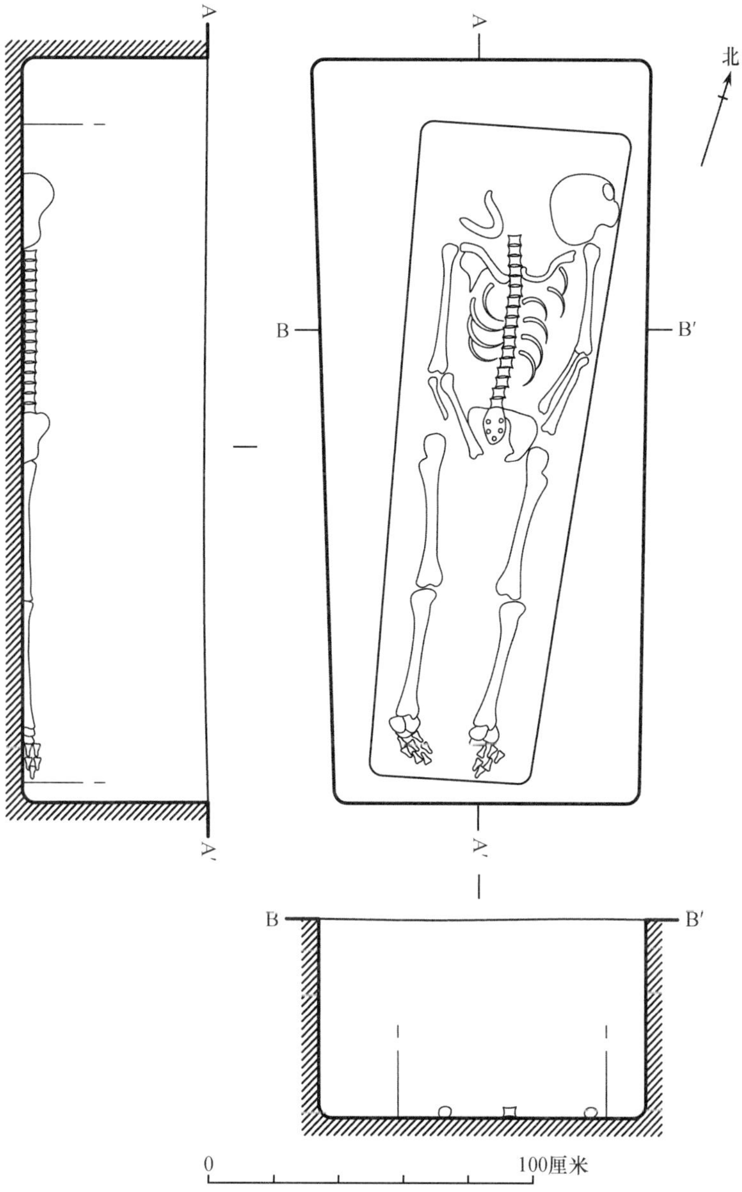

图二二　M43平、剖面图

（二）随葬品

饰件　12粒。其中料珠2粒，骨器10粒（图版六四，1）。标本M49：1-1，2粒，料珠。呈白色圆球状，打磨浑圆，中间有穿孔，器表有螺旋纹。直径1.4、1.2厘米（图二四，10、11）。标本M49：1-2，8粒，黄褐色，骨质较硬。圆饼形，中间穿孔。直径0.9厘米（图二四，1～8）。标本M49：1-3，1粒，白色，骨质较硬。正方形，其中三面有三通穿孔。宽2.2、高2.1厘米（图二四，12）。标本M49：1-4，1粒，白色，骨质较硬。圆锥形，中间穿孔。直径1.1、高1.4厘米（图二四，9）。

铜钱　10枚。

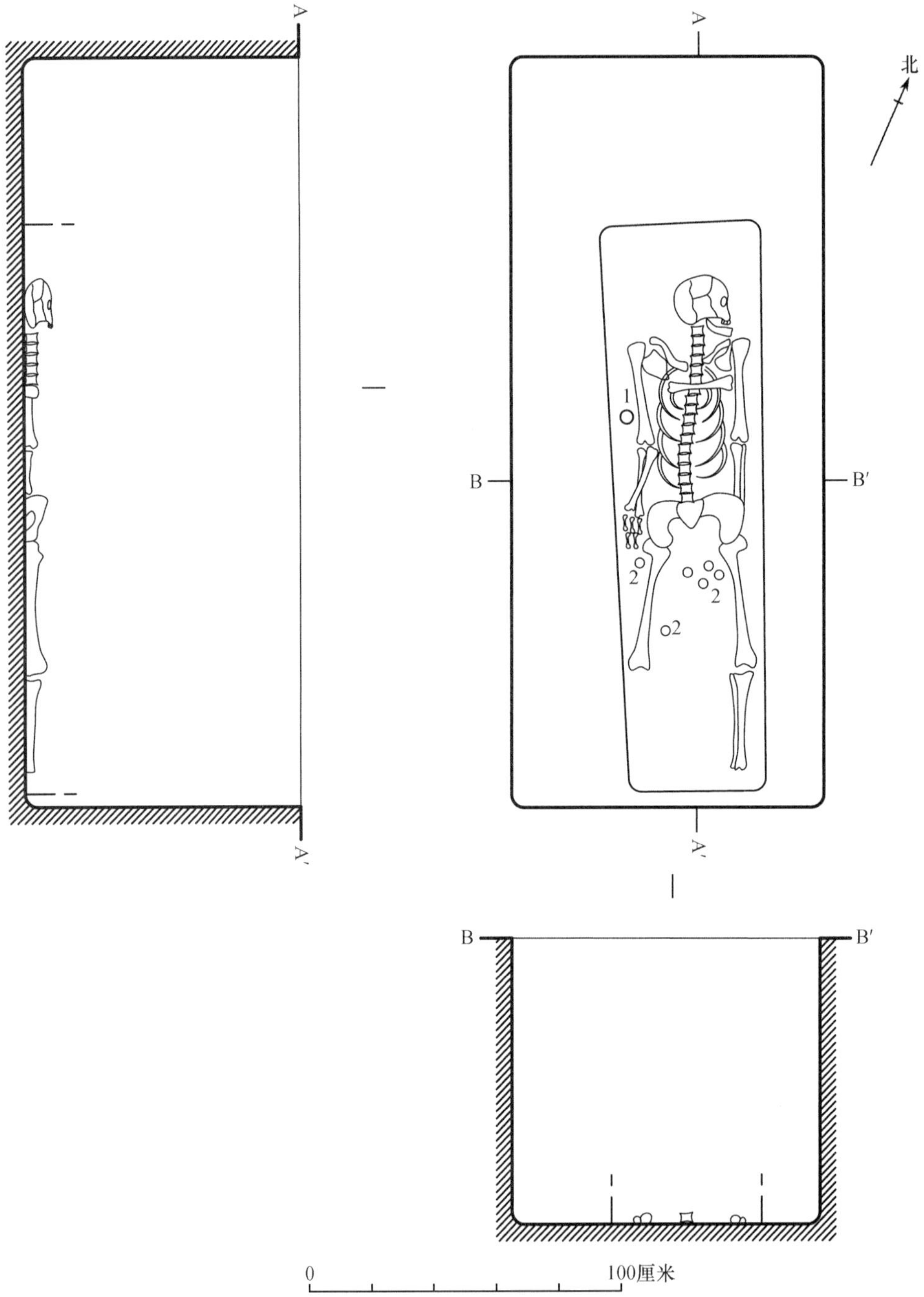

图二三　M49平、剖面图

1. 饰件　2. 铜钱

嘉靖通宝　5枚。标本M49：2-1，锈残，圆形，方穿，正、背面有圆郭，正面铸“嘉靖通宝”四字，楷书，对读，背面无纹。钱径2.5、穿宽0.6、郭宽0.3厘米，重3.25克（图二五，1）。

万历通宝　5枚。标本M49：2-2，锈残，圆形，方穿，正、背面有圆郭，正面铸“万历通宝”四字，楷书，对读，背面无纹。钱径2.5、穿宽0.6、郭宽0.3厘米，重2.53克（图二五，2）。

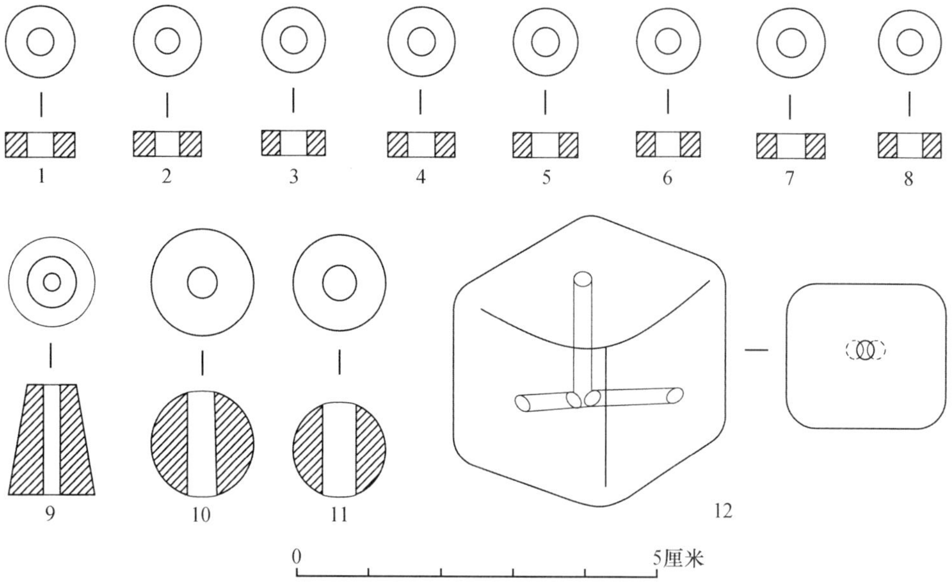

图二四 M49出土饰件
1～8、9、12. 骨器（M49：1-2、M49：1-4、M49：1-3）
10、11. 料珠（M49：1-1）

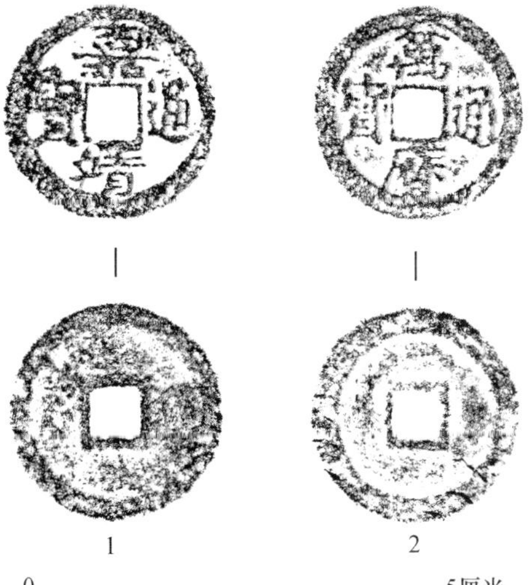

图二五 M49出土铜钱
1. 嘉靖通宝（M49：2-1） 2. 万历通宝（M49：2-2）

五、M51

（一）墓葬形制

M51位于Ⅰ区T1602西北部，东邻M58。开口于第2层下。长方形竖穴土圹单棺墓，南北向，方向6°。墓圹南北长2.6米，东西宽1.04米。墓口距地表深0.34米，墓口距墓底深1.04米，内填胶质花土，土质较硬（图二六；图版七，2）。

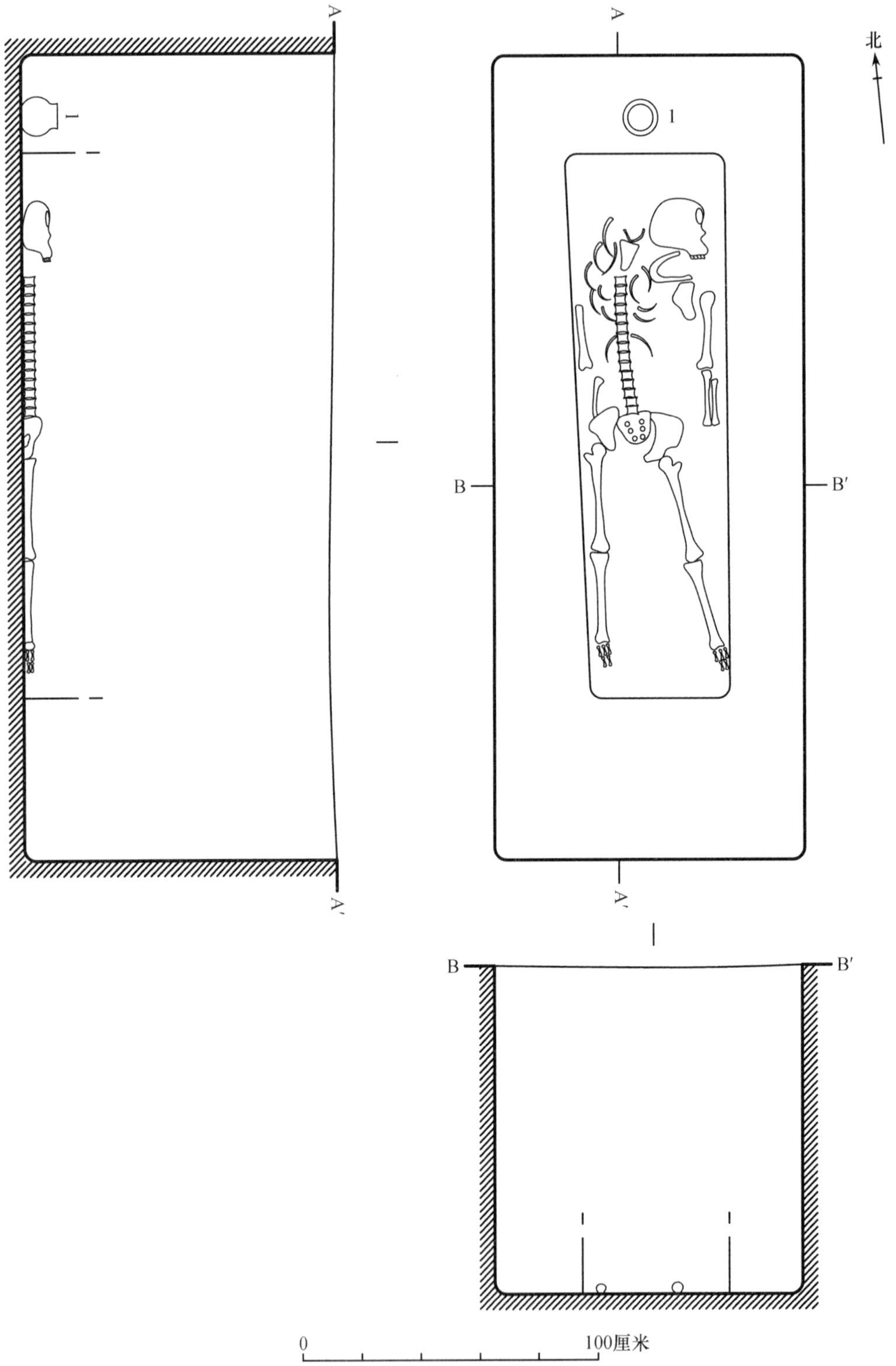

图二六　M51平、剖面图
1. 半釉陶罐

墓底内置单棺，略呈梯形，北宽南窄，棺木腐朽严重，长1.76米，宽0.48～0.54米，残高0.18米。棺内葬人骨1具，头向北，面向东，仰身直肢葬，墓主颅骨较小，骨壁较薄，乳突较小，盆骨横径大于纵径，呈椭圆形，推断为女性。

墓内随葬半釉陶罐1件（M51：1），位于棺头外中部。

（二）随葬品

半釉陶罐　1件。标本M51：1，砖红色胎，胎质粗疏，器口及外腹壁施青绿色釉，器外壁有滴釉现象，器内仅口部施一层较薄的釉，器物内外壁见明显修坯旋痕。直口微敛，方圆唇，束颈，折肩，弧腹，下腹弧收，平底。口径10、最大腹径12、底径8、高13、厚0.8～1厘米（图二七；图版六四，2）。

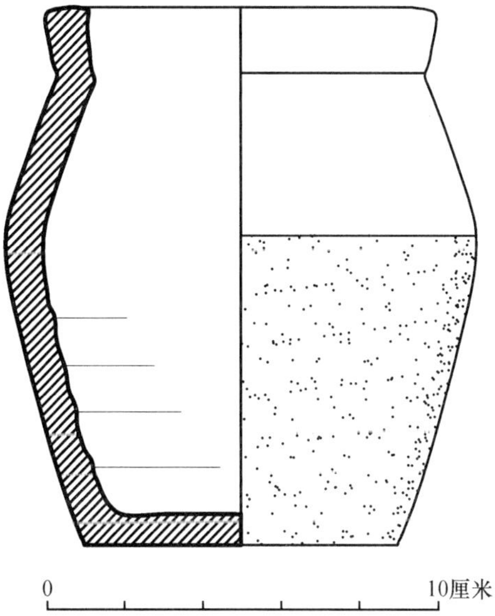

图二七　M51出土半釉陶罐
（M51：1）

六、M56

（一）墓葬形制

M56位于Ⅰ区T1503北部，东南邻M57。开口于第2层下。长方形竖穴土圹单棺墓，南北向，方向3°。墓圹南北长2.5米，东西宽1.46米，墓口距地表深0.34米，墓口距墓底深1.08米，内填胶质花土，土质较硬（图二八；图版七，3）。

墓底内置单棺，略呈梯形，北宽南窄，棺木已朽，长1.84米，宽0.56～0.64米，残高0.22米。棺内葬人骨1具，因盗扰严重，仅存头骨和部分上肢骨，头向北，面向北，葬式、性别不详。

墓内随葬釉陶罐1件、铜钱10枚。釉陶罐（M56：2）位于棺头外北部，铜钱（M56：1）无规律散布于棺内。

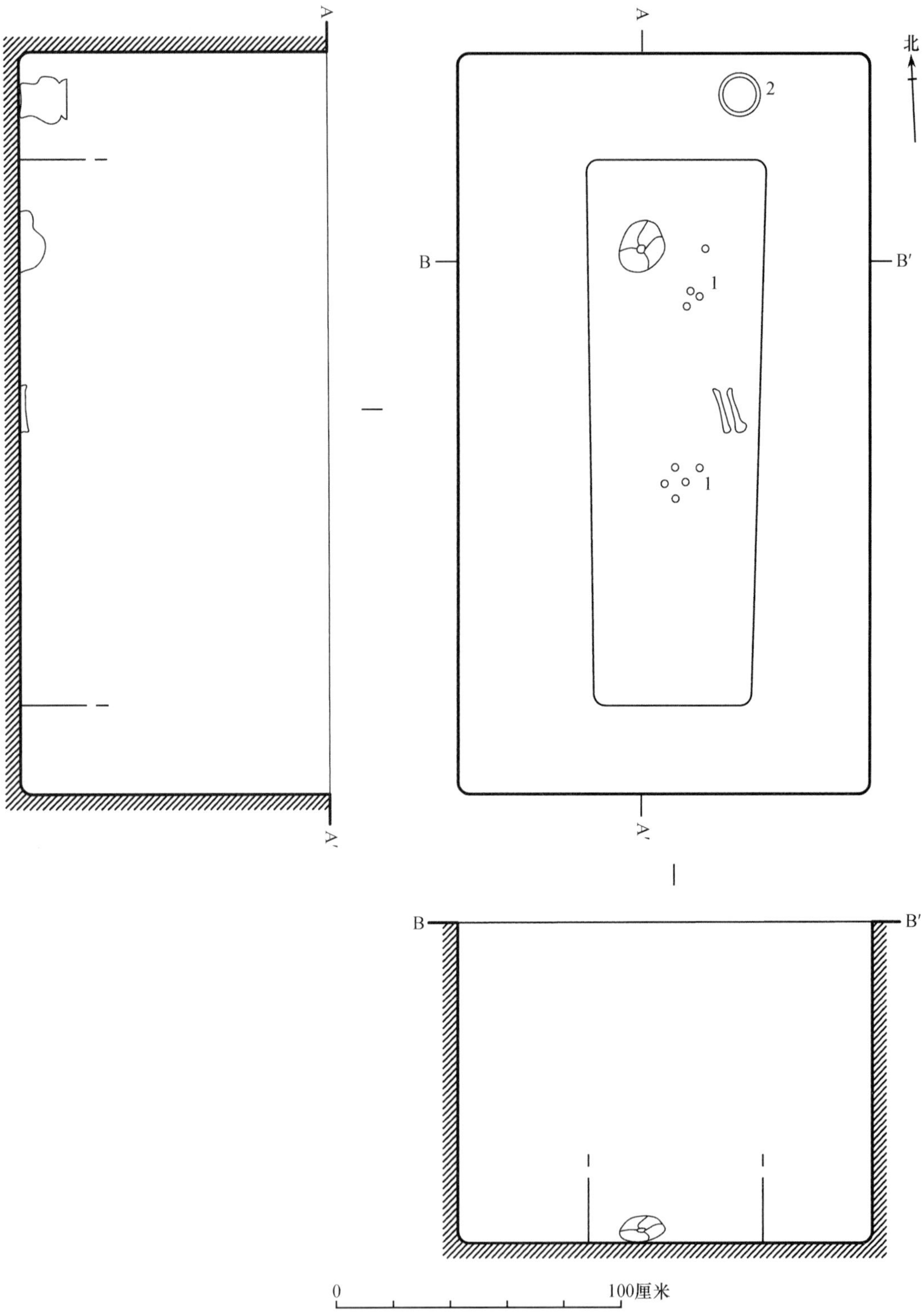

图二八　M56平、剖面图
1. 铜钱　2. 釉陶罐

（二）随葬品

釉陶罐 1件。标本M56：2，砖红色胎，胎质粗疏，器内施酱色釉浆水，外壁仅口、颈部施酱色釉浆水，器体腹部有滴釉现象，颈肩部对称贴覆有桥形双系，器体内外壁见修坯痕迹。腹部局部残损，方唇，束颈，溜肩，弧腹，下腹弧收，平底，圈足，足底宽平。口径12.8、最大腹径16、足径9.4、高16.2、厚0.6～1.8厘米（图二九；图版六四，3）。

铜钱 10枚。

元丰通宝 2枚。标本M56：1-1，锈残，圆形，方穿，正、背面有圆郭，正面铸“元丰通宝”四字，行书，旋读，背面无纹。钱径2.4、穿宽0.65、郭宽0.35厘米，重3.3克（图三〇，1）。标本M56：1-2，锈残，圆形，方穿，正、背面有圆郭，正面铸“元丰通宝”四字，篆书，旋读，背面无纹。钱径2.5、穿宽0.7、郭宽0.3厘米，重2.7克（图三〇，2）。

其余8枚锈蚀严重，无法辨识。

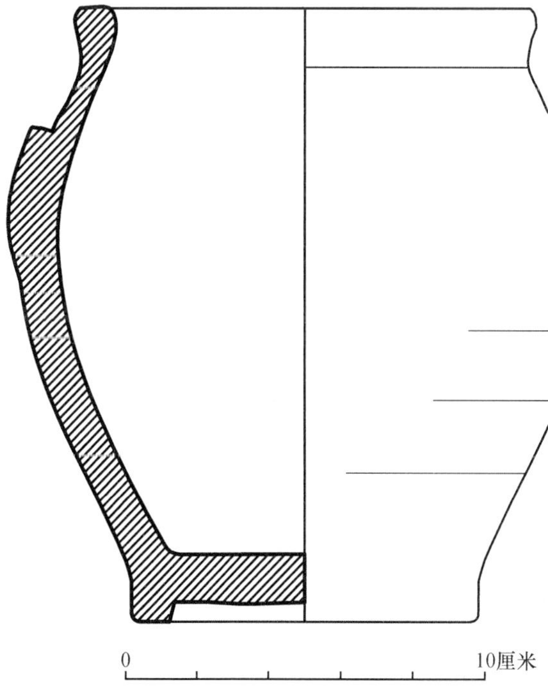

图二九 M56出土釉陶罐
（M56：2）

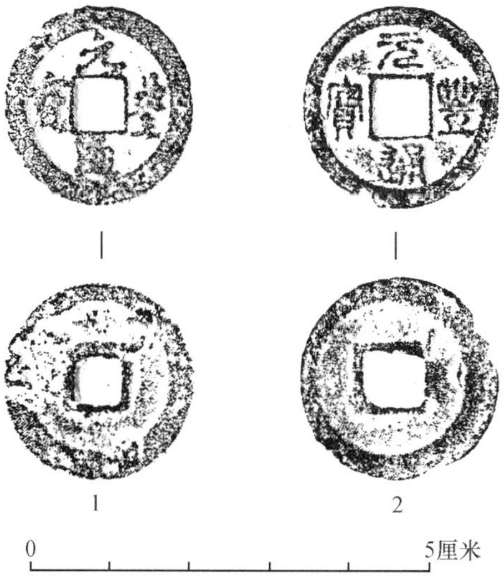

图三〇 M56出土元丰通宝钱
1. M56：1-1 2. M56：1-2

七、M57

（一）墓葬形制

M57位于Ⅰ区T1603西北部，西部进入T1503东隔梁下，西北邻M56。开口于第2层下。近长方形竖穴土圹单棺墓，南北向，方向358°。墓圹南北长2.3米，东西宽1.28米，墓口距地表深0.34米，墓口距墓底深0.98米，内填胶质花土，土质湿黏（图三一；图版七，4）。

墓底内置单棺，略呈梯形，北宽南窄，棺木已朽，长1.74米，宽0.46～0.6米，残高0.2米。棺内葬人骨1具，头向北，面向东，侧身屈肢葬，右臂置于腹部，性别不详。

墓内随葬瓷瓶1件、铜钱10枚。瓷瓶（M57：2）位于棺外南部，铜钱（M57：1）位于棺内北部。

（二）随葬品

瓷瓶　1件。标本M57：2，胎质较硬，胎体粗糙，略变形，器体修坯凸棱较明显。口残，子母口，束颈，长圆腹，小平底。素面。口最大径6.6、最大腹径17.6、底径6、高24.8、厚0.8～1.8厘米（图三二；图版六四，6）。

铜钱　10枚。

祥符元宝　1枚。标本M57：1-1，锈残，圆形，方穿，正、背面有圆郭，正面铸“祥符元宝”四字，楷书，旋读，背面无纹。钱径2.5、穿宽0.6、郭宽0.35厘米，重2.69克（图三三，1）。

治平元宝　1枚。标本M57：1-2，锈残，圆形，方穿，正、背面有圆郭，背郭不甚清晰，正面铸“治平元宝”四字，楷书，旋读，背面无纹。钱径2.4、穿宽0.6、郭宽0.25厘米，重2.35克（图三三，2）。

至大通宝　1枚。标本M57：1-3，锈残，圆形，方穿，正、背面有圆郭，正面铸“至大通宝”四字，楷书，对读，背面无纹。钱径2.4、穿宽0.6、郭宽0.3厘米，重3.27克（图三三，3）。

宣德通宝　1枚。标本M57：1-4，锈残，圆形，方穿，正、背面有圆郭，正面铸“宣德通宝”四字，楷书，对读，背面无纹。钱径2.5、穿宽0.6、郭宽0.3厘米，重3.28克（图三三，4）。

另6枚锈蚀残碎，皆为北宋铜钱。

八、M58

（一）墓葬形制

M58位于Ⅰ区T1602北部，北邻M59。开口于第2层下。近长方形竖穴土圹单棺墓，南北向，方向353°。墓圹南北长2.44米，东西宽1.11～1.14米，墓口距地表深0.34米，墓口距墓底深1.18米，内填胶质花土，土质较硬（图三四；图版八，1）。

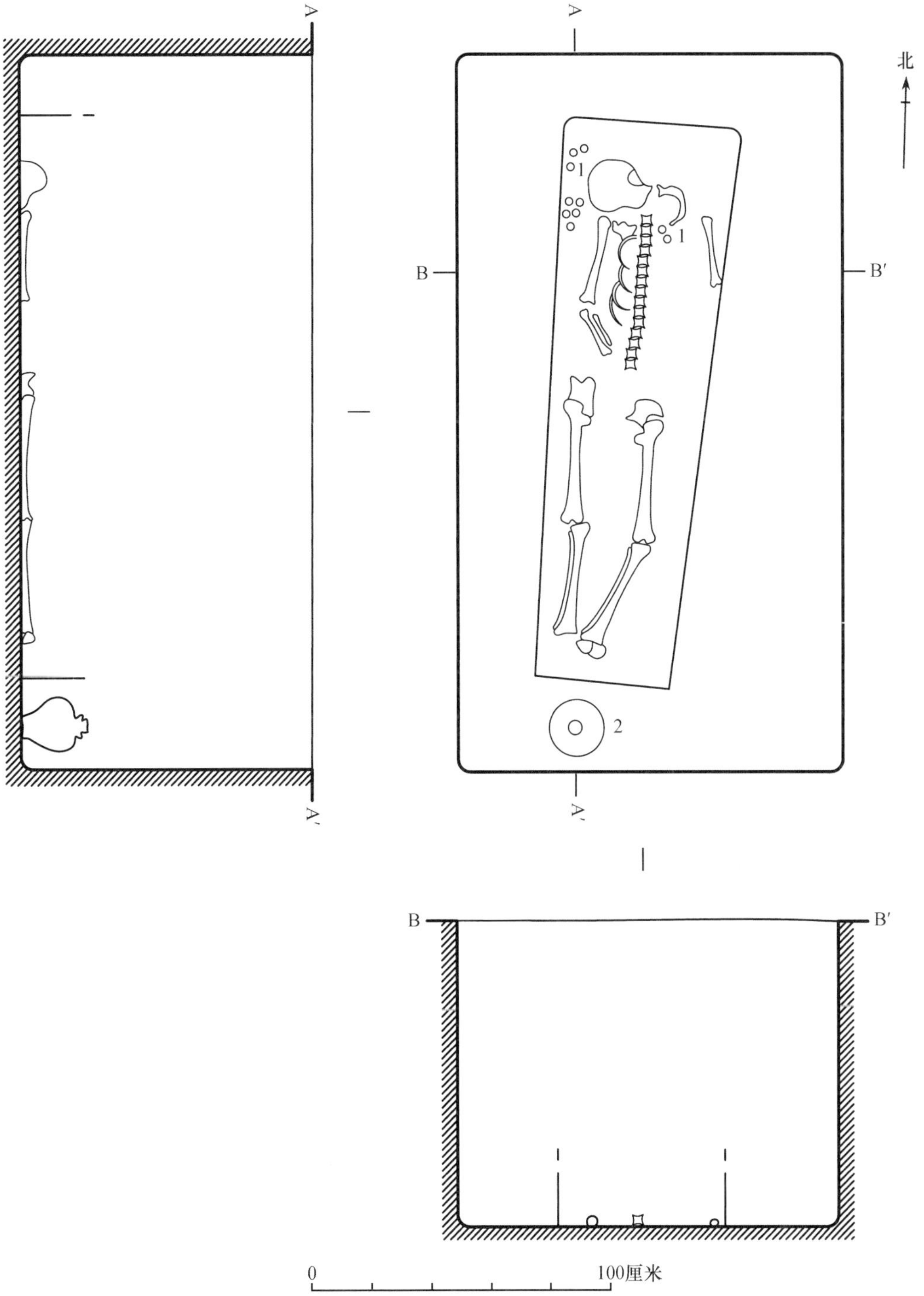

图三一　M57平、剖面图
1. 铜钱　2. 瓷瓶

墓底内置单棺，略呈梯形，北宽南窄，棺木腐朽严重，长1.82米，宽0.46～0.57米，残高0.1米。棺内葬人骨1具，因盗扰严重，骨架所剩无几，头向、面向、葬式及性别不详。棺内白灰铺底，厚约2厘米。

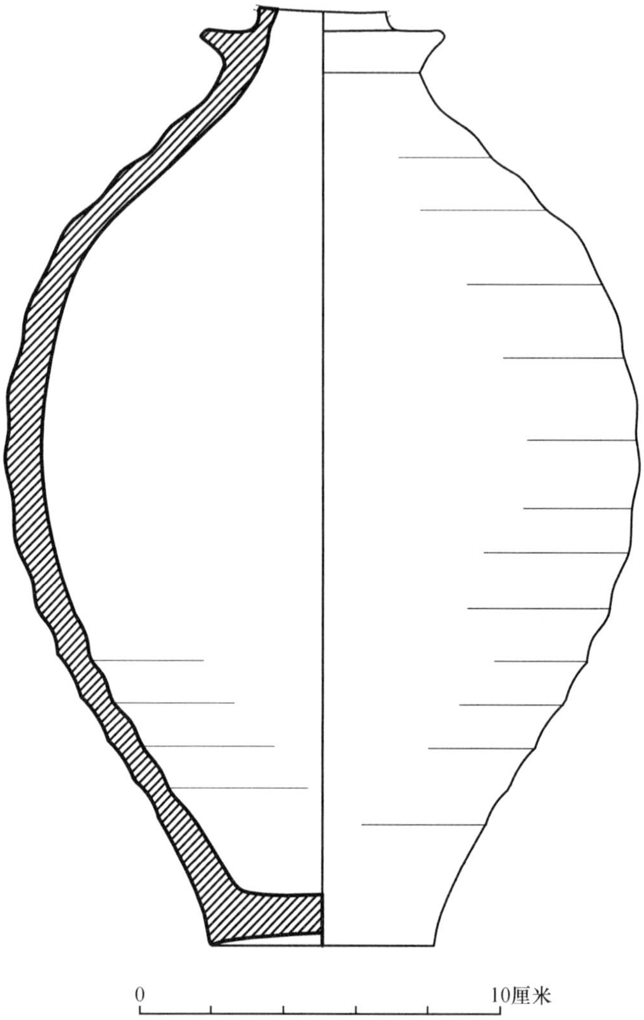

图三二　M57出土瓷瓶

（M57：2）

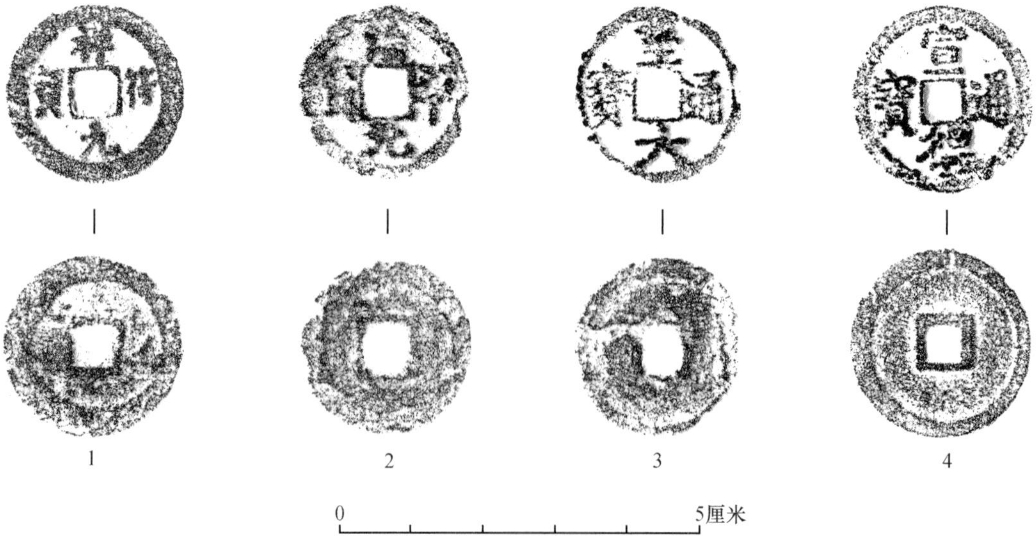

图三三　M57出土铜钱

1. 祥符元宝（M57：1-1）　2. 治平元宝（M57：1-2）　3. 至大通宝（M57：1-3）　4. 宣德通宝（M57：1-4）

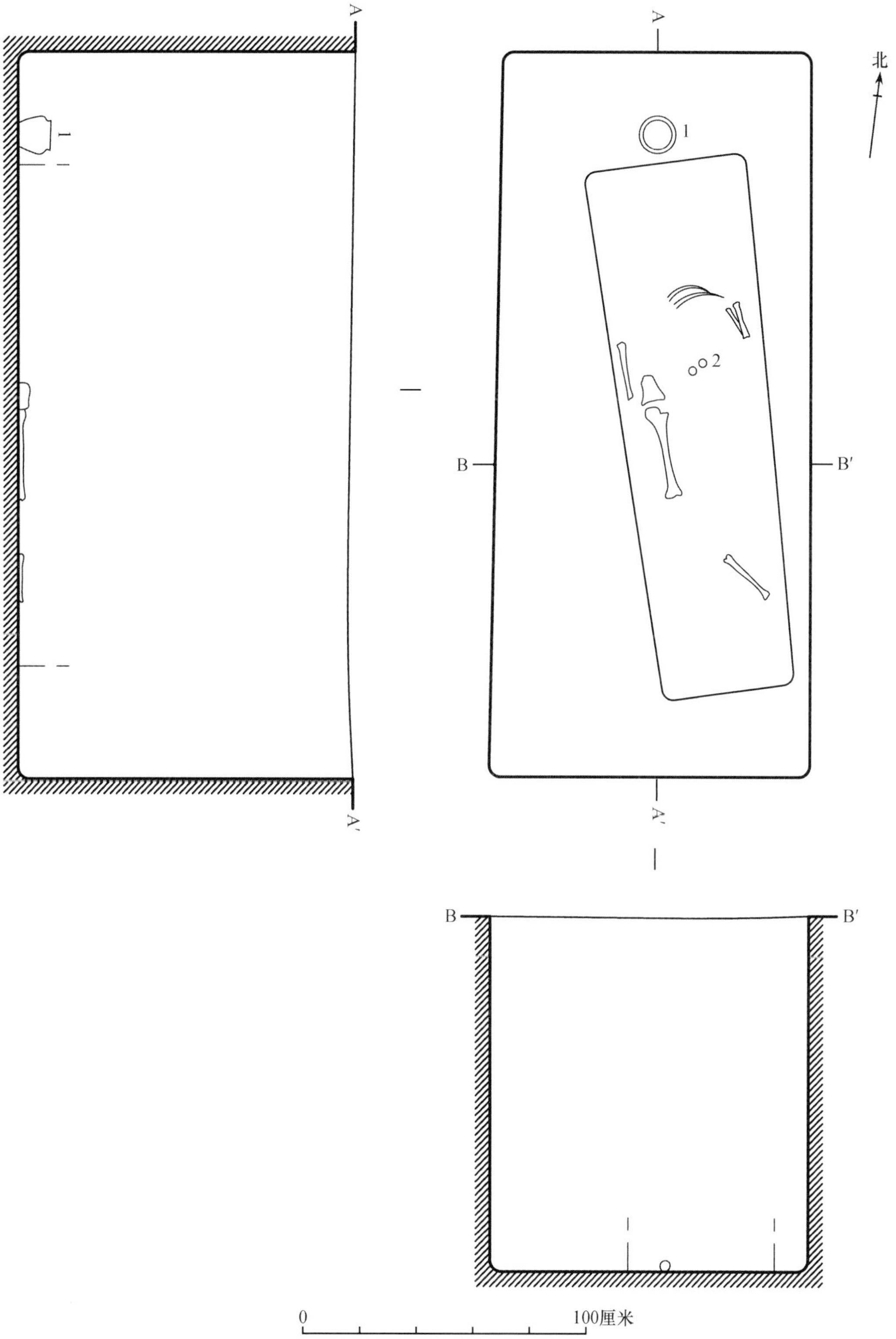

图三四 M58平、剖面图
1. 半釉陶罐 2. 铜钱

墓内随葬半釉陶罐1件、铜钱3枚。半釉陶罐（M58：1）位于棺头外中部，铜钱（M58：2）位于棺底中部。

（二）随葬品

半釉陶罐　1件。标本M58：1，黄褐色胎，胎质粗疏，器口及外腹壁施半酱黄色釉，有滴釉现象，器内仅口部施一层较薄的釉，釉色莹润光亮，器物内外壁见明显修坯旋痕。直口微敛，方圆唇，直颈，丰肩，弧腹，下腹弧收，平底。口径9.8、最大腹径13、底径8.6、高13.2、厚0.6～1.2厘米（图三五；图版六四，4）。

铜钱　3枚。

天圣元宝　1枚。标本M58：2-1，锈残，圆形，方穿，正、背面有圆郭，正面铸“天圣元宝”四字，楷书，旋读，背面无纹。钱径2.4、穿宽0.7、郭宽0.3厘米，重2.08 克（图三六）。

另2枚锈残，钱文不可辨识。

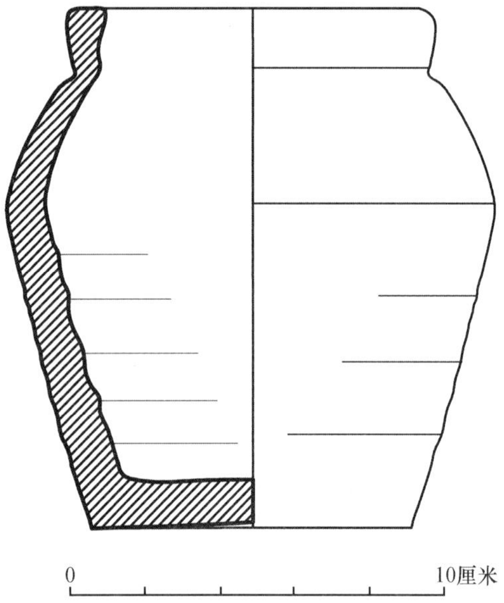

图三五　M58出土半釉陶罐
（M58：1）

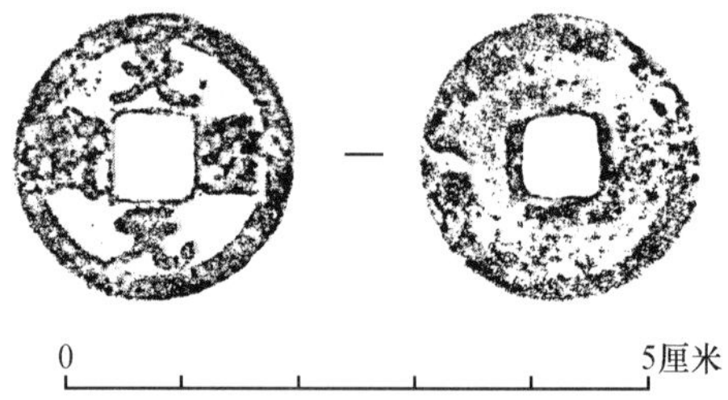

图三六　M58出土天圣元宝钱
（M58：2-1）

九、M70

（一）墓葬形制

M70位于Ⅰ区T1004南部，北邻M74。开口于第2层下。长方形竖穴土圹单棺墓，南北向，方向355°。墓圹南北长2.2米，东西宽0.84米，墓口距地表深0.34米，墓口距墓底深1.48米，内填胶质花土，土质较硬（图三七；图版八，2）。

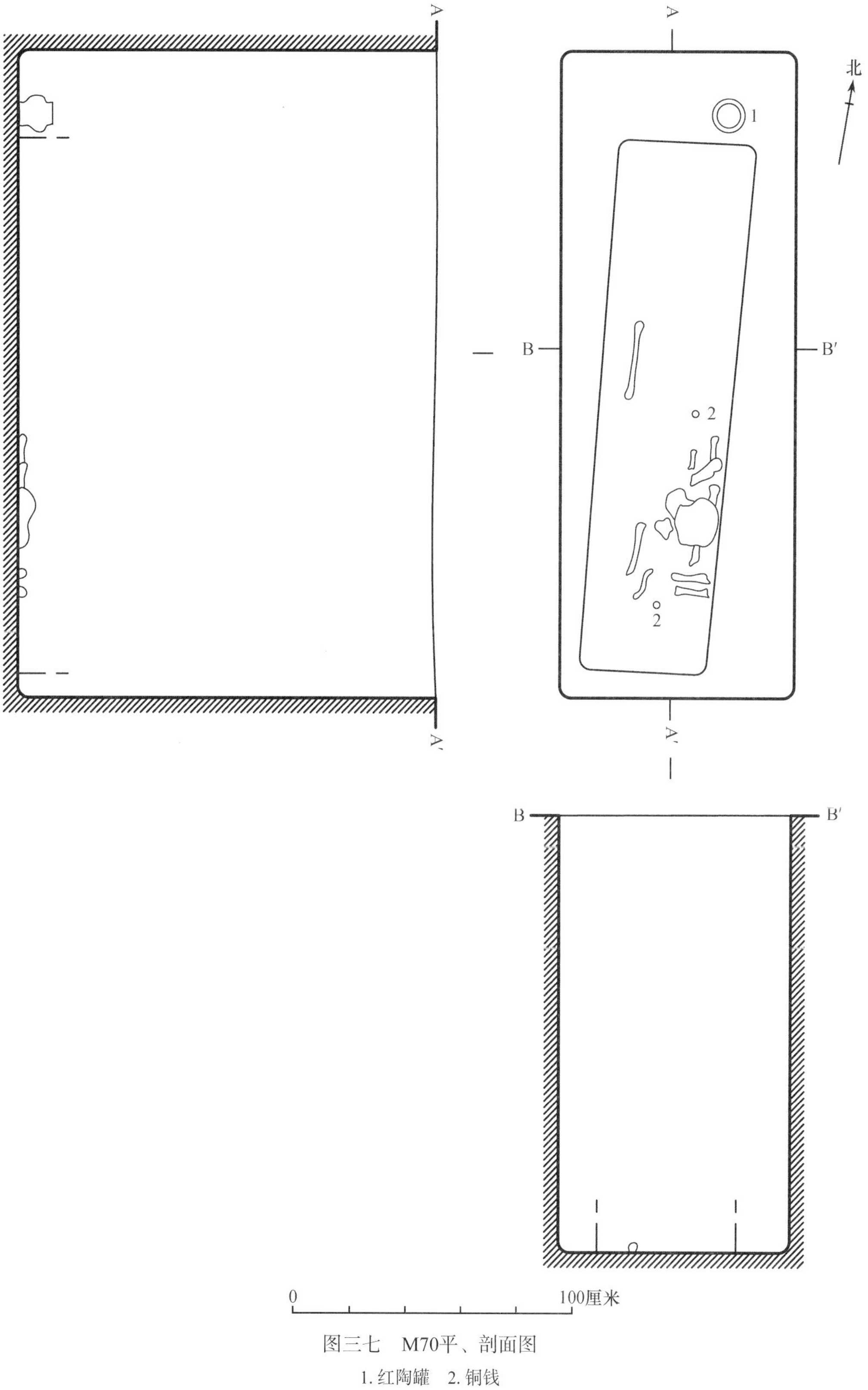

图三七 M70平、剖面图
1. 红陶罐 2. 铜钱

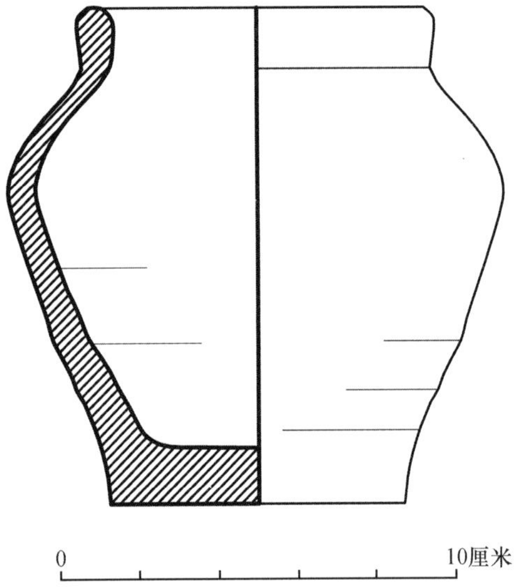

图三八　M70出土红陶罐
（M70：1）

墓底内置单棺，略呈梯形，北宽南窄，棺木已朽，长1.82米，宽0.46～0.5米，残高0.1米。棺内葬人骨1具，头向北，面向、葬式及性别不详。

墓内随葬红陶罐1件、铜钱3枚。红陶罐（M70：1）位于棺头外偏东，铜钱（M70：2）无规律散布于棺内中南部。

（二）随葬品

红陶罐　1件。标本M70：1，砖红色胎，修胎规整，器体内外壁见细密的修坯旋痕。口残，直口，方唇，直颈，丰肩，弧腹，下腹弧收，平底。口径9、最大腹径12.4、底径7.4、高12、厚0.6～1.4厘米（图三八；图版六四，5）。

铜钱　3枚。标本M70：1，皆锈残腐烂，钱文不辨。

十、M71

（一）墓葬形制

M71位于Ⅰ区T1004东南部，西邻M70。开口于第2层下。长方形竖穴土圹单棺墓，南北向，方向355°。墓圹南北长2.3米，东西宽1.2米，墓口距地表深0.34米，墓口距墓底深1.43米，内填胶质花土，土质较硬（图三九；图版八，3）。

墓底内置单棺，略呈梯形，北宽南窄，棺木已朽，长1.7米，宽0.4～0.44米，残高0.26米。棺内葬人骨1具，头向北，面向北，仰身直肢葬，墓主颅骨较大，骨壁较厚重，盆骨入口近心形，骨骼较粗壮，推断为男性。

墓内随葬铜钱2枚（M71：1），散布于骨架下肢骨间。

（二）随葬品

铜钱　2枚。

万历通宝　1枚。标本M71：1-1，锈残，圆形，方穿，正、背面有圆郭，正面铸“万历通宝”四字，楷书，对读，背面无纹。钱径2.65、穿宽0.6、郭宽0.3厘米，重1.87克（图四〇）。

另1枚锈残，钱文模糊不清。

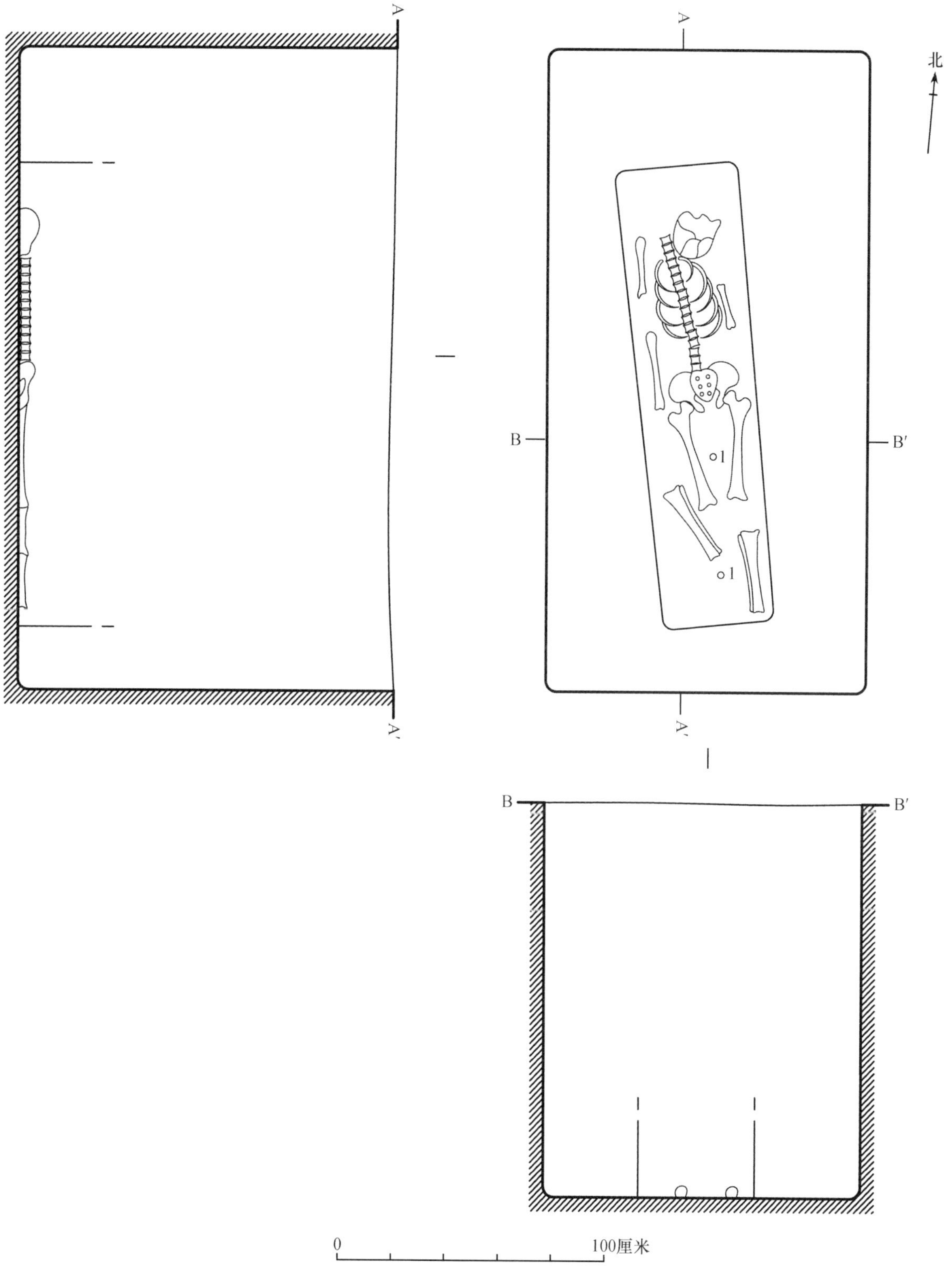

图三九 M71平、剖面图
1. 铜钱

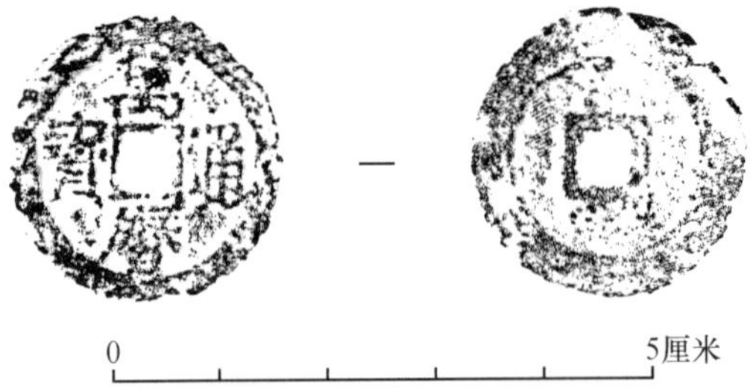

图四〇 M71出土万历通宝钱
（M71：1-1）

十一、M76

（一）墓葬形制

M76位于Ⅰ区T1003北部，东邻M75。开口于第2层下。梯形竖穴土圹单棺墓，北宽南窄，南北向，方向350°。墓圹南北长2.4米，东西宽1.5～1.68米，墓口距地表深0.34米，墓口距墓底深1.1米，内填胶质花土，土质湿软，含水分较大（图四一；图版八，4）。

墓底内置单棺，略呈梯形，北宽南窄，棺木已朽，长1.72米，宽0.52～0.56米。棺内葬人骨1具，头向北，面向上，仰身直肢葬，墓主颅骨较小，骨壁较薄，乳突较小，盆骨横径大于纵径，呈椭圆形，为女性。

墓内随葬半釉陶罐、骨簪各1件。半釉陶罐（M76：1）位于棺头外中部，骨簪（M76：2）位于头骨东北侧。

（二）随葬品

半釉陶罐 1件。标本M76：1，黄褐色胎，胎质粗疏，器口及外腹壁施半青绿色釉，器内仅口部施一层较薄的青绿色釉浆水，器物内外壁见明显修坯旋痕。口残，直口，方圆唇，短颈，丰肩，弧腹，下腹弧收，平底。口径8.6、最大腹径11.8、底径7.4、高10.6、厚0.4～1厘米（图四二，1；图版六五，4）。

骨簪 1件。标本M76：2，黄褐色。残断，呈圆锥形，簪首颈部旋削呈一箍状，簪首至簪体逐渐变细，尾尖细，通体打磨光滑。通长10厘米（图四二，2；图版六五，2）。

十二、M77

（一）墓葬形制

M77位于Ⅰ区T1104中部，西邻M73。开口于第2层下。长方形竖穴土圹单棺墓，南北向，方向

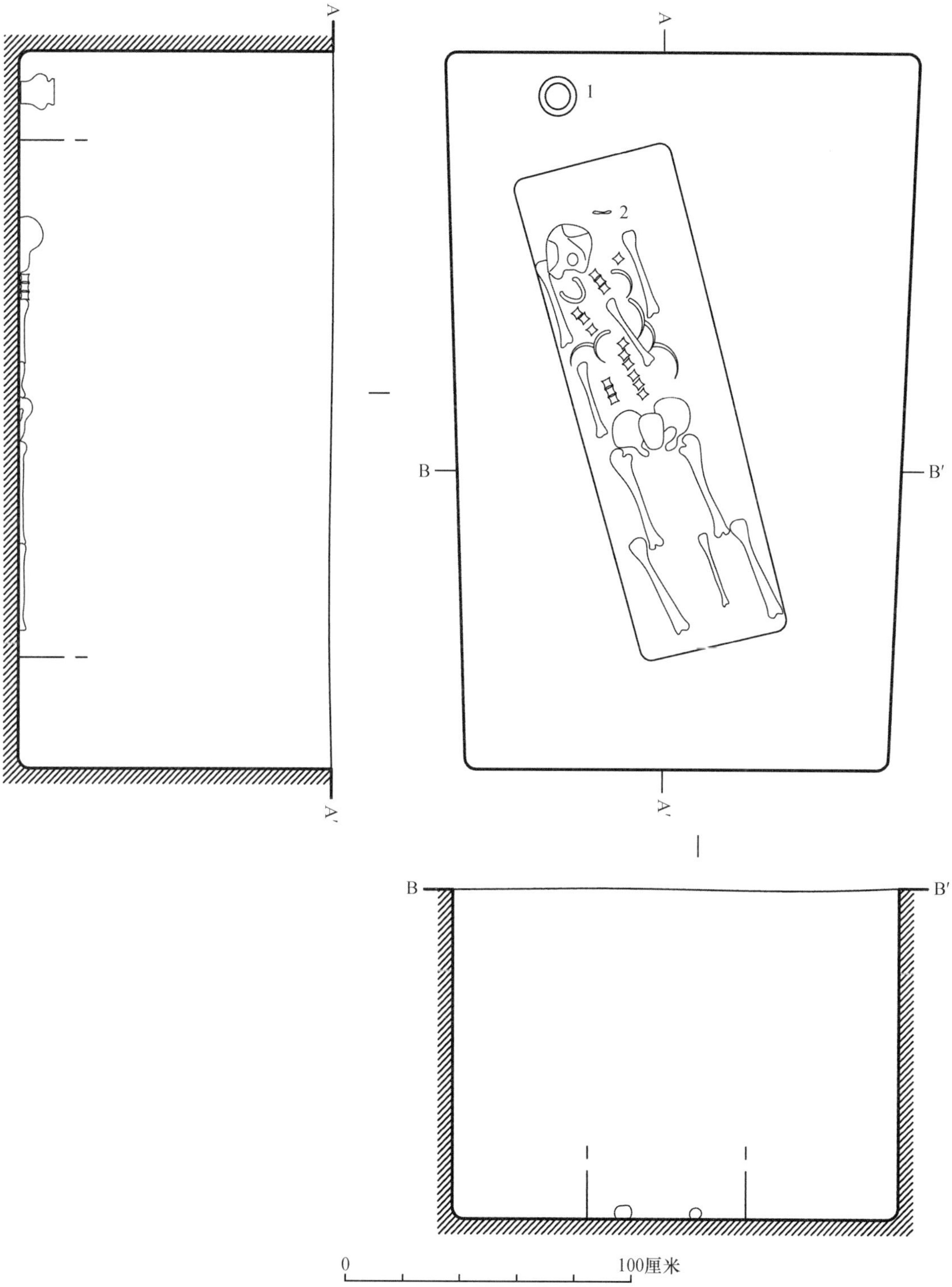

图四一　M76平、剖面图
1. 半釉陶罐　2. 骨簪

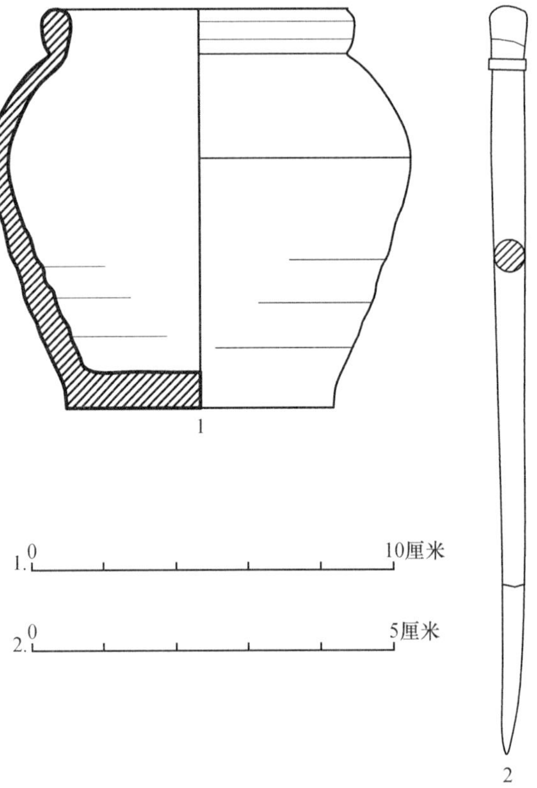

图四二　M76出土器物

1. 半釉陶罐（M76：1）　2. 骨簪（M76：2）

350°。墓圹南北长2.14米，东西宽0.92米，墓口距地表深0.34米，墓口距墓底深0.82米，内填胶质花土，土质较硬（图四三；图版九，1）。

墓底内置单棺，略呈梯形，北宽南窄，棺木已朽，长1.8米，宽0.4～0.56米。棺内葬人骨1具，头向北，面向南，仰身直肢葬，墓主颅骨较大，骨壁较厚重，盆骨入口近心形，骨骼较粗壮，推断为男性。

墓内随葬夹砂陶壶1件、铜钱20枚。夹砂陶壶（M77：2）位于棺头外北部，铜钱（M77：1）无规律分布于棺内中部。

（二）随葬品

夹砂陶壶　1件。标本M77：2，夹砂灰陶。残损，直口微敛，扁圆腹，平底，“o”形把，圆柱形流。口径9.6、最大腹径13.6、底径8.6、高11.2、厚0.5～0.7厘米（图四四；图版六五，3）。

铜钱　20枚。

嘉靖通宝　20枚。标本M77：1-1，残缺，圆形，方穿，正、背面有圆郭，正面铸“嘉靖通宝”四字，楷书，对读。钱径2.5、穿宽0.6、郭宽0.3厘米，重2.58克（图四五）。

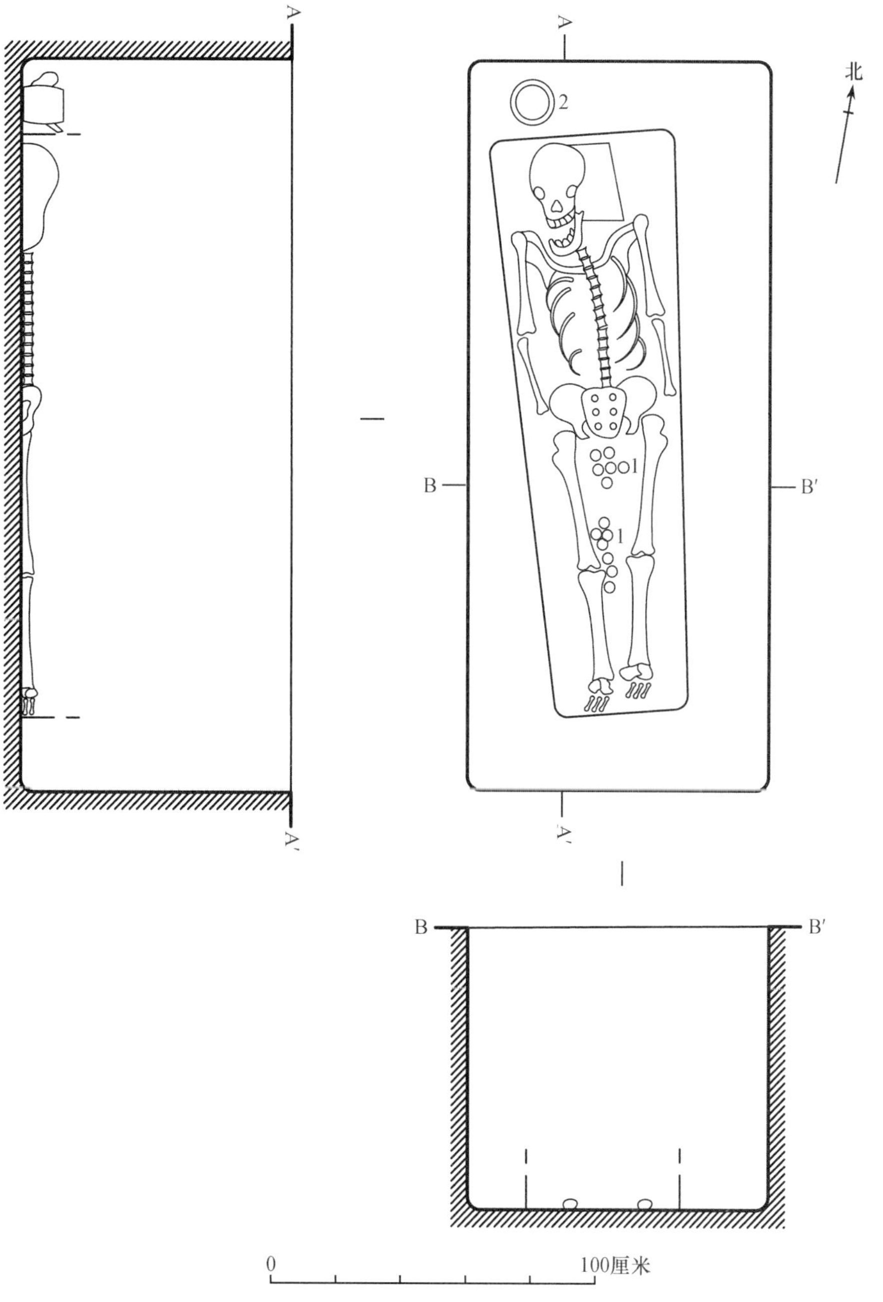

图四三 M77平、剖面图
1. 铜钱 2. 夹砂陶壶

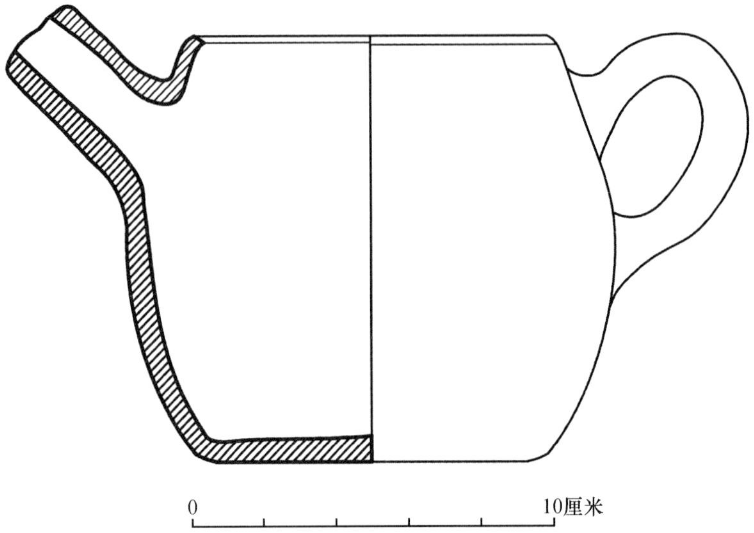

图四四　M77出土夹砂陶壶
（M77：2）

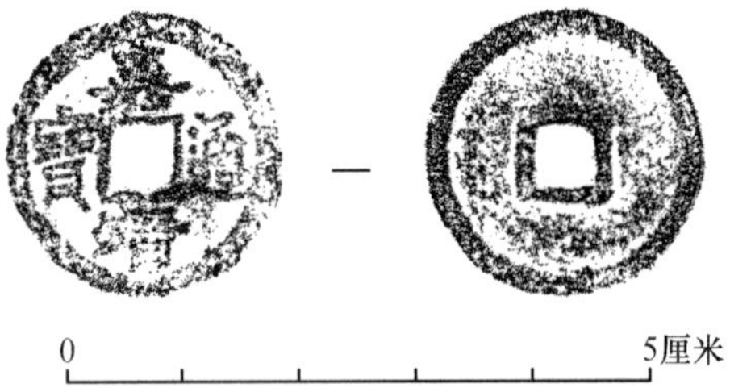

图四五　M77出土嘉靖通宝钱
（M77：1-1）

十三、M125

（一）墓葬形制

M125位于Ⅰ区T0710中部，北邻M124。开口于第2层下。梯形竖穴土圹单棺墓，北宽南窄，南北向，方向354°。墓圹南北长2.64米，东西宽1.52～1.74米，墓口距地表深0.7米，墓口距墓底深1米，内填胶质花土，土质较软（图四六；图版九，2）。

墓底内置单棺，略呈梯形，北宽南窄，棺木腐朽严重，长1.75米，宽0.58～0.64米，残高0.22米。棺内葬人骨1具，现存3～5块碎骨，头向、面向、葬式、性别均不详。

墓内随葬铜钱16枚（M125：1），位于棺内中部，无规律分散在骨架间。

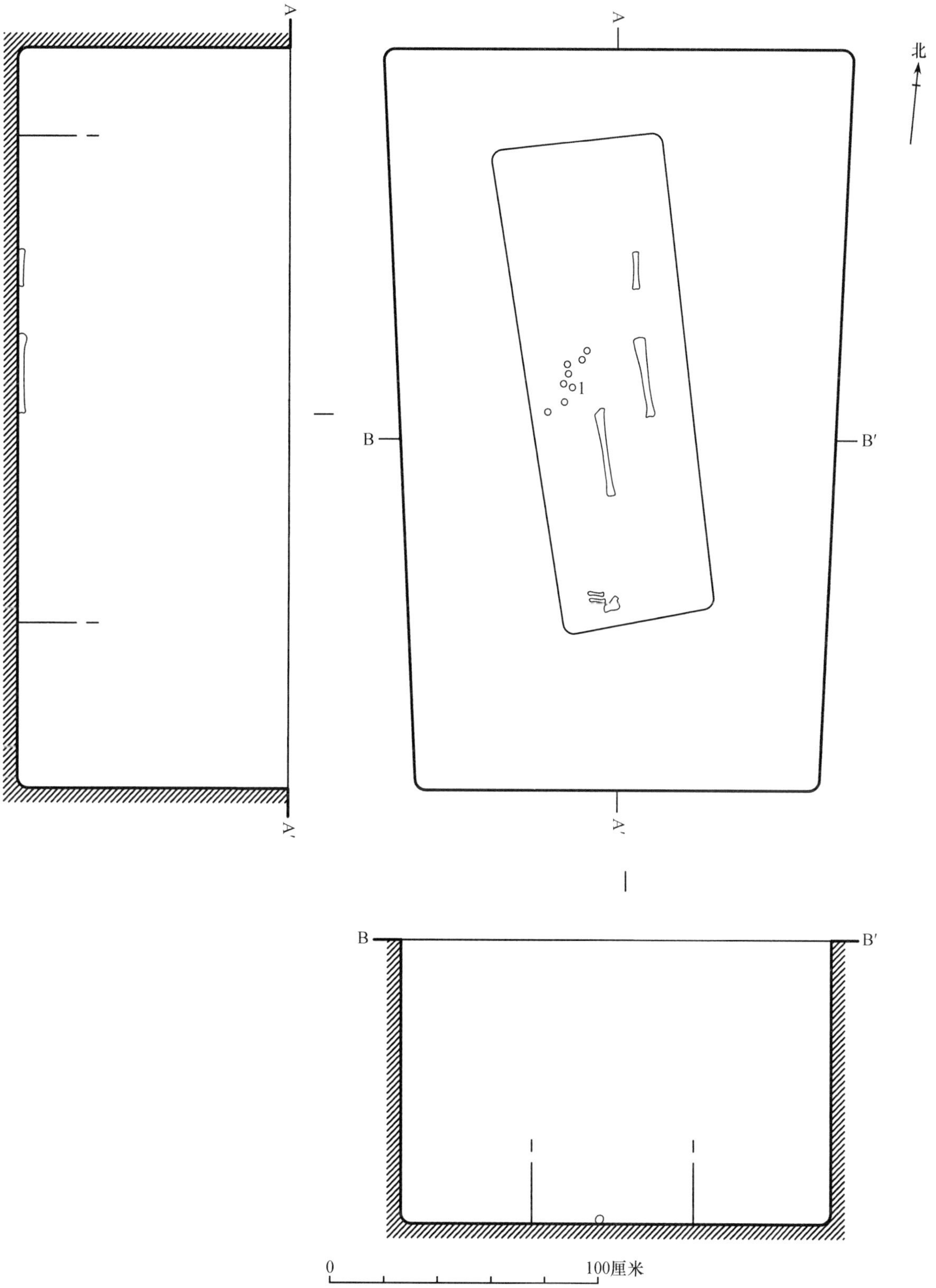

图四六　M125平、剖面图
1. 铜钱

（二）随葬品

铜钱　16枚。

万历通宝　16枚。标本M125：1-1，锈残，圆形，方穿，正、背面有圆郭，正面铸“万历通宝”四字，楷书，对读，背面无纹。钱径2.6、穿宽0.55、郭宽0.25厘米，重3.93克（图四七）。

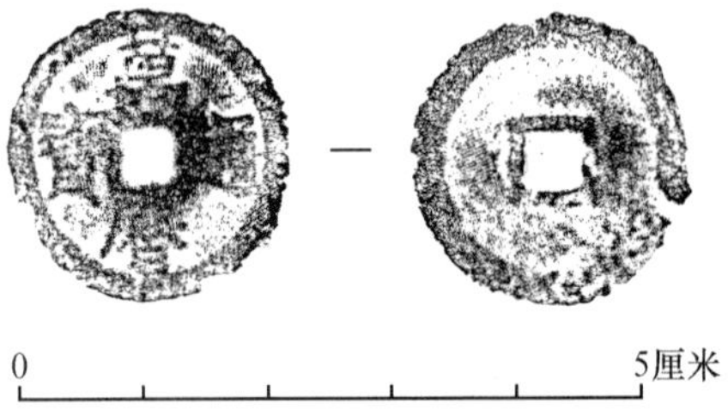

图四七　M125出土万历通宝钱
（M125：1-1）

第二节　双　棺　墓

双棺墓15座，编号为M33～M35、M37、M40、M42、M44、M45、M48、M50、M52、M53、M69、M74、M75。

一、M33

（一）墓葬形制

M33位于Ⅰ区T1401中部偏西，北邻M36。开口于第2层下。长方形竖穴土圹双棺墓，南北向，方向354°。墓圹南北长2.2米，东西宽1.56米，墓口距地表深0.35米，墓口距墓底深0.6米，内填胶质花土，土质较硬。墓底内置双棺，并列于墓中部，间距0.12～0.15米（图四八；图版九，3）。

东棺略呈梯形，北宽南窄，棺木腐朽严重，仅存棺木朽痕，长1.94米，宽0.56～0.61米。棺内葬人骨1具，头向北，面向北，仰身直肢葬，墓主颅骨较大，骨壁较厚重，乳突大而厚重，盆骨入口近心形，骨骼相对西棺较粗壮，推断为男性。

西棺略呈梯形，北宽南窄，棺木腐朽严重，长1.76米，宽0.58～0.66米。棺内葬人骨1具，头向北，面向东，侧身直肢葬，墓主颅骨较小，骨壁较薄，乳突较小，下颌角度较大，盆骨入口近椭圆形，推断为女性。

墓内随葬铜钱4枚（M33：1），位于东棺中部。

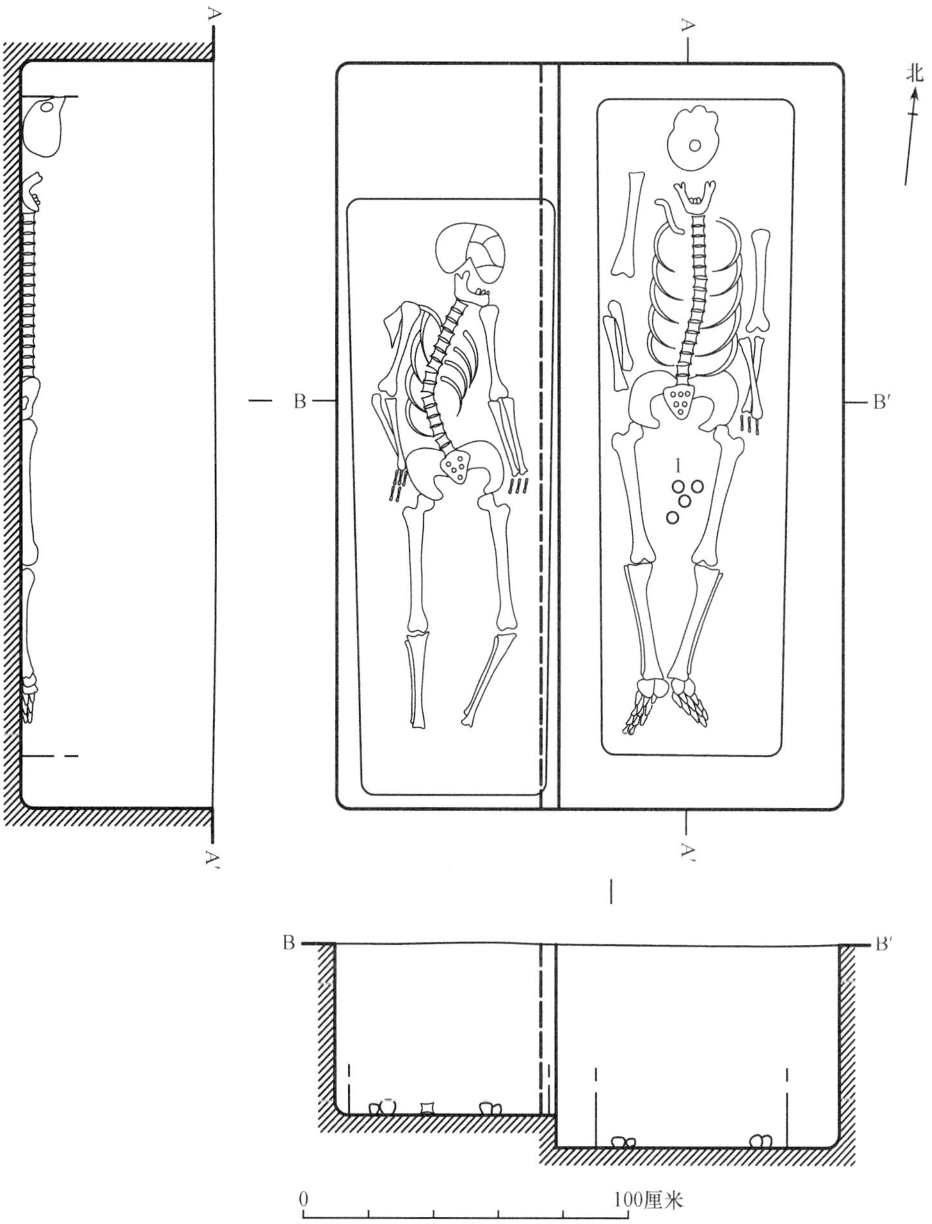

图四八 M33平、剖面图
1. 铜钱

（二）随葬品

铜钱 4枚。

嘉靖通宝 1枚。标本M33：1-1，锈残，圆形，方穿，正、背面有圆郭，正面铸“嘉靖通宝”四字，楷书，对读，背面无纹。钱径2.6、穿宽0.6、郭宽0.4厘米，重4.66克（图四九，1）。

隆庆通宝 2枚。标本M33：1-2，锈残，圆形，方穿，正、背面有圆郭，正面铸“隆庆通宝”四字，楷书，对读，背面无纹。钱径2.5、穿宽0.6、郭宽0.35厘米，重3.86克（图四九，2）。

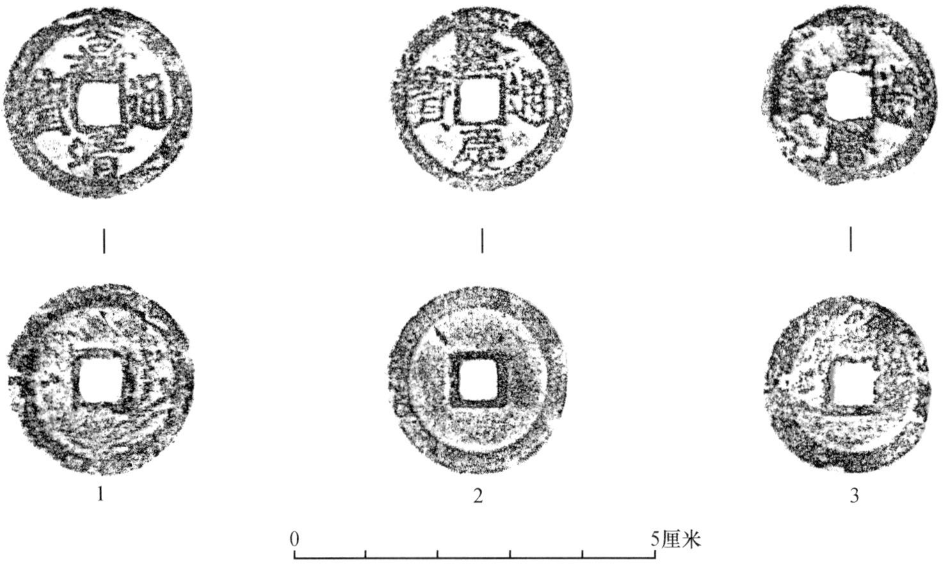

图四九　M33出土铜钱

1. 嘉靖通宝（M33：1-1）　2. 隆庆通宝（M33：1-2）　3. 万历通宝（M33：1-3）

万历通宝　1枚。标本M33：1-3，锈残，圆形，方穿，正、背面有圆郭，正面铸“万历通宝”四字，楷书，对读，背面无纹。钱径2.4、穿宽0.65、郭宽0.3厘米，重3.2克（图四九，3）。

二、M34

（一）墓葬形制

M34位于Ⅰ区T1401中部，西北邻M33，墓圹东南部被现代坑打破。开口于第2层下。梯形竖穴土圹双棺墓，西窄东宽，南北向，方向351°。墓圹南北长2.5～2.7米，东西宽1.54米，墓口距地表深0.35米，墓口距墓底深0.56～0.6米，内填胶质花土，土质较硬。墓底内置双棺，并列于墓中北部，间距0.12～0.15米（图五〇；图版一〇，1）。

东棺略呈梯形，北宽南窄，棺木腐朽严重，仅存棺木朽痕，长1.9米，宽0.55～0.58米。棺内葬人骨1具，头向北，面向上，仰身直肢葬，墓主颅骨较大，骨壁较厚重，骨骼相对西棺较粗壮，推断为男性。

西棺略呈梯形，北宽南窄，棺木腐朽严重，长1.84米，宽0.46～0.56米。棺内葬人骨1具，头向北，面向西，仰身直肢葬，墓主颅骨较小，骨壁较薄，推断为女性。

墓内随葬半釉陶罐1件、铜钱7枚。半釉陶罐（M34：1）位于西棺棺头外偏西部，铜钱（M34：2）位于西棺中北部骨架两臂内侧肋骨处。

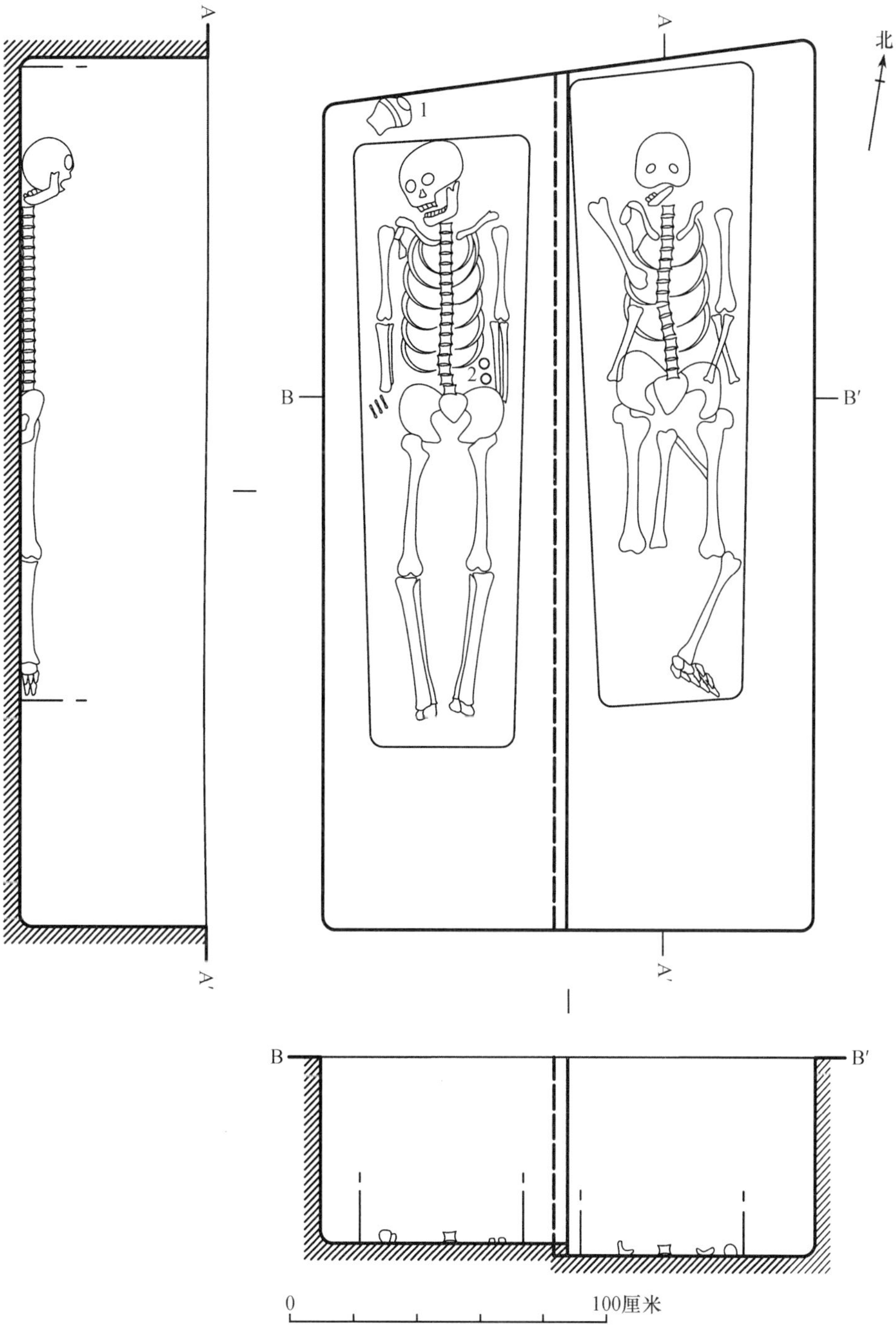

图五〇　M34平、剖面图

1. 半釉陶罐　2. 铜钱

（二）随葬品

半釉陶罐　1件。标本M34∶1，砖红色胎，胎质粗疏，器口及外腹壁施青绿色釉浆水，器内仅口部施一层较薄的青绿色釉，脱落严重，器内外壁见明显修坯旋痕。残，直口，方圆唇，束颈，丰肩，弧腹，下腹弧收，平底。口径9.6、最大腹径14、底径8、高13.2、厚0.5～1.6厘米（图五一；图版六五，5）。

铜钱　7枚。

崇宁通宝　1枚。标本M34：2-1，锈残，圆形，方穿，正、背面有圆郭，正面铸“崇宁通宝”四字，楷书，对读，背面无纹。钱径3.4、穿宽0.9、郭宽0.2厘米，重6.04克（图五二，1）。

嘉靖通宝　6枚。标本M34：2-2，锈残，圆形，方穿，正、背面有圆郭，正面铸“嘉靖通宝”四字，楷书，对读，背面无纹。钱径2.4、穿宽0.6、郭宽0.25厘米，重2.76克（图五二，2）。

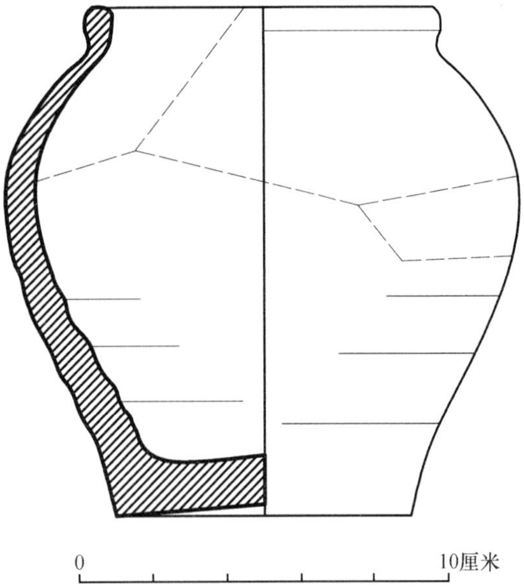

图五一　M34出土半釉陶罐
（M34：1）

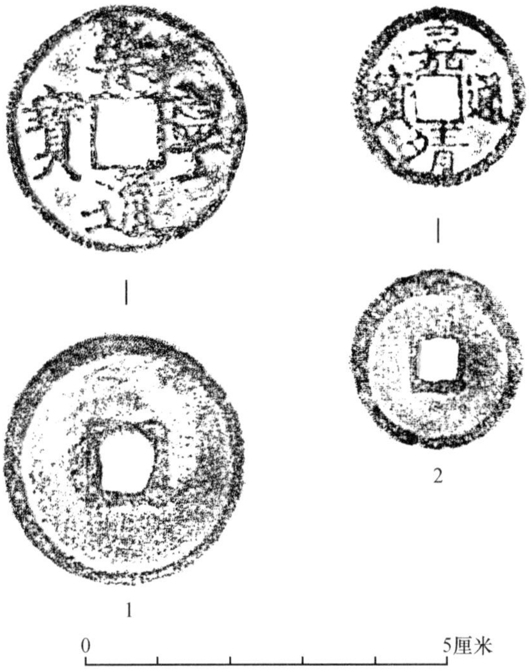

图五二　M34出土铜钱
1. 崇宁通宝（M34：2-1）　2. 嘉靖通宝（M34：2-2）

三、M35

（一）墓葬形制

M35位于Ⅰ区T1501北部，北邻M42。开口于第2层下。梯形竖穴土圹双棺墓，北宽南窄，南北向，方向10°。墓圹南北长2.56米，东西宽1.6～1.74米，墓口距地表深0.34米，墓口距墓底深0.48～0.52米，内填花土，土质较硬。墓底内置双棺，并列于墓中央，间距0.36米（图五三；图版一〇，2）。

东棺略呈梯形，北宽南窄，棺木已朽，长1.76米，宽0.46～0.58米，残高0.12米。棺内葬人骨1具，头向北，面向东，仰身直肢葬，墓主颅骨较大，骨壁较厚重，骨骼相对西棺较粗壮，推断为男性。

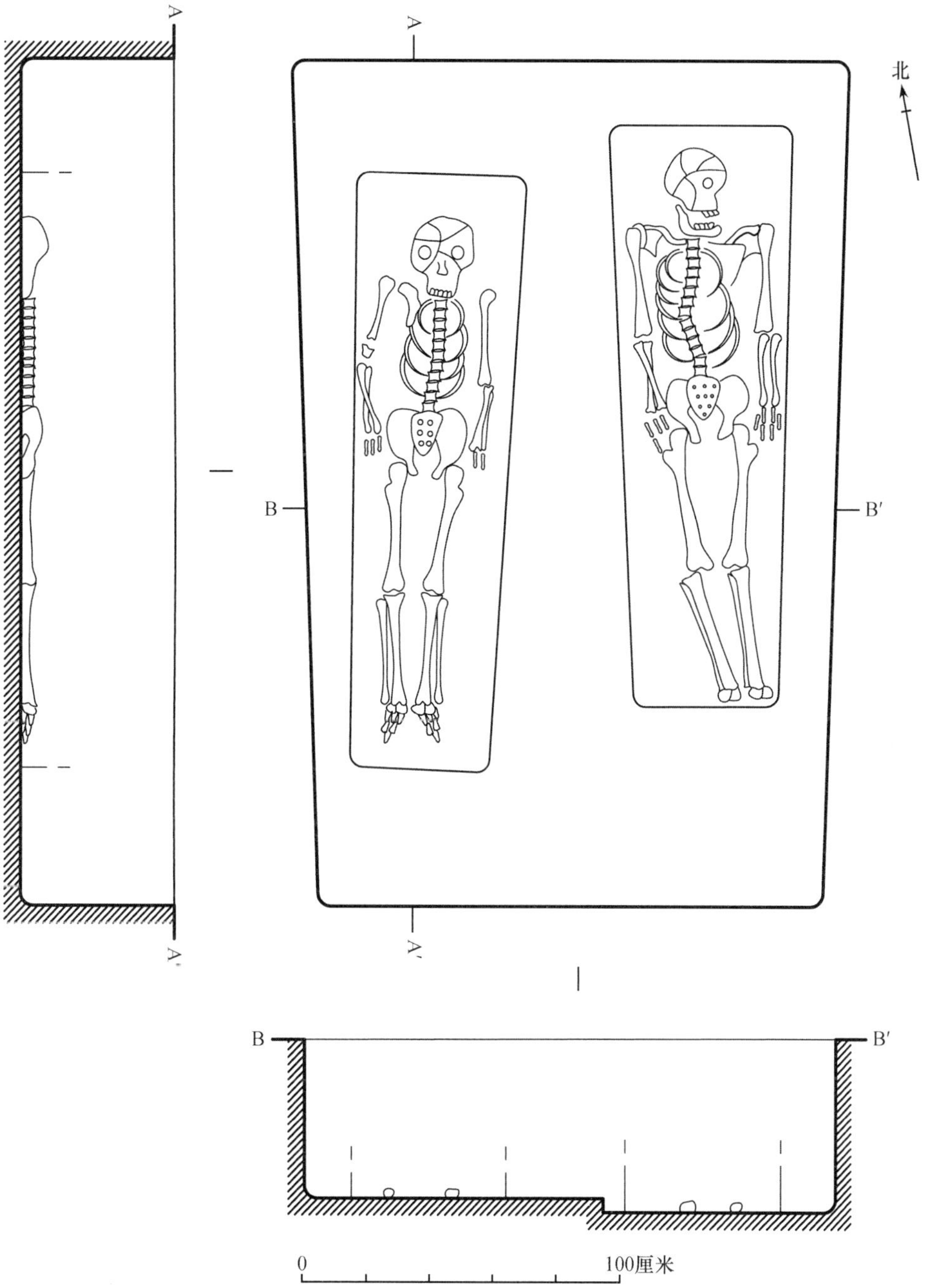

图五三　M35平、剖面图

西棺略呈梯形，北宽南窄，棺木已朽，长1.8米，宽0.44～0.54米。棺内葬人骨1具，头向北，面向南，仰身直肢葬，墓主颅骨较小，骨壁较薄，推断为女性。

（二）随葬品

无。

四、M37

（一）墓葬形制

M37位于Ⅰ区T1401北部，北邻M40。开口于第2层下。梯形竖穴土圹双棺墓，西宽东窄，南北向，方向345°。墓圹南北长2.56～2.62米，东西宽2.52米，墓口距地表深0.34米，墓口距墓底深0.72米，内填胶质花土，土质较硬。墓底内置双棺，并列于墓西部，间距约0.35米（图五四；图版一一，1）。

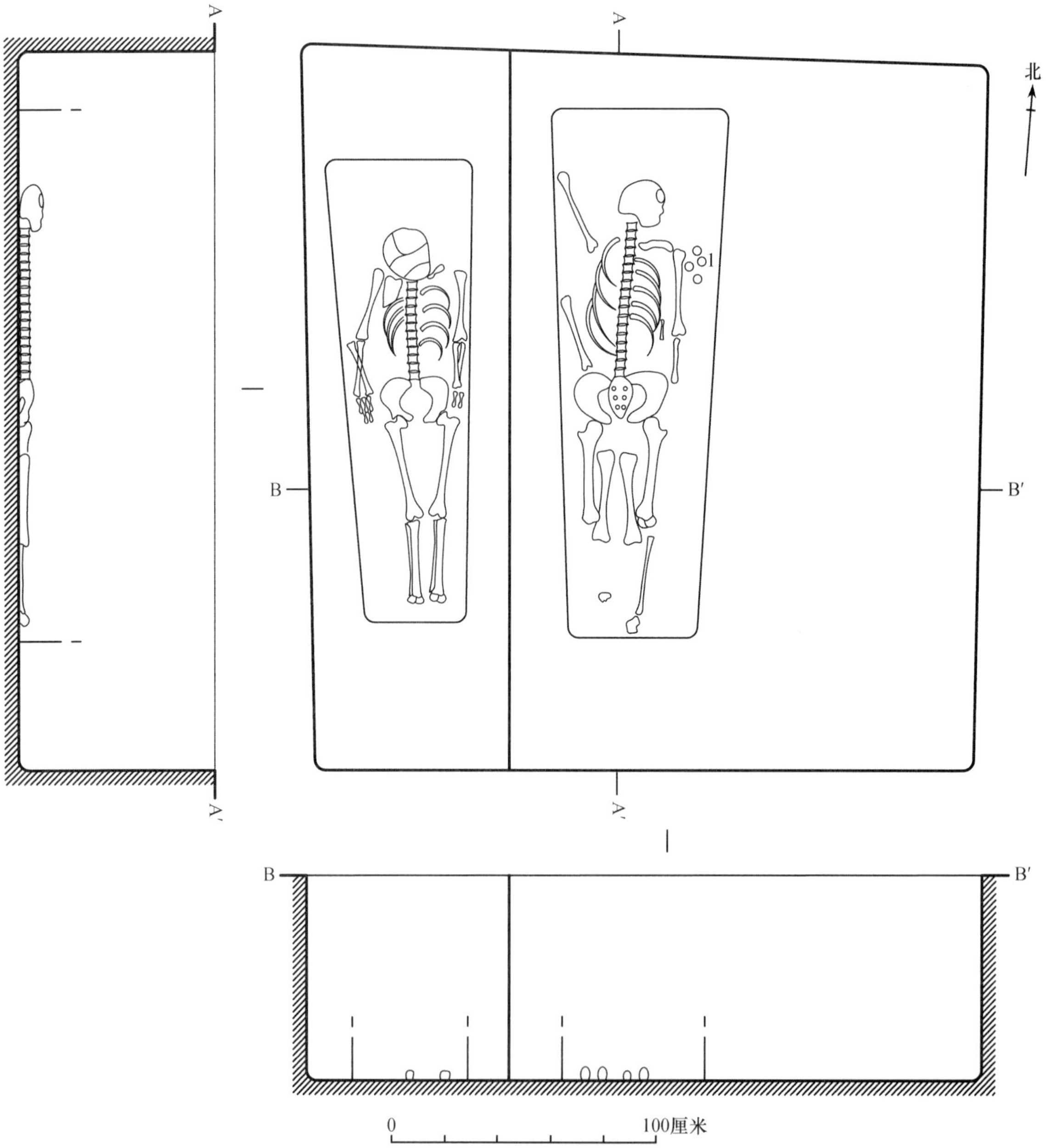

图五四　M37平、剖面图

1. 铜钱

东棺略呈梯形，北宽南窄，棺木已腐朽，长1.92米，宽0.5～0.68米，残高0.15米。棺内葬人骨1具，头向北，面向东，仰身直肢葬，墓主颅骨较大，骨壁较厚重，骨骼相对西棺较粗壮，推断为男性。

西棺略呈梯形，北宽南窄，棺木腐朽严重，长1.68米，宽0.4～0.55米，残高0.16米。棺内葬人骨1具，头向北，面向上，仰身直肢葬，墓主颅骨较小，骨壁较薄，盆骨入口近椭圆形，推断为女性。

墓内随葬铜钱5枚（M37：1），位于东棺骨架左臂骨东侧。

（二）随葬品

铜钱　5枚。

大观通宝　1枚。标本M37：1-1，完整，圆形，方穿，正、背面有圆郭，郭较窄，正面铸“大观通宝”四字，瘦金体，对读，背面无纹。钱径4.1、穿宽1.15、郭宽0.25厘米，重18.26克（图五五，1）。

万历通宝　4枚。标本M37：1-2，完整，圆形，方穿，正、背面有圆郭，正面铸“万历通宝”四字，楷书，对读，背面无纹。钱径2.55、穿宽0.6、郭宽0.3厘米，重3.17克（图五五，2）。

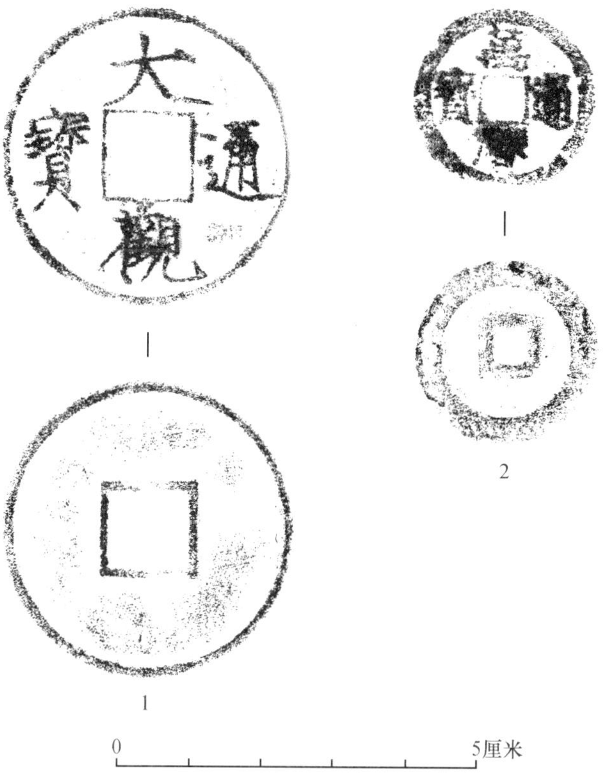

图五五　M37出土铜钱
1. 大观通宝（M37：1-1）　2. 万历通宝（M37：1-2）

五、M40

（一）墓葬形制

M40位于Ⅰ区T1402南部，南邻M37。开口于第2层下。梯形竖穴土圹双棺墓，北窄南宽，南北向，方向348°。墓圹南北长2.2米，东西宽1.96～2.04米，墓口距地表深0.34米，墓口距墓底深0.64～0.68米，内填胶质花土，土质较硬。墓底内置双棺，并列于墓中部偏东，间距约0.23米（图五六；图版一一，2）。

东棺呈梯形，北宽南窄，棺木已腐朽，长1.68米，宽0.46～0.59米，残高0.2米。棺内葬人骨1具，头向北，面向不清，仰身直肢葬，墓主颅骨较小，骨壁较薄，推断为女性。

西棺略呈梯形，北宽南窄，棺木腐朽严重，长1.76米，宽0.42～0.5米，残高0.2米。棺内葬人骨1具，骨架较凌乱，头向北，面向东，侧身直肢葬，墓主颅骨较大，骨壁较厚重，骨骼相对东棺较

图五六 M40平、剖面图
1. 铜簪 2、3. 铜钱

粗壮，推断为男性。

墓内随葬铜簪1件、铜钱5枚，铜簪（M40：1）位于东棺头骨北侧，铜钱（M40：2、M40：3）无规律散布于两棺内骨架间。

（二）随葬品

铜簪 1件。标本M40：1，簪体与簪首焊接，残断，簪首呈蘑菇首状向上凸起，底部莲花瓣底托向外展开，簪首底部呈空窝状，簪体残断，呈圆锥形，尾较尖。簪首直径1.5、通长13厘米（图五七，1；图版六五，1）。

铜钱　5枚。

天禧通宝　1枚。标本M40：2-1，残缺，圆形，方穿，正、背面有圆郭，正面铸“天禧通宝”四字，楷书，旋读，背面无纹。钱径2.5、穿宽0.7、郭宽0.25厘米，重2.31克（图五七，2）。

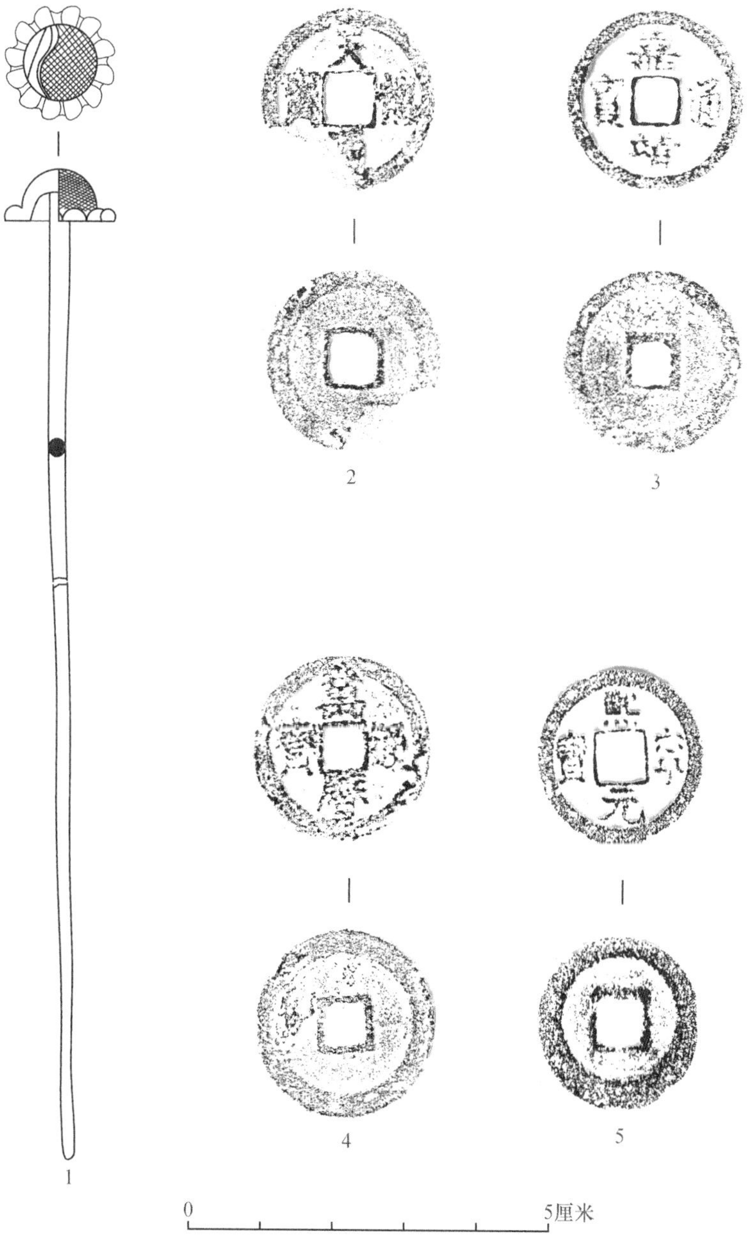

图五七　M40出土器物

1. 铜簪（M40：1）　2. 天禧通宝（M40：2-1）　3. 嘉靖通宝（M40：2-2）　4. 万历通宝（M40：2-3）　5. 熙宁元宝（M40：3）

熙宁元宝　1枚。标本M40：3，锈残，圆形，方穿，正、背面有圆郭，正面铸“熙宁元宝”四字，楷书，旋读，背面无纹。钱径2.4、穿宽0.7、郭宽0.3厘米，重3.23克（图五七，5）。

嘉靖通宝　2枚。标本M40：2-2，锈残，圆形，方穿，正、背面有圆郭，正面铸“嘉靖通宝”四字，楷书，对读，背面无纹。钱径2.5、穿宽0.6、郭宽0.2厘米，重2.39克（图五七，3）。

万历通宝　1枚。标本M40：2-3，锈残，圆形，方穿，正、背面有圆郭，正面铸“万历通宝”四字，楷书，对读，背面无纹。钱径2.6、穿宽0.7、郭宽0.3厘米，重3.35克（图五七，4）。

六、M42

（一）墓葬形制

M42位于Ⅰ区T1502南部，西邻M41。开口于第2层下。长方形竖穴土圹双棺墓，南北向，方向350°。墓圹南北长2.74米，东西宽1.7米，墓口距地表深0.34米，墓口距墓底深1.42～1.56米，内填胶质花土，土质湿黏，含水分较大。墓底内置双棺，并列于墓中央，间距约0.3米（图五八；图版一二，1）。

东棺略呈梯形，北宽南窄，棺木已朽，长1.8米，宽0.4～0.46米。棺内葬人骨1具，头向北，面向东，葬式、性别不详。

西棺略呈梯形，北宽南窄，棺木已朽，长1.86米，宽0.42～0.46米。棺内葬人骨1具，头向北，面向南，仰身直肢葬，性别不详。

墓内随葬红陶罐1件、筒瓦1块、铜钱4枚。红陶罐（M42：1）位于东棺头外中部；筒瓦位于东棺内头骨北部，规格为长0.26、宽0.1、厚0.01米；铜钱（M42：2、M42：3）两棺均有，西棺3枚，东棺1枚。

（二）随葬品

红陶罐　1件。标本M42：1，砖红色粗胎，器体内外壁有修坯旋痕。残碎，弧腹，下腹弧收，小平底。底径7.6、残高11.6、厚0.8～1.2厘米（图五九；图版六五，6）。

铜钱　4枚。

咸平元宝　1枚。标本M42：3-1，锈残，圆形，方穿，正、背面有圆郭，正面铸“咸平元宝”四字，楷书，旋读，背面无纹。钱径2.3、穿宽0.6、郭宽0.3厘米，重3.17克（图六〇，1）。

景德元宝　1枚。标本M42：3-2，锈残，圆形，方穿，正、背面有圆郭，正面铸“景德元宝”四字，楷书，旋读，背面无纹。钱径2.45、穿宽0.65、郭宽0.3厘米，重2.89克（图六〇，2）。

另2枚锈残，钱文不清。

图五八　M42平、剖面图
1. 红陶罐　2、3. 铜钱

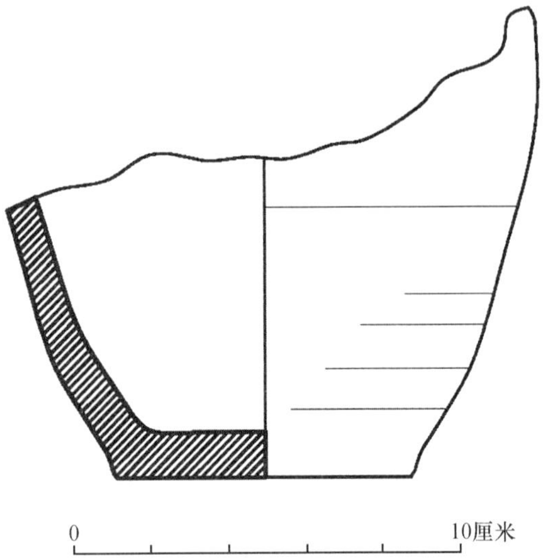

图五九　M42出土红陶罐
（M42：1）

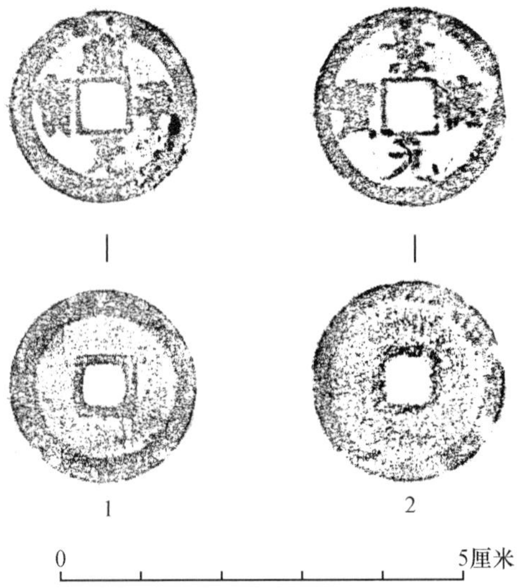

图六〇　M42出土铜钱
1. 咸平元宝（M42：3-1）　2. 景德元宝（M42：3-2）

七、M44

（一）墓葬形制

M44位于Ⅰ区T1502中部偏东，东南邻M43。开口于第2层下。梯形竖穴土圹双棺墓，北宽南窄，南北向，方向350°。墓圹南北长2.2～2.3米，东西宽1.68～1.78米，墓口距地表深0.34米，墓口距墓底深0.82～1.08米，内填胶质花土，土质较硬。墓底内置双棺，并列于墓中央，间距约0.38米（图六一；图版一二，2）。

东棺略呈梯形，北宽南窄，棺木已朽，长1.8米，宽0.42～0.54米，残高0.1米。棺内葬人骨1具，头向北，面向东，仰身直肢葬，为男性。

西棺略呈梯形，北宽南窄，棺木已朽，长1.9米，宽0.4～0.5米，残高0.34米。棺内葬人骨1具，因盗扰严重，仅留下肢骨，头向、面向、葬式及性别不详。

墓内随葬半釉陶罐1件（M44：1），位于东棺头外中部。

（二）随葬品

半釉陶罐　1件。标本M44：1，黄褐色胎，胎质粗疏，器口及外腹壁施半酱色釉，局部脱落，器物内外壁见明显修坯旋痕。口残，直口，方圆唇，直颈，溜肩，弧腹，下腹弧收，平底。口径9、最大腹径10.6、底径7.6、高11、厚0.8～1厘米（图六二；图版六六，1）。

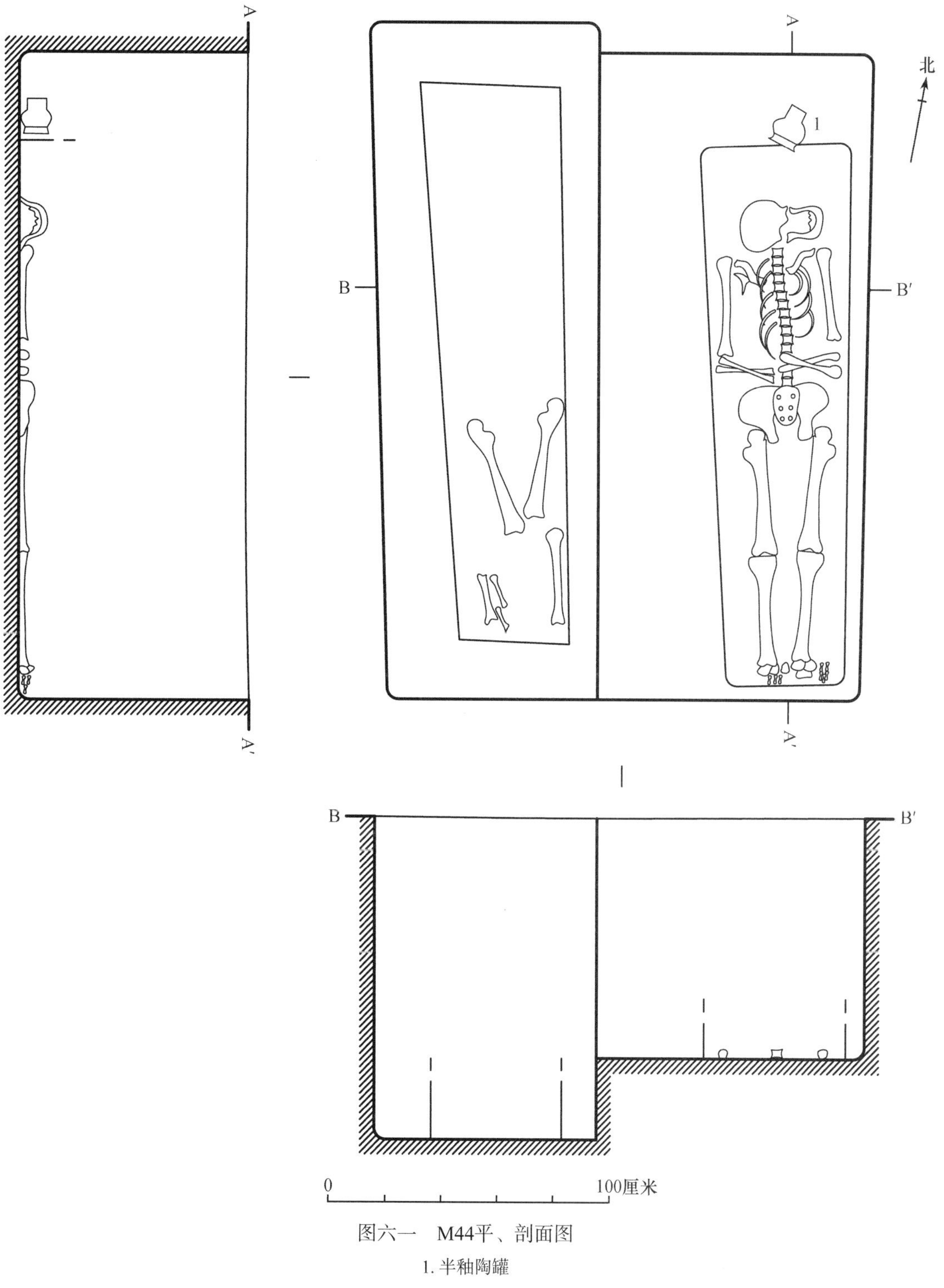

图六一 M44平、剖面图
1. 半釉陶罐

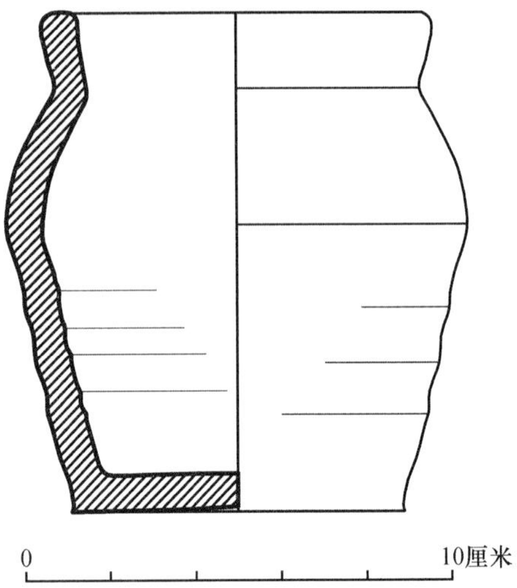

图六二 M44出土半釉陶罐
（M44：1）

八、M45

（一）墓葬形制

M45位于Ⅰ区T1502中部偏西，北邻M49。开口于第2层下。梯形竖穴土圹双棺墓，北宽南窄，南北向，方向345°。墓圹南北长2.12～2.3米，东西宽2.22～2.29米，墓口距地表深0.34米，墓口距墓底深0.92～1.08米，内填胶质花土，土质湿黏。墓底双棺置于墓两侧，间距约0.7米（图六三；图版一三，1）。

东棺略呈梯形，北宽南窄，棺木已朽，长1.86米，宽0.4～0.58米，残高0.24米。棺内葬人骨1具，头向北，面向东，仰身直肢葬，墓主颅骨较小，骨壁较薄，推断为女性。

西棺略呈梯形，北宽南窄，棺木已朽，长1.84米，宽0.4～0.58米，残高0.34米。棺内葬人骨1具，头向北，面向南，仰身直肢葬，墓主颅骨较大，骨壁较厚重，骨骼相对东棺较粗壮，推断为男性。

墓内随葬半釉陶罐1件、铜钱2枚。半釉陶罐（M45：1）位于东棺头外偏西，铜钱（M45：2）位于西棺中南部。

（二）随葬品

半釉陶罐 1件。标本M45：1，黄褐色胎，胎质粗疏，器外壁施半酱色釉，器内仅口部施一层较薄的酱色釉，釉色莹润光亮，器物腹壁见修坯旋痕。直口微敛，方圆唇，短颈，折肩，弧腹，下腹弧收，平底。口径8.2、最大腹径12.5、底径8、高12.2、厚0.7～1.1厘米（图六四；图版六六，2）。

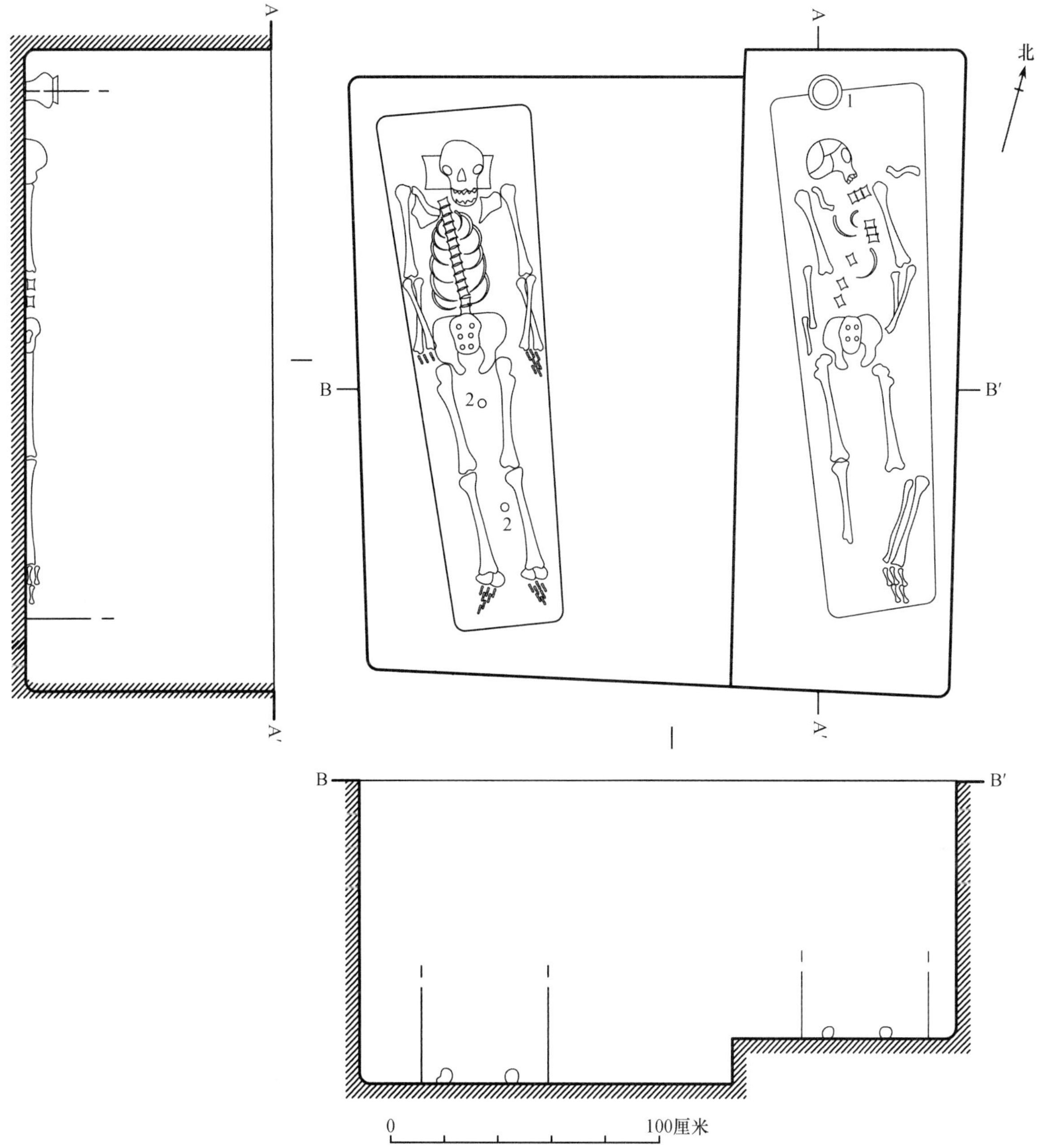

图六三 M45平、剖面图
1. 半釉陶罐 2. 铜钱

铜钱 2枚。锈蚀残碎。

熙宁元宝 1枚。

元丰通宝 1枚。

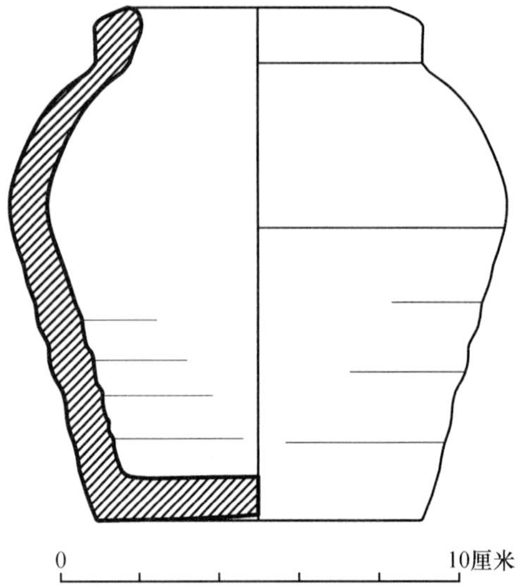

图六四　M45出土半釉陶罐
（M45：1）

九、M48

（一）墓葬形制

M48位于Ⅰ区T1502西北部，东邻M49。开口于第2层下。梯形竖穴土圹双棺墓，北宽南窄，南北向，方向351°。墓圹南北长2.2米，东西宽1.5～1.6米，墓口距地表深0.34米，墓口距墓底深1.14～1.2米，内填胶质花土，土质湿软。墓底内置双棺，并列于墓中部，间距0.3米（图六五；图版一三，2）。

东棺略呈梯形，北宽南窄，棺木腐朽严重，仅存棺木朽痕，长1.8米，宽0.4～0.5米，残高0.24米。棺内葬人骨1具，骨架凌乱，头向北，面向不清，葬式、性别不详。骨架头枕青瓦，瓦长0.2米，宽0.16米，素面。

西棺略呈梯形，北宽南窄，棺木腐朽严重，长1.9米，宽0.48～0.56米，残高0.56米。棺内葬人骨1具，头向北，面向东，仰身直肢葬，墓主颅骨较大，骨骼相对东棺较粗壮，初步推断为男性。

墓内随葬3枚铜钱，1枚（M48：1）位于西棺中部，另2枚（M48：2）位于东棺中部和南部。

（二）随葬品

铜钱　3枚。

万历通宝　1枚。标本M48：1-1，锈残，圆形，方穿，正、背面有圆郭，正面铸“万历通宝”四字，楷书，对读，背面无纹。钱径2.5、穿宽0.6、郭宽0.2厘米，重2.58克（图六六）。

另2枚锈残，钱文不可辨。

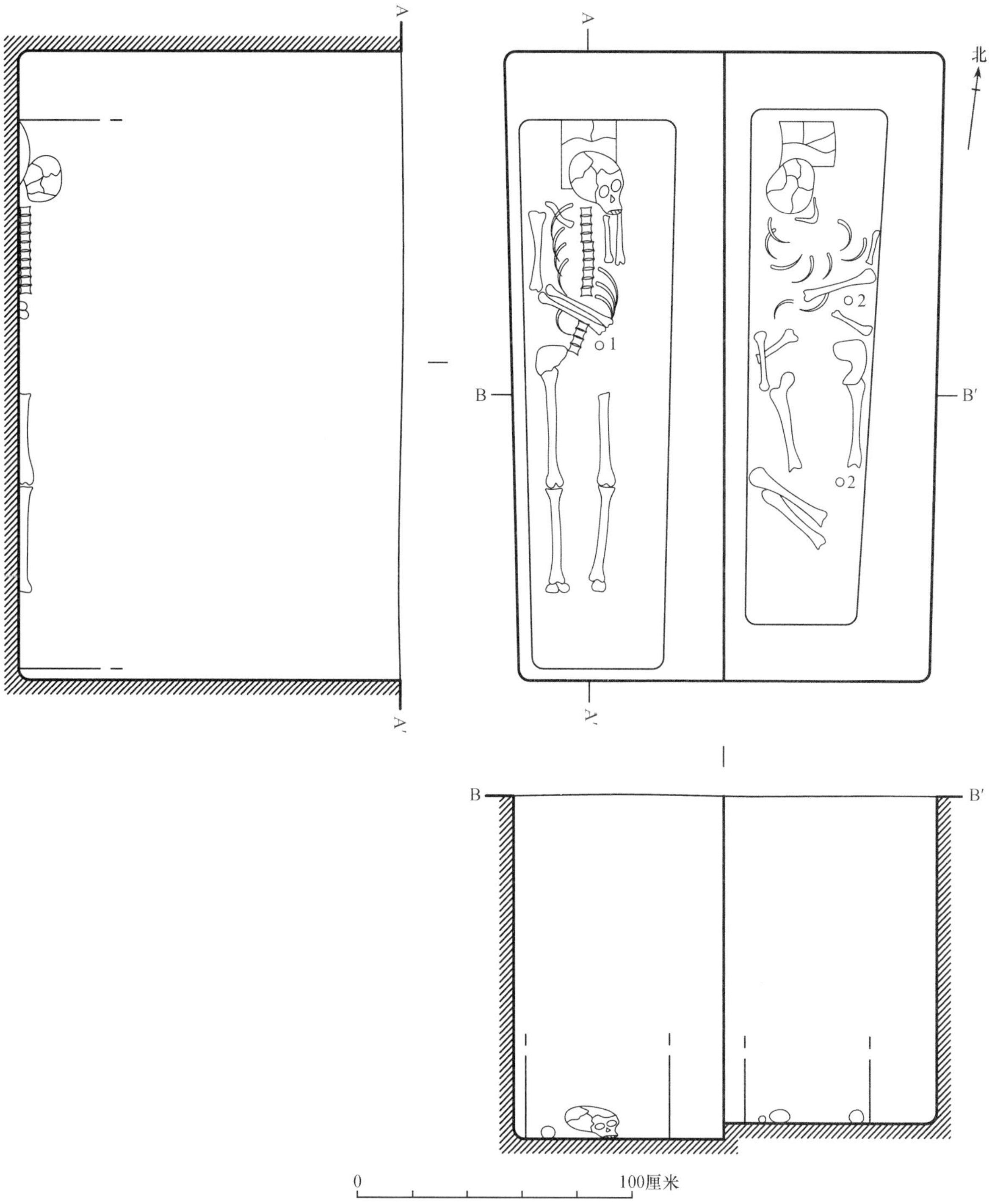

图六五　M48平、剖面图
1、2. 铜钱

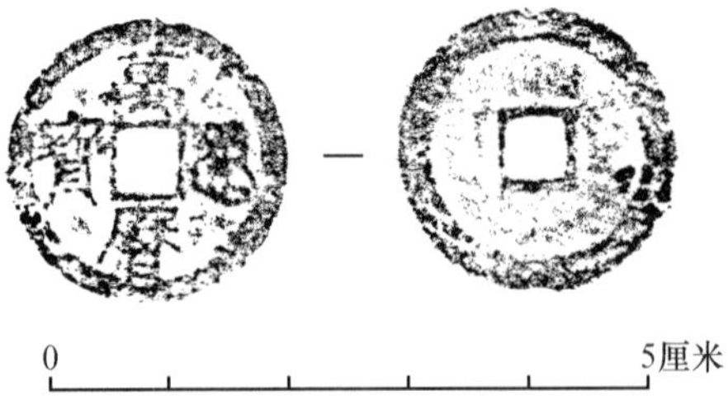

图六六　M48出土万历通宝钱
（M48：1）

十、M50

（一）墓葬形制

M50位于Ⅰ区T1503南部，局部进入T1502北隔梁，南邻M49。开口于第2层下。梯形竖穴土圹双棺墓，北宽南窄，南北向，方向355°。墓圹南北长2.28～2.4米，东西宽1.44～1.66米，墓口距地表深0.34米，墓口距墓底深0.7～0.9米，内填胶质花土，土质较硬。墓底内置双棺，并列于墓中央，间距约0.14米（图六七；图版一四，1）。

东棺略呈梯形，北宽南窄，棺木已朽，长1.88米，宽0.46～0.64米，残高0.08米。棺内葬人骨1具，头向北，面向西，仰身直肢葬，墓主颅骨较大，骨骼较粗壮，推断为男性。

西棺略呈梯形，北宽南窄，棺木已朽，长1.7米，宽0.52～0.58米，残高0.24米。棺内葬人骨1具，骨架凌乱，头向北，面向北，葬式、性别不详。

墓内随葬红陶罐、半釉陶罐各1件，铜钱1枚。红陶罐（M50：1）位于东棺头外北部，半釉陶罐（M50：3）位于西棺头外北部，铜钱（M50：2）位于东棺骨架肋骨东部。

（二）随葬品

红陶罐　1件。标本M50：1，砖红色粗胎。口残，敞口，圆唇，束颈，弧腹，下腹弧收，平底，底部有一椭圆形凹坑。口径11、最大腹径11.2、底径7.2、高11.8、厚0.8～1.2厘米（图六八，1；图版六六，6）。

半釉陶罐　1件。标本M50：3，黄褐色胎，胎质粗疏，局部有窑裂，器口及外腹壁施青绿色釉浆水，局部有滴釉现象，器内仅口部施一层较薄的青绿色釉，器物内外壁见明显修坯旋痕。残，直口，方唇，束颈，丰肩，弧腹，下腹弧收，平底。口径9.2、最大腹径12.8、底径8、高12、厚0.6～1厘米（图六八，2；图版六六，4）。

铜钱　1枚。

元丰通宝　1枚。标本M50：2，锈残，圆形，方穿，正、背面有圆郭，正面铸“元丰通宝”四字，篆书，旋读，背面无纹。钱径2.45、穿宽0.75、郭宽0.2厘米，重3.21克（图六九）。

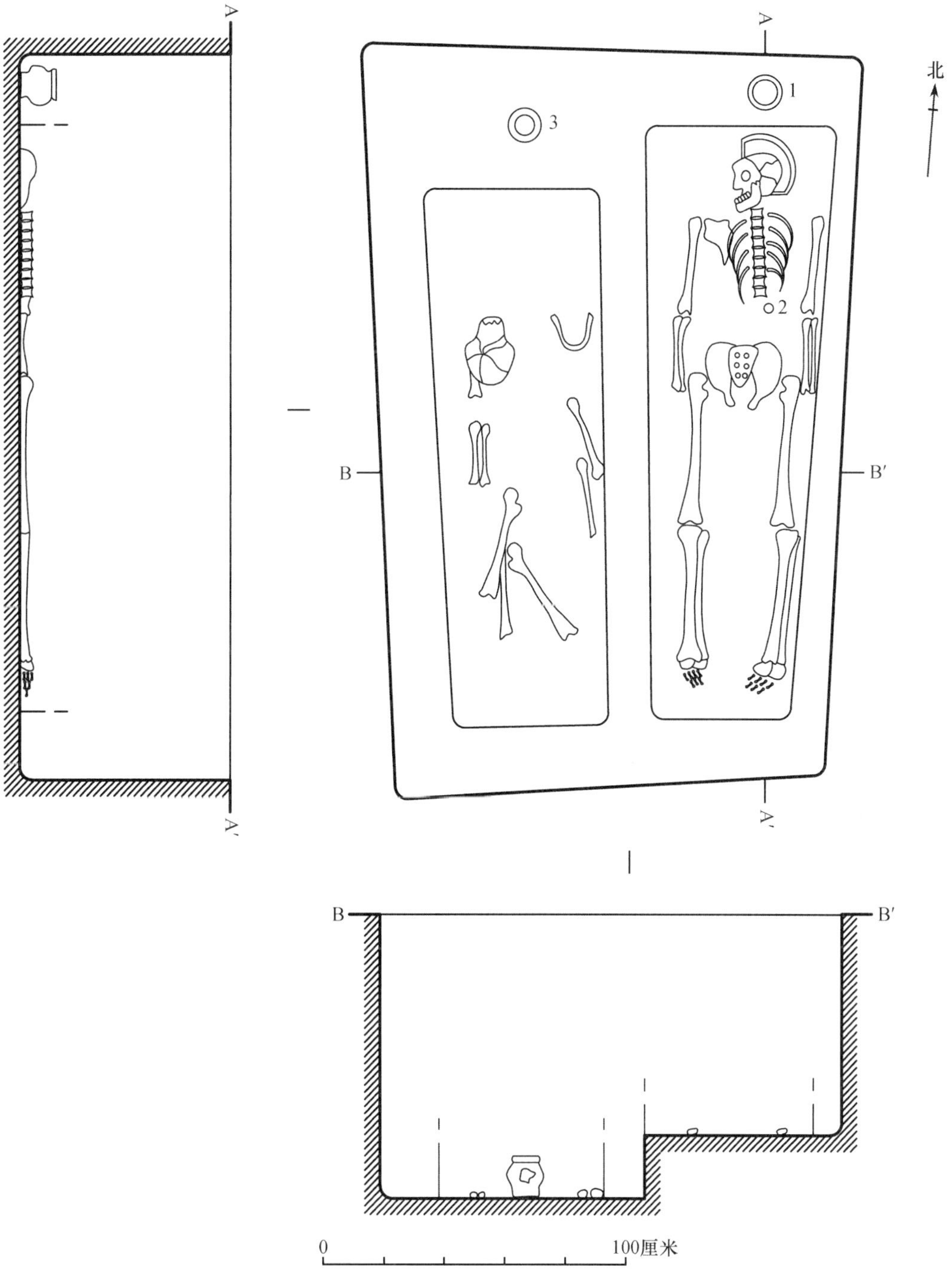

图六七　M50平、剖面图
1. 红陶罐　2. 铜钱　3. 半釉陶罐

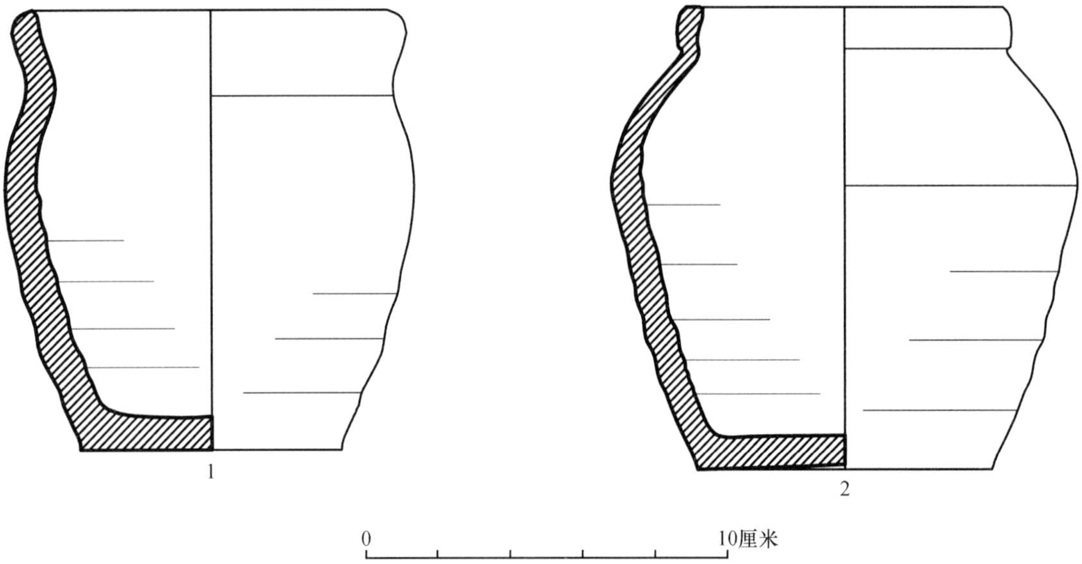

图六八　M50出土陶器
1. 红陶罐（M50：1）　2. 半釉陶罐（M50：3）

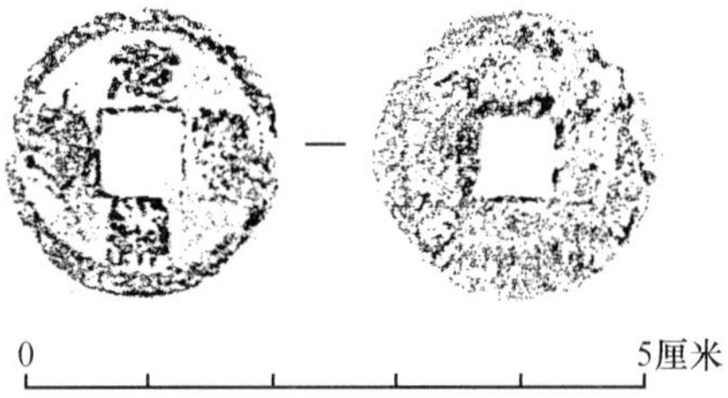

图六九　M50出土元丰通宝钱
（M50：2）

十一、M52

（一）墓葬形制

M52位于Ⅰ区T1403东南角，东北邻M54。开口于第2层下。近长方形竖穴土圹双棺墓，南北向，方向3°。墓圹南北长2.2～2.4米，东西宽1.6米，墓口距地表深0.35米，墓口距墓底深0.78～0.86米，内填胶质花土，土质湿黏。墓底内置双棺，并列于墓中部，间距0.18～0.24米（图七〇；图版一四，2）。

东棺近长方形，棺木腐朽严重，仅存棺木朽痕，长1.7米，宽0.5～0.52米。棺内葬人骨1具，仅存头骨残骸，头向北，面向、葬式及性别不详。

西棺略呈梯形，北宽南窄，棺木腐朽严重，长1.84米，宽0.52～0.6米，残高0.15米。棺内葬人骨1具，头向北，面向西，仰身直肢葬，墓主颅骨较大，骨壁较厚重，枕外隆突发达，乳突大而粗，骨骼粗壮，推断为男性。

墓内东棺随葬铜钱10枚（M52：1），无规律散布于棺中。

图七〇　M52平、剖面图
1. 铜钱

（二）随葬品

铜钱　10枚。

景德元宝　1枚。标本M52：1-1，锈残，圆形，方穿，正、背面有圆郭，正面铸“景德元宝”四字，楷书，旋读，背面无纹。钱径2.35、穿宽0.6、郭宽0.3厘米，重2.47 克（图七一，1）。

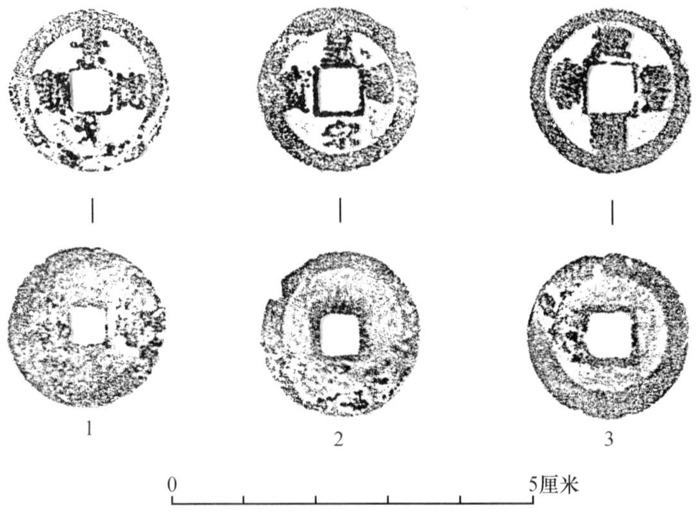

图七一　M52出土铜钱

1. 景德元宝（M52：1-1）　2. 皇宋通宝（M52：1-2）　3. 元丰通宝（M52：1-3）

皇宋通宝　1枚。标本M52：1-2，锈残，圆形，方穿，正、背面有圆郭，正面铸“皇宋通宝”四字，楷书，对读，背面无纹。钱径2.4、穿宽0.6、郭宽0.4厘米，重2.36克（图七一，2）。

元丰通宝　1枚。标本M52：1-3，锈残，圆形，方穿，正、背面有圆郭，正面铸“元丰通宝”四字，篆书，旋读，背面无纹。钱径2.4、穿宽0.7、郭宽0.25厘米，重2.31克（图七一，3）。

另7枚锈蚀残碎，钱文不辨。

十二、M53

（一）墓葬形制

M53位于Ⅰ区T1403东南部，东南邻M52。开口于第2层下。近长方形竖穴土圹双棺墓，南北向，方向0°。墓圹南北长2.28～2.7米，东西宽1.6米，墓口距地表深0.34米，墓口距墓底深1.24～1.34米，内填胶质花土，土质较硬。墓底内置双棺，并列于墓中部偏东，间距约0.06米（图七二；图版一五，1）。

东棺呈梯形，北宽南窄，棺木已腐朽，长1.94米，宽0.38～0.5米，残高0.12米。棺内葬人骨1具，扰乱严重，骨架凌乱，头向北，面向、葬式及性别不详。

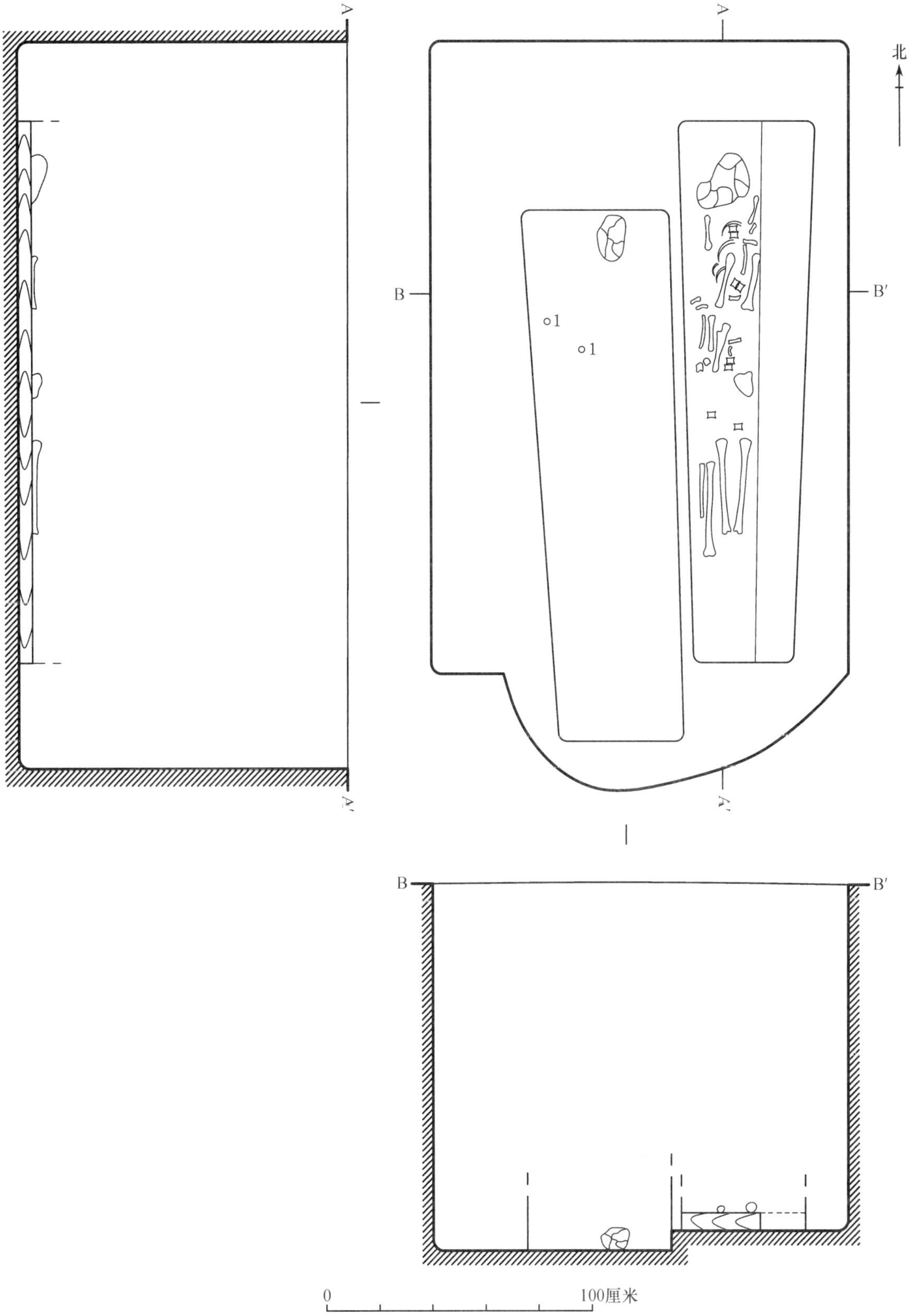

图七二　M53平、剖面图
1. 铜钱

西棺略呈梯形，北宽南窄，棺木腐朽严重，长1.9米，宽0.48～0.55米，残高0.2米。棺内葬人骨，仅存头骨残骸，头向北，面向、葬式及性别不详。

墓内随葬铜钱4枚（M53：1），位于西棺内西北部。

（二）随葬品

铜钱　4枚。

皇宋通宝　1枚。标本M53：1-1，锈残，圆形，方穿，正、背面有圆郭，正面铸“皇宋通宝”四字，篆书，对读，背面无纹。钱径2.45、穿宽0.8、郭宽0.25厘米，重2.9克（图七三，1）。

洪武通宝　1枚。标本M53：1-2，锈残，圆形，方穿，正、背面有圆郭，正面铸“洪武通宝”四字，楷书，对读，背面无纹。钱径2.3、穿宽0.6、郭宽0.3厘米，重2.73克（图七三，2）。

永乐通宝　1枚。标本M53：1-3，锈残，圆形，方穿，正、背面有圆郭，正面铸“永乐通宝”四字，楷书，对读，背面无纹。钱径2.55、穿宽0.65、郭宽0.3厘米，重3.01克（图七三，3）。

嘉靖通宝　1枚。标本M53：1-4，锈残，圆形，方穿，正、背面有圆郭，正面铸“嘉靖通宝”四字，楷书，对读，背面无纹。钱径2.55、穿宽0.65、郭宽0.3厘米，重2.22克（图七三，4）。

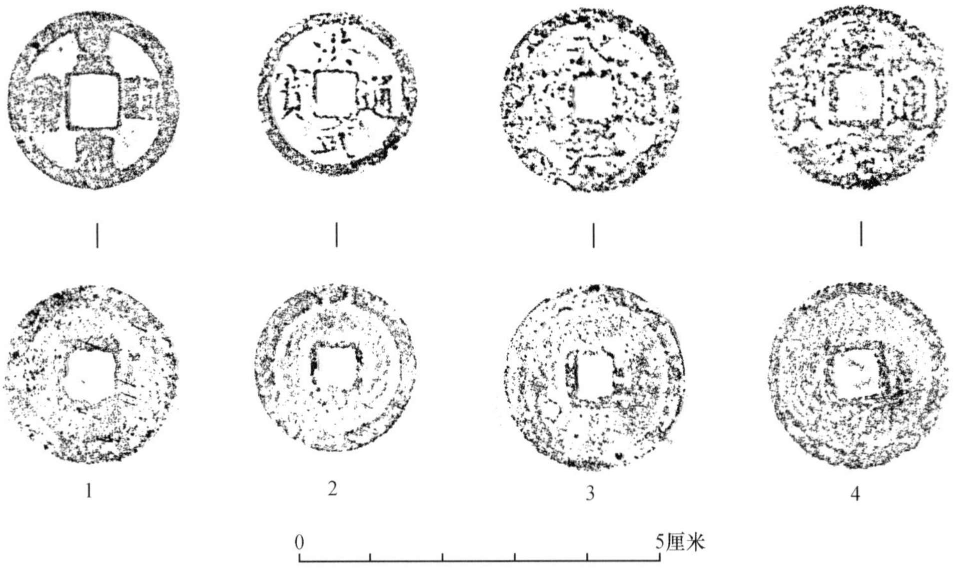

图七三　M53出土铜钱

1. 皇宋通宝（M53：1-1）　2. 洪武通宝（M53：1-2）　3. 永乐通宝（M53：1-3）
4. 嘉靖通宝（M53：1-4）

十三、M69

（一）墓葬形制

M69位于Ⅰ区T1606中西部，西邻M68。开口于第2层下，墓口西部被M68墓口北部叠压。梯形竖穴土圹双棺墓，西窄东宽，东西向，方向280°。墓圹东西长2.1米，南北宽1.8～1.9米，墓口距地

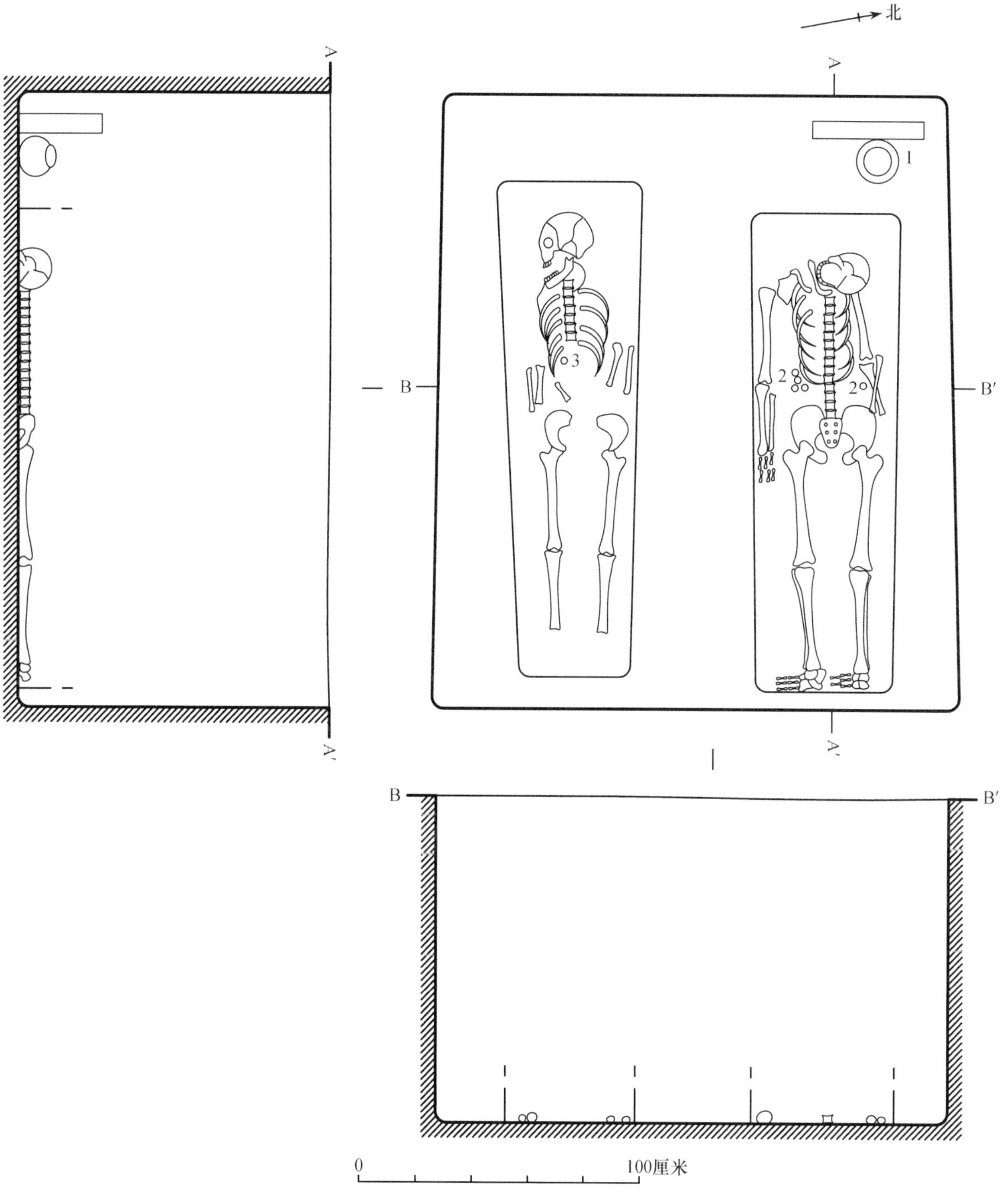

图七四　M69平、剖面图
1. 红陶罐　2、3. 铜钱

表深0.45米，墓口距墓底深1.12米，内填胶质花土，土质湿黏。墓底内置双棺，并列于墓中部，间距0.4～0.44米（图七四；图版一五，2）。

南棺略呈梯形，西宽东窄，棺木腐朽严重，仅存棺木朽痕，长1.7米，宽0.4～0.5米，残高0.12

米。棺内葬人骨1具，头向西，面向南，仰身直肢葬，墓主颅骨较小，骨壁较薄，盆骨横径大于纵经，推断为女性。

北棺略呈梯形，西宽东窄，棺木腐朽严重，长1.64米，宽0.48～0.52米，残高0.12米。棺内葬人骨1具，头向西，面向西，仰身直肢葬，墓主颅骨较大，骨壁较厚重，枕外隆突发达，骨骼粗壮，推断为男性。

墓内随葬方砖1块、红陶罐1件、铜钱6枚。方砖、红陶罐（M69：1）位于北棺头外西部；铜钱（M69：2、M69：3）分布于两棺肋骨处，北棺5枚，南棺1枚。

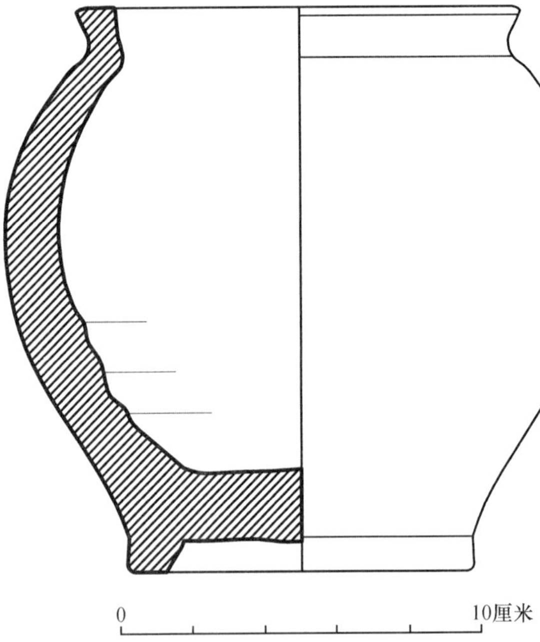

图七五　M69出土红陶罐
（M69：1）

（二）随葬品

红陶罐　1件。标本M69：1，砖红色胎，胎质粗疏，腹部局部残损，器内施青绿色釉浆水，外壁仅口、颈部施青绿色釉浆水，大部分脱落，器体内外壁见修坯痕迹。口残，方唇，束颈，丰肩，弧腹，下腹弧收，平底，圈足，足底宽平。口径12、最大腹径16、足径9.4、高14.8、厚1～3.4厘米（图七五；图版六六，5）。

铜钱　6枚。

大泉五十　1枚。标本M69：3，残，圆形，方穿，穿为狭穿，正、背面有圆郭，郭窄、肉薄，正面铸“大泉五十”四字，篆书，阳文，对读，“大泉”二字字体肥阔，“五十”二字字体瘦长，“大”字呈“燕翅”形，“泉”字竖笔中断，背面无纹。钱径2.5、穿宽0.81、郭宽0.1厘米，重2.51克（图七六，1）。

熙宁重宝　1枚。标本M69：2-1，完整，圆形，方穿，正、背面有圆郭，郭宽肉厚，背郭不甚清晰，正面铸“熙宁重宝”四字，楷书，旋读，背面无纹。钱径3.15、穿宽0.8、郭宽0.4厘米，重5.35克（图七六，2）。

崇宁重宝　1枚。标本M69：2-2，完整，圆形，方穿，正、背面有圆郭，郭宽肉厚，背郭不甚清晰，正面铸“崇宁重宝”四字，楷书，对读，背面无纹。钱径3.3、穿宽0.8、郭宽0.4厘米，重6.6克（图七六，3）。

另3枚锈残，钱文不可辨。

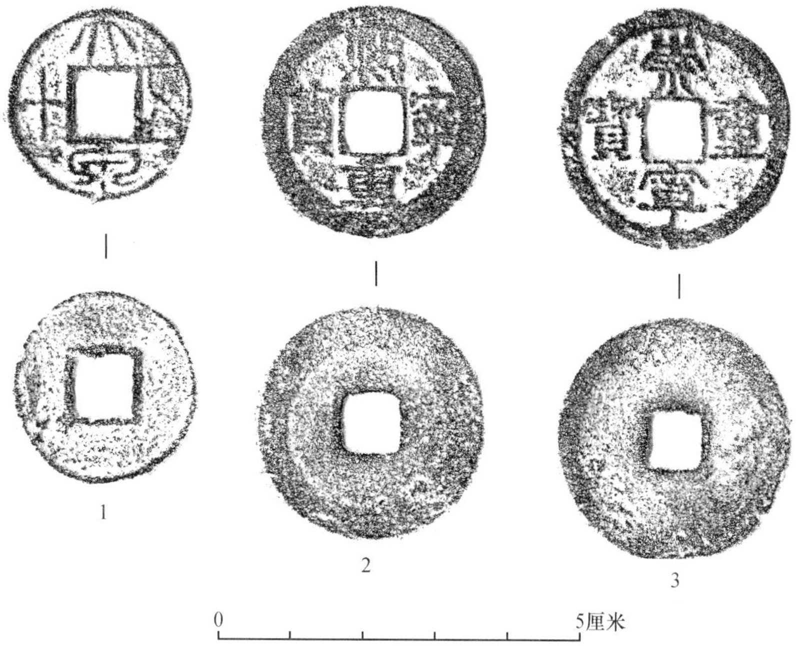

图七六　M69出土铜钱

1. 大泉五十（M69：3）　2. 熙宁重宝（M69：2-1）　3. 崇宁重宝（M69：2-2）

十四、M74

（一）墓葬形制

M74位于Ⅰ区T1004中部，南邻M70。开口于第2层下。长方形竖穴土圹双棺墓，南北向，方向350°。墓圹南北长2.4米，东西宽1.84米，墓口距地表深0.34米，墓口距墓底深0.84～1米，内填胶质花土，土质湿软，含水分较大。墓底内置双棺，并列于墓中央，间距约0.28米（图七七；图版一六，1）。

东棺略呈梯形，北宽南窄，棺木已朽，长1.96米，宽0.44～0.66米，残高0.2米。棺内葬人骨1具，头向北，面向西，仰身直肢葬，墓主颅骨较大，骨壁较厚重，枕外隆突发达，乳突大而粗，骨骼粗壮，盆骨纵径大于横径，呈心形，推断为男性。

西棺略呈梯形，北宽南窄，棺木已朽，长1.74米，宽0.44～0.58米，残高0.3米。棺内葬人骨1具，头骨移位于胸部，头向北，面向东，仰身直肢葬，墓主颅骨较小，骨壁较薄，推断为女性。

墓内随葬半釉陶罐、半釉双系瓷罐各1件，铜钱4枚。半釉陶罐（M74：2）位于西棺头外西部，半釉双系瓷罐（M74：3）位于东棺头外中部，铜钱（M74：1）位于西棺骨架腿骨间。

（二）随葬品

半釉陶罐　1件。标本M74：2，黄褐色胎，胎质粗疏，器口及外腹壁施青绿色釉浆水，局部有

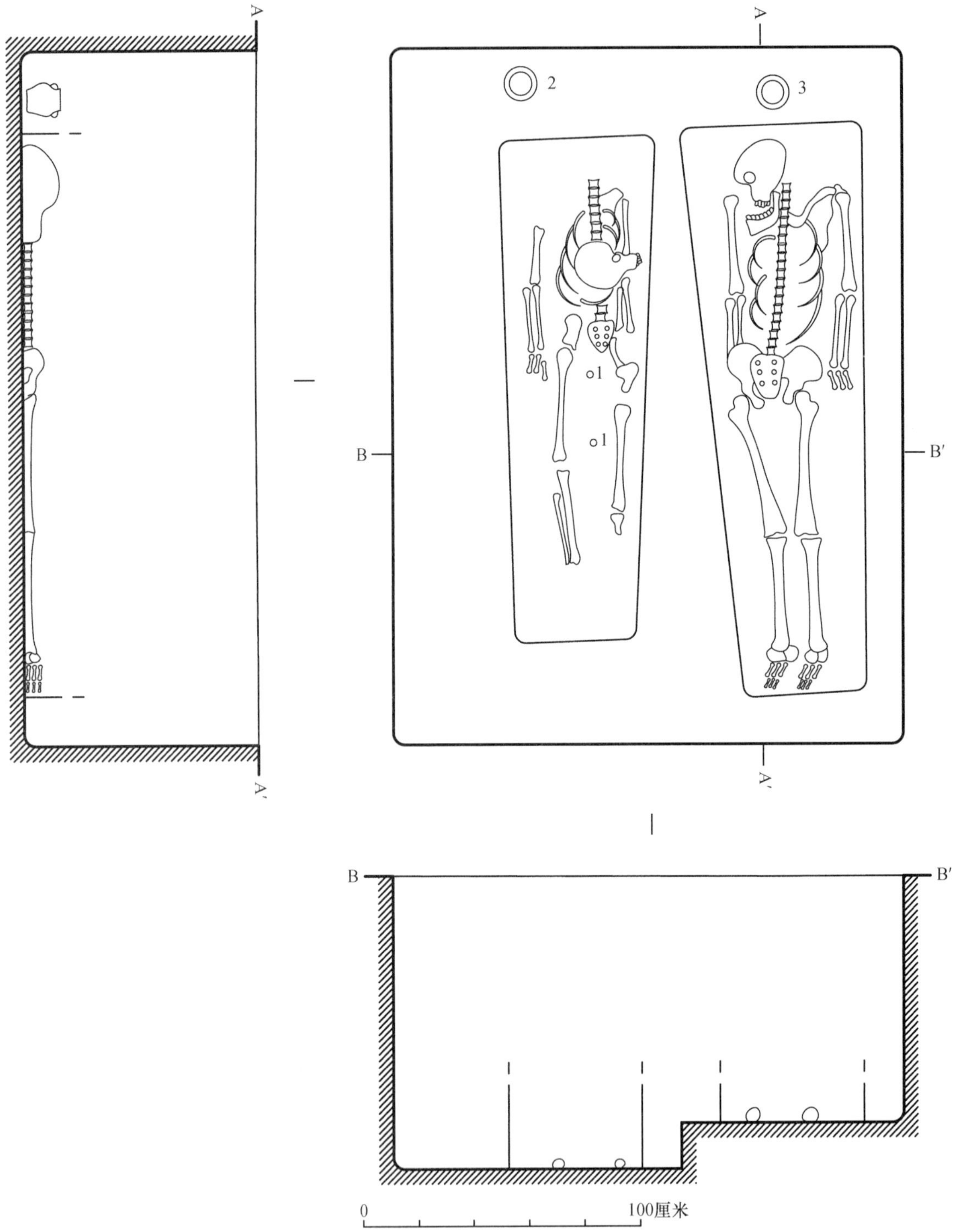

图七七　M74平、剖面图

1. 铜钱　2. 半釉陶罐　3. 半釉双系瓷罐

滴釉现象，器内仅口部施一层较薄的青绿色釉，器物内外壁见明显修坯旋痕。口残，直口，方圆唇，直颈，丰肩，弧腹，下腹弧收，平底。口径9.4、最大腹径14.4、底径8.8、高12.8、厚0.8～1.2厘米（图七八，1；图版六六，3）。

半釉双系瓷罐　1件。标本M74：3，灰褐色粗胎，胎质坚硬，底足中心有一圆形乳突，器内外施茶叶末色釉，内满釉，外半釉，口部刮釉一周。口残，敛口，斜直颈，圆鼓腹，下腹急收，窄圈足，颈部对称二桥形系，器体较规整。口径10.6、最大腹径16.4、足径6.8、高14.6、厚0.6～2.4厘米（图七八，2；图版六七，1）。

铜钱　4枚。

万历通宝　3枚。标本M74：1-1，锈残，圆形，方穿，正、背面有圆郭，正面铸“万历通宝”四字，楷书，对读，背面无纹。钱径2.5、穿宽0.6、郭宽0.25厘米，重2.89克（图七九，1）。标本M74：1-2，锈残，圆形，方穿，正、背面有圆郭，正面铸“万历通宝”四字，楷书，对读，背面无纹。钱径2.4、穿宽0.6、郭宽0.25厘米，重2.84克（图七九，2）。

另1枚锈残，钱面不清。

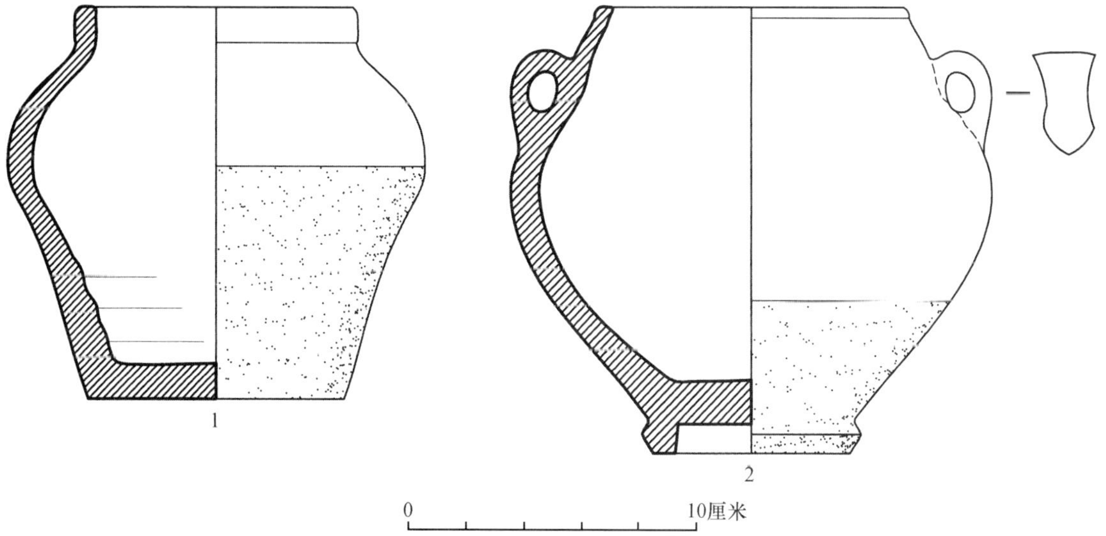

图七八　M74出土器物

1. 半釉陶罐（M74：2）　2. 半釉双系瓷罐（M74：3）

十五、M75

（一）墓葬形制

M75位于Ⅰ区T1003东北部，西邻M76。开口于第2层下。长方形竖穴土圹双棺墓，南北向，方向345°。墓圹南北长2.5米，东西宽1.65米，墓口距地表深0.34米，墓口距墓底深1.24米，内填胶

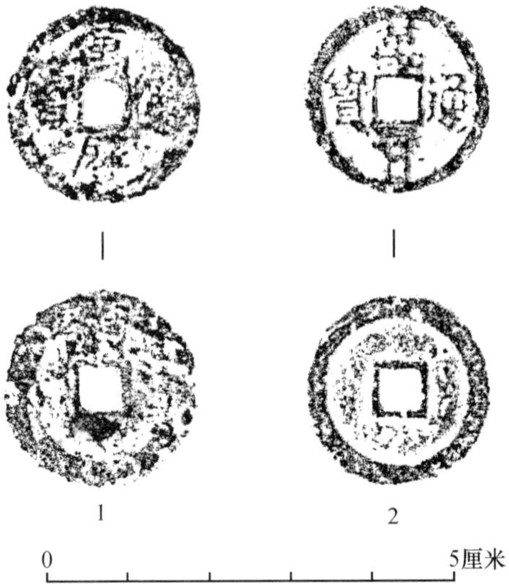

图七九　M74出土万历通宝钱
1. M74∶1-1　2. M74∶1-2

质花土，土质湿软，含水分较大。墓底内置双棺，并列于墓中央，间距约0.16米（图八〇；图版一六，2）。

东棺略呈梯形，北宽南窄，棺木已朽，长1.76米，宽0.46～0.56米。棺内葬人骨1具，头向北，面向南，仰身直肢葬，墓主颅骨较大，骨壁较厚重，枕外隆突发达，乳突大而粗，骨骼粗壮，盆骨纵径大于横径，呈心形，推断为男性。

西棺略呈梯形，北宽南窄，棺木已朽，长1.74米，宽0.48～0.56米。棺内葬人骨1具，头向北，面向西，侧身屈肢葬，左腿骨微屈，压于右腿骨下，墓主颅骨较小，骨壁较薄，骨骼较纤细，推断为女性。

墓内随葬半釉陶罐1件、铜钱2枚。半釉陶罐（M75∶1）位于西棺头外东部，铜钱（M75∶2）位于东棺。

（二）随葬品

半釉陶罐　1件。标本M75∶1，黄褐色胎，胎质粗疏，器口及外腹壁施青绿色釉浆水，器内仅口部施一层较薄的青绿色釉，局部脱落，器体略变形，器物内外壁见明显修坯旋痕。口残，直口，方圆唇，束颈，丰肩，弧腹，下腹弧收，平底。口径9.2、最大腹径12.6、底径7.6、高12.2、厚0.6～1.2厘米（图八一；图版六七，2）。

铜钱　2枚。锈残，钱文不清。

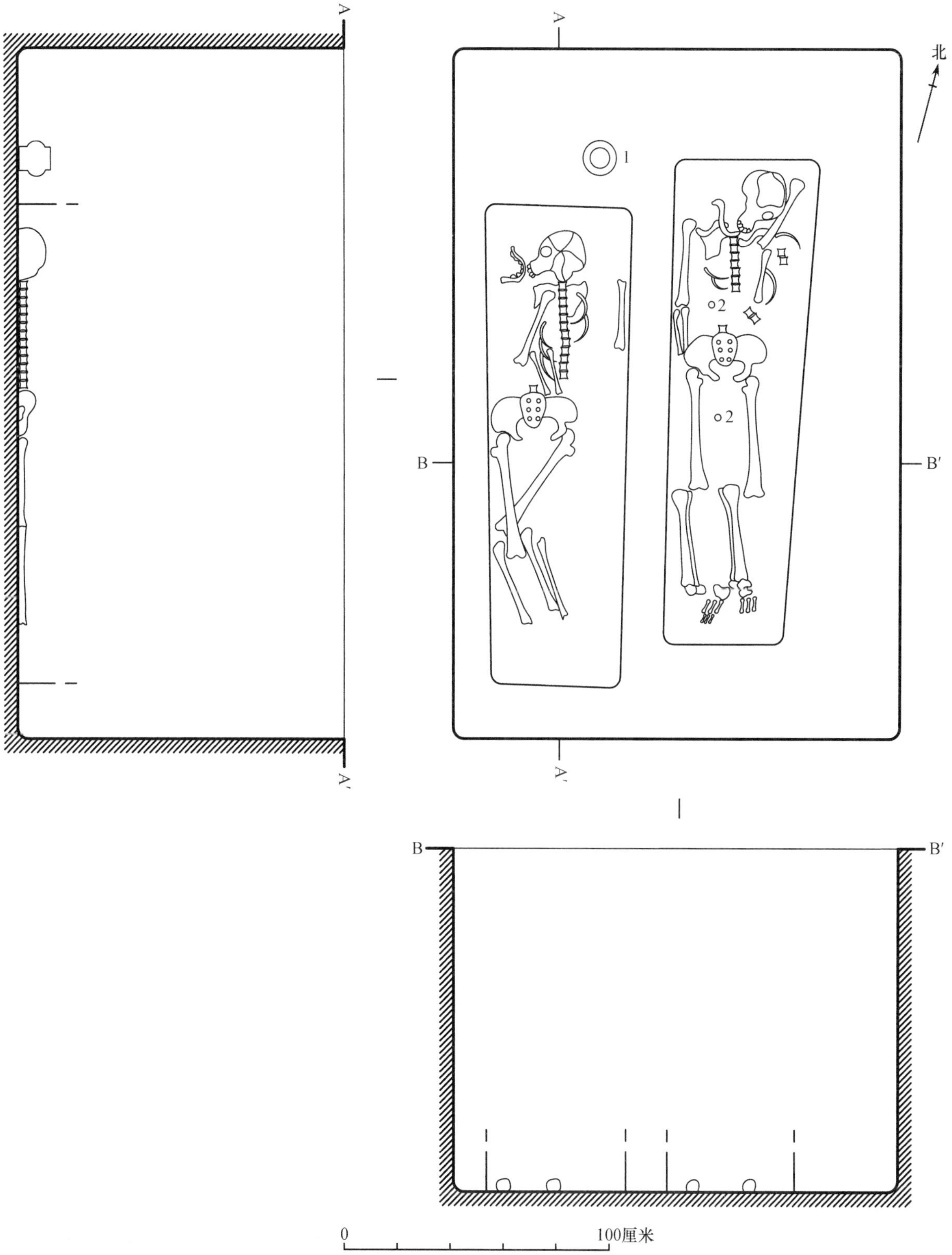

图八〇　M75平、剖面图
1. 半釉陶罐　2. 铜钱

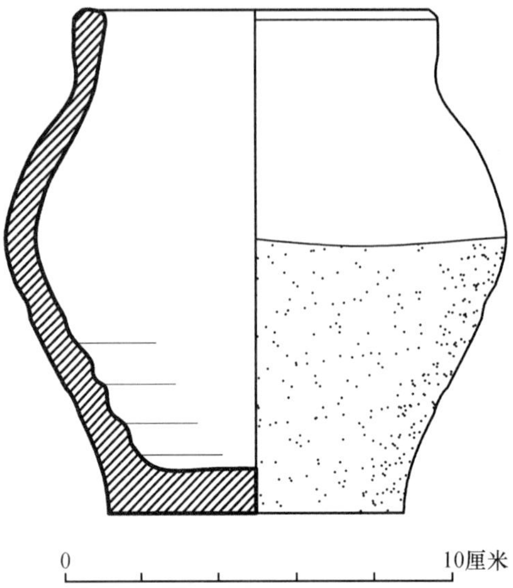

图八一　M75出土半釉陶罐
（M75：1）

第三节　三　棺　墓

三棺墓2座，编号为M16、M17。

一、M16

（一）墓葬形制

M16位于Ⅱ区T0804中东部，部分进入T0904内，北邻M17。开口于第2层下。梯形竖穴土圹三棺墓，北宽南窄，南北向，方向0°。墓圹南北长2.64～3米，宽1.7～3米，墓口距地表深0.4米，墓口距墓底深0.9～1米，内填花土，土质较硬，填土内含有少量碎骨、棺沫及棺钉等，该墓早期已被盗扰。墓底内置三棺，并列于墓中央，棺木已朽（图八二；图版一七，1）。

东棺长2.04米，宽0.6米，残高0.25米，棺底低于中棺0.12米，东西两边棺木厚2～2.5厘米，棺底厚0.5～1厘米，铺有少量草灰。棺内葬人骨1具，骨架已朽，散乱，头骨已破，头向北，面向西北，葬式、性别不详。

中棺长1.92米，宽0.6米，残高0.08米，棺底高于东棺0.12米，东西两边棺木厚1.5厘米，棺底厚1～1.5厘米。棺内骨架已乱，头骨已破，头向北，面向、葬式、性别不详。

西棺长1.95米，宽0.52～0.66米，残高0.18米。棺内骨架已被扰动，无头骨，从残存的骨架可知，该骨架呈仰身直肢葬，头向西，面向、性别不详。

墓内随葬铜钱12枚，其中10枚（M16：1）位于东棺内，2枚（M16：2）位于中棺内中部。

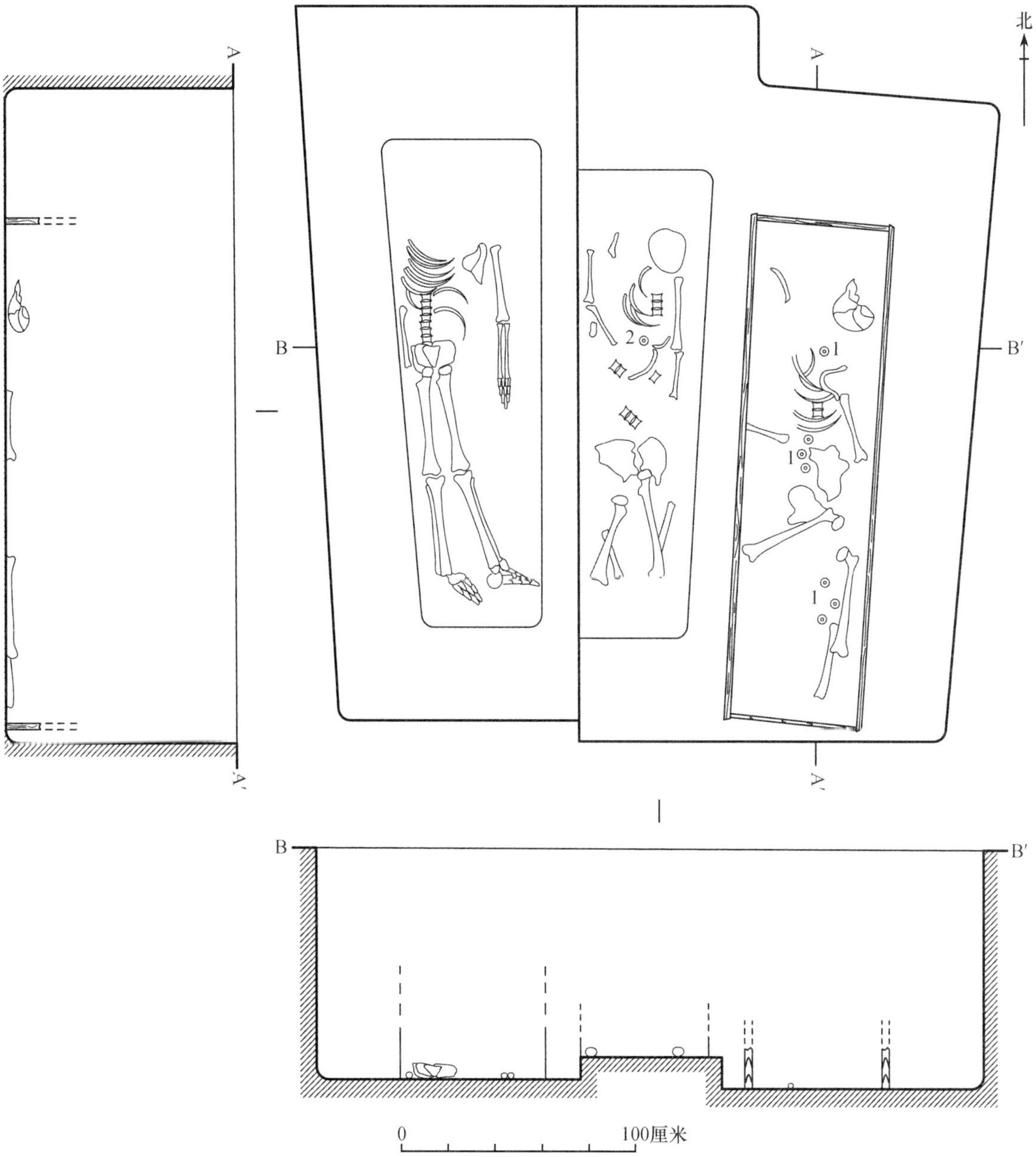

图八二 M16平、剖面图
1、2. 铜钱

（二）随葬品

铜钱　12枚。

元丰通宝　7枚。标本M16：1-1，锈残，圆形，方穿，正、背面有圆郭，正面铸“元丰通宝”四字，行书，旋读，背面无纹。钱径2.9、穿宽0.7、郭宽0.35厘米，重3.65克（图八三，1）。

嘉靖通宝　1枚。标本M16：1-2，锈残，圆形，方穿，正、背面有圆郭，正面铸“嘉靖通宝”四字，楷书，对读，背面无纹。钱径2.5、穿宽0.7、郭宽0.25厘米，重1.83克（图八三，2）。

隆庆通宝　2枚。标本M16：1-3，锈残，圆形，方穿，正、背面有圆郭，正面铸“隆庆通宝”四字，楷书，对读，背面无纹。钱径2.5、穿宽0.6、郭宽0.25厘米，重2.64克（图八三，3）。

万历通宝　1枚。标本M16：1-4，锈残，圆形，方穿，正、背面有圆郭，正面铸“万历通宝”四字，楷书，对读，背面无纹。钱径2.4、穿宽0.55、郭宽0.25厘米，重2.1克（图八三，4）。

另1枚为中棺出土，锈残，不可辨识。

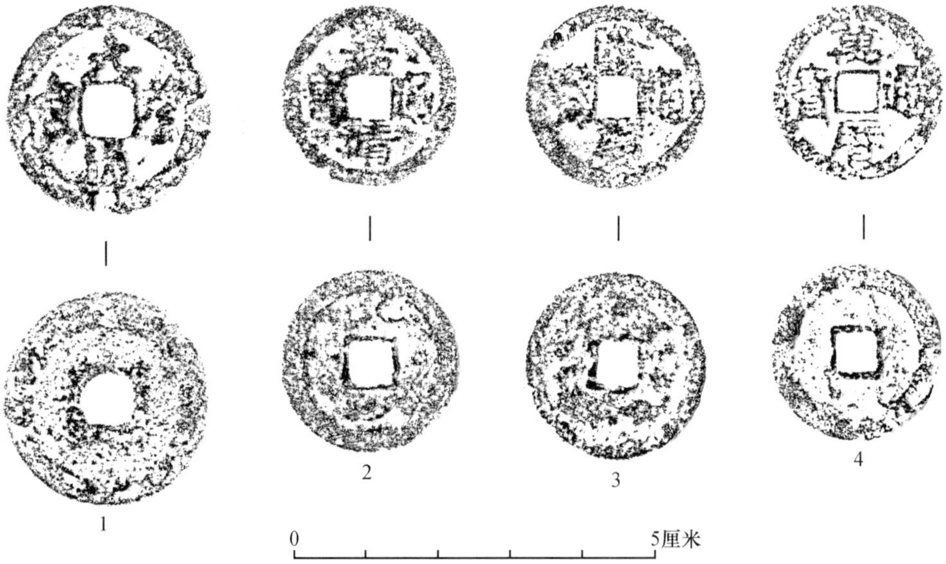

图八三　M16出土铜钱

1. 元丰通宝（M16：1-1）　2. 嘉靖通宝（M16：1-2）　3. 隆庆通宝（M16：1-3）　4. 万历通宝（M16：1-4）

二、M17

（一）墓葬形制

M17位于Ⅱ区T0804北部，南邻M16。开口于第2层下。梯形竖穴土圹三棺墓，北宽南窄，南北向，方向6°。墓圹南北长2.6～2.84米，东西宽2.8米，墓口距地表深0.3米，墓口距墓底深1.28～1.36米，内填胶质花土，土质较硬。墓底内置三棺，并列于墓中西部，间距0.12～0.24米（图八四；图版一七，2）。

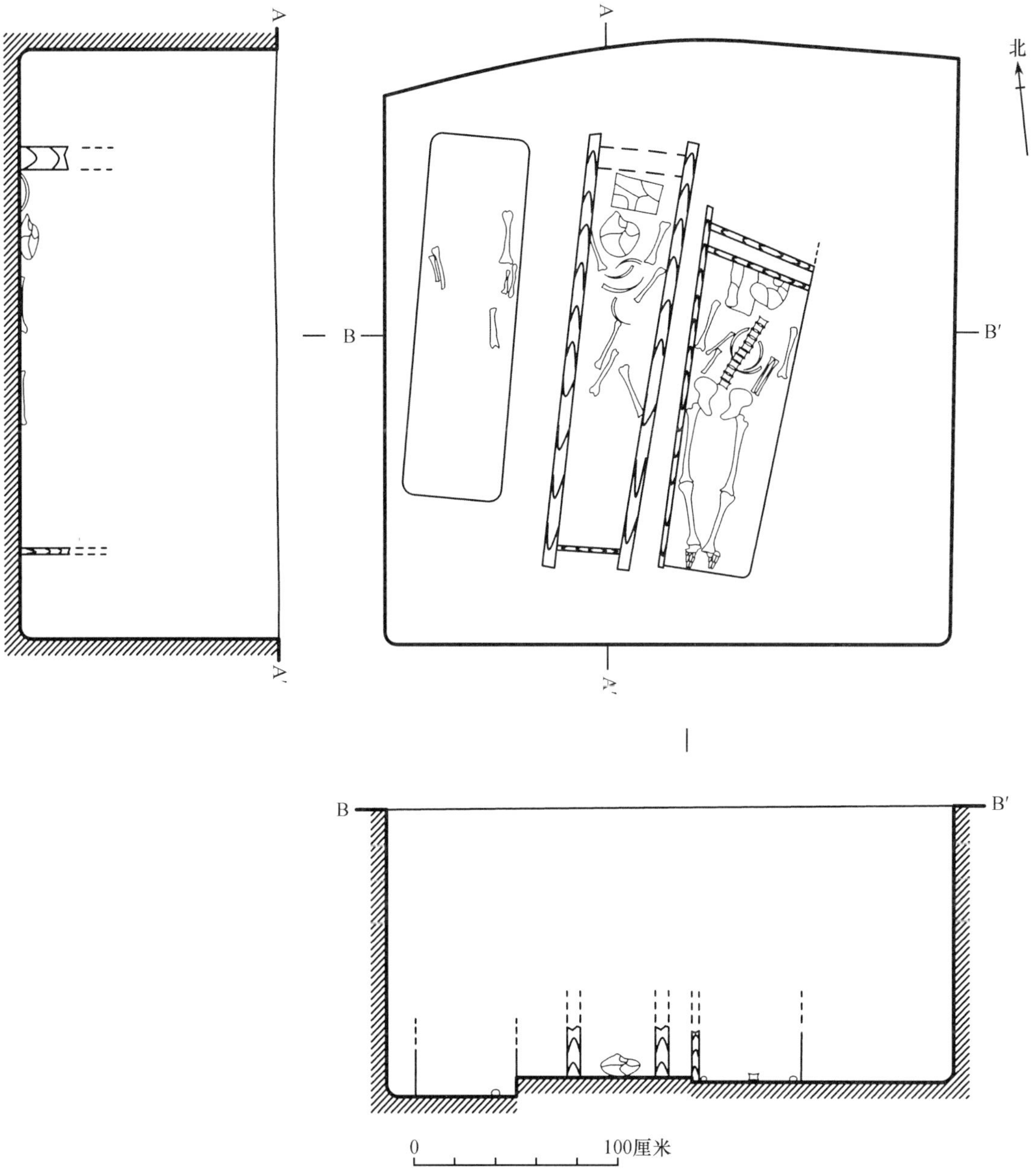

图八四 M17平、剖面图

东棺略呈梯形，北宽南窄，棺木部分腐朽，长1.72米，宽0.46～0.62米；侧板残高0.24米，残厚约0.02米；前挡板残高0.24米，厚0.02米。侧板用木精细。棺内葬人骨1具，上半身骨架凌乱，头向北，面向南，仰身直肢葬，为男性。

中棺略呈梯形，北宽南窄，保存较好，部分残损，长2.07米，宽0.42米；侧板残高0.24米，残宽0.24米；后挡板残高0.24米，厚0.02米。侧板用木精细。棺内葬人骨1具，骨架凌乱，头向北，面向、葬式、性别不详。

西棺略呈梯形，北宽南窄，棺木腐朽严重，长1.73米，宽0.52～0.53米，残高0.22米。棺内葬人骨1具，凌乱且所剩无几，头向、面向、葬式、性别不详。

墓内出土板瓦5块，其中东棺骨架头骨枕1块，左右两侧各放1块，均残，规格为长0.225、宽0.175、厚0.015米；中棺骨架头骨枕2块，上下叠压，均残，规格同东棺，素面。

（二）随葬品

无。

第四节　搬　迁　墓

1座，编号为M73。

M73

（一）墓葬形制

M73位于Ⅰ区T1104中部，西邻M72，东北部被M77叠压。开口于第2层下。长方形竖穴土圹双棺墓，南北向，方向355°。墓圹南北长3米，东西宽2米，墓口距地表深0.34米，墓口距墓底深1.28米，内填胶质花土，土质湿软，水分较大。墓底内置双棺，并列置于墓中西部，间距0.22米（图八五；图版一八，1）。

东棺略呈梯形，北宽南窄，棺木已朽，长2米，宽0.46～0.56米。棺内无人骨。

西棺略呈梯形，北宽南窄，棺木已朽，长1.76米，宽0.46～0.56米。棺内仅残留一根左腿骨。

（二）随葬品

无。

第五节　明　　堂

1座，编号为M62。

M62

（一）墓葬形制

M62位于Ⅰ区T1503南部，西南邻M50。开口于第2层下。长方形竖穴土圹砖室墓（明堂），南

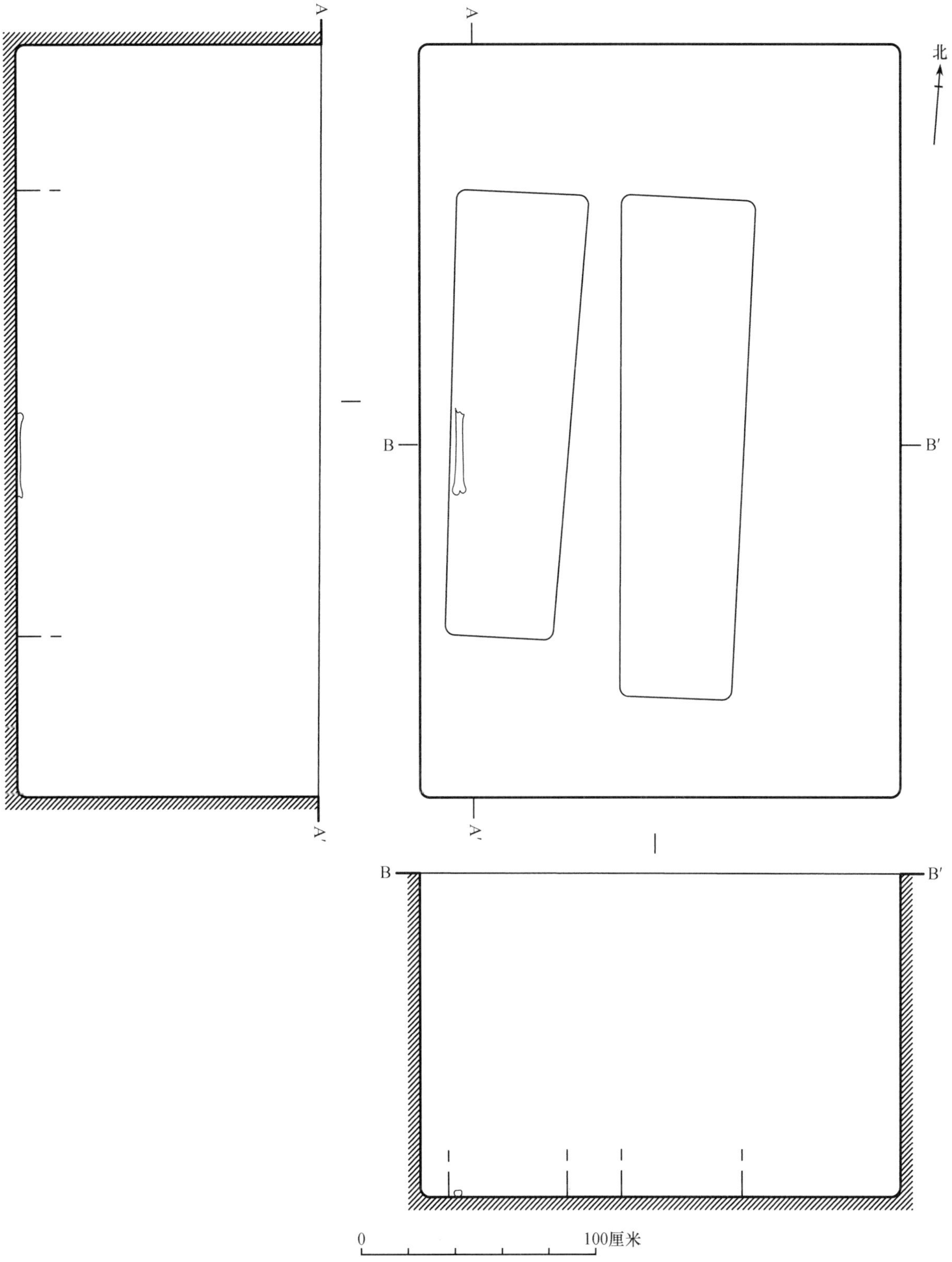

图八五 M73平、剖面图

北向，方向0°，墓圹南北长1.66米，东西宽1.52米，墓口距地表深0.35米，墓口距墓底深0.7米，内填胶质花土（图八六；图版一八，2；图版一九）。

墓室以青砖垒砌而成，平面呈龟形，南北长1.32米，东西宽1.1米，高0.32米。垒砌方法为：墓室内壁为两层青砖立砌而成，墓壁上面以平砖逐层内收合拢形成墓室，用砖规格为长0.32、宽0.16、厚0.06米。墓室中部偏北部倾放一块近方形青砖，青砖规格为长0.39、宽0.38、厚0.09米。

墓室内随葬铁犁铧1件、铁灯碗2件、铜镜1面、石砚台1件、铜钱53枚。铁犁铧（M62：1）位于南部，铁灯碗（M62：2）位于铁犁铧东北部、西南部，石砚台（M62：3）位于西北部，铁犁铧北部放置铜钱（M62：4），铜钱与青砖之间放置铜镜（M62：5）。

（二）随葬品

铜镜　1面。标本M62：5，带绿锈斑。残，圆形，高缘，钮座银锭形，穿孔。正面抛光较好，分内外两区，外区饰弦纹一周，内区钮座两侧长方形框内铸“湖州祝家，青鸾宝鉴” 隶书铭文。正面直径8.4、钮长1.3、钮高0.3、厚0.2～0.5厘米，重54.15克（图八七，1；图版六八，3）。

铁器　3件。

铁犁铧　1件。标本M62：1，生铁铸造。锈残，平面呈三角形，三角状鼻梁向上凸起，背面外鼓，背面有一圆形环孔，弧边，两边内夹角60°，翼展呈雁翅状。长13、宽12.2、厚5.5厘米（图八八，1；图版六七，4）。

铁灯碗　2件。标本M62：2-1，生铁铸造。锈蚀，呈勺形，敞口，弧腹，小平底，短柄残缺。口径8.2、底径3.6、高3.8厘米（图八八，2；图版六七，5）。标本M62：2-2，生铁铸造。锈蚀，呈勺形，敞口，弧腹，小平底，短柄残缺。口径8.4、底径4、高4.2厘米（图八八，3；图版六七，6）。

石砚台　1件。标本M62：3，青石磨制而成，石质坚硬致密。残，平面呈长方形，正面为花瓣状椭圆形墨池，砚堂与墨池相邻，系用阴刻线勾勒而成，背面残损无纹。墨池长6.4、宽2.8、深1.2厘米，砚堂长11.2、宽9厘米，砚体长16、宽9.6、厚2.3厘米（图八七，2；图版六八，5）。

铜钱　53枚。

开元通宝　10枚。标本M62：4-1，完整，圆形，方穿，正、背面有圆郭，正面铸“开元通宝”四字，隶书，对读，背面无纹。钱径2.5、穿宽0.7、郭宽0.3厘米，重2.74克（图八九，1）。

太平通宝　3枚。标本M62：4-2，完整，圆形，方穿，正、背面有圆郭，背郭不甚清晰，正面铸“太平通宝”四字，隶书，对读，背面无纹。钱径2.4、穿宽0.7、郭宽0.25厘米，重2.55克（图八九，2）。

咸平元宝　1枚。标本M62：4-4，完整，圆形，方穿，正、背面有圆郭，正面铸“咸平元宝”四字，楷书，旋读，背面无纹。钱径2.5、穿宽0.65、郭宽0.3厘米，重3.47克（图八九，4）。

景德元宝　1枚。标本M62：4-5，锈残，圆形，方穿，正、背面有圆郭，正面铸“景德元宝”四字，楷书，旋读，背面无纹。钱径2.45、穿宽0.65、郭宽0.3厘米，重3.16克（图八九，5）。

祥符元宝　1枚。标本M62：4-3，完整，圆形，方穿，正、背面有圆郭，正面铸“祥符元宝”

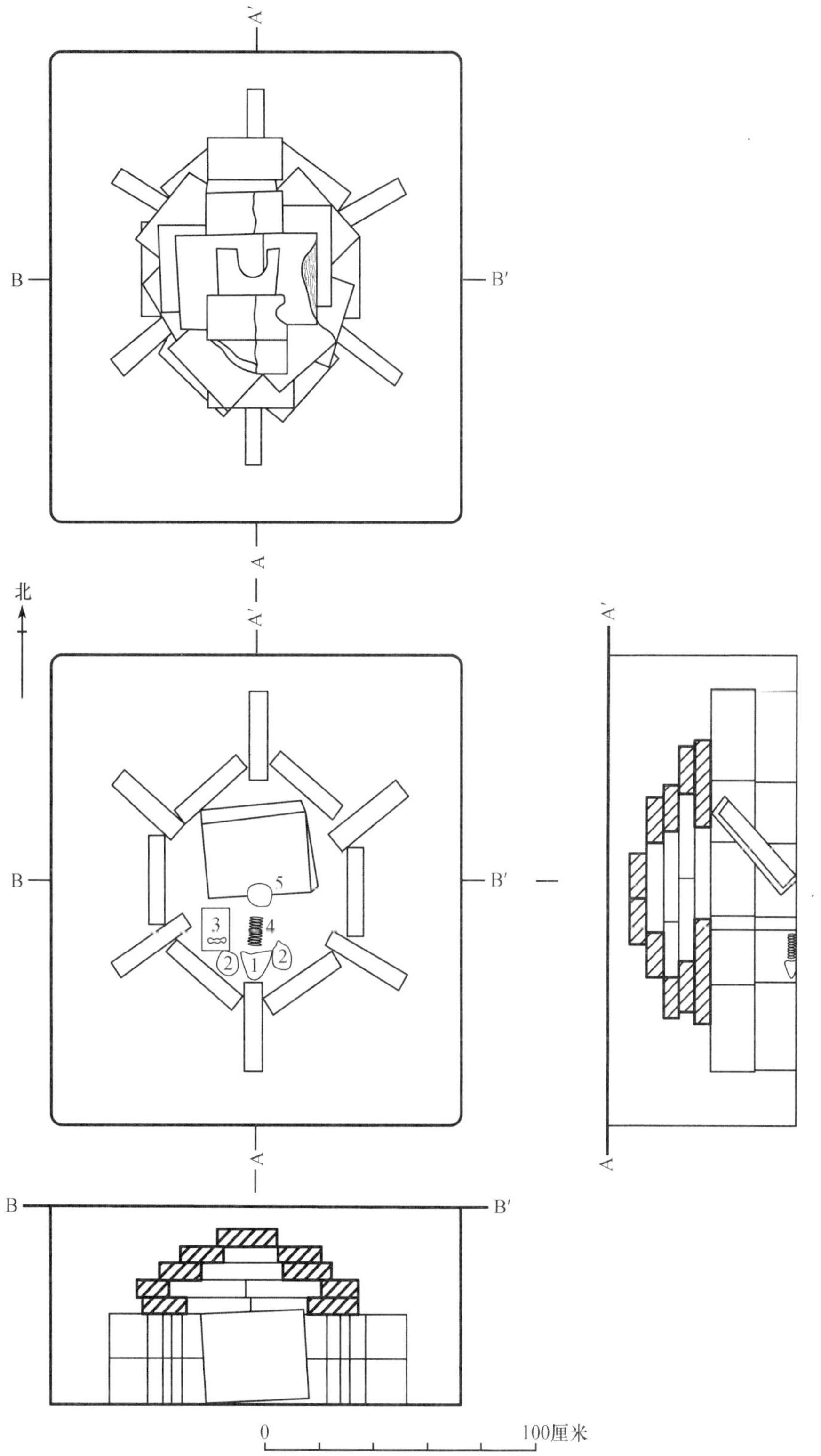

图八六　M62平、剖面图

1. 铁犁铧　2. 铁灯碗　3. 石砚台　4. 铜钱　5. 铜镜

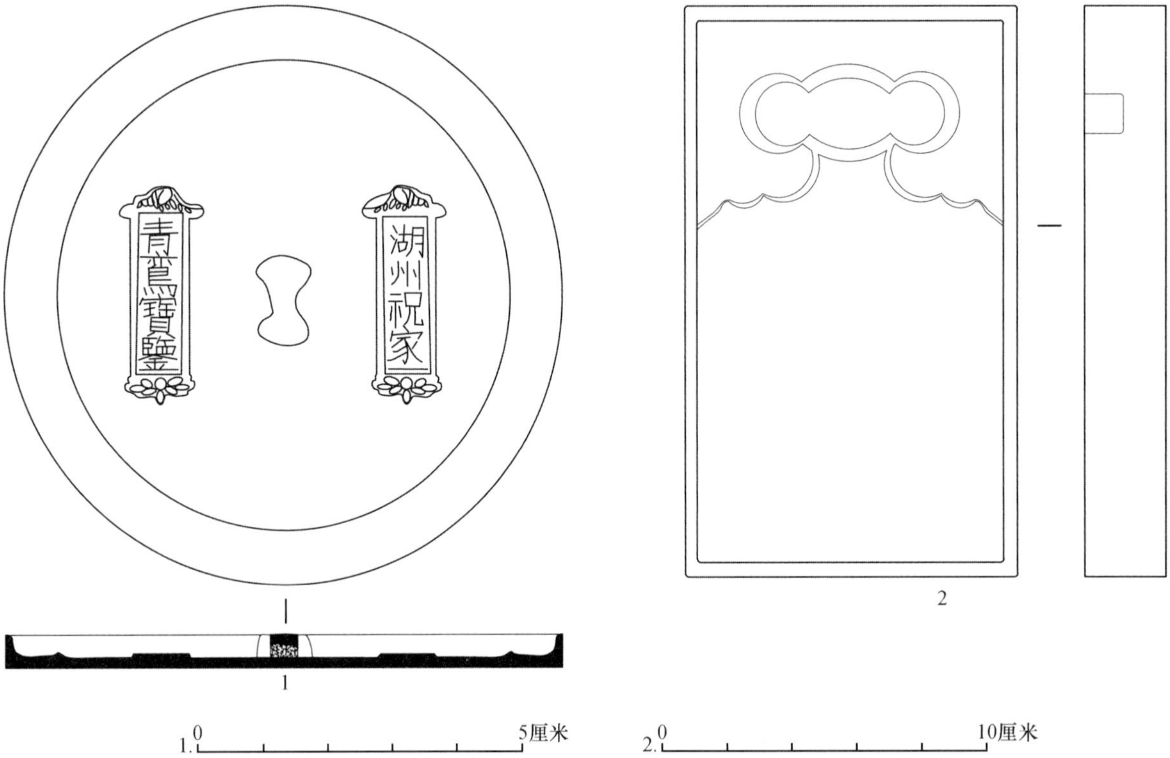

图八七　M62出土器物

1. 铜镜（M62：5）　2. 石砚台（M62：3）

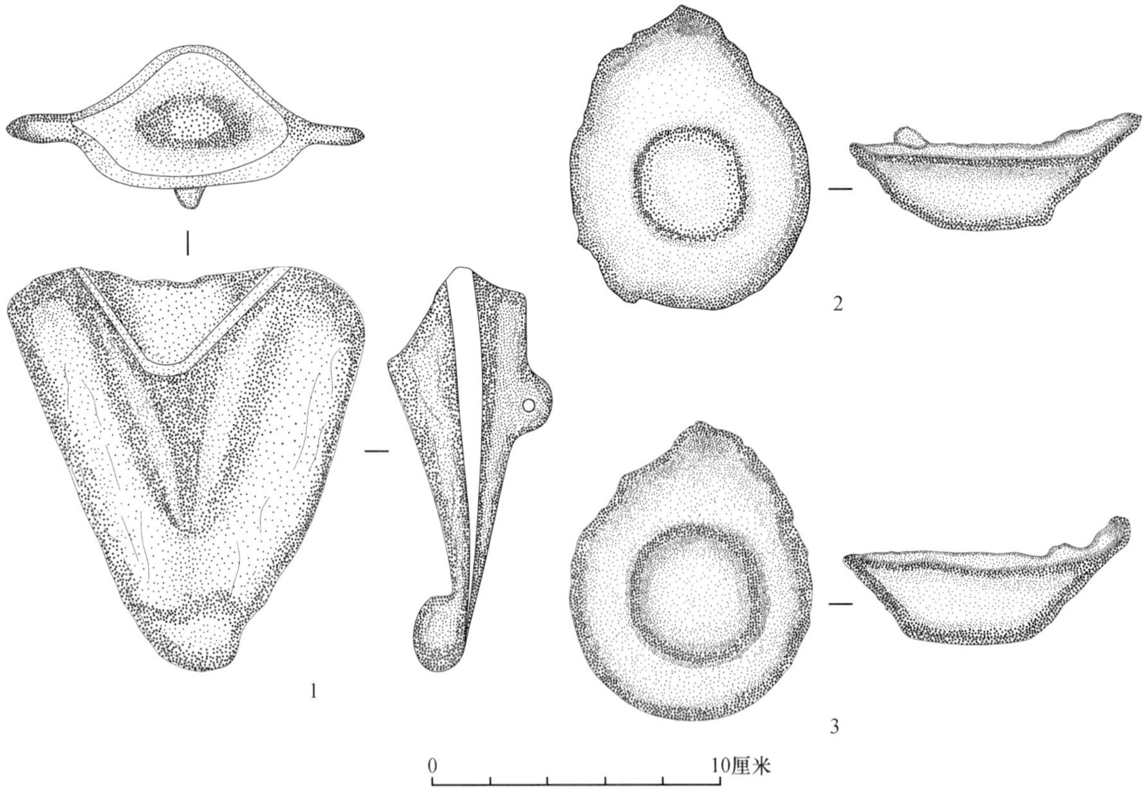

图八八　M62出土铁器

1. 铁犁铧（M62：1）　2、3. 铁灯碗（M62：2-1、M62：2-2）

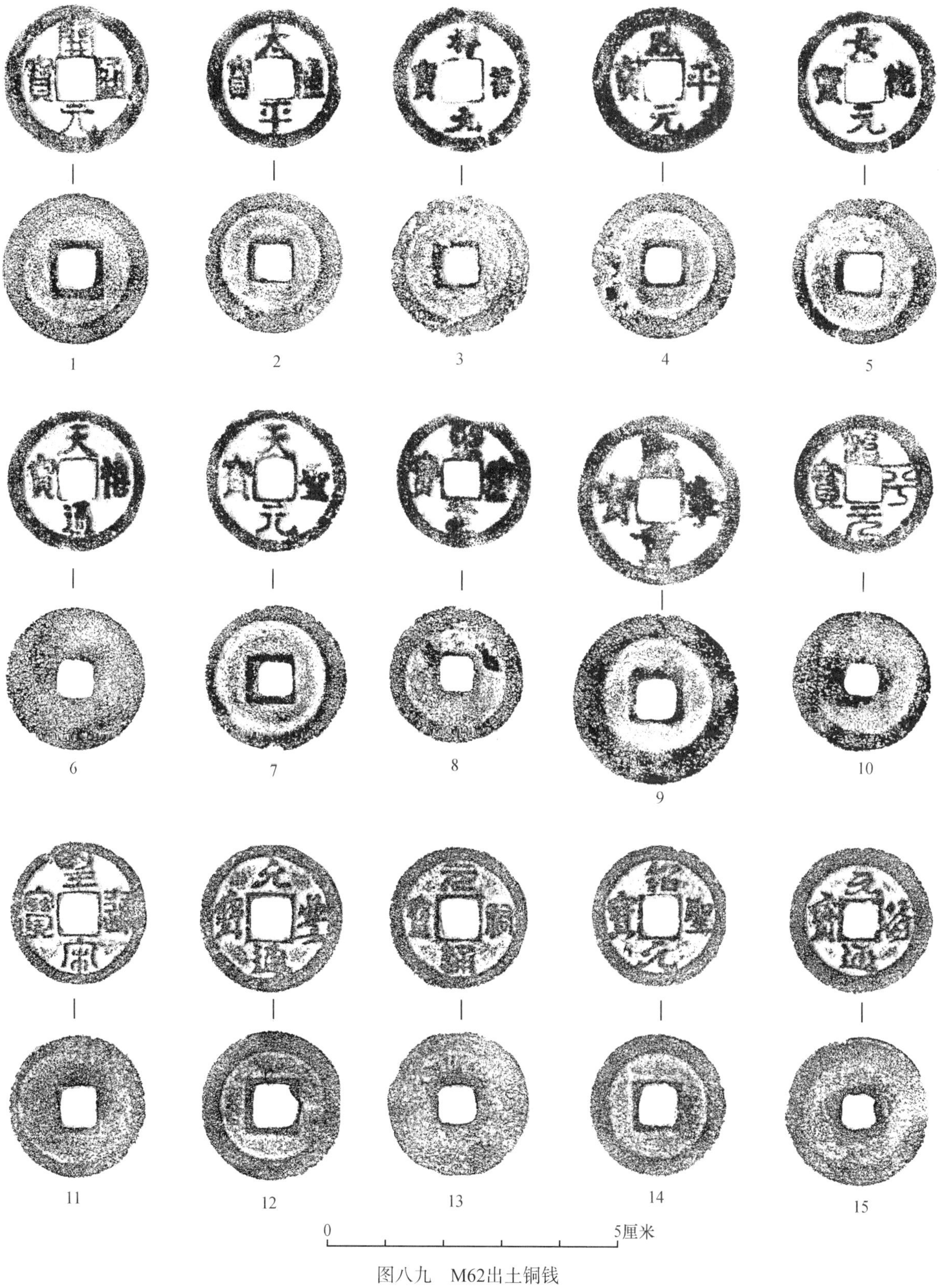

图八九　M62出土铜钱

1. 开元通宝（M62：4-1）　2. 太平通宝（M62：4-2）　3. 祥符元宝（M62：4-3）　4. 咸平元宝（M62：4-4）　5. 景德元宝（M62：4-5）　6. 天禧通宝（M62：4-6）　7. 天圣元宝（M62：4-7）　8. 熙宁元宝（M62：4-8）　9. 熙宁重宝（M62：4-9）　10. 治平元宝（M62：4-10）　11. 皇宋通宝（M62：4-11）　12.元丰通宝（M62：4-12）　13. 元祐通宝（M62：4-13）　14. 绍圣元宝（M62：4-14）　15. 元符通宝（M62：4-15）

四字，楷书，旋读，背面无纹。钱径2.4、穿宽0.6、郭宽0.3厘米，重2.79克（图八九，3）。

天禧通宝　2枚。标本M62：4-6，完整，圆形，方穿，正、背面有圆郭，正面铸“天禧通宝”四字，楷书，旋读，背面无纹。钱径 2.4、穿宽0.65、郭宽0.25厘米，重2.61克（图八九，6）。

天圣元宝　1枚。标本M62：4-7，完整，圆形，方穿，正、背面有圆郭，正面铸“天圣元宝”四字，楷书，旋读，背面无纹。钱径2.5、穿宽0.65、郭宽0.35厘米，重3.6克（图八九，7）。

皇宋通宝　7枚。标本M62：4-11，完整，圆形，方穿，正、背面有圆郭，正面铸“皇宋通宝”四字，篆书，对读，背面无纹。钱径2.4、穿宽0.7、郭宽0.2厘米，重2.78克（图八九，11）。

治平元宝　1枚。标本M62：4-10，完整，圆形，方穿，正、背面有圆郭，背郭不甚清晰，正面铸“治平元宝”四字，篆书，旋读，背面无纹。钱径2.4、穿宽0.6、郭宽0.3厘米，重2.32克（图八九，10）。

熙宁元宝　6枚。标本M62：4-8，完整，圆形，方穿，正、背面有圆郭，背郭不甚清晰，正面铸“熙宁元宝”四字，篆书，旋读，背面无纹。钱径2.35、穿宽0.6、郭宽0.3厘米，重4.37克（图八九，8）。

熙宁重宝　1枚。标本M62：4-9，完整，圆形，方穿，正、背面有圆郭，正面铸“熙宁重宝”四字，楷书，旋读，背面无纹。钱径2.9、穿宽0.7、郭宽0.35厘米，重5.85克（图八九，9）。

元丰通宝　7枚。标本M62：4-12，完整，圆形，方穿，正、背面有圆郭，正面铸“元丰通宝”四字，行书，旋读，背面无纹。钱径2.5、穿宽0.75、郭宽0.35厘米，重3.2克（图八九，12）。

元祐通宝　3枚。标本M62：4-13，完整，圆形，方穿，正、背面有圆郭，正面铸“元祐通宝”四字，篆书，旋读，背面无纹。钱径2.4、穿宽0.7、郭宽0.3厘米，重4.28克（图八九，13）。

绍圣元宝　1枚。标本M62：4-14，锈残，圆形，方穿，正、背面有圆郭，背郭不甚清晰，正面铸“绍圣元宝”四字，行书，旋读，背面无纹。钱径2.4、穿宽0.7、郭宽0.3厘米，重2.64克（图八九，14）。

元符通宝　1枚。标本M62：4-15，锈残，圆形，方穿，正、背面有圆郭，正面铸“元符通宝”四字，行书，旋读，背面无纹。钱径2.45、穿宽0.6、郭宽0.35厘米，重4.14克（图八九，15）。

圣宋元宝　1枚。标本M62：4-16，锈残，圆形，方穿，正、背面有圆郭，正面铸“圣宋元宝”四字，篆书，旋读，背面无纹，背郭不甚清晰。钱径2.4、穿宽0.6、郭宽0.25厘米，重2.88克（图九〇，1）。

政和通宝　1枚。标本M62：4-17，锈残，圆形，方穿，正、背面有圆郭，正面铸“政和通宝”四字，篆书，对读，背面无纹，背郭不甚清晰。钱径2.5、穿宽0.7、郭宽0.2厘米，重3.44克（图九〇，2）。

正隆元宝　1枚。标本M62：4-18，锈残，圆形，方穿，正、背面有圆郭，正面铸“正隆元宝”四字，楷书，旋读，背面无纹。钱径2.4、穿宽0.7、郭宽0.25厘米，重2.94克（图九〇，3）。

大定通宝　1枚。标本M62：4-19，完整，圆形，方穿，正、背面有圆郭，正面铸“大定通宝”四字，楷书，对读，背面无纹，背郭不甚清晰。钱径2.5、穿宽0.65、郭宽0.2厘米，重3.12克

（图九〇，4）。

洪武通宝 3枚。标本M62：4-20，锈残，圆形，方穿，正、背面有圆郭，正面铸“洪武通宝”四字，楷书，对读，背面无纹。钱径2.35、穿宽0.6、郭宽0.3厘米，重3.58克（图九〇，5）。

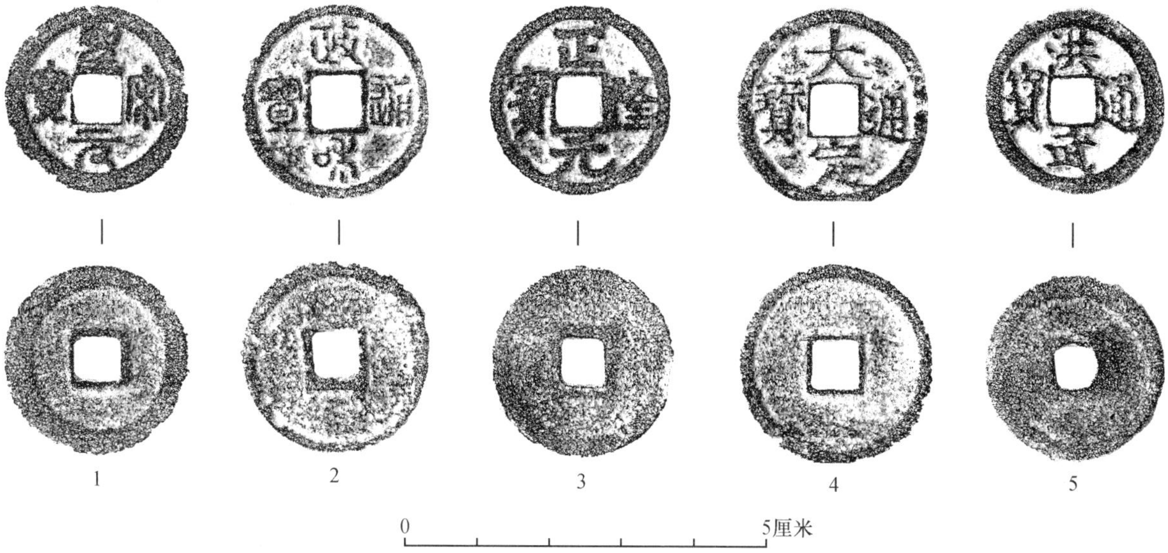

图九〇 M62出土铜钱

1. 圣宋元宝（M62：4-16） 2. 政和通宝（M62：4-17） 3. 正隆元宝（M62：4-18）
4. 大定通宝（M62：4-19） 5. 洪武通宝（M62：4-20）

第五章　清代墓葬

清代86座，分布于Ⅰ、Ⅱ、Ⅲ区。其中单棺墓32座，编号为M4、M11、M12、M21、M22、M68、M72、M78～M93、M102、M107、M116、M117、M126、M130、M132、M138、M139；双棺墓45座，编号为M2、M3、M5～M9、M13、M15、M18、M20、M23、M24、M26～M31、M59、M94～M101、M103～M106、M108、M111、M113～M115、M127～M129、M131、M134～M136、M140；三棺墓9座，编号为M1、M10、M14、M19、M64、M65、M109、M110、M112。

Ⅰ区发掘清代墓葬共58座，编号为M59、M64、M65、M68、M72、M78～M117、M126～M132、M134～M136、M138～M140，可分为单棺墓、双棺墓、三棺墓，其中以双棺墓为多，达26座。

Ⅱ区发掘清代墓葬23座，编号为M1～M15、M18～M24、M26，可分为单棺墓、双棺墓、三棺墓，其中以单、双棺墓为多，达19座。

Ⅲ区共发掘清代墓葬5座，编号为M27～M31，皆为双棺墓。

第一节　单　棺　墓

单棺墓32座，编号为M4、M11、M12、M21、M22、M68、M72、M78～M93、M102、M107、M116、M117、M126、M130、M132、M138、M139。

一、M4

（一）墓葬形制

M4位于Ⅱ区T0202东部，西南邻M3。开口于第2层下。长方形竖穴土圹单棺墓，南北向，方向10°。墓圹南北长2.5米，东西宽1米，墓口距地表深0.7米，墓口距墓底深0.46米，内填花土，土质松软（图九一；图版二〇，1）。

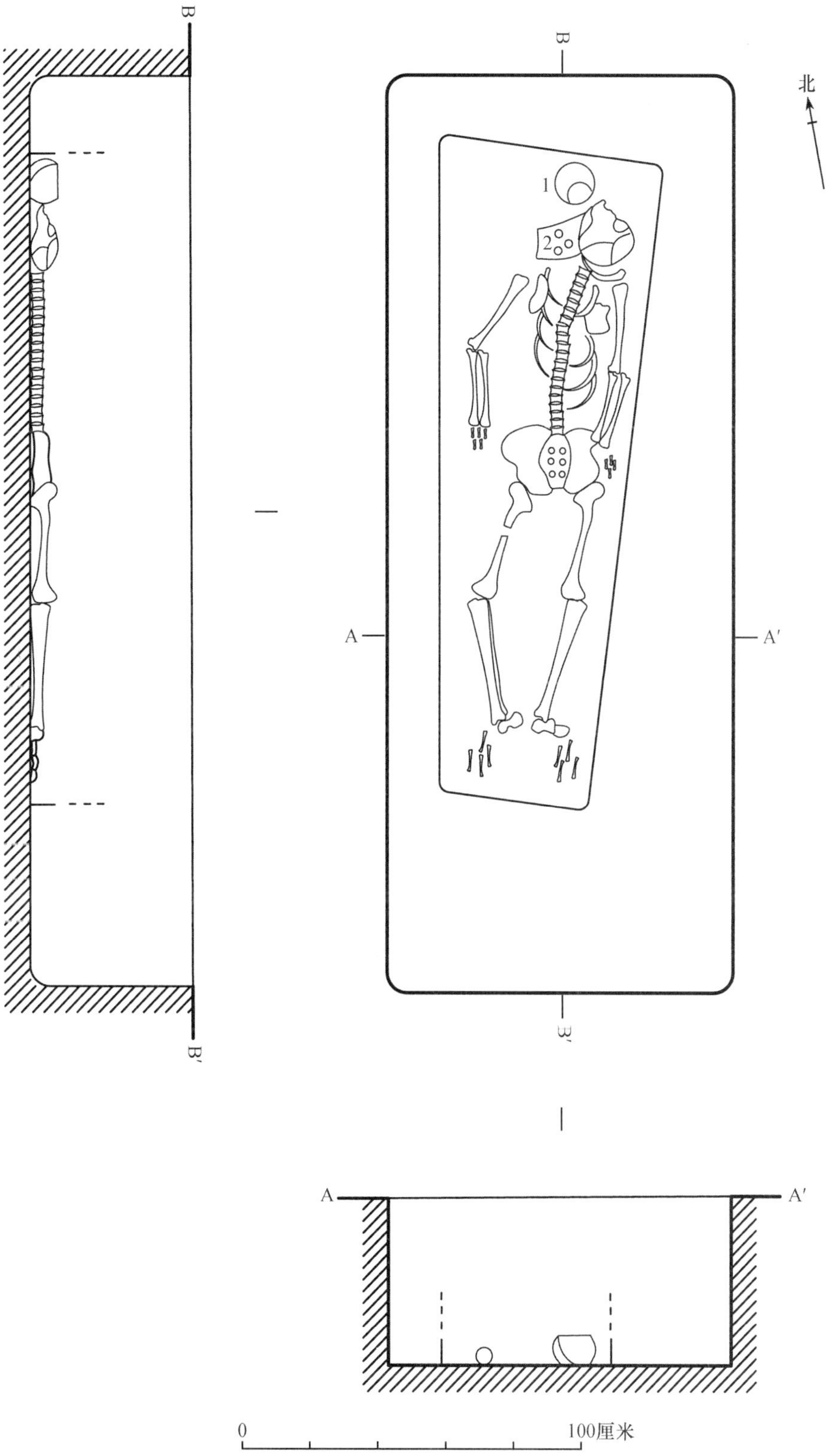

图九一　M4平、剖面图
1. 灰陶罐　2. 铜扣

墓底内置单棺，呈梯形，北宽南窄，棺木腐朽严重，长1.86米，宽0.44～0.64米，残高0.08米。棺内葬人骨1具，头向北，面向东，仰身直肢葬，墓主颅骨较大，骨壁较厚重，枕外隆突发达，乳突大而粗，骨骼粗壮，盆骨纵径大于横径，呈心形，推断为男性。

墓中随葬青砖1块（残）、陶罐1件、铜扣3件。青砖位于头骨西侧，长0.12、宽0.08～0.12、厚0.06米，素面；陶罐（M4：1）位于棺内骨架头骨上方；铜扣（M4：2）位于青砖上。

（二）随葬品

灰陶罐　1件。标本M4：1，泥质灰陶，胎质粗疏。口、腹残缺，敞口，方唇，束颈，溜肩，弧腹，下腹弧收，小平底。素面。口径8.6、最大腹径9.6、底径6.2、高8.2、厚0.4～0.6厘米（图九二；图版七〇，1）。

铜扣　3件。标本M4：2，锈残，呈球状，表面凹凸不平，扣环断裂。直径2.2厘米（图九三；图版六八，4）。

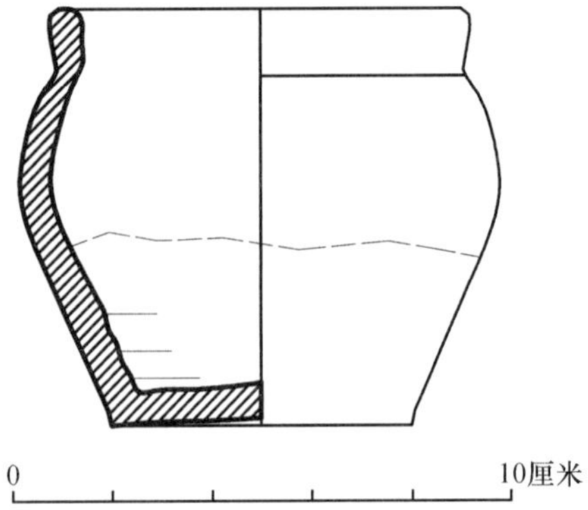

图九二　M4出土灰陶罐
（M4：1）

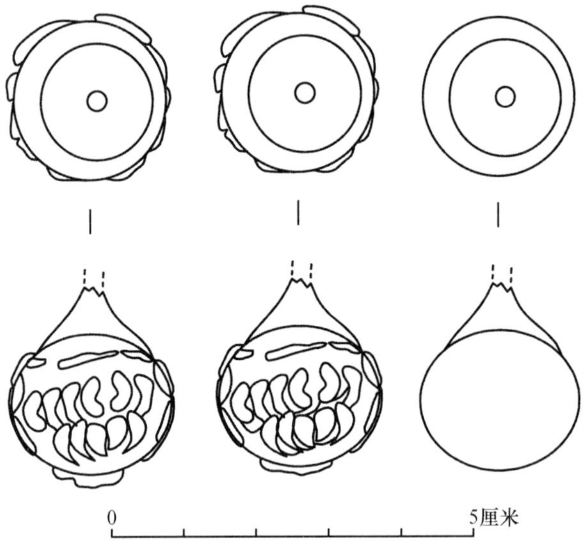

图九三　M4出土铜扣
（M4：2）

二、M11

（一）墓葬形制

M11位于Ⅱ区T0802东北部，北邻M13。开口于第2层下。长方形竖穴土圹单棺墓，南北向，方向5°。墓圹南北长2.8米，东西宽1.48米，墓口距地表深0.3米，墓口距墓底深1米，内填胶质花土，土质较硬（图九四；图版二〇，2）。

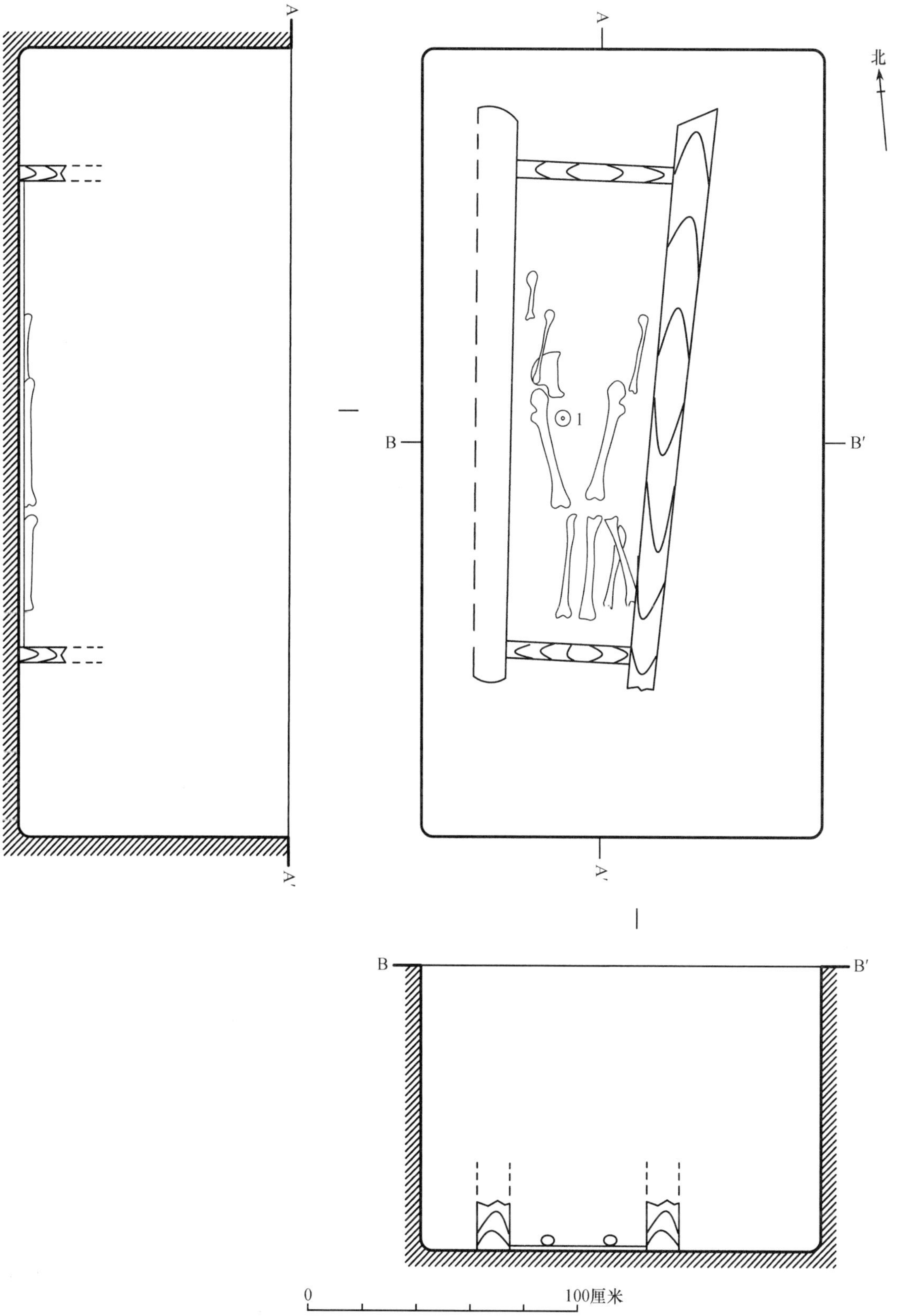

图九四 M11平、剖面图
1. 铜钱

墓底内置单棺，呈梯形，北宽南窄，棺木已朽，长2.06米，宽0.46～0.6米，残高0.18米，厚0.1～0.14米。棺内骨架保存较差，头向、面向、葬式、性别不详。棺内底部铺垫白灰。

墓内随葬铜钱1枚（M11：1），位于棺内中部。

（二）随葬品

铜钱 1枚。

乾隆通宝 1枚。标本M11：1，锈残，圆形，方穿，正、背面有圆郭，正面铸“乾隆通宝”四字，楷书，对读，背面穿左右铸满文“宝泉”二字，纪局名。钱径2.5、穿宽0.6、郭宽0.35厘米，重3.26克（图九五）。

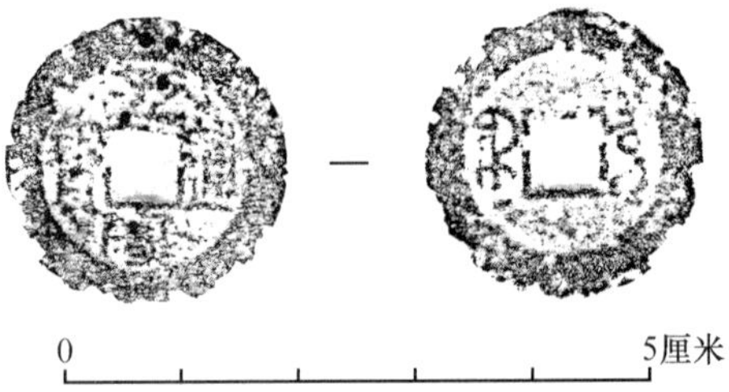

图九五　M11出土乾隆通宝钱
（M11：1）

三、M12

（一）墓葬形制

M12位于Ⅱ区T0903西南部，北邻M26。开口于第2层下。长方形竖穴土圹单棺墓，南北向，方向3°。墓圹南北长2.24米，东西宽1.1米，墓口距地表深0.3米，墓口距墓底深0.92米，内填胶质花土，土质较硬（图九六；图版二一，1）。

墓底内置单棺，略呈梯形，北宽南窄，棺木保存一般，部分残损，长1.92米，宽0.5～0.58米；侧板残高0.18米，残厚0.04米，用木精细，经过细加工。棺内葬人骨1具，骨架较乱，无头骨，仰身直肢葬，骨骼粗壮，盆骨纵径大于横径，呈心形，推断为男性。

墓内随葬铜钱3枚（M12：1），位于棺内北部骨架间。

（二）随葬品

铜钱　3枚。

崇祯通宝　1枚。标本M12：1-1，锈残，圆形，方穿，正、背面有圆郭，正面铸“崇祯通宝”四字，楷书，对读，背面无纹。钱径2.6、穿宽0.65、郭宽0.4厘米，重2.05克（图九七）。

另2枚锈残，钱文不可辨。

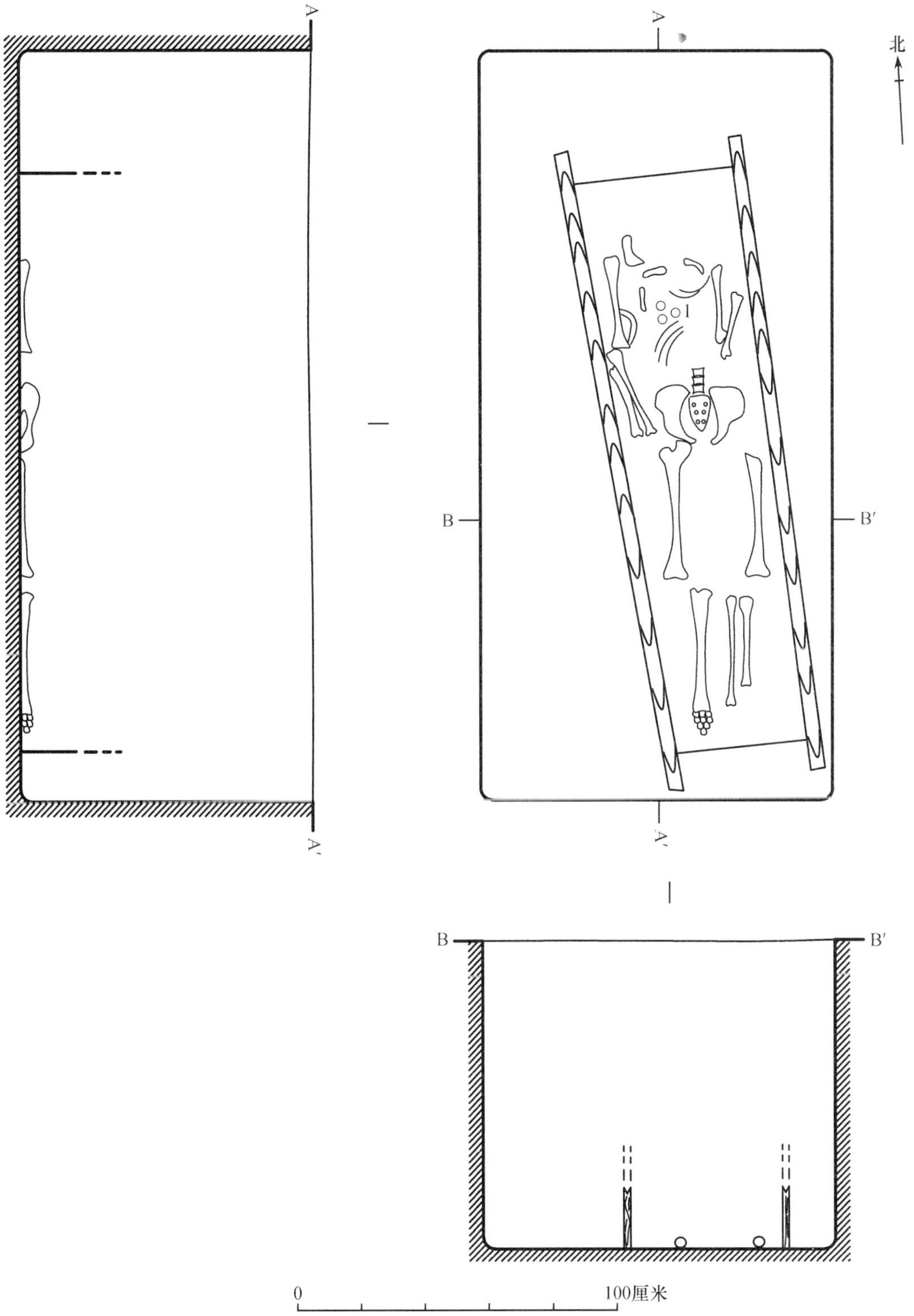

图九六　M12平、剖面图
1. 铜钱

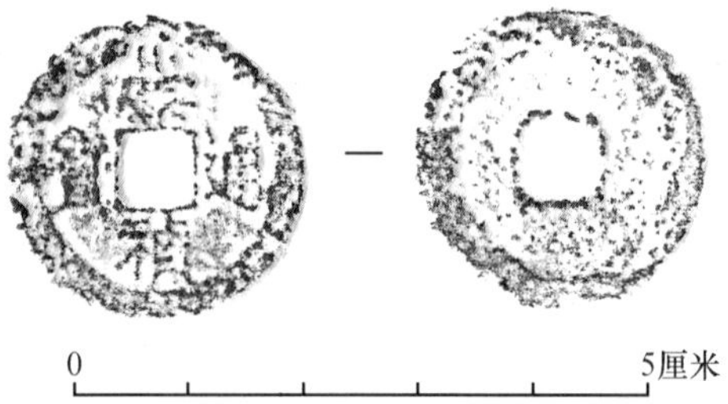

图九七　M12出土崇祯通宝钱
（M12：1-1）

四、M21

（一）墓葬形制

M21位于Ⅱ区T1616南部，西南邻M20。开口于第2层下。长方形竖穴土圹单棺墓，西北—东南向，方向315°。墓圹南北长2.4米，宽0.92米，墓口距地表深0.4米，墓口距墓底深0.93米，内填胶质花土，土质较硬（图九八；图版二一，2）。

墓底内置单棺，呈梯形，北宽南窄，棺木已朽，长1.88米，宽0.4～0.6米，残高0.1米。棺内骨架保存较好，头向西北，面向东北，仰身直肢葬，墓主颅骨较大，骨壁较厚重，枕外隆突发达，乳突大而粗，骨骼粗壮，盆骨纵径大于横径，呈心形，推断为男性。

墓内随葬铜钱9枚（M21：1），无规律散布于棺底。

（二）随葬品

铜钱　9枚。

道光通宝　9枚。标本M21：1-1，锈残，圆形，方穿，正、背面有圆郭，正面铸“道光通宝”四字，楷书，对读，背面穿左右铸满文“宝泉”二字，纪局名。钱径2.2、穿宽0.6、郭宽0.4厘米，重3.83克（图九九）。

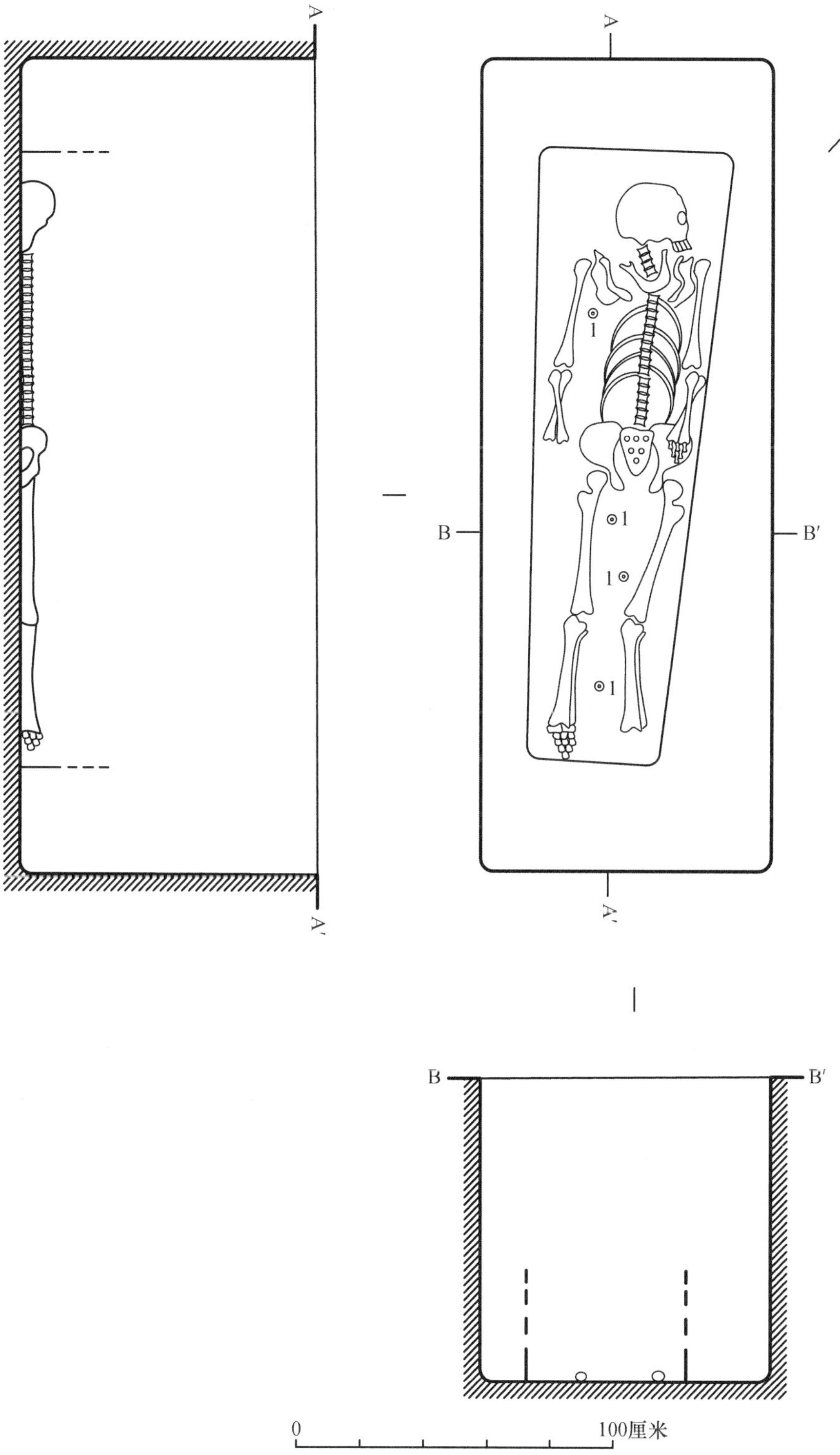

图九八　M21平、剖面图
1. 铜钱

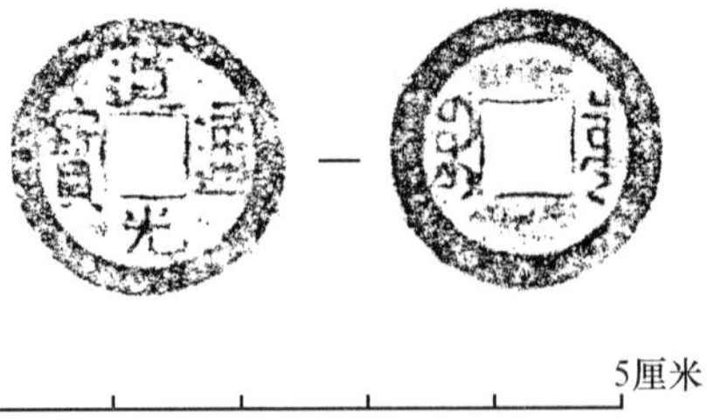

图九九　M21出土道光通宝钱
（M21：1-1）

五、M22

（一）墓葬形制

M22位于Ⅱ区T1715西北部，东邻M23。开口于第2层下。梯形竖穴土圹单棺墓，北窄南宽，南北向，方向3°。墓圹南北长2.4米，东西宽0.9～1米，墓口距地表深0.3米，墓口距墓底深1米，内填胶质花土，土质较硬（图一〇〇；图版二一，3）。

墓底内置单棺，略呈梯形，北宽南窄，棺木已朽，长1.86米，宽0.52～0.58米，残高0.2米。棺内骨架保存较差，头向北，面向东，仰身直肢葬，墓主颅骨较小，骨壁较薄，盆骨入口近椭圆形，推断为女性。

墓内随葬夹砂陶锅1件、铜钱3枚。夹砂陶锅（M22：1）位于棺头外北部，铜钱（M22：2）无规律散布于棺底。

（二）随葬品

夹砂陶锅　1件。标本M22：1，夹砂灰陶，陶质粗糙。残缺，敛口，短颈，折肩，扁圆腹，圜底，鸭嘴流，圆柱形把缺失。口径8.8、最大腹径11.2、底径7.8、高8.2、厚0.2～0.8厘米（图一〇一；图版六七，3）。

铜钱　3枚。

乾隆通宝　3枚。标本M22：2-1，锈残，圆形，方穿，正、背面有圆郭，正面铸“乾隆通宝”四字，楷书，对读，背面穿左右铸满文“宝泉”二字，纪局名。钱径2.4、穿宽0.5、郭宽0.4厘米，重3.87克（图一〇二）。

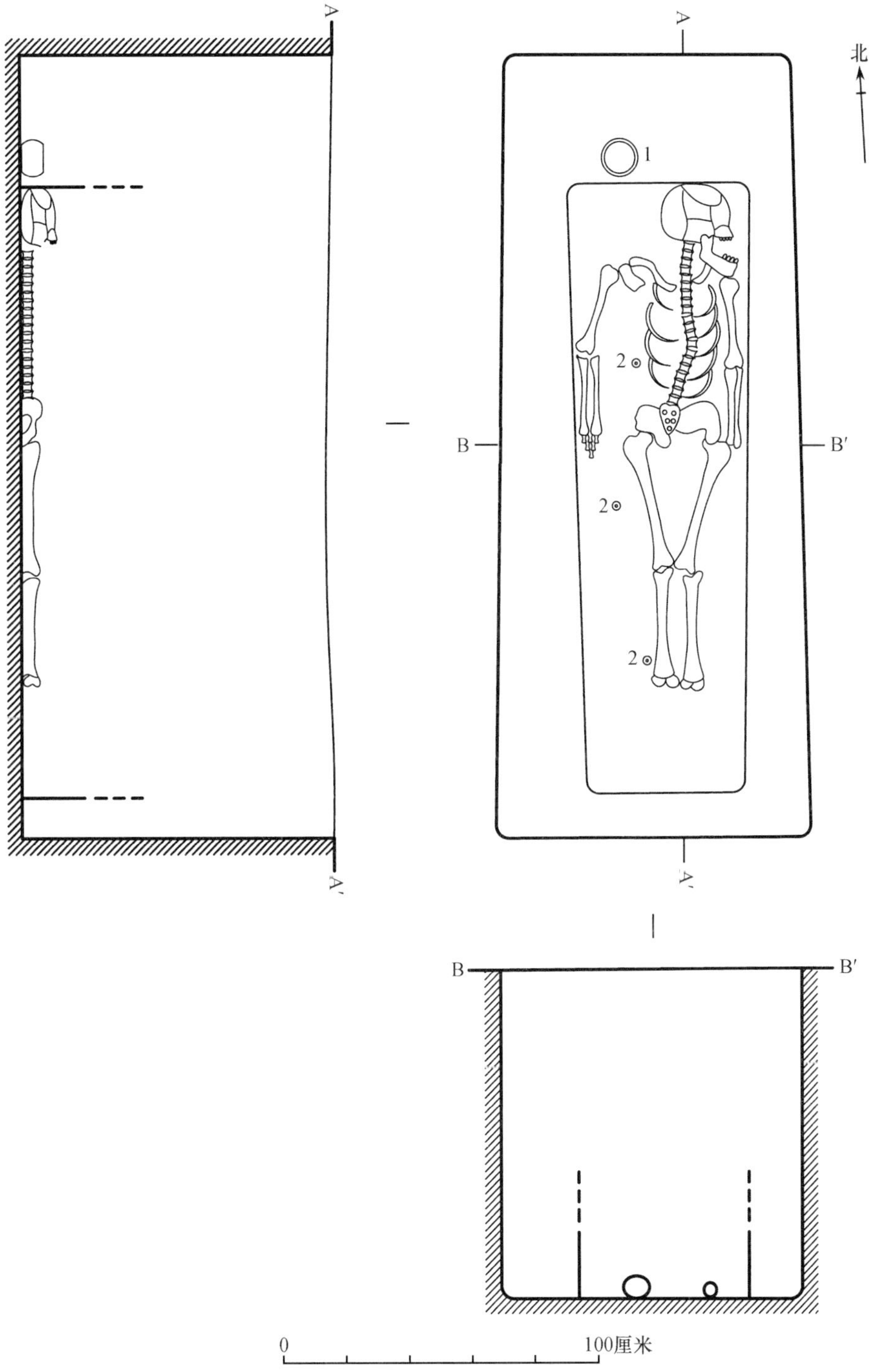

图一〇〇　M22平、剖面图
1. 夹砂陶锅　2. 铜钱

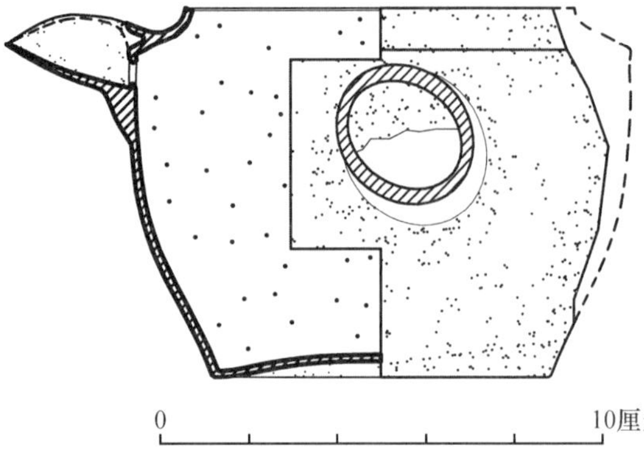

图一〇一　M22出土夹砂陶锅
（M22：1）

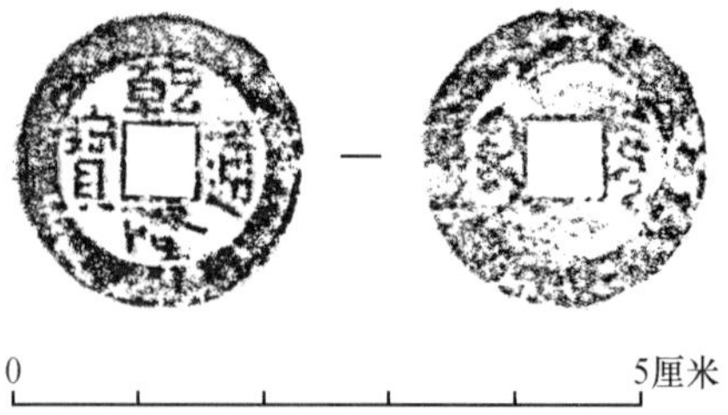

图一〇二　M22出土乾隆通宝钱
（M22：2-1）

六、M68

（一）墓葬形制

M68位于Ⅰ区T1506东部，东邻M69，墓口北部叠压M69墓口西部。开口于第2层下。梯形竖穴土圹单棺墓，北宽南窄，南北向，方向2°。墓圹南北长2.4米，东西宽1.12～1.2米，墓口距地表深0.45米，墓口距墓底深0.8米，内填胶质花土，土质较湿黏（图一〇三；图版二一，4）。

墓底内置单棺，略呈梯形，北宽南窄，棺木腐朽严重，仅存棺痕，长1.8米，宽0.58～0.62米，残高0.2米。棺内葬人骨1具，头向北，面向上，仰身直肢葬，墓主颅骨较小，骨壁较薄，乳突较小，盆骨横径大于纵径，呈椭圆形，推断为女性。

墓内随葬半釉双系瓷罐1件、铜钱11枚。半釉双系瓷罐（M68：2）位于棺头外中部，铜钱（M68：1）散布于棺内。

（二）随葬品

半釉双系瓷罐　1件。标本M68：2，灰褐色粗胎，胎质坚硬，器内外施酱釉，内满釉，外部仅颈、肩施酱釉，口部刮釉露胎。器体较规整，直口，方圆唇，短颈，颈部对称二桥形系残缺，溜肩，圆鼓腹，下腹急收，矮圈足，足底宽平，粘有三处垫砂痕。口径9.4、最大腹径13.2、足径7、高13、厚0.8～1厘米（图一〇四；图版六八，6）。

铜钱　11枚。

万历通宝　3枚。标本M68：1-1，锈残，圆形，方穿，正、背面有圆郭，正面铸“万历通宝”四字，楷书，对读，背面无纹。钱径2.45、穿宽0.55、郭宽0.3厘米，重2.28克（图一〇五，1）。

天启通宝　3枚。标本M68：1-2，锈残，圆形，方穿，正、背面有圆郭，正面铸“天启通宝”四字，楷书，对读，背面铸一“工”纹。钱径2.6、穿宽0.6、郭宽0.32厘米，重3.37克（图一〇五，2）。

崇祯通宝　4枚。标本M68：1-3，锈残，圆形，方穿，正、背面有圆郭，正面铸“崇祯通宝”

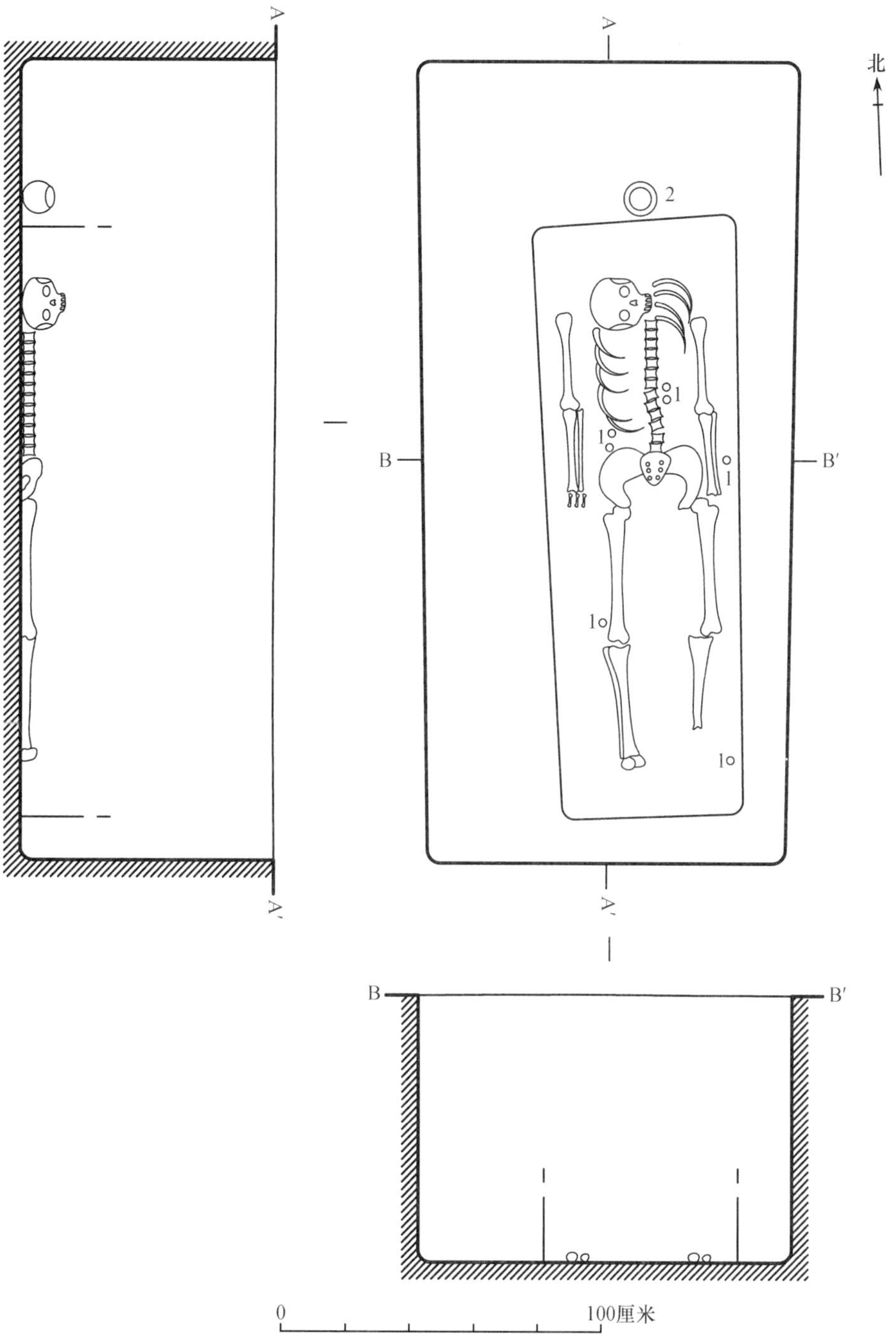

图一〇三　M68平、剖面图
1. 铜钱　2. 半釉双系瓷罐

四字，楷书，对读，背面无纹。钱径2.6、穿宽0.65、郭宽0.3厘米，重3.05克（图一〇五，3）。

乾隆通宝　1枚。标本M68：1-4，锈残，圆形，方穿，正、背面有圆郭，正面铸“乾隆通宝”四字，楷书，对读，背面穿左右铸满文“宝泉”二字，纪局名。钱径2.3、穿宽0.6、郭宽0.35厘米，重3.4克（图一〇五，4）。

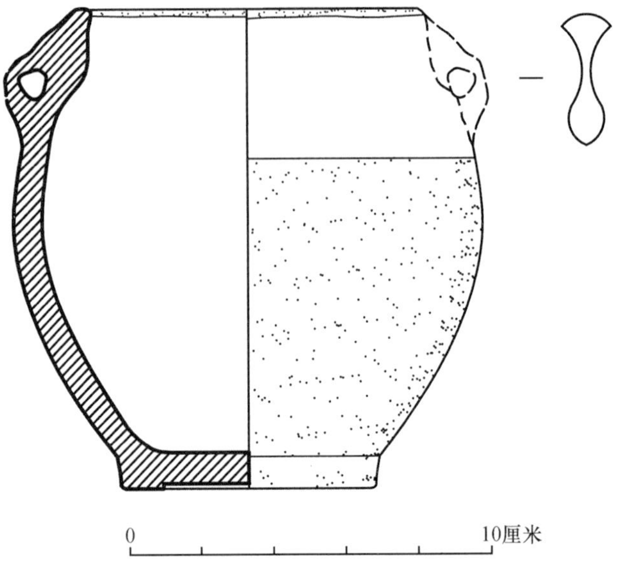

图一〇四　M68出土半釉双系瓷罐
（M68：2）

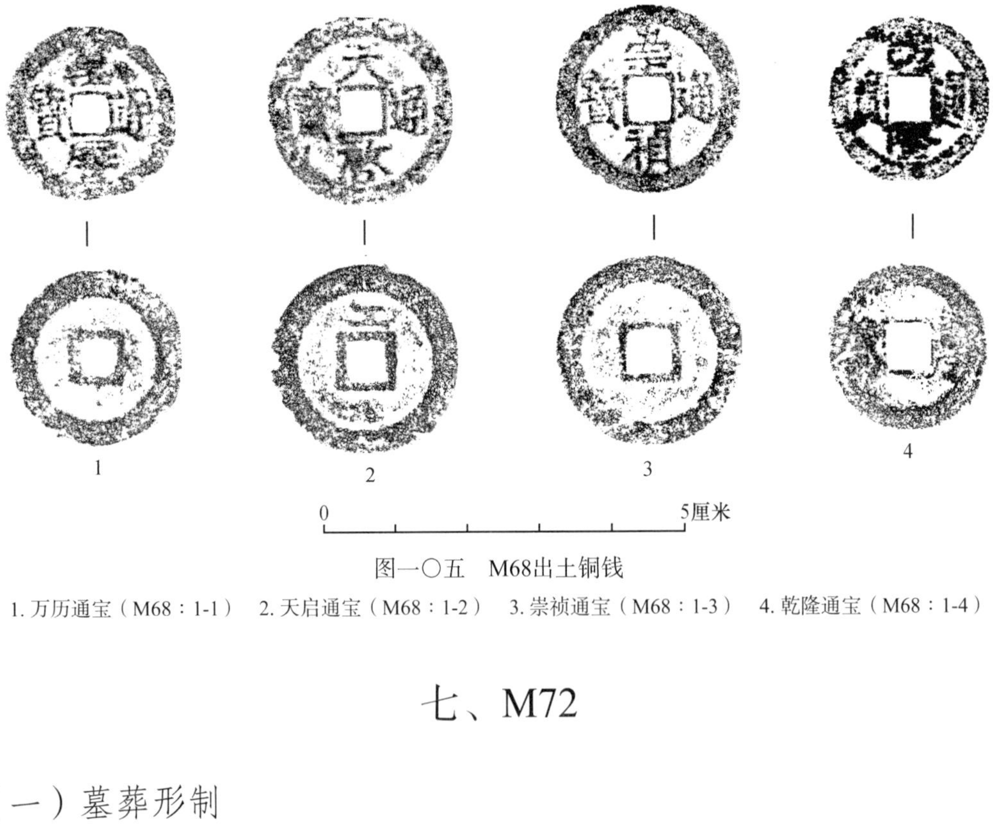

图一〇五　M68出土铜钱
1. 万历通宝（M68：1-1）　2. 天启通宝（M68：1-2）　3. 崇祯通宝（M68：1-3）　4. 乾隆通宝（M68：1-4）

七、M72

（一）墓葬形制

M72位于Ⅰ区T1104西南部，东邻M73。开口于第2层下。梯形竖穴土圹单棺墓，北宽南窄，南北向，方向355°。墓圹南北长2.34米，东西宽1.2～1.26米，墓口距地表深0.34米，墓口距墓底深1.12米，内填胶质花土，土质湿软，含水分较大（图一〇六；图版二二，1）。

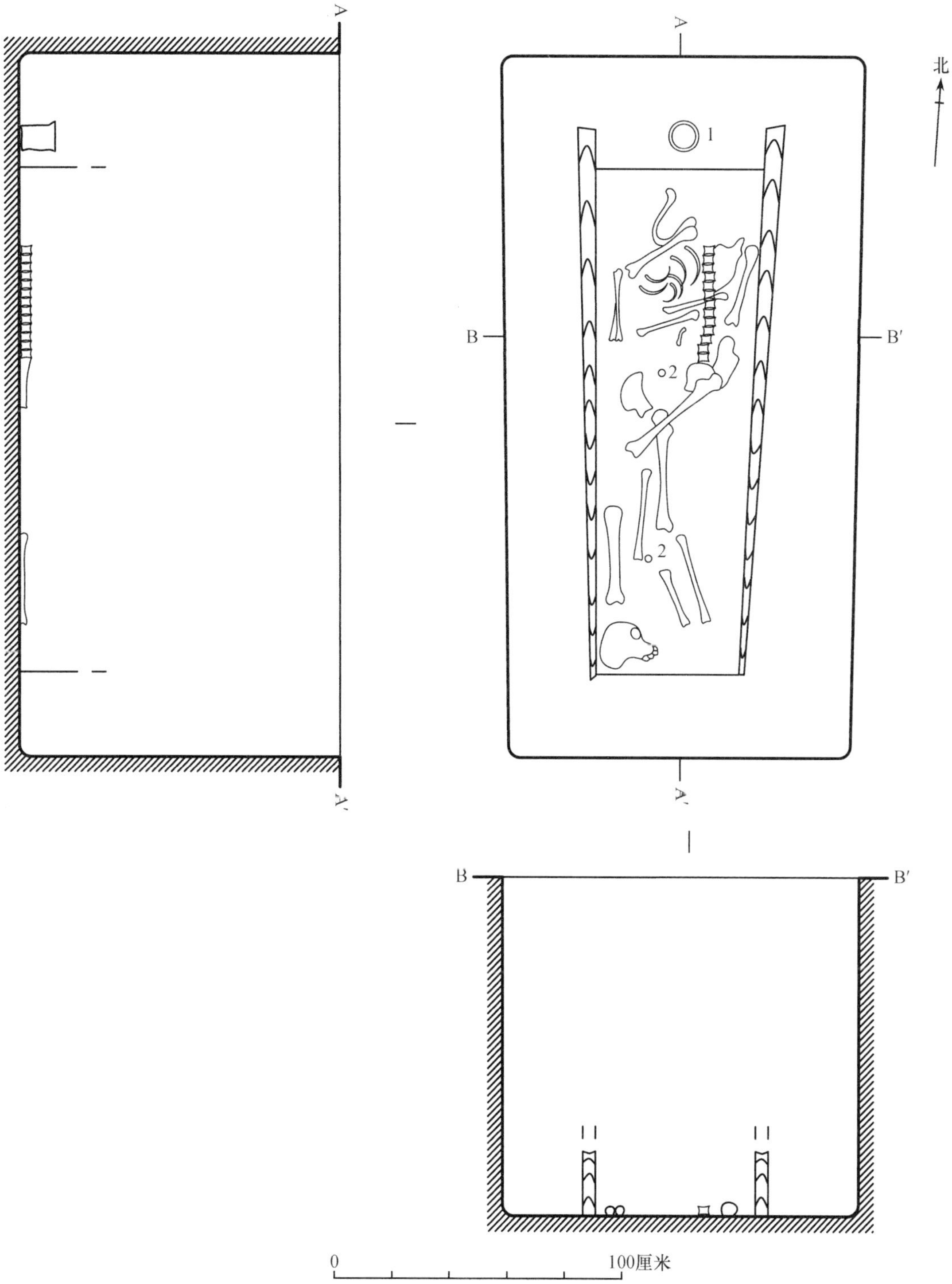

图一〇六　M72平、剖面图
1. 半釉陶罐　2. 铜钱

墓底内置单棺，略呈梯形，北宽南窄，保存差，仅存东西侧板，残高0.1～0.22米，残厚0.02～0.06米，棺长1.82米，宽0.52～0.7米。棺内葬人骨1具，保存较差，头向南，面向上，葬式不详，性别不详。棺底铺有白灰一层。

墓内随葬半釉陶罐1件、铜钱2枚。半釉陶罐（M72：1）位于棺头外中部，铜钱（M72：2）无规律散布于棺内骨架间。

（二）随葬品

半釉陶罐　1件。标本M72：1，黄褐色胎，胎质粗疏，器口及外腹壁施半青绿色釉，器内仅口部施一层较薄的青绿色釉，器体口、腹部局部有脱釉现象，器体腹部有滴釉现象，器体内外壁有修坯旋痕，凸棱明显。残，敞口，方圆唇，束颈，直筒形腹，平底。口径12、最大腹径11.8、底径8.4、高11、厚1～2厘米（图一〇七；图版六八，7）。

铜钱　2枚。

乾隆通宝　2枚。标本M72：2-1，锈残，圆形，方穿，正、背面有圆郭，正面铸“乾隆通宝”四字，楷书，对读，背面穿左右铸满文“宝泉”二字，纪局名。钱径2.4、穿宽0.6、郭宽0.3厘米，重2.61克（图一〇八）。

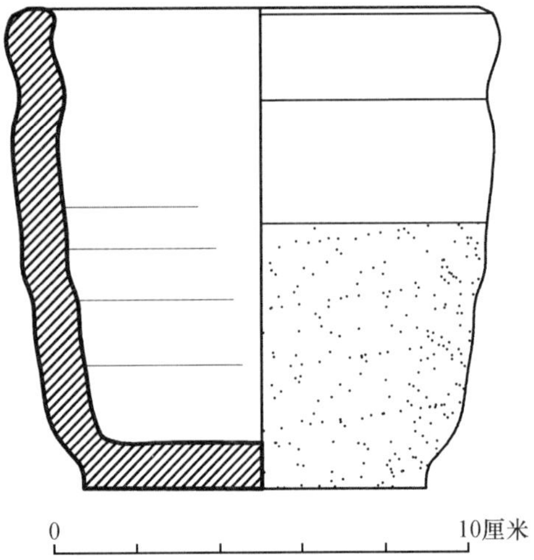

图一〇七　M72出土半釉陶罐
（M72：1）

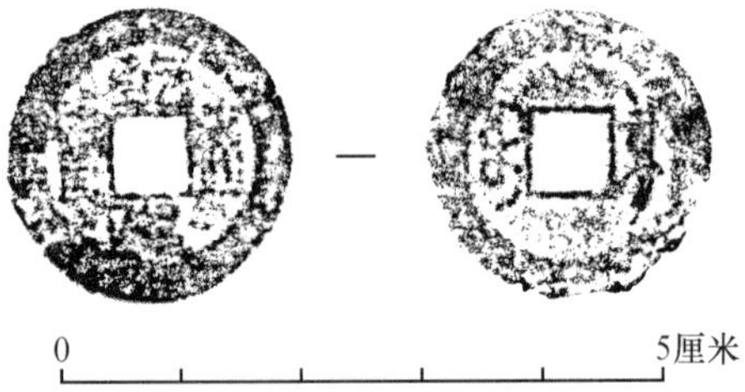

图一〇八　M72出土乾隆通宝钱
（M72：2-1）

八、M78

（一）墓葬形制

M78位于Ⅰ区T2306内，东南邻M79。开口于第2层下。梯形竖穴土圹单棺墓，北宽南窄，南北向，方向350°。墓圹南北长2.8米，东西宽1.38～1.52米，墓口距地表深0.85米，墓口距墓底深1.1米，内填胶质花土，土质较软（图一〇九；图版二二，2）。

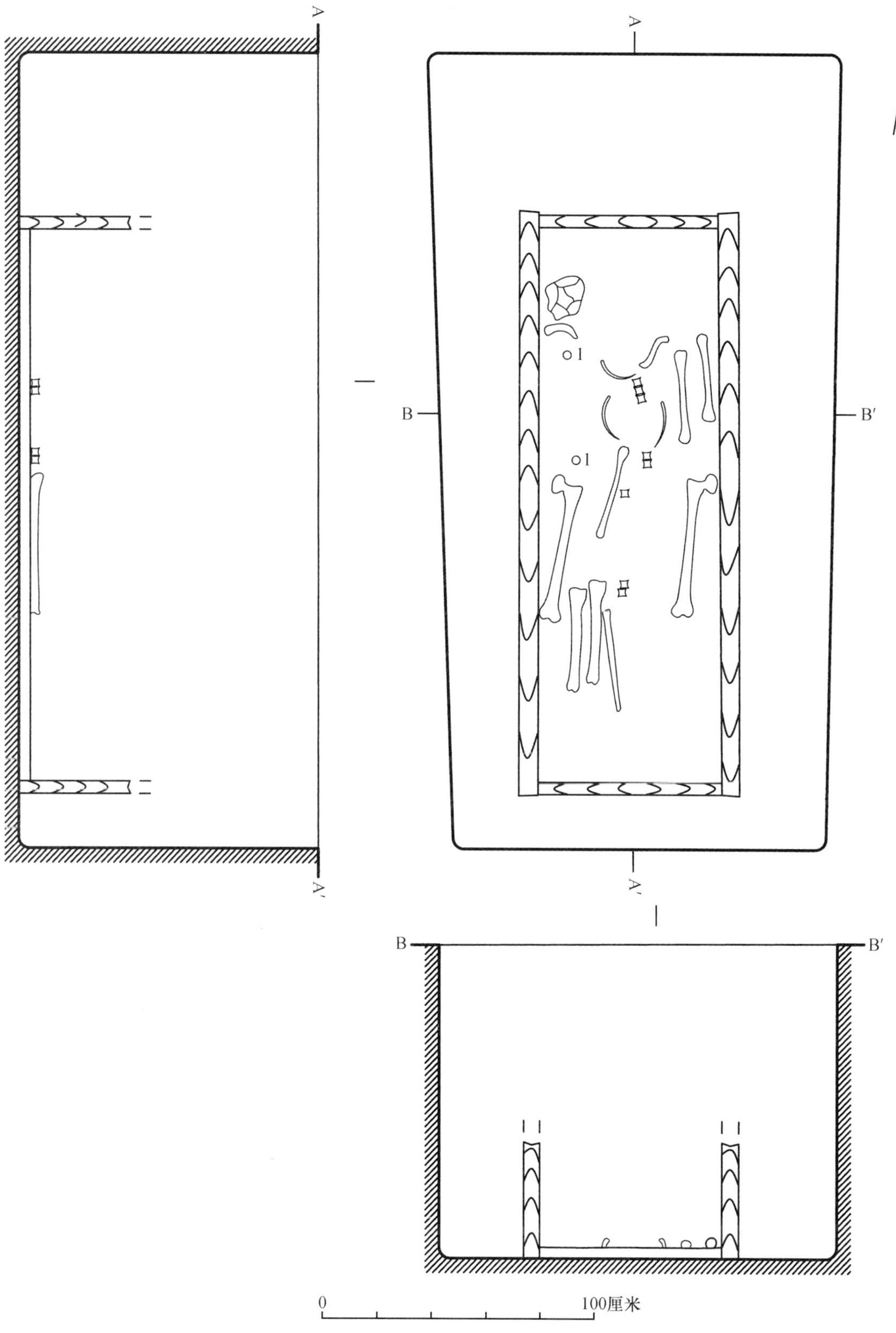

图一〇九 M78平、剖面图
1. 铜钱

墓底内置单棺，呈长方形，木棺上部已残，现存木棺下部，长2.05米，宽0.8米，残高0.2～0.4米，棺侧板厚0.08米，挡板厚0.04米，底板厚0.04米，棺板加工较平整。棺内葬人骨1具，骨架已腐朽零乱，头骨已残，现残存少量骨头，头向北，面向、葬式、性别不详。

棺内西部清理出铜钱2枚（M78：1）。

（二）随葬品

铜钱　2枚。

顺治通宝　2枚。标本M78：1-1，锈残，圆形，方穿，正、背面有圆郭，正面铸“顺治通宝”四字，楷书，对读，背面铸满文，模糊不清。另1枚残破。

九、M79

（一）墓葬形制

M79位于Ⅰ区T2405西北部，东南邻M81。开口于第2层下。梯形竖穴土圹单棺墓，北宽南窄，南北向，方向10°。墓圹南北长2.94米，东西宽1.24～1.6米，墓口距地表深0.55米，墓口距墓底深1.44米，内填胶质花土，土质湿黏（图一一〇；图版二二，3）。

墓底内置单棺，呈梯形，北宽南窄，保存较好，部分残损，长2.12米，宽0.82～1米；侧板残高0.2米，残厚0.04～0.08米；前挡板残高0.2米，厚0.04米；后挡板已不存；底板有4块，宽0.15～0.38米，厚约0.04米。棺木均用工粗糙，未经细加工，表面可见枝节。棺内葬人骨1具，已被严重扰乱，仅留少量碎骨，推测头向北，面向、葬式、性别不详。

墓内随葬青花莲塘鸳鸯纹瓷罐1件、铜钱4枚。青花莲塘鸳鸯纹瓷罐（M79：2）位于棺头外西北部，铜钱（M79：1）无规律散布于棺内中部。

（二）随葬品

青花莲塘鸳鸯纹瓷罐　1件。标本M79：2，灰白胎，胎质坚硬，器内外施青白色釉，釉色莹润光亮，器口施酱色釉，内口局部有垂釉现象，罐体中部有横向胎接痕一周。口残，直口，圆唇，短颈，平折肩，弧腹，下腹弧收，圈足，足底露胎，呈火石红色，足墙较高，平底略凸。颈部饰简笔青花花卉纹三组，肩部饰青花开光折枝纹四组，间隔青花几何纹四组，胫部边饰为青花变形莲瓣纹一周，主体纹饰为青花莲塘鸳鸯及鸟鹊纹，青花发色紫艳，局部见铁锈疤痕。口径7、最大腹径16、足径10.4、高18、厚0.5～2.2厘米（图一一一；图版六九，1）。

铜钱　4枚。

顺治通宝　4枚。标本M79：1-1，锈残，圆形，方穿，正、背面有圆郭，正面铸“顺治通宝”四字，楷书，对读，背面铸满文，模糊不清。钱径2.6、穿宽0.6、郭宽0.45厘米，重4.98克（图一一二）。

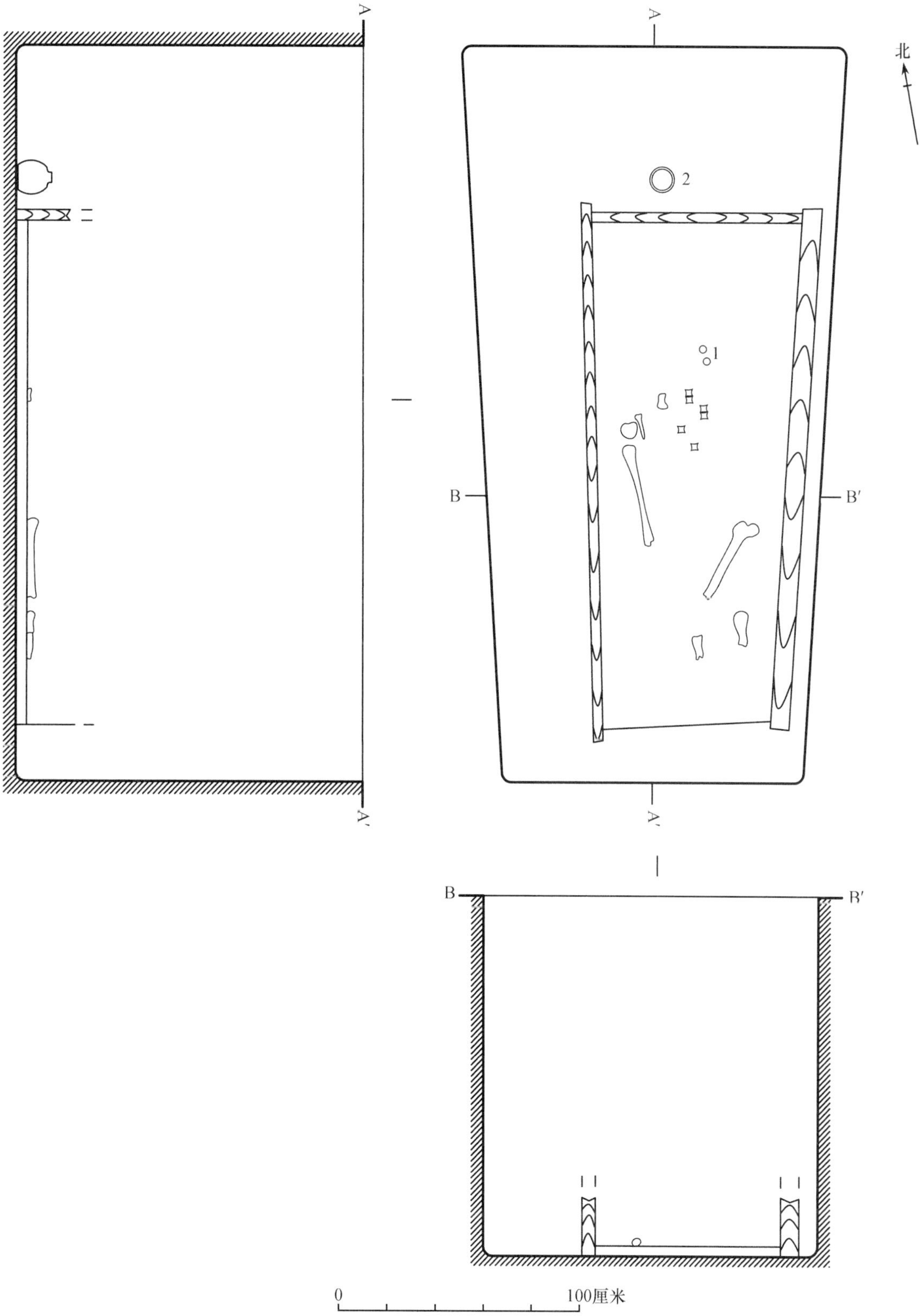

图一一〇 M79平、剖面图
1. 铜钱 2. 瓷罐

图一一一　M79出土青花莲塘鸳鸯纹瓷罐
（M79：2）

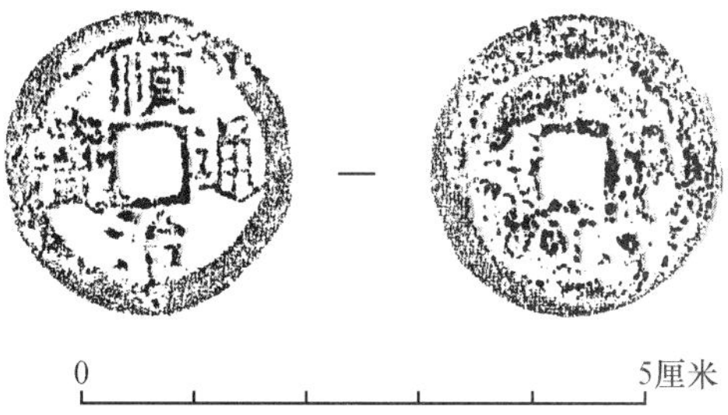

图一一二　M79出土顺治通宝钱
（M79：1-1）

十、M80

（一）墓葬形制

M80位于Ⅰ区T2305内，东北邻M78。开口于第2层下。长方形竖穴土圹单棺墓，南北向，方向355°。墓圹南北长3米，东西宽1.5米，墓口距地表深1.3米，墓口距墓底深0.9米，内填胶质花土，土质较软（图一一三；图版二三，1）。

墓底内置单棺，呈梯形，棺木上部已朽，长2.35米，宽0.8～0.88米，残高0.4米，侧板厚0.1米，挡板厚0.04～0.05米，底板厚0.04～0.05米，棺板加工较平整。棺内葬人骨1具，骨架已腐朽零乱，头向北，面向上，葬式、性别不详。

墓内随葬青花开光折枝莲纹瓷瓶1件、铜钱3枚。青花开光折枝莲纹瓷瓶（M80：1）位于棺头外北部，铜钱（M80：2）位于棺内中部。

（二）随葬品

青花开光折枝莲纹瓷瓶　1件。标本M80：1，灰白胎，胎质坚硬，器内外施青白色釉，釉色莹润光亮，器内有修坯旋纹五周。完整，撇口，圆唇，束颈，丰肩，弧腹，下腹曲收，胫部外撇，细砂平底略凹，底部刮釉一周。颈、胫两部饰有青花变形莲瓣纹两周，主体纹饰为三组开光折枝莲纹，以染地留白的技法装饰，间隔三组花卉纹，青花发色灰暗。口径5.8、最大腹径11.6、底径6.6、高19、厚0.6～0.8厘米（图一一四；图版六九，3）。

铜钱　3枚。

康熙通宝　3枚。标本M80：2-1，锈残，圆形，方穿，正、背面有圆郭，正面铸“康熙通宝”四字，楷书，对读，背面穿左右铸满文“宝泉”二字，纪局名。钱径2.65、穿宽0.6、郭宽0.5厘米，重3.33克（图一一五）。

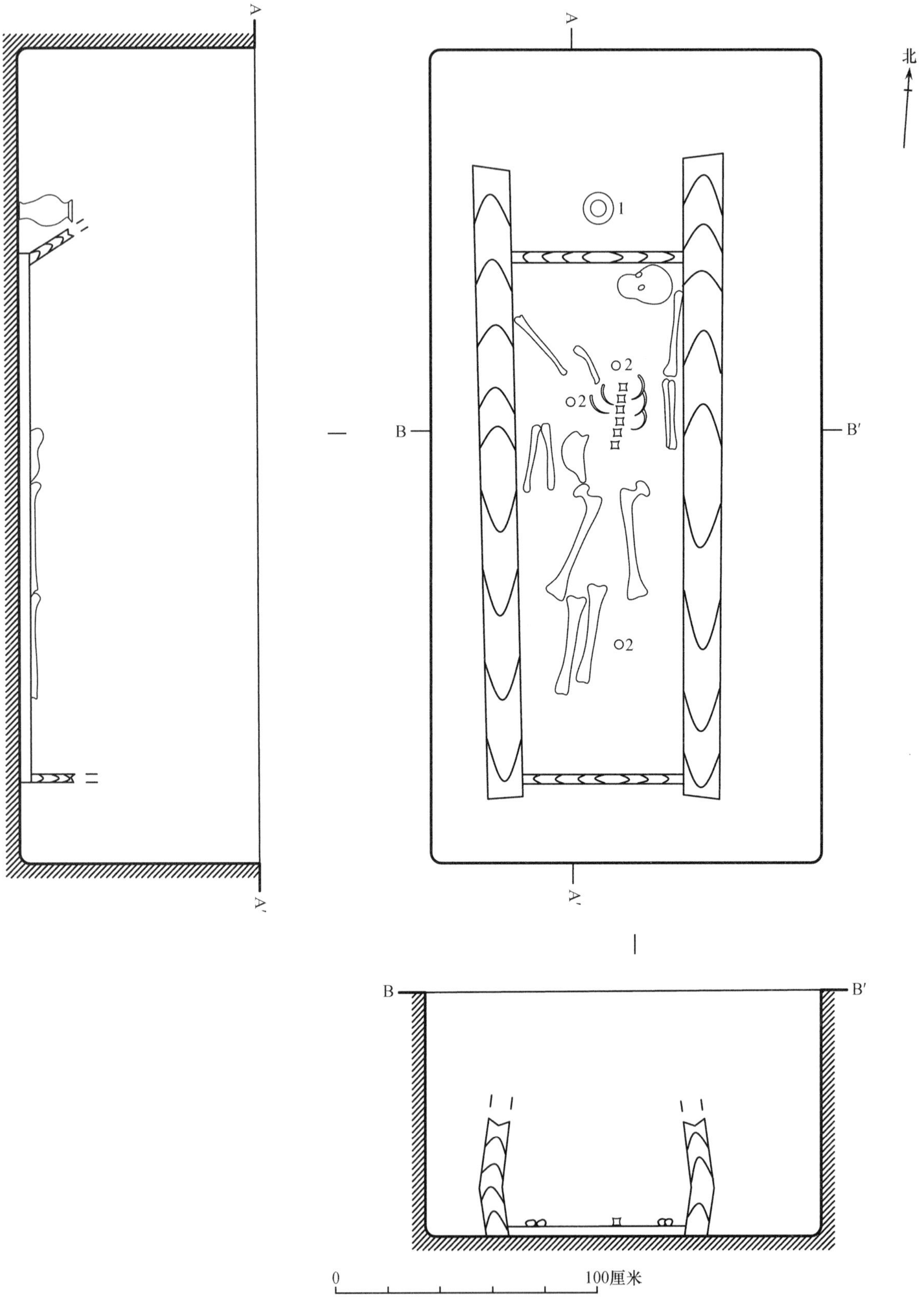

图一一三　M80平、剖面图
1. 瓷瓶　2. 铜钱

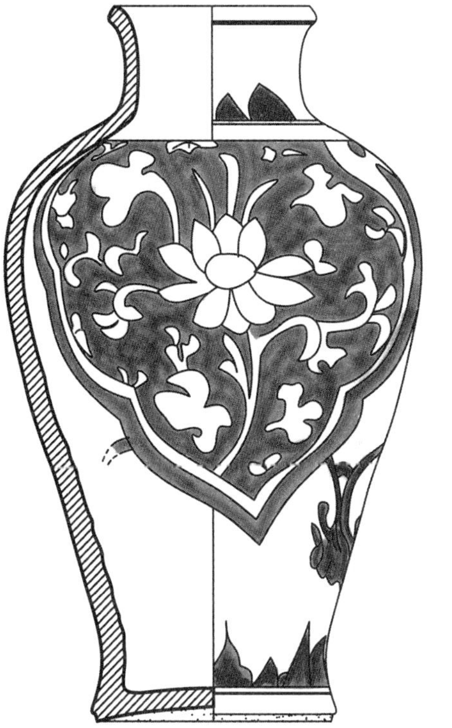

0　10厘米

图一一四　M80出土青花开光折枝莲纹瓷瓶
（M80：1）

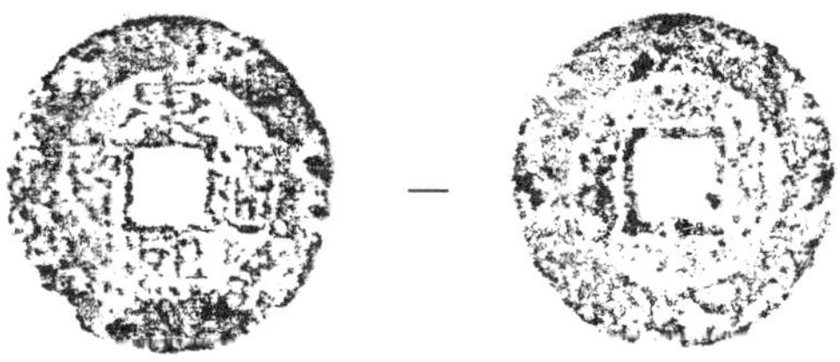

0　5厘米

图一一五　M80出土康熙通宝钱
（M80：2-1）

十一、M81

（一）墓葬形制

M81位于Ⅰ区T2405中部，西北邻M79。开口于第2层下。梯形竖穴土圹单棺墓，北宽南窄，南北向，方向355°。墓圹南北长2.8米，东西宽1.68～1.76米，墓口距地表深0.75米，墓口距墓底深1.38米，内填胶质花土，土质湿黏（图一一六；图版二三，2）。

墓底内置单棺，略呈梯形，北宽南窄，保存较好，部分残损，长2.32米，宽0.65～0.7米；侧板残高0.38米，残厚0.06～0.08米；前挡板残高0.18米，厚0.02米；后挡板已不存。棺木均用工粗糙，未经细加工，表面可见枝节。棺内葬人骨1具，头向北，面向南，仰身直肢葬，墓主颅骨、乳突较小，骨壁较薄，骨骼细弱，推断为女性。棺底铺有厚约0.02米的白灰。

墓内随葬青花缠枝莲纹瓷罐1件（M81：1），位于棺头前挡板外东北侧。

（二）随葬品

青花缠枝莲纹瓷罐　1件。标本M81：1，灰白胎，胎质坚硬，器内外施青白色釉，釉色莹润光

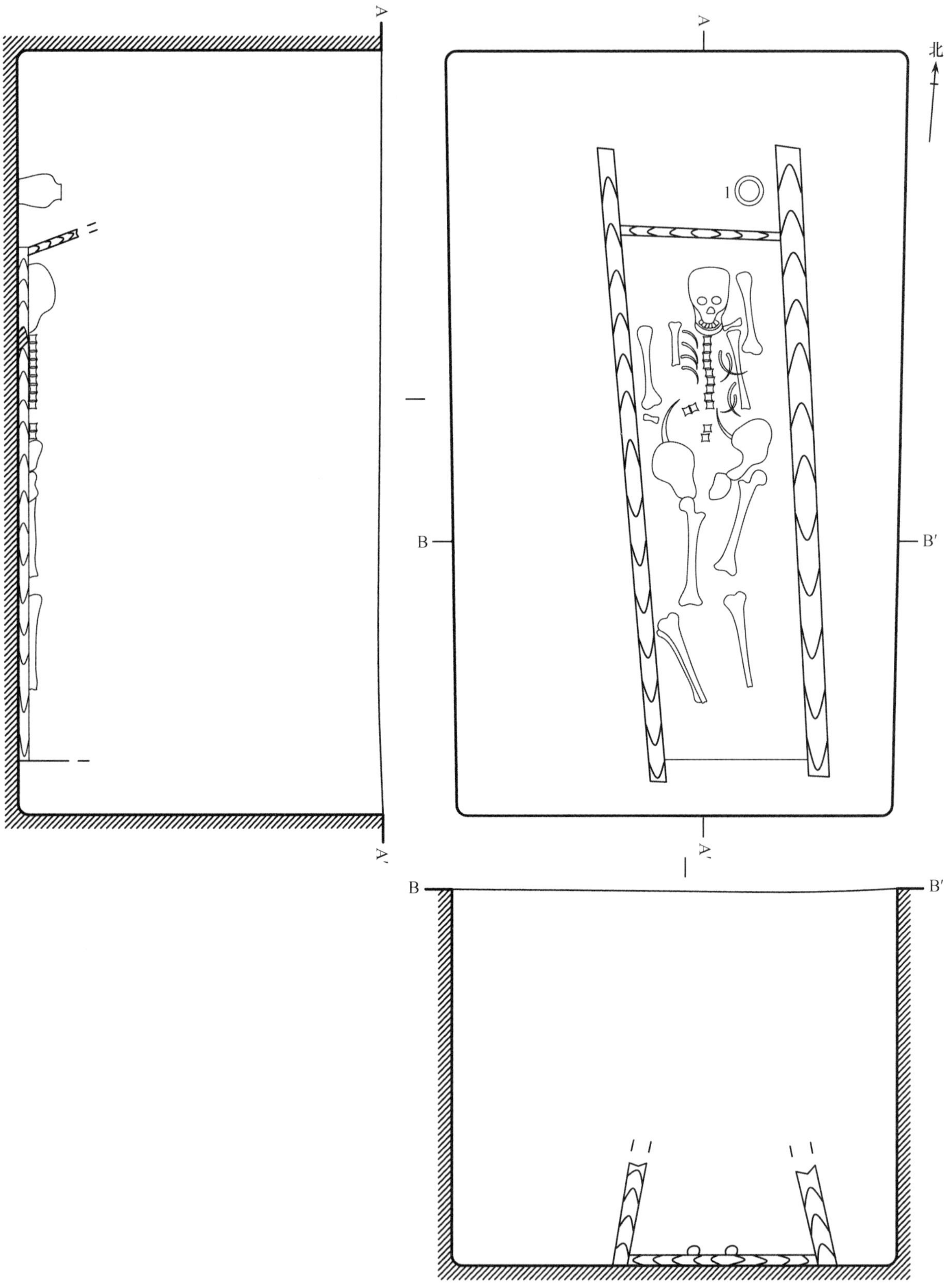

图一一六　M81平、剖面图
1. 瓷罐

亮，器内壁局部缩釉痕明显，器口施酱色釉，内口局部露胎。完整，直口，方圆唇，短颈，丰肩，弧腹，下腹弧收，圈足，足底露胎，呈火石红色，足墙较高，平底略凸。颈部饰简笔青花花卉纹三组，肩部饰青花缠枝纹一周，胫部边饰为变形莲瓣纹一周，主体纹饰为青花缠枝莲纹，青花发色灰暗。口径7.2、最大腹径14.8、足径9.6、高16.8、厚0.4～0.6厘米（图一一七；图版六九，2）。

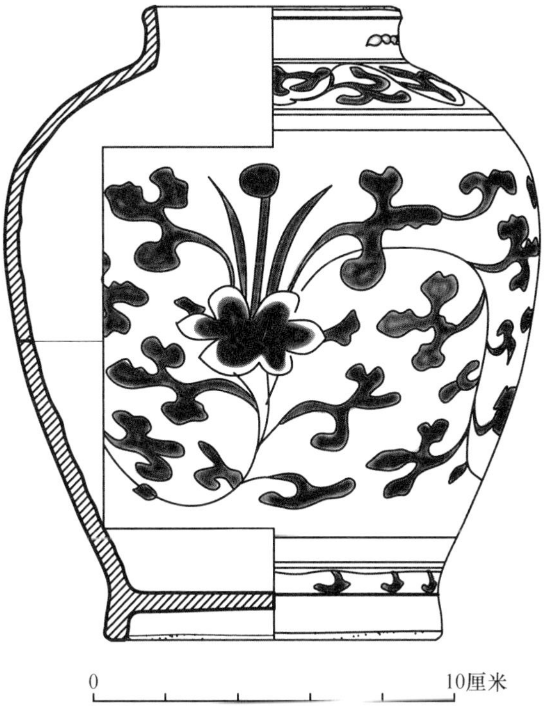

图一一七 M81出土青花缠枝莲纹瓷罐
（M81：1）

十二、M82

（一）墓葬形制

M82位于Ⅰ区T2305西南部，东北邻M80。开口于第2层下。梯形竖穴土圹单棺墓，北宽南窄，南北向，方向0°。墓圹南北长2.72米，东西宽1.06～1.26米，墓口距地表深0.76米，墓口距墓底深0.58～0.88米，内填胶质花土，土质湿黏（图一一八；图版二四，1）。

墓底内置单棺，略呈梯形，北宽南窄，保存较好，部分残损，长2.15米，宽0.82～0.87米；侧板残高0.38米，残厚0.05～0.06米；前挡板残高0.24米，厚0.02米；后挡板已不存。棺木均用工粗糙，未经细加工，表面可见枝节。棺内葬人骨1具，头向北，面向下，仰身直肢葬，墓主颅骨较大，骨壁较厚重，枕外隆突发达，乳突大而粗，骨骼粗壮，推断为男性。

（二）随葬品

无。

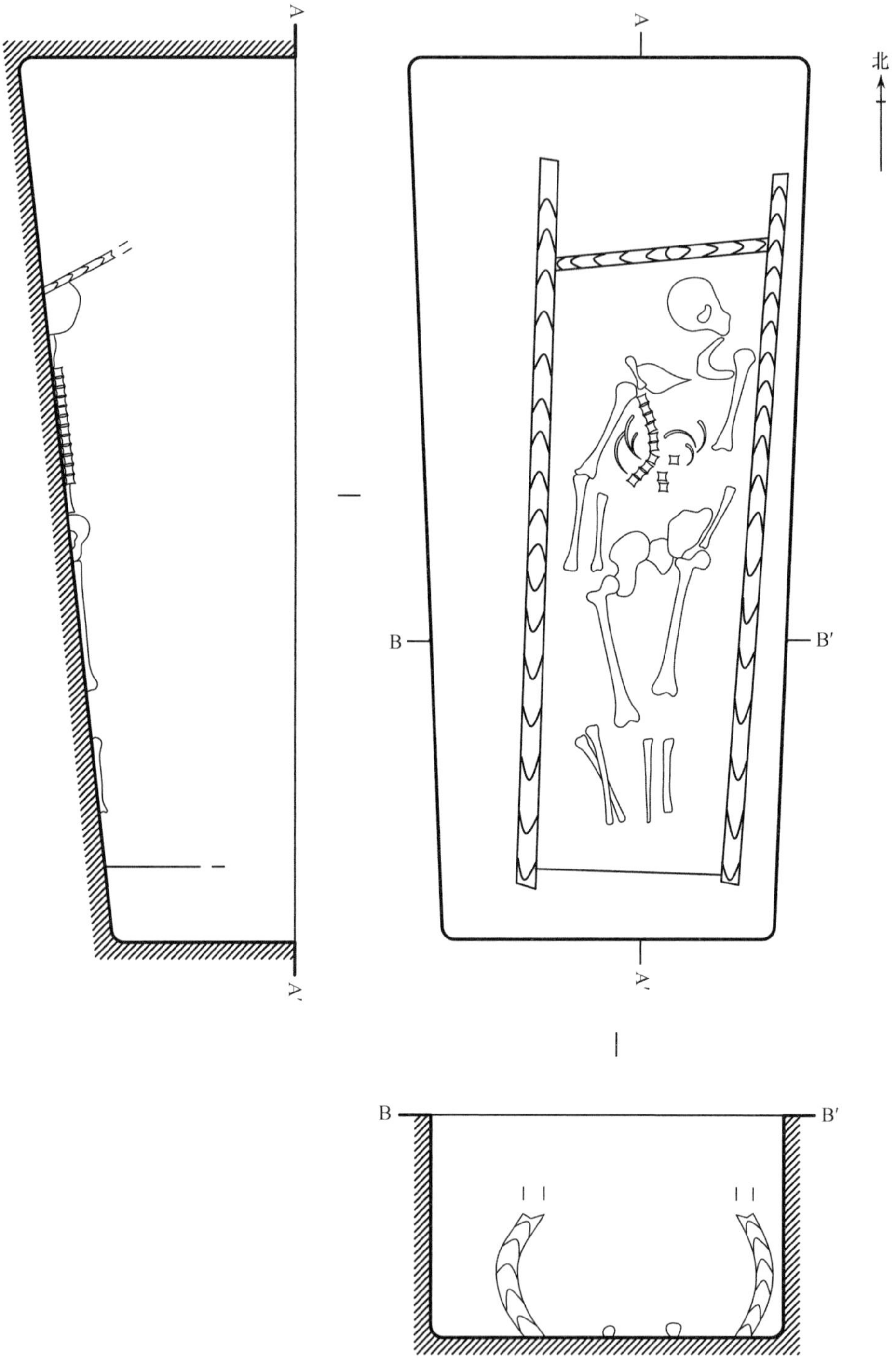

图一一八　M82平、剖面图

十三、M83

（一）墓葬形制

M83位于Ⅰ区T2204东北部，北邻M82。开口于第2层下。梯形竖穴土圹单棺墓，北宽南窄，南北向，方向11°。墓圹南北长2.88米，东西宽1.08～1.2米，墓口距地表深0.9米，墓底距地表深0.82米，内填胶质花土，土质湿黏（图一一九；图版二四，2）。

墓底内置单棺，略呈梯形，北宽南窄，棺木上部已朽，长2.4米，宽0.64～0.8米，残高0.38米，前后挡板已腐朽。棺内葬人骨1具，骨架已散乱，头向北，面向南，葬式、性别不详。棺内底部铺有一层石灰。

墓内随葬青白釉瓷罐1件、铜钱2枚。青白釉瓷罐（M83∶1）位于棺内北部，铜钱（M83∶2）位于棺内中部。

（二）随葬品

青白釉瓷罐　1件。标本M83∶1，灰白胎，胎质坚硬，周身施青白色釉，釉层较厚，釉面匀净明亮，器口施酱褐色釉浆水，器表局部见缩釉痕，器表修坯旋痕不甚明显，器内有横向胎接痕一周。口残，直口，方圆唇，直颈，平折肩，腹略收，胫外撇，细砂平底略凹。口径8.6、最大腹径12.6、底径8.6、高14.4、厚0.6～0.8厘米（图一二〇；图版七〇，2）。

铜钱　2枚。

康熙通宝　2枚。标本M83∶2-1，锈残，圆形，方穿，正、背面有圆郭，正面铸“康熙通宝”四字，楷书，对读，背面穿左右铸满文“宝泉”二字，纪局名。钱径2.6、穿宽0.65、郭宽0.45厘米，重4.98克（图一二一）。

十四、M84

（一）墓葬形制

M84位于Ⅰ区T2404东北部，东南邻M85。开口于第2层下。梯形竖穴土圹单棺墓，北宽南窄，南北向，方向349°。墓圹南北长2.9米，东西宽1.42～1.5米，墓口距地表深0.9米，墓口距墓底深0.64米，内填胶质花土，土质湿黏（图一二二；图版二四，3）。

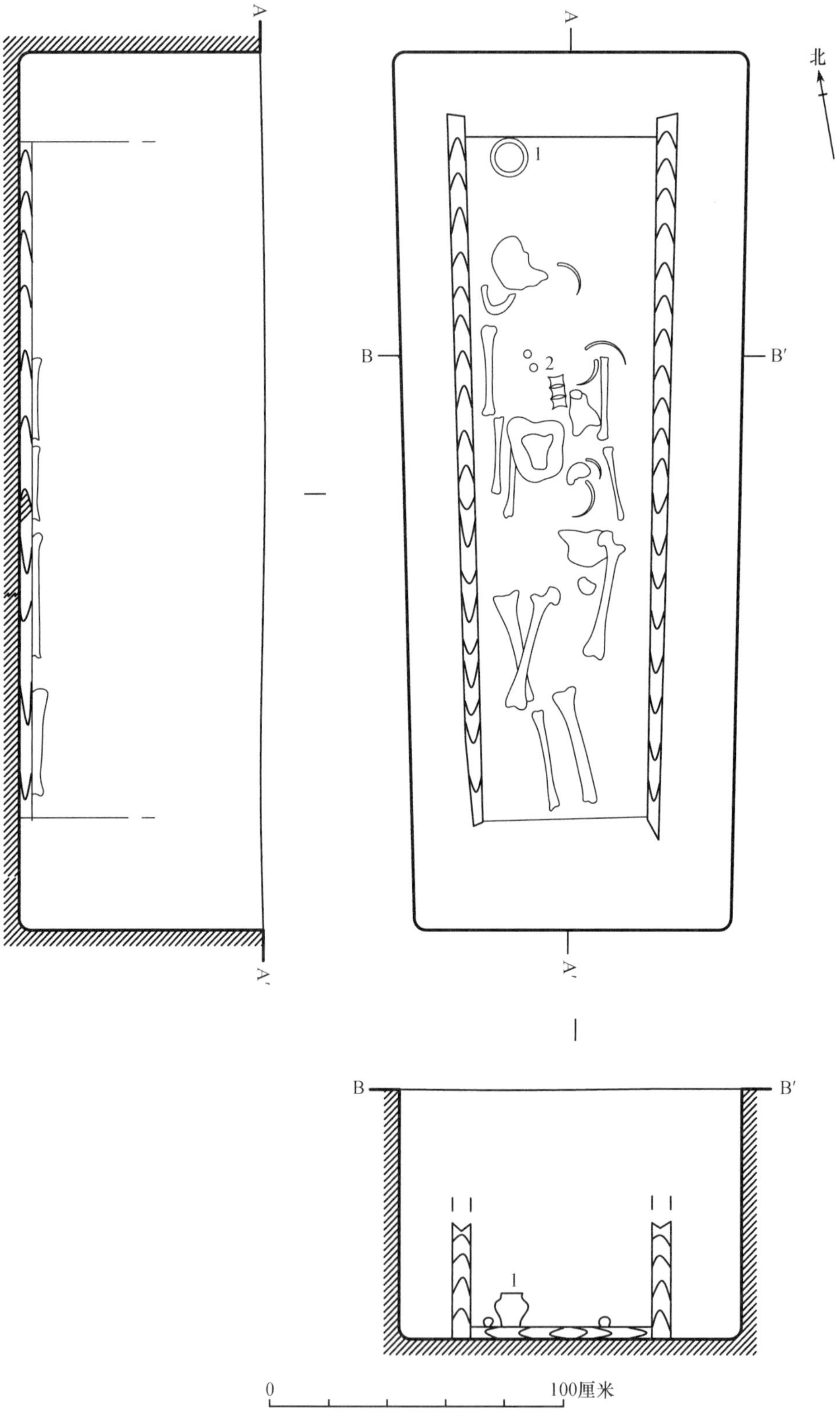

图一一九　M83平、剖面图

1. 瓷罐　2. 铜钱

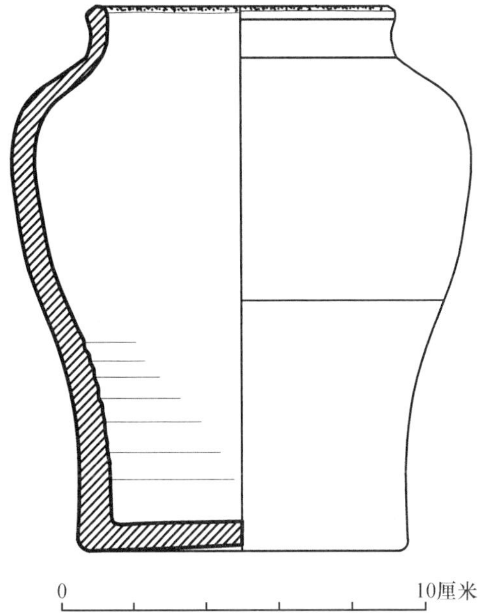

图一二〇　M83出土青白釉瓷罐
（M83：1）

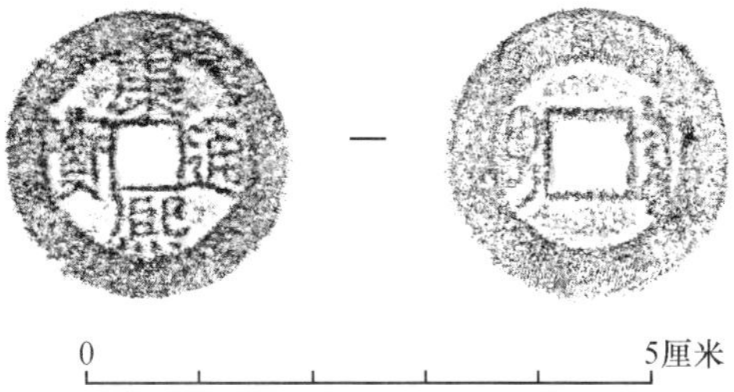

图一二一　M83出土康熙通宝钱
（M83：2-1）

墓底内置单棺，略呈梯形，北宽南窄，保存较好，部分残损，长2.14米，宽0.87～0.96米；侧板残高0.16米，残厚0.05米；前、后挡板已不存；底板存3块，分别宽约0.12、0.15、0.16米，厚约0.04米。棺木均用工粗糙，未经细加工，表面可见枝节。棺内葬人骨1具，只残留下肢骨，头应向北，面向、葬式、性别不详。棺底铺有一层厚约0.03米的白石灰。

墓内随葬铜钱1枚（M84：1），位于下肢骨之间。

（二）随葬品

铜钱　1枚。

康熙通宝　1枚。标本M84：1，锈残，圆形，方穿，正、背面有圆郭，正面铸“康熙通宝”四字，楷书，对读，背面穿左右铸满文“宝泉”二字，纪局名。钱径2.75、穿宽0.55、郭宽0.35厘米，重4.36克（图一二三）。

十五、M85

（一）墓葬形制

M85位于Ⅰ区T2504西部，西北邻M84。开口于第2层下。梯形竖穴土圹单棺墓，北宽南窄，南北向，方向356°。墓圹南北长3.4米，东西宽1.46～1.78米，墓口距地表深0.62米，墓口距墓底深

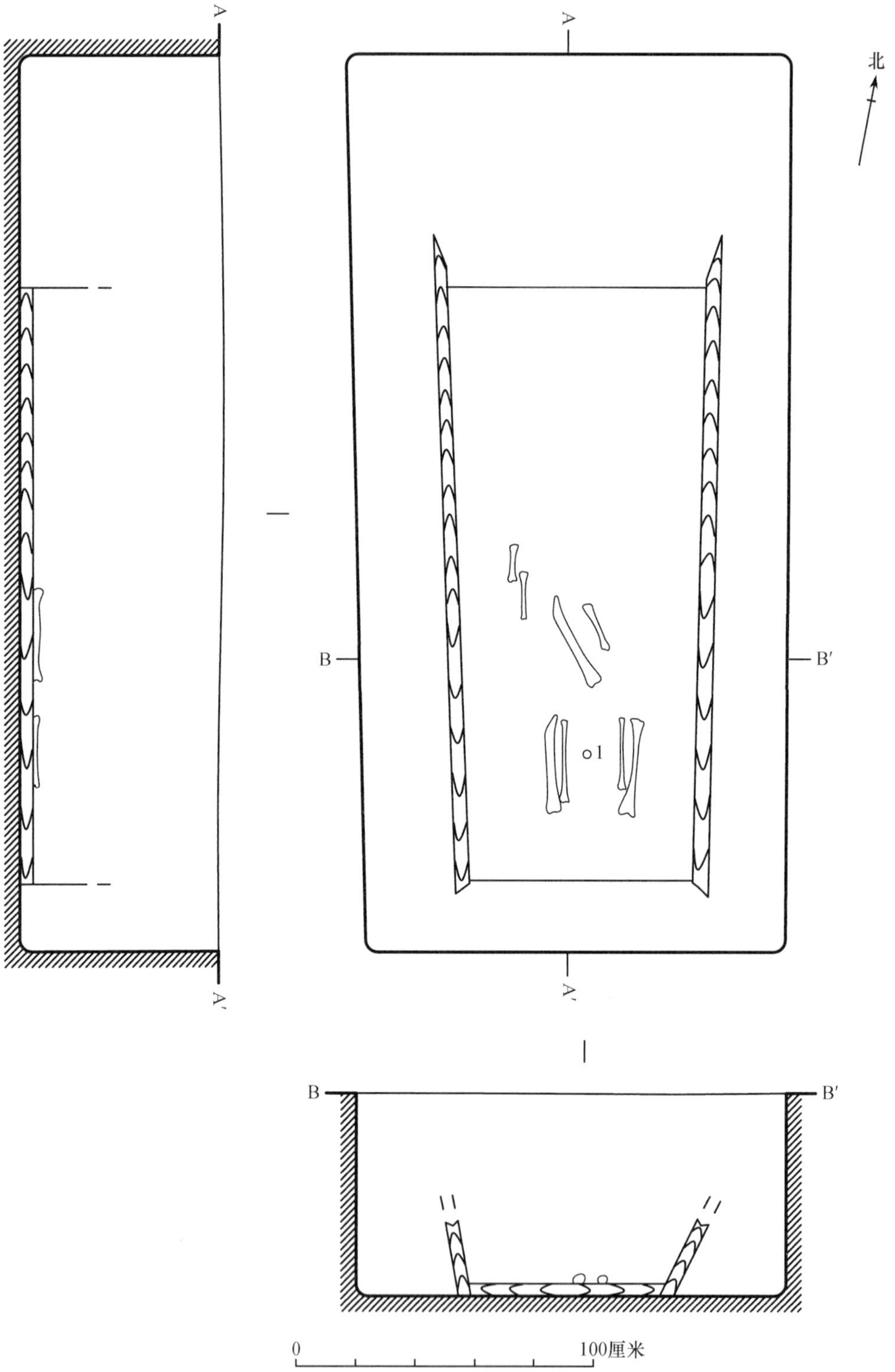

图一二二　M84平、剖面图
1. 铜钱

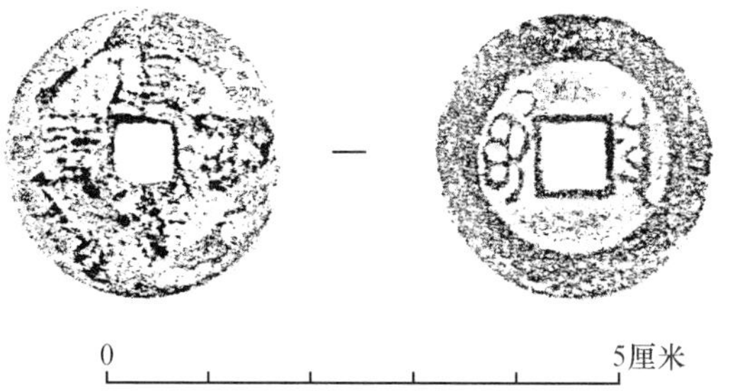

图一二三　M84出土康熙通宝钱
（M84：1）

1.02米，内填胶质花土，土质湿黏（图一二四；图版二四，4）。

墓底内置单棺，呈梯形，北宽南窄，棺木腐朽严重，现残存部分棺木，两侧板及前后挡板已不存在，现残存的木棺长2.4米，宽0.86～0.96米，残高0.38米。棺底是用熟白灰浆抹成，厚0.005～0.01米，1具人骨架放置在白灰上，骨架已被扰动，较零乱，头骨已至棺底中部，从现存的骨架可知，头应向北，面向不清，仰身直肢葬，性别不详。

墓内随葬铜钱2枚（M85：1），位于棺内中北部。

（二）随葬品

铜钱　2枚。

康熙通宝　1枚。标本M85：1-1，锈残，圆形，方穿，正、背面有圆郭，正面铸“康熙通宝”四字，楷书，对读，背面穿左右铸满文“宝泉”二字，纪局名。钱径2.85、穿宽0.6、郭宽0.45厘米，重4.35克（图一二五，1）。

另1枚锈残，钱文不详。

十六、M86

（一）墓葬形制

M86位于Ⅰ区T2503西北部，南邻M87。开口于第2层下。梯形竖穴土圹单棺墓，北宽南窄，南北向，方向355°。墓圹南北长2.94米，东西宽1.12～1.2米，墓口距地表深0.75米，墓口距墓底深0.5米，内填胶质花土，土质湿黏（图一二六；图版二五，1）。

墓底内置单棺，略呈梯形，北宽南窄，保存较好，部分残损，长2.16米，宽0.68～0.76米；侧板残高0.3米，厚约0.05米；前、后挡板已不存。棺木均用工粗糙，未经细加工，表面可见枝节。棺

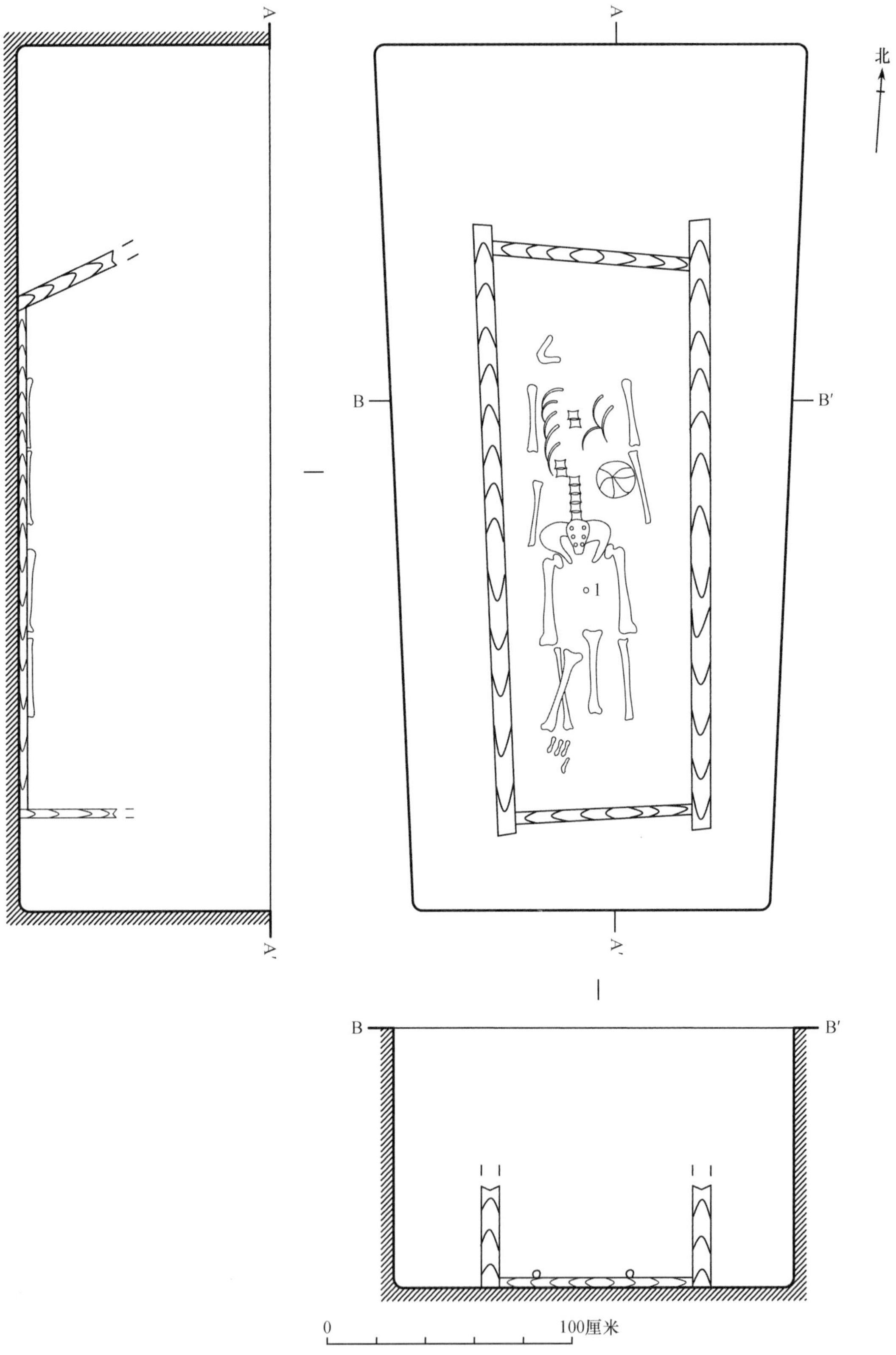

图一二四　M85平、剖面图
1. 铜钱

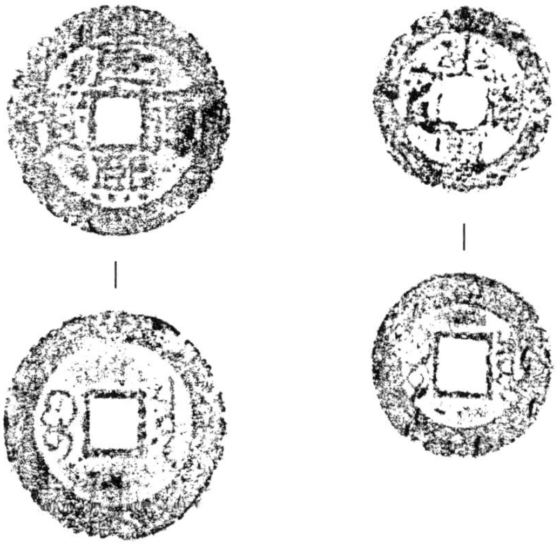

1　　2

0　5厘米

图一二五　M85、M86出土康熙通宝钱
1. M85：1-1　2. M86：1-1

内葬人骨1具，头向北，面向南，仰身直肢葬，墓主颅骨较大，骨壁较厚重，枕外隆突发达，乳突大而粗，骨骼粗壮，推断为男性。

墓内随葬铜钱2枚（M86：1），位于棺内中南部。

（二）随葬品

铜钱　2枚。

康熙通宝　2枚。标本M86：1-1，锈残，圆形，方穿，正、背面有圆郭，正面铸“康熙通宝”四字，楷书，对读，背面穿左右铸满文“宝泉”二字，纪局名。钱径2.3、穿宽0.6、郭宽0.4厘米，重1.63克（图一二五，2）。

十七、M87

（一）墓葬形制

M87位于Ⅰ区T2503西南部，北邻M86。开口于第2层下。长方形竖穴土圹单棺墓，南北向，方向0°。墓圹南北长2.66米，东西宽1.4米，墓口距地表深0.95米，墓口距墓底深0.96米，内填胶质花土，土质湿黏（图一二七；图版二五，2）。

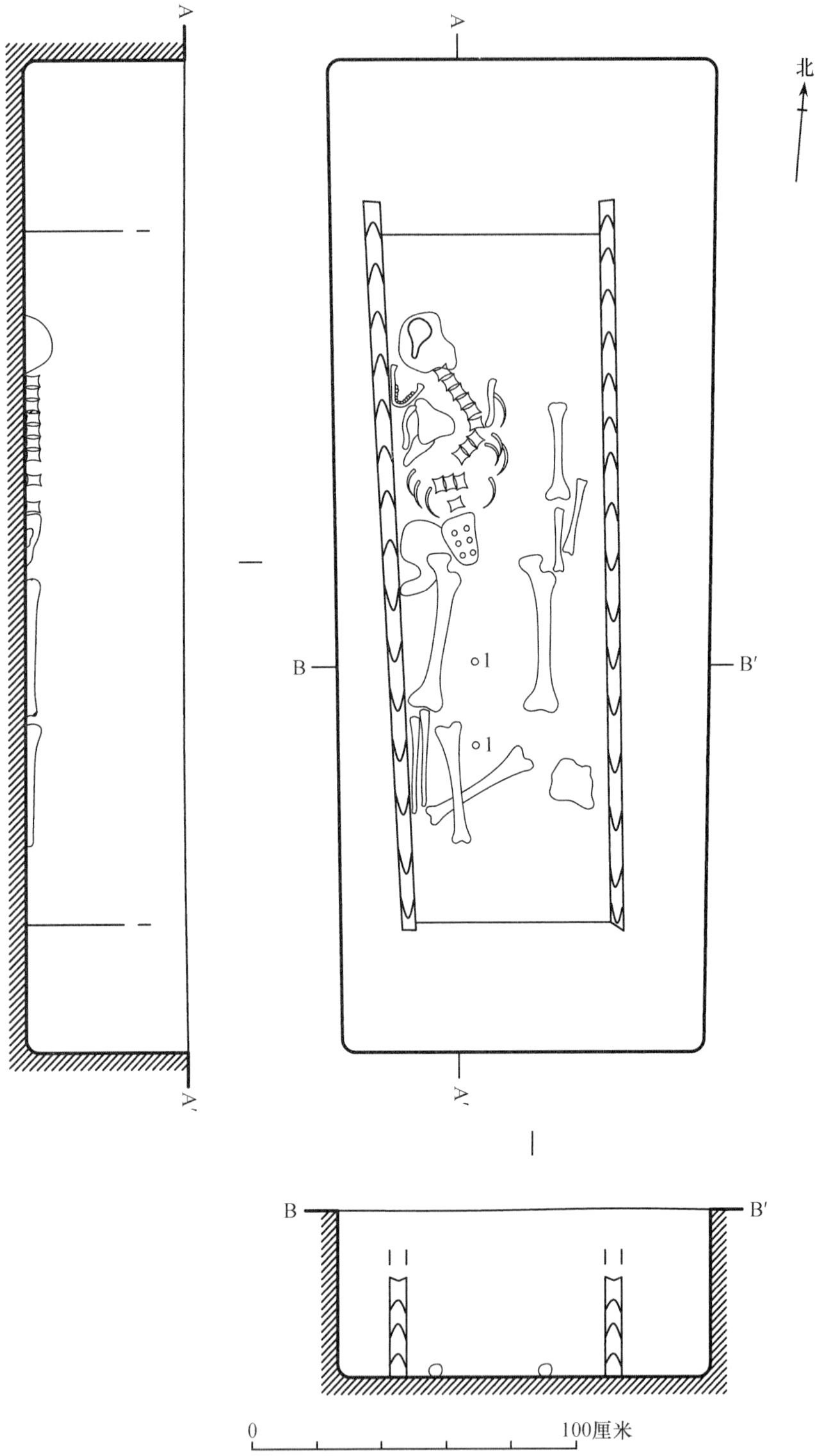

图一二六　M86平、剖面图
1. 铜钱

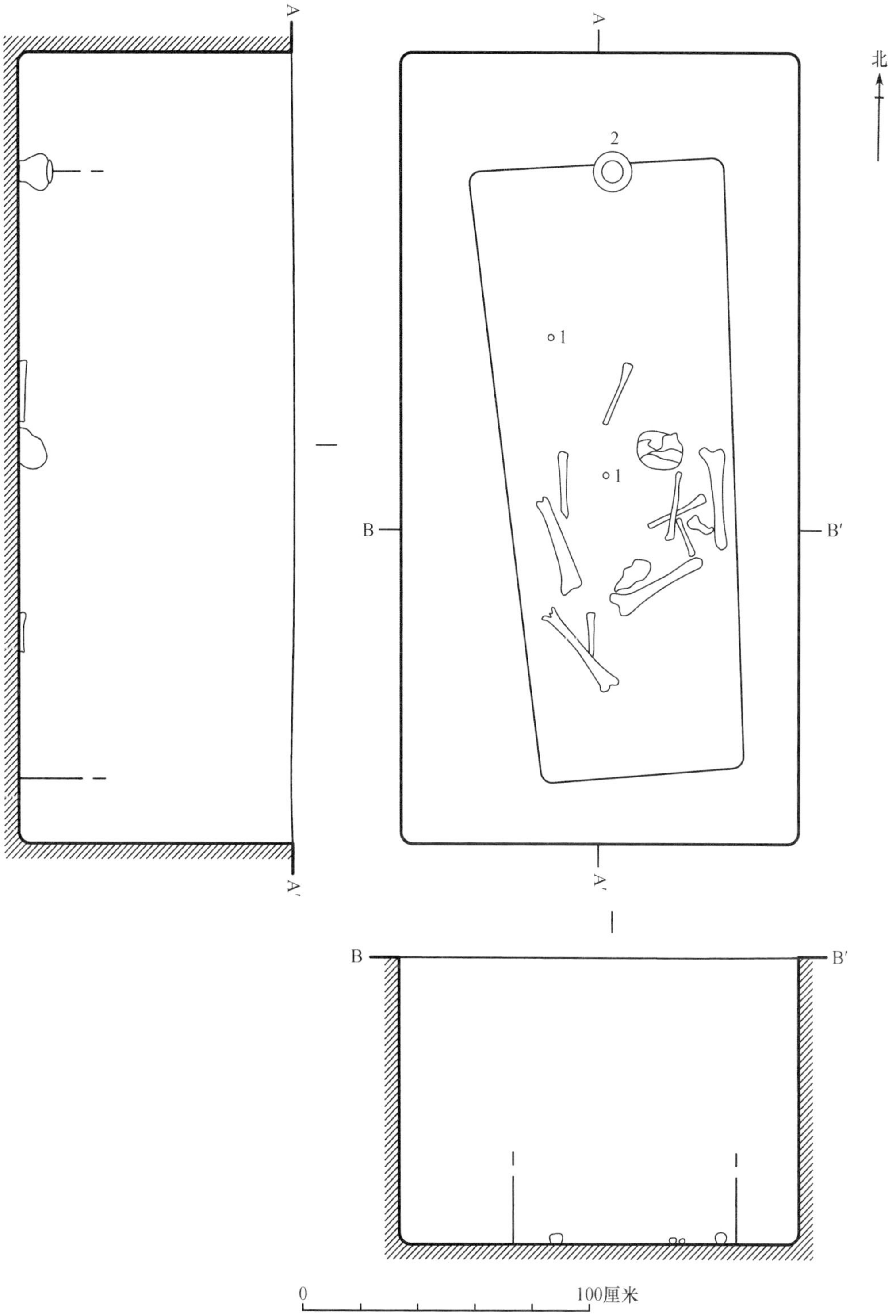

图一二七　M87平、剖面图
1. 铜钱　2. 瓷罐

墓底内置单棺，呈梯形，北宽南窄，棺木已朽，仅存棺沫痕迹，长2.04米，宽0.7～0.88米。棺内葬人骨1具，已被扰动，头骨位于棺内中央，头向、面向、葬式、性别均不详。

墓内随葬青白釉瓷罐1件、铜钱2枚。青白釉瓷罐（M87∶2）位于棺北端，铜钱（M87∶1）位于棺内中部。

（二）随葬品

青白釉瓷罐　1件。标本M87∶2，灰白胎，胎质坚硬，周身施青白色釉，釉层较薄，釉面匀净明亮，器口施酱褐色釉浆水，器内外局部有较少缩釉痕，器内有横向胎接痕一周。口残，直口，方圆唇，直颈，平折肩，腹略收，胫外撇，细砂平底略凹。口径8.8、最大腹径13、底径8.9、高14.6、厚0.6～0.8厘米（图一二八；图版七〇，3）。

铜钱　2枚。

雍正通宝　2枚。标本M87∶1-1，锈残，圆形，方穿，正、背面有圆郭，正面铸“雍正通宝”四字，楷书，对读，背面穿左右铸满文“宝泉”二字，纪局名。钱径2.6、穿宽0.7、郭宽0.45厘米，重3.31克（图一二九）。

十八、M88

（一）墓葬形制

M88位于Ⅰ区T2203中东部，北邻M89。开口于第2层下。梯形竖穴土圹单棺墓，西北—东南向，方向315°。墓圹南北长3米，东西宽1.36～1.4米，墓口距地表深1.1米，墓口距墓底深0.74米，内填胶质花土，土质湿黏（图一三〇；图版二五，3）。

墓底内置单棺，略呈梯形，棺木上部已腐朽，现仅存底部，长2.32米，宽0.84～0.9米，残高0.4米，侧板厚0.08米，挡板厚0.03～0.04米，底板厚0.03～0.04米。棺内葬人骨1具，骨架已扰乱，头向北，面向下，葬式、性别不详。

墓内出土青白釉瓷罐1件、铜钱2枚。青白釉瓷罐（M88∶2）位于棺头外中部，铜钱（M88∶1）位于棺内中部。

（二）随葬品

青白釉瓷罐　1件。标本M88∶2，灰白胎，胎质坚硬，周身施青白色釉，釉层较薄，釉面匀净明亮，器口施酱褐色釉浆水，器内外局部有较少缩釉痕，器物内部修坯旋痕明显，器内外有横向胎

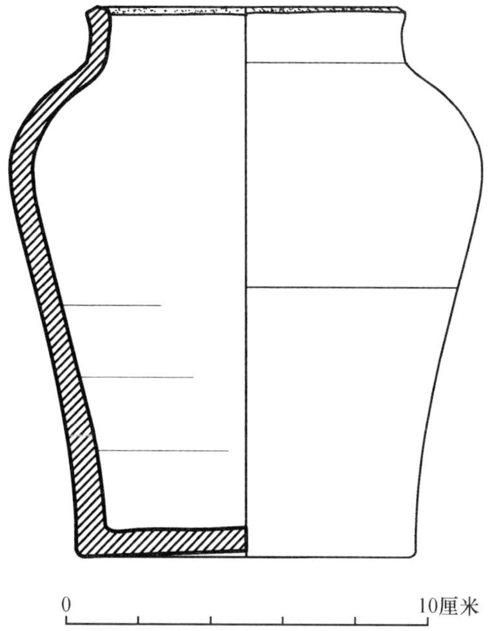

图一二八　M87出土青白釉瓷罐
（M87：2）

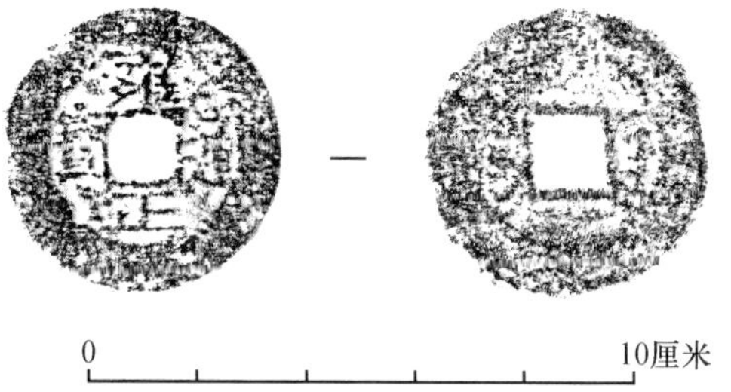

图一二九　M87出土雍正通宝钱
（M87：1-1）

接痕一周。完整，直口，方圆唇，直颈，平折肩，弧腹，下腹弧收，胫外撇，细砂平底略凹。口径8.4、最大腹径12.6、底径8.8、高14.4、厚0.5～1厘米（图一三一；图版七〇，4）。

铜钱　2枚。其中1枚钱体缺失，钱文不清。

康熙通宝　1枚。锈残。

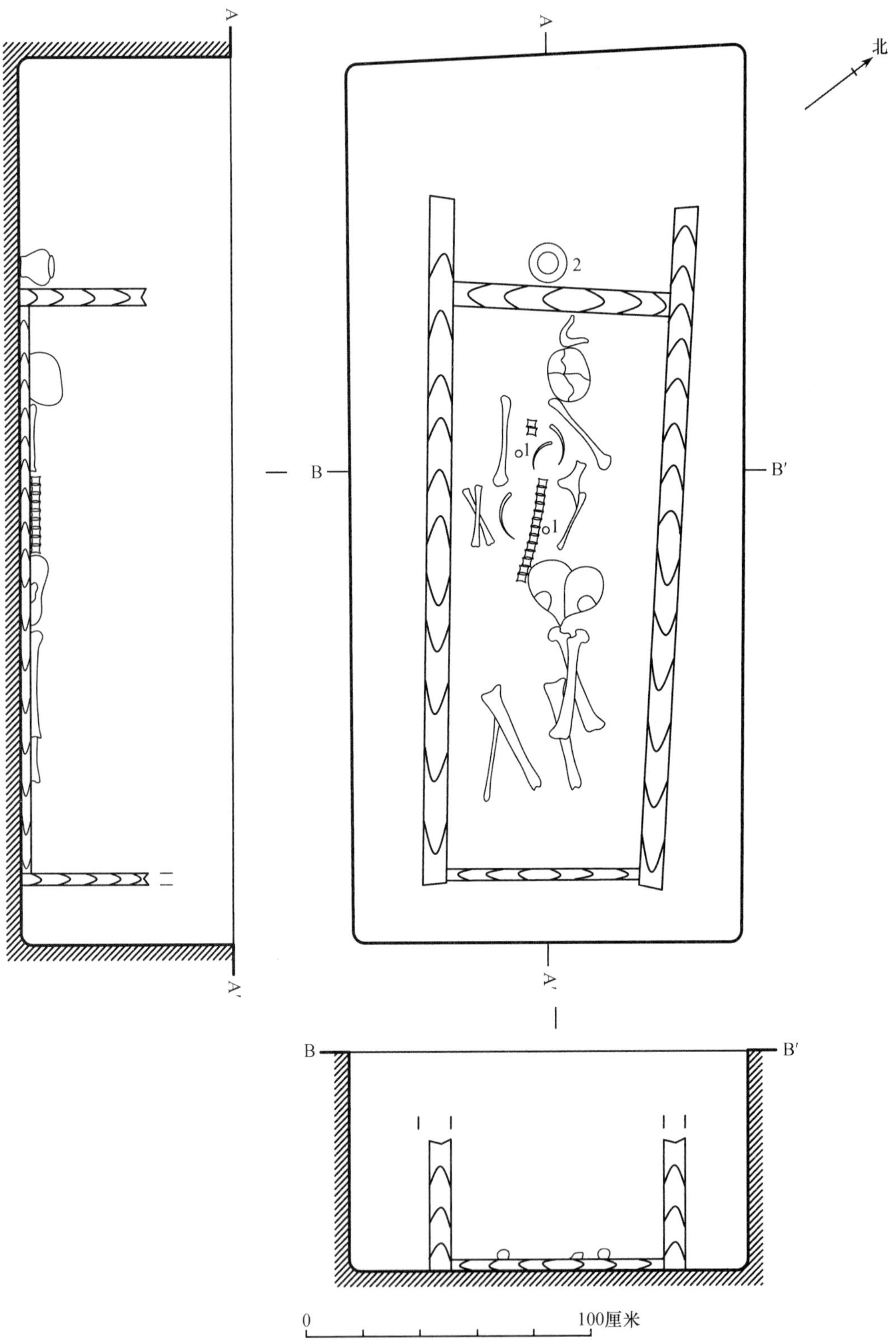

图一三〇　M88平、剖面图
1. 铜钱　2. 瓷罐

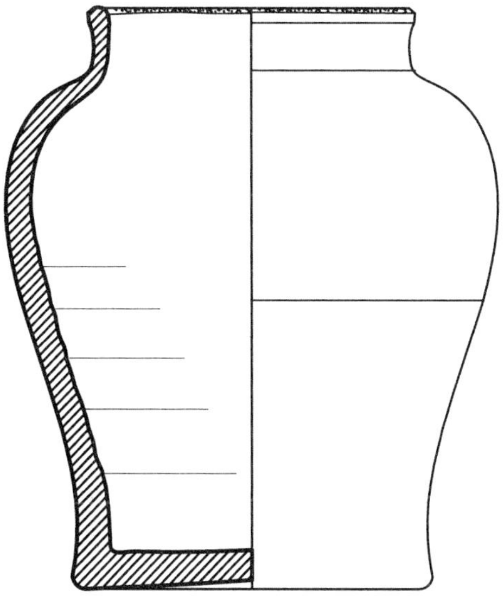

图一三一　M88出土青白釉瓷罐
（M88：2）

十九、M89

（一）墓葬形制

M89位于Ⅰ区T2204东南部，东北邻M83。开口于第2层下。长方形竖穴土圹单棺墓，南北向，方向350°。墓圹南北长2.44米，东西宽1.1米，墓口距地表深0.8米，墓口距墓底深0.3米，内填胶质花土，土质湿黏（图一三二；图版二五，4）。

墓底内置单棺，略呈梯形，北宽南窄，棺木腐朽严重，长1.94米，宽0.59～0.72米，残高0.18米。棺内葬人骨1具，头向北，面向下，侧身直肢葬，墓主颅骨较大，骨壁较厚重，枕外隆突发达，乳突大而粗，骨骼粗壮，推断为男性。

墓内随葬铜钱4枚（M89：1），位于棺内中南部。

（二）随葬品

铜钱　4枚。

康熙通宝　4枚。标本M89：1-1，锈残，圆形，方穿，正、背面有圆郭，正面铸“康熙通宝”四字，楷书，对读，背面穿左右铸满文“宝源”二字，纪局名。钱径2.85、穿宽0.6、郭宽0.4厘米，重4.78克（图一三三）。

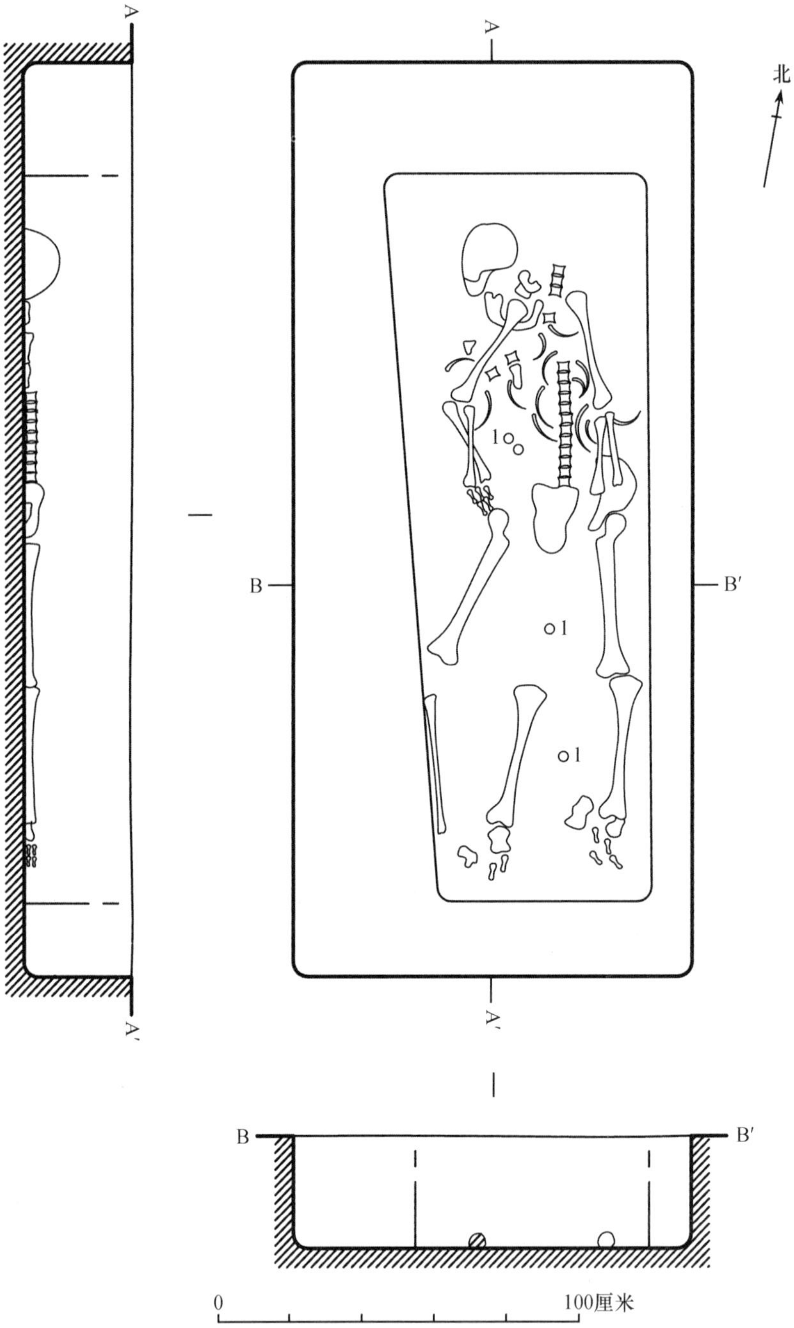

图一三二　M89平、剖面图
1. 铜钱

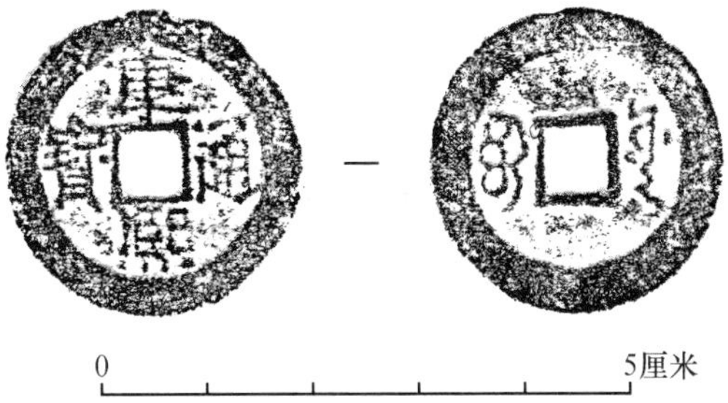

图一三三　M89出土康熙通宝钱
（M89：1-1）

二十、M90

（一）墓葬形制

M90位于Ⅰ区T2502北部，东南邻M91。开口于第2层下。近长方形竖穴土圹单棺墓，南北向，方向355°。墓圹南北长2.66米，东西宽1.18～1.2米，墓口距地表深0.98米，墓口距墓底深0.92米，内填胶质花土，土质湿黏（图一三四；图版二六，1）。

墓底内置单棺，略呈梯形，北宽南窄，棺木部分残损，长2.09米，宽0.81～0.83米；侧板残高0.32米，残厚0.06米；前后挡板均不存。侧板用工粗糙，未经细加工，表面可见枝节。棺内葬人骨1具，上半部分已凌乱，头向北，面向东，仰身直肢葬，墓主颅骨较大，骨壁较厚重，枕外隆突发达，乳突大而粗，骨骼粗壮，推断为男性。墓底铺有草木灰及白石灰，厚约0.03米。

墓内出土半釉陶罐1件、铜镜1面。半釉陶罐（M90：1）位于棺头外中部，铜镜（M90：2）位于棺内中北部。

（二）随葬品

半釉陶罐　1件。标本M90：1，黄褐色胎，胎质粗疏，器口及外腹壁施半青绿色釉，器内仅口部施一层较薄的青绿色釉，器体内外壁局部有滴釉现象，器体内壁有修坯旋痕。残，敞口，方圆唇，束颈，溜肩，筒形腹，上腹略鼓，平底。口径11.6、最大腹径10.6、底径8、高10.6、厚0.8～1.2厘米（图一三五，1；图版七〇，6）。

铜镜　1面。标本M90：2，带绿锈斑。圆形，高缘，镜缘凸起，略高于镜背，正面抛光较差，锈蚀较严重，半圆形钮，穿孔。镜面分内外两区，内区铸铭文“五子登科”四字，楷体；外区饰高弦纹一周。正面直径12、钮径1.2、钮高0.6厘米（图一三五，2；图版六八，2）。

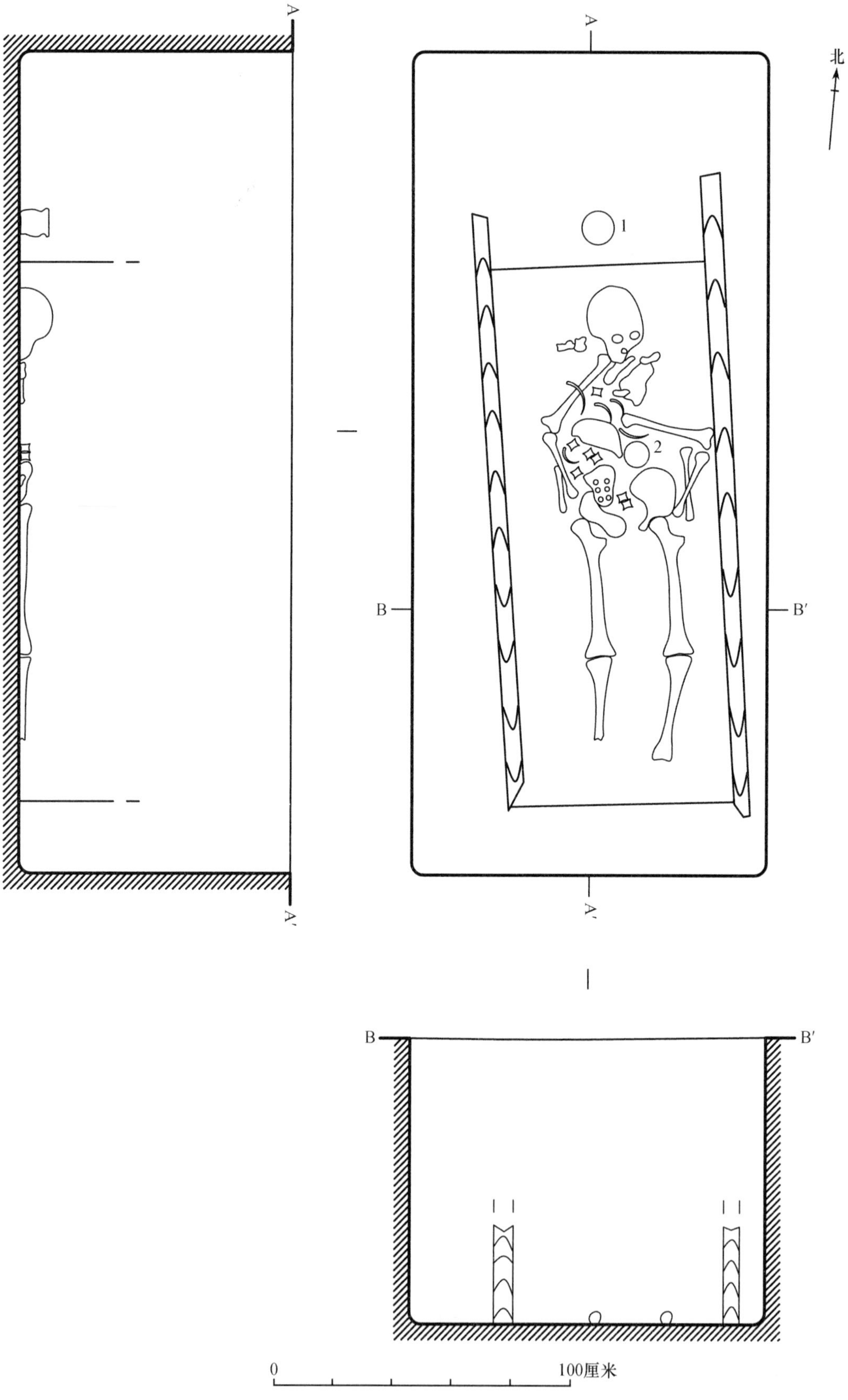

图一三四　M90平、剖面图
1. 半釉陶罐　2. 铜镜

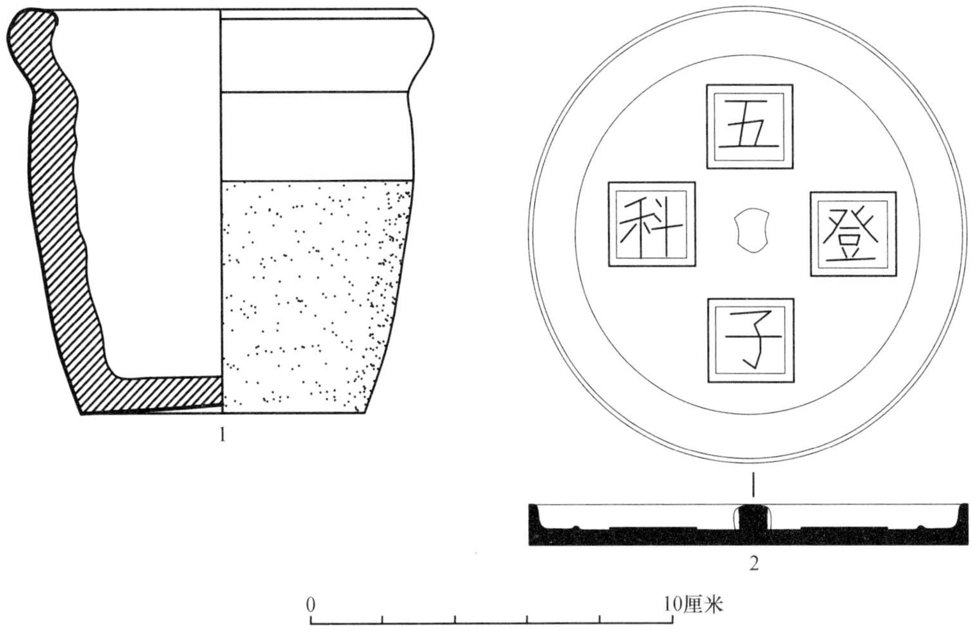

图一三五　M90出土器物

1. 半釉陶罐（M90：1）　2. 铜镜（M90：2）

二十一、M91

（一）墓葬形制

M91位于Ⅰ区T2502南部，北邻M90。开口于第2层下。梯形竖穴土圹单棺墓，北宽南窄，南北向，方向358°。墓圹南北长2.48米，东西宽1.44～1.84米，墓口距地表深1.1米，墓口距墓底深0.9米，内填胶质花土，土质湿黏（图一三六；图版二六，2）。

墓底内置单棺，略呈梯形，北宽南窄，腐朽严重，残长1.88米，宽0.45～0.6米，残高0.2米。棺内葬人骨1具，保存较好，头向北，面向东，仰身直肢葬，为男性。墓主头骨前有一块残砖，规格为长0.23、宽0.14、厚0.07米。

（二）随葬品

无。

二十二、M92

（一）墓葬形制

M92位于Ⅰ区T2310中南部。开口于第2层下。梯形竖穴土圹单棺墓，北宽南窄，南北向，方

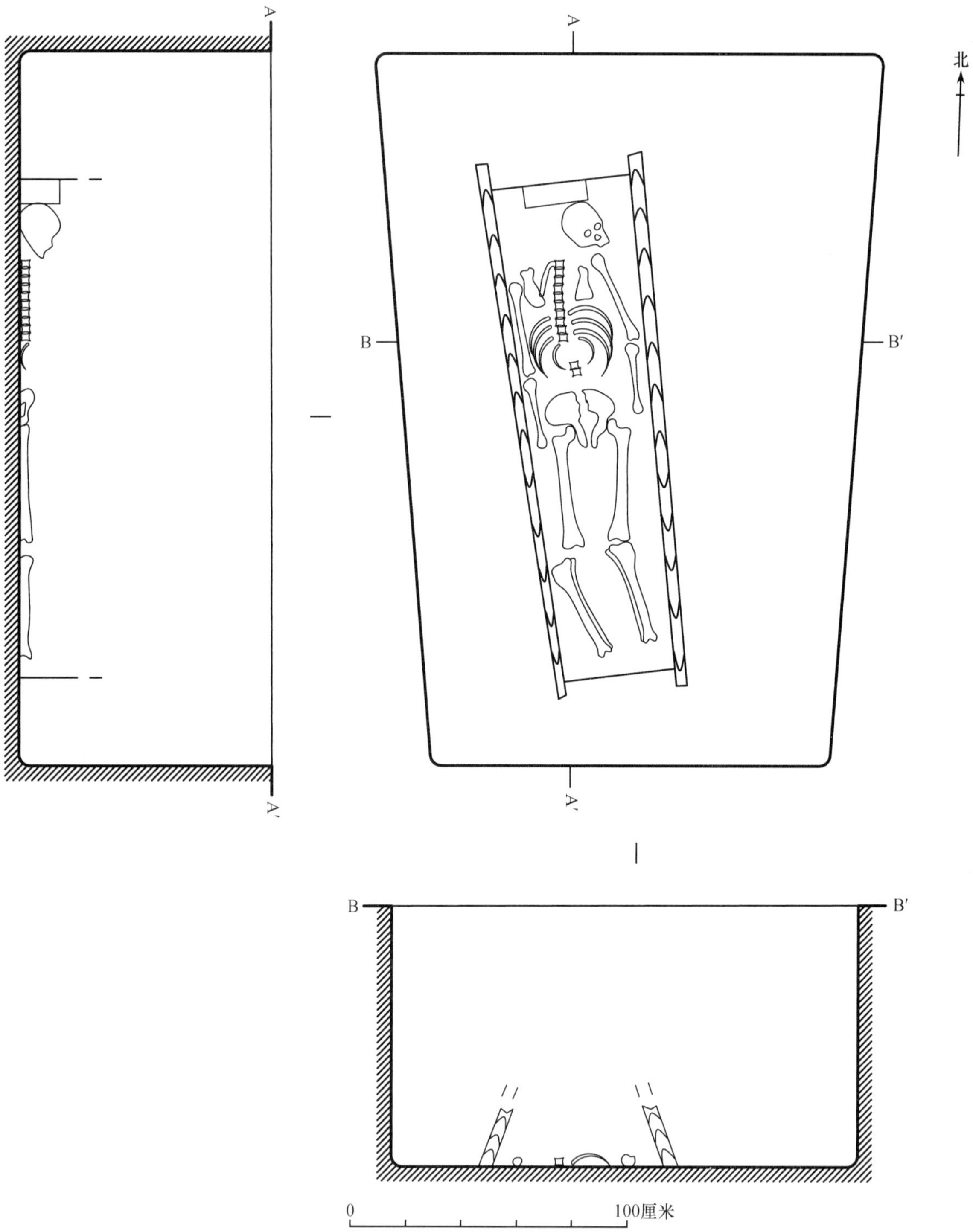

图一三六　M91平、剖面图

向2°。墓圹南北长2.3米，东西宽1～1.1米，墓口距地表深0.6米，墓口距墓底深0.24米，内填胶质花土，土质较软（图一三七；图版二六，3）。

墓底内置单棺，略呈梯形，北宽南窄，棺木已朽，长1.9米，宽0.57～0.72米，残高0.12米。棺内葬人骨1具，现存骨架较少且凌乱，头向北，面向上，葬式、性别不详。

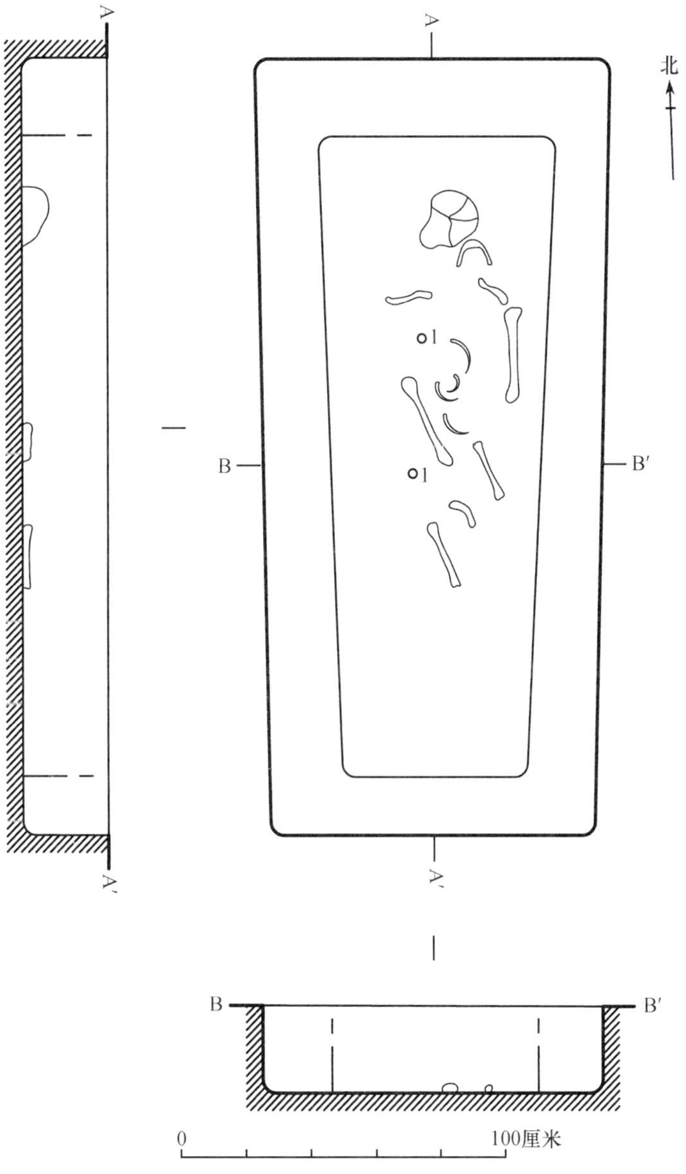

图一三七 M92平、剖面图

1. 铜钱

墓内随葬铜钱2枚（M92：1），位于棺内中北部，散布于人骨间。

（二）随葬品

铜钱　2枚。

康熙通宝　2枚。标本M92：1-1，锈残，圆形，方穿，正、背面有圆郭，正面铸“康熙通宝”四字，楷书，对读，背面穿左右铸满文“宝泉”二字，纪局名。钱径2.35、穿宽0.65、郭宽0.3厘米，重2.6克（图一三八，1）。

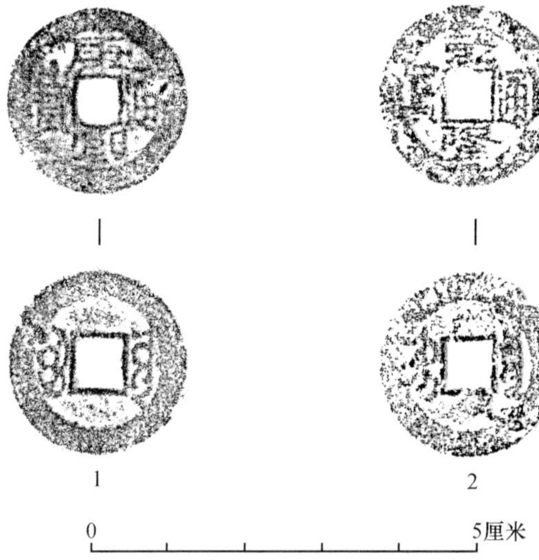

图一三八　M92、M93出土铜钱

1. 康熙通宝（M92：1-1）　2. 乾隆通宝（M93：1-1）

二十三、M93

（一）墓葬形制

M93位于Ⅰ区T2509西北部，西邻M92。开口于第2层下。长方形竖穴土圹单棺墓，东西向，方向275°。墓圹东西长2.64米，南北宽1.18米，墓口距地表深0.6米，墓口距墓底深0.9米，内填花土，土质湿黏（图一三九；图版二六，4）。

墓底内置单棺，略呈梯形，西宽东窄，腐朽严重，长2.02米，宽0.58～0.72米。棺内葬人骨1具，头向西，面向南，仰身直肢葬，为男性。

墓内随葬铜钱2枚（M93：1），位于棺内中部。

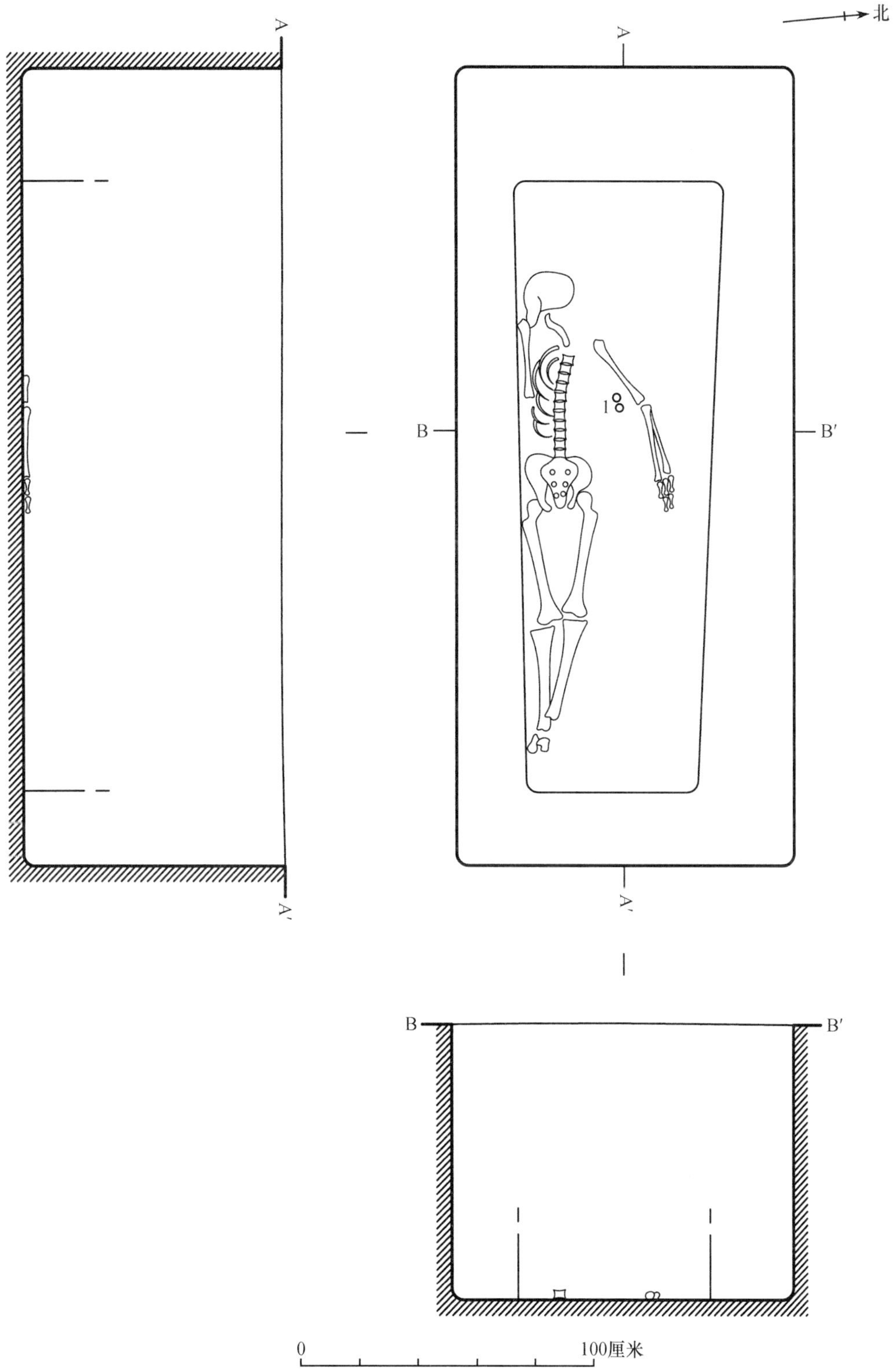

图一三九　M93平、剖面图
1. 铜钱

（二）随葬品

铜钱　2枚。

乾隆通宝　2枚。标本M93：1-1，锈残，圆形，方穿，正、背面有圆郭，正面铸钱文“乾隆通宝”四字，楷书，对读，背面穿左右铸满文“宝泉”二字，纪局名。钱径2.3、穿宽0.6、郭宽0.4厘米，重3.09克（图一三八，2）。

二十四、M102

（一）墓葬形制

M102位于Ⅰ区T1909中北部。开口于第2层下。近长方形竖穴土圹单棺墓，南北向，方向345°。墓圹南北长2.4米，东西宽1.6～1.64米，墓口距地表深0.9米，墓口距墓底深0.46米，内填胶质花土，土质湿黏（图一四〇；图版二七，1）。

墓底内置单棺，略呈梯形，北宽南窄，棺木已腐朽，长1.9米，宽0.5～0.66米，残高0.16米。棺内葬人骨1具，头向北，面向东，因骨架保存较差，其葬式、性别不详。

（二）随葬品

无。

二十五、M107

（一）墓葬形制

M107位于Ⅰ区T1510北部，西北邻M106。开口于第2层下。梯形竖穴土圹单棺墓，北窄南宽，南北向，方向350°。墓圹南北长2.78米，东西宽1.18～1.3米，墓口距地表深0.7米，墓口距墓底深0.92米，内填胶质花土，土质较软（图一四一；图版二七，2）。

墓底内置单棺，棺木位于墓中南部，略呈梯形，北宽南窄，棺木腐朽严重，长1.79米，宽0.7～0.74米，残高0.12米。棺内葬人骨1具，因骨架保存凌乱，头向、面向、葬式均不详，为女性。

墓内出土半釉瓷罐1件（M107：1），位于棺木北侧中部。

（二）随葬品

半釉瓷罐　1件。标本M107：1，胎质粗疏，器外壁施半酱黑色釉，器内壁施一层较薄的酱色釉

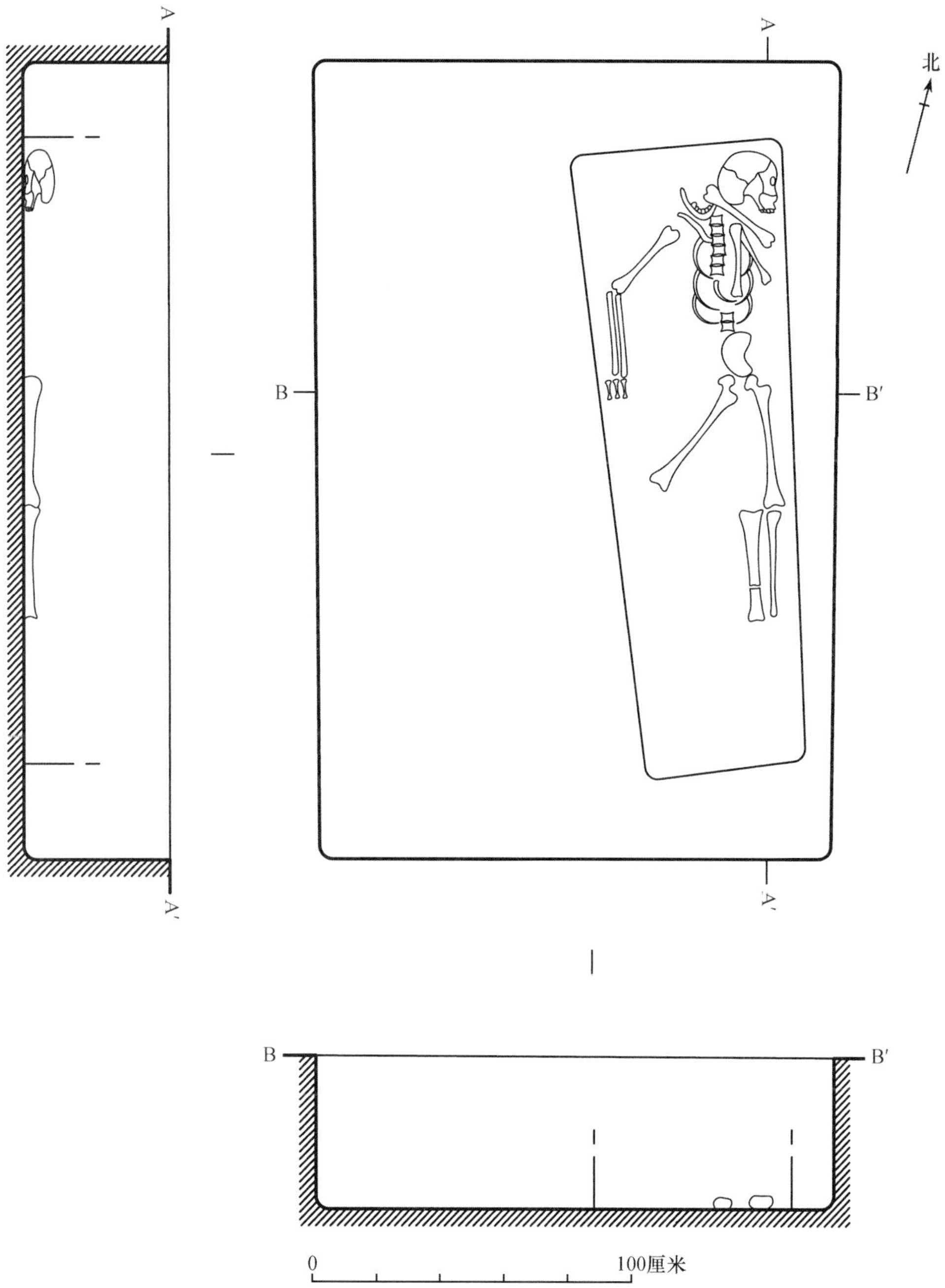

图一四〇 M102平、剖面图

浆水，口部刮釉露胎，釉层较厚，釉色莹润光亮。完整，直口微敛，尖圆唇，短颈，平折肩，鼓腹，下腹弧收，平底，矮圈足，足底露胎，见窑裂。口径7.6、最大腹径12、足径7.5、高11.2、厚0.5～0.7厘米（图一四二；图版七一，1）。

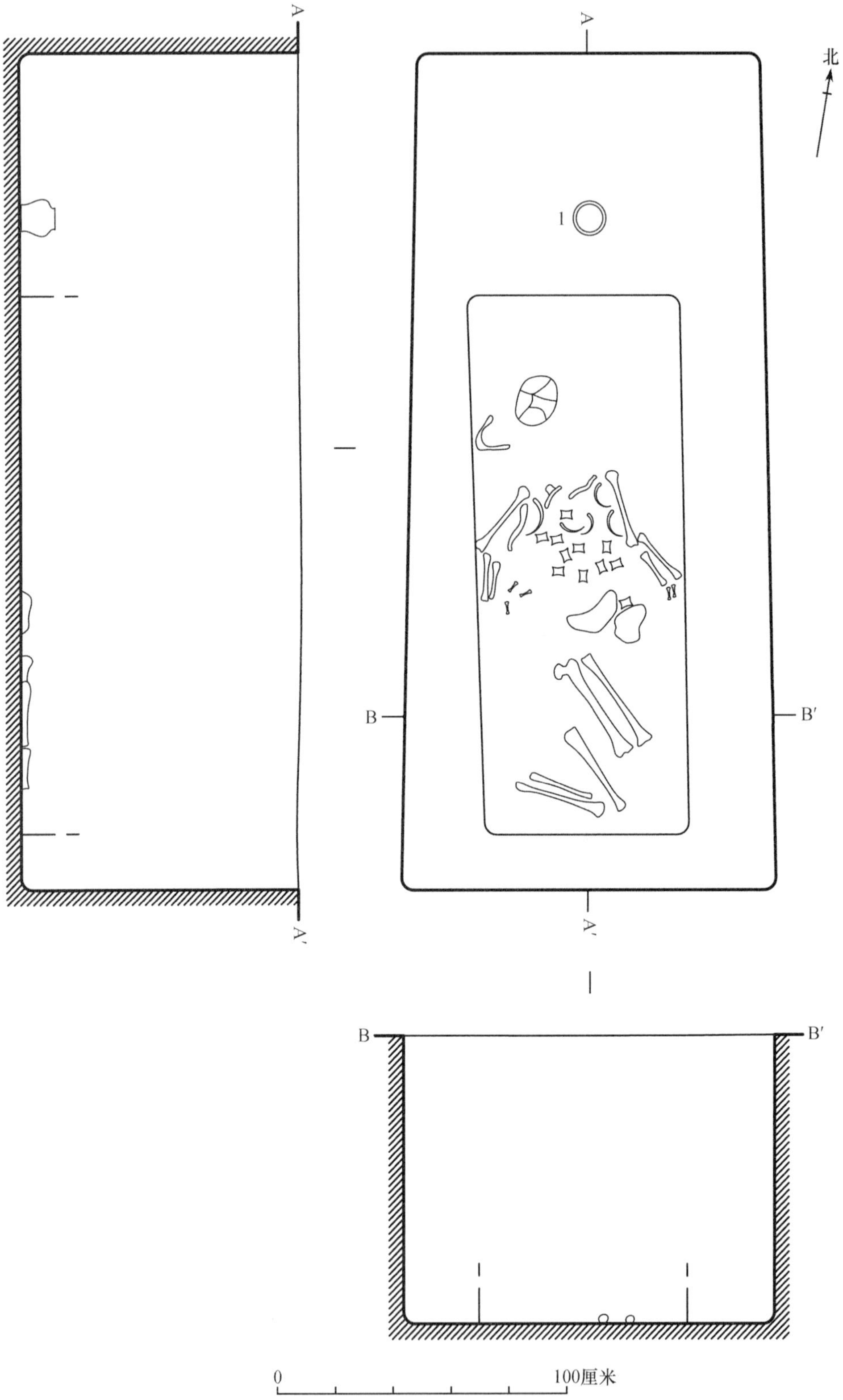

图一四一　M107平、剖面图
1. 半釉瓷罐

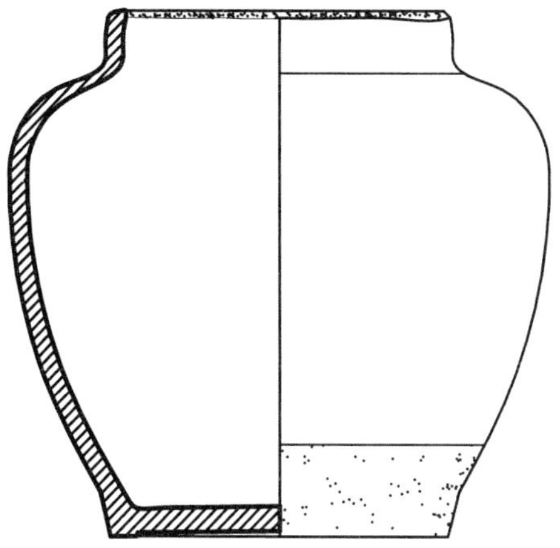

图一四二　M107出土半釉瓷罐
（M107：1）

二十六、M116

（一）墓葬形制

M116位于Ⅰ区T0811东南部，北邻M115，开口于第2层下。长方形竖穴土圹单棺墓，东西向，方向295°。墓圹东西长2.8米，南北宽1.2米，墓口距地表深0.84米，墓口距墓底深0.84米。墓圹四壁较整齐，内填胶质花土，土质较软（图一四三；图版二七，3）。

墓底内置单棺，呈梯形，西宽东窄，棺木已朽，长1.92米，宽0.5～0.68米，残高0.06米。经清理发掘未发现骨架。

墓内随葬铜钱1枚（M116：1），位于棺内中部。

（二）随葬品

铜钱　1枚。

道光通宝　1枚。标本M116：1，残，圆形，方穿，正、背面有圆郭，正面铸钱文“道光通宝”四字，楷书，对读，背面穿左右铸满文“宝源”二字，纪局名。钱径2.3、穿宽0.6、郭宽0.3厘米，重3.58克（图一四四，1）。

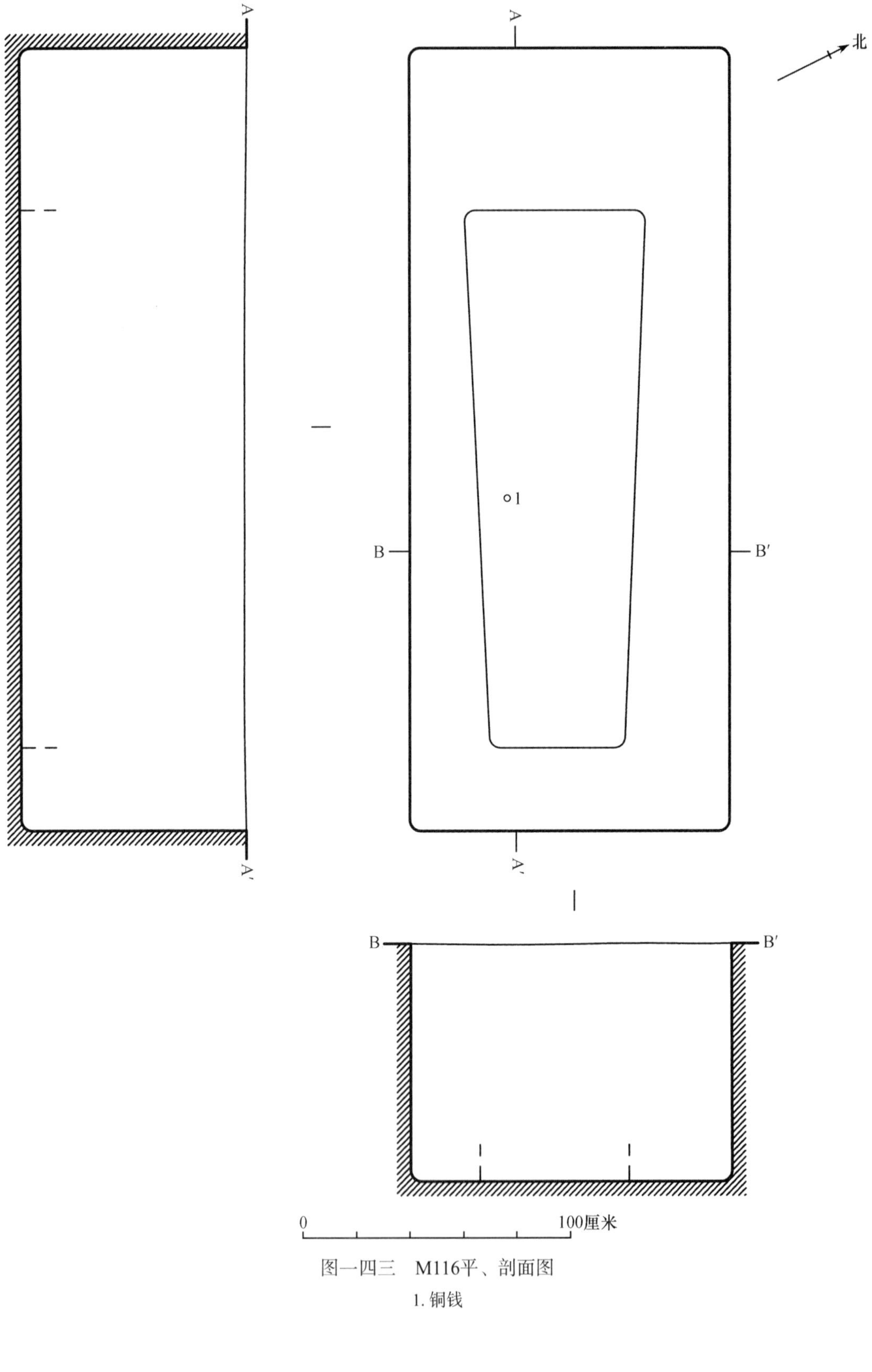

图一四三　M116平、剖面图
1. 铜钱

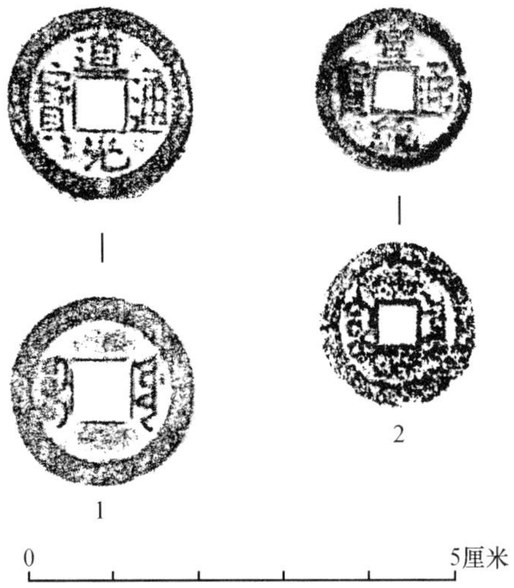

图一四四　M116、M117出土铜钱
1. 道光通宝（M116：1）　2. 宣统通宝（M117：1）

二十七、M117

（一）墓葬形制

M117位于Ⅰ区T0810东北部，北邻M116。开口于第2层下。近长方形竖穴土圹单棺墓，南北向，方向335°。墓圹南北长2.56米，东西宽1.2～1.24米，墓口距地表深0.7米，墓口距墓底深0.84米。墓圹四壁较整齐，内填胶质花土，土质较软（图一四五；图版二七，4）。

墓底内置单棺，呈梯形，北宽南窄，棺木已朽，长1.84米，宽0.52～0.64米，残高0.24米。棺内葬人骨1具，骨架保存较好，头向北，面向上，仰身直肢葬，骨架较粗，颅骨较大，骨壁较厚重，推断为男性。

墓内随葬铜钱1枚（M117：1），位于棺内南部。

（二）随葬品

铜钱　1枚。

宣统通宝　1枚。标本M117：1，锈残，圆形，方穿，正、背面有圆郭，正面铸钱文“宣统通宝”四字，楷书，对读，背面穿左右铸满文“宝泉”二字，纪局名。钱径1.9、穿宽0.45、郭宽0.2厘米，重1.6克（图一四四，2）。

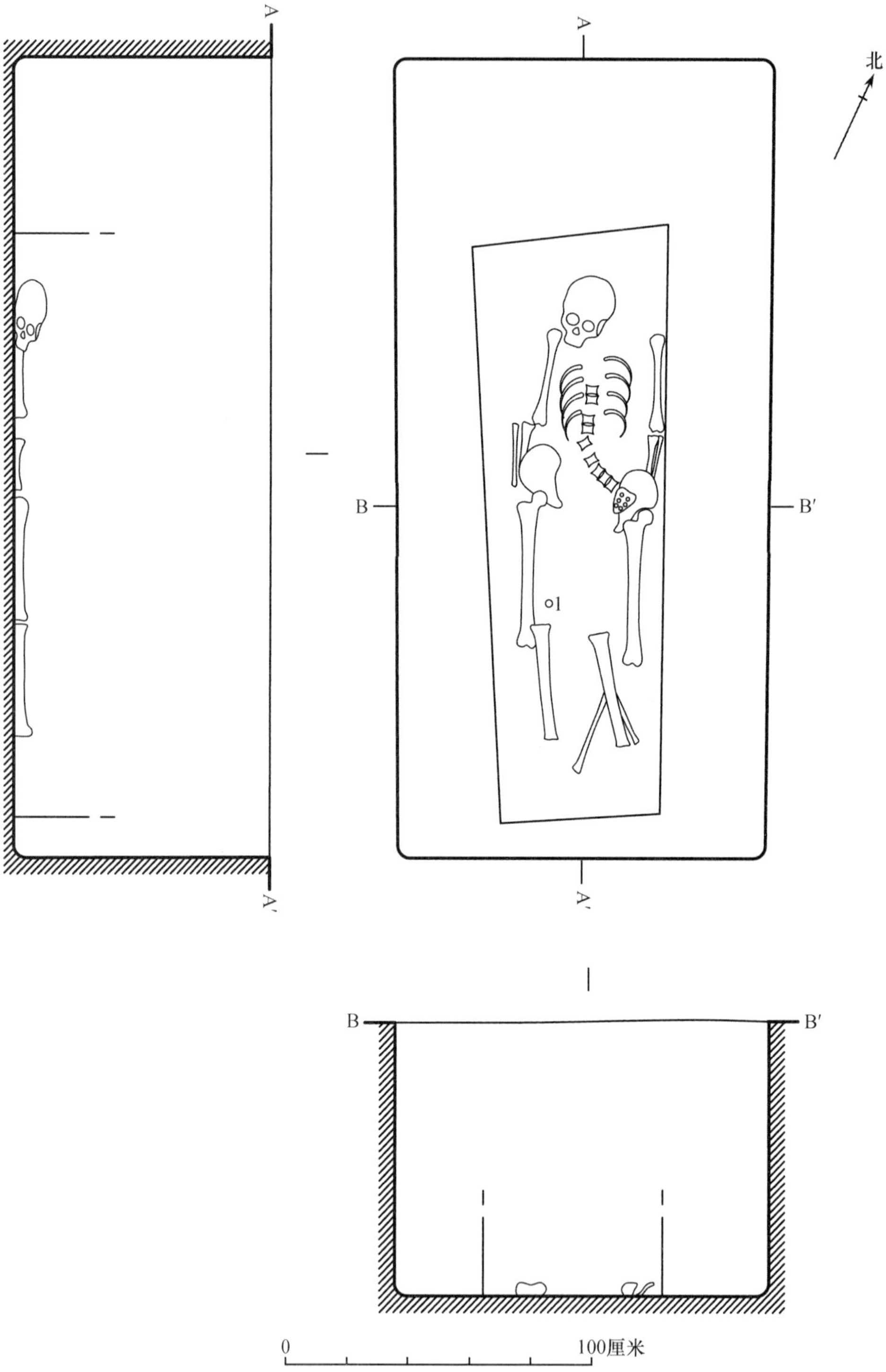

图一四五　M117平、剖面图
1. 铜钱

二十八、M126

（一）墓葬形制

M126位于Ⅰ区T0710东南部，北邻M119。开口于第2层下。梯形竖穴土圹单棺墓，北窄南宽，南北向，方向357°。墓圹南北长2.3米，东西宽1.62～1.78米，墓口距地表深0.7米，墓口距墓底深0.7米。墓圹四壁较整齐，内填胶质花土，土质较软（图一四六；图版二八，1）。

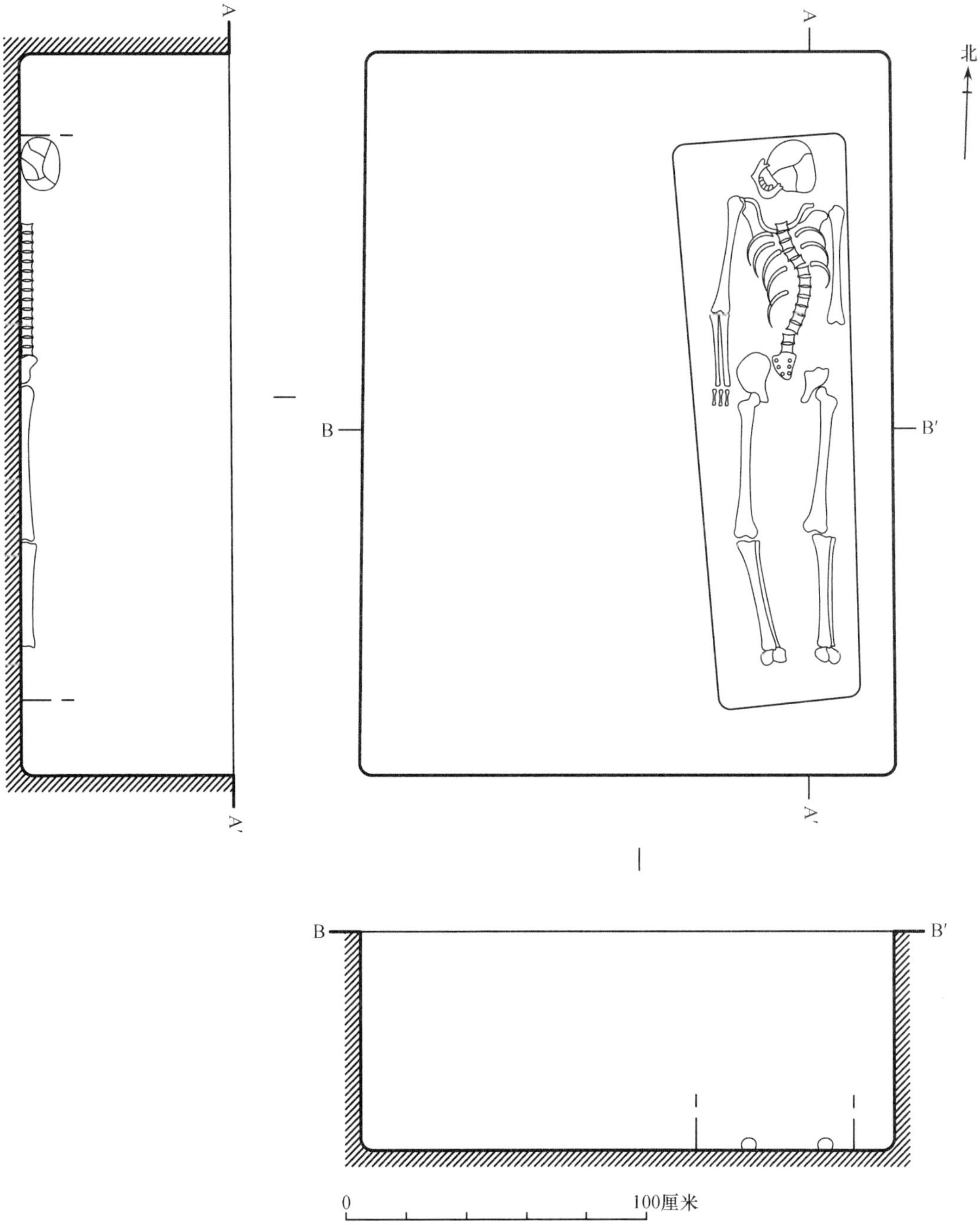

图一四六　M126平、剖面图

墓底内置单棺，呈梯形，北宽南窄，棺木已朽，长1.8米，宽0.48～0.58米，残高0.1米。棺内葬人骨1具，骨架保存较差，头向北，面向上，仰身直肢葬，性别不详。

（二）随葬品

无。

二十九、M130

（一）墓葬形制

M130位于Ⅰ区T0317西南部，南邻M129。开口于第2层下。梯形竖穴土圹单棺墓，北宽南窄，南北向，方向340°。墓圹南北长2.5米，东西宽2～2.6米，墓口距地表深0.6米，墓口距墓底深0.9米。墓圹四壁较整齐，内填胶质花土，土质湿黏（图一四七；图版二八，2）。

墓底内置单棺，呈长方形，棺木已朽，长1.8米，宽0.68米，残高0.2米。棺内葬人骨1具，骨架保存较差，仅存部分手骨，头向、面向、葬式及性别不详。

（二）随葬品

无。

三十、M132

（一）墓葬形制

M132位于Ⅰ区T0217北部，东邻M131。开口于第2层下。梯形竖穴土圹单棺墓，北窄南宽，南北向，方向23°。墓圹南北长2.56米，东西宽1.4～1.5米，墓口距地表深1.1米，墓口距墓底深0.56米。墓圹四壁较整齐，内填胶质花土，土质湿黏（图一四八；图版二八，3）。

墓底内置单棺，呈梯形，北宽南窄，棺木已朽，长1.88米，宽0.68～0.74米，残高0.1米。棺内葬人骨1具，骨架保存较好，头向北，面向北，仰身直肢葬，墓主骨架纤细，颅骨较小，推断为女性。

墓内随葬铜簪1件、铜币3枚。铜簪（M132∶1）位于颅骨处，铜币（M132∶2）位于右臂骨和左侧肋骨处。

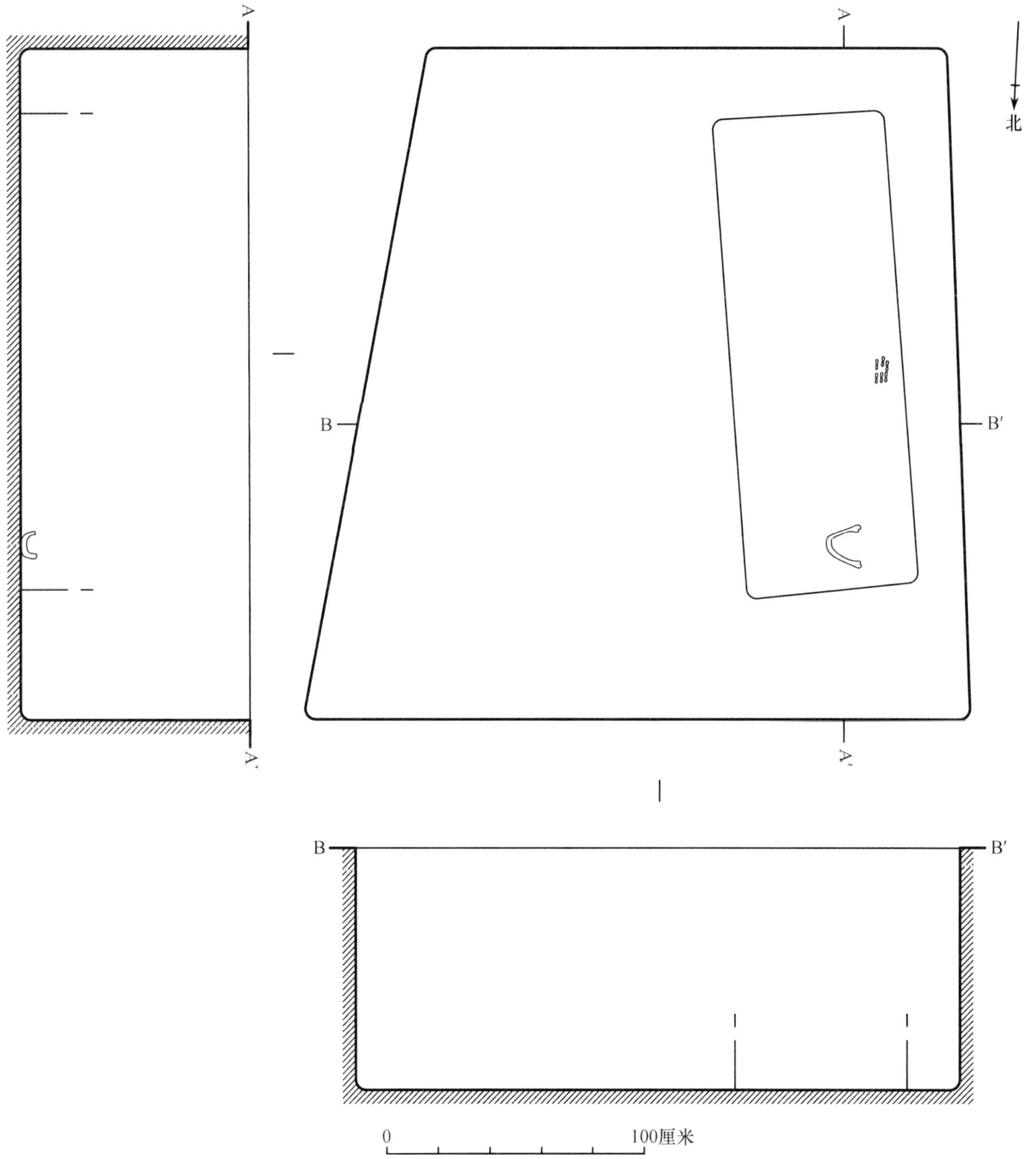

图一四七 M130平、剖面图

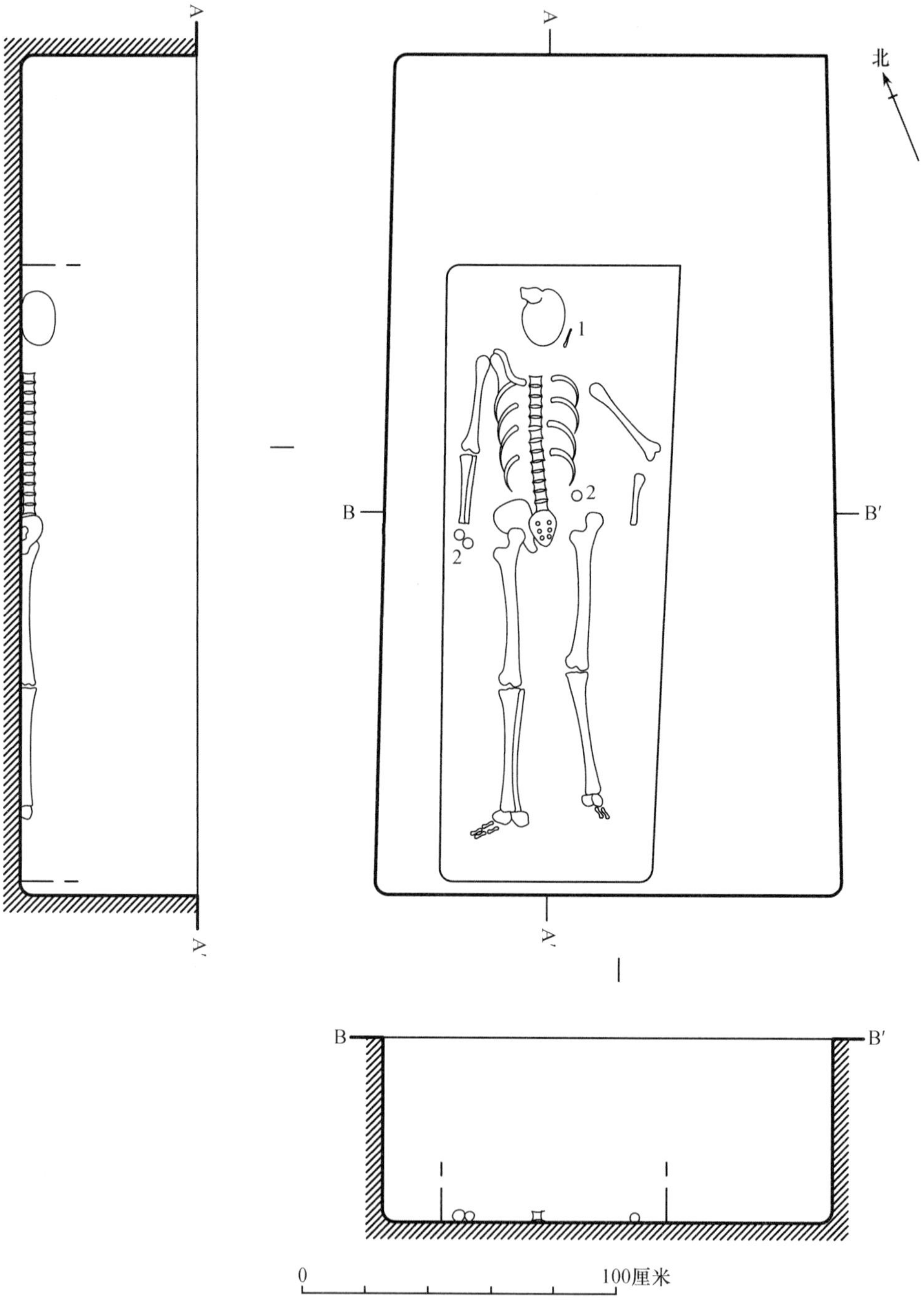

图一四八　M132平、剖面图

1. 铜簪　2. 铜币

（二）随葬品

铜簪　1件。标本M132：1，残剩簪体部，簪体呈圆锥形，尾尖细。残长6.1厘米（图一四九，1；图版六八，1）。

大清铜币　3枚。M132：2-1，锈残，圆形，模制，正面书“大清铜币”，楷书，对读，边饰铭文模糊不清，背面饰团龙纹，边饰铭文模糊不清。钱径3.2厘米，重10.45克（图一四九，2）。

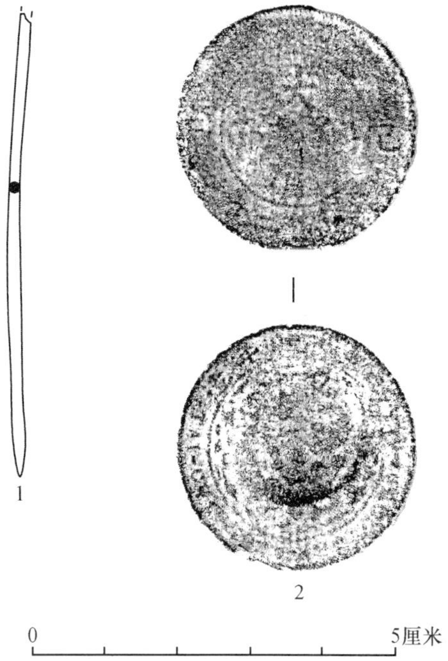

图一四九　M132出土器物
1. 铜簪（M132：1）　2. 大清铜币（M132：2-1）

三十一、M138

（一）墓葬形制

M138位于Ⅰ区T0216南部，南邻M140。开口于第2层下。长方形竖穴土圹单棺墓，东西向，方向92°。墓圹东西长2.9米，南北宽1.32米，墓口距地表深0.6米，墓口距墓底深1米。墓圹四壁较整齐，内填胶质花土，土质湿黏（图一五〇；图版二八，4）。

墓底内置单棺，呈梯形，西窄东宽，棺木已朽，长1.88米，宽0.6～0.7米，残高0.1米。棺内葬人骨1具，骨架保存较好，头向东，面向南，仰身直肢葬，墓主颅骨较大，骨架粗壮，初步推断为男性。

墓内随葬铜币10枚（M138：1），位于肋骨及大腿骨处。

（二）随葬品

铜币　10枚。标本M138：1-1，锈残，圆形，模制，正面书“贰拾文”，楷书，顺读，边饰团花纹，背面纹饰模糊不清。钱径3.1厘米，重10.06克（图一五一）。

三十二、M139

（一）墓葬形制

M139位于Ⅰ区T0215西部，东北邻M140。开口于第2层下。长方形竖穴土圹单棺墓，南北向，方向35°。墓圹南北长2米，东西宽1.4米，墓口距地表深0.6米，墓口距墓底深1.1米。墓圹四壁较整齐，内填胶质花土，土质湿黏（图一五二；图版二九，1）。

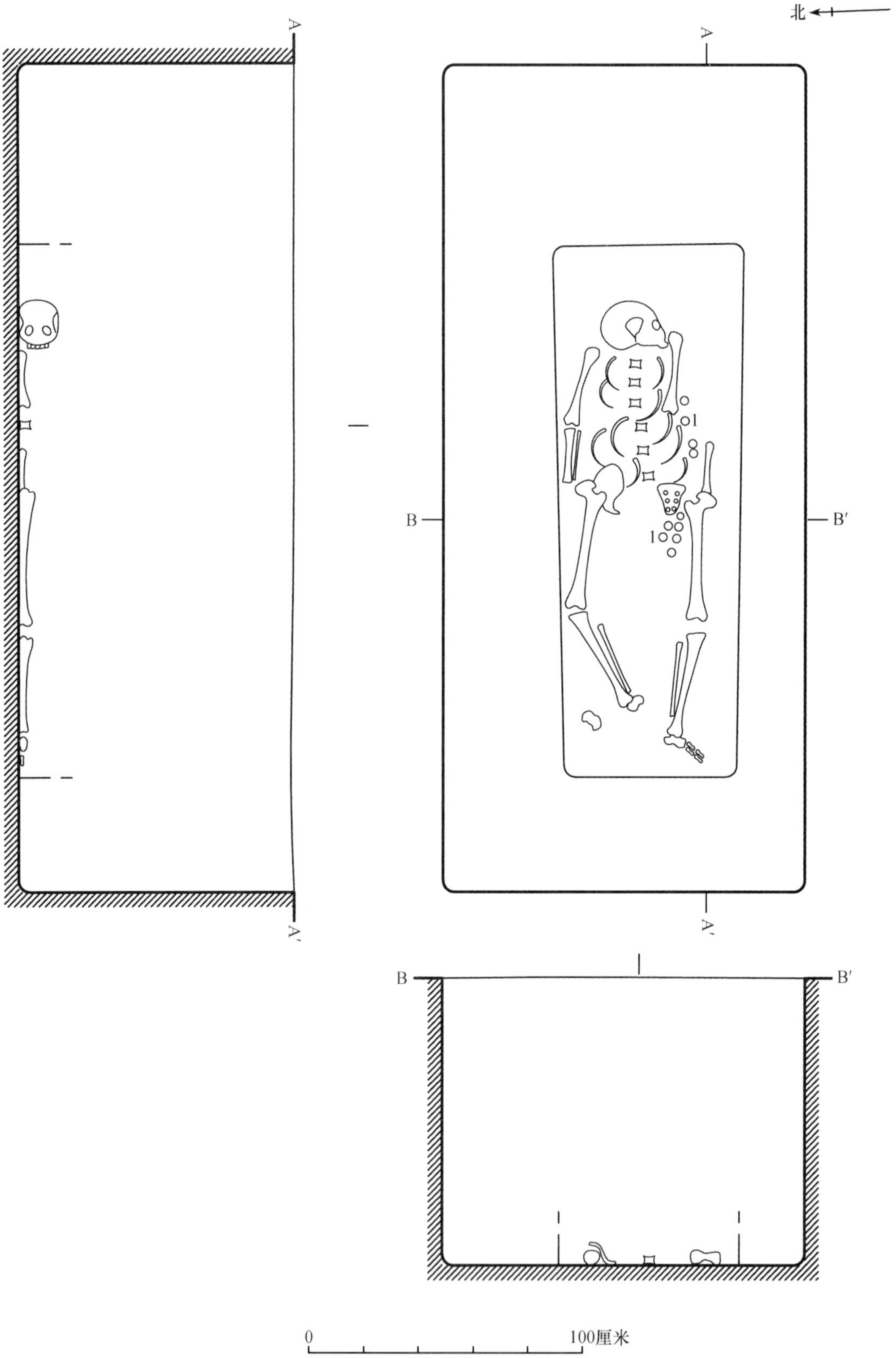

图一五〇　M138平、剖面图

1. 铜币

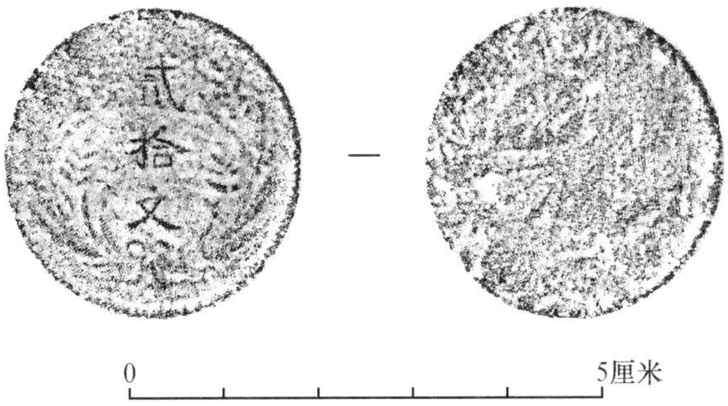

图一五一　M138出土铜币
（M138：1-1）

墓底内置单棺，呈梯形，北宽南窄，棺木已朽，长1米，宽0.8～0.88米，残高0.14米。棺内葬人骨2具，保存较好，推断为单棺迁葬墓。东部骨架头向北，面向上，葬式不详，墓主颅骨较小，骨架纤细，初步推断为女性；西部骨架头向北，面向上，葬式不详，墓主颅骨较大，骨架粗壮，初步推断为男性。

（二）随葬品

无。

第二节　双　棺　墓

双棺墓45座，编号为M2、M3、M5～M9、M13、M15、M18、M20、M23、M24、M26～M31、M59、M94～M101、M103～M106、M108、M111、M113～M115、M127～M129、M131、M134～M136、M140。

一、M2

（一）墓葬形制

M2位于Ⅱ区T0202北部，向北进入至北隔梁下，西邻M1，南邻M4。开口于第2层下。近长方形竖穴土圹双棺墓，东西向，方向58°。墓圹东西长2.8～2.9米，南北宽1.96米，墓口距地表深0.7米，墓口距墓底深0.46～0.5米，内填花土，土质松软。墓底内置双棺，并列于墓中央，间距0.16～0.25米（图一五三；图版二九，2）。

北棺呈梯形，东宽西窄，棺木已炭化成黑灰，仅留部分已腐朽的棺钉未发生移位，长1.98米，宽0.43～0.7米，残高0.25米。棺内葬人骨1具，头向东，面向北，仰身直肢葬，左上肢已被扰动，

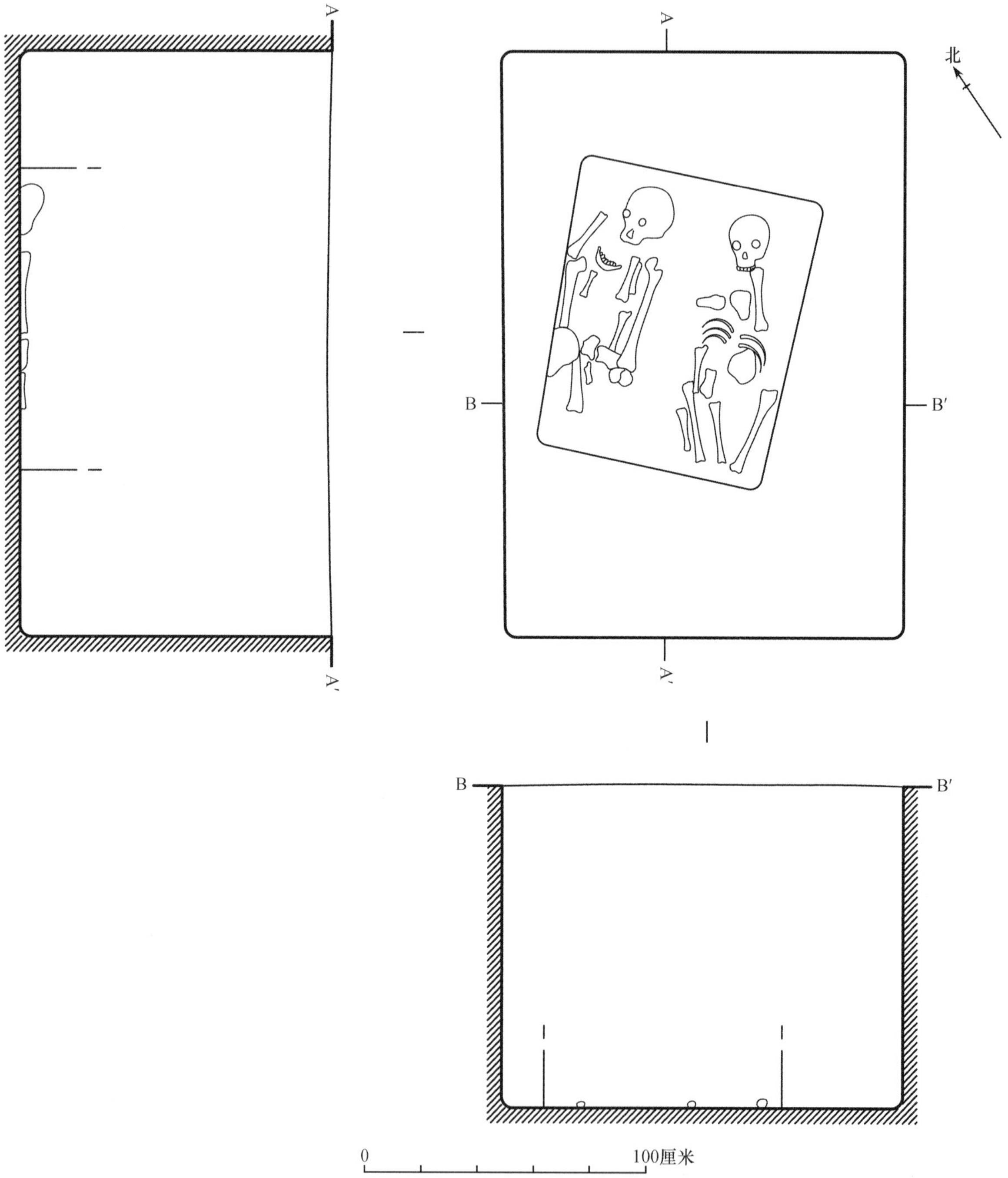

图一五二　M139平、剖面图

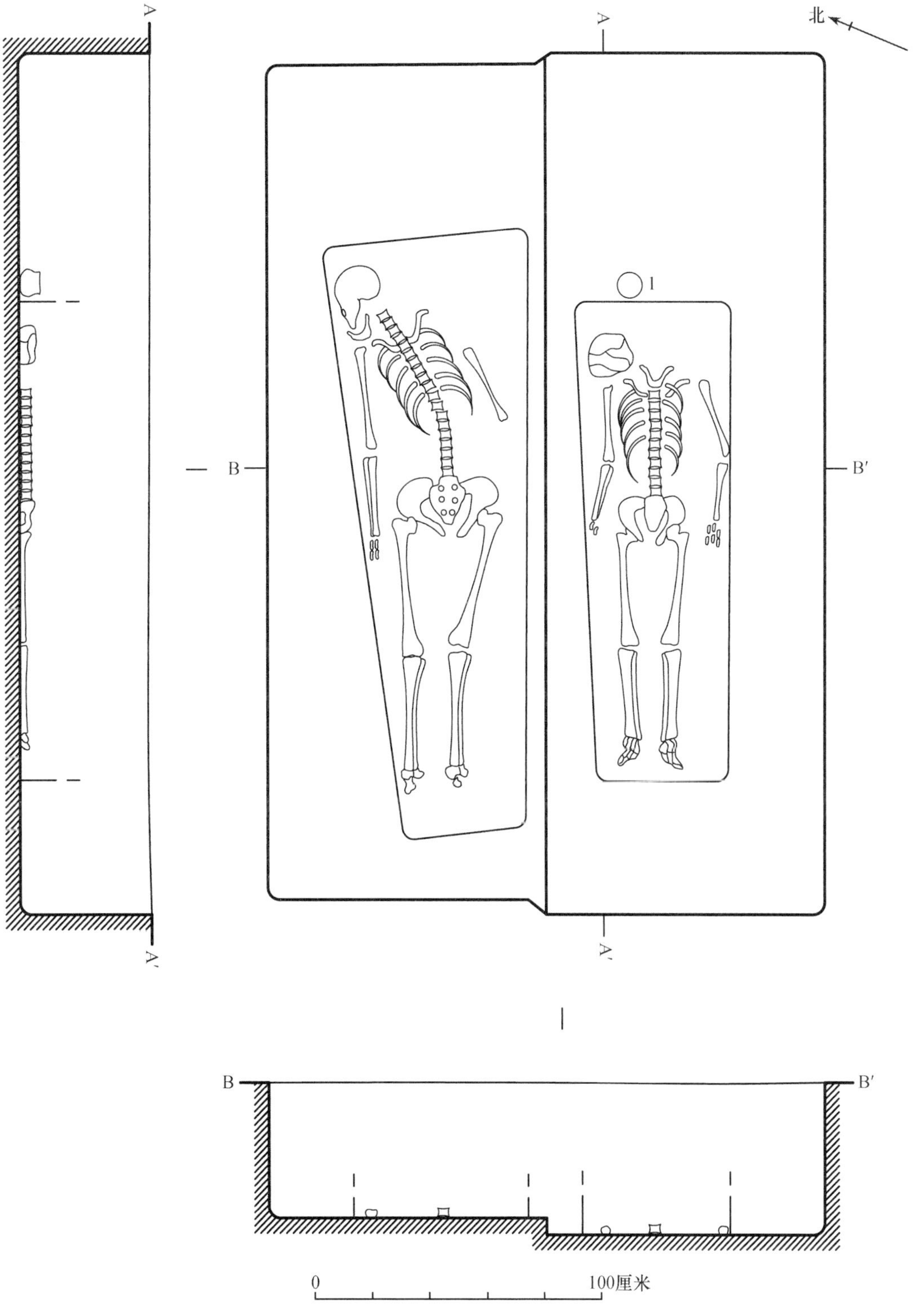

图一五三　M2平、剖面图
1. 灰陶罐

墓主颅骨较大，骨壁较厚重，枕外隆突发达，乳突大而粗，骨骼粗壮，盆骨纵径大于横径，呈心形，推断为男性。

南棺略呈梯形，东宽西窄，棺木已炭化成黑灰，仅留部分已腐朽的棺钉未发生移位，长1.6米，宽0.46～0.54米，残高0.1米。棺内葬人骨1具，头向东，头骨已破，面向不详，仰身直肢葬，墓主颅骨较小，骨壁较薄，骨骼较纤细，盆骨呈椭圆形，推断为女性。

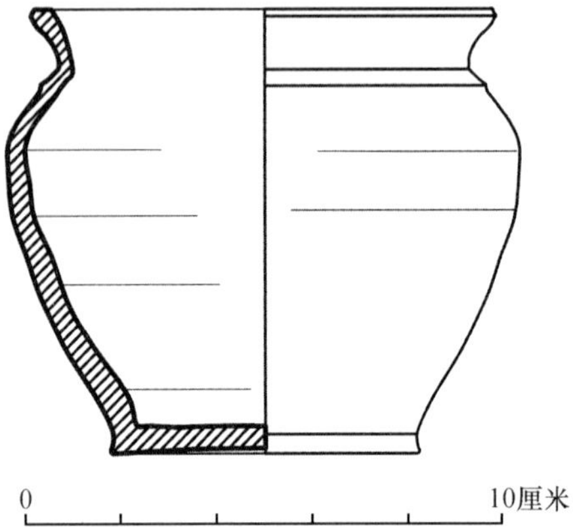

图一五四　M2出土灰陶罐
（M2：1）

墓内随葬灰陶罐1件（M2：1），位于南棺头外东部。

（二）随葬品

灰陶罐　1件。标本M2：1，泥质灰陶，胎质较细密。残，敞口，方唇，束颈，溜肩，弧腹，下腹弧收，小平底，器体外壁胫底处有圆形小坑。素面。口径9.8、最大腹径10.8、底径6.5、高9、厚0.4～0.6厘米（图一五四；图版七一，2）。

二、M3

（一）墓葬形制

M3位于Ⅱ区T0202中南部，东北邻M4。开口于第2层下。梯形竖穴土圹双棺墓，北宽南窄，南北向，方向343°。墓圹南北长2.36～2.46米，东西宽2.16～2.56米，墓口距地表深0.7米，墓口距墓底深0.76～0.84米，内填花土，土质松软。墓底内置双棺，并列于墓西部，间距0.2米（图一五五；图版三〇，1）。

东棺略呈梯形，北宽南窄，棺木腐朽严重，长1.68米，宽0.42～0.52米，残高0.26米。棺内葬人骨1具，头向北，面向东，仰身直肢葬，下肢骨凌乱，墓主颅骨较小，骨壁较薄，推断为女性。

西棺略呈梯形，北宽南窄，棺木腐朽严重，长1.8米，宽0.42～0.52米，残高0.18米。棺内葬人骨1具，头向北，面向东，仰身直肢葬，墓主颅骨较大，骨壁较厚重，枕外隆突发达，乳突大而粗，骨骼粗壮，盆骨纵径大于横径，呈心形，推断为男性。

墓内随葬灰陶罐2件、铜扁方1件。灰陶罐（M3：2）1件位于东棺头外北部，另1件（M3：3）位于西棺头外北部；铜扁方（M3：1）位于东棺北部头骨上。

（二）随葬品

灰陶罐　2件。标本M3：2，泥质灰陶，胎质较细密。残，敞口，方唇，束颈，溜肩，弧腹，下腹弧收，小平底。素面，底部粘有铁锈痕。口径9.6、最大腹径10.8、底径6.5、高10、厚0.5～0.7

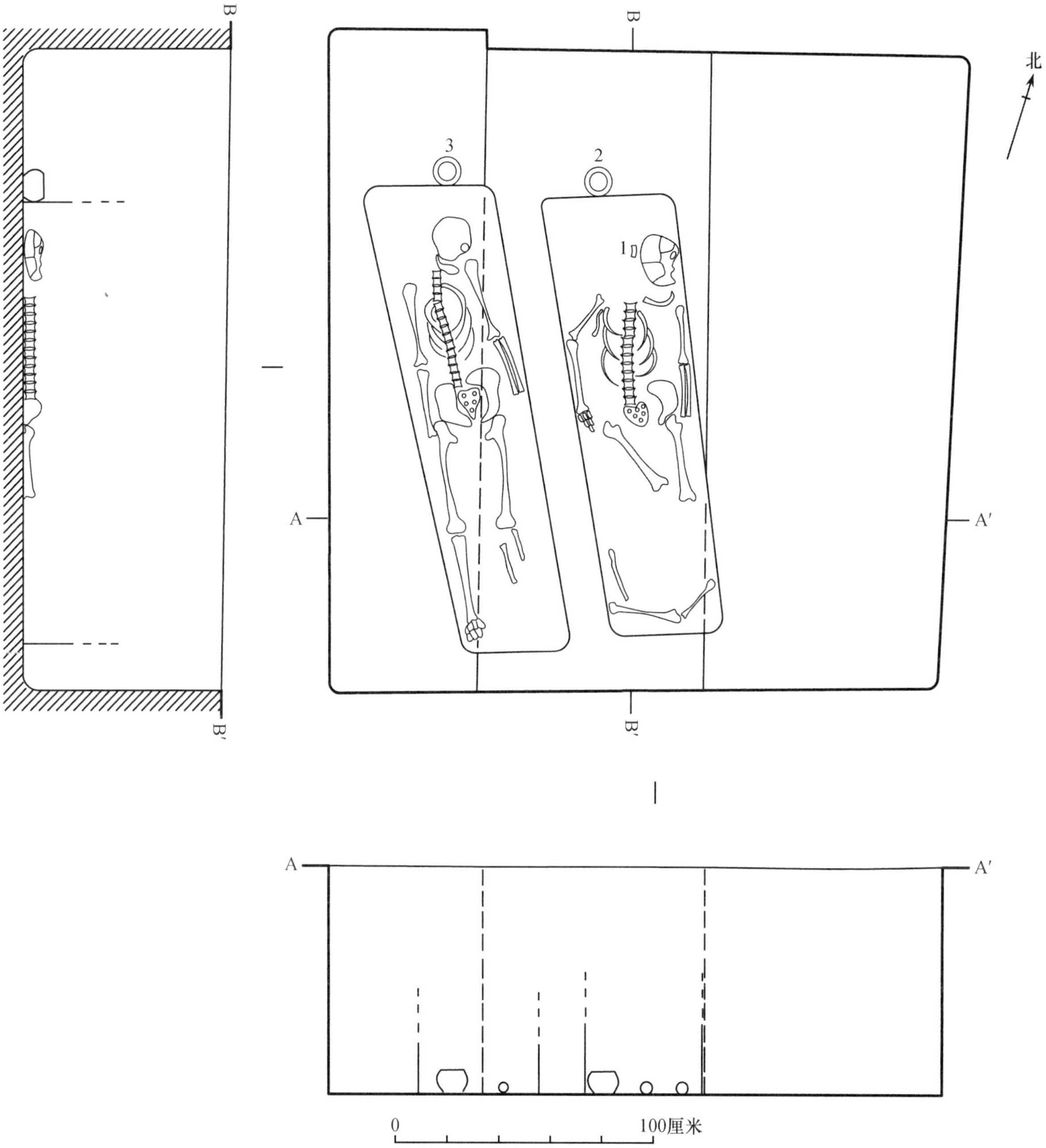

图一五五 M3平、剖面图
1. 铜扁方 2、3. 灰陶罐

厘米（图一五六，1；图版七一，3）。标本M3∶3，泥质灰陶，胎质粗疏。残损，敞口，方唇，束颈，溜肩，弧腹，下腹弧收，小平底。素面。口径9.5、最大腹径11.2、底径6.8、高10、厚0.6～0.8厘米（图一五六，2；图版七一，4）。

铜扁方 1件。标本M3∶1，锈残，平面呈长方形，簪首弯曲，呈圆柱形，簪体扁长，尾部呈圆弧形，断裂。通长14.8、宽2～2.4、厚0.1厘米（图一五七；图版七二，1）。

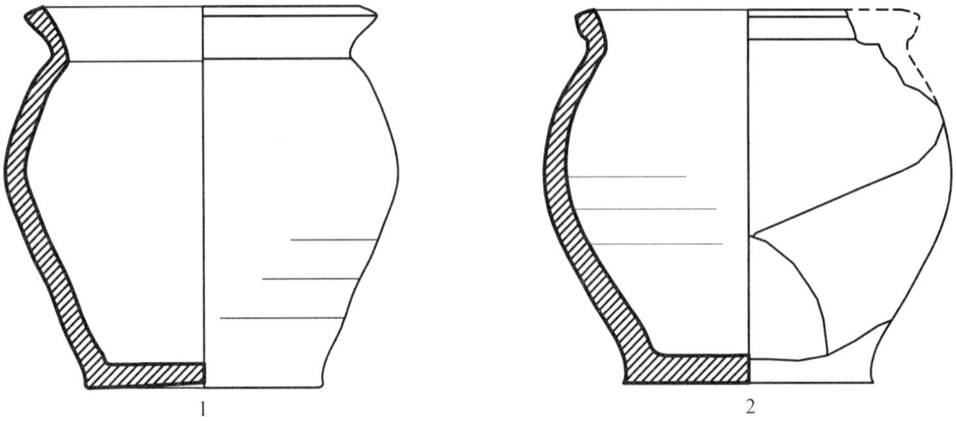

图一五六　M3出土灰陶罐
1. M3：2　2. M3：3

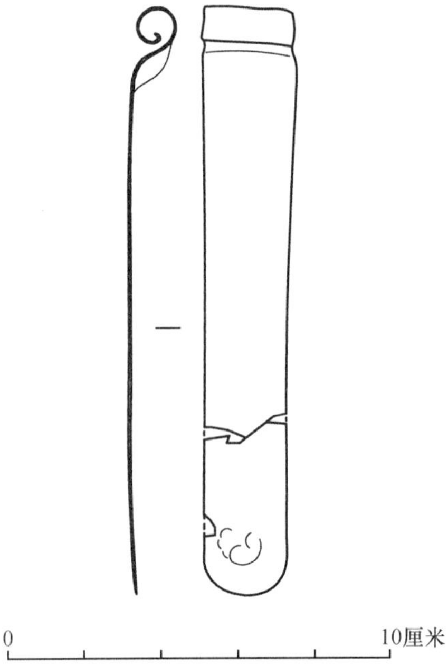

图一五七　M3出土铜扁方
（M3：1）

三、M5

（一）墓葬形制

M5位于Ⅱ区T0901中南部，北邻M6。开口于第2层下。近长方形竖穴土圹双棺墓，北稍宽于南，南北向，方向5°。墓圹南北长2.6～2.62米，东西宽1.88～1.96米，墓口距地表深0.3米，墓口距墓底深0.54～0.62米，内填胶质花土，土质较硬。墓底内置双棺，并列于墓中央，间距0～0.05米，西棺底部高出东棺0.1米（图一五八；图版三〇，2）。

东棺略呈梯形，北宽南窄，长1.61米，宽0.5～0.56米。棺木腐朽严重，仅残存厚0.02米的侧板和前后挡板，侧板长1.68米，残高0.1米；前挡板长0.58米，残高0.08米；后挡板长0.5米，残高0.08米。侧板和挡板均用细加工的木材制成。椁呈近长方形，椁木半朽，长2.08米，宽0.81米；侧板长2.15米，残高0.2米，残厚0.05米；前挡板长0.64米，残高0.18米，残厚0.02米；后挡板已腐朽无存。椁侧板用木粗糙，未经细加工，表面可见枝节。棺内盗扰严重，未见骨架。棺底铺有厚0.02米的白灰。

西棺略呈梯形，北宽南窄，长1.7米，宽0.54～0.6米。棺木腐朽严重，仅残存厚0.02米的侧板和后挡板，侧板长1.7米，残高0.1米；前挡板已腐朽，仅存朽痕；后挡板长0.56米，残高0.04米。棺侧板和挡板均用细加工的木材制成。椁呈梯形，北宽南窄，椁木半朽，长2.1米，宽0.84～0.96米；侧板长2.15米，残高0.14米，残厚0.04米；前后挡板均已腐朽，仅存朽痕。椁侧板用木粗糙，未经细加工，表面可见枝节。棺内盗扰严重，南部仅见部分人腿骨残骸，性别不详。棺底铺有厚0.02米的

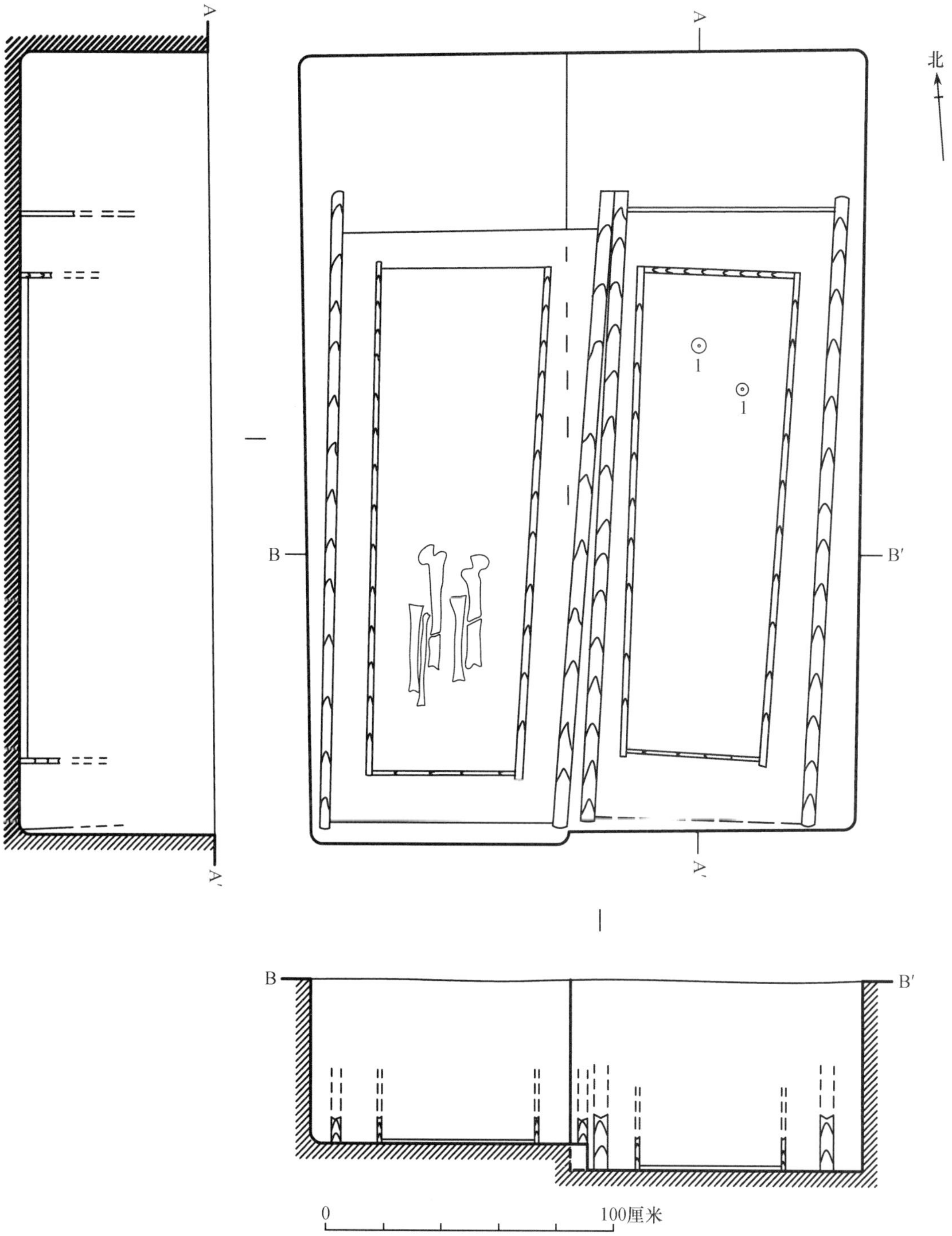

图一五八　M5平、剖面图
1. 铜钱

白灰。

墓内随葬铜钱2枚（M5：1），位于东棺北部。

（二）随葬品

铜钱　2枚。

康熙通宝　1枚。标本M5：1-1，锈残，圆形，方穿，正、背面有圆郭，正面铸“康熙通宝”四字，楷书，对读，背面穿左右铸满文“宝泉”二字，纪局名。钱径2.5、穿宽0.6、郭宽0.4厘米，重3.97克（图一五九）。

另1枚锈残，正面钱文不可辨，背面见满文。

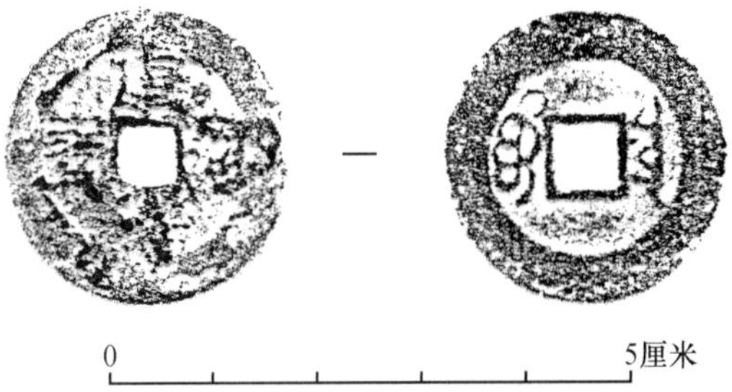

图一五九　M5出土康熙通宝钱
（M5：1-1）

四、M6

（一）墓葬形制

M6位于Ⅱ区T0901中北部，北邻M7。开口于第2层下。梯形竖穴土圹双棺墓，北宽南窄，南北向，方向3°。墓圹南北长2.38～2.6米，东西宽2.2～2.4米，墓口距地表深0.3米，墓口距墓底深0.68～0.74米，内填胶质花土，土质较硬。墓底内置双棺，并列于墓东部，间距约0.04米（图一六〇；图版三一，1）。

东棺略呈梯形，北宽南窄，长2.2米，宽0.6～0.74米。棺木腐朽严重，仅存侧板，残高0.2米，残厚0.02～0.06米，侧板用木粗糙，未经细加工。棺内葬人骨1具，保存较差，头向北，面向、葬式、性别不详。棺底中部铺垫有白灰，经人为加工，较为规整，北宽南窄，北部和南部均被盗扰破坏，残存长1.44～1.5米，宽0.4～0.5米，厚0.05米。

西棺呈长方形，长2.4米，宽0.64米，残高0.2米。棺木腐朽严重，仅残存侧板和前后挡板，侧板残高0.32米，残厚0.04米；前后挡板残高0.32米，残厚0.02米。棺内葬人骨1具，头向北，面向北，仰身屈肢葬，人骨两腿弯曲，左臂置于腹部，墓主颅骨较大，骨壁较厚重，枕外隆突发达，乳突大而粗，骨骼粗壮，推断为男性。棺底中部铺有白灰，经人为加工，较为规整，北宽南窄，长1.7米，宽0.4～0.5米，厚0.05米。

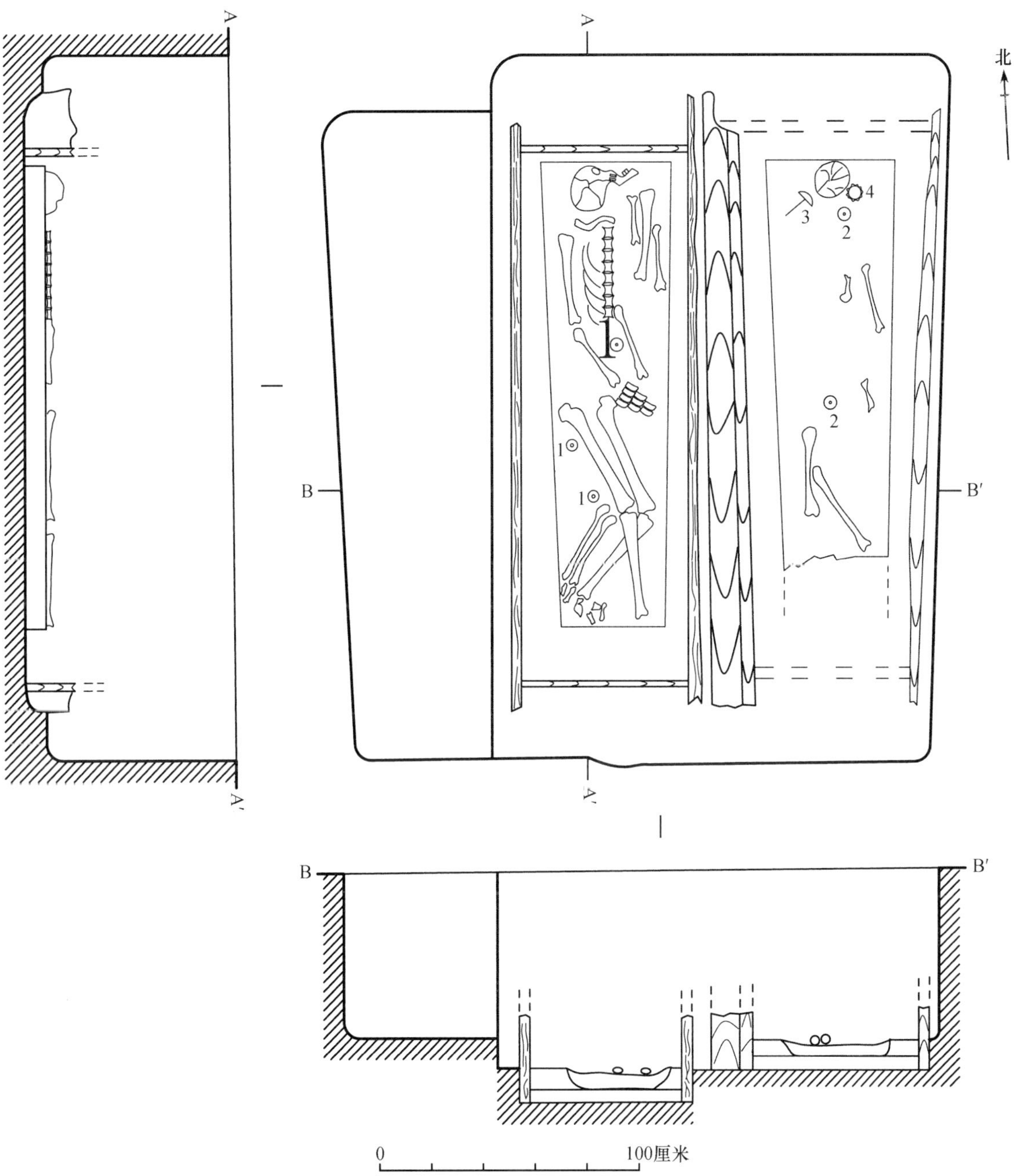

图一六〇　M6平、剖面图

1、2. 铜钱　3、4. 骨簪

墓内随葬骨簪2件、铜钱5枚。骨簪（M6：3、M6：4）分别出土于东棺内骨架头骨右下侧、左下侧；铜钱（M6：1、M6：2）两棺均有，东棺2枚，西棺3枚，无规律散布于人骨间。

（二）随葬品

骨簪　2件。标本M6：3，骨质较硬。残，簪体呈扁方形，首部略大于尾部，尾部呈半圆弧形。残长9、宽0.5～0.8、厚0.2～0.3厘米（图一六一，1；图版七二，2）。标本M6：4，残，青白玉质簪首，簪首呈圆形菊花瓣状向外展开，共计12瓣，中部一圈鋬刻网格纹，背部有一小孔窝，直径0.4厘米，骨质簪杆断落。簪首直径2.5、厚0.4厘米，簪体残长6.9厘米（图一六一，2；图版七二，3）。

铜钱　5枚。

康熙通宝　3枚。标本M6：2-1，锈残，圆形，方穿，正、背面有圆郭，正面铸“康熙通宝”四字，楷书，对读，背面穿左右铸满文“宝泉”二字，纪局名。钱径2.9、穿宽0.6、郭宽0.4厘米，重4.1克（图一六一，3）。

另2枚锈残，其中1枚为“顺治通宝”。

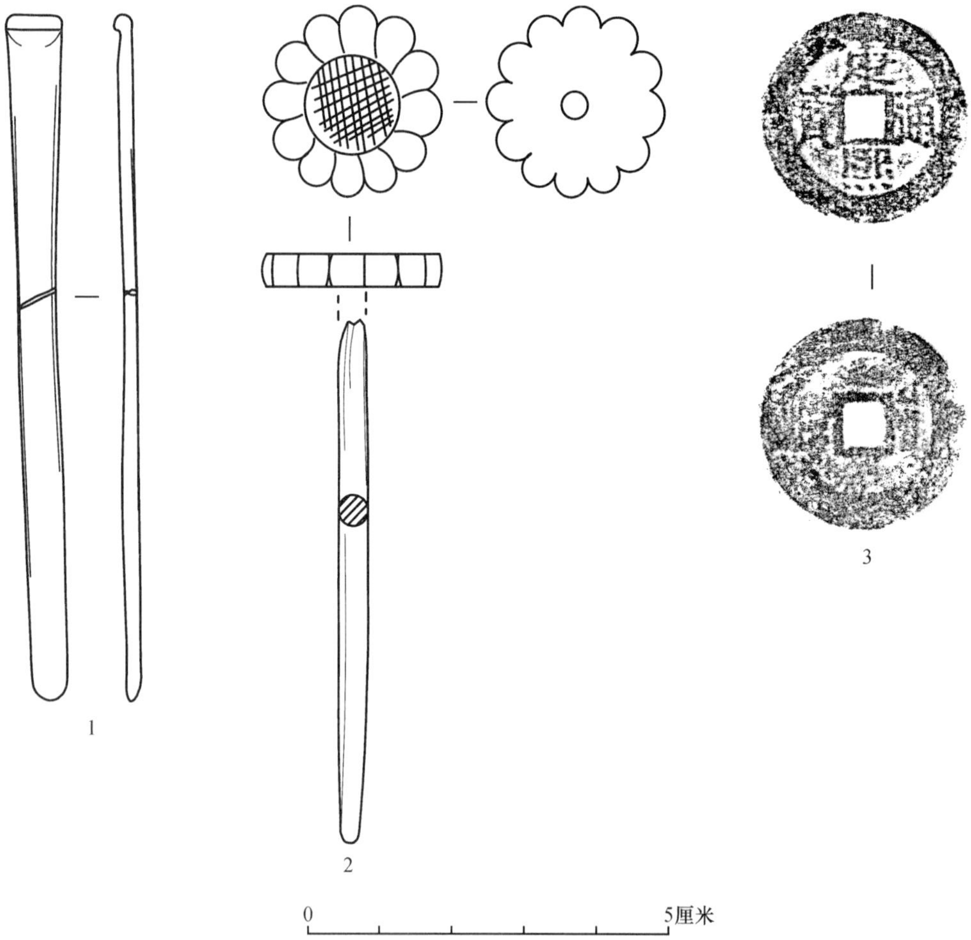

图一六一　M6出土器物

1、2. 骨簪（M6：3、M6：4）　3. 康熙通宝（M6：2-1）

五、M7

（一）墓葬形制

M7位于Ⅱ区T0902南部，向南延伸至T0901，北邻M8。开口于第2层下。长方形竖穴土圹双棺墓，南北向，方向4°。墓圹南北长2.7～2.76米，东西宽2.18米，墓口距地表深0.3米，墓口距墓底深0.7～0.76米，内填胶质花土，土质较硬。墓底内置双棺，并列于墓偏西部，间距0.17～0.28米，东棺底部低于西棺0.06米（图一六二；图版三一，2）。

东棺近长方形，棺木半朽，长2.06米，宽0.72～0.74米，残高0.16米；侧板长2.06米，残高0.16米，残厚0.02米；前挡板腐朽无存，仅存朽痕；后挡板长0.67米，残高0.16米，残厚0.02米。棺侧板和挡板均用木粗糙，未经细加工，表面可见枝节。棺中因盗扰，仅见部分人骨残骸散布于棺中间，头向、面向、葬式、性别不详。

西棺呈梯形，北宽南窄，棺木半朽，长1.94米，宽0.54～0.64米；侧板长1.94米，残高0.1米，残厚0.04～0.08米；前挡板已腐朽，仅存朽痕；后挡板长0.46米，残高0.1米，残厚0.05米。棺侧板和挡板用木略经加工，较平整。棺内葬人骨1具，头向、面向、性别不详，侧身屈肢葬，腿骨弯曲，右腿骨压在左腿骨上。

墓内随葬半釉陶罐1件、铜钱5枚。半釉陶罐（M7：2）位于西棺头外中部；铜钱3枚（M7：1）位于西棺南部右腿骨外侧，2枚（M7：3）位于东棺中部。

（二）随葬品

半釉陶罐　1件。标本M7：2，黄褐色胎，胎质粗疏，器口及外腹壁施半酱色釉，局部脱落，器体腹部有滴釉现象，器内仅口部施一层较薄的酱色釉浆水，器体内外壁见修坯痕迹。残损，直口，方圆唇，束颈，溜肩，筒形腹，平底。口径11.2、最大腹径11.8、底径8、高12.2、厚0.8～1厘米（图一六三；图版七〇，5）。

铜钱　5枚。

康熙通宝　5枚。标本M7：1-1，锈残，圆形，方穿，正、背面有圆郭，正面铸“康熙通宝”四字，楷书，对读，背面穿左铸满文“源”字、穿右铸“原”字。钱径2.8、穿宽0.65、郭宽0.4厘米，重3.39克（图一六四，1）。标本M7：3-1，锈残，圆形，方穿，正、背面有圆郭，正面铸“康熙通宝”四字，楷书，对读，背面穿左右铸满文“宝泉”二字，字迹模糊。钱径2.85、穿宽0.6、郭宽0.45厘米，重3.42克（图一六四，2）。

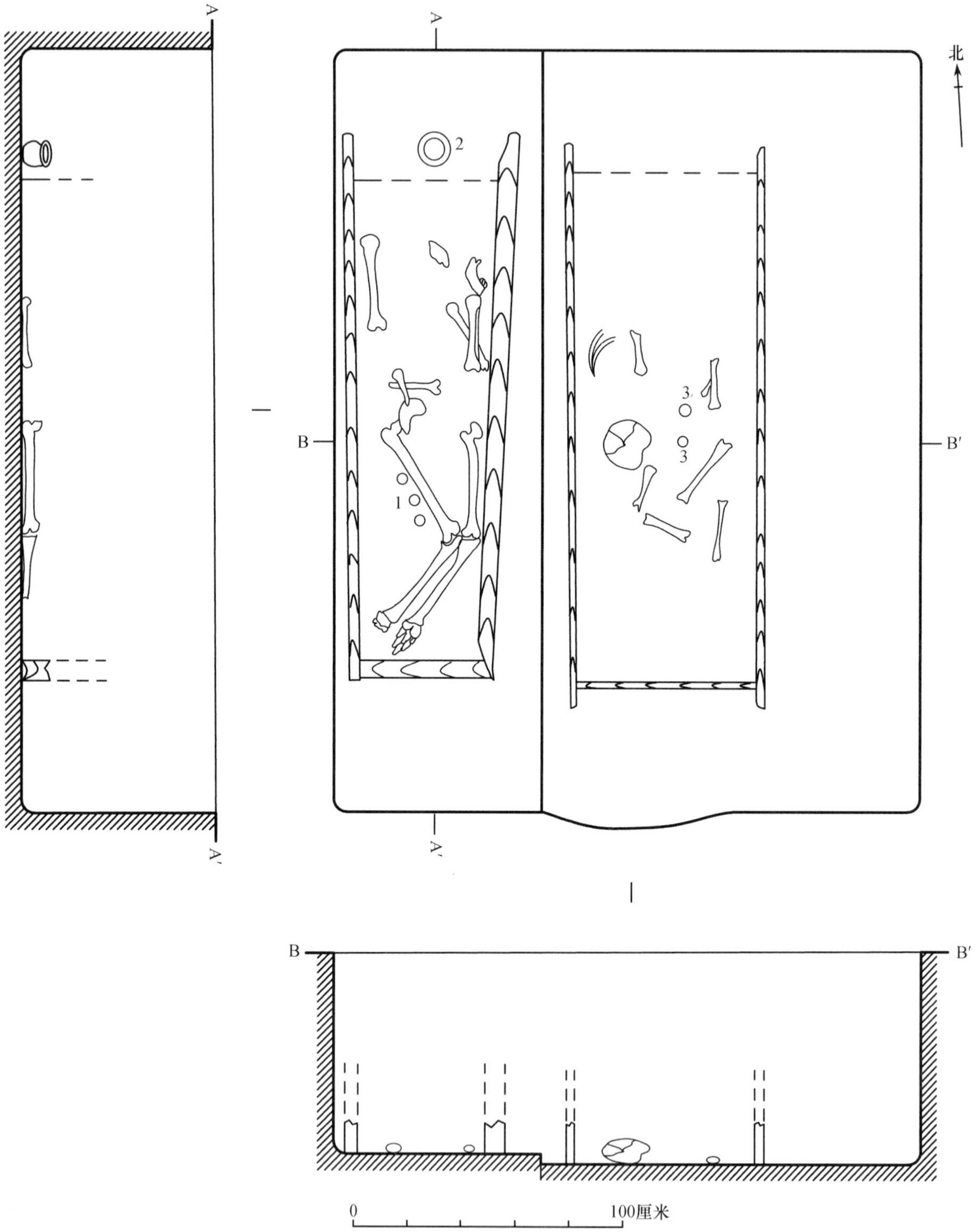

图一六二　M7平、剖面图
1、3. 铜钱　2.半釉陶罐

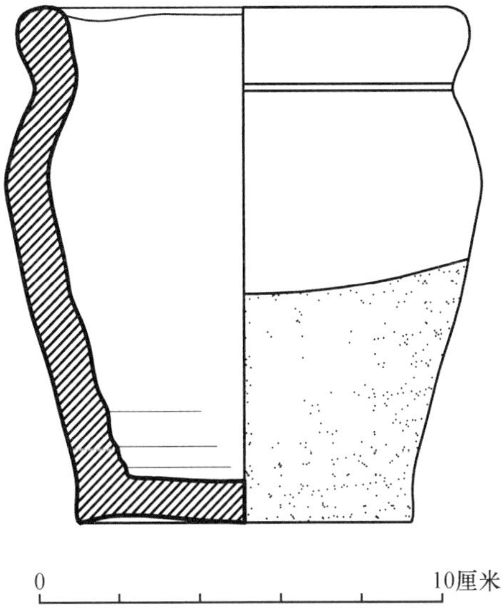

图一六三　M7出土半釉陶罐
（M7：2）

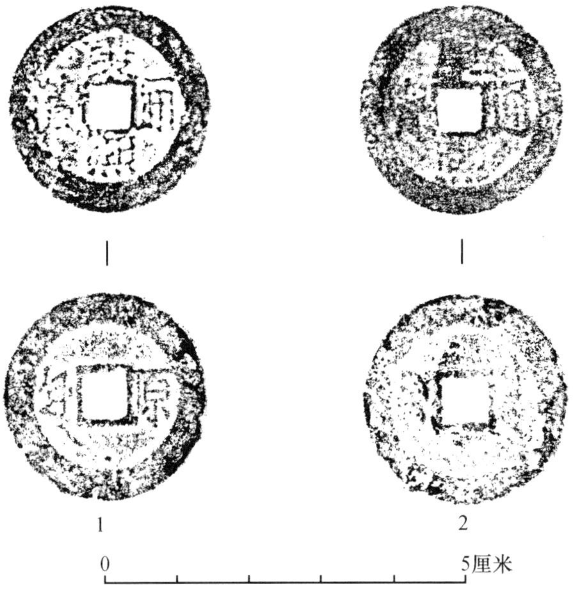

图一六四　M7出土康熙通宝钱
1. M7：1-1　2. M7：3-1

六、M8

（一）墓葬形制

M8位于Ⅱ区T0902中西部，北邻M10，南邻M7。开口于第2层下。近长方形竖穴土圹双棺墓，南北向，方向2°。墓圹南北长2.5～2.88米，东西宽2.24米，墓口距地表深0.3米，墓口距墓底深0.82～0.92米，内填胶质花土，土质较硬。墓底内置双棺，并列于墓中央，间距约0.3米（图一六五；图版三二，1）。

东棺呈长方形，长2.2米，宽0.7米，残高0.14～0.22米。棺木腐朽严重，仅存侧板和后挡板，侧板残高0.14～0.22米，厚0.04～0.09米；后挡板残高0.22米，厚0.02米。侧板均用木粗糙，未经细加工，表面可见枝节。棺内葬人骨1具，保存较差，未见头骨，头向、面向、性别不详，仰身直肢葬。棺内骨架下铺垫有白灰，经人为加工，较为规整，北宽南窄，长1.82米，宽0.4～0.5米，厚0.05米。

西棺略呈梯形，北宽南窄，长2.2米，宽0.56～0.7米，残高0.32米；侧板残高0.32米，厚0.06～0.08米；前挡板盗扰无存；后挡板残高0.32米，厚0.02米。棺内葬人骨1具，头向北，因盗扰仅存部分肢骨，面向、葬式、性别不详。

墓内随葬铜钱22枚，东棺2枚（M8：2），西棺20枚（M8：1），无规律散布于人骨间。

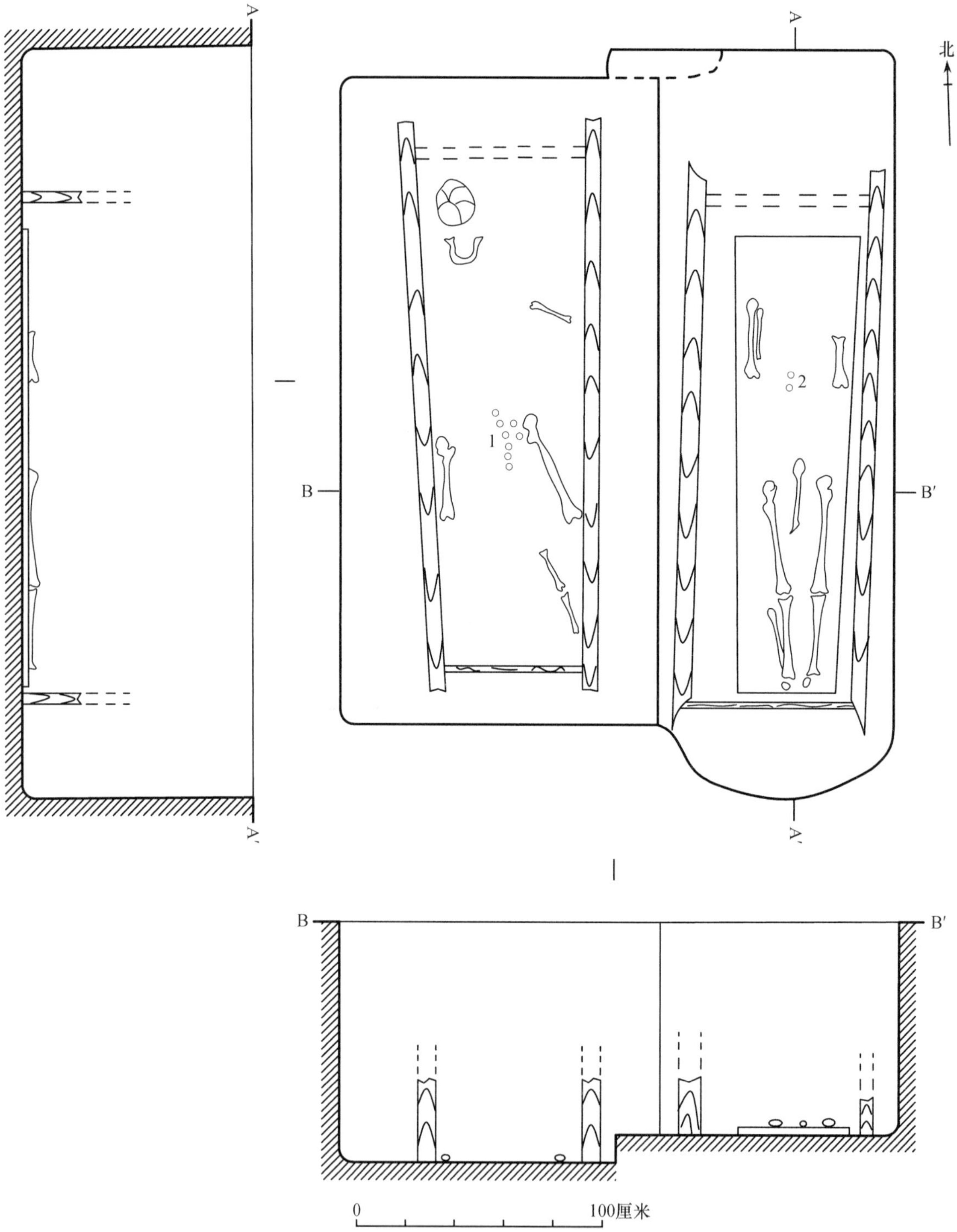

图一六五　M8平、剖面图
1、2. 铜钱

（二）随葬品

铜钱　22枚。

顺治通宝　7枚。标本M8：1-1，锈残，圆形，方穿，正、背面有圆郭，正面铸“顺治通宝”四字，楷书，对读，背面穿左右铸满文“宝泉”二字，纪局名。钱径2.8、穿宽0.6、郭宽0.4厘米，重4.39克（图一六六，1）。

康熙通宝　15枚。标本M8：1-2，锈残，圆形，方穿，正、背面有圆郭，正面铸“康熙通宝”四字，楷书，对读，背面穿左右铸满文“宝泉”二字，纪局名。钱径2.85、穿宽0.6、郭宽0.4厘米，重4.14克（图一六六，2）。

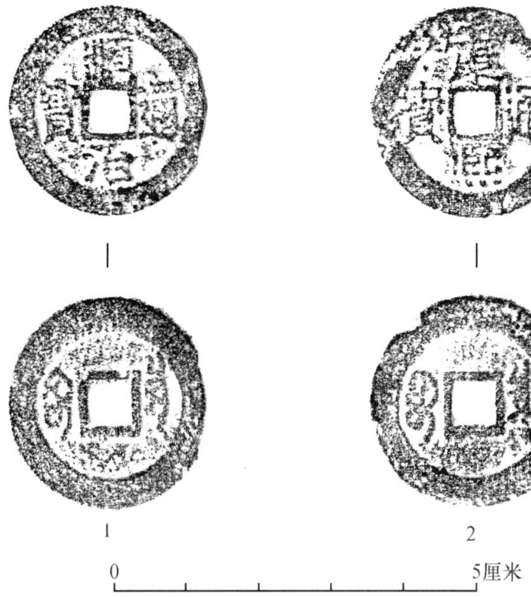

图一六六　M8出土铜钱

1. 顺治通宝（M8：1-1）　2. 康熙通宝（M8：1-2）

七、M9

（一）墓葬形制

M9位于Ⅱ区T0802中东部，北邻M11。开口于第2层下。长方形竖穴土圹双棺墓，南北向，方向2°。墓圹南北长2.9米，东西宽1.5米，墓口距地表深0.3米，墓口距墓底深1.04米，内填胶质花土，土质较硬。墓底内置双棺，并列于墓中央，间距约0.24米（图一六七；图版三二，2）。

东棺略呈梯形，北宽南窄，长2.14米，宽0.47～0.52米。棺木保存一般，部分残缺，因盗扰无棺盖，侧板残高0.3米，厚0.06米；前挡板残高0.32米，厚0.06米；后挡板残高0.24米，厚0.06米。棺内葬人骨1具，头向北，面向南，仰身直肢葬，墓主颅骨较大，骨壁较厚重，枕外隆突发达，乳突

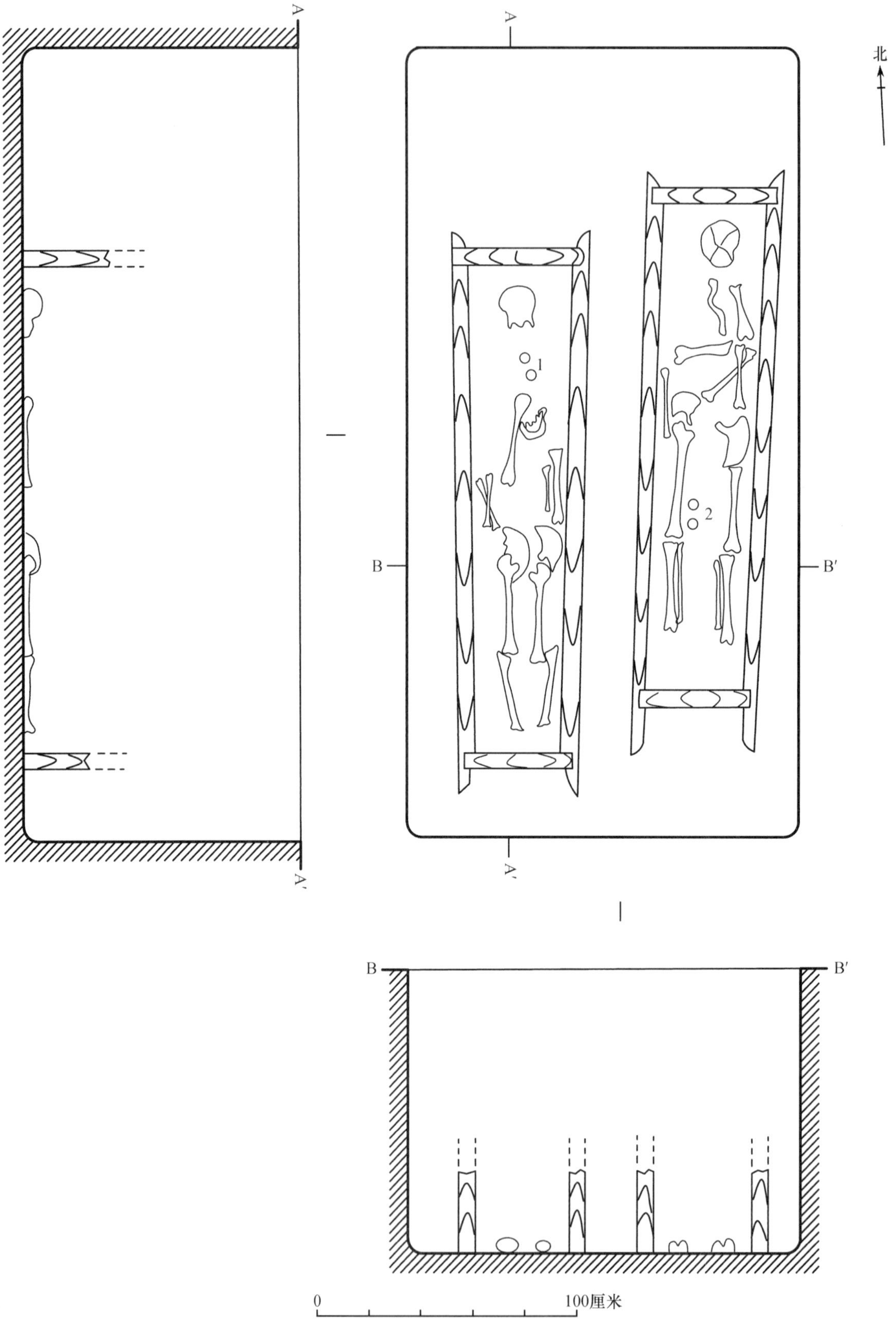

图一六七　M9平、剖面图
1、2. 铜钱

大而粗，骨骼粗壮，推断为男性。棺内骨架下铺垫白灰，厚0.02米。

西棺略呈梯形，北宽南窄，长2.04米，宽0.47～0.52米。棺木保存一般，部分残缺，因盗扰无棺盖，侧板残高0.3米，厚0.06米；前挡板残高0.32米，厚0.06米；后挡板残高0.24米，厚0.06米。棺内葬人骨1具，头向北，面向南，仰身直肢葬，墓主颅骨较小，骨壁较薄，推断为女性。棺内骨架下铺垫白灰，厚0.02米。

墓内随葬铜钱4枚，东西两棺各2枚。

（二）随葬品

铜钱　4枚。

五铢　1枚。标本M9：1-1，完整，制作精致，钱体微薄，圆形，方穿，穿为广穿、方正，正、背面有圆郭，正面铸“五铢”二字，篆书，阳文，右左横读，背面无纹。钱径2.5、穿宽0.9、郭宽0.1厘米，重3.63克（图一六八，1）。

治平元宝　1枚。标本M9：2-1，残，圆形，方穿，正、背面有圆郭，背郭不甚清晰，正面铸“治平元宝”四字，篆书，旋读，背面无纹。钱径2.4、穿宽0.65、郭宽0.3厘米，重3.59克（图一六八，2）。

元祐通宝　1枚。标本M9：2-2，残，圆形，方穿，正、背面有圆郭，背郭不甚清晰，正面铸“元祐通宝”四字，篆书，旋读，背面无纹。钱径2.45、穿宽0.65、郭宽0.3厘米，重3.17克（图一六八，3）。

另1枚残碎，模糊不清。

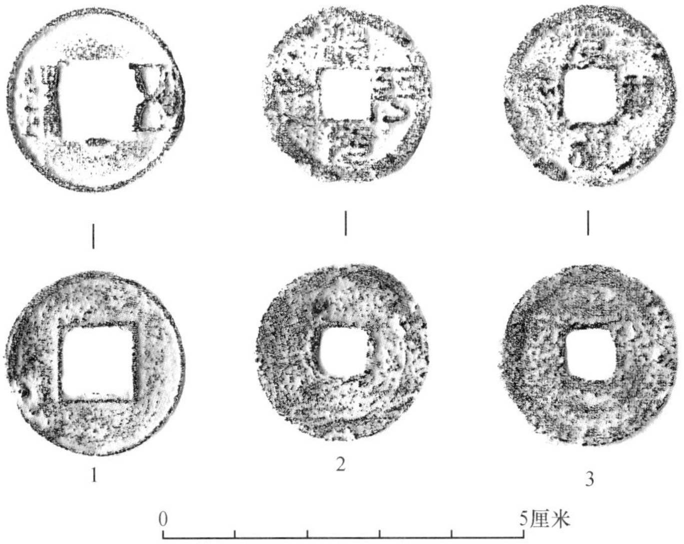

图一六八　M9出土铜钱

1. 五铢（M9：1-1）　2. 治平元宝（M9：2-1）　3. 元祐通宝（M9：2-2）

八、M13

（一）墓葬形制

M13位于Ⅱ区T0803中东部，北邻M14，南邻M11。开口于第2层下。近长方形竖穴土圹双棺墓，南北向，方向3°。墓圹南北长2.88～3.22米，东西宽2.32米，墓口距地表深0.3米，墓口距墓底深0.64～0.78米，内填胶质花土，土质较硬。墓底内置双棺，并列于墓中东部，间距约0.4米（图一六九；图版三三，1）。

东棺略呈梯形，北宽南窄，棺木保存较好，部分残损，长2.08米，宽0.51～0.64米；侧板残高0.16米，残厚0.06～0.1米；前挡板已朽；后挡板残高0.16米，厚0.04米。棺侧板和挡板用木精细。棺内葬人骨1具，无头骨，仰身直肢葬，墓主骨骼粗壮，盆骨纵径大于横径，呈心形，推断为男性。棺内白灰铺底，厚0.015米。

西棺略呈梯形，北宽南窄，棺木保存较好，部分残损，长2.04米，宽0.51～0.64米；侧板残高0.1米，残厚0.02～0.04米；前挡板残高0.1米，厚0.1米；后挡板已朽。棺侧板和挡板用木精细。棺内葬人骨1具，无头骨，仰身直肢葬，墓主骨骼较纤细，盆骨呈椭圆形，推断为女性。棺内白灰铺底，厚0.01米。

墓内随葬银簪2件、铜钱5枚。银簪（M13：2、M13：3）位于西棺骨架右臂处；铜钱（M13：1）位于散落于西棺骨架股骨之间。

（二）随葬品

银簪　2件。标本M13：3，锈残，簪体与簪首分离，簪首呈五朵花瓣状，向外展开，花瓣为半圆状相连，中间穿孔，簪体首部略弯曲，两端尖细，中间略宽。簪首直径3.1、通长13.6厘米（图一七〇，1；图版七二，8）。标本M13：2，锈残，簪首略弯曲，簪体呈扁条形，尾部渐变尖细。通长13、宽0.1～0.5厘米（图一七〇，2；图版七二，7）。

铜钱　5枚。

崇祯通宝　1枚。标本M13：1-1，锈残，圆形，方穿，正、背面有圆郭，正面铸“崇祯通宝”四字，楷书，对读，背面无纹。钱径2.6、穿宽0.65、郭宽0.3厘米，重2.89克（图一七一，1）。

雍正通宝　4枚。标本M13：1-2，锈残，圆形，方穿，正、背面有圆郭，正面铸“雍正通宝”四字，楷书，对读，背面穿左右铸满文“宝泉”二字，纪局名。钱径2.6、穿宽0.65、郭宽0.45厘米，重3.37克（图一七一，2）。

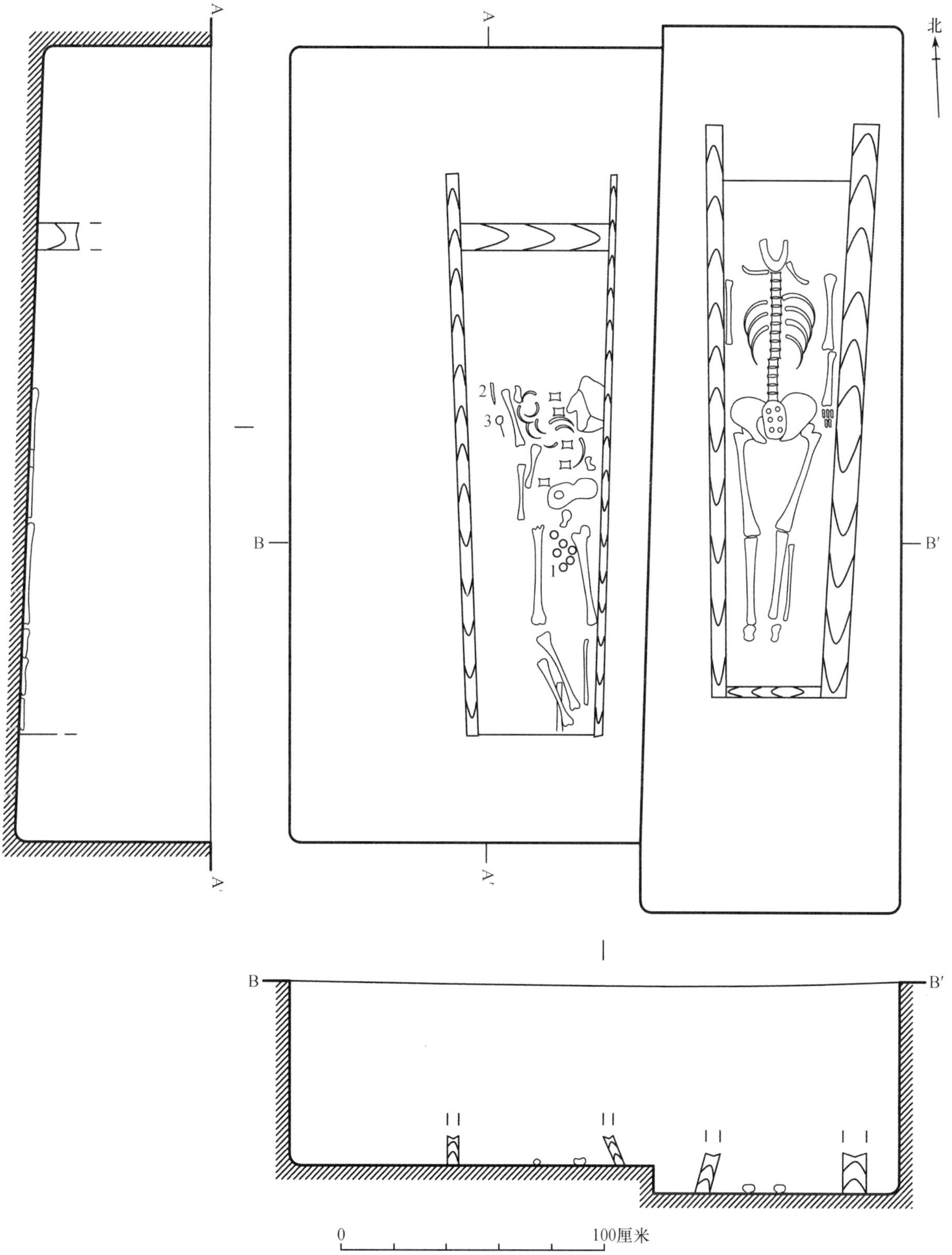

图一六九 M13平、剖面图
1. 铜钱 2、3. 银簪

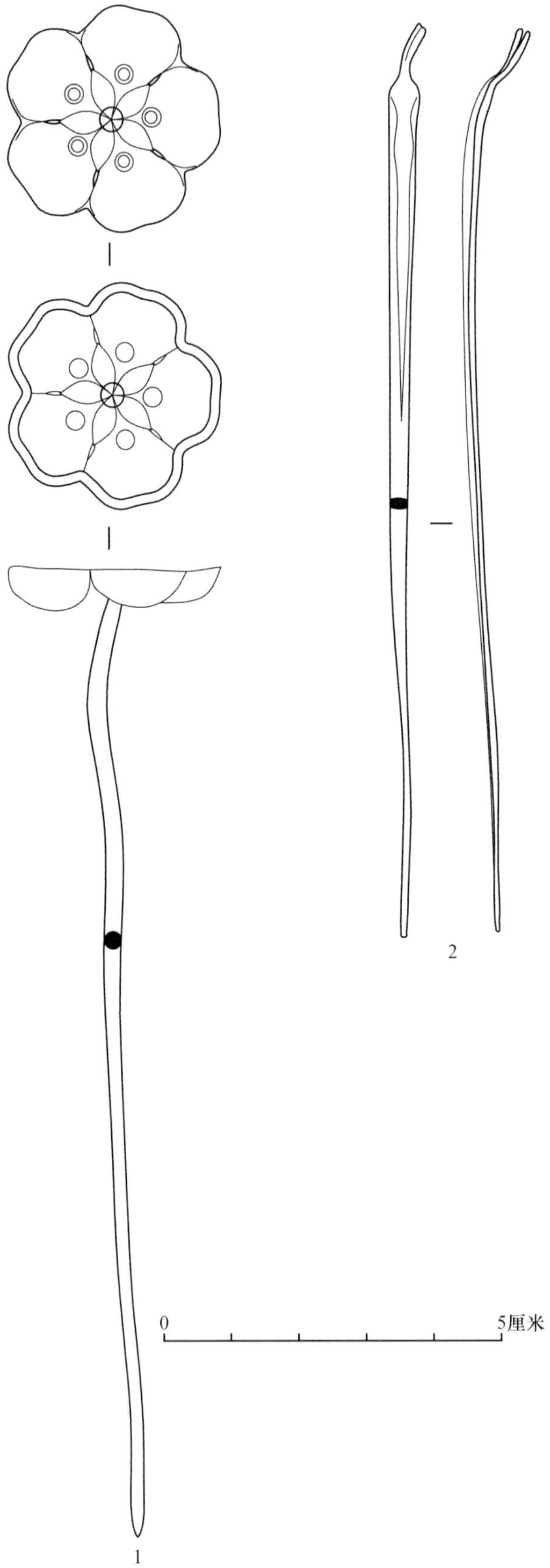

图一七〇　M13出土银簪

1. M13：3　2. M13：2

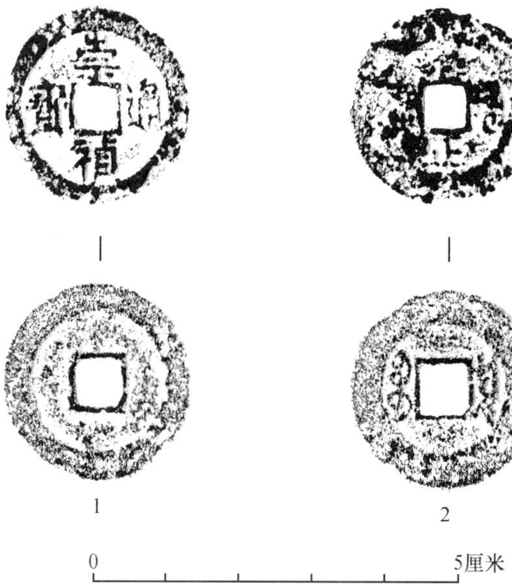

图一七一　M13出土铜钱
1. 崇祯通宝（M13：1-1）　2. 雍正通宝（M13：1-2）

九、M15

（一）墓葬形制

M15位于Ⅱ区T0903西北部，北邻M16。开口于第2层下。梯形竖穴土圹双棺墓，北宽南窄，南北向，方向2°。墓圹南北长2.3米，东西宽1.2～1.69米，墓口距地表深0.3米，墓口距墓底深0.38～0.74米，内填胶质花土，土质较硬。墓底内置双棺，并列于墓中西部，间距约0.06米（图一七二；图版三三，2）。

东棺呈梯形，北宽南窄，棺木已腐朽，长1.84米，宽0.42～0.66米，残高0.1米。棺内葬人骨1具，骨架所剩无几，头骨破碎，头向北，面向不详，仰身直肢葬，墓主颅骨较小，骨壁较薄，骨骼较纤细，推断为女性。

西棺呈梯形，北宽南窄，棺木腐朽严重，长1.92米，宽0.41～0.6米，残高0.08米。棺内葬人骨1具，头向北，面向上，仰身屈肢葬，墓主颅骨较大，骨壁较厚重，枕外隆突发达，乳突大而粗，骨骼粗壮，推断为男性。

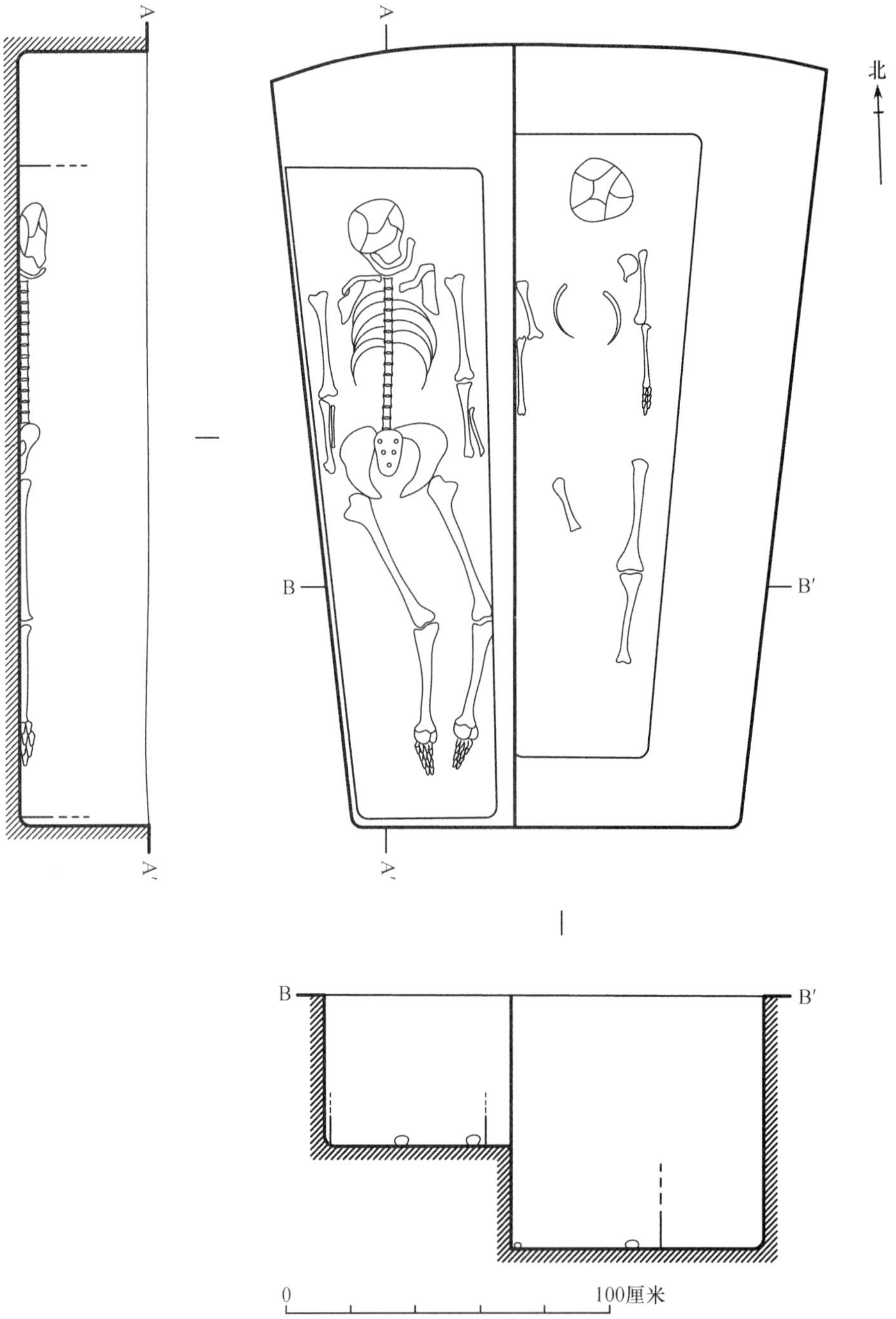

图一七二　M15平、剖面图

（二）随葬品

无。

十、M18

（一）墓葬形制

M18位于Ⅱ区T1614西北部，部分进入T1615，北邻M19。开口于第2层下。梯形竖穴土圹双棺墓，北宽南窄，南北向，方向10°。墓圹南北长2.7米，东西宽1.7～1.93米，墓口距地表深0.3米，墓口距墓底深0.88～1.16米，内填胶质花土，土质较硬。墓底内置双棺，并列于墓中部，间距0.08～0.12米（图一七三；图版三四，1）。

东棺略呈梯形，北宽南窄，棺木腐朽严重，仅存棺木朽痕，长2米，宽0.5～0.62米，残高0.08米。棺内葬人骨1具，头向北，面向不清，仰身直肢葬，墓主颅骨较大，骨壁厚重，盆骨入口近心形，相对西棺较粗壮，初步推断为男性。

西棺略呈梯形，北宽南窄，棺木腐朽严重，长2.1米，宽0.62～0.76米；侧板残高0.36米，残厚0.02米；前挡板已腐朽，仅存朽痕；后挡板残高0.18米，残厚0.02米。棺侧板和挡板用木精细。棺内葬人骨1具，头向北，面向东，仰身直肢葬，墓主颅骨较小，骨壁较薄，乳突较小，盆骨入口近椭圆形，初步推断为女性。

墓内随葬铜钱1枚（M18∶1），位于西棺骨架右上肢骨处。

（二）随葬品

铜钱　1枚。

乾隆通宝　1枚。标本M18∶1，锈残，圆形，方穿，正、背面有圆郭，正面铸“乾隆通宝”四字，楷书，对读，背面穿左右铸满文“宝泉”二字，纪局名。钱径2.3、穿宽0.6、郭宽0.35厘米，重3.2克（图一七四）。

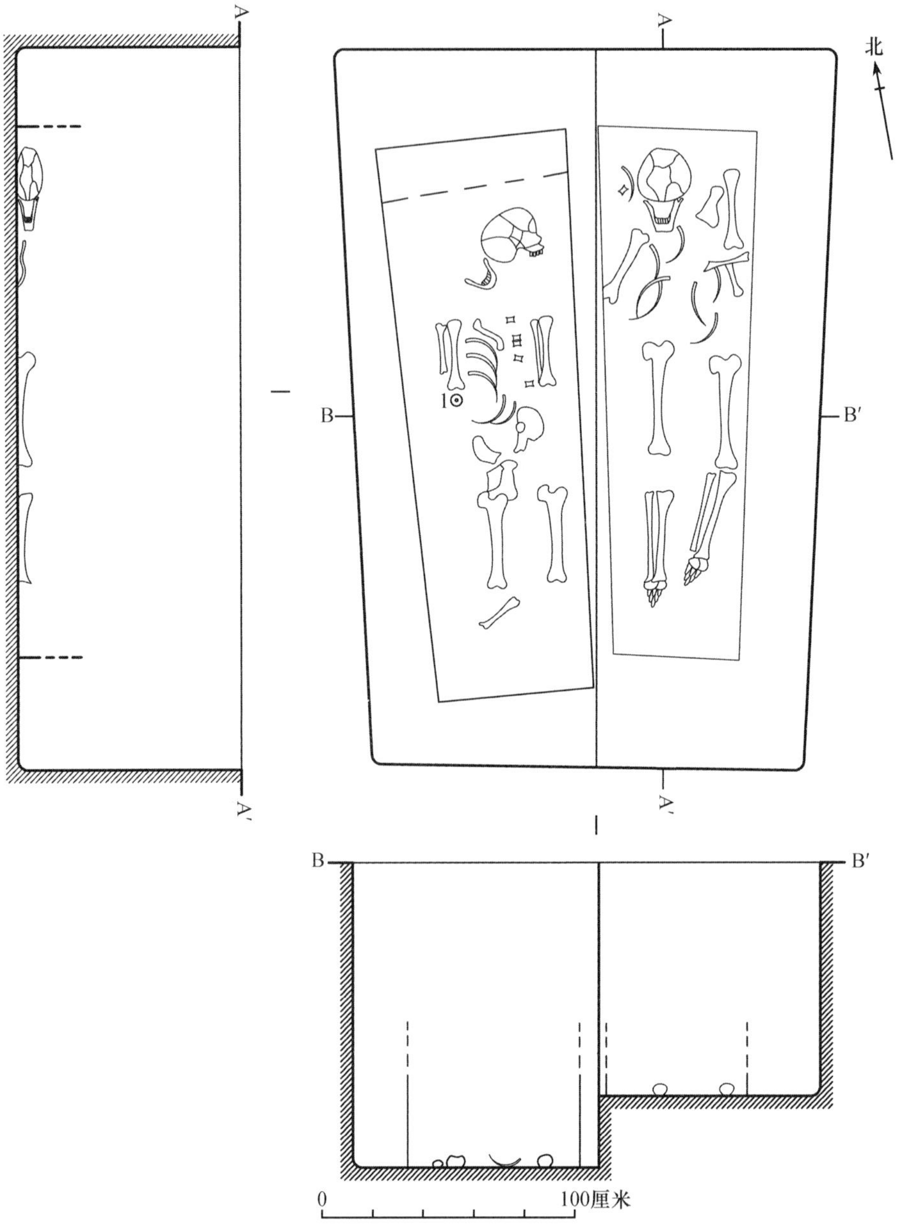

图一七三　M18平、剖面图
1. 铜钱

图一七四　M18出土乾隆通宝钱
（M18：1）

十一、M20

（一）墓葬形制

M20位于Ⅱ区T1615西北部和T1616西南部，南邻M19，东北邻M21。开口于第2层下。梯形竖穴土圹双棺墓，北宽南窄，南北向，方向355°。墓圹南北长2.58～2.7米，东西宽1.58～1.76米，墓口距地表深0.4米，墓口距墓底深0.9～1.1米，内填胶质花土，土质较硬。墓底内置双棺，并列于墓中央，间距约0.14米（图一七五；图版三四，2）。

东棺略呈梯形，北宽南窄，棺木腐朽严重，长1.86米，宽0.54～0.64米，残高0.14米。棺内葬人骨1具，头向北，面向西，仰身直肢葬，性别不详。

西棺略呈梯形，北宽南窄，长2.04米，宽0.68～0.75米。棺木保存一般，部分残缺，因盗扰无棺盖，侧板残高0.1米，厚0.02～0.08米；前、后挡板残高0.1米，厚0.04米。棺板均用木粗糙，未经细加工。棺内葬人骨1具，头骨移位，头向北，面向南，葬式、性别不详。

墓内出土覆瓦1块、铜钱9枚。覆瓦位于东棺骨架胸部，规格为长0.18、宽0.16、厚0.01米，表面有两道弦纹；铜钱两棺均有，西棺5枚（M20∶2），东棺4枚（M20∶1），均无规律散布于骨架间。

（二）随葬品

铜钱　9枚。

康熙通宝　5枚。标本M20∶2-1，锈残，圆形，方穿，正、背面有圆郭，正面铸“康熙通宝”四字，楷书，对读，背面穿左右铸满文“宝泉”二字，纪局名。钱径2.6、穿宽0.65、郭宽0.4厘米，重2.77克（图一七六，1）。

雍正通宝　4枚。标本M20∶1-1，锈残，圆形，方穿，正、背面有圆郭，正面铸“雍正通宝”四字，楷书，对读，背面穿左右铸满文“宝泉”二字，纪局名。钱径2.6、穿宽0.6、郭宽0.35厘米，重3.08克（图一七六，2）。

十二、M23

（一）墓葬形制

M23位于Ⅱ区T1715北部，部分进入T1716，南邻M24。开口于第2层下。长方形竖穴土圹双棺墓，南北向，方向6°。墓圹南北长2.4米，东西宽1.7米，墓口距地表深0.3米，墓口距墓底深0.94～1.06米，内填胶质花土，土质较硬。墓底内置双棺，并列于墓中东部，间距0.08～0.14米（图一七七；图版三五，1）。

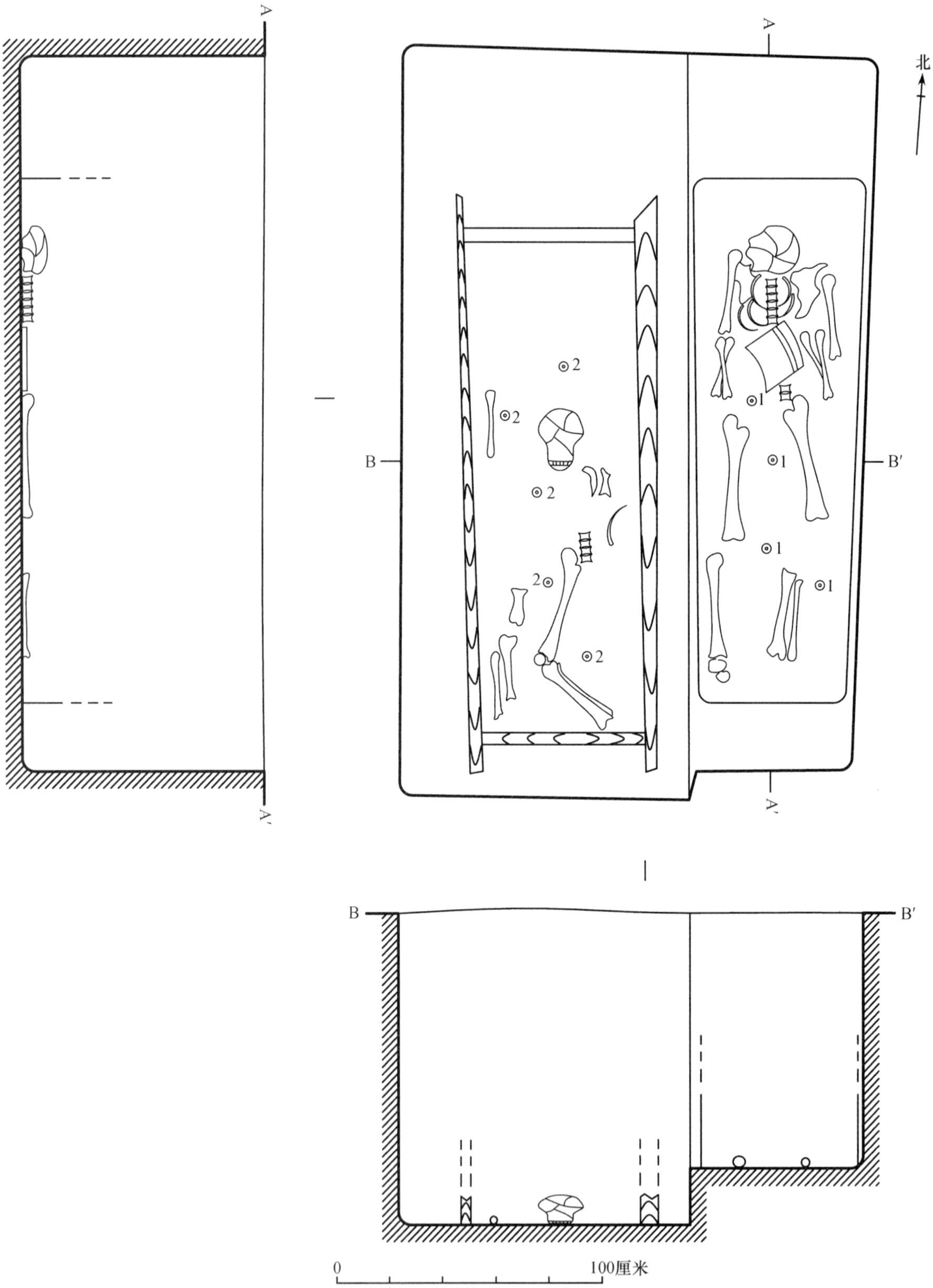

图一七五　M20平、剖面图
1、2. 铜钱

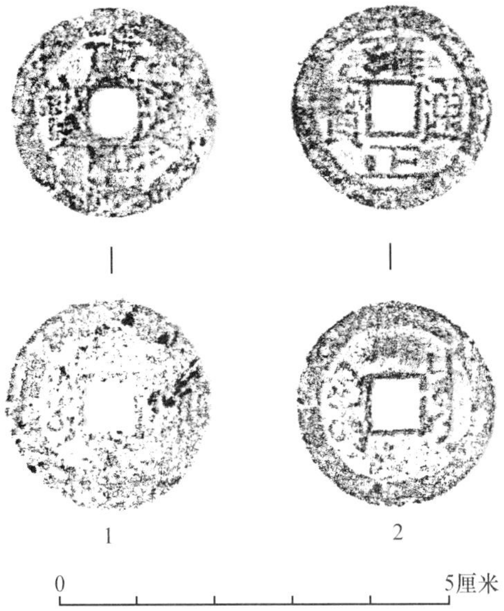

图一七六　M20出土铜钱

1. 康熙通宝（M20：2-1）　2. 雍正通宝（M20：1-1）

东棺略呈梯形，北宽南窄，棺木腐朽严重，仅存棺木朽痕，长1.9米，宽0.5～0.6米。棺内葬人骨1具，骨架较凌乱，头向北，面向不清，葬式、性别不详。

西棺略呈梯形，北宽南窄，棺木腐朽严重，长1.8米，宽0.6～0.66米。棺内葬人骨1具，头向北，面向西，仰身直肢葬，墓主颅骨较大，骨壁厚重，相对东棺较粗壮，初步推断为男性。

墓内随葬半釉陶罐1件、铜钱5枚。半釉陶罐（M23：2）位于西棺头外中部，铜钱（M23：1）位于东棺骨架肋骨处及肋骨南北部。

（二）随葬品

半釉陶罐　1件。标本M23：2，黄褐色胎，胎质粗疏，器口及外腹壁施半青绿色釉，器体略变形，器内仅口部施一层较薄的青绿色釉，腹部内有滴釉现象，内底部有乳突，内部有修坯旋痕。残损，敞口，方圆唇，束颈，溜肩，筒形腹，上腹略鼓，平底。口径11、最大腹径11.1、底径8.2、高11、厚0.6～0.9厘米（图一七八；图版七一，6）。

铜钱　5枚。

乾隆通宝　5枚。标本M23：1-1，锈残，圆形，方穿，正、背面有圆郭，正面铸“乾隆通宝”四字，楷书，对读，背面穿左右铸满文“宝泉”二字，纪局名。钱径2.25、穿宽0.6、郭宽0.3厘米，重2.42克（图一七九）。

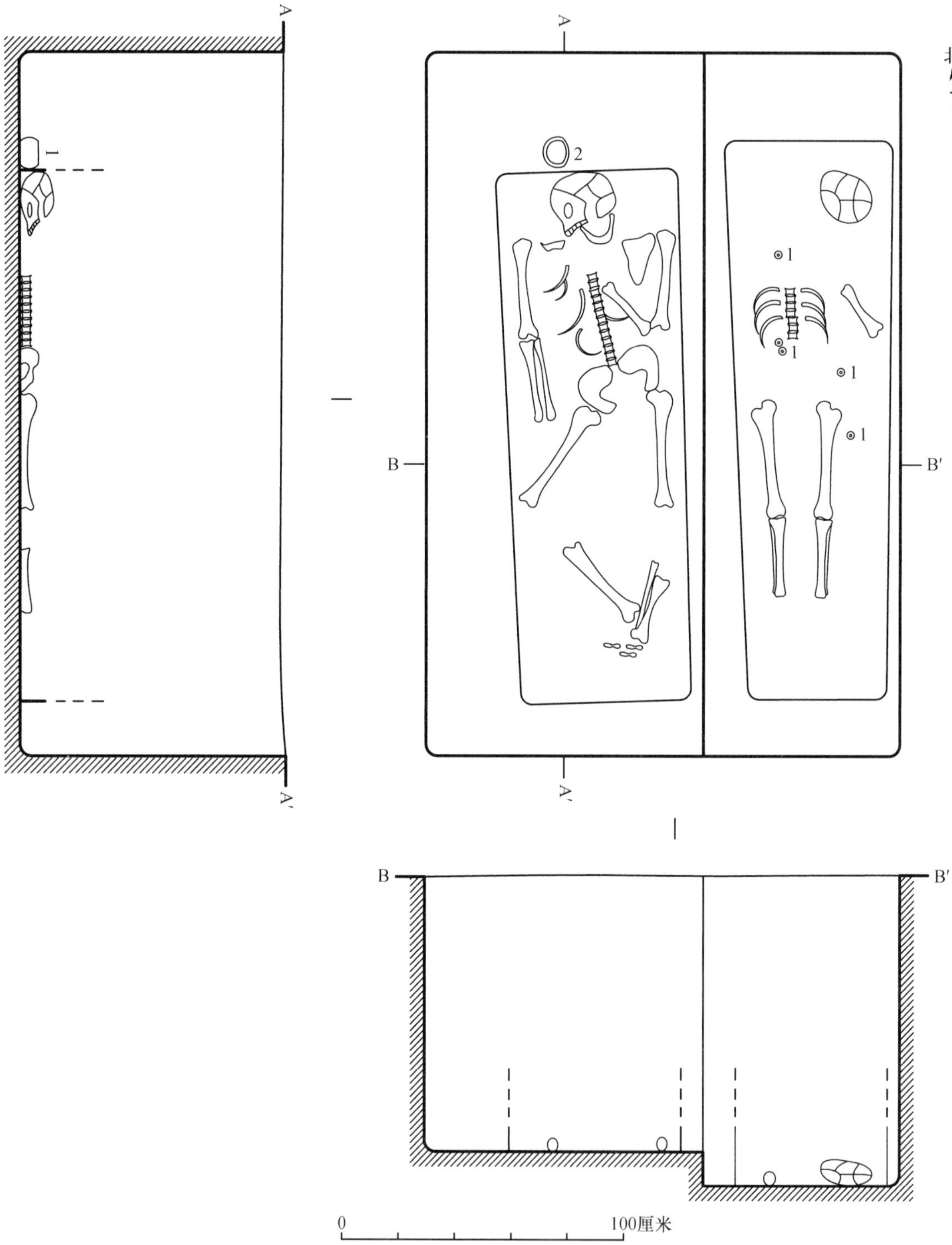

图一七七　M23平、剖面图

1. 铜钱　2. 半釉陶罐

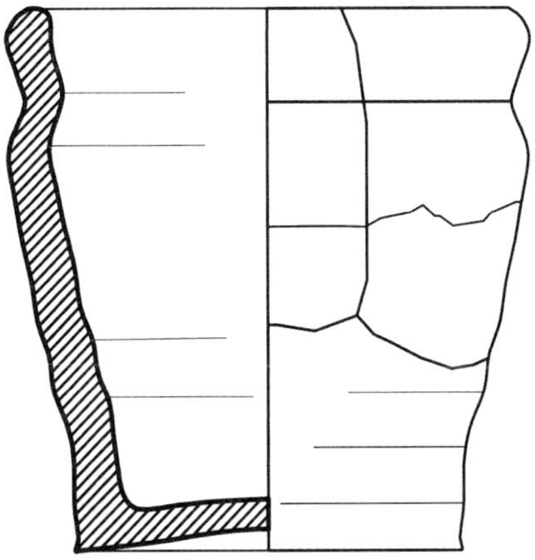

图一七八　M23出土半釉陶罐
（M23：2）

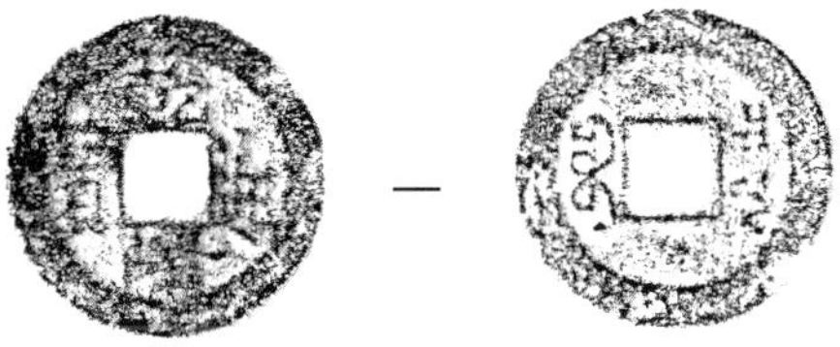

图一七九　M23出土乾隆通宝钱
（M23：1-1）

十三、M24

（一）墓葬形制

M24位于Ⅱ区T1715中北部，北邻M23。开口于第2层下。梯形竖穴土圹双棺墓，北宽南窄，南北向，方向4°。墓圹南北长2.4米，东西宽1.6～1.8米，墓口距地表深0.4米，墓口距墓底深1.1～1.18米，内填胶质花土，土质较硬。墓底内置双棺，并列于墓中东部，间距约0.06米（图一八〇；图版三五，2）。

东棺略呈梯形，北宽南窄，棺木保存较好，长2.02米，宽0.6～0.64米；侧板残高0.06米，残厚0.08～0.1米；前挡板残高0.12米，厚0.02米；后挡板残高0.06米，厚0.04米。棺内葬人骨1具，因盗扰严重，棺内仅存少量碎骨，头向、面向、葬式、性别不详。

西棺略呈梯形，北宽南窄，棺木腐朽严重，长2米，宽0.52～0.66米，残高0.14米。棺内葬人骨1具，因盗扰严重，仅存少量碎骨和下肢骨，头向、面向、葬式、性别不详。

墓内随葬银簪3件、铜钱17枚。铜钱在两棺均有，西棺15枚（M24：1），东棺2枚（M24：2），无规律散布于棺底；银簪（M24：3～M24：5）均出土于东棺，位于棺内中西部，东西排列。

另在墓口南部平倒放一块青石碑，通高1.1、宽0.27～0.3、厚0.14～0.16米，墓碑正面打磨较平整，上刻有墓主人的生辰、死亡时间和立碑人。碑头竖向阴刻楷书“流芳”二字。其下楷书阴刻四列，由右至左分别为：第一列“康熙庚午年十二月二十六日辰时生”，第二列“清故董姓讳天印之墓”，第三列“乾隆甲申年十二月初五日戌时终”，第四列“妻王氏立”（图一八一，5；图版三五，3）。

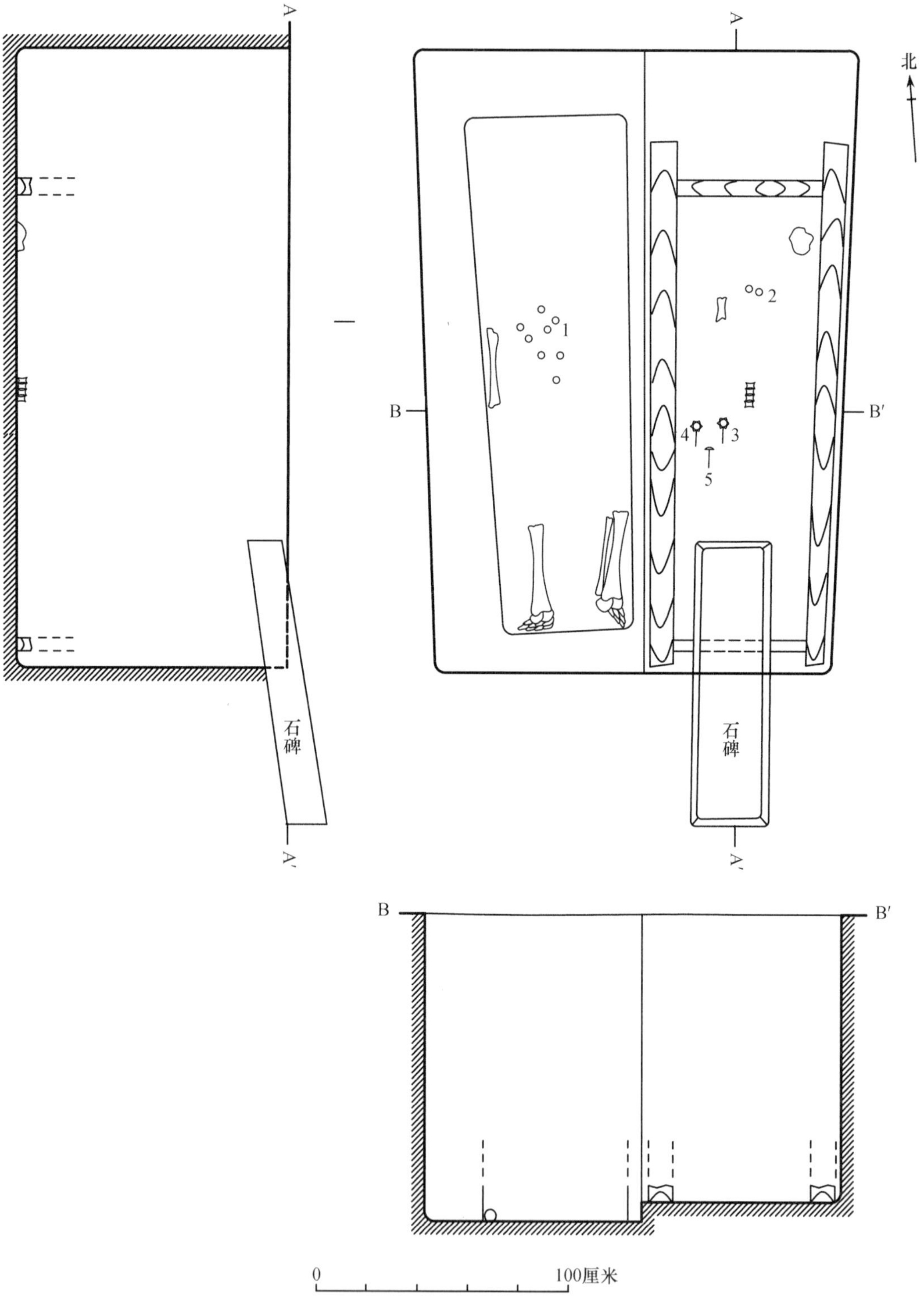

图一八〇　M24平、剖面图

1、2. 铜钱　3～5. 银簪

（二）随葬品

银簪　3件。标本M24：3，锈残，簪首为圆形花瓣状，可分两层：第一层用银丝在圆环内锤鍱成“寿”字，篆体；第二层为莲花形托。簪体呈圆锥形，尾尖。簪首直径2.4、通长8.5厘米（图一八一，1；图版七二，6）。标本M24：4，锈残，簪首为圆形，簪体呈圆锥形，弯曲。残长7.7厘米（图一八一，2；图版七二，4）。标本M24：5，锈残，簪首为圆形花瓣状，可分两层：第一层用银丝在圆环内锤鍱成“福”字，篆体；第二层为莲花形托。簪体呈圆锥形，尾尖。簪首直径2.4、通长7.6厘米（图一八一，3；图版七二，5）。

铜钱　17枚。

乾隆通宝　17枚。标本M24：1-1，锈残，圆形，方穿，正、背面有圆郭，正面铸“乾隆通宝”四字，楷书，对读，背面穿左右铸满文“宝泉”二字，纪局名。钱径2.65、穿宽0.65、郭宽0.4厘米，重3.96克（图一八一，4）。

十四、M26

（一）墓葬形制

M26位于Ⅱ区T0903西部，北邻M15，南邻M12。开口于第2层下。梯形竖穴土圹双棺墓，北宽南窄，方向0°。墓圹南北长2.3～2.48米，东西宽1.75～1.88米，墓口距地表深0.4米，墓口距墓底深1.1～1.2米，内填花土，土质松软。墓底内置双棺，并列于墓西部，间距0.1～0.13米（图一八二；图版三六，1）。

东棺呈梯形，北宽南窄，棺木已炭化成黑灰，长1.62米，宽0.42～0.58米，残高0.3米。棺内葬人骨1具，骨架保存一般，头向北，面向东，仰身直肢葬，墓主颅骨较小，骨壁较薄，乳突较小，盆骨入口近椭圆形，初步推断为女性。骨架头部枕于瓦上，瓦已残成两块，瓦规格为长0.3、宽0.14、厚0.01米。

西棺略呈梯形，北宽南窄，棺木已炭化成黑灰，长1.66米，宽0.43～0.54米，残高0.2米。棺内葬人骨1具，头向北，头骨已破，面向不详，仰身直肢葬，骨架双臂向内弯曲放于腹部，骨架较粗大，推断为男性。

墓内随葬瓷瓶、酱釉瓷罐各1件，铜钱3枚。瓷瓶（M26：2）、酱釉瓷罐（M26：3）位于西棺北部，铜钱（M26：1）位于东棺骨架左臂骨中部。

（二）随葬品

瓷瓶　1件。标本M26：2，灰褐色胎，胎质较硬，胎体粗糙，略变形，器体修坯凸棱较明显。残，器形较小，子母口，束颈，长圆腹，小平底。素面。口径6.2、最大腹径12.6、底径5、高

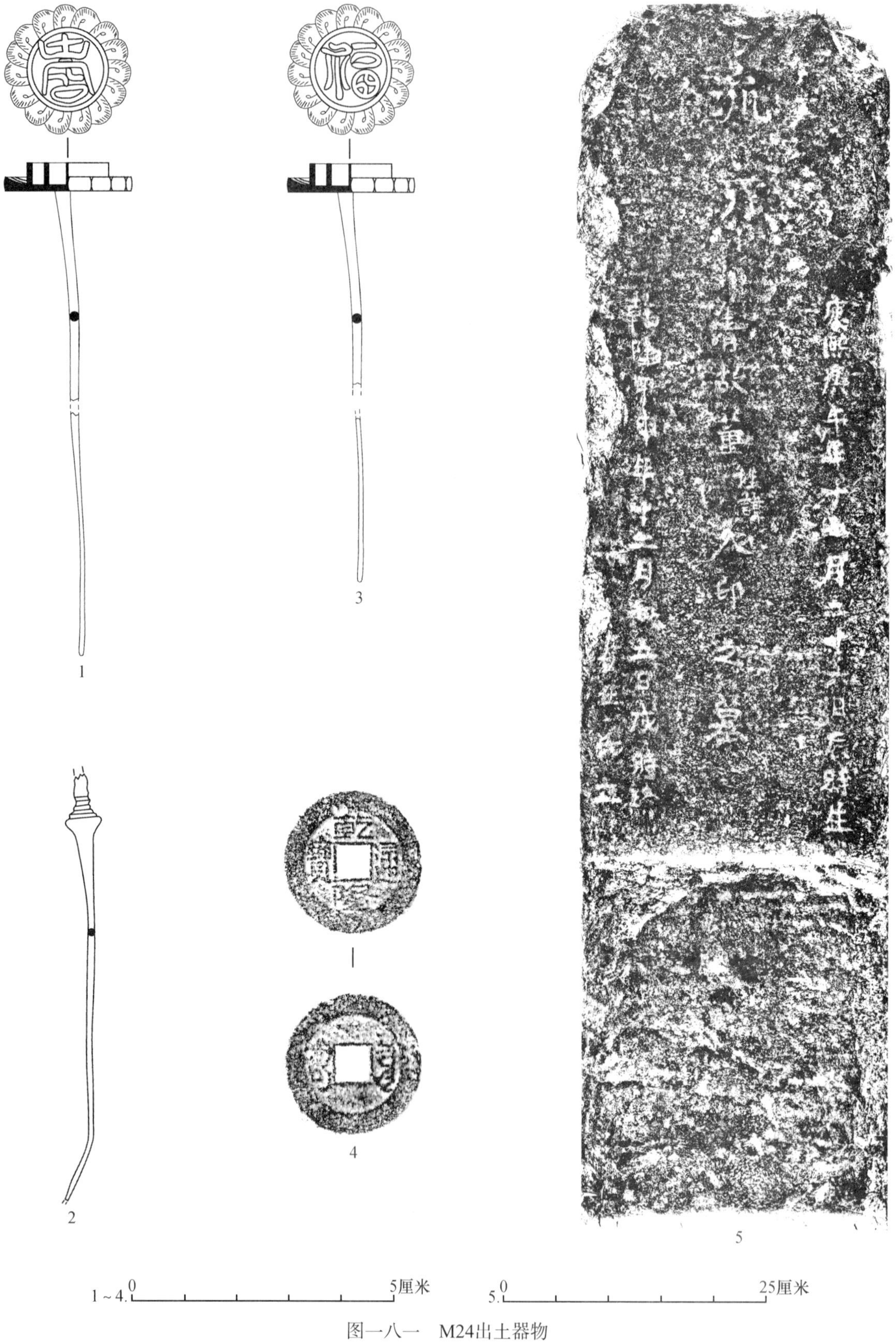

图一八一　M24出土器物

1～3. 银簪（M24：3、M24：4、M24：5）　4. 乾隆通宝（M24：1-1）　5. 墓碑拓片

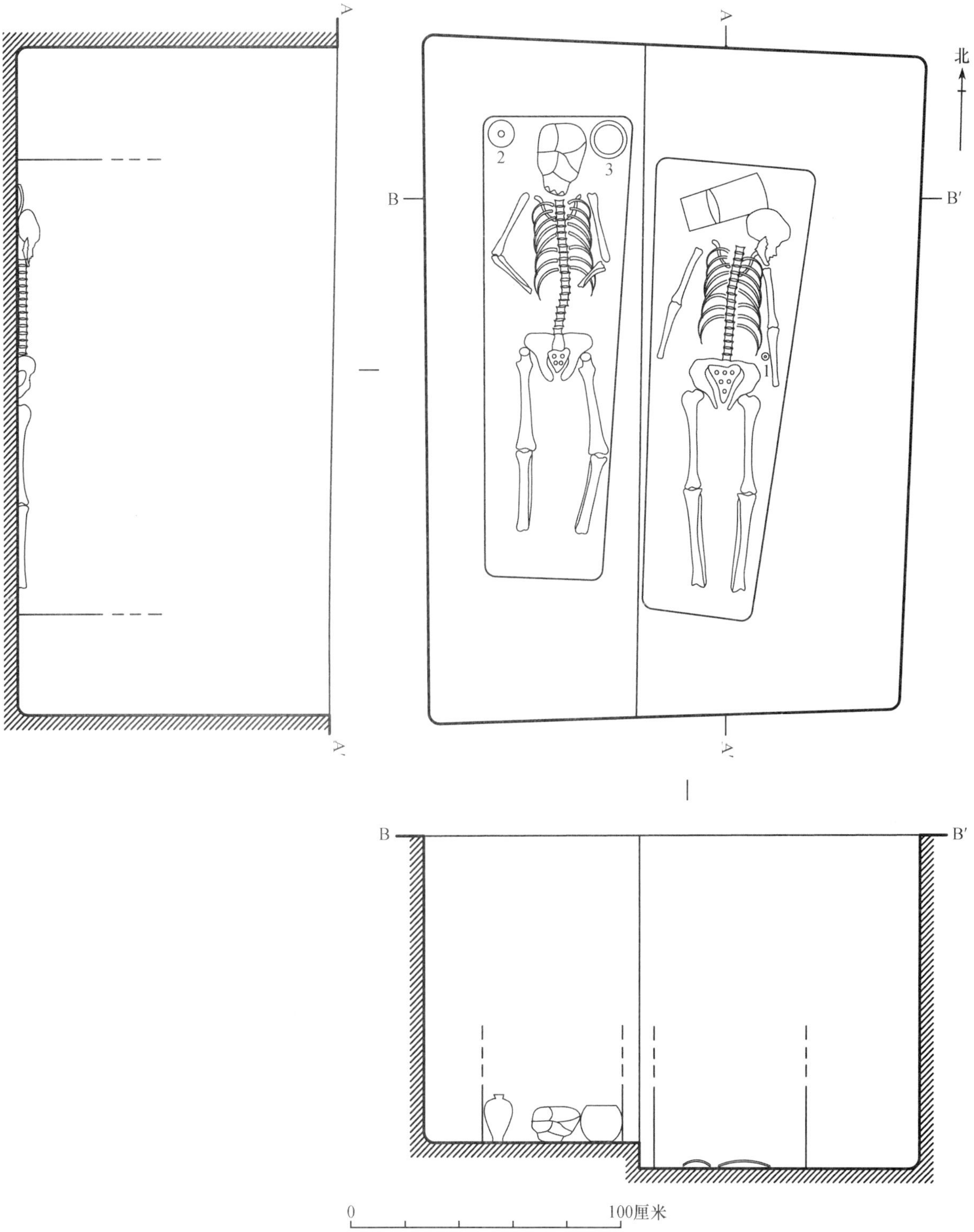

图一八二　M26平、剖面图
1. 铜钱　2. 瓷瓶　3. 瓷罐

19.7、厚0.5～1.4厘米（图一八三，1；图版七一，5）。

酱釉瓷罐　1件。标本M26：3，黄褐色粗胎，胎质疏松，器内外施半酱色釉，器口刮釉露胎。口残，直口，尖圆唇，短颈，折肩，弧腹，下腹弧收，胫外撇，平底，圈足，足底较平，露胎。口径12.6、最大腹径15、足径8、高15.4、厚0.5～1.2厘米（图一八三，2；图版七三，5）。

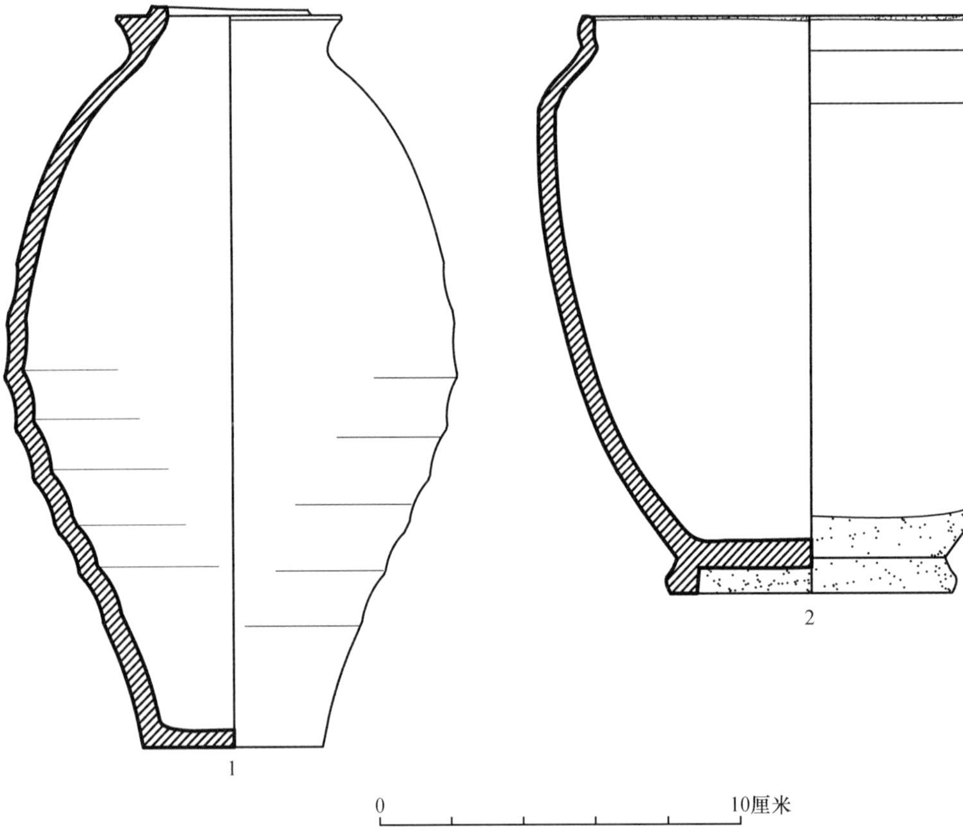

图一八三　M26出土瓷器

1. 瓷瓶（M26：2）　2. 酱釉瓷罐（M26：3）

铜钱　3枚。

万历通宝　2枚。标本M26：1-1，锈残，圆形，方穿，正、背面有圆郭，正面铸“万历通宝”四字，楷书，对读，背面无纹。钱径2.5、穿宽0.5、郭宽0.3厘米，重3.35克（图一八四，1）。

康熙通宝　1枚。标本M26：1-2，锈残，圆形，方穿，正、背面有圆郭，正面铸“康熙通宝”四字，楷书，对读，背面穿左右铸满文“宝泉”二字，纪局名。钱径2.8、穿宽0.6、郭宽0.4厘米，重3.21克（图一八四，2）。

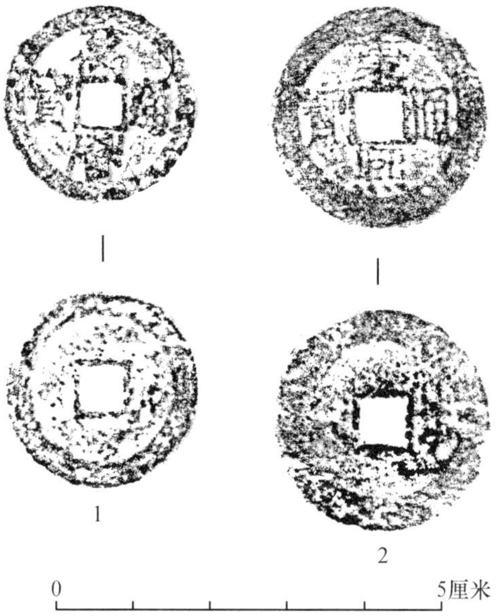

图一八四　M26出土铜钱

1. 万历通宝（M26：1-1）　2. 康熙通宝（M26：1-2）

十五、M27

（一）墓葬形制

M27位于Ⅲ区T0806西北部。开口于第2层下。近长方形竖穴土圹双棺墓，南北向，方向23°。墓圹南北长2.5米，东西宽1.96～2米，墓口距地表深0.35米，墓口距墓底深1～1.1米，内填胶质花土，土质湿黏。墓底内置双棺，并列于墓中东部，间距0.16～0.24米（图一八五；图版三六，2）。

东棺略呈梯形，北宽南窄，棺木半朽，长1.9米，宽0.5～0.6米，残高0.2米；侧板长2.04米，残高0.2米，残厚0.03米；后挡板残高0.12米，厚0.02米。棺板用木均略经细加工，较平整、光滑。棺内葬人骨1具，因盗扰严重，仅存部分人骨残骸，头向、面向、葬式、性别不详。

西棺略呈梯形，北宽南窄，棺木半朽，南北长1.84米，宽0.54～0.7米；侧板长1.92米，残高0.2米，残厚0.04～0.08米。棺内葬人骨1具，头向北，面向上，仰身直肢葬，墓主颅骨较大，骨壁厚重，相对东棺较粗壮，初步推断为男性。

墓内随葬铜钱2枚（M27：1），位于西棺中南部。

（二）随葬品

铜钱　2枚。

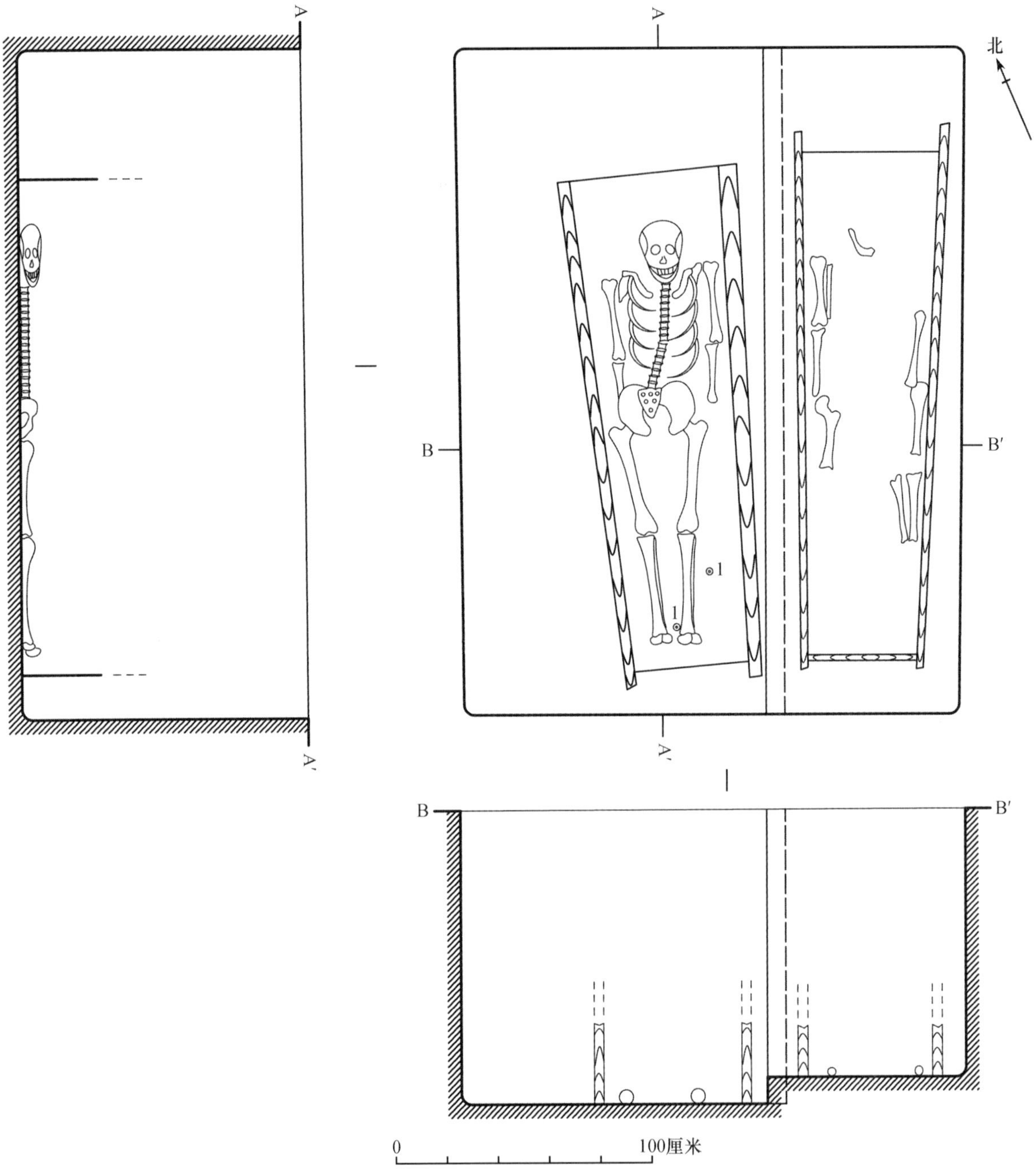

图一八五　M27平、剖面图
1.铜钱

光绪重宝　2枚。标本M27：1-1，锈残，圆形，方穿，正、背面有圆郭，正面铸“光绪重宝”四字，楷书，对读，背面穿左右铸满文“宝源”及汉文“当拾”。钱径2.7、穿宽0.7、郭宽0.4厘米，重4.42克（图一八六）。

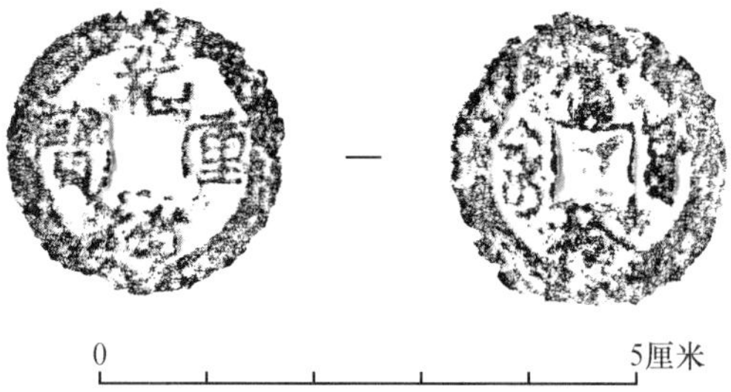

图一八六 M27出土光绪重宝钱
（M27：1-1）

十六、M28

（一）墓葬形制

M28位于Ⅲ区T0605西北部，南邻M29。开口于第2层下。梯形竖穴土圹双棺墓，北宽南窄，南北向，方向343°。墓圹南北长2.8米，东西宽1.8～2米，墓口距地表深0.35米，墓口距墓底深0.84～1.2米，内填胶质花土，土质湿黏。墓底内置双棺，并列于墓中部，间距0.12米（图一八七；图版三七，1）。

东棺呈长方形，棺木半朽，长1.8米，宽0.64米；侧板残高0.2米，残厚约0.06米。棺板用木粗糙，未经细加工，表面可见枝节。棺内葬人骨1具，头向北，面向不清，仰身直肢葬，骨架较粗大，推断为男性。墓主头枕青砖一块，规格为长0.26、宽0.13、厚0.05米。

西棺呈长方形，棺木半朽，长1.86米，宽0.56米；侧板长约1.3米，残高0.12米，厚0.03米，用木粗糙，未经加工。棺内葬人骨1具，因盗扰，仅见部分下肢骨，头向、面向、葬式、性别不详。

墓内随葬银簪1件、铜钱4枚。银簪（M28：3）位于西棺骨架右下肢骨北部，铜钱3枚（M28：1）位于东棺骨架股骨间，1枚（M28：2）位于西棺骨架左股骨处。

（二）随葬品

银簪 1件。标本M28：3，锈残，禅杖形，簪体与簪首为分别做成，簪首顶部呈葫芦状，四周连环脱落无几；簪体呈圆锥形，尾尖细。通长15.3厘米（图一八八，1；图版七三，2）。

铜钱 4枚。

光绪通宝 4枚。标本M28：2-1，锈残，圆形，方穿，正、背面有圆郭，正面铸“光绪通宝”四字，楷书，对读，背面穿左右铸满文“宝泉”二字，纪局名。钱径1.9、穿宽0.6、郭宽0.2厘米，重1.93克（图一八八，2）。

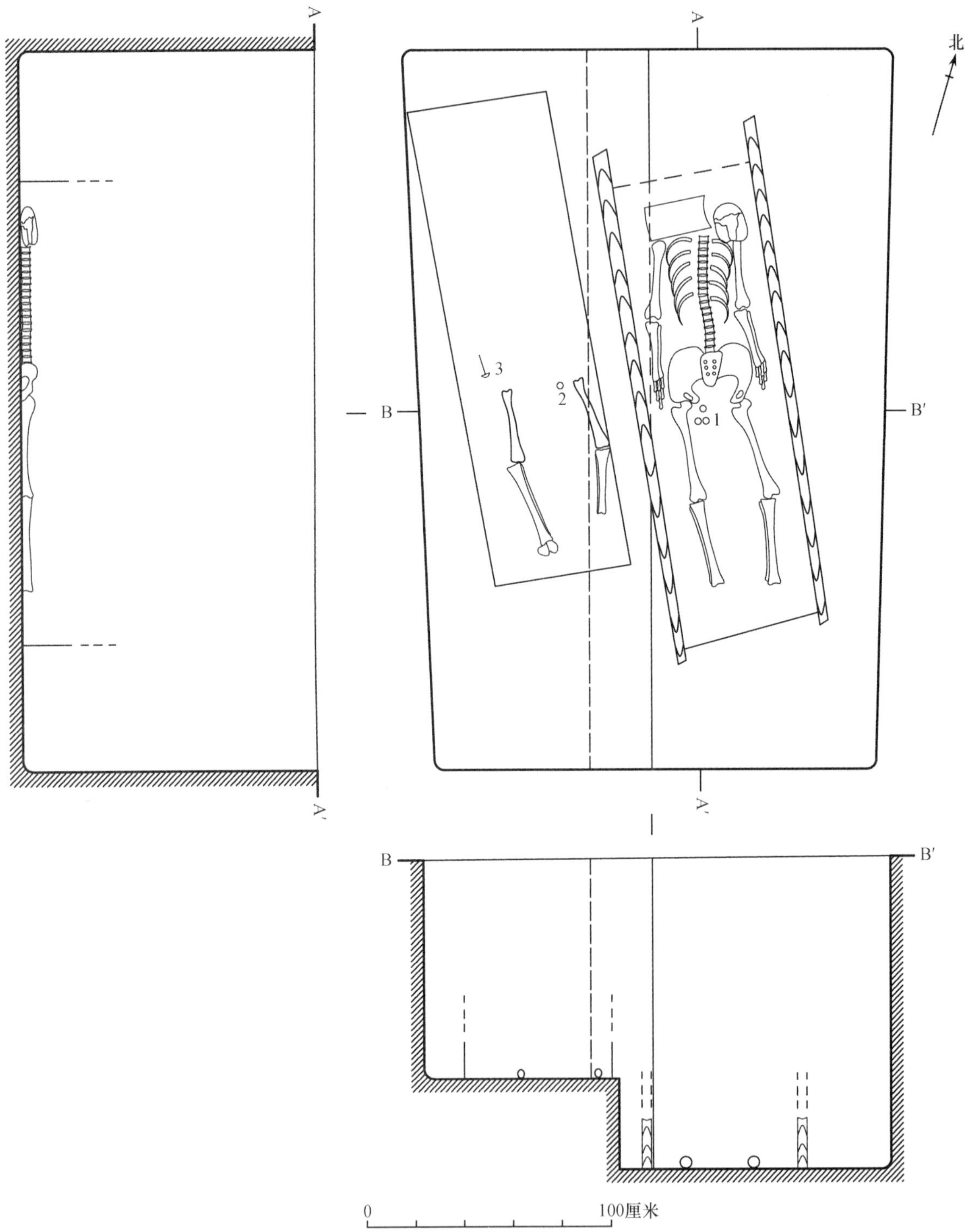

图一八七　M28平、剖面图
1、2. 铜钱　3. 银簪

十七、M29

（一）墓葬形制

M29位于Ⅲ区T0605西南部，北邻M28。开口于第2层下。长方形竖穴土圹双棺墓，南北向，方向346°。墓圹南北长2.4米，东西宽1.6米，墓口距地表深0.35米，墓口距墓底深1～1.1米，内填胶质花土，土质湿黏。墓底内置双棺，并列于墓中部，间距0.16～0.25米（图一八九；图版三七，2）。

东棺略呈梯形，北宽南窄，棺木腐朽无存，仅留朽痕，长1.66米，宽0.38～0.42米。棺内葬人骨1具，头向北，面向不清，仰身直肢葬，墓主颅骨较大，骨壁厚重，较粗壮，盆骨呈心形，初步推断为男性。

西棺略呈梯形，北宽南窄，棺木已朽，长1.76米，宽0.42～0.52米。棺内葬人骨1具，因盗扰，仅见部分残骨，头向、面向、葬式、性别不详。

墓内随葬铜钱1枚（M29∶1），位于东棺骨架盆骨处。

（二）随葬品

铜钱　1枚。

乾隆通宝　1枚。标本M29∶1，锈残，圆形，方穿，正、背面有圆郭，正面铸“乾隆通宝”四字，楷书，对读，背面穿左右铸满文“宝泉”二字，纪局名。钱径2.3、穿宽0.6、郭宽0.4厘米，重2.79克（图一九〇）。

十八、M30

（一）墓葬形制

M30位于Ⅲ区T0401东南部，西邻M31。开口于第2层下。梯形竖穴土圹双棺墓，西北—东南向，方向315°。墓圹南北长2.2～2.4米，东西宽2.5～2.6米，墓

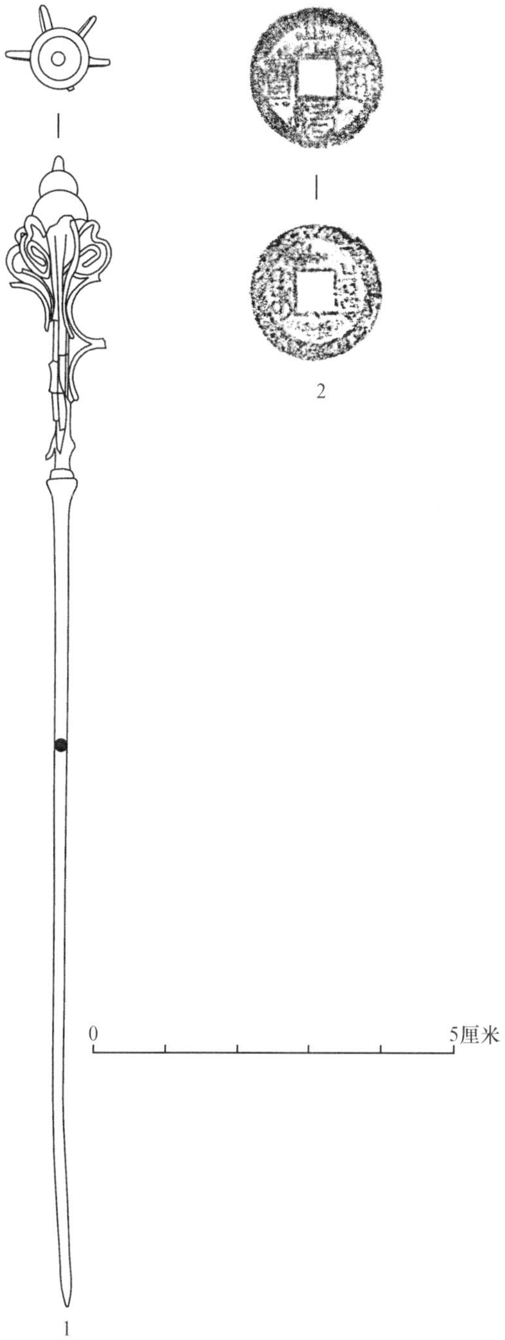

图一八八　M28出土器物
1. 银簪（M28∶3）　2. 光绪通宝（M28∶2-1）

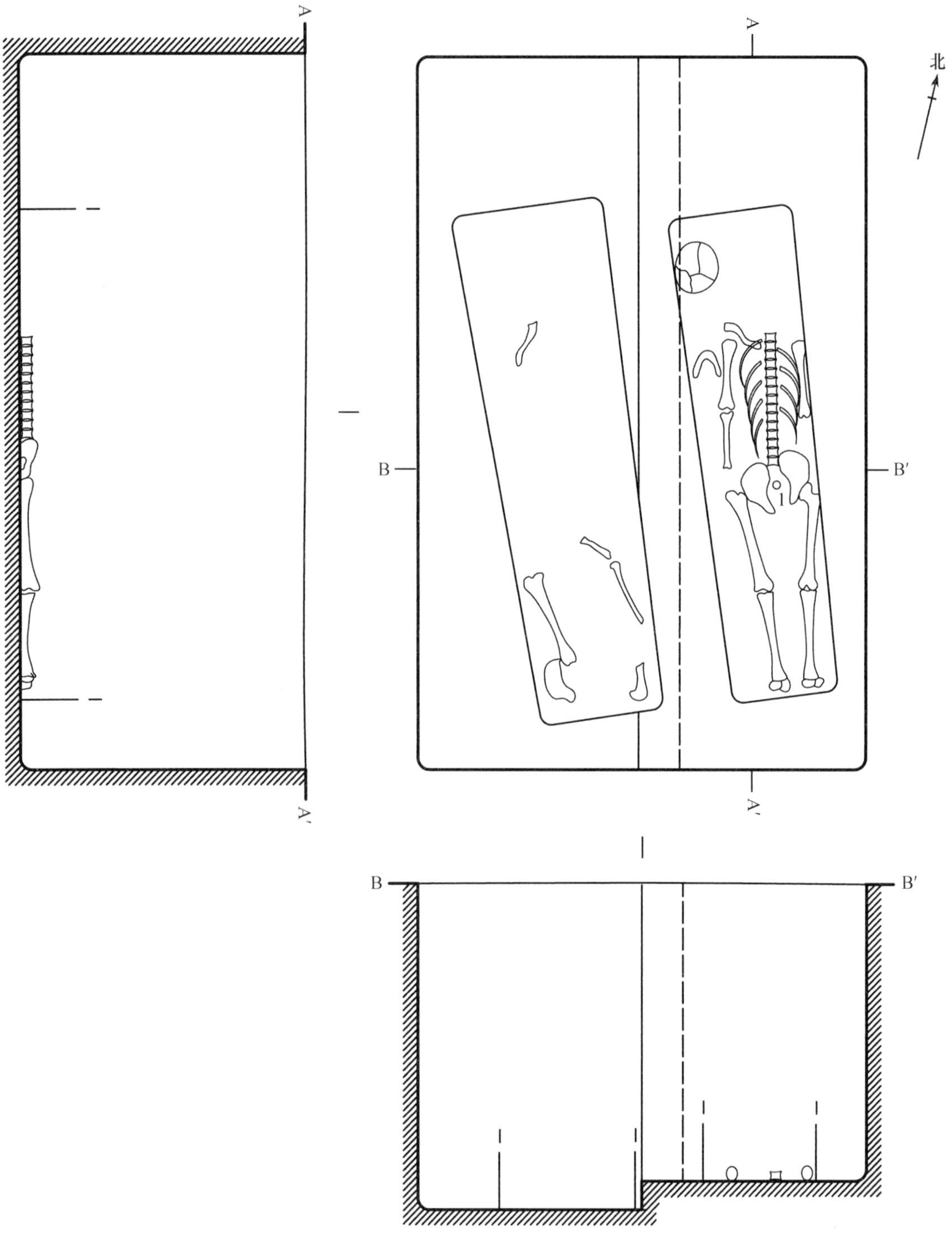

图一八九　M29平、剖面图
1. 铜钱

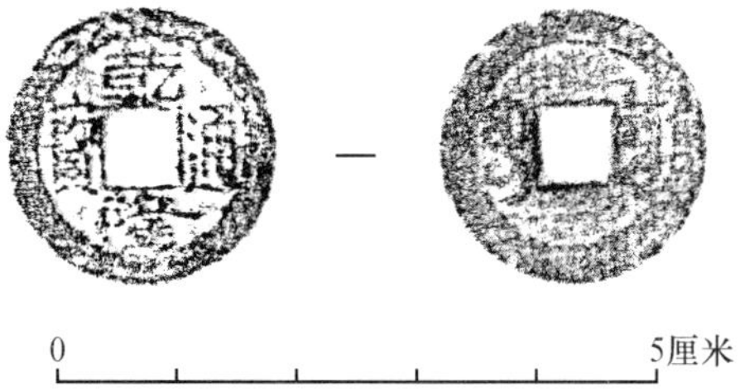

图一九〇　M29出土乾隆通宝钱
（M29：1）

口距地表深0.35米，墓口距墓底深1.02～1.1米，内填胶质花土，土质湿黏。墓底内置双棺，并列于墓两侧，间距0.8～1.06米（图一九一；图版三八，1）。

东棺略呈梯形，棺木已朽，长1.84米，宽0.52～0.58米。棺内葬人骨1具，骨架保存差，头向西北，面向上，葬式、性别不详。

西棺略呈梯形，棺木腐朽无存，仅留朽痕，长1.84米，宽0.56～0.6米，残高0.1米。棺内葬人骨1具，保存差，头向西北，面向、葬式、性别不详。

墓内随葬灰陶罐2件、鎏金银簪1件、鎏金银扁方1件、银耳环1件、铜钱3枚。鎏金银簪（M30：1）、鎏金银扁方（M30：2）位于东棺骨架头骨北部；银耳环（M30：3）位于东棺骨架左上肢北部；灰陶罐1件（M30：6）位于东棺头外北部，另1件（M30：5）位于西棺头外北部；铜钱（M30：4）位于西棺东部。

（二）随葬品

灰陶罐　2件。标本M30：5，泥质灰陶，胎质粗疏，器表有明显修坯旋痕。口残，敞口，方圆唇，束颈，溜肩，弧腹，下腹弧收，小平底。素面。口径11.4、最大腹径10.5、底径6.2、高10、厚0.7～0.9厘米（图一九二，1；图版七三，6）。标本M30：6，泥质灰陶，胎质较细密。残，敞口，尖圆唇，束颈，溜肩，弧腹，下腹弧收，小平底。素面。口径11.8、最大腹径12.6、底径7.8、高11.3、厚0.5～0.7厘米（图一九二，2；图版七三，7）。

银饰　3件。

鎏金银簪　1件。标本M30：1，锈残，簪体与簪首为分别做成后接上，簪首整体鎏金。簪首呈禅杖形，三组连环已脱落；簪体呈圆锥形，尾尖细。通长15.3厘米（图一九三，1；图版七三，3）。

鎏金银扁方　1件。标本M30：2，通体鎏金，脱落殆尽。锈残，首弯曲两周，体呈长方形，下端呈半圆形，首与尾均錾刻一蝙蝠，正面錾刻有寿字纹，背面有竖款“元□足纹”四字铭文。通长15、宽2.7～2.8、厚0.1厘米（图一九三，2；图版七三，1）。

银耳环　1件。标本M30：3，残断，如意环形，环首部为圆锥形，环体呈如意状半圆形，背面刻有铭文“□□足纹”四字。直径5.9厘米（图一九三，3；图版七四，1）。

铜钱　3枚。

洪武通宝　1枚。标本M30：4-1，锈残，圆形，方穿，正、背面有圆郭，正面铸“洪武通宝”

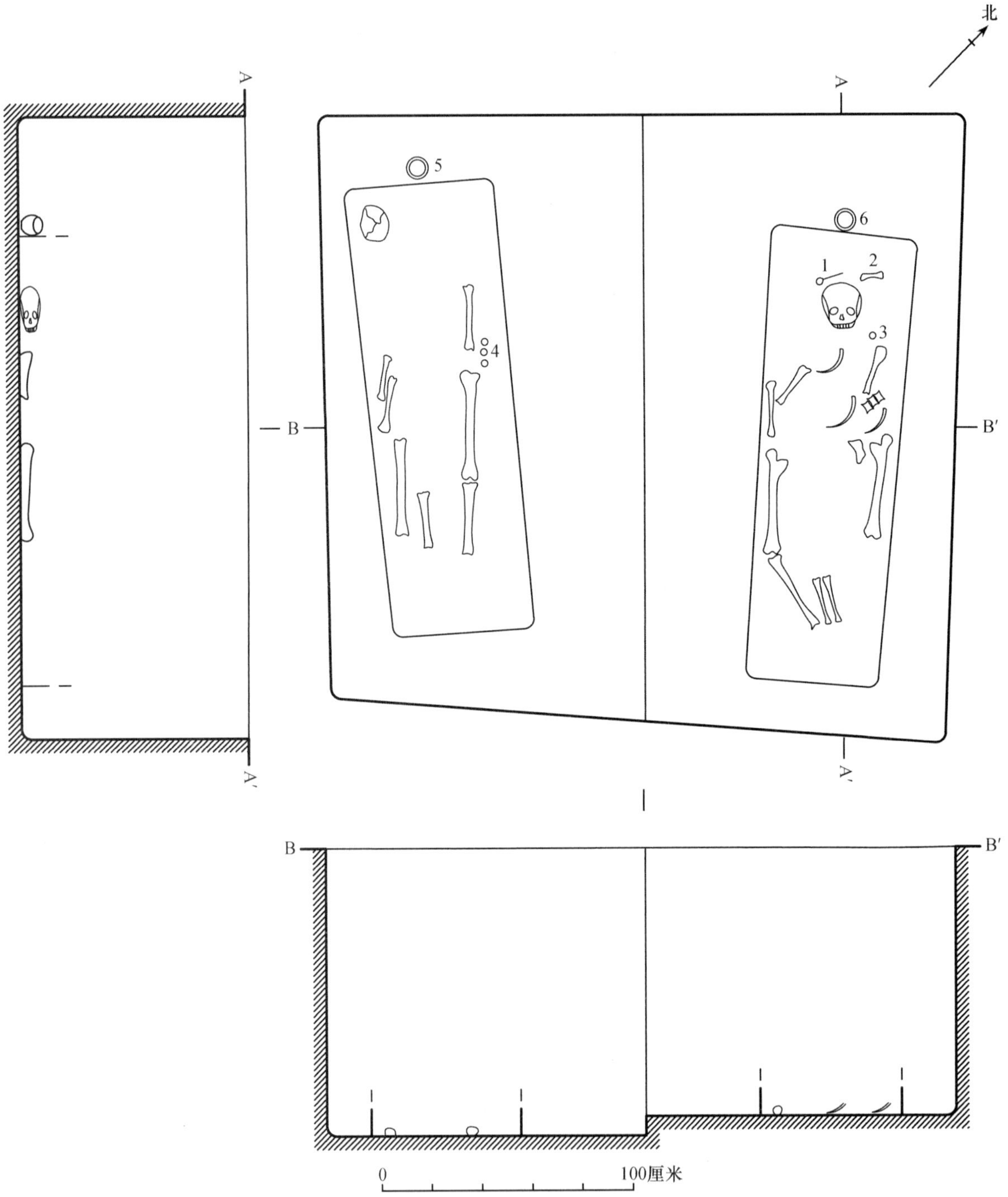

图一九一 M30平、剖面图

1. 鎏金银簪 2. 鎏金银扁方 3. 银耳环 4. 铜钱 5、6. 灰陶罐

四字，楷书，对读，背面无纹。钱径2.3、穿宽0.6、郭宽0.3厘米，重2.95克（图一九三，4）。

道光通宝 2枚。标本M30：4-2，锈残，圆形，方穿，正、背面有圆郭，正面铸“道光通宝”四字，楷书，对读，背面穿左右铸满文“宝泉”二字，纪局名。钱径2.6、穿宽0.65、郭宽0.4厘米，重4.43克（图一九三，5）。

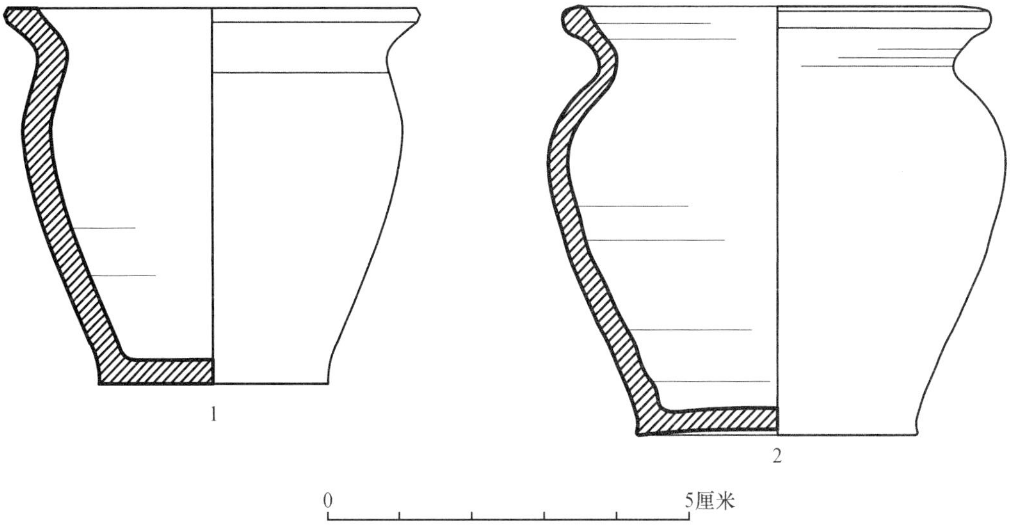

图一九二　M30出土灰陶罐
1. M30∶5　2. M30∶6

十九、M31

（一）墓葬形制

M31位于Ⅲ区T0401西南部，东邻M30。开口于第2层下。近梯形竖穴土圹双棺墓，北窄南宽，南北向，方向20°。墓圹长2.1～2.24米，宽1.64～1.84米，墓口距地表深0.35米，墓口距墓底深1～1.1米，内填胶质花土，土质湿黏。墓底内置双棺，并列于墓西部（图一九四；图版三八，2）。

东棺略呈梯形，北宽南窄，棺木已朽，长1.64米，宽0.4～0.58米，残高0.18米。棺内葬人骨1具，骨架保存差，头向、面向、葬式不详，为女性。

西棺略呈梯形，北宽南窄，棺木腐朽无存，仅留朽痕，长1.9米，宽0.52～0.58米，残高0.08米。棺内葬人骨1具，头向北，面向不清，仰身直肢葬，为男性。

墓内随葬银耳环1件、铜烟锅1件、铜钱2枚，均位于东棺。银耳环（M31∶2）位于东棺北部骨架上肢骨北侧，铜烟锅（M31∶1）位于东棺中部东侧，铜钱（M31∶3）位于东棺中部骨架右股骨处。

（二）随葬品

银耳环　1件。标本M31∶2，锈残，如意环形，环首部为圆锥形，环体呈如意状半圆形，背面刻有铭文“□□足纹”。直径6厘米（图一九五，1；图版七四，2）。

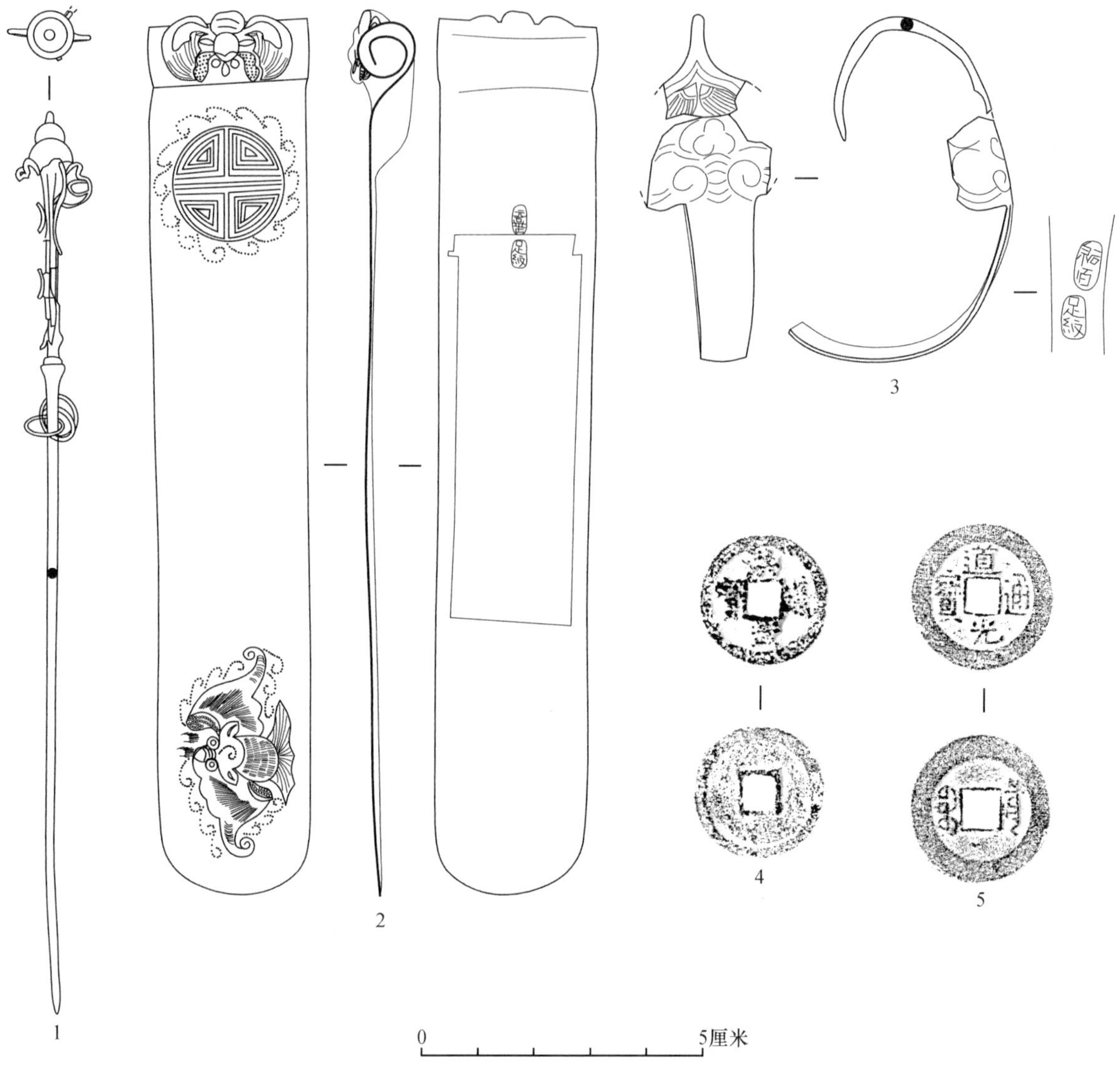

图一九三　M30出土器物

1. 鎏金银簪（M30：1）　2. 鎏金银扁方（M30：2）　3. 银耳环（M30：3）　4. 洪武通宝（M30：4-1）　5. 道光通宝（M30：4-2）

铜烟锅　1件。标本M31：1，锈残，圆形，颈部较细，一段铜质圆柱体烟杆与一段木质烟杆连接，木质烟杆大部锈蚀。烟锅直径1.6、残长7.3厘米（图一九五，2；图版七四，6）。

铜钱　2枚。

道光通宝　2枚。标本M31：3-1，锈残，圆形，方穿，正、背面有圆郭，正面铸“道光通宝”四字，楷书，对读，背面穿左右铸满文“宝泉”二字，纪局名。钱径2.1、穿宽0.6、郭宽0.3厘米，重3.68克（图一九五，3）。

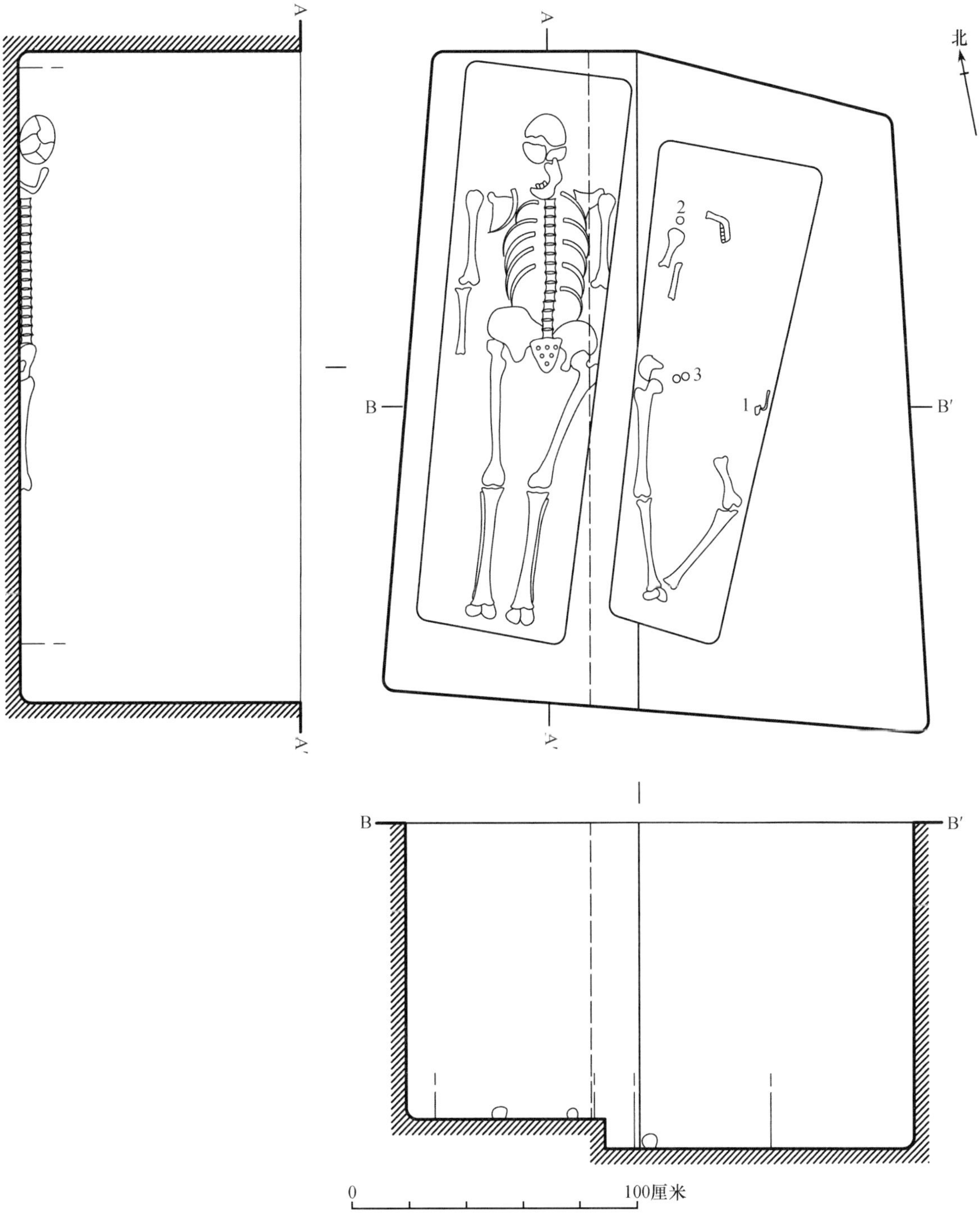

图一九四 M31平、剖面图
1. 铜烟锅 2. 银耳环 3. 铜钱

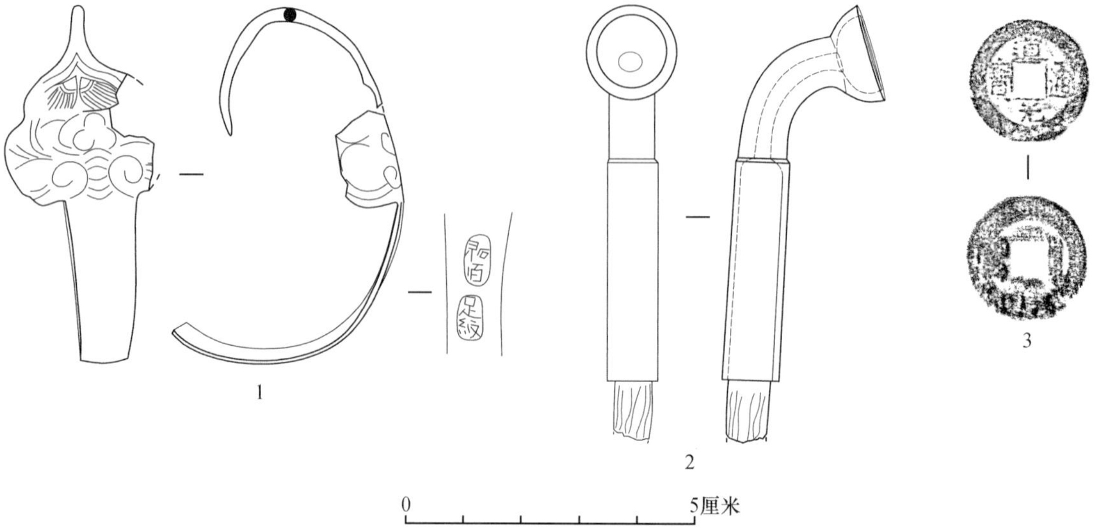

图一九五　M31出土器物
1. 银耳环（M31：2）　2. 铜烟锅（M31：1）　3. 道光通宝（M31：3-1）

二十、M59

（一）墓葬形制

M59位于Ⅰ区T1603西南部，南邻M58。开口于第2层下。长方形竖穴土圹双棺墓，南北向，方向352°。墓圹南北长2.24～2.28米，东西宽1.86米，墓口距地表深0.34米，墓口距墓底深1.16～1.28米，内填胶质花土，土质较硬。墓底内置双棺，并列于墓中部偏北，间距约0.4米（图一九六；图版三九，1）。

东棺呈梯形，北宽南窄，棺木已腐朽，且经严重盗扰，长1.72米，宽0.42～0.56米，残高0.32米。棺内葬人骨1具，仅存下肢骨，头向、面向、葬式、性别不详。

西棺略呈梯形，北宽南窄，棺木腐朽严重，且经严重盗扰，长1.6米，宽0.52～0.62米，残高0.2米。棺内葬人骨1具，仅存下肢骨，骨架凌乱，头向、面向、葬式、性别不详。

墓内随葬铜钱10枚（M59：1），无规律散布于西棺人骨间。

（二）随葬品

铜钱　10枚。

景祐元宝　1枚。标本M59：1-1，残缺，圆形，方穿，正、背面有圆郭，正面铸“景祐元宝”四字，楷书，旋读，背面无纹。钱径2.55、穿宽0.7、郭宽0.3厘米，重2.38克（图一九七，1）。

元丰通宝　1枚。标本M59：1-2，锈残，圆形，方穿，正、背面有圆郭，正面铸“元丰通宝”四字，行书，旋读，背面无纹。钱径2.4、穿宽0.8、郭宽0.3厘米，重3.18克（图一九七，2）。

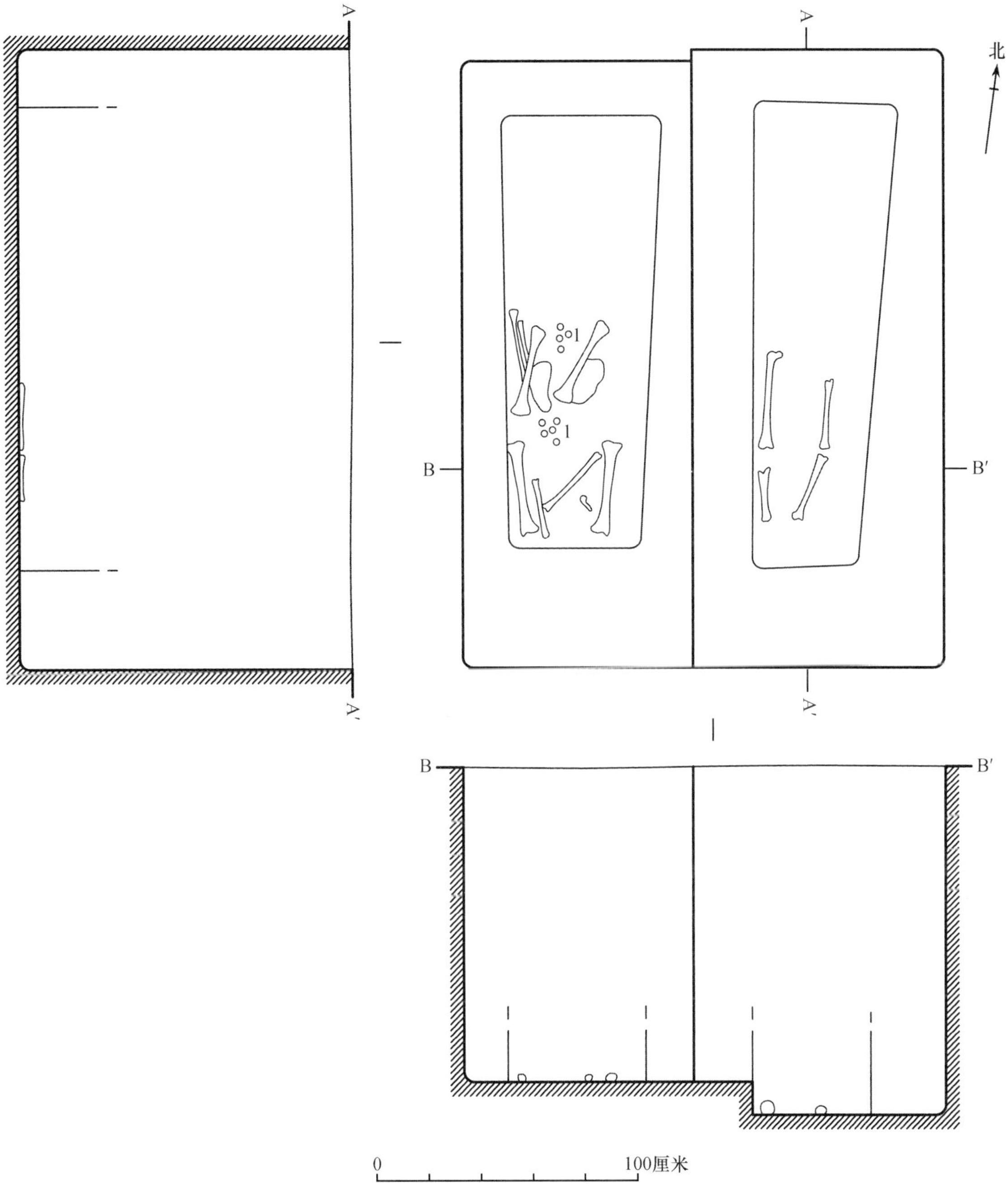

图一九六　M59平、剖面图
1. 铜钱

政和通宝　1枚。标本M59：1-3，残缺，圆形，方穿，正、背面有圆郭，正面铸“政和通宝”四字，隶书，对读，背面无纹，背郭不甚清晰。钱径2.5、穿宽0.6、郭宽0.2厘米，重2.62克（图一九七，3）。

洪武通宝　4枚。标本M59：1-4，锈残，圆形，方穿，正、背面有圆郭，正面铸“洪武通宝”

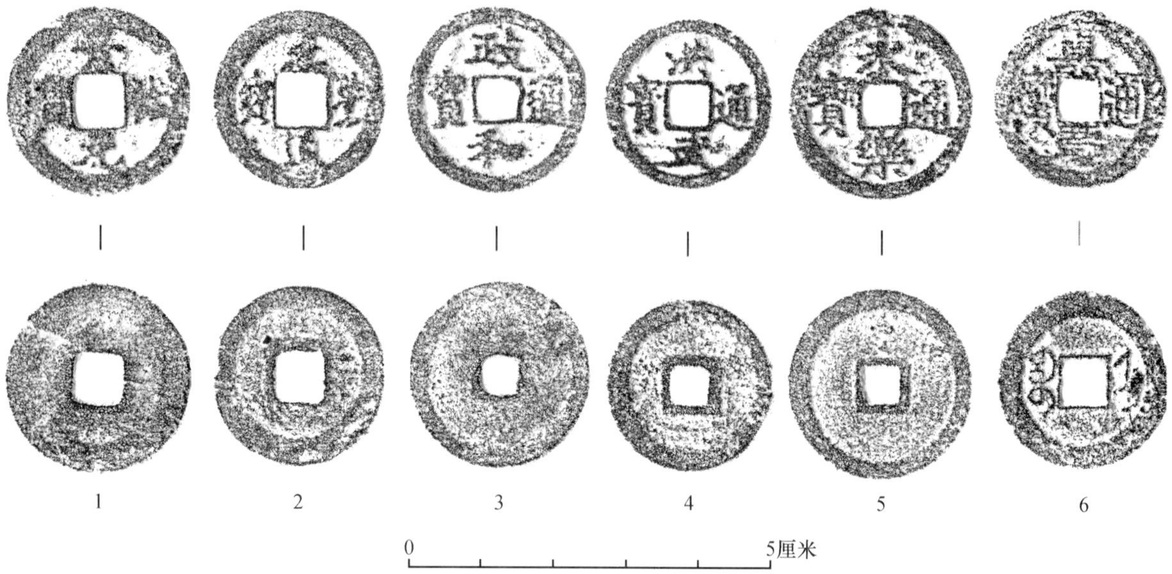

图一九七　M59出土铜钱

1. 景祐元宝（M59：1-1）　2. 元丰通宝（M59：1-2）　3. 政和通宝（M59：1-3）　4. 洪武通宝（M59：1-4）　5. 永乐通宝（M59：1-5）　6. 嘉庆通宝（M59：1-6）

四字，楷书，对读，背面无纹。钱径2.3、穿宽0.6、郭宽0.3厘米，重2.73克（图一九七，4）。

永乐通宝　1枚。标本M59：1-5，锈残，圆形，方穿，正、背面有圆郭，正面铸“永乐通宝”四字，楷书，对读，背面无纹。钱径2.5、穿宽0.65、郭宽0.25厘米，重2.69克（图一九七，5）。

嘉庆通宝　1枚。标本M59：1-6，锈残，圆形，方穿，正、背面有圆郭，正面铸“嘉庆通宝”四字，楷书，对读，背面穿左右铸满文“宝苏”二字，纪局名。钱径2.4、穿宽0.7、郭宽0.3厘米，重2.73克（图一九七，6）。

另1枚锈残不清。

二十一、M94

（一）墓葬形制

M94位于Ⅰ区T2308中北部，北邻M92。开口于第2层下。梯形竖穴土圹双棺墓，东北窄西南宽，东北—西南向，方向50°。墓圹长2.9米，宽2.24～2.36米，墓口距地表深0.7米，墓口距墓底深1.1～1.16米，内填胶质花土，土质较软。墓底内置双棺，并列于墓中东部，间距约0.12米（图一九八；图版三九，2）。

东棺略呈梯形，东北宽西南窄，棺木已朽，长2.1米，宽0.66～0.73米；残存的侧板长1.52米，残高0.1米，厚0.03～0.06米。棺内葬人骨1具，上半部骨架较凌乱，头向东北，面向不详，仰身直肢葬，为男性。

图一九八　M94平、剖面图

1. 鎏金银簪　2～4. 银簪　5. 铜钱

西棺略呈梯形，东北宽西南窄，棺木腐朽严重，长2.14米，宽0.64～0.74米，残高0.16米。棺内葬人骨1具，骨架大部分已腐朽，头向东北，面向东，葬式不详，为女性。

墓内随葬银簪3件、鎏金银簪1件、铜钱2枚。银簪（M94：2～M94：4）、鎏金银簪（M94：1）位于西棺骨架头骨顶部，铜钱（M94：5）位于东棺骨架腿骨间。

（二）随葬品

鎏金银簪　1件。标本M94：1，锈残，簪首呈镂空梅花瓣状，花瓣向四周展开，花瓣与花瓣间嵌接，中间镶嵌一圆形花蕊，背部底托为五角花叶，簪体残断，呈圆锥形，与簪首连接，尾较尖细。簪首直径2.7、通长9.4厘米（图一九九，1；图版七四，5）。

银簪　3件。标本M94：2，锈残，簪首呈圆形菊花状，中部用银丝在圆环内锤鍱篆体“寿”

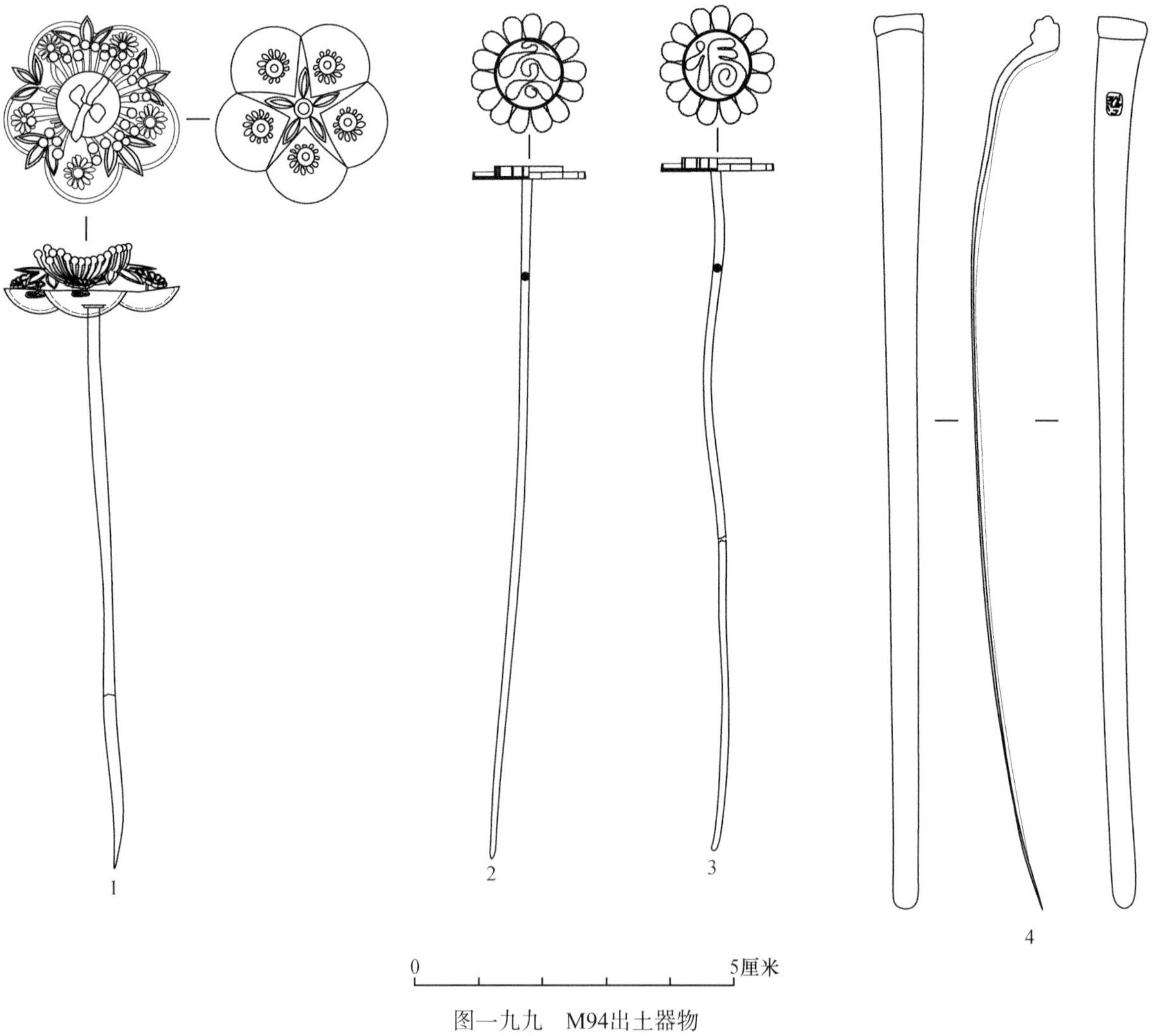

图一九九　M94出土器物

1. 鎏金银簪（M94：1）　2～4. 银簪（M94：2、M94：3、M94：4）

字，簪体呈圆锥形，尾尖。簪首直径1.8、通长10.4厘米（图一九九，2；图版七四，4）。标本M94：3，锈残，簪首呈圆形菊花状，中部用银丝在圆环内锤鍱篆体“福”字，簪体呈圆锥形，尾尖。簪首直径1.8、通长10.4厘米（图一九九，3；图版七四，3）。标本M94：4，锈残，簪体平面呈扁长方形，簪首弯曲呈四棱柱状，短颈较宽，簪首至簪尾逐渐变窄，簪体略弯曲，尾圆尖。通长13.5、宽0.4～0.8、厚0.1～0.4厘米（图一九九，4；图版七三，4）。

铜钱　2枚。

乾隆通宝　2枚。标本M94：5-1，锈残，圆形，方穿，正、背面有圆郭，正面铸“乾隆通宝”四字，楷书，对读，背面穿左右铸满文“宝泉”二字，纪局名。钱径2.3、穿宽0.6、郭宽0.35厘米，重3.11克（图二〇〇）。

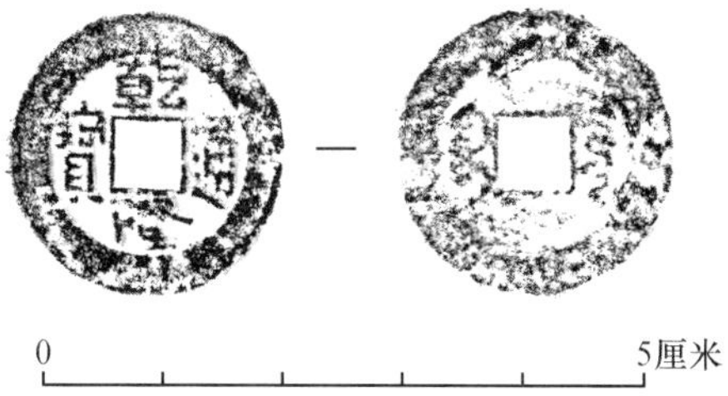

图二〇〇　M94出土乾隆通宝钱（M94：5-1）

二十二、M95

（一）墓葬形制

M95位于Ⅰ区T2110东北部，东北邻M96。开口于第2层下。梯形竖穴土圹双棺墓，西宽东窄，东西向，方向280°。墓圹东西长2.96～3.2米，南北宽2.2～2.4米，墓口距地表深0.7米，墓口距墓底深0.8米，内填胶质花土，土质湿黏。墓底内置双棺，并列于墓中央，间距约0.26米（图二〇一；图版四〇，1）。

南棺略呈梯形，西宽东窄，棺木腐朽严重，仅存棺木朽痕，长1.84米，宽0.56～0.7米，残高0.28米。棺内葬人骨1具，头向西，面向东，仰身直肢葬，墓主骨骼较小，骨壁较薄，推断为女性。

北棺略呈梯形，西宽东窄，棺木腐朽严重，仅残留朽痕，长1.86米，宽0.56～0.66米。棺内葬人骨1具，头向西，面向北，仰身直肢葬，墓主骨骼较粗壮，推断为男性。

墓内随葬铜钱4枚（M95：1），位于南棺骨架右股骨处。

（二）随葬品

铜钱　4枚。

康熙通宝　4枚。标本M95：1-1，锈残，圆形，方穿，正、背面有圆郭，正面铸“康熙通宝”四字，楷书，对读，背面穿左右铸满文“宝泉”二字，纪局名。钱径2.5、穿宽0.5、郭宽0.4厘米，重2.75克（图二〇二）。

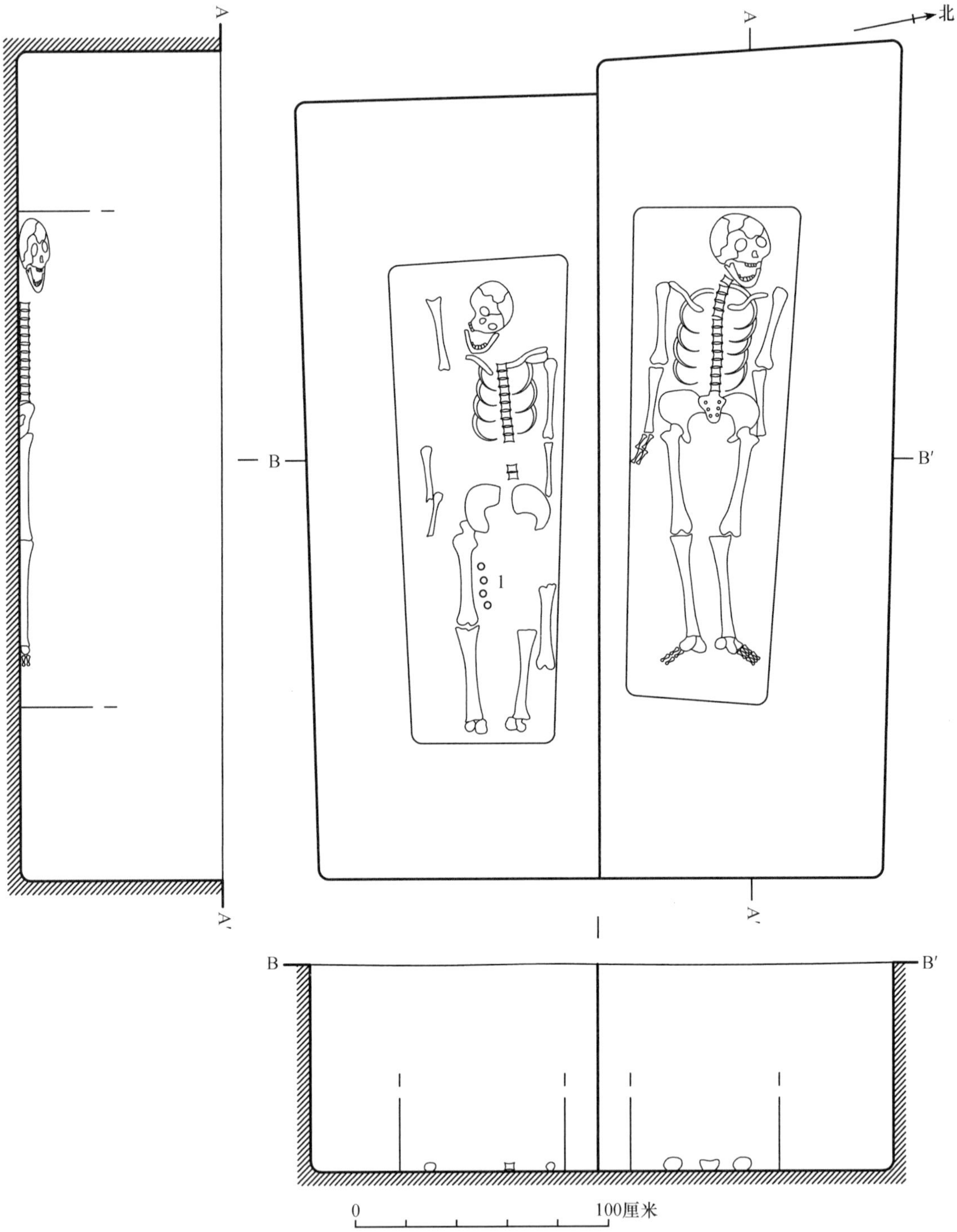

图二〇一　M95平、剖面图

1. 铜钱

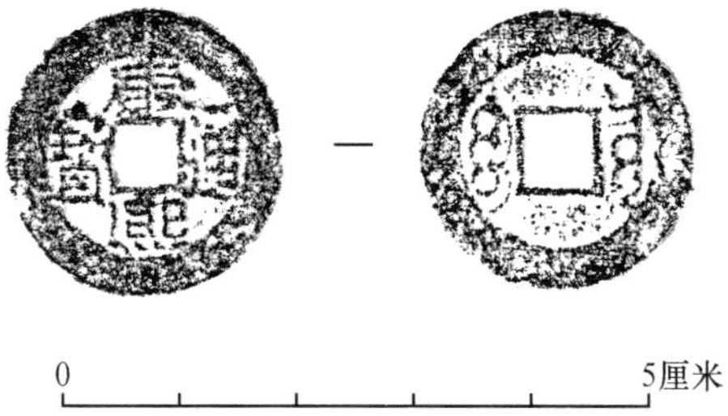

图二〇二 M95出土康熙通宝钱
（M95：1-1）

二十三、M96

（一）墓葬形制

M96位于Ⅰ区T2111东南部，西邻M97。开口于第2层下。梯形竖穴土圹双棺墓，北宽南窄，南北向，方向26°。墓圹南北长2.5～2.6米，东西宽1.8～2米，墓口距地表深0.6米，墓口距墓底深0.6～0.74米，内填胶质花土，土质湿黏。墓底内置双棺，并列于墓中央，间距0.26～0.32米（图二〇三；图版四〇，2）。

东棺略呈梯形，北宽南窄，棺木腐朽严重，仅存棺木朽痕，长1.87米，宽0.52～0.7米，残高0.24米。棺内葬人骨1具，头向北，面向南，仰身直肢葬，骨架左上肢骨压于盆骨下，骨骼粗壮，推断为男性。

西棺略呈梯形，北宽南窄，棺木腐朽严重，仅残留朽痕，长1.81米，宽0.62～0.7米，残高0.1米。棺内葬人骨1具，头向北，面向东，仰身直肢葬，骨架骨骼较细弱，推断为女性。

墓内出土银簪3件、银扁方2件、鎏金银耳环1对、骨簪1件、铜钱2枚。银簪（M96：1、M96：2、M96：6）、银扁方（M96：3、M96：4）、鎏金银耳环（M96：5）、骨簪（M96：7）均位于西棺，其中1件银簪（M96：6）出土于骨架右手骨处，其余均出土于头骨处；铜钱（M96：8）位于东棺中南部。

（二）随葬品

银簪 3件。标本M96：1，锈，簪首呈圆形花瓣状，中部用银丝在圆环内锤鍱篆隶体“福”字，背面刻有“聚珍足纹”字样，簪体呈圆锥形，尾尖。簪首直径2.1、通长12.8厘米（图二〇四，1；图版七五，3）。标本M96：2，锈，簪首呈圆形花瓣状，中部用银丝在圆环内锤鍱篆隶体“寿”字，背面刻有“聚珍足纹”字样，簪体呈圆锥形，尾尖。簪首直径2.1、通长12.8厘米（图二〇四，2；图版七五，4）。标本M96：6，锈残，簪体与簪首为分别做成后接上，簪体呈圆锥形，尾尖细。通长14.1厘米（图二〇四，3；图版七五，5）。

银扁方 2件。标本M96：3，锈残，首弯曲两周半，体呈长方形，下端呈半圆形，背部刻有铭文“足纹”二字。通长10.4、宽1.3～1.5、厚0.1厘米（图二〇四，4；图版七五，1）。标本

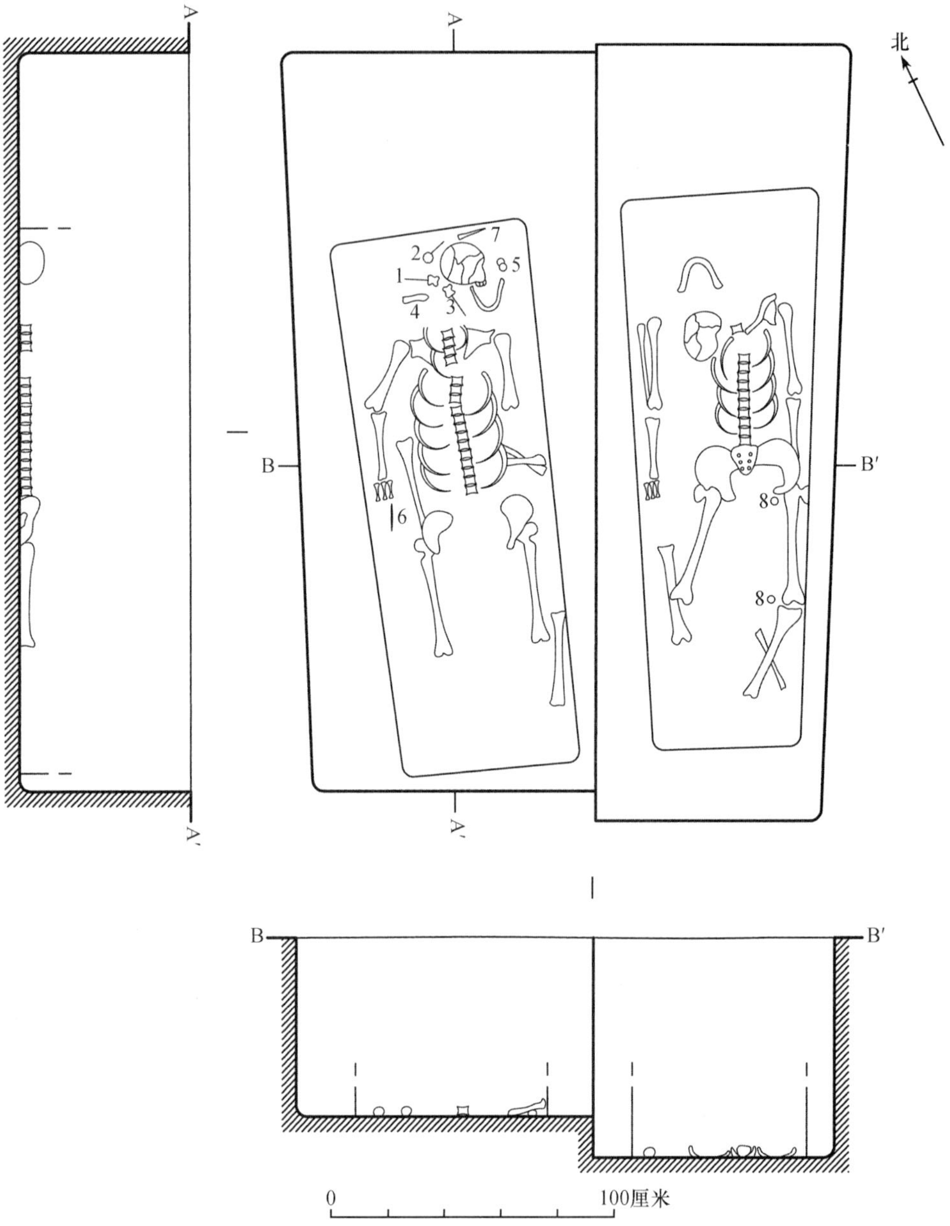

图二〇三　M96平、剖面图

1、2、6. 银簪　3、4. 银扁方　5. 鎏金银耳环　7. 骨簪　8. 铜钱

M96：4，锈残，首弯曲一周半，錾刻一蝙蝠，体呈长方形，下端呈半圆形，背部錾刻有铭文“万恒足纹”四字。通长8.6、宽1.3～1.4、厚0.1厘米（图二〇四，5；图版七五，2）。

鎏金银耳环　1对。标本M96：5-1、M96：5-2，锈残，通体鎏金，局部脱落，如意环形，环首部为圆锥形，錾刻一蝙蝠，环体呈如意状圆形，背面刻有铭文“聚珍足纹”四字。直径2.4厘米（图二〇四，7、8；图版七六，1）。

骨簪　1件。标本M96：7，残，簪首呈扁方形，穿孔，簪体呈圆锥形，尾尖细。残长11厘米（图二〇四，6；图版七六，4）。

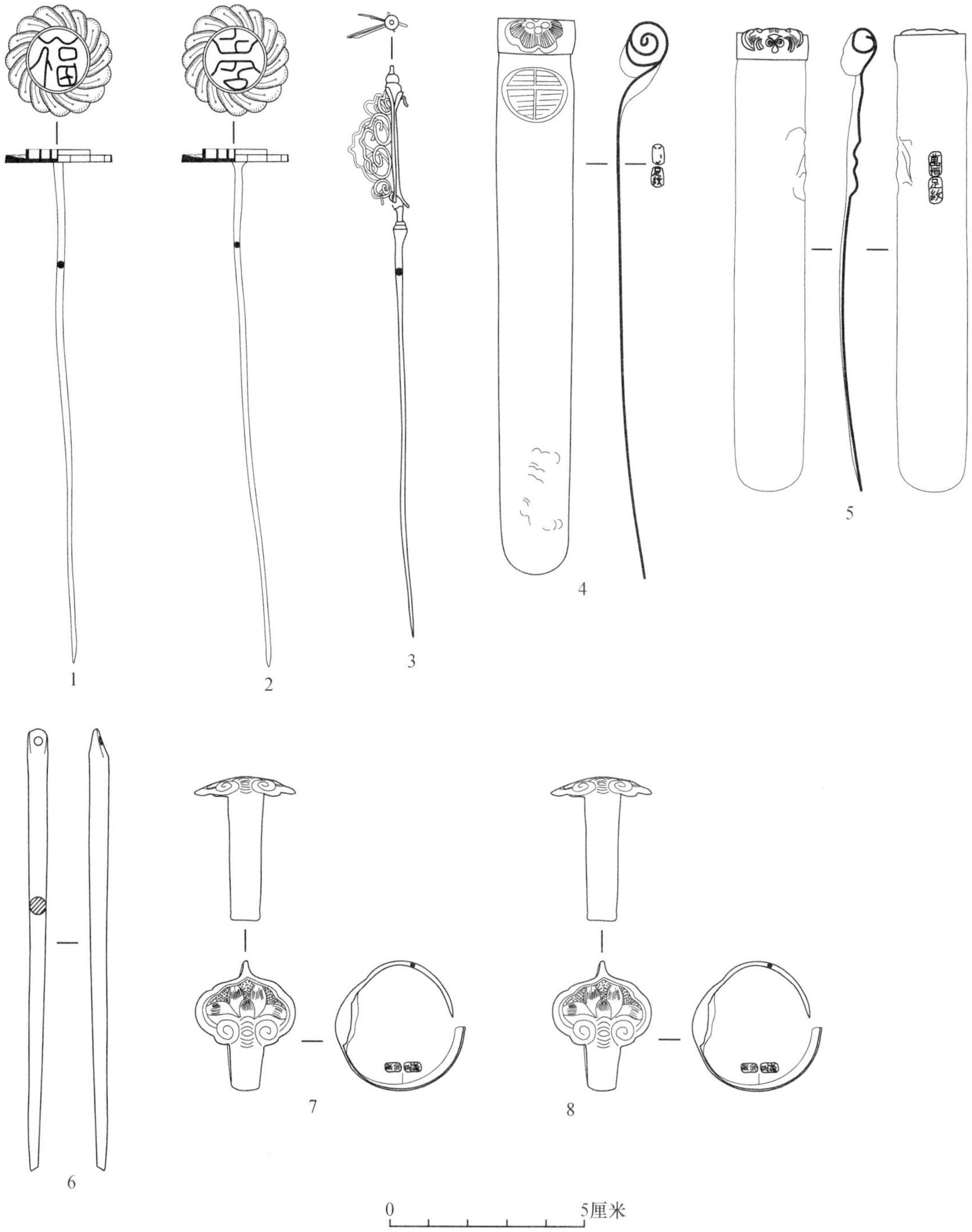

图二〇四 M96出土器物

1～3. 银簪（M96：1、M96：2、M96：6） 4、5. 银扁方（M96：3、M96：4） 6. 骨簪（M96：7）
7、8. 鎏金银耳环（M96：5-1、M96：5-2）

铜钱　2枚。

乾隆通宝　1枚。标本M96：8-1，锈残，圆形，方穿，正、背面有圆郭，正面铸“乾隆通宝”四字，楷书，对读，背面穿左右铸满文“宝泉”二字，纪局名。钱径2.8、穿宽0.6、郭宽0.4厘米，重4.81克（图二〇五，1）。

嘉庆通宝　1枚。标本M96：8-2，锈残，圆形，方穿，正、背面有圆郭，正面铸“嘉庆通宝”四字，楷书，对读，背面穿左右铸满文“宝源”二字，纪局名。钱径2.4、穿宽0.6、郭宽0.35厘米，重2.93克（图二〇五，2）。

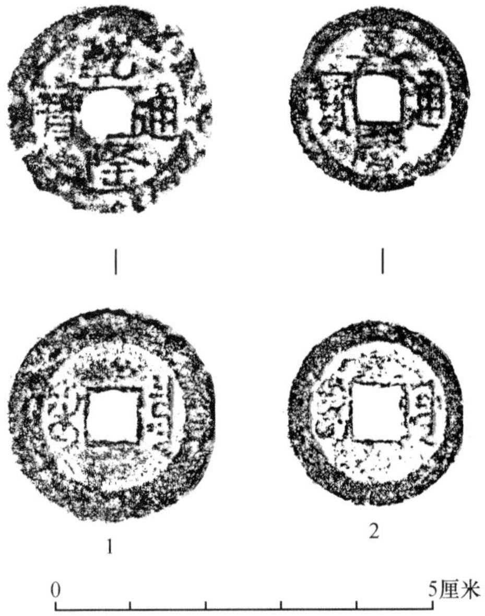

图二〇五　M96出土铜钱

1. 乾隆通宝（M96：8-1）　2. 嘉庆通宝（M96：8-2）

二十四、M97

（一）墓葬形制

M97位于Ⅰ区T2111西南部，西邻M98，东邻M96。开口于第2层下。梯形竖穴土圹双棺墓，东宽西窄，东西向，方向103°。墓圹东西长3.1米，南北宽1.86～2.18米，墓口距地表深0.6米，墓口距墓底深0.66～0.7米，内填胶质花土，土质较软。墓底内置双棺，并列于墓中西部，间距约0.1米（图二〇六；图版四一，1）。

南棺略呈梯形，东宽西窄，棺木部分残损，长1.9米，宽0.6～0.8米；残存的侧板高0.16～0.2米，厚0.04～0.05米；前挡板残高0.16米，厚0.02米。棺内葬人骨1具，头向东，面向上，仰身直肢葬，为男性。

北棺略呈梯形，东宽西窄，棺木腐朽严重，长1.72米，宽0.48～0.62米，残高0.2米。棺内葬人

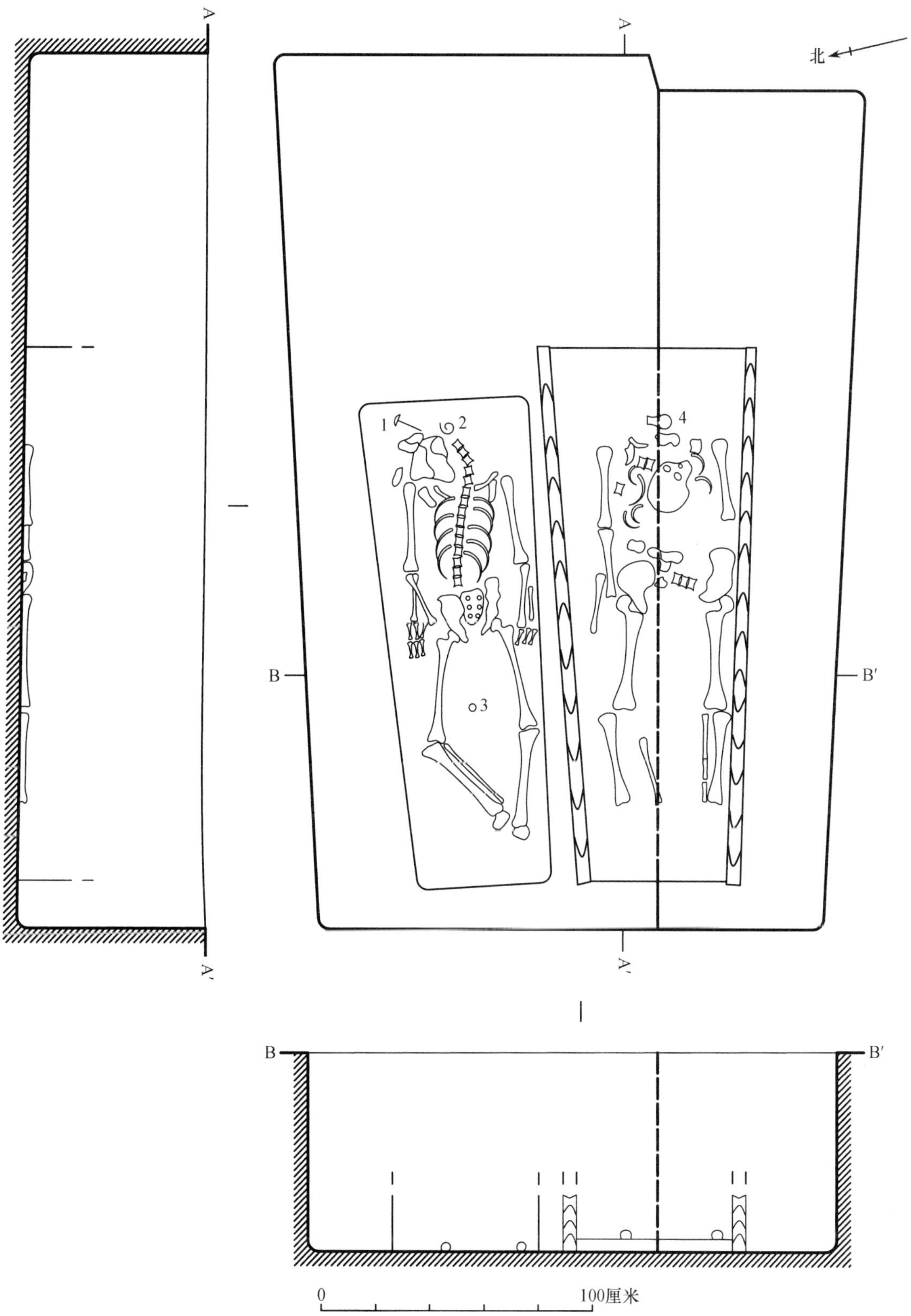

图二〇六　M97平、剖面图
1. 银簪　2. 鎏金银耳环　3. 铜钱　4. 顶戴

骨1具，头向东，面向西，仰身直肢葬，为女性。

墓内随葬银簪1件、鎏金银耳环1件、顶戴1件、铜钱2枚。银簪（M97：1）、鎏金耳环（M97：2）位于北棺骨架头骨上方，铜钱（M97：3）位于北棺骨架下肢骨间，顶戴（M97：4）位于南棺骨架头骨上方。

（二）随葬品

银饰　2件。

银簪　1件。标本M97：1，锈残，簪首呈蝙蝠形，簪体较细，呈圆锥形，略弯曲，尾尖。残长15.5厘米（图二〇七，1；图版七五，6）。

鎏金银耳环　1件。标本M97：2，锈残，通体鎏金，大部脱落。如意环形，如意头部镂空，环首一端呈圆锥形，尖细，一端呈扁长方形。直径4.1厘米（图二〇七，3；图版七六，2）。

顶戴　1件。标本M97：4，锈残，分两部分组成，上端料珠呈球状，料珠上有加工的细旋纹数周，球体贯通中孔，球体上部梅花铆钉脱落，底座为铜质，底座与上部间有细颈，下部莲花座与球体脱落，底部莲花座花瓣之间有一周三角形镂孔，底部起固定作用的螺栓遗失。球径3.1、通高5.1厘米（图二〇七，2；图版七七，5）。

铜钱　2枚。

同治重宝　2枚。标本M97：3-1，锈残，圆形，方穿，正、背面有圆郭，正面铸“同治重宝”四字，楷书，对读，背面穿左右铸满文“宝泉”二字，穿上下铸汉文“当十”二字。钱径2.2、穿宽0.6、郭宽0.35厘米，重1.42克（图二〇八）。

二十五、M98

（一）墓葬形制

M98位于Ⅰ区T2010东北部，西邻M99，东邻M97。开口于第2层下。梯形竖穴土圹双棺墓，西宽东窄，东西向，方向275°。墓圹东西长3.5米，南北宽2.2～2.4米，墓口距地表深0.7米，墓口距墓底深0.95～1.07米，内填胶质花土，土质较软。墓底内置双棺，并列于墓中部，间距约0.16米，南棺略高于北棺（图二〇九；图版四一，2）。

南棺略呈梯形，西宽东窄，棺木半朽，长1.84米，宽0.76～1.02米，残高0.25米。残存的棺侧板长2.14米，残高0.25米，厚0.03米。棺内葬人骨1具，头向西，面向不详，葬式不详，性别不详。

北棺略呈梯形，西宽东窄，棺木半朽，长2.02米，宽0.54～0.7米，残高0.37米。残存的棺侧板长2.2米，高0.35米，厚0.03米。棺内葬骨架1具，头向西，面向西，仰身直肢葬，性别不详。

墓内随葬半釉陶罐1件、铜钱48枚。半釉陶罐（M98：2）位于北棺外西侧；铜钱18枚（M98：3）位于北棺东部，30枚（M98：1）位于南棺西部。

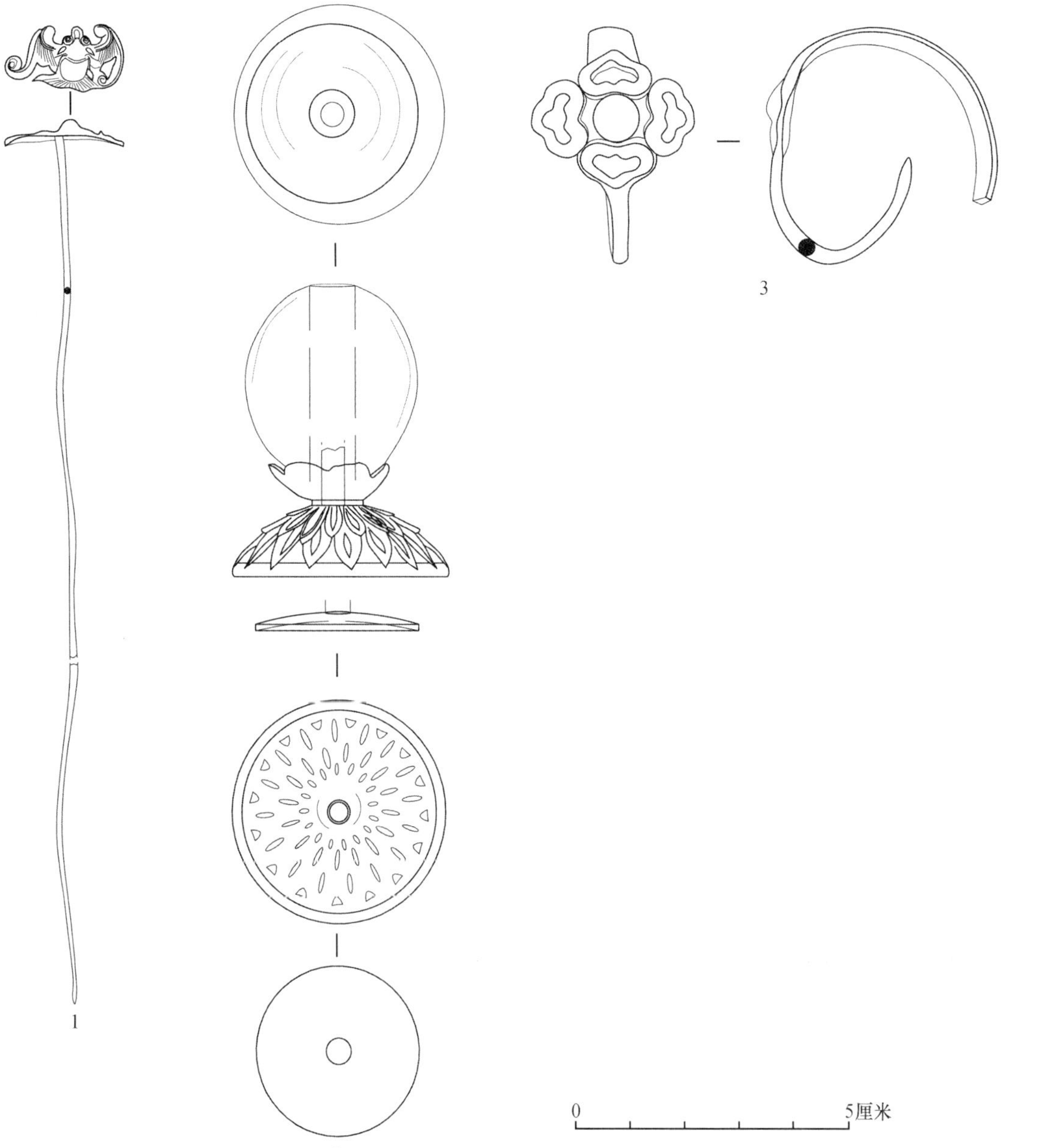

图二〇七　M97出土器物

1. 银簪（M97：1）　2. 顶戴（M97：4）　3. 鎏金银耳环（M97：2）

（二）随葬品

图二〇八　M97出土同治通宝钱

（M97：3-1）

半釉陶罐　1件。标本M98：2，黄褐色胎，胎质粗疏，器口及外腹壁施半釉，器内仅口部施一层较薄的酱色釉，口、腹部局部有脱釉现象，腹部有滴釉现象，内壁修坯旋痕明显。口残，敞口，方圆唇，束颈，溜肩，筒形腹，上腹略鼓，平底。口径11.2、最大腹径11.4、底径7.6、高12、厚

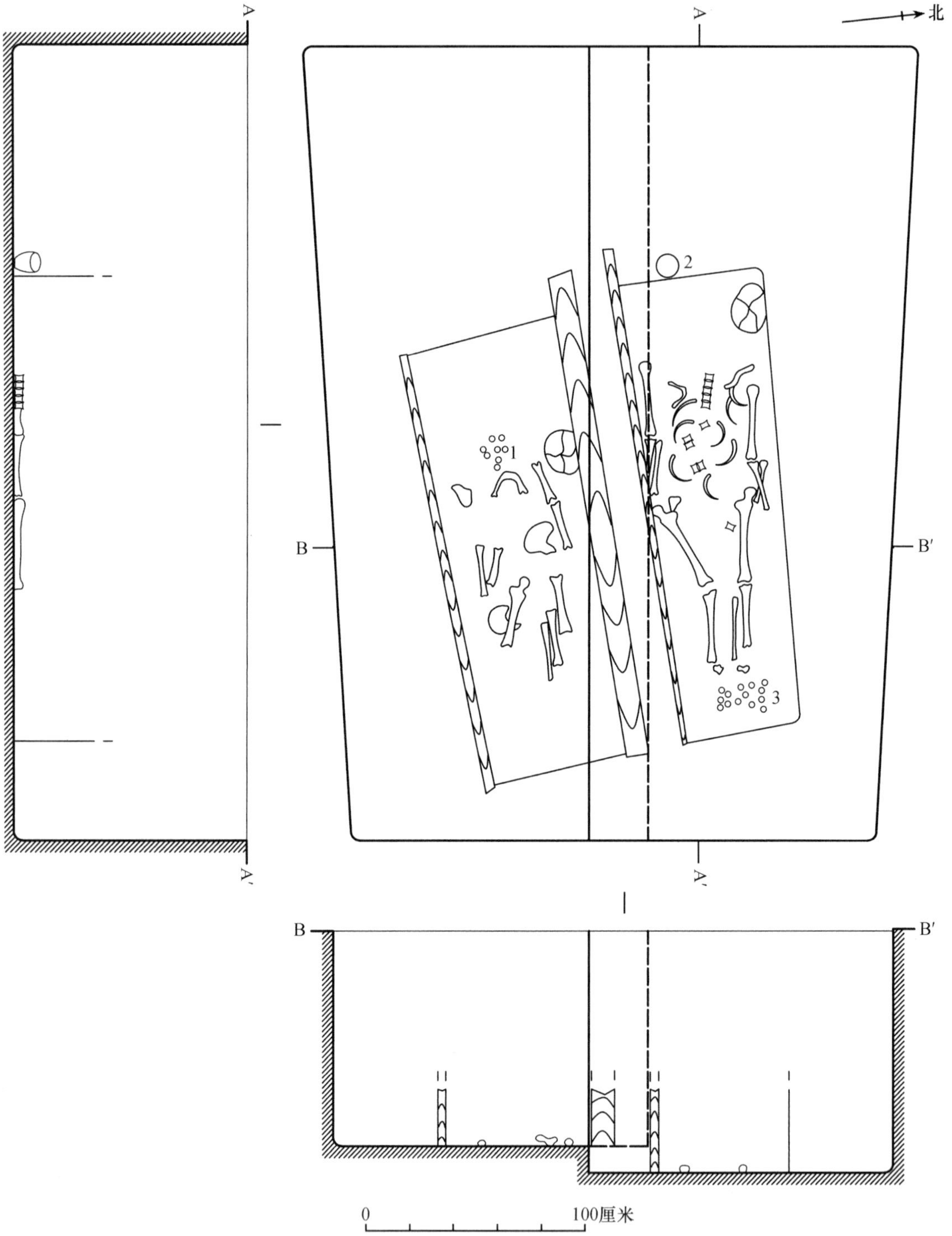

图二〇九　M98平、剖面图
1、3. 铜钱　2. 半釉陶罐

0.7～1.2厘米（图二一〇；图版七六，5）。

铜钱 48枚。

崇祯通宝 8枚。标本M98：1-3，锈残，圆形，方穿，正、背面有圆郭，正面铸“崇祯通宝”四字，楷书，对读，背面无纹。钱径2.2、穿宽0.5、郭宽0.3厘米，重1.57克（图二一一，1）。

顺治通宝 3枚。标本M98：1-1，锈残，圆形，方穿，正、背面有圆郭，正面铸“顺治通宝”四字，楷书，对读，背面穿左右铸满文“宝泉”二字，纪局名。钱径2.8、穿宽0.6、郭宽0.4厘米，重5.78克（图二一一，2）。

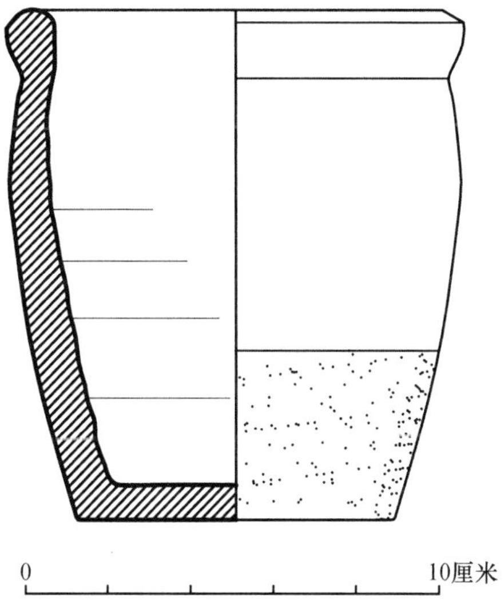

图二一〇 M98出土半釉陶罐
（M98：2）

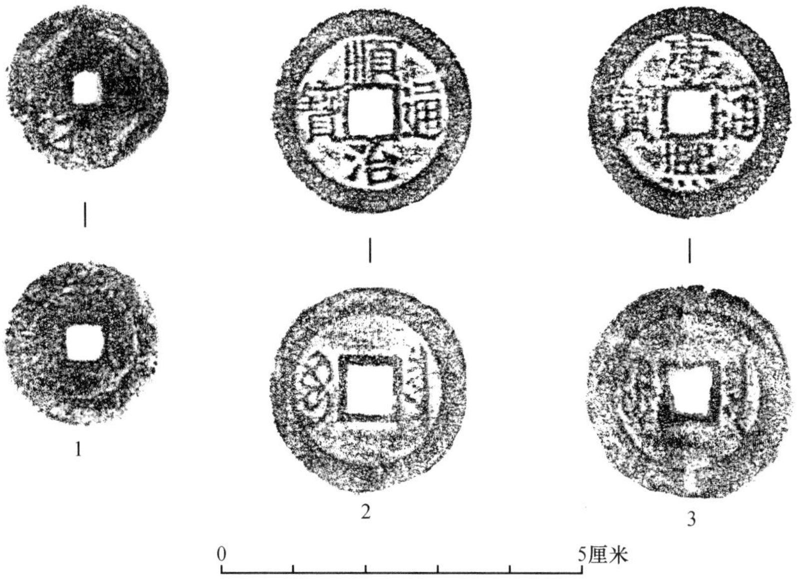

图二一一 M98出土铜钱
1. 崇祯通宝（M98：1-3） 2. 顺治通宝（M98：1-1） 3. 康熙通宝（M98：1-2）

康熙通宝　37枚。标本M98：1-2，锈残，圆形，方穿，正、背面有圆郭，正面铸“康熙通宝”四字，楷书，对读，背面穿左右铸满文“宝泉”二字，纪局名。钱径2.8、穿宽0.6、郭宽0.4厘米，重5.46克（图二一一，3）。

二十六、M99

（一）墓葬形制

M99位于Ⅰ区T2011南部，东邻M98。开口于第2层下。梯形竖穴土圹双棺墓，东北宽西南窄，东北—西南向，方向45°。墓圹长2.66米，宽1.88～2.04米，墓口距地表深0.5米，墓口距墓底深0.76～0.8米，内填胶质花土，土质较软。墓底内置双棺，并列于墓中部，间距约0.26米（图二一二；图版四二，1）。

南棺略呈梯形，东北宽西南窄，棺木已朽，长1.82米，宽0.55～0.72米，残高0.16米。棺内葬人骨1具，骨架凌乱，头向东北，面向下，葬式不详，骨架较粗壮，推断为男性。

北棺略呈梯形，东北宽西南窄，棺木腐朽严重，长1.85米，宽0.68～0.76米，残高0.2米。棺内葬人骨1具，头向东北，仰身直肢葬，骨架较显细弱，推断为女性。

墓内随葬铜烟锅、碧玉烟嘴、鎏金银耳环、鎏金银簪、鎏金银押发各1件，铜钱8枚。铜烟锅（M99：2-1）、碧玉烟嘴（M99：2-2）位于北棺骨架下肢骨右侧，鎏金银耳环（M99：3）位于北棺骨架头骨下方，鎏金银簪（M99：5）和鎏金银押发（M99：6）位于北棺骨架右脚趾骨处；铜钱（M99：1、M99：4）南北棺各4枚，无规律散布于人骨间。

（二）随葬品

银饰件　3件。

鎏金银耳环　1件。标本M99：3，锈残，通体鎏金，大部脱落。如意环形，如意头部錾刻一蝙蝠纹，环首一端呈圆锥形，尖细，一端呈扁长方形。直径4厘米（图二一三，3；图版七六，3）。

鎏金银簪　1件。标本M99：5，锈残，簪首呈蝙蝠形花瓣状，向四周展开，簪体细长，呈圆锥形，尾尖细。通长14.3厘米（图二一三，5；图版七七，1）。

鎏金银押发　1件。标本M99：6，锈残，首呈扁长方形，錾刻一蝙蝠纹和镂空状“寿”字，略弯曲，体呈扁条状，正面浮雕 “云蝠”纹五组，尾略弧，背面无纹。通长10.8、宽0.9～1.4厘米（图二一三，4；图版七七，2）。

铜烟锅　1件。标本M99：2-1，锈残，圆形，锅体较小，烟杆已朽，只剩残段。直径1.6、通长8.6厘米（图二一三，1；图版七七，3）。

碧玉烟嘴　1件。标本M99：2-2，呈筒状圆柱体，首部较细，内凹外展。直径1.1、通长6.7、厚0.2厘米（图二一三，2；图版七七，4）。

图二一二　M99平、剖面图

1、4. 铜钱　2. 碧玉烟嘴、铜烟锅　3. 鎏金银耳环　5. 鎏金银簪　6. 鎏金银押发

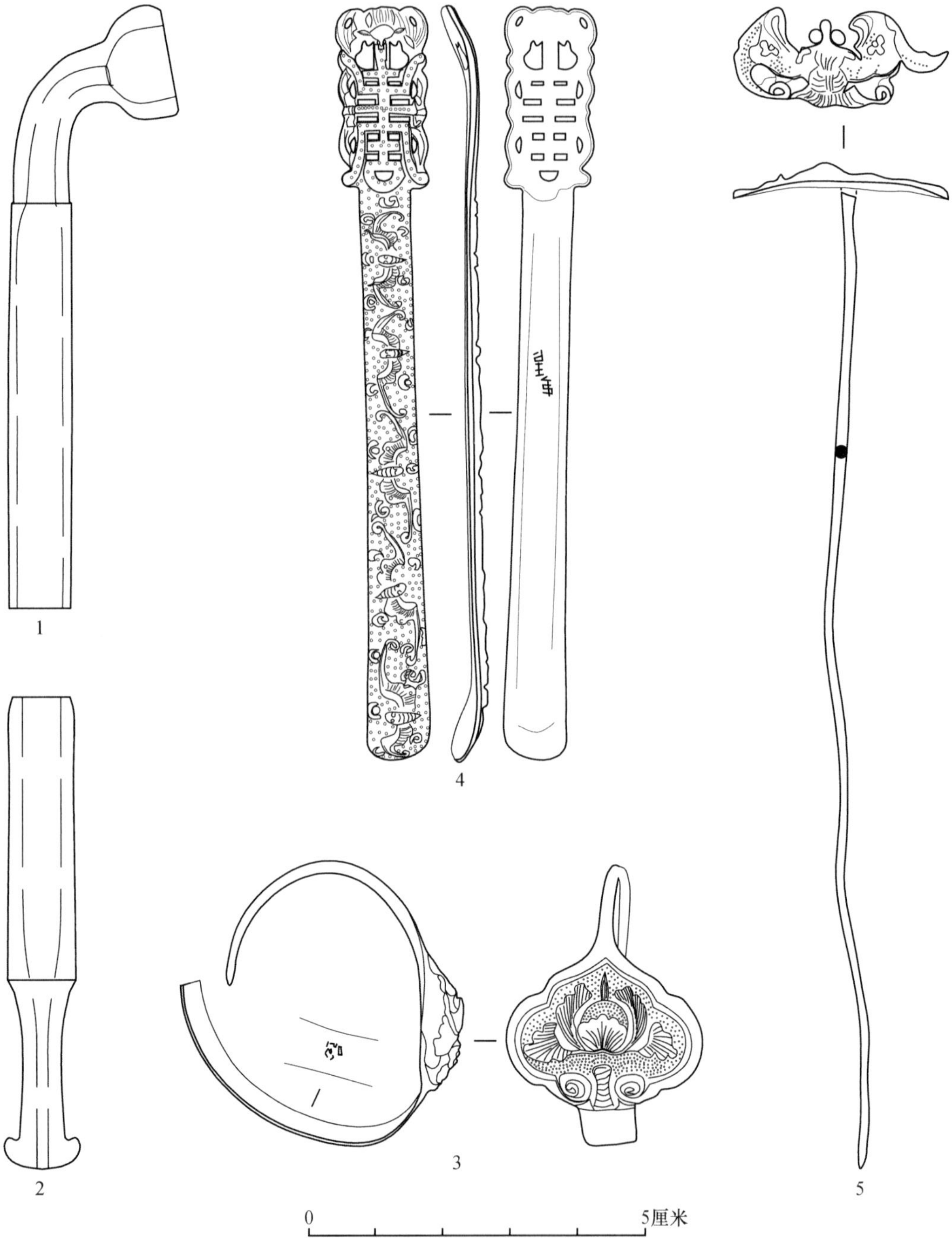

图二一三　M99出土器物

1. 铜烟锅（M99：2-1）　2. 碧玉烟嘴（M99：2-2）　3. 鎏金银耳环（M99：3）　4. 鎏金银押发（M99：6）
5. 鎏金银簪（M99：5）

图二一四　M99出土光绪通宝钱
（M99：4-1）

铜钱　8枚。

光绪通宝　8枚。标本M99：1、M99：4，锈残，圆形，方穿，正、背面有圆郭，正面铸“光绪通宝”四字，楷书，对读，背面穿左右铸满文“宝泉”二字，纪局名。钱径2.3、穿宽0.6、郭宽0.4厘米，重3.3克（图二一四）。

二十七、M100

（一）墓葬形制

M100位于Ⅰ区T1910东北角，东北邻M99。开口于第2层下。梯形竖穴土圹双棺墓，北宽南窄，南北向，方向19°。墓圹南北长2.68米，东西宽1.9～2.1米，墓口距地表深0.48米，墓口距墓底深0.72～0.76米，内填胶质花土，土质较软。墓底内置双棺，并列于墓中西部，间距约0.08米（图二一五；图版四二，2）。

东棺略呈梯形，北宽南窄，棺木已朽，长1.78米，宽0.52～0.58米，残高0.12米。棺内葬人骨1具，头向东北，面向不详，仰身直肢葬，骨架较细弱，推断为女性。

西棺略呈梯形，北宽南窄，棺木部分残损，长1.82米，宽0.54～0.64米，残高0.16米；侧板残高0.16米，残厚0.05～0.08米，侧板用木粗糙，未经细加工。棺内葬人骨1具，头向东北，面向下，仰身直肢葬，骨架较显粗壮，推断为男性。

墓内随葬铜钱2枚（M100：1），位于东棺骨架股骨间。

（二）随葬品

铜钱　2枚。

同治重宝　2枚。标本M100：1-1，锈残，圆形，方穿，正、背面有圆郭，正面铸“同治重宝”四字，楷书，对读，背面穿左右铸满文“宝泉”二字，穿上下铸汉文“当十”二字。钱径2.75、穿宽0.7、郭宽0.4厘米，重4.91克（图二一六，1）。标本M100：1-2，锈残，圆形，方穿，正、背面有圆郭，正面铸“同治重宝”四字，楷书，对读，背面穿左右铸满文“宝泉”二字，穿上下铸汉文“当十”二字。钱径2.2、穿宽0.7、郭宽0.3厘米，重1.42克（图二一六，2）。

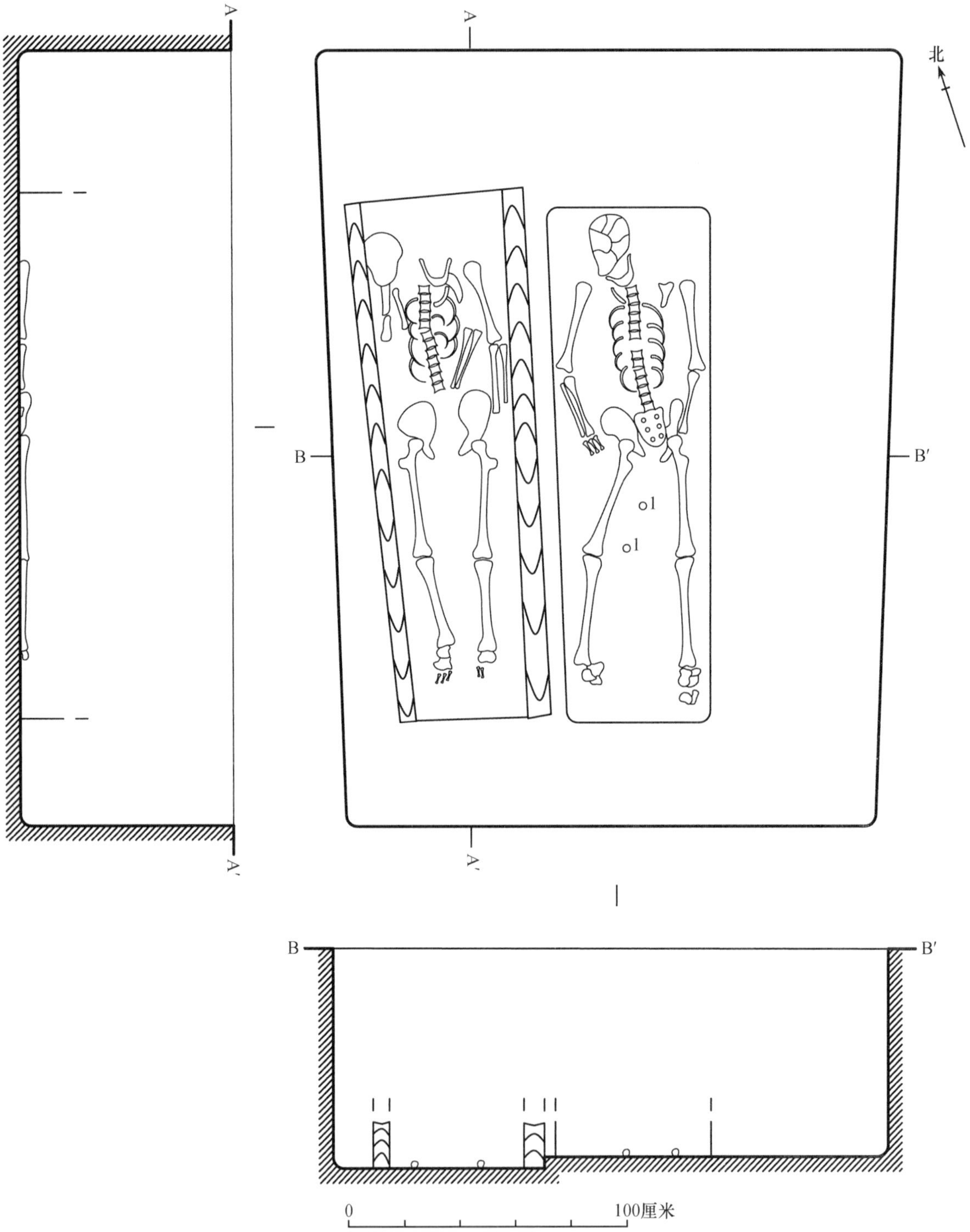

图二一五　M100平、剖面图

1. 铜钱

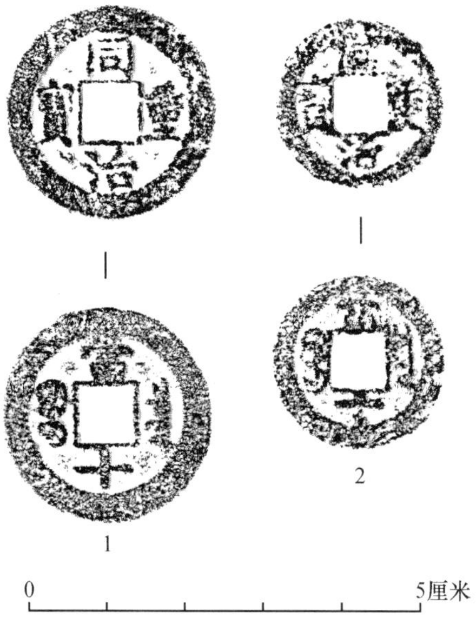

图二一六 M100出土同治通宝钱
1. M100：1-1 2. M100：1-2

二十八、M101

（一）墓葬形制

M101位于Ⅰ区T2010西南部，西南邻M102。开口于第2层下。梯形竖穴土圹双棺墓，北宽南窄，南北向，方向30°。墓圹南北长2.3米，东西宽1.94～2.22米，墓口距地表深0.7米，墓口距墓底深0.46～0.8米，内填胶质花土，土质较软。墓底内置双棺，并列于墓中部，间距约0.55米（图二一七；图版四三，1）。

东棺略呈梯形，北宽南窄，棺木已朽，长1.74米，宽0.46～0.56米，残高0.16米。棺内葬人骨1具，头已移位，面向下，仰身直肢葬，骨架较细弱，推断为女性。

西棺略呈梯形，北宽南窄，棺木已朽，长1.78米，宽0.54～0.6米，残高0.2米。棺内葬人骨1具，头向、面向、葬式不详，骨架较显粗壮，推断为男性。

墓内随葬灰陶罐、铜发卡各1件，铜钱1枚。灰陶罐（M101：1）位于东棺头外北部，铜发卡（M101：3）位于东棺北部骨架左臂骨处，铜钱（M101：2）位于东棺中部股骨间。

（二）随葬品

灰陶罐 1件。标本M101：1，泥质灰陶，胎体不甚规整，内壁有修坯痕迹五周。残，敞口，方唇，束颈，鼓腹，下腹弧收，小平底，素面。口径9.6、最大腹径10.8、底径7.6、高12、厚0.8～1.4厘米（图二一八；图版七六，6）。

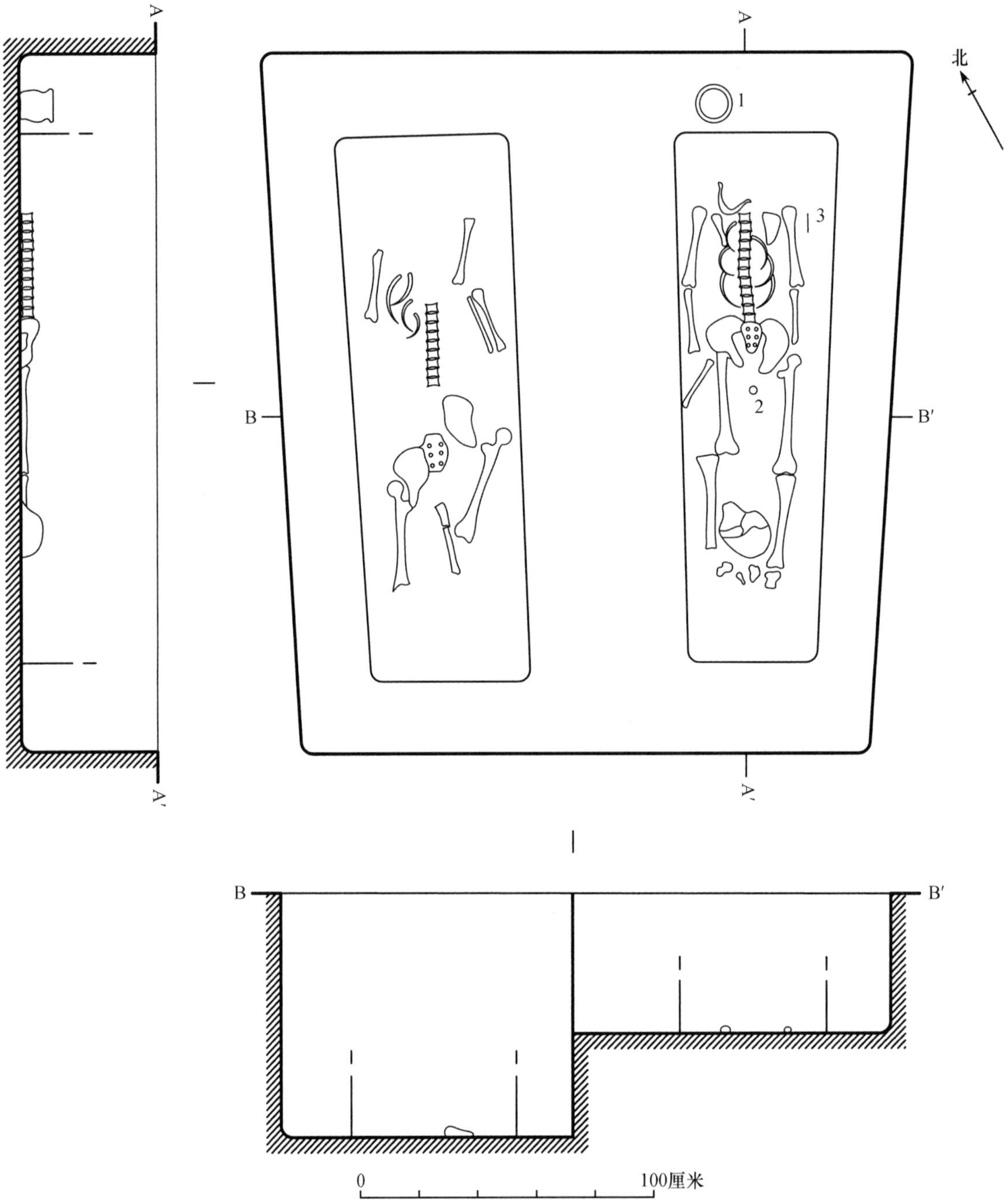

图二一七　M101平、剖面图

1. 灰陶罐　2. 铜钱　3. 铜发卡

铜发卡　1件。标本M101∶3，中间残断，双股"U"形，圆锥形，两端较尖。残长6.5厘米（图二一九，1；图版七八，4）。

铜钱　1枚。

宣统通宝　1枚。标本M101∶2，锈残，圆形，方穿，正、背面有圆郭，正面铸"宣统通宝"

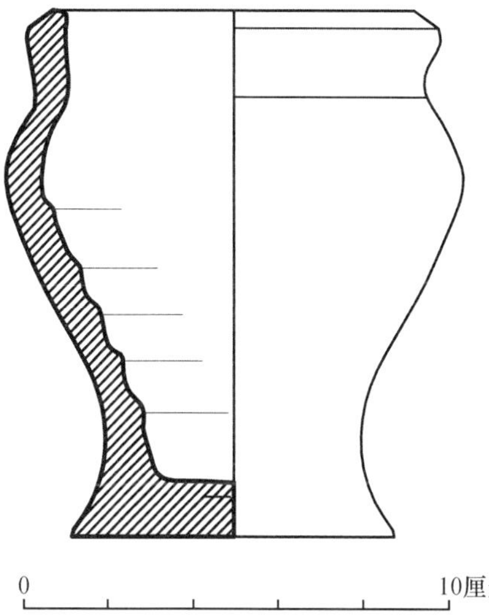

图二一八　M101出土灰陶罐
（M101：1）

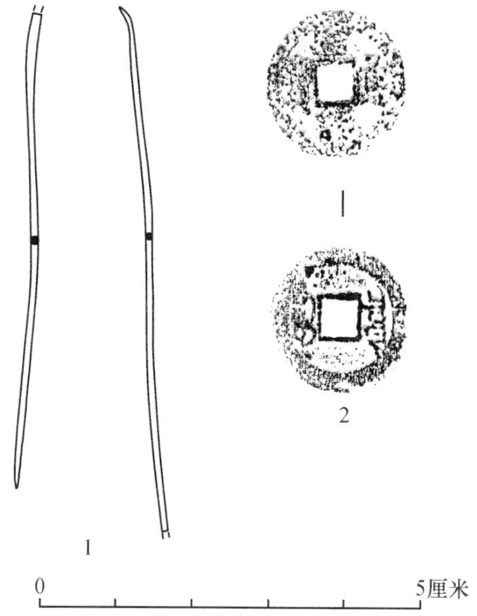

图二一九　M101出土器物
1. 铜发卡（M101：3）　2. 宣统通宝（M101：2）

四字，楷书，对读，背面穿左右铸满文“宝泉”二字，纪局名。钱径1.85、穿宽0.5、郭宽0.2厘米，重1.22克（图二一九，2）。

二十九、M103

（一）墓葬形制

M103位于Ⅰ区T1611北部。开口于第2层下。长方形竖穴土圹双棺墓，南北向，方向350°。墓圹南北长2.7米，东西宽2米，墓口距地表深0.7米，墓口距墓底深0.68～0.7米，内填胶质花土，土质湿黏。墓底内置双棺，并列于墓中央，间距0.22～0.28米，东棺底部略低于西棺（图二二〇；图版四三，2）。

东棺略呈梯形，北宽南窄，棺木腐朽无存，仅留朽木痕迹，长1.9米，宽0.54～0.6米，残高0.18米。棺内葬人骨1具，头向北，面向西，仰身直肢葬，为男性。

西棺略呈梯形，北宽南窄，棺木腐朽无存，长1.94米，宽0.56～0.7米，残高0.2米。棺内葬人骨1具，头向北，面向东，因骨架凌乱，葬式、性别不详。

墓内随葬半釉陶罐1件、铜钱30枚。半釉陶罐位于西棺头外北部。铜钱（M103：2）5枚位于西棺，无规律分散在棺内；25枚位于东棺内，分别位于骨架左肩、腿骨间。

（二）随葬品

半釉陶罐　1件。标本M103：3，黄褐色胎，胎质粗疏，器口及外腹壁施半酱色釉，器内仅口

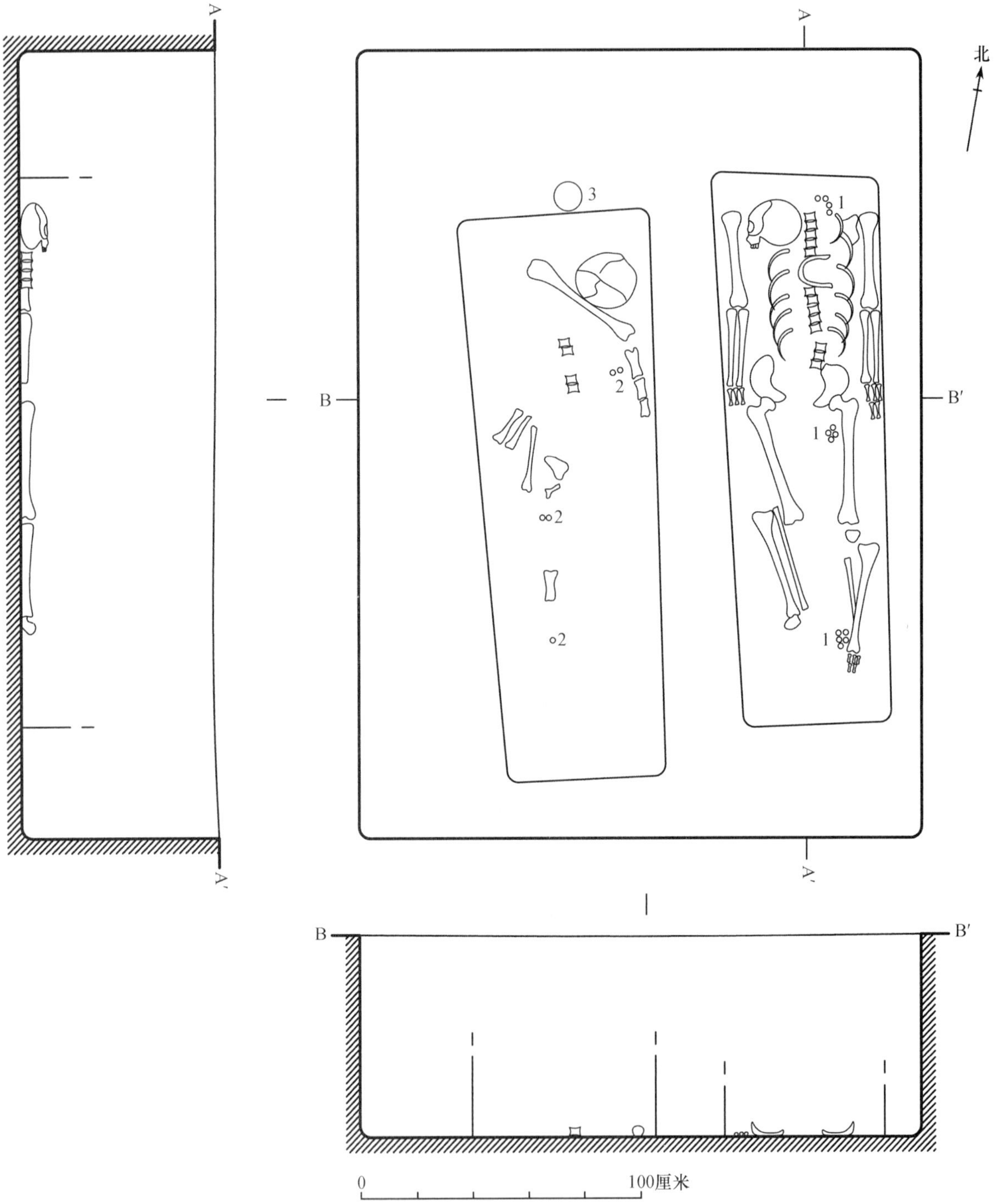

图二二〇 M103平、剖面图

1、2. 铜钱 3. 半釉陶罐

部施一层较薄的酱色釉，口部内有滴釉现象，内部有修坯旋痕。口残，敞口，方圆唇，束颈，溜肩，筒形腹，上腹略鼓，平底。口径10.8、最大腹径11.2、底径7.4、高12.2、厚0.6～0.8厘米（图二二一；图版七七，6）。

铜钱　30枚。

顺治通宝　3枚。标本M103：1-1，锈残，圆形，方穿，正、背面有圆郭，正面铸“顺治通宝”四字，楷书，对读，背面穿左右铸满文“宝泉”二字，纪局名。钱径2.75、穿宽0.6、郭宽0.4厘米，重3.72克（图二二二，1）。

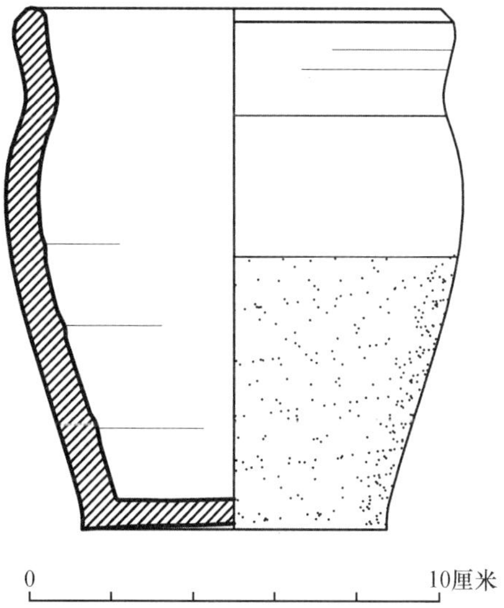

图二二一　M103出土半釉陶罐
（M103：3）

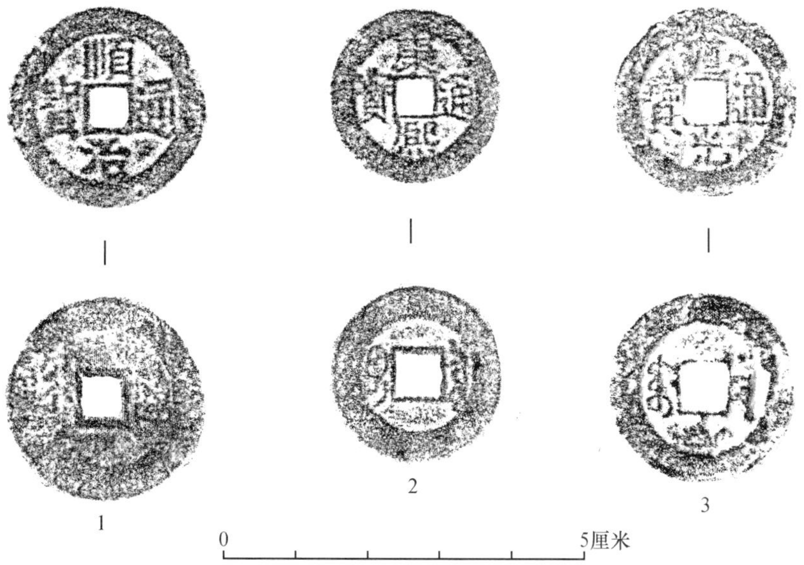

图二二二　M103出土铜钱
1. 顺治通宝（M103：1-1）　2. 康熙通宝（M103：1-2）　3. 道光通宝（M103：1-3）

康熙通宝　26枚。标本M103：1-2，锈残，圆形，方穿，正、背面有圆郭，正面铸“康熙通宝”四字，楷书，对读，背面穿左右铸满文“宝泉”二字，纪局名。钱径2.4、穿宽0.5、郭宽0.35厘米，重2.88克（图二二二，2）。

道光通宝　1枚。标本M103：1-3，锈残，圆形，方穿，正、背面有圆郭，正面铸“道光通宝”四字，楷书，对读，背面穿左右铸满文“宝泉”二字，纪局名。钱径2.6、穿宽0.6、郭宽0.4厘米，重3.49克（图二二二，3）。

三十、M104

（一）墓葬形制

M104位于Ⅰ区T1511西北部，西邻M108。开口于第2层下。梯形竖穴土圹双棺墓，北窄南宽，南北向，方向346°。墓圹南北长2.66～2.7米，东西宽1.96～2.04米，墓口距地表深0.7米，墓口距墓底深1.14～1.25米，内填胶质花土，土质湿黏。墓底内置双棺，并列于墓中央，间距0.16～0.22米，东棺底部略高于西棺（图二二三；图版四四，1）。

东棺略呈梯形，北宽南窄，棺木半朽，长2米，宽0.62～0.66米，残高0.06米。棺内葬人骨1具，头向北，面向不详，仰身直肢葬，为男性。

西棺略呈梯形，北宽南窄，棺木半朽，长1.94米，宽0.54～0.62米，残高0.1米。棺内葬人骨1具，头向北，面向不详，葬式不详，为女性。

墓内随葬鎏金银簪2件、银簪2件、银扁方1件、银耳环3件、银牙签银耳勺1组、银饰件1套、铜钱31枚。其中，铜钱16枚（M104：9）位于东棺骨架左腿骨东侧，其余随葬品均位于西棺。西棺骨架颅骨处出土银扁方（M104：1）、3件银簪（M104：2、M104：3、M104：6），另1件银簪（M104：4）和银牙签、银耳勺（M104：10）位于骨架间，颅骨南部出土银饰件1件（M104：7），颅骨与银饰件之间出土银耳环3件（M104：5），骨架南部分散铜钱15枚（M104：8）。

（二）随葬品

银器饰件　10件（组）。

银扁方　1件。标本M104：1，残断，首弯曲一周，残损，体呈长方形，下端呈半圆形，正面錾刻荷花纹，背面铭文模糊不清。通长20.6、宽1.5厘米（图二二四，1；图版七八，1）。

银簪　2件。标本M104：2，锈残，簪首残损，正面錾刻细小的荷花瓣纹，簪体呈扁长方形，略弯曲。残长11厘米（图二二四，4；图版七八，5）。标本M104：3，锈残，簪首呈如意头状，中部镂空，正面有梅花瓣，簪体呈扁长方形，略弯曲，正面錾刻细小的荷花瓣纹，背部鏨刻“元样”二字。通长18.8厘米（图二二四，2；图版七八，6）。

银耳环　3件。形制相同。标本M104：5-1～M104：5-3，锈蚀，圆环形。素面。直径1.7厘米

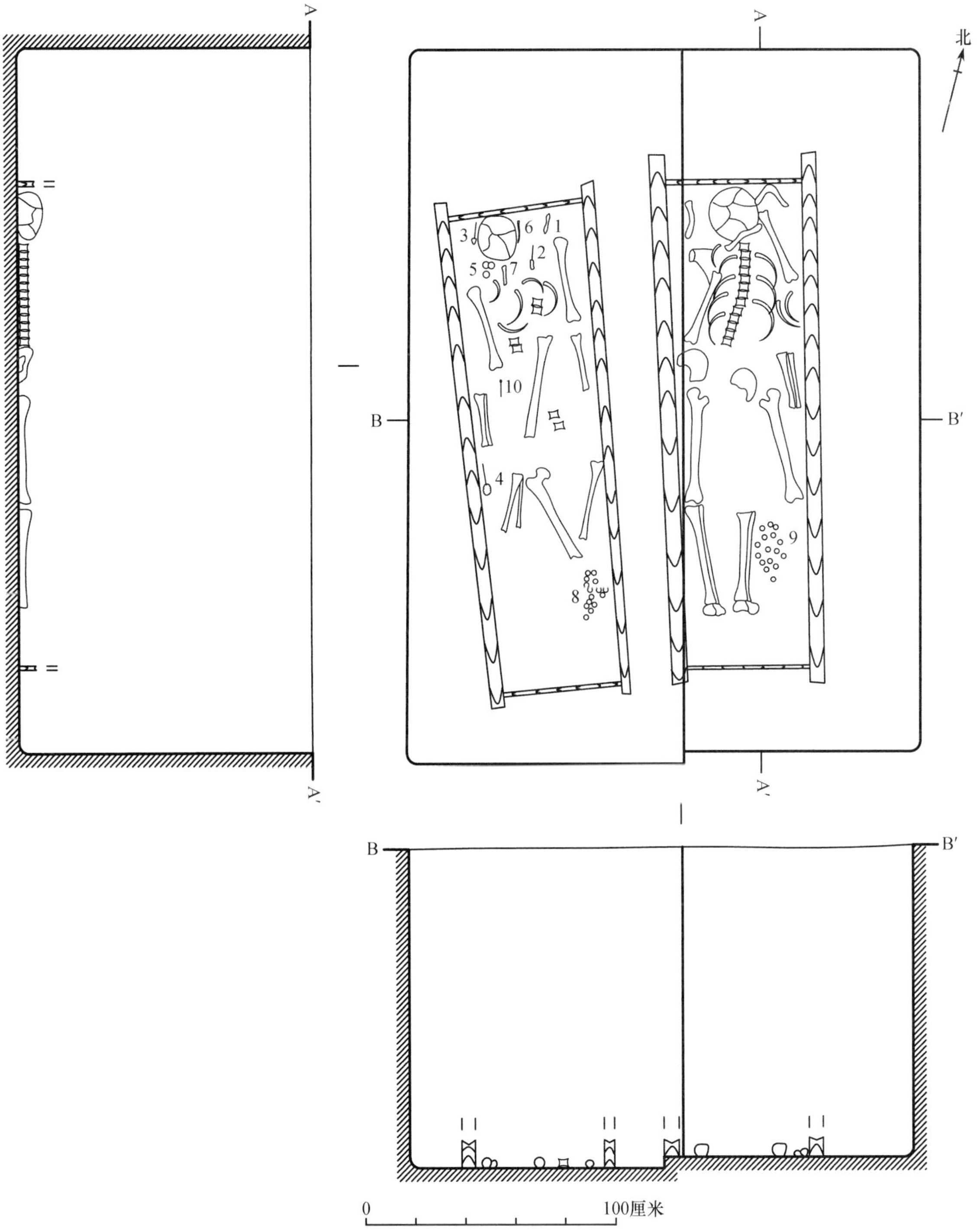

图二二三　M104平、剖面图

1. 银扁方　2、3. 银簪　4、6. 鎏金银簪　5. 银耳环　7. 银饰件　8、9. 铜钱　10. 银牙签、银耳勺

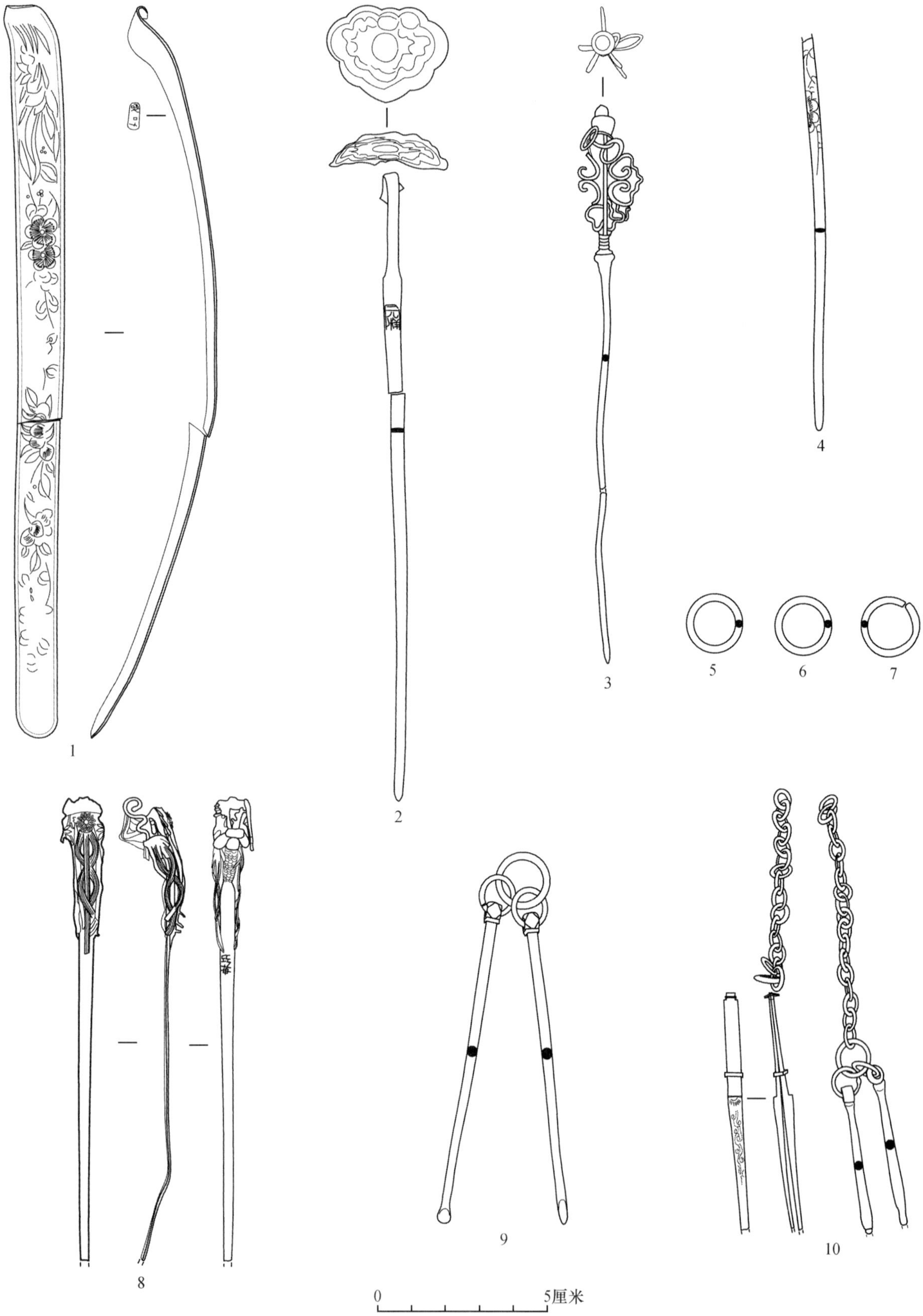

图二二四　M104出土器物

1. 银扁方（M104：1）　2、4. 银簪（M104：3、M104：2）　3、8. 鎏金银簪（M104：4、M104：6）　5～7. 银耳环（M104：5-1、M104：5-2、M104：5-3）　9. 银牙签、银耳勺（M104：10）　10. 银饰件（M104：7）

（图二二四，5～7；图版七八，8）。

鎏金银簪　2件。标本M104：6，锈残，通体鎏金，局部脱落。簪首呈龙头状，簪体呈扁长方形，背面有“巧苗”二字铭文，尾残断。残长13厘米（图二二四，8；图版七八，2、3）。标本M104：4，锈残，簪首整体鎏金。簪首与簪体为分别做成后接上，簪首呈禅杖形，顶部呈葫芦状，连环脱落，簪体残断，呈圆锥形，尾尖细。通长15.6厘米（图二二四，3；图版七八，7）。

银牙签、银耳勺　1组。由三银环连接。标本M104：10，锈残，牙签首部呈正方形，体呈圆柱形，尾扁尖。通长12.4厘米。耳勺首部呈正方形，体呈圆柱形，尾勺形。通长12.2厘米（图二二四，9；图版七九，3）。

银饰件　1套。标本M104：7，锈蚀残断，由圆环形铁链固定二圆柱体用具及镊子，残缺。通长10.3厘米（图二二四，10；图版七九，4）。

铜钱　31枚。

嘉庆通宝　31枚。标本M104：8-1，锈残，圆形，方穿，正、背面有圆郭，正面铸“嘉庆通宝”四字，楷书，对读，背面穿左右铸满文“宝泉”二字，纪局名。钱径2.4、穿宽0.65、郭宽0.35厘米，重3.65克（图二二五，1）。标本M104：9-1，锈残，圆形，方穿，正、背面有圆郭，正面铸“嘉庆通宝”四字，楷书，对读，背面穿左右铸满文“宝泉”二字，纪局名。钱径2.4、穿宽0.65、郭宽0.35厘米，重3.63克（图二二五，2）。

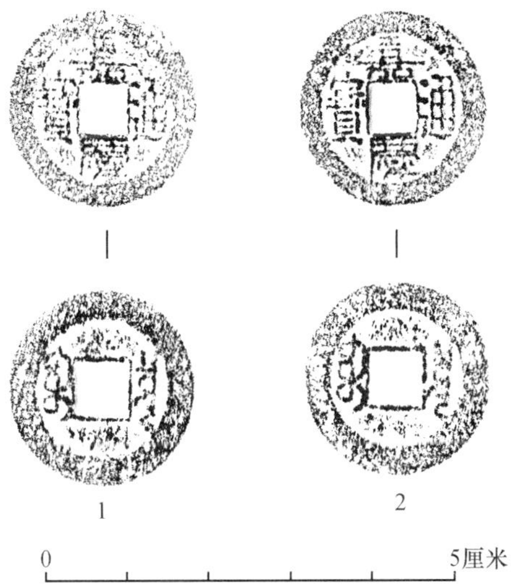

图二二五　M104出土嘉庆通宝钱
1. M104：8-1　2. M104：9-1

三十一、M105

（一）墓葬形制

M105位于Ⅰ区T1511中部，西北邻M104。开口于第2层下。近长方形竖穴土圹双棺墓，东北—西南向，方向38°。墓圹长2.26～2.54米，宽1.8米，墓口距地表深0.75米，墓口距墓底深0.8米，内填胶质花土，土质湿黏。墓底内置双棺，并列于墓中央，间距0.1米（图二二六；图版四四，2）。

东棺呈梯形，东北宽西南窄，长1.92米，宽0.62～0.72米，残高0.15米。棺内葬人骨1具，头向北，面向下，葬式不详，为男性。该棺被西棺打破。

西棺呈梯形，东北宽西南窄，棺木已朽，长1.8米，宽0.47～0.64米，残高0.15米。棺内葬人骨1具，头向北，面向西，仰身直肢葬，为女性。该棺打破东棺。

墓内随葬鎏金银耳环1对、顶戴1件、鎏金银簪1件、铜钱22枚。鎏金银耳环（M105：1）位于西棺骨架头骨东侧；顶戴（M105：4）位于东棺骨架头骨北部；鎏金银簪（M105：2）位于西棺骨架右掌骨处；铜钱（M105：3、M105：5）位于两棺骨架间，其中东棺12枚，西棺10枚。

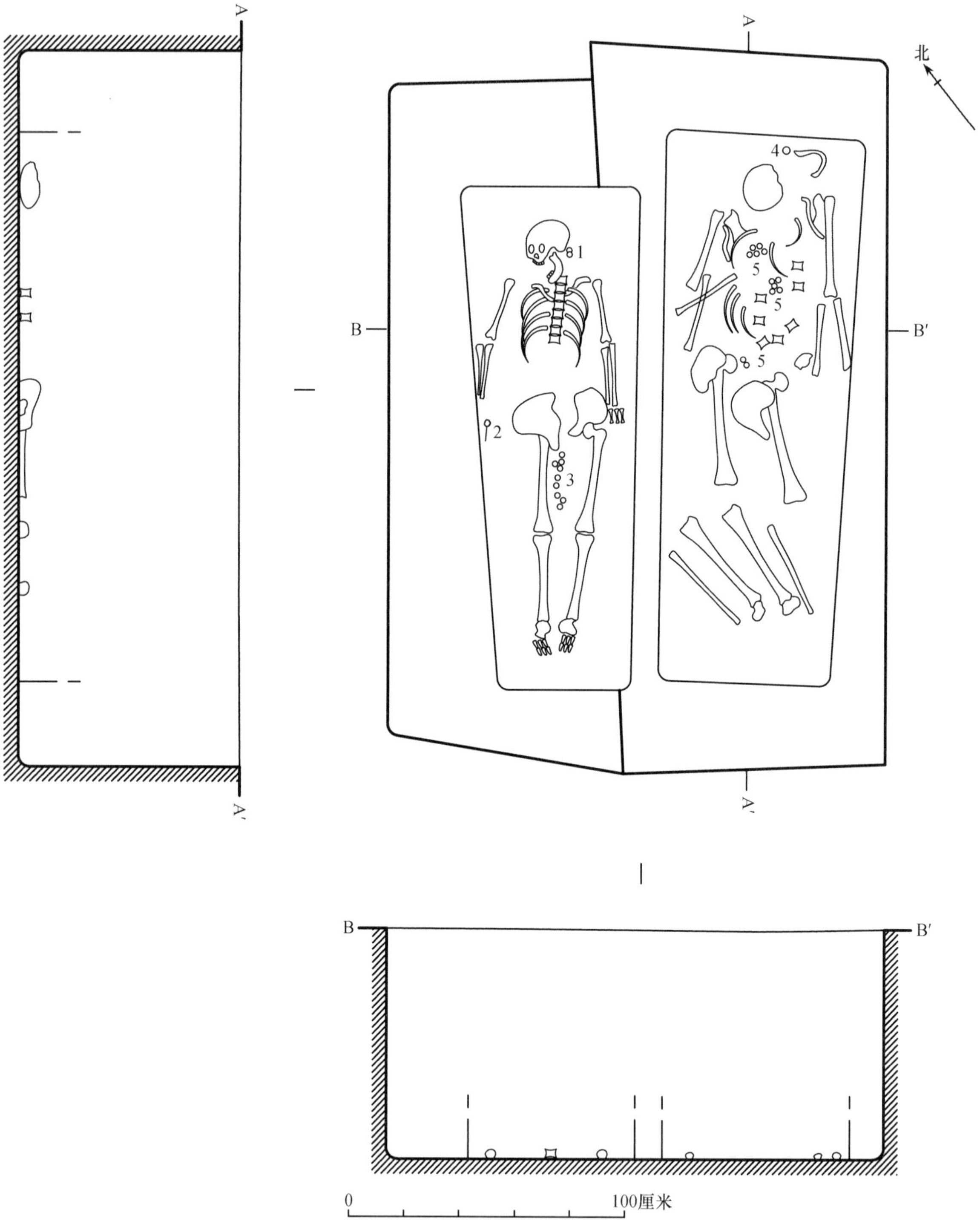

图二二六　M105平、剖面图

1. 鎏金银耳环　2. 鎏金银簪　3、5. 铜钱　4. 顶戴

（二）随葬品

鎏金银耳环　1对。标本M105：1-1、M105：1-2，锈，通体鎏金，局部脱落。圆环形。素面。直径2.1厘米（图二二七，1、2；图版七八，9）。

图二二七　M105出土器物

1、2. 鎏金银耳环（M105：1-1、M105：1-2）　3. 鎏金银簪（M105：2）　4. 顶戴（M105：4）　5. 嘉庆通宝（M105：5-1）　6. 道光通宝（M105：3-1）

鎏金银簪　1件。标本M105：2，锈残，整体鎏金。簪体与簪首为分别做成后接上，簪首呈五面禅杖形，连环脱落，簪体呈圆锥形，残断，尾尖细。残长12.2厘米（图二二七，3；图版七九，5）。

顶戴　1件。标本M105：4，锈残，由两层组合而成，顶部为球状透明晶体，穿孔，底为铜质莲花座，球体上部至莲花座底用梅花铆钉螺栓贯通上下，底部有圆垫片固定。球径3.1、通高5.3厘米（图二二七，4；图版八〇，1）。

铜钱　22枚。

嘉庆通宝　12枚。标本M105：5-1，锈残，圆形，方穿，正、背面有圆郭，正面铸“嘉庆通宝”四字，楷书，对读，背面穿左右铸满文“宝泉”二字，纪局名。钱径2.4、穿宽0.6、郭宽0.4厘米，重3.48克（图二二七，5）。

道光通宝　10枚。标本M105：3-1，锈残，圆形，方穿，正、背面有圆郭，正面铸“道光通宝”四字，楷书，对读，背面穿左右铸满文“宝泉”二字，纪局名。钱径2.25、穿宽0.6、郭宽0.3厘米，重3.43克（图二二七，6）。

三十二、M106

（一）墓葬形制

M106位于Ⅰ区T1511南部，东南邻M107。开口于第2层下。近长方形竖穴土圹双棺墓，南北向，方向10°。墓圹南北长2.7～2.82米，东西宽2米，墓口距地表深0.7米，墓口距墓底深0.7～0.8米，内填胶质花土，土质较软。墓底内置双棺，并列于墓中央，间距0.24～0.34米（图二二八；图版四五，1）。

东棺略呈梯形，北宽南窄，棺木腐朽严重，长1.96米，宽0.56～0.62米，残高0.08米。棺内葬人骨1具，头向北，面向不详，仰身直肢葬，为男性。

西棺略呈梯形，北宽南窄，棺木腐朽严重，长1.87米，宽0.52～0.68米，残高0.1米。棺内葬人骨1具，头向北，面向东，仰身直肢葬，为女性。

墓内随葬鎏金银簪3件、铜烟锅1件、白玉烟嘴1件、铜钱26枚。2件鎏金银簪（M106：3-1、M106：3-2）位于西棺骨架头骨上方，1件（M106：4）位于西棺骨架右手骨处，铜烟锅（M106：2-1）、玉烟嘴（M106：2-2）位于东棺骨架右臂骨处，铜钱（M106：1）无规律分布于东棺内。

（二）随葬品

鎏金银簪　3件。标本M106：3-1、M106：3-2，锈残，通体鎏金，局部脱落。形制相同，簪首圆弧扁平，簪体呈扁条状，尾尖细，呈三角形，正面錾刻花叶图案，背面簪首部铭文模糊不清。通长15.5、宽0.6～1.6厘米（图二二九，2、3；图版七九，1、2）。标本M106：4，锈残，簪首整体

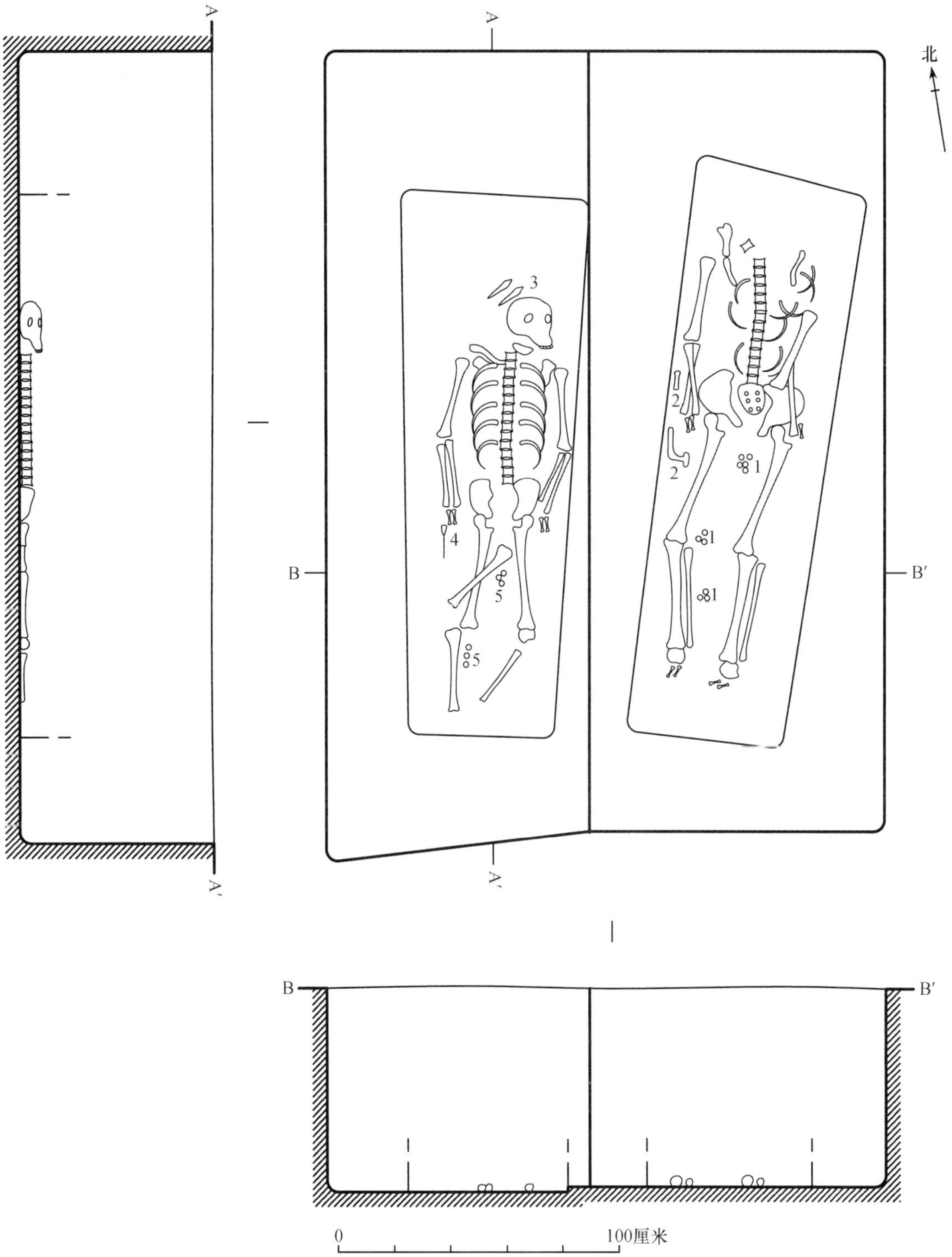

图二二八　M106平、剖面图

1、5. 铜钱　2. 玉烟嘴、铜烟锅　3、4. 鎏金银簪

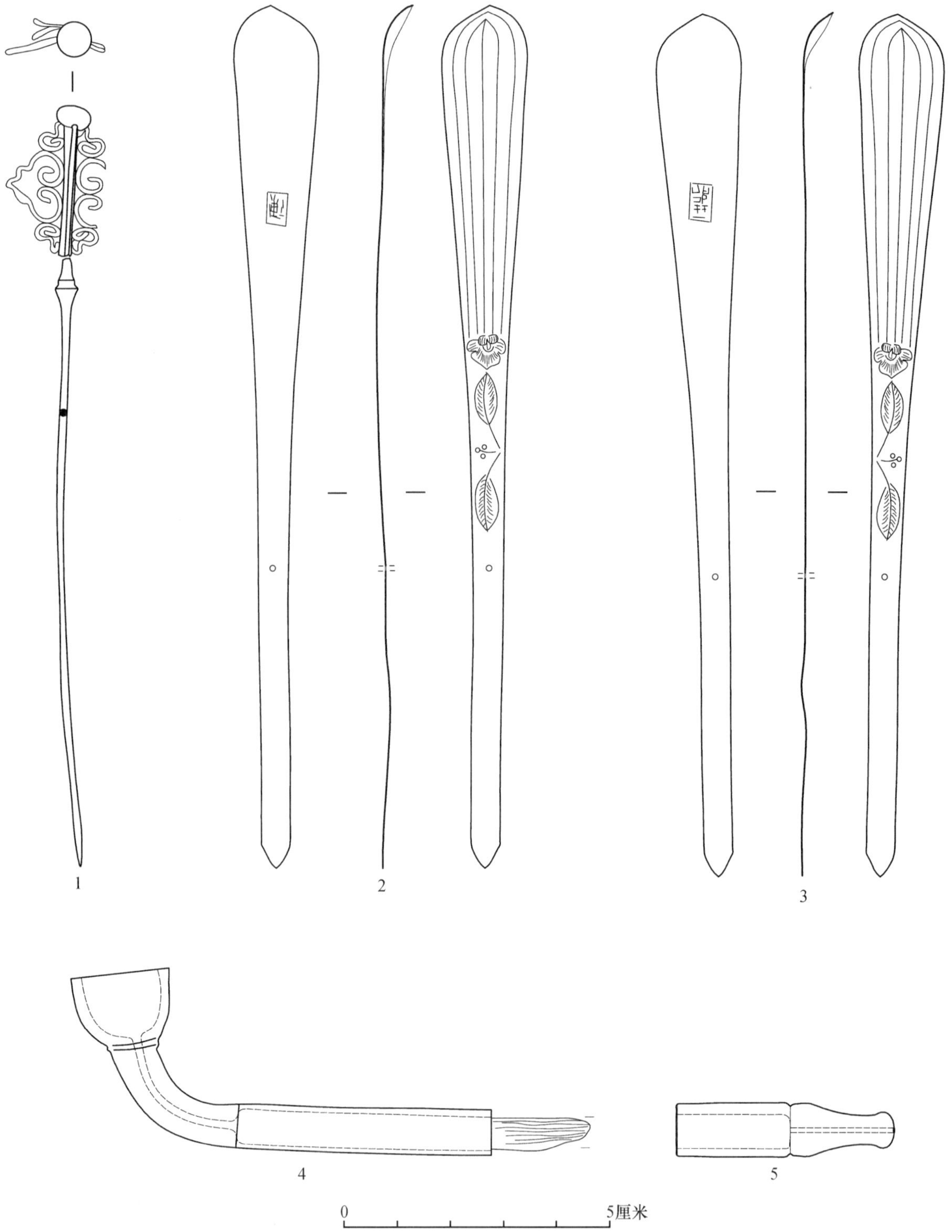

图二二九　M106出土器物

1～3. 鎏金银簪（M106：4、M106：3-1、M106：3-2）　4. 铜烟锅（M106：2-1）

5. 白玉烟嘴（M106：2-2）

鎏金。簪首呈禅杖形，连环脱落，簪体呈圆锥形，簪体与簪首为分别做成后接上，簪体残断，尾尖细。残长13.7厘米（图二二九，1；图版七九，6）。

铜烟锅　1件。标本M106：2-1，锈残，圆形，锅体较小，烟杆已朽，只剩残段。直径1.8、残长9.8厘米（图二二九，4；图版八〇，3）。

白玉烟嘴　1件。标本M106：2-2，呈筒状圆柱体，首部较细，内凹外展，颈部旋削加工成环形凹陷状。直径1、通长4.2、厚0.2厘米（图二二九，5；图版八〇，4）。

铜钱　26枚。

嘉庆通宝　4枚。标本M106：1-1，锈残，圆形，方穿，正、背面有圆郭，正面铸“嘉庆通宝”四字，楷书，对读，背面穿左右铸满文“宝泉”二字，纪局名。钱径2.7、穿宽0.65、郭宽0.4厘米，重5.17克（图二三〇，1）。标本M106：5-1，锈残，圆形，方穿，正、背面有圆郭，正面铸“嘉庆通宝”四字，楷书，对读，背面穿左右铸满文“宝源”二字，纪局名。钱径2.2、穿宽0.7、郭宽0.2厘米，重3.48克（图二三〇，2）。

道光通宝　22枚。标本M106：1-2，锈残，圆形，方穿，正、背面有圆郭，正面铸“道光通宝”四字，楷书，对读，背面穿左右铸满文“宝泉”二字，纪局名。钱径2.6、穿宽0.6、郭宽0.4厘米，重4.55克（图二三〇，3）。标本M106：5-2，锈残，圆形，方穿，正、背面有圆郭，正面铸“道光通宝”四字，楷书，对读，背面穿左右铸满文“宝泉”二字，纪局名。钱径2.4、穿宽0.6、郭宽0.35厘米，重3克（图二三〇，4）。

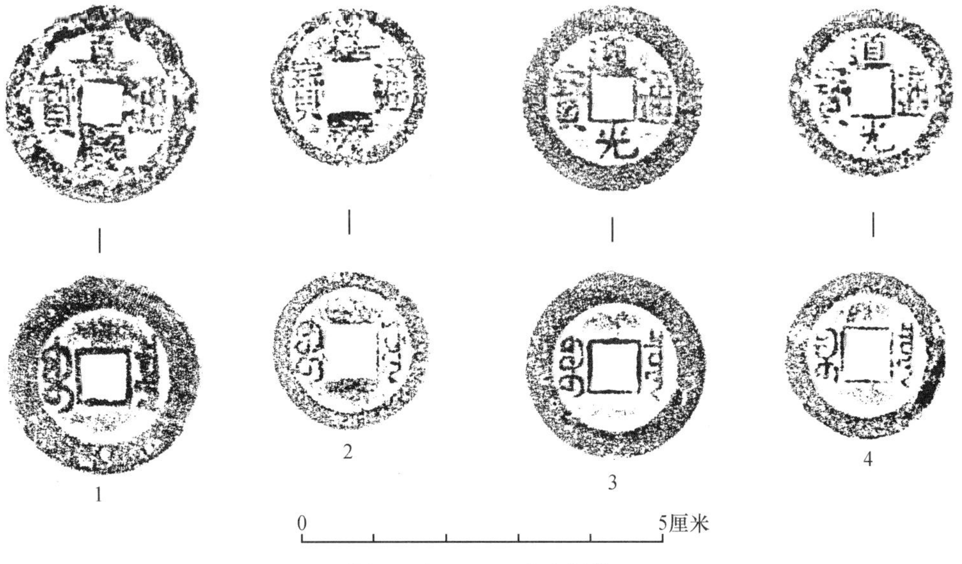

图二三〇　M106出土铜钱

1、2. 嘉庆通宝（M106：1-1、M106：5-1）　3、4. 道光通宝（M106：1-2、M106：5-2）

三十三、M108

（一）墓葬形制

M108位于Ⅰ区T1511西北部，东邻M104，西南邻M109。开口于第2层下。梯形竖穴土圹双棺墓，北宽南窄，南北向，方向352°。墓圹南北长3.36米，东西宽2～2.28米，墓口距地表深0.75米，墓口距墓底深0.5～0.6米，内填胶质花土，土质湿黏。墓底内置双棺，并列于墓中西部（图二三一；图版四五，2）。

东棺呈梯形，北宽南窄，长2.06米，宽0.68～0.76米，残高0.1米。棺内葬人骨1具，头向北，面向北，葬式不详，性别不详。该棺打破西棺。

西棺呈梯形，北宽南窄，棺木已朽，长2米，宽0.62～0.74米，残高0.15米。棺内葬人骨1具，头向北，面向下，葬式不详，性别不详。

墓内随葬半釉陶罐1件、铜钱7枚。半釉陶罐（M108：1）位于东棺头外东部，铜钱（M108：2）位于东棺中部。

（二）随葬品

半釉陶罐　1件。标本M108：1，黄褐色胎，胎质粗疏，器口及外腹壁施半青绿色釉，器内仅口部施一层较薄的青绿色釉浆水，器体修坯粗糙。残损，直口，方圆唇，束颈，溜肩，直筒形腹，上腹略鼓，平底。口径10.8、最大腹径11、底径7.2、高12、厚0.3～0.5厘米（图二三二；图版八〇，5）。

铜钱　7枚。

康熙通宝　1枚。标本M108：2-1，锈残，圆形，方穿，正、背面有圆郭，正面铸“康熙通宝”四字，楷书，对读，背面穿左右铸满文“宝泉”二字。钱径2.4、穿宽0.6、郭宽0.3厘米，重2.5克（图二三三，1）。

嘉庆通宝　5枚。标本M108：2-2，锈残，圆形，方穿，正、背面有圆郭，正面铸“嘉庆通宝”四字，楷书，对读，背面穿左右铸满文“宝源”二字，纪局名。钱径2.45、穿宽0.6、郭宽0.25厘米，重4.17克（图二三三，2）。

光绪通宝　1枚。标本M108：2-3，锈残，圆形，方穿，正、背面有圆郭，正面铸“光绪通宝”四字，楷书，对读，背面穿左右铸满文“宝源”二字，纪局名。钱径2.15、穿宽0.65、郭宽0.25厘米，重1.93克（图二三三，3）。

三十四、M111

（一）墓葬形制

M111位于Ⅰ区T1010东南部，西北邻M113。开口于第2层下。近长方形竖穴土圹双棺墓，

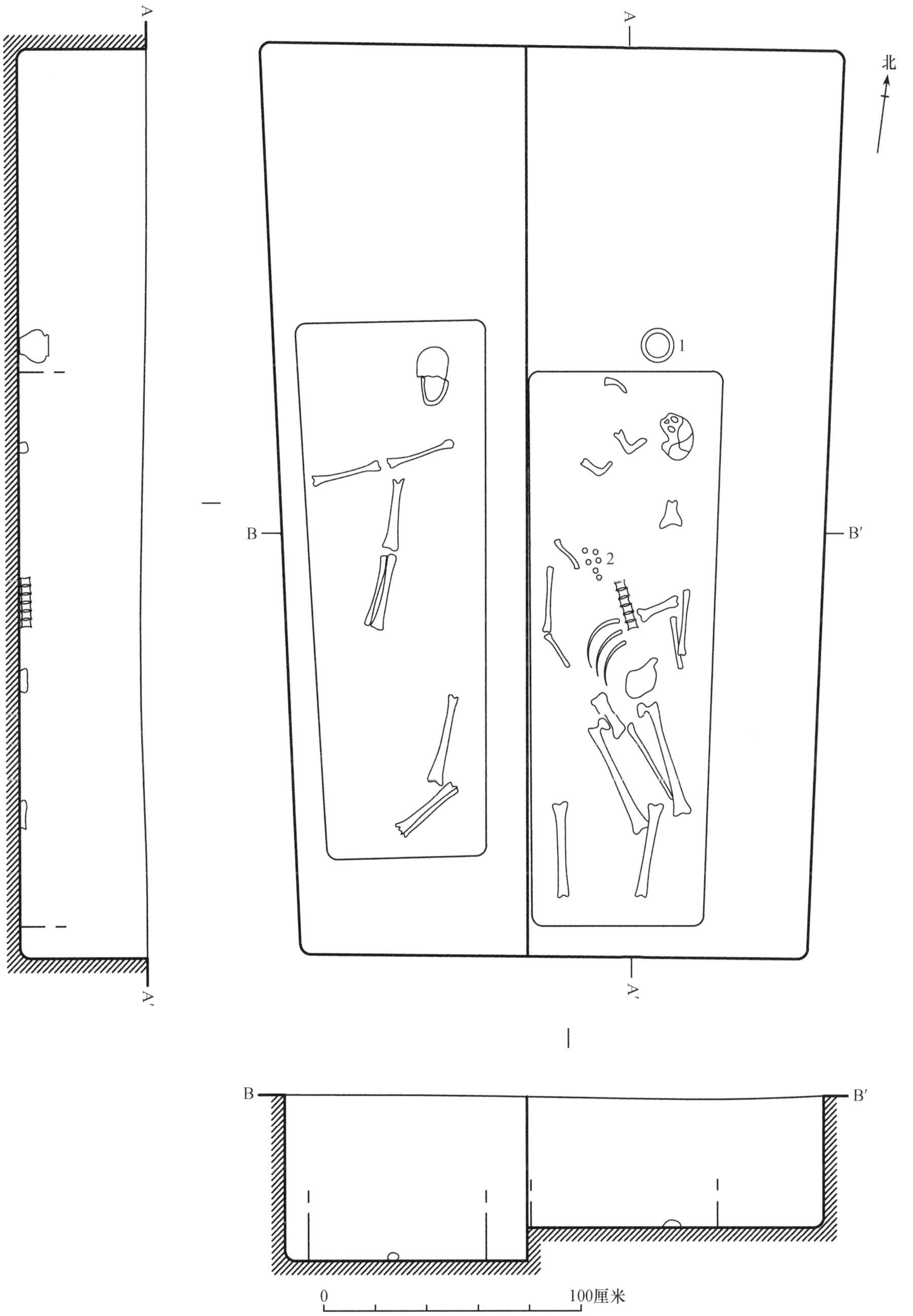

图二三一　M108平、剖面图
1. 半釉陶罐　2. 铜钱

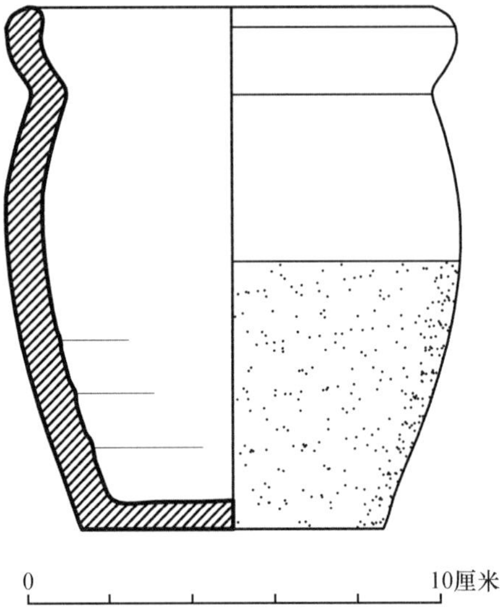

图二三二　M108出土半釉陶罐
（M108：1）

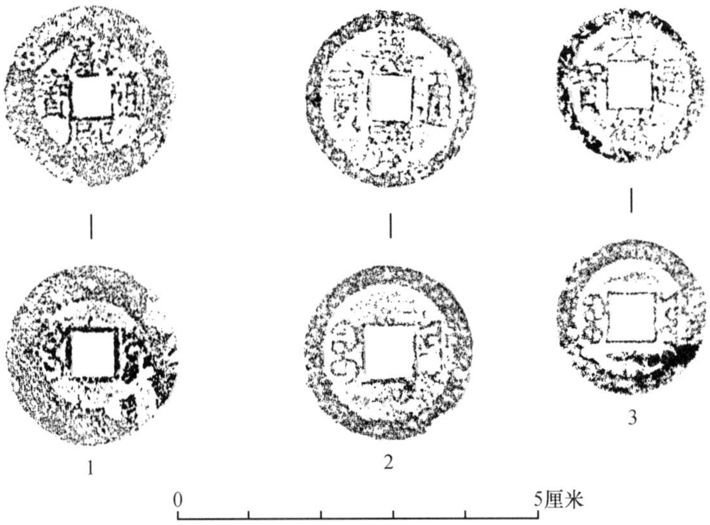

图二三三　M108出土铜钱
1. 康熙通宝（M108：2-1）　2. 嘉庆通宝（M108：2-2）　3. 光绪通宝（M108：2-3）

南北向，方向352°。墓圹南北长2.6米，东西宽1.76～1.8米，墓口距地表深0.9米，墓口距墓底深0.4～0.46米，内填胶质花土，土质湿黏。墓底内置双棺，并列于墓中央，间距0.12～0.22米（图二三四；图版四六，1）。

东棺略呈梯形，北宽南窄，棺木腐朽严重，仅留朽木痕迹，长1.82米，宽0.48～0.6米，残高0.26米。棺内葬人骨1具，头向北，面向上，仰身直肢葬，为男性。

西棺略呈梯形，北宽南窄，棺木腐朽严重，仅留朽木痕迹，长1.8米，宽0.58～0.66米，残高0.2米。棺内葬人骨1具，头向北，面向不详，葬式不详，为女性。

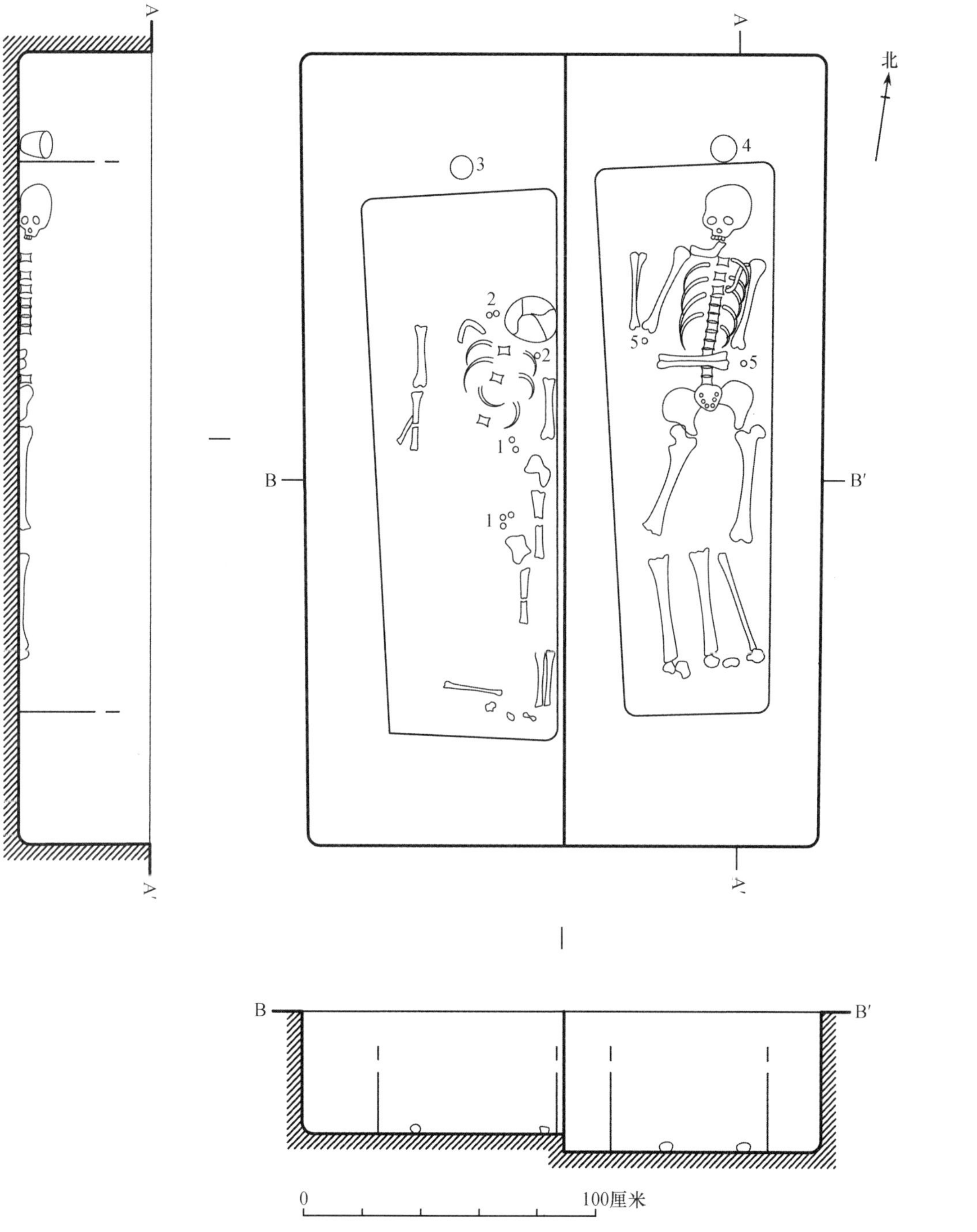

图二三四 M111平、剖面图

1、5. 铜钱 2. 银耳环 3、4. 半釉陶罐

墓内随葬半釉陶罐2件、银耳环3件、铜钱7枚。半釉陶罐（M111：4）1件位于东棺头外偏东部，另1件（M111：3）位于西棺头外中部；银耳环（M111：2）位于西棺骨架颅骨处；铜钱2枚（M111：5）位于东棺骨架肘骨处，5枚（M111：1）无规律分散在西棺内。

（二）随葬品

半釉陶罐　2件。标本M111：3，黄褐色胎，胎质粗疏，器口及外腹壁施半青绿色釉，器内仅口部施一层较薄的青绿色釉，器体腹部有滴釉现象。口残，敞口，方圆唇，束颈，溜肩，筒形腹，上腹略鼓，平底。口径10.4、最大腹径10.6、底径7.2、高11.4、厚0.3～0.8厘米（图二三五，1；图版八〇，6）。标本M111：4，黄褐色胎，胎质粗疏，器口及外腹壁施半酱色釉，器内仅口部施一层较薄的酱色釉，器体腹部有滴釉现象。口残，敞口，方圆唇，束颈，溜肩，筒形腹，上腹略鼓，平底。口径12.2、最大腹径11.4、底径8.4、高11.6、厚0.4～0.7厘米（图二三五，2；图版八一，1）。

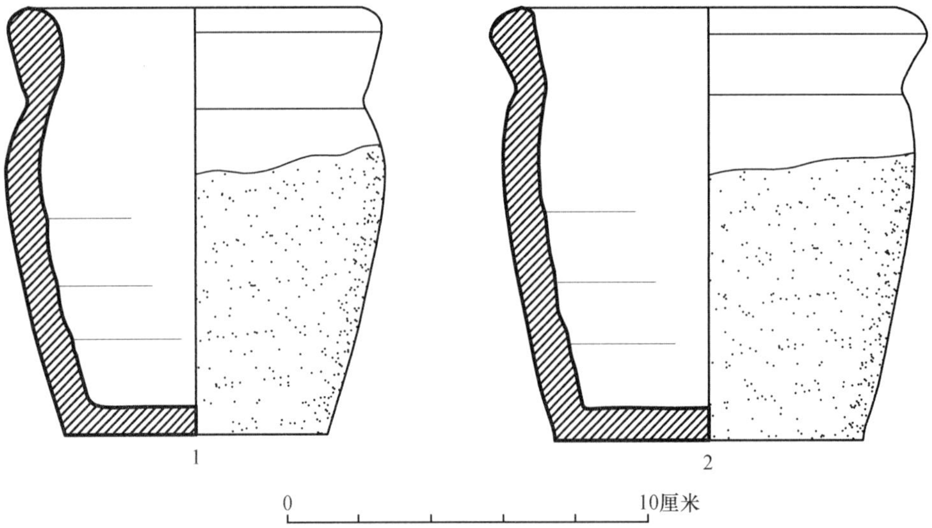

图二三五　M111出土半釉陶罐

1. M111：3　2. M111：4

银耳环　3件。标本M111：2-1～M111：2-3，锈残，圆环形。素面。直径1.7厘米（图二三六，1～3；图版八〇，2）。

铜钱　7枚。

乾隆通宝　7枚。标本M111：1-1，锈残，圆形，方穿，正、背面有圆郭，正面铸“乾隆通宝”四字，楷书，对读，背面穿左右铸满文“宝泉”二字，纪局名。钱径2.45、穿宽0.55、郭宽0.4厘米，重3.75克（图二三六，4）。标本M111：5-1，锈残，圆形，方穿，正、背面有圆郭，正面铸“乾隆通宝”四字，楷书，对读，背面穿左右铸 “宝泉”二字，纪局名。钱径2.55、穿宽0.6、郭宽0.45厘米，重2.23克（图二三六，5）。

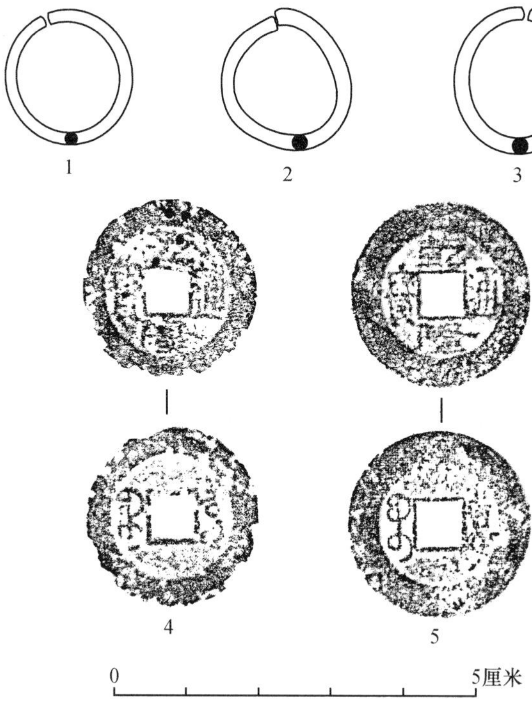

图二三六　M111出土器物

1～3. 银耳环（M111：2-1、M111：2-2、M111：2-3）　4、5. 乾隆通宝（M111：1-1、M111：5-1）

三十五、M113

（一）墓葬形制

M113位于Ⅰ区T0911南部，北邻M112。开口于第2层下。长方形竖穴土圹双棺墓，南北向，方向7°。墓圹南北长2.58～2.64米，东西宽1.92米，墓口距地表深0.8米，墓口距墓底深0.78～0.8米，内填胶质花土，土质湿黏。墓底内置双棺，并列于墓中央，间距0.14米（图二三七；图版四六，2）。

东棺略呈梯形，北宽南窄，棺木腐朽严重，仅留朽木痕迹，长1.9米，宽0.56～0.7米，残高0.26米。棺内葬人骨1具，头向北，面向、葬式、性别均不详。

西棺略呈梯形，北宽南窄，棺木半朽，长2米，宽0.58～0.64米，残高0.3米。棺内葬人骨1具，头向北，面向、葬式、性别均不详。

墓内随葬釉陶罐2件、铜钱2枚。釉陶罐（M113：1）1件位于西棺头外偏西部，另1件（M113：3）位于东棺头外东北部；铜钱（M113：2）位于西棺骨架头骨西部。

（二）随葬品

釉陶罐　2件。标本M113：1，泥质红陶，器内外壁施青绿色釉浆水，局部露胎。残，敞口，

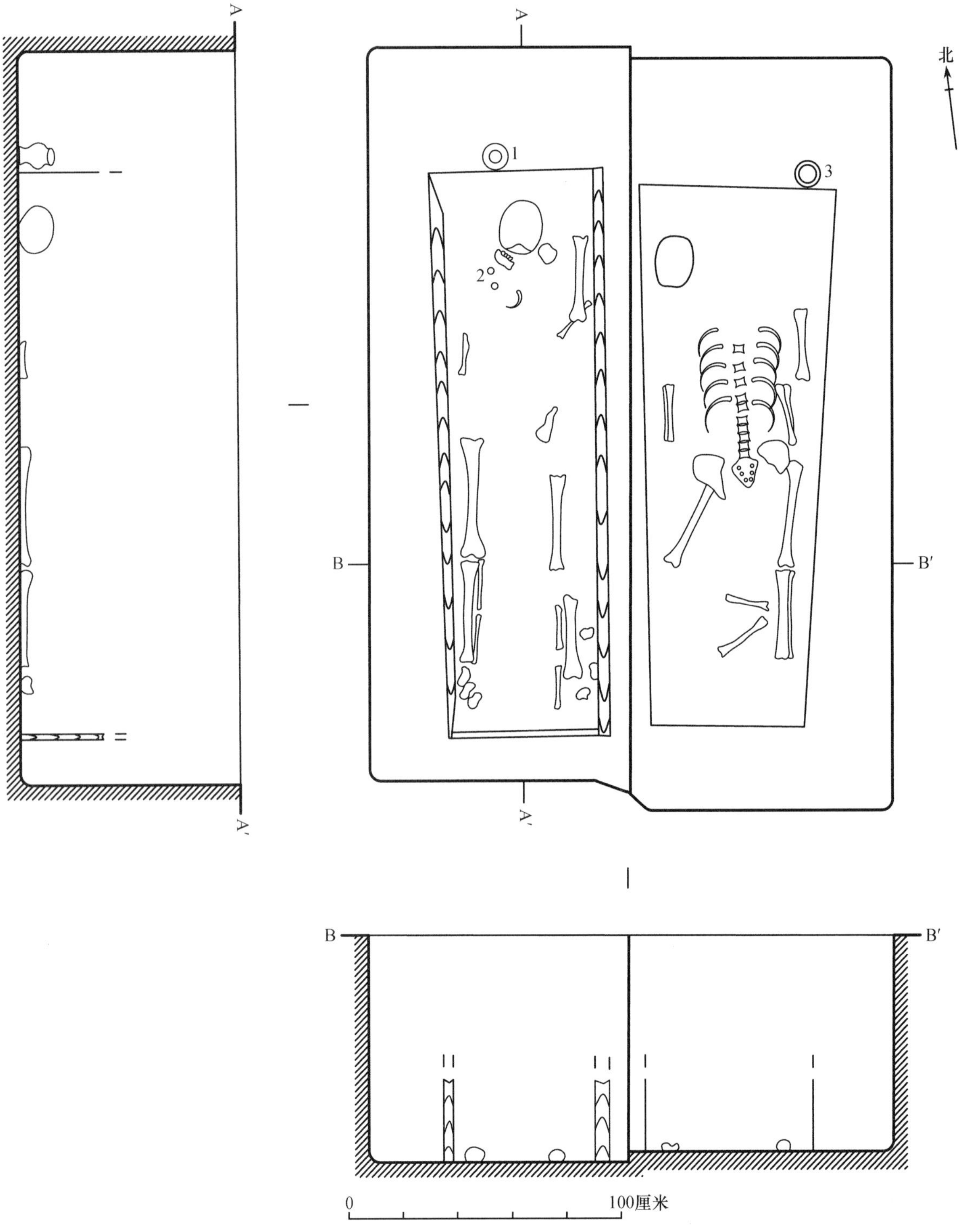

图二三七　M113平、剖面图

1、3. 釉陶罐　2. 铜钱

方圆唇，鼓腹，下腹弧收，束腰，平底。口径8.8、最大腹径12、底径9.2、高14、厚0.4～0.6厘米（图二三八，1；图版八一，3）。标本M113：3，泥质红陶，器内外壁施青绿色釉浆水，局部露胎。口残，敞口，平沿，尖唇，短颈，鼓腹，下腹弧收，束腰，平底。口径9.6、最大腹径10.8、底径10.2、高14、厚0.3～0.5厘米（图二三八，2；图版八一，4）。

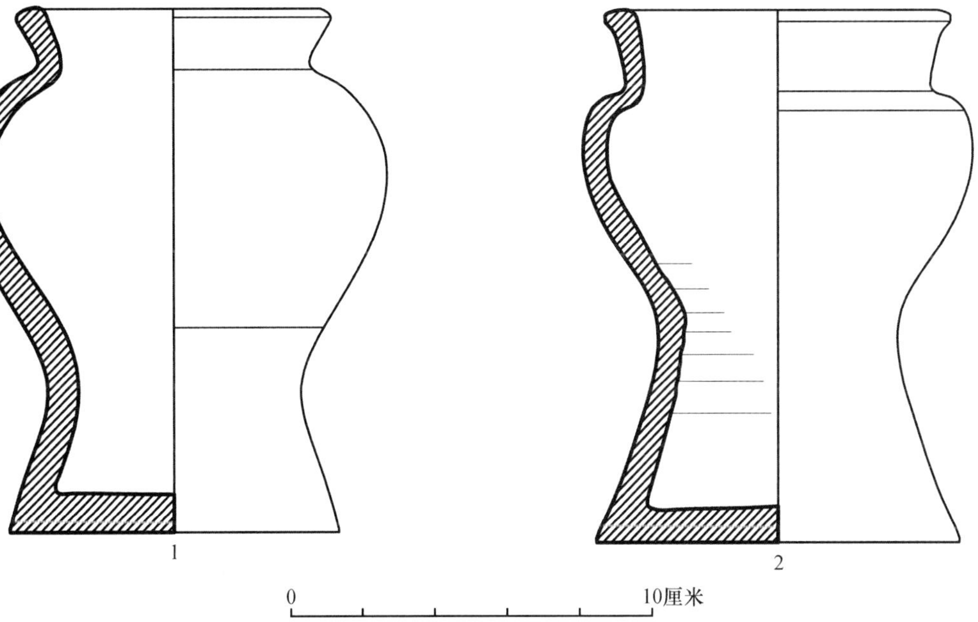

图二三八 M113出土釉陶罐

1. M113：1 2. M113：3

铜钱 2枚。

光绪通宝 2枚。标本M113：2-1，锈残，圆形，方穿，正、背面有圆郭，正面铸“光绪通宝”四字，楷书，对读，背面穿左右铸满文“宝泉”二字，纪局名。钱径1.8、穿宽0.4、郭宽0.25厘米，重0.93克（图二三九）。

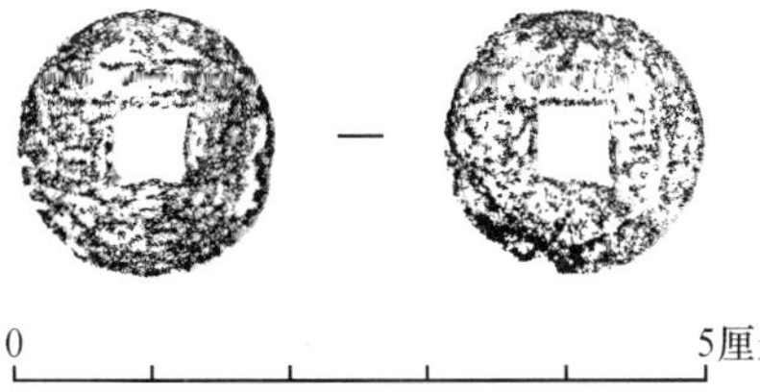

图二三九 M113出土光绪通宝钱

（M113：2-1）

三十六、M114

（一）墓葬形制

M114位于Ⅰ区T0910南部，北邻M113。开口于第2层下。梯形竖穴土圹双棺墓，北宽南窄，南北向，方向358°。墓圹南北长2.36～2.4米，东西宽1.48～1.76米，墓口距地表深0.8米，墓口距墓底深1.06～1.08米，内填胶质花土，土质较软。墓底内置双棺，并列于墓中央，间距0.25～0.27米（图二四〇；图版四七，1）。

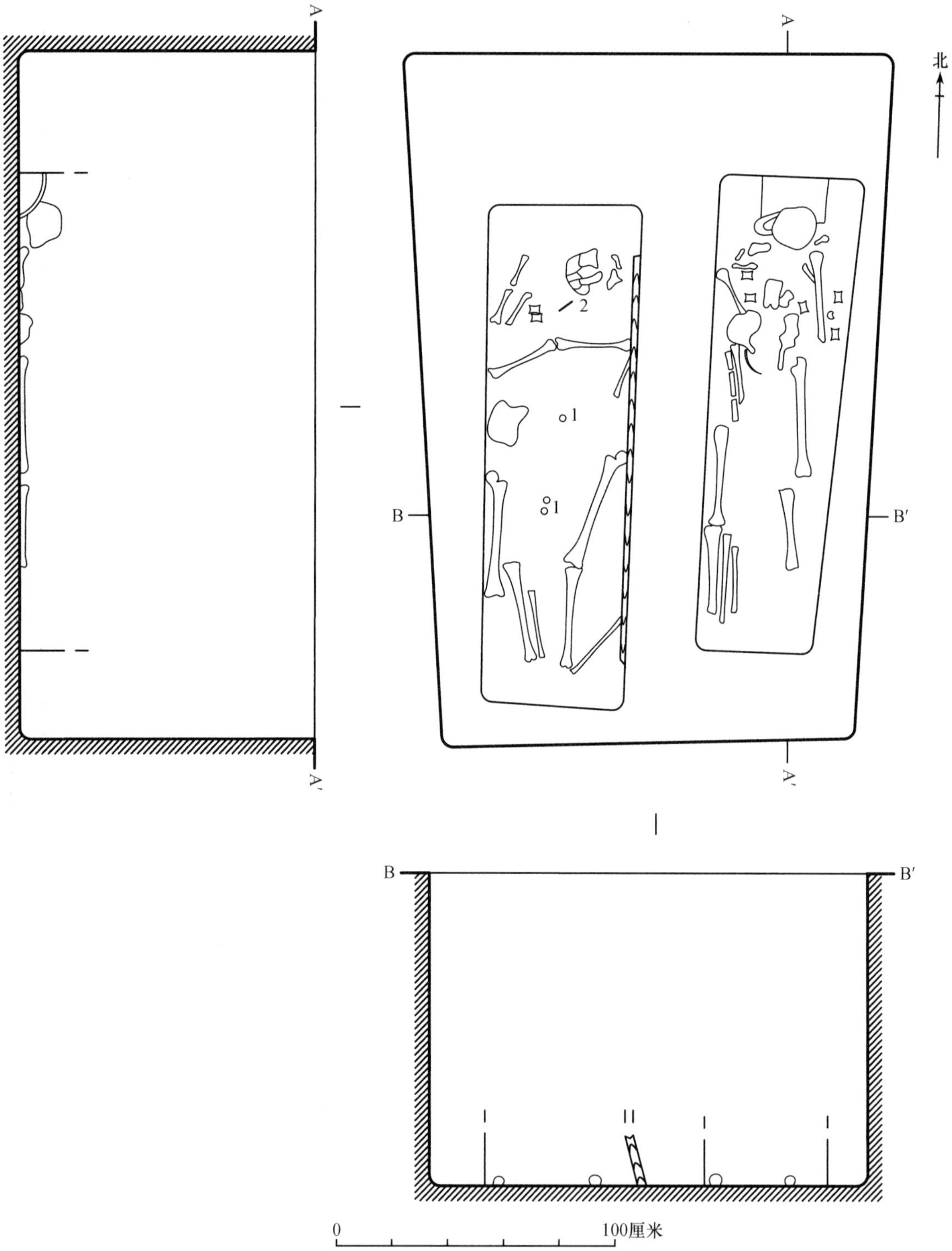

图二四〇　M114平、剖面图

1. 铜钱　2. 骨簪

东棺略呈梯形，北宽南窄，棺木腐朽严重，长1.65米，宽0.42～0.52米，残高0.16米。棺内葬人骨1具，头向北，面向下，仰身直肢葬，为男性。

西棺略呈梯形，北宽南窄，棺木保存较差，部分残存，长1.73米，宽0.51～0.55米；东侧板残高0.18米，厚0.03米。棺内葬人骨1具，头向北，面向不详，葬式不详，为女性。

墓内随葬骨簪1件、铜钱3枚。骨簪（M114：2）位于西棺骨架头骨处，铜钱（M114：1）无规律分散在西棺内。

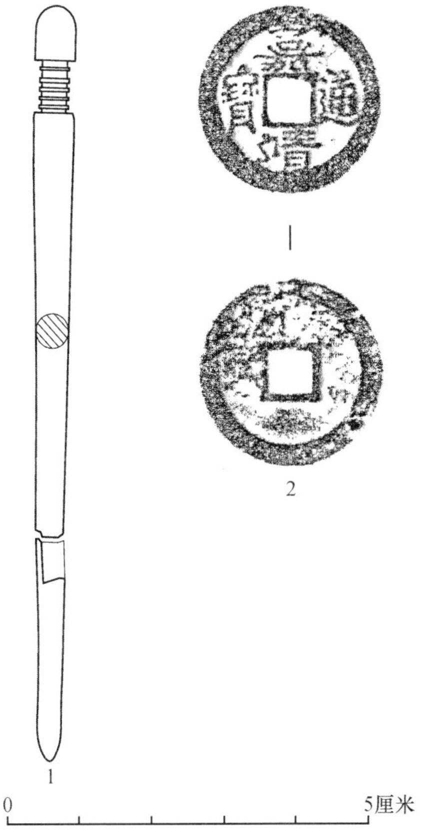

图二四一　M114出土器物

1. 骨簪（M114：2）　2. 嘉庆通宝（M114：1-1）

（二）随葬品

骨簪　1件。标本M114：2，黄褐色，骨质较硬。残，整体呈圆锥形，簪首呈椭圆形，打磨圆滑，细颈部有五周螺旋状纹，尾残断。残长10厘米（图二四一，1；图版八二，1）。

铜钱　3枚。

嘉靖通宝　3枚。标本M114：1-1，残，圆形，方穿，正、背面有圆郭，正面铸“嘉靖通宝”四字，楷书，对读，背面无纹。钱径2.6、穿宽0.6、郭宽0.35厘米，重3.58克（图二四一，2）。

三十七、M115

（一）墓葬形制

M115位于Ⅰ区T0811中北部，南邻M116，西邻M121。开口于第2层下。梯形竖穴土圹双棺墓，北窄南宽，南北向，方向8°。墓圹南北长2.5～2.52米，东西宽2～2.1米，墓口距地表深0.8米，墓口距墓底深0.86～0.9米，内填胶质花土，土质湿黏。墓底内置双棺，并列于墓中央，双棺间距0.3米（图二四二；图版四七，2）。

东棺略呈梯形，北宽南窄，棺木腐朽严重，仅留朽木痕迹，长1.86米，宽0.46～0.6米，残高0.1米。棺内葬人骨1具，头向北，面向东，葬式、性别均不详。

西棺略呈梯形，北宽南窄，棺木腐朽严重，仅留朽木痕迹，长1.84米，宽0.52～0.62米，残高0.06米。棺内葬人骨1具，头向北，面向东，葬式、性别均不详。

墓内随葬铜钱4枚，其中2枚（M115：1）位于西棺南部骨架腿骨处，另2枚（M115：2）位于东棺中部骨架腿骨处。

图二四二　M115平、剖面图
1、2. 铜钱

（二）随葬品

铜钱 4枚。

顺治通宝 1枚。标本M115：1-1，锈残，圆形，方穿，正、背面有圆郭，正面铸“顺治通宝”四字，楷书，对读，背面穿左右铸文模糊不清。钱径2.6、穿宽0.6、郭宽0.4厘米，重3.18克（图二四三，1）。

嘉庆通宝 2枚。标本M115：2-1，锈残，圆形，方穿，正、背面有圆郭，正面铸“嘉庆通宝”四字，楷书，对读，背面穿左右铸满文“宝泉”二字，纪局名。钱径2.3、穿宽0.6、郭宽0.3厘米，重3.39克（图二四三，2）。

光绪通宝 1枚。标本M115：1-2，锈残，圆形，方穿，正、背面有圆郭，正面铸“光绪通宝”四字，楷书，对读，背面穿左右铸满文“宝泉”二字，纪局名。钱径2.45、穿宽0.6、郭宽0.4厘米，重4.15克（图二四三，3）。

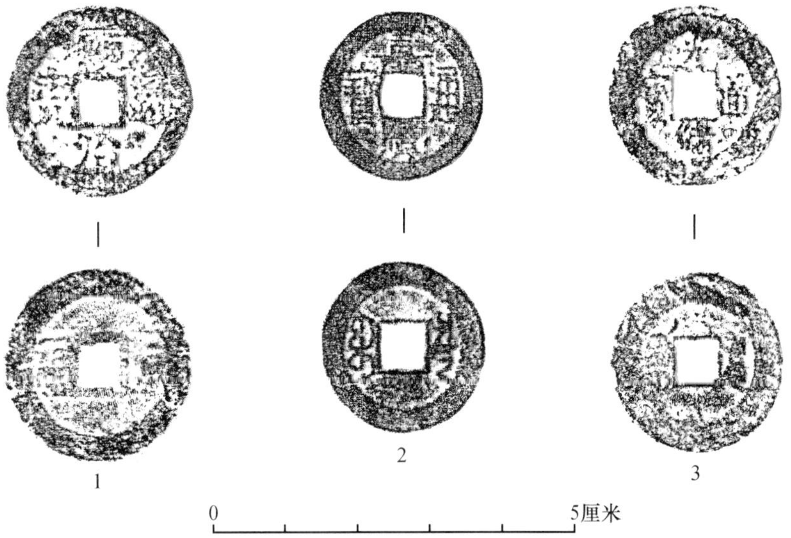

图二四三 M115出土铜钱

1. 顺治通宝（M115：1-1） 2. 嘉靖通宝（M115：2-1） 3. 光绪通宝（M115：1-2）

三十八、M127

（一）墓葬形制

M127位Ⅰ区T0812东南部，西邻M128。开口于第2层下。梯形竖穴土圹双棺墓，北宽南窄，南北向，方向14°。墓圹南北长2.86～2.96米，东西宽1.6～1.74米，墓口距地表深1米，墓口距墓底深0.52～0.64米，内填胶质花土，土质较软。墓底内置双棺，并列于墓中央（图二四四；图版四八，1）。

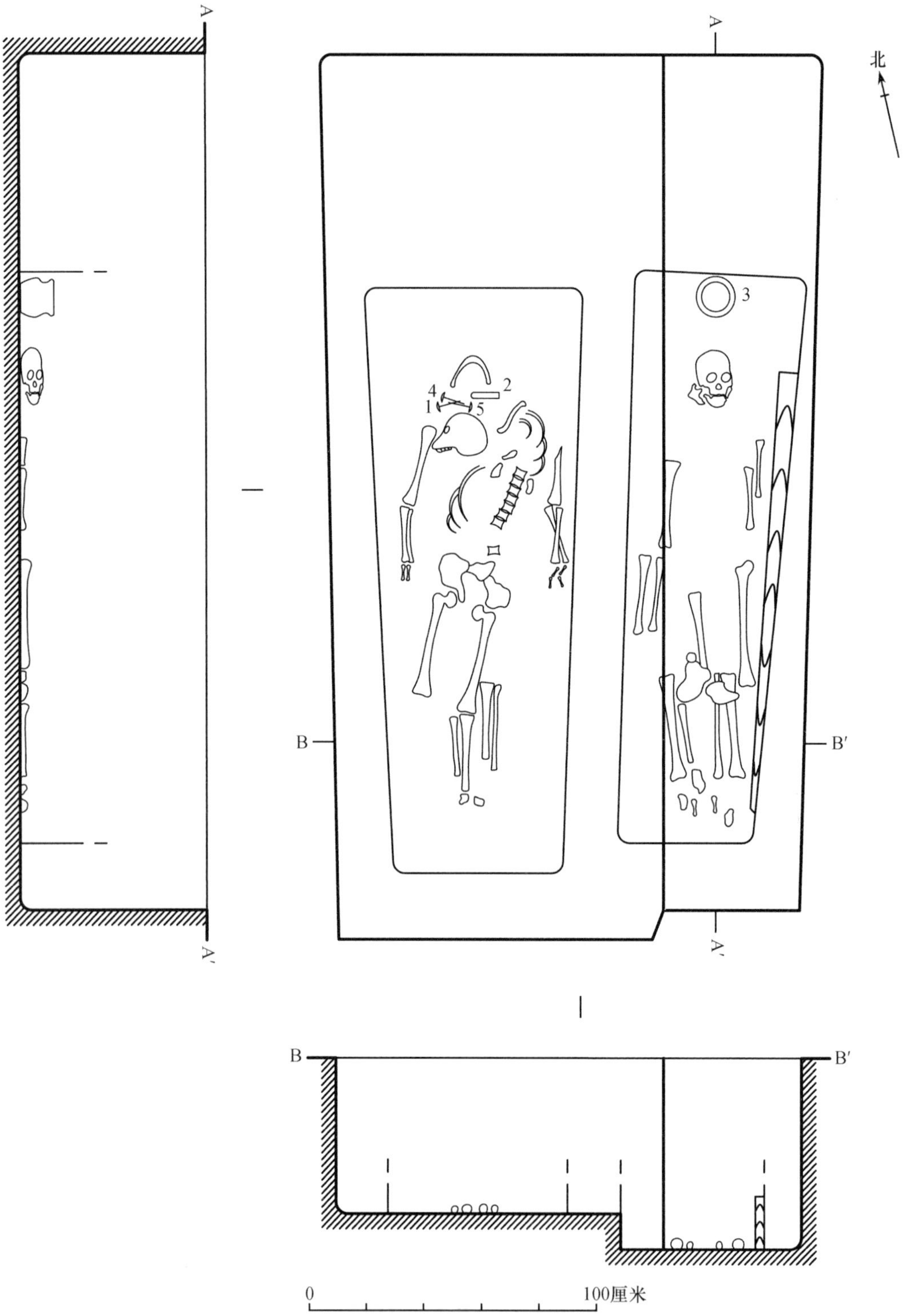

图二四四　M127平、剖面图
1、4、5. 银簪　2. 鎏金银簪　3. 灰陶罐

东棺略呈梯形，北宽南窄，棺木腐朽严重，长1.91米，宽0.48～0.6米，残高0.22米。棺内葬人骨1具，头向北，面向南，仰身直肢葬，为男性。

西棺略呈梯形，北宽南窄，棺木腐朽严重，长1.96米，宽0.6～0.76米，残高0.1米。棺内葬人骨1具，头向北，面向西，仰身直肢葬，为女性。

墓内随葬灰陶罐1件、鎏金银簪1件、银簪3件。灰陶罐（M127：3）位于东棺骨架头骨上方，银簪（M127：1、M127：2、M127：4、M127：5）位于西棺骨架头骨顶部。

（二）随葬品

灰陶罐　1件。标本M127：3，泥质灰陶，胎质粗疏。器体略变形，口残，敞口，方圆唇，束颈，溜肩，弧腹，下腹弧收，小平底。素面。口径10、最大腹径11.6、底径6.8、高12、厚0.3～0.4厘米（图二四五；图版八一，5）。

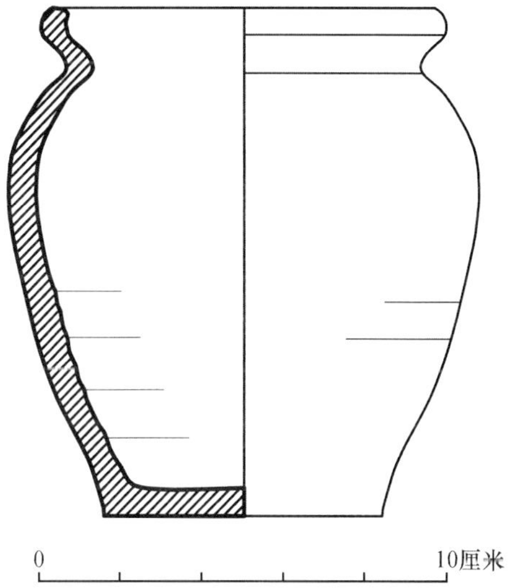

图二四五　M127出土灰陶罐（M127：3）

鎏金银簪　1件。标本M127：2，锈残，簪首呈五朵花瓣状，花瓣中间镶嵌有五角荷叶，花边向四周展开，花瓣与花瓣间嵌接，中间镶嵌一圆形花蕊，簪体呈圆锥形，略弯曲，尾尖。簪首直径4.3、通长13.3厘米（图二四六，2；图版八二，4）。

银簪　3件。标本M127：1，残，簪首与簪体断开，簪首为圆形菊花瓣状，顶部焊接银丝圆环一周，内饰物残缺，背面錾刻铭文“福元”二字，簪体呈圆锥形，尾尖细。簪首直径2.4、通长13.2厘米（图二四六，1；图版八二，3）。标本M127：4，残，簪体较细小，呈圆锥形，尾较尖。残长13.4厘米（图二四六，3；图版八二，5）。标本M127：5，簪体与簪首断裂，簪首残破，呈五朵花瓣状，内嵌圆饼形石，簪体呈圆锥形，尾较尖。簪首直径3.3、通长14厘米（图二四六，4；图版八二，6）。

三十九、M128

（一）墓葬形制

M128位于Ⅰ区T0812中部，东邻M127。开口于第2层下。梯形竖穴土圹双棺墓，北宽南窄，南北向，方向352°。墓圹南北长2.8～2.88米，东西宽1.92～2米，墓口距地表深1.1米，墓口距墓底深0.16～0.22米，内填胶质花土，土质湿黏。墓底内置双棺，并列于墓中央，间距0.22～0.38米（图二四七；图版四八，2）。

东棺略呈梯形，北宽南窄，棺木腐朽严重，仅留朽木痕迹，长1.9米，宽0.5～0.6米，残高0.16米。棺内葬人骨1具，头向北，面向上，仰身直肢葬，为男性。

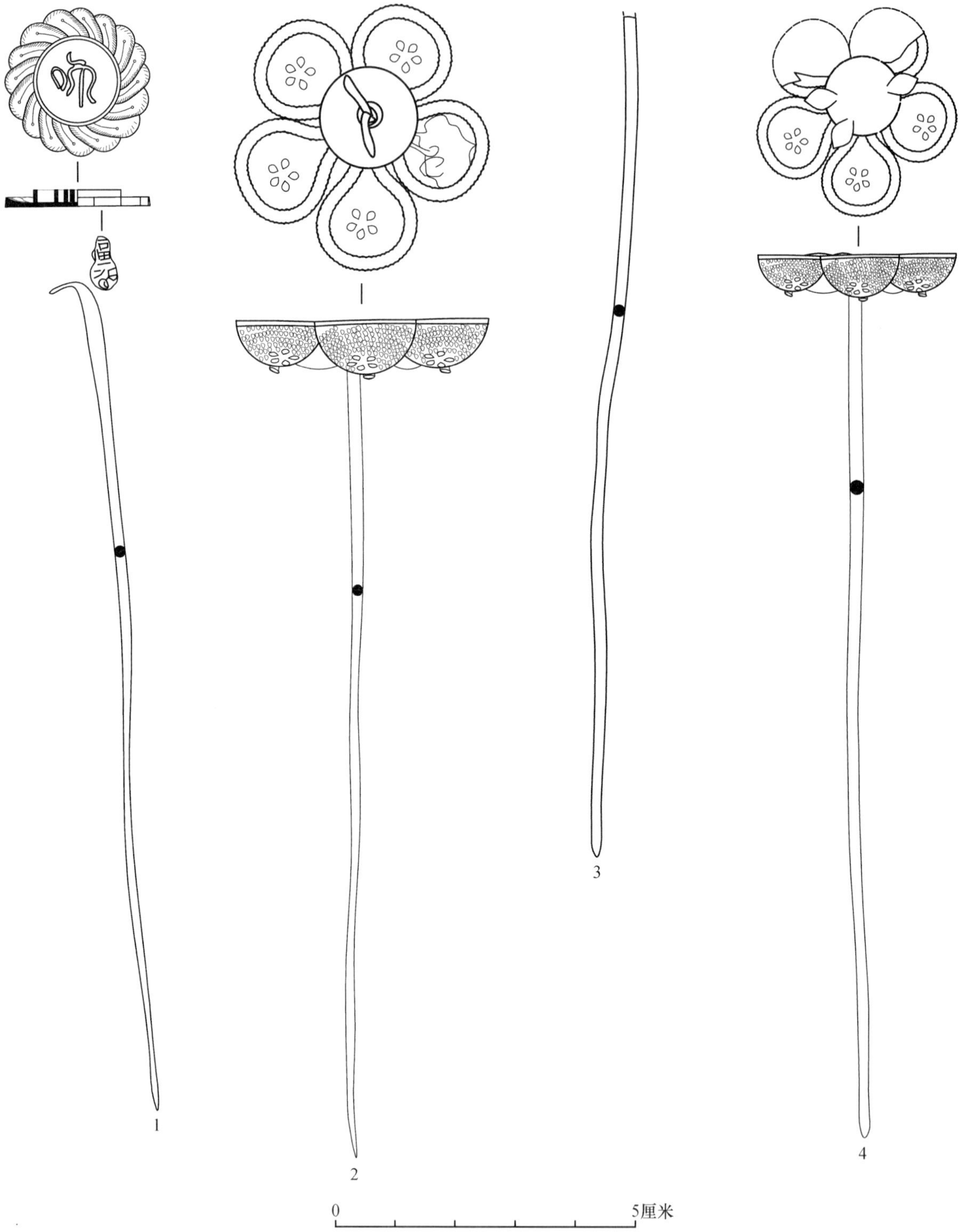

图二四六　M127出土器物

1、3、4. 银簪（M127：1、M127：4、M127：5）　2. 鎏金银簪（M127：2）

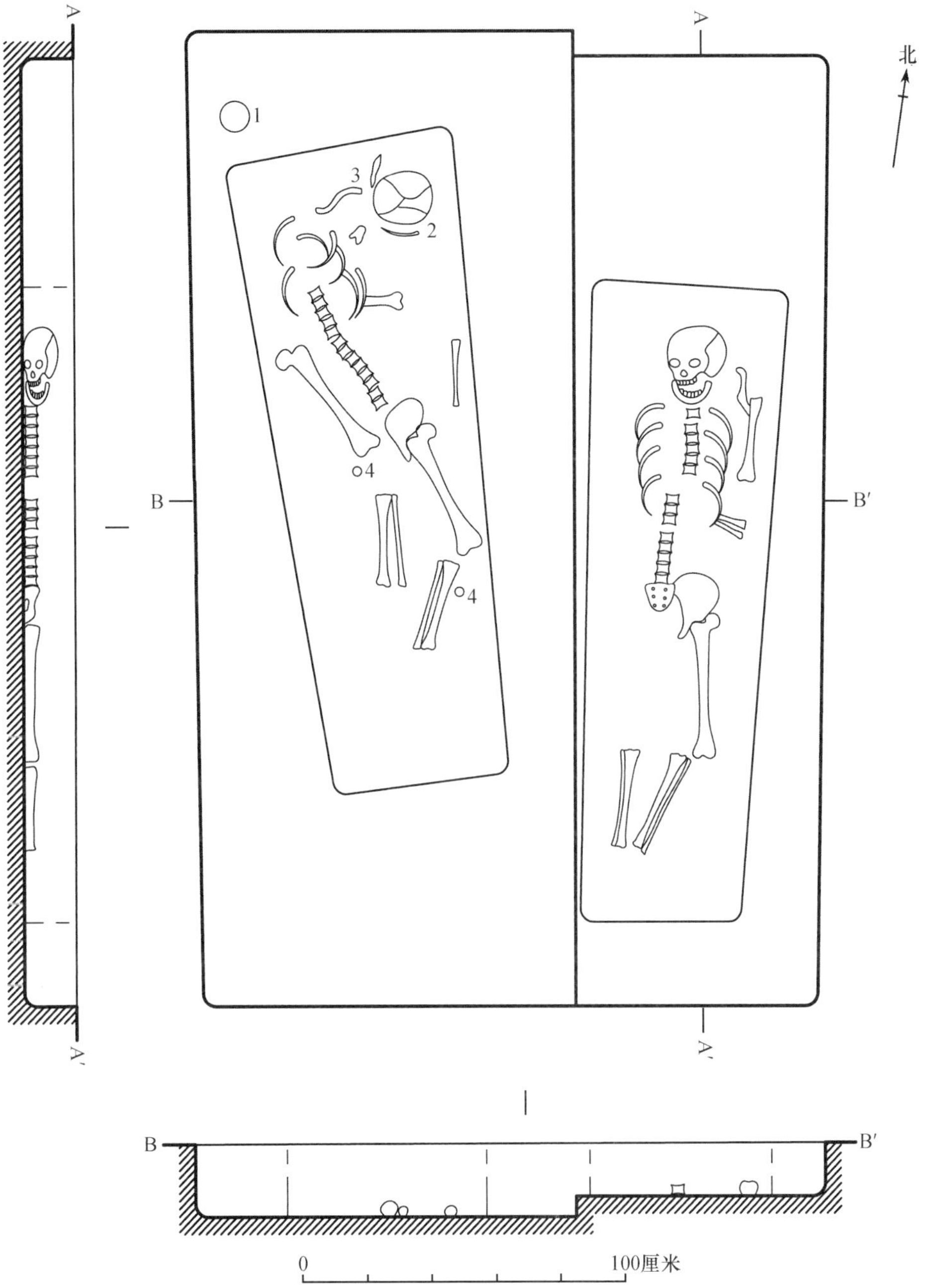

图二四七　M128平、剖面图

1. 灰陶罐　2. 鎏金银簪　3. 鎏金银押发　4. 铜钱

西棺略呈梯形，北宽南窄，棺木腐朽严重，仅留朽木痕迹，长1.92米，宽0.54～0.7米，残高0.22米。棺内葬人骨1具，头向北，面向东，葬式不详，为女性。

墓内西棺随葬灰陶罐1件、鎏金银簪1件、鎏金银押发1件、铜钱2枚。灰陶罐（M128：1）位于棺头外西北部，鎏金银簪（M128：2）、鎏金银押发（M128：3）位于骨架颅骨处，铜钱（M128：4）位于骨架右腿骨及左腿骨处。

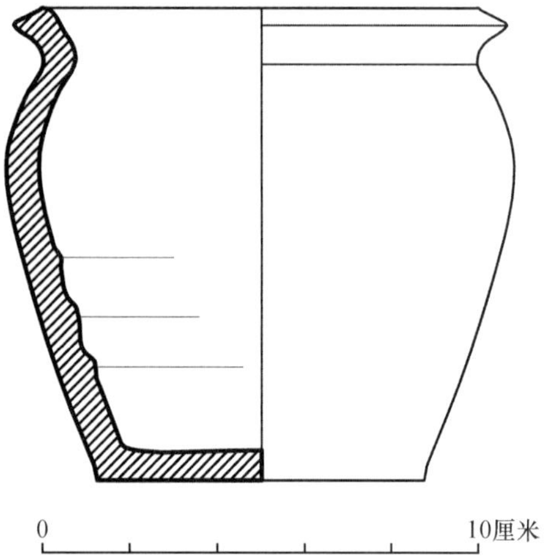
图二四八　M128出土灰陶罐
（M128：1）

（二）随葬品

灰陶罐　1件。标本M128：1，泥质灰陶，胎质粗疏。口残，敞口，方尖唇，短颈，鼓腹，下腹弧收，溜肩，小平底。素面。口径11.2、最大腹径11.6、底径7.6、高10.4、厚0.3～0.4厘米（图二四八；图版八一，6）。

鎏金银簪　1件。标本M128：2，锈残，簪体首部呈勺形，下面为螺旋状圆柱体，扁条状簪体尾部尖细，中部做成竹节状，共六组，每组中部饰朵花纹。长15.1、宽0.3～0.7厘米（图二四九，1；图版八三，3）。

鎏金银押发　1件。标本M128：3，锈残，呈扁平方形，中间束腰，两端宽扁弧尖，正面鎏饰绞索纹一周，中部有凸起状弦纹一道。长9.1、宽0.9～1.3、厚0.15厘米（图二四九，2；图版八二，2）。

铜钱　2枚。

乾隆通宝　1枚。标本M128：4-1，锈残，圆形，方穿，正、背面有圆郭，正面铸“乾隆通宝”四字，楷书，对读，背面穿左右铸满文“宝泉”二字，纪局名。钱径2.7、穿宽0.6、郭宽0.45厘米，重2.59克（图二四九，3）。

另1枚锈残，钱面不可辨识。

四十、M129

（一）墓葬形制

M129位于Ⅰ区T0316西南部，北邻M130。开口于第2层下。梯形竖穴土圹双棺墓，北窄南宽，南北向，方向170°。墓圹南北长2.3米，东西宽1.8～1.9米，墓口距地表深0.6米，墓口距墓底深0.9～0.94米，内填胶质花土，土质湿黏。墓底内置双棺，并列于墓中央，间距0.14～0.16米（图二五〇；图版四九，1）。

东棺略呈梯形，北窄南宽，棺木腐朽严重，仅留朽木痕迹，长1.74米，宽0.52～0.64米，残高0.14米。棺内葬人骨1具，头向南，面向不详，仰身直肢葬，为女性。

西棺略呈梯形，北窄南宽，棺木腐朽严重，仅留朽木痕迹，长1.8米，宽0.64～0.7米，残高0.1米。棺内葬人骨1具，头向南，面向上，仰身直肢葬，为男性。

墓内随葬铜镜1面、铜钱4枚。铜镜（M129：1），位于东棺骨架右上肢骨肘部处，铜钱（M129：2）位于东棺骨架右侧手臂骨及大腿骨处。

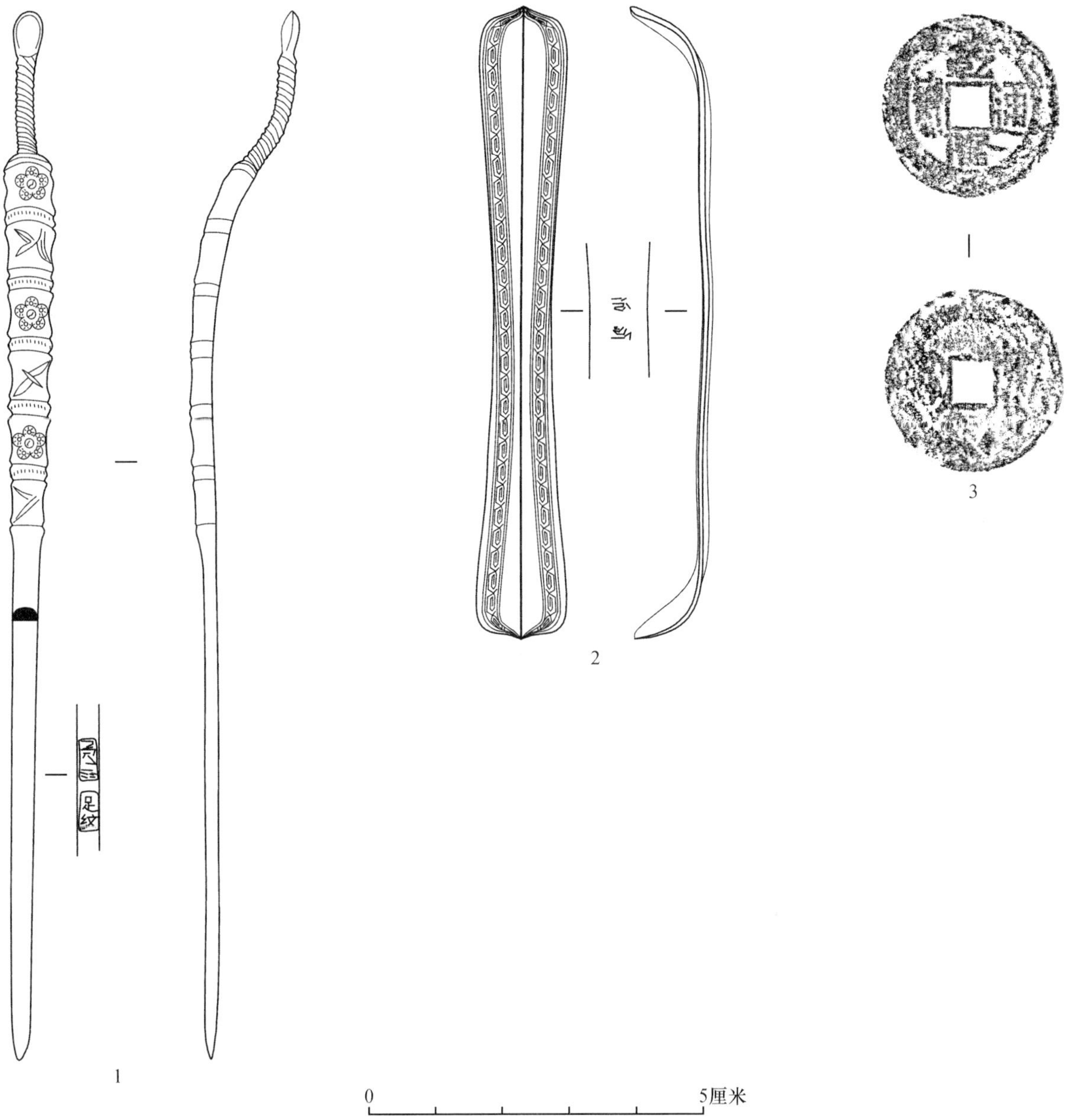

图二四九　M128出土器物
1. 鎏金银簪（M128：2）　2. 鎏金银押发（M128：3）　3. 乾隆通宝（M128：4-1）

（二）随葬品

铜镜　1面。标本M129：1，锈蚀残缺，圆形，长方形镜柄，无钮座，镜缘凸起，略高于镜面，正面抛光较差，背面饰浮雕式花卉纹。正面直径7.6、把长6、厚0.1～0.2厘米（图二五一，1；图版八三，1）。

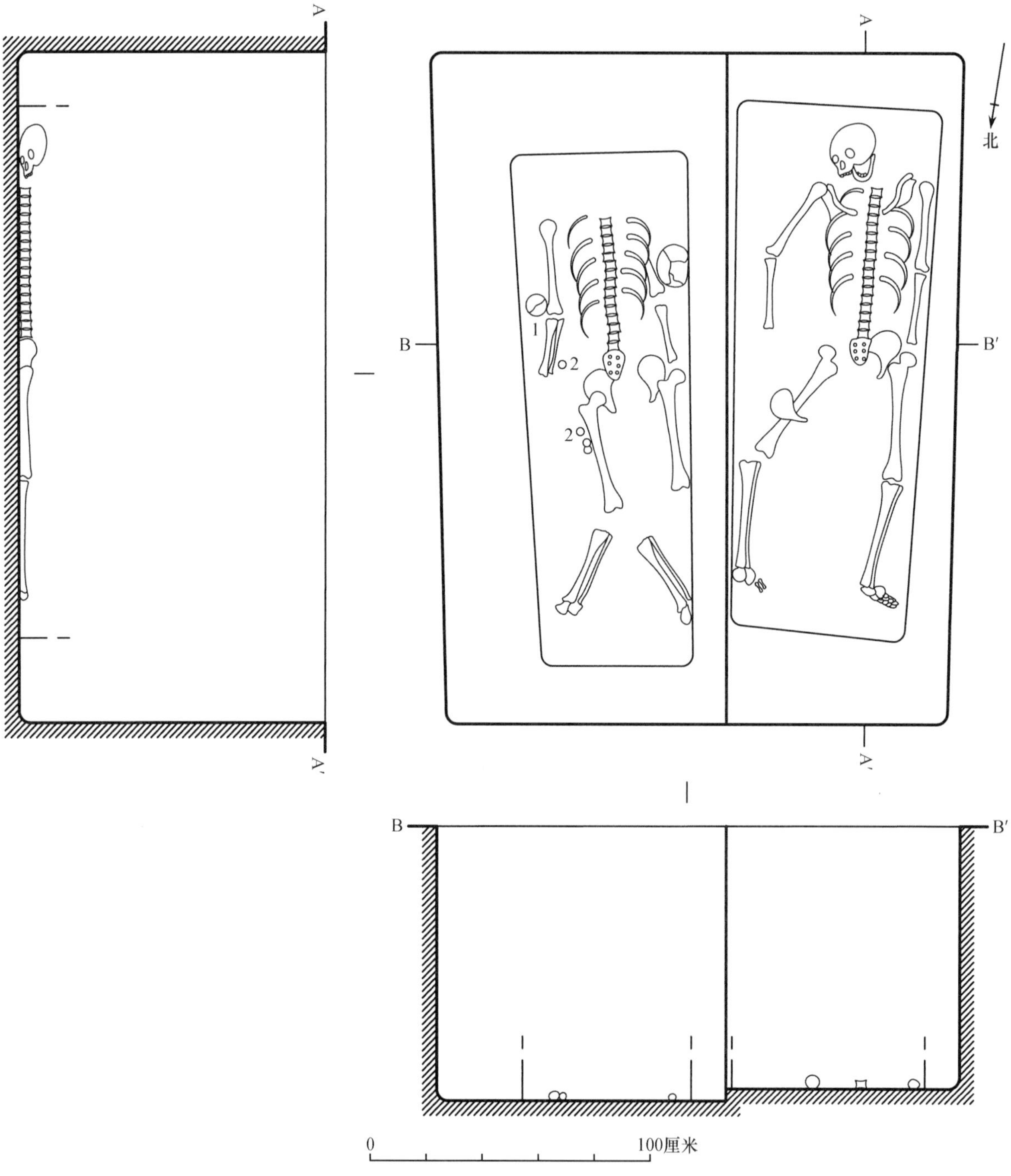

图二五〇　M129平、剖面图

1. 铜镜　2. 铜钱

铜钱　4枚。

乾隆通宝　4枚。标本M129：2-1，锈残，圆形，方穿，正、背面有圆郭，正面铸“乾隆通宝”四字，楷书，对读，背面穿左右铸满文“宝源”二字，纪局名。钱径2.5、穿宽0.6、郭宽0.35厘米，重2.33克（图二五一，2）。

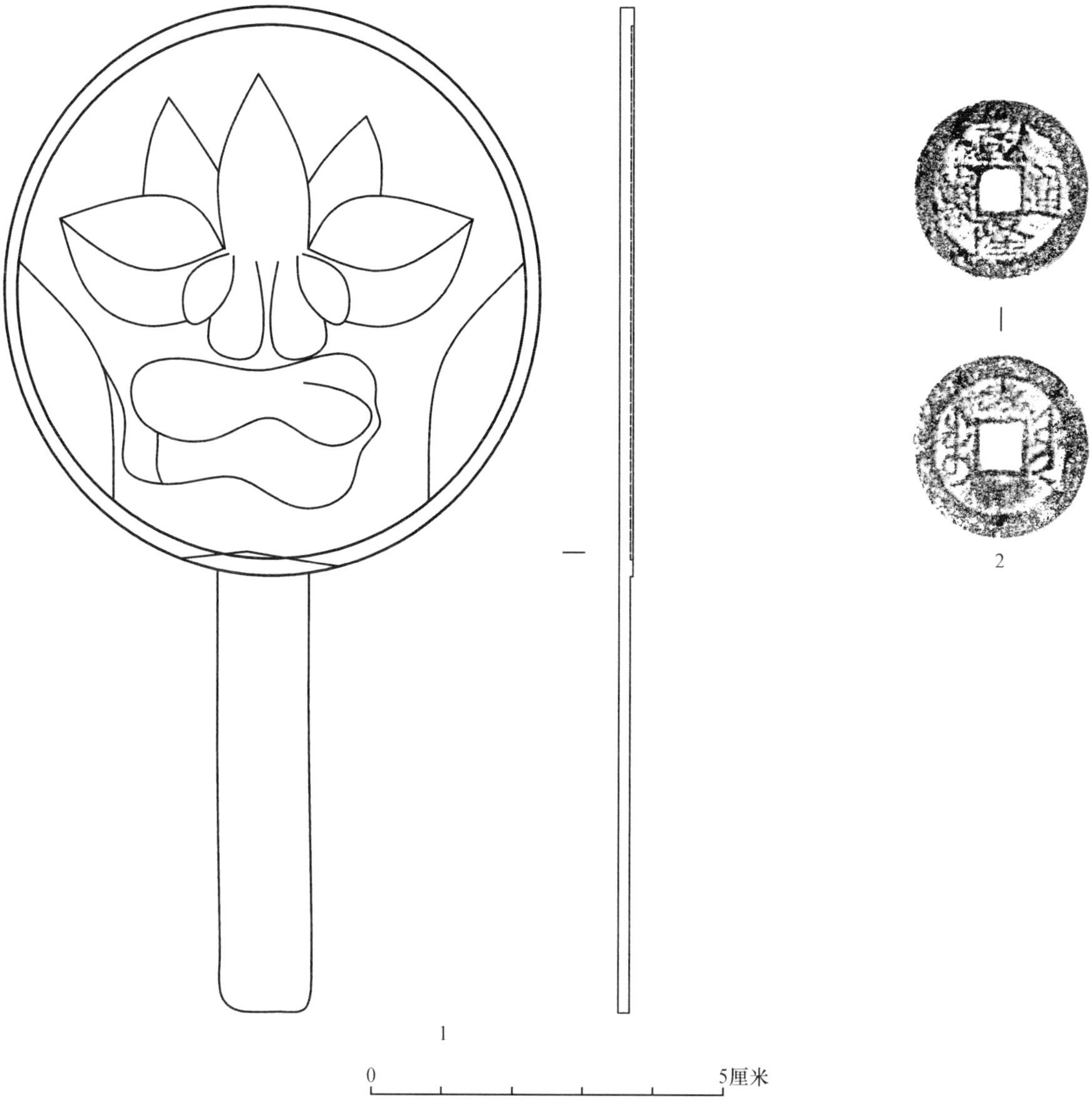

图二五一　M129出土器物
1. 铜镜（M129：1）　2. 乾隆通宝（M129：2-1）

四十一、M131

（一）墓葬形制

M131位于Ⅰ区T0217东北部，西邻M132。开口于第2层下。梯形竖穴土圹双棺墓，北宽南窄，南北向，方向345°。墓圹南北长2.5～2.9米，东西宽1.9～2米，墓口距地表深1.1米，墓口距墓底深0.52～0.64米，内填胶质花土，土质湿黏。墓底内置双棺，并列于墓中央，间距0.2～0.34米（图二五二；图版四九，2）。

东棺略呈梯形，北宽南窄，棺木腐朽严重，仅留朽木痕迹，长1.78米，宽0.5～0.54米，残高

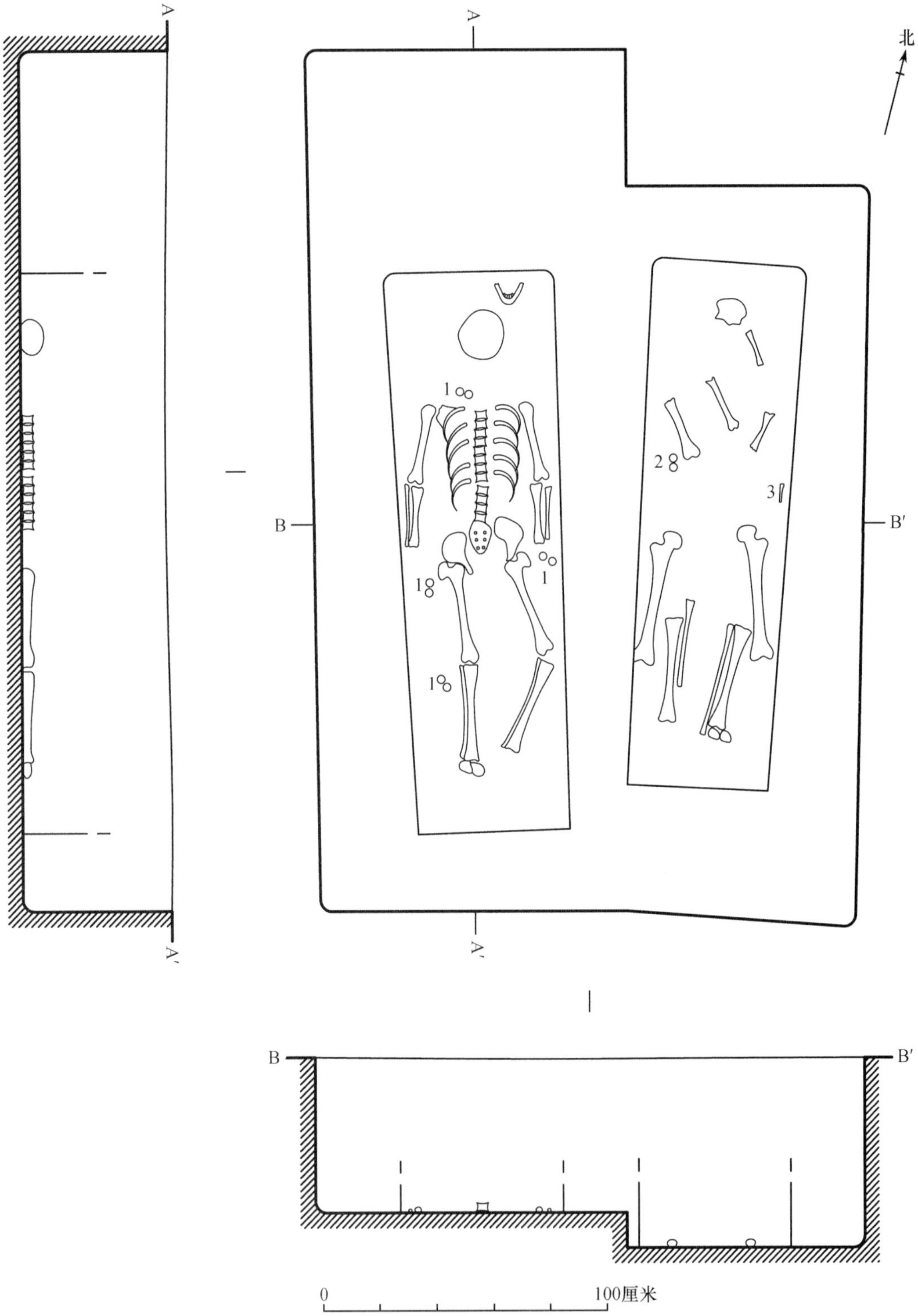

图二五二　M131平、剖面图
1、2. 铜钱　3. 铜烟嘴

0.24米。棺内葬人骨1具，头向北，面向不详，葬式不详，为男性。

西棺略呈梯形，北宽南窄，棺木腐朽严重，仅留朽木痕迹，长1.9米，宽0.54～0.6米，残高0.12米。棺内葬人骨1具，头向北，面向不详，仰身直肢葬，为女性。

墓内随葬铜烟嘴1件、铜钱17枚。铜烟嘴（M131：3）位于东棺东部；铜钱无规律分散在东、西棺内，其中东棺2枚（M131：2），西棺15枚（M131：1）。

（二）随葬品

铜烟嘴　1件。标本M131：3，锈残，呈筒状圆柱体，首部较细，内凹外展，烟杆已朽，只剩残段。残长10.4厘米（图二五三，1；图版八三，2）。

铜钱　17枚。

道光通宝　17枚。标本M131：1-1，残，圆形，方穿，正、背面有圆郭，正面铸“道光通宝”四字，楷书，对读，背面穿左右铸满文“宝泉”二字，纪局名。钱径2.3、穿宽0.6、郭宽0.35厘米，重3.43克（图二五三，2）。标本M131：2-1，残，圆形，方穿，正、背面有圆郭，正面铸

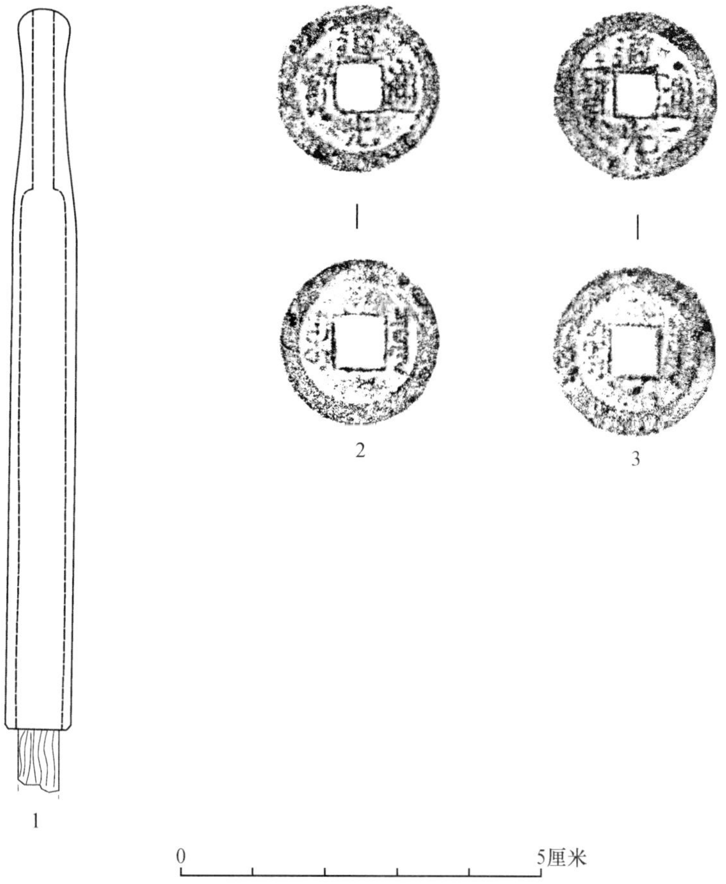

图二五三　M131出土器物

1. 铜烟嘴（M131：3）　2、3. 道光通宝（M131：1-1、M131：2-1）

"道光通宝"四字，楷书，对读，背面穿左右铸满文"宝泉"二字，纪局名。钱径2.35、穿宽0.6、郭宽0.3厘米，重3.25克（图二五三，3）。

四十二、M134

（一）墓葬形制

M134位于Ⅰ区T0216西北部，南邻M135，西邻M133。开口于第2层下。长方形竖穴土圹双棺墓，东西向，方向277°。墓圹东西长2.7米，南北宽2.32米，墓口距地表深0.6米，墓口距墓底深0.5～0.6米，内填胶质花土，土质湿黏。墓底内置双棺，并列于墓中北部，间距0.14～0.18米（图二五四；图版五〇，1）。

南棺略呈长方形，棺木腐朽无存，长1.92米，宽0.66～0.7米，残高0.24米。棺内葬人骨1具，头向西，面向、葬式不详。

北棺略呈梯形，西宽东窄，棺木腐朽无存，长1.92米，宽0.64～0.72米，残高0.12米。棺内葬人骨1具，头向西，面向不详，仰身直肢葬，性别不详。

墓内随葬半釉陶罐2件、铜钱6枚。半釉陶罐1件（M134：1）位于南棺内西壁中部，另1件（M134：3）位于北棺头外西侧；铜钱无规律分散在南、北棺内，其中北棺4枚（M134：4），南棺2枚（M134：2）。

（二）随葬品

半釉陶罐　2件。标本M134：1，黄褐色胎，胎质粗疏，器口及外腹壁施半青绿色釉，器内仅口部施一层较薄的青绿色釉浆水，器体内外壁有修坯旋痕。残损，直口，方圆唇，束颈，溜肩，直筒形腹，上腹略鼓，平底。口径12、最大腹径12、底径8.4、高11、厚0.3～0.5厘米（图二五五，1；图版八一，2）。标本M134：3，砖红色胎，胎质粗疏，器口及外腹壁施半酱色釉，器内仅口部施一层较薄的酱色釉浆水，器体腹部有滴釉现象，内外壁有修坯旋痕，凸棱比较明显。残，直口，方圆唇，束颈，溜肩，直筒形腹，上腹略鼓，平底。口径11.6、最大腹径11.6、底径8.4、高11、厚0.3～0.5厘米（图二五五，2；图版八六，3）。

铜钱　6枚。

康熙通宝　6枚。标本M134：2-1，锈残，圆形，方穿，正、背面有圆郭，正面铸"康熙通宝"四字，楷书，对读，背面穿左右铸满文"宝泉"二字，纪局名。钱径2.6、穿宽0.6、郭宽0.35厘米，重1.57克（图二五六，1）。标本M134：4-1，锈残，圆形，方穿，正、背面有圆郭，正面铸"康熙通宝"四字，楷书，对读，背面穿左右铸满文"宝泉"二字，纪局名。钱径2.65、穿宽0.6、郭宽0.4厘米，重3.98克（图二五六，2）。

图二五四 M134平、剖面图
1、3. 半釉陶罐 2、4. 铜钱

四十三、M135

（一）墓葬形制

M135位于Ⅰ区T0216西南部，北邻M134，南邻M138。开口于第2层下。梯形竖穴土圹双棺

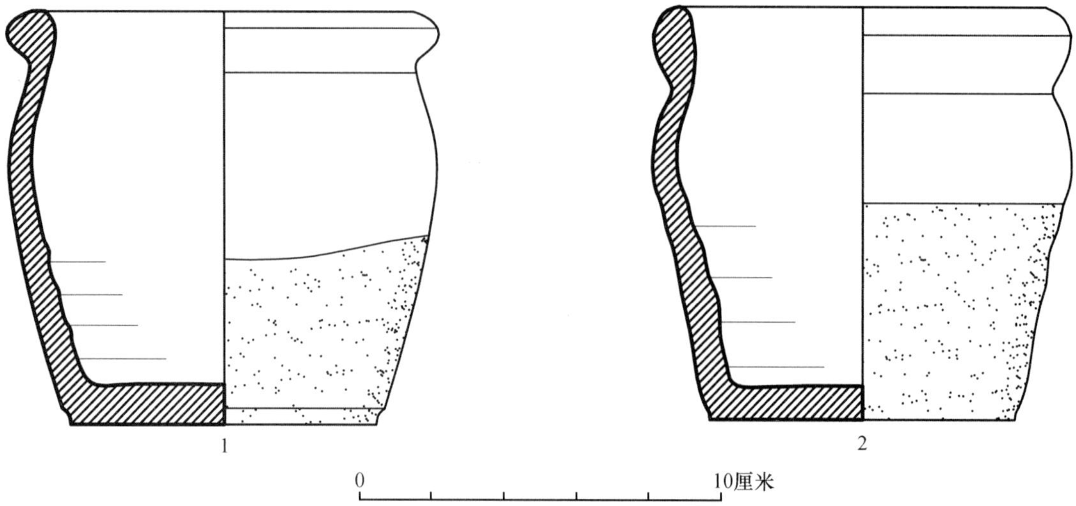

图二五五　M134出土半釉陶罐

1. M134：1　2. M134：3

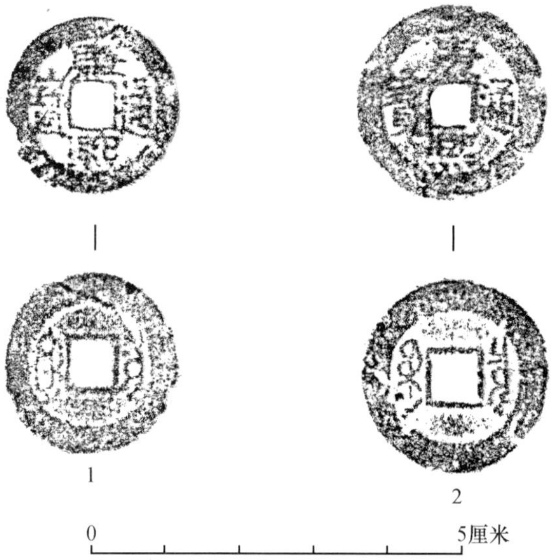

图二五六　M134出土康熙通宝钱

1. M134：2-1　2. M134：4-1

墓，西窄东宽，东西向，方向93°。墓圹东西长2.6米，南北宽1.52～1.62米，墓口距地表深0.6米，墓口距墓底深0.52～0.58米，内填胶质花土，土质湿黏。墓底内置双棺，并列于墓中央，间距0.12～0.18米（图二五七；图版五〇，2）。

南棺略呈梯形，西窄东宽，棺木腐朽无存，长1.72米，宽0.46～0.66米，残高0.18米。棺内葬人骨1具，头向东，面向不详，仰身直肢葬，为女性。

北棺略呈梯形，西窄东宽，棺木腐朽无存，长1.9米，宽0.52～0.54米，残高0.13米。棺内葬人骨1具，头向东，面向不详，仰身直肢葬，为男性。

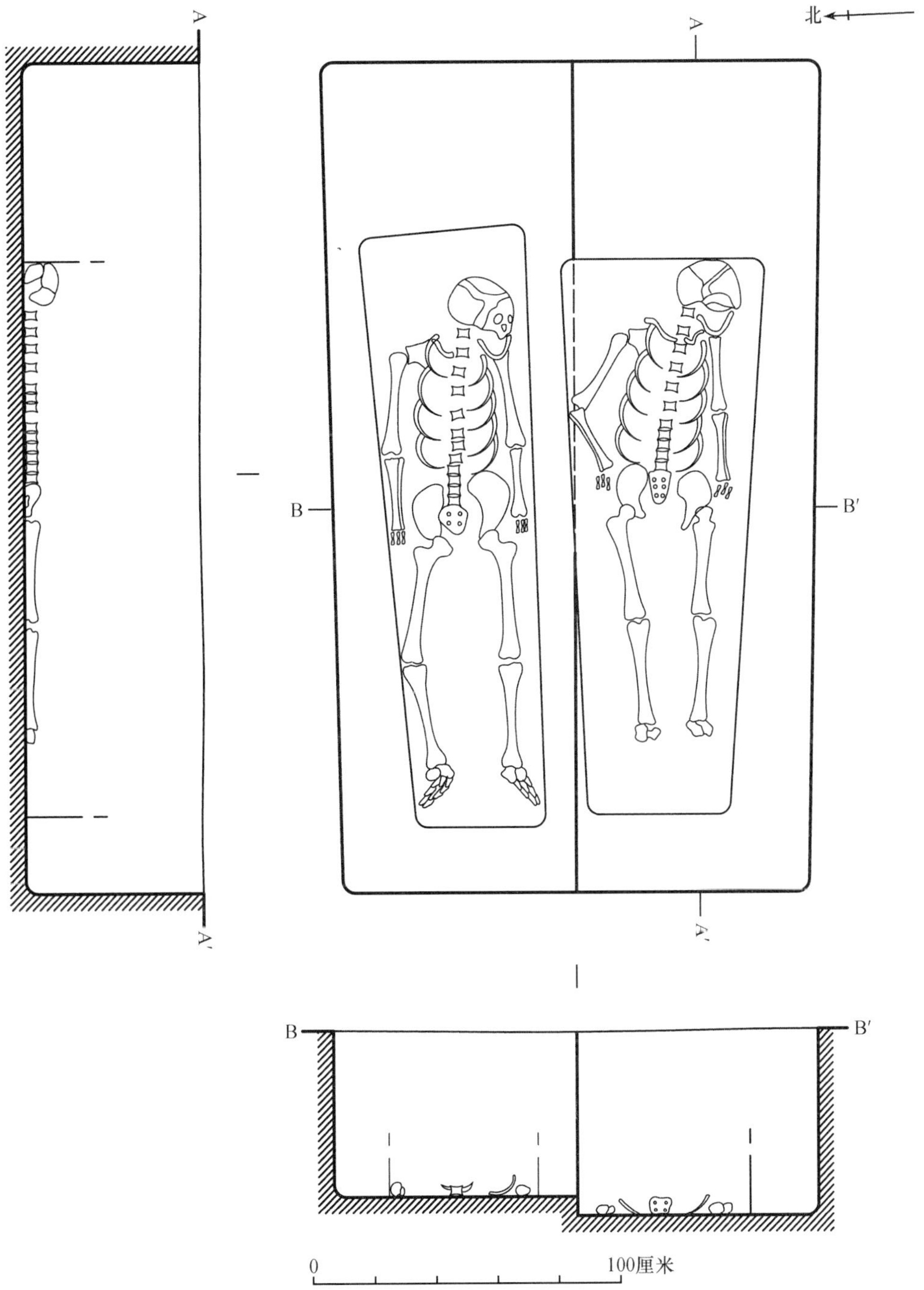

图二五七　M135平、剖面图

（二）随葬品

无。

四十四、M136

（一）墓葬形制

M136位于Ⅰ区T0116东南部，南邻M137。开口于第2层下。近长方形竖穴土圹双棺墓，南北向，方向30°。墓圹南北长2.98～3.04米，东西宽1.8米，墓口距地表深0.6米，墓口距墓底深1.2米，内填胶质花土，土质湿黏。墓底内置双棺，并列于墓中南部，间距0.04米（图二五八；图版五一，1）。

东棺呈长方形，棺木腐朽严重，长2.04米，宽0.6米，残高0.18米。棺内葬人骨1具，头向北，面向下，仰身直肢葬，为男性。

西棺略呈梯形，北宽南窄，棺木腐朽严重，长2米，宽0.6～0.74米，残高0.13米。棺内葬人骨1具，头向北，面向东，仰身直肢葬，为女性。

墓内随葬铜钱1枚（M136：1），位于东棺骨架股骨内侧。

（二）随葬品

铜钱　1枚。

乾隆通宝　1枚。标本M136：1，锈残，圆形，方穿，正、背面有圆郭，正面铸“乾隆通宝”四字，楷书，对读，背面穿左右铸满文“宝泉”二字，纪局名。钱径2.3、穿宽0.6、郭宽0.3厘米，重3.52克（图二五九）。

四十五、M140

（一）墓葬形制

M140位于Ⅰ区T0215中北部，西邻M139。开口于第2层下。近长方形竖穴土圹双棺墓，南北向，方向345°。墓圹南北长2.5～2.54米，东西宽2.5米，墓口距地表深0.6米，墓口距墓底深0.4～0.44米，内填胶质花土，土质湿黏。墓底内置双棺，并列于墓中央，间距0.2米（图二六〇；图版五一，2）。

东棺略呈梯形，北宽南窄，棺木腐朽严重，长1.82米，宽0.56～0.64米，残高0.18米；侧板长1.98米，残高0.1米，残厚0.04～0.06米；前挡板长0.64米，残高0.1米，残厚0.03米；后挡板残长0.56米，残高0.08米，残厚0.02米。棺内葬人骨1具，头向北，面向东，仰身直肢葬，为男性。

西棺略呈梯形，北宽南窄，棺木腐朽严重，长1.92米，宽0.5～0.6米，残高0.14米；侧板长1.92米，残高0.2米，厚0.2米。棺内葬人骨1具，头向北，面向东，仰身直肢葬，为女性。

墓内随葬金耳环1对、鎏金银扁方1件、鎏金耳勺形银簪1件、鎏金银簪8件、银镯1件、铜顶戴1

图二五八　M136平、剖面图
1. 铜钱

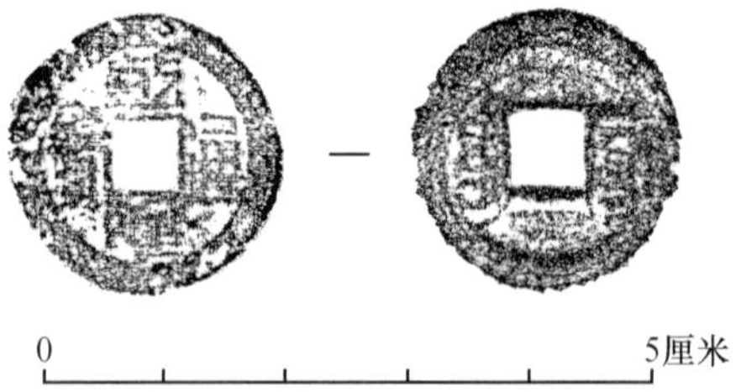

图二五九　M136出土乾隆通宝钱
（M136：1）

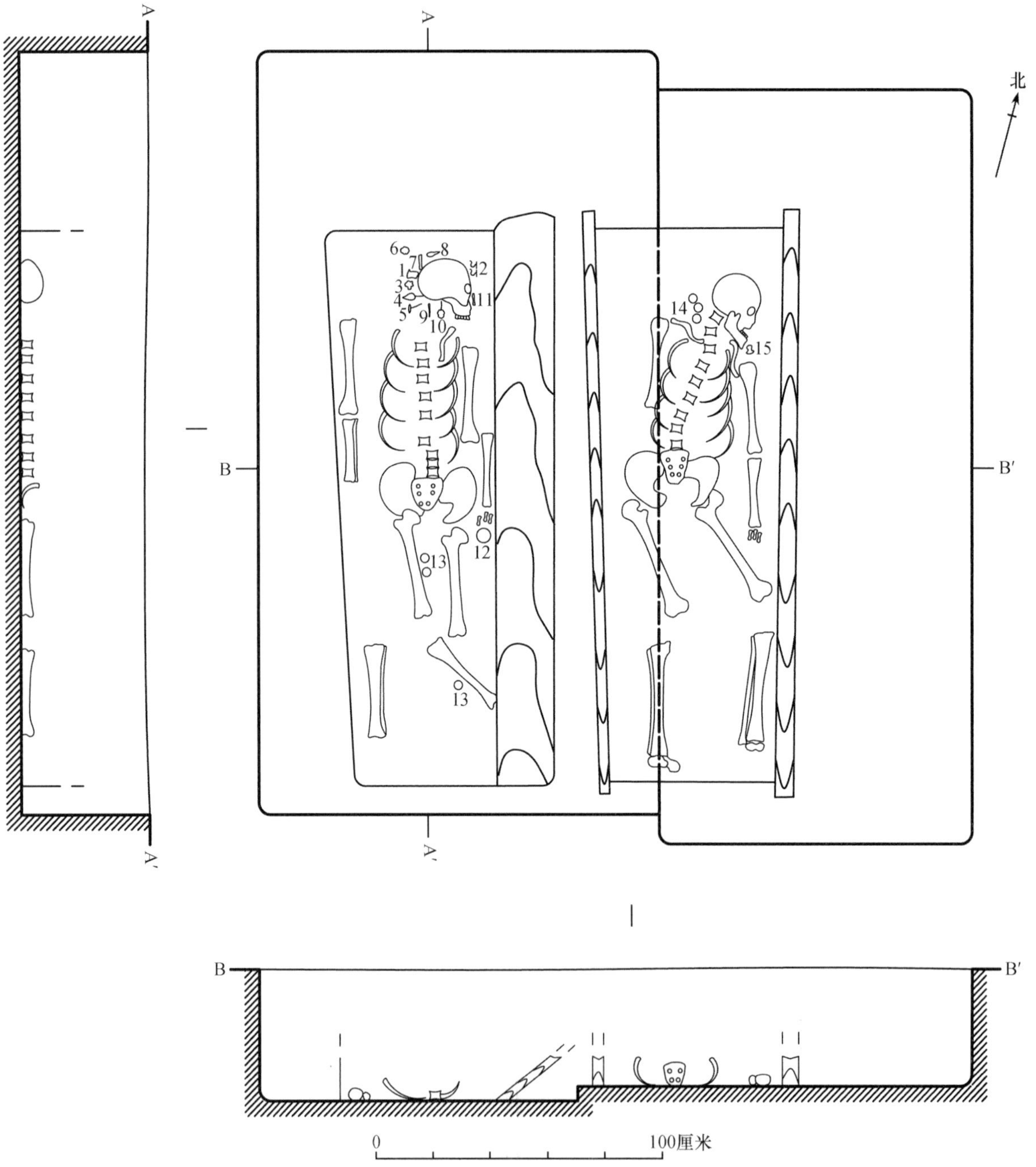

图二六〇　M140平、剖面图

1. 鎏金银扁方　2. 金耳环　3～11. 鎏金银簪　12. 银镯　13、14. 铜钱　15. 铜顶戴

件、铜钱7枚。铜顶戴（M140：15）位于东棺骨架左肩胛骨东侧，鎏金银扁方（M140：1）、金耳环（M140：2）、鎏金银簪（M140：3～M140：11）位于西棺骨架头骨处，银镯（M140：12）位于西棺骨架左腕骨处，铜钱4枚（M140：14）位于东棺骨架头骨处，另外3枚（M140：13）无规律分布于西棺内。

（二）随葬品

金耳环 1对。标本M140：2-1、M140：2-2，锈，环坠子为圆饼形，较小，素面无纹，底部与环体焊接，环体呈“S”形圆柱体，尾尖。通长2厘米，总重6.28克（图二六一，6、7；图版八三，5）。

银饰件 11件。

鎏金银扁方 1件。标本M140：1，锈残，首弯曲一周半，体呈长方形，下端呈半圆形。长16.2、宽1.5、厚0.2厘米（图二六一，1；图版八四，1）。

鎏金耳勺形银簪 1件。标本M140：5，残断，簪首为螺旋状圆柱体，首部为勺形，簪体呈竹节状，尾细长。残长9.6厘米（图二六一，5；图版八四，2）。

鎏金银簪 8件。标本M140：3，簪首为铜质。锈残，簪首与簪体为分别做成后接上，簪首呈六面禅杖形，四周有三组连环相扣，簪体为银质圆锥形，尾部尖细。通长16厘米（图二六一，4；图版八四，3、4）。标本M140：4，锈残，簪首与簪体焊接完好，簪首为六边桃形花瓣，每个花瓣上镶嵌有桃形花纹，中部用银丝在圆环内锤鍱成篆体“寿”字，背面花瓣未镶嵌花纹，圆环内掐丝梅花纹饰，簪体呈圆锥形，尾尖。簪首直径3、通长14厘米（图二六一，2；图版八四，7、8）。标本M140：6，锈残，簪首与簪体分别做成后接上，簪首分两层，上层由掐丝花和如意形叶片组成，底层为六边花瓣底托，簪体呈圆锥形，尾尖，簪体包银管。簪首直径3.5、通长15厘米（图二六一，3；图版八五，5）。标本M140：7，残，簪首呈佛手形，食指与拇指呈“O”形，做“说法印”状，指头中间套有圆环，簪体呈圆锥形，残断，造型形象生动。残长10.8厘米（图二六二，7；图版八五，1、2）。标本M140：8，锈残，簪首锤鍱成花朵状，花边向四周展开，花瓣与花瓣间镂空嵌接，中间镶嵌一圆形花蕊，簪体上部穿孔缠绕七周银丝，断开部分应与簪首连接，簪体呈扁长方体，略弯曲，尾尖。通长10厘米（图二六二，2；图版八五，3）。标本M140：9，锈残，簪首锤鍱成花朵状，花边向四周展开，花瓣与花瓣间镂空嵌接，中间镶嵌一圆形花蕊，簪体上部穿孔缠绕十一周银丝，断开部分应与簪首连接，簪体呈扁长方体，略弯曲，尾尖。通长11.2厘米（图二六二，5；图版八五，4）。标本M140：10，锈残，簪首与簪体焊接断开，簪首为六边桃形花瓣，每个花瓣上镶嵌有桃形花纹，中部用银丝在圆环内锤鍱成篆体“福”字，背面花瓣未镶嵌花纹，圆环内掐丝梅花纹饰，簪体呈圆锥形，尾尖。簪首直径3、通长14厘米（图二六二，3；图版八四，5、6）。标本M140：11，锈残，簪首与簪体分别做成后接上，簪首分两层，上层由掐丝花和如意形叶片组成，底层为六边花瓣底托，簪体呈圆锥形，尾尖，簪体包银管。簪首直径3.5、通长14.5厘米（图二六二，1；图版八五，6）。

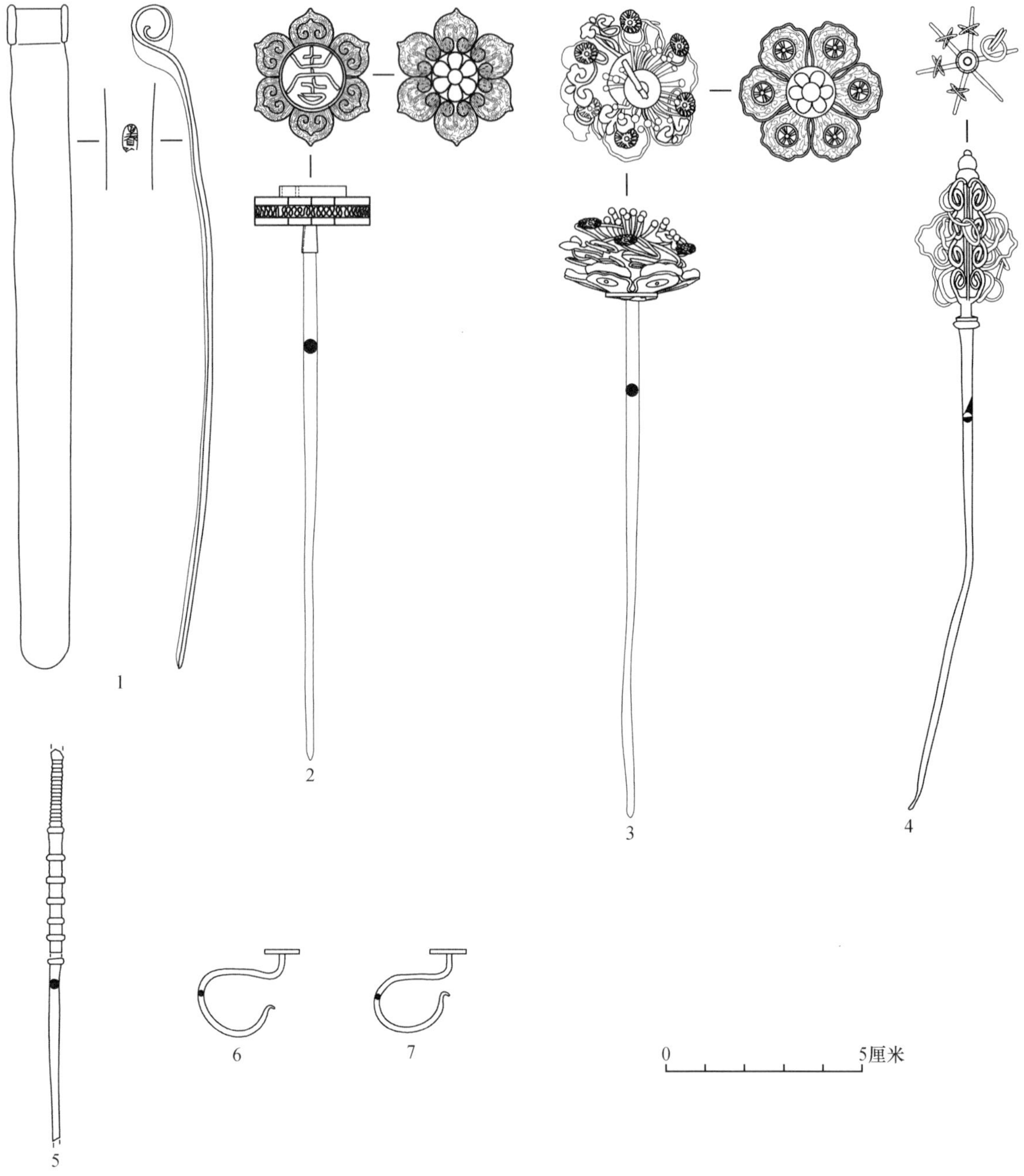

图二六一　M140出土金银器

1. 鎏金银扁方（M140：1）　2～4. 鎏金银簪（M140：4、M140：6、M140：3）　5. 鎏金耳勺形银簪（M140：5）　6、7. 金耳环（M140：2-1、M140：2-2）

银镯　1件。标本M140：12，锈残，圆环形，略变形。直径7.5厘米，重85.7克（图二六二，6；图版八三，4）。

铜顶戴　1件。标本M140：15，锈残，分两部分组成，上端为球体，球体贯通中孔，底座呈覆莲花座状，球体上部用梅花铆钉固定，下部由莲花墩包嵌，底部莲花座花瓣之间有一周三角形

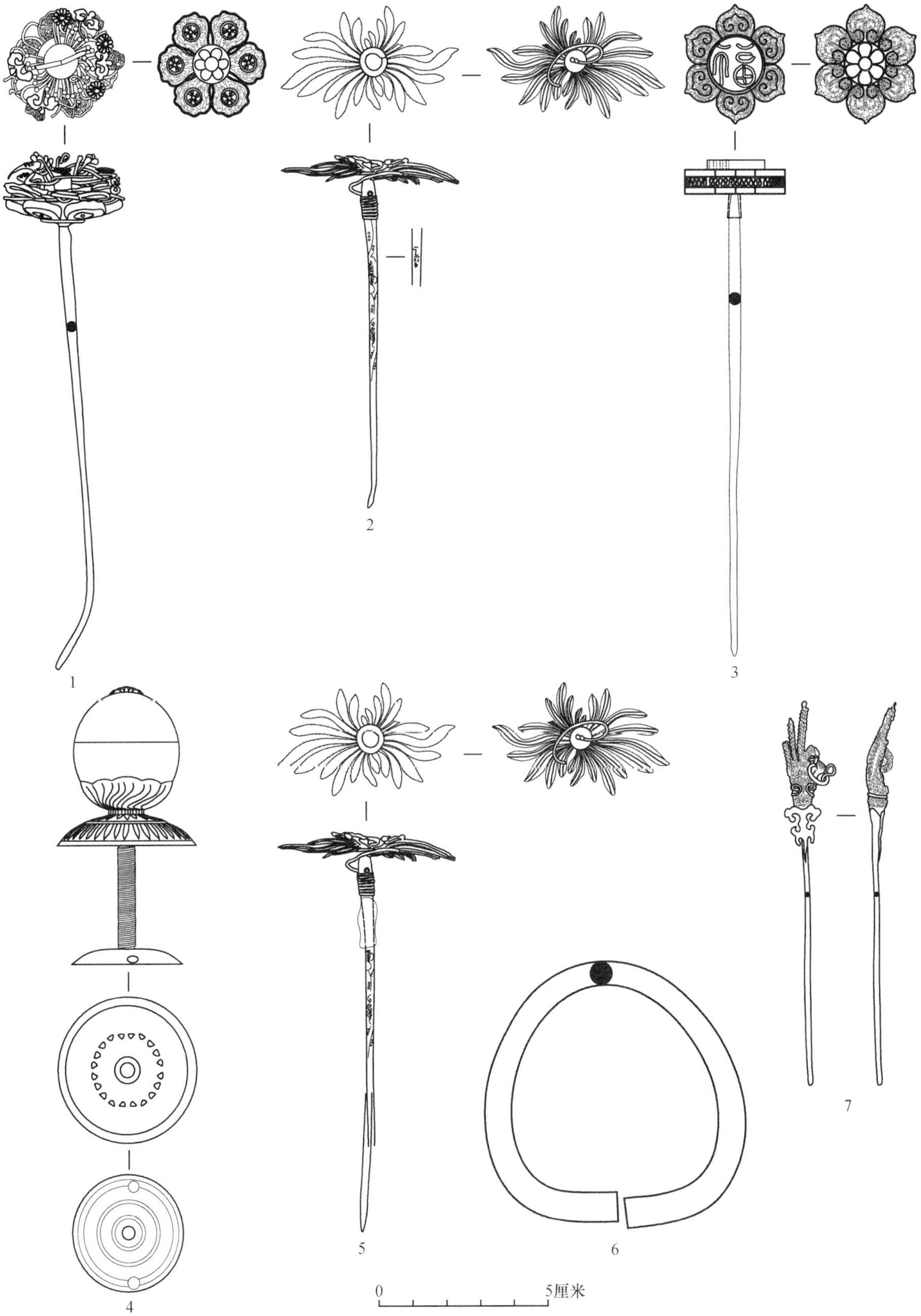

图二六二 M140出土器物

1～3、5、7. 鎏金银簪（M140：11、M140：8、M140：10、M140：9、M140：7） 4. 铜顶戴（M140：15）
6. 银镯（M140：12）

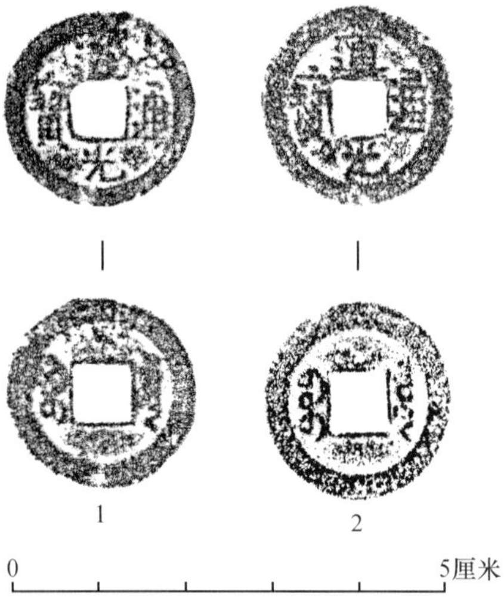

图二六三　M140出土道光通宝钱

1. M140：13-1　2. M140：14-1

镂孔，底部由螺栓、螺母固定。球径3.1、通高7.8厘米（图二六二，4；图版八五，8）。

铜钱　7枚。其中东棺4枚，西棺3枚。

道光通宝　4枚。标本M140：14-1，残，圆形，方穿，正、背面有圆郭，正面铸“道光通宝”四字，楷书，对读，背面穿左右铸满文“宝泉”二字，纪局名。钱径2.3、穿宽0.7、郭宽0.3厘米，重3.4克（图二六三，2）。标本M140：13-1，残，圆形，方穿，正、背面有圆郭，正面铸“道光通宝”四字，楷书，对读，背面穿左右铸满文“宝泉”二字，纪局名。钱径2.25、穿宽0.6、郭宽0.3厘米，重3.4克（图二六三，1）。

另3枚锈蚀，钱文不辨。

第三节　三　棺　墓

三棺墓9座，编号为M1、M10、M14、M19、M64、M65、M109、M110、M112。

一、M1

（一）墓葬形制

M1位于Ⅱ区T0102东北部，东邻M2。开口于第2层下。梯形竖穴土圹三棺墓，西宽东窄，东西向，方向270°。墓圹东西长2.2～2.6米，南北宽1.98～2.46米，墓口距地表深0.7米，墓口距墓底深0.6～0.64米，内填花土，土质松软。墓底内置三棺，并列于墓中央，北棺和中棺相距0.13米，南棺和中棺相距0.16～0.2米（图二六四；图版五二，1）。

南棺略呈梯形，西宽东窄，棺木已炭化成黑灰，仅留部分已腐朽的棺钉未发生移位，长1.76米，宽0.44～0.6米，残高0.2米。棺内葬人骨1具，头向西，面向北，仰身直肢葬，右手骨向内微屈，左手骨置于盆骨处，墓主颅骨较小，骨壁较薄，盆骨横径大于纵经，呈椭圆形，推断为女性。

中棺略呈梯形，西宽东窄，棺木已炭化成黑灰，仅留部分已腐朽的棺钉未发生移位，长1.72米，宽0.52～0.6米，残高0.2米。棺内葬人骨1具，骨架已被扰动，保存较差，现残留部分骨架已散乱，头向西，头骨已破，面向、葬式、性别不详。

北棺呈梯形，西宽东窄，棺木已炭化成黑灰，仅留部分已腐朽的棺钉未发生移位，长1.9米，宽0.46～0.6米，残高0.25米。棺内葬人骨1具，骨架已被扰动，保存较差，现仅残留部分骨架，头向西，面向北，头骨已破，骨架左侧已不存在，从残存的右侧骨架可知，骨架呈仰身直肢葬，性

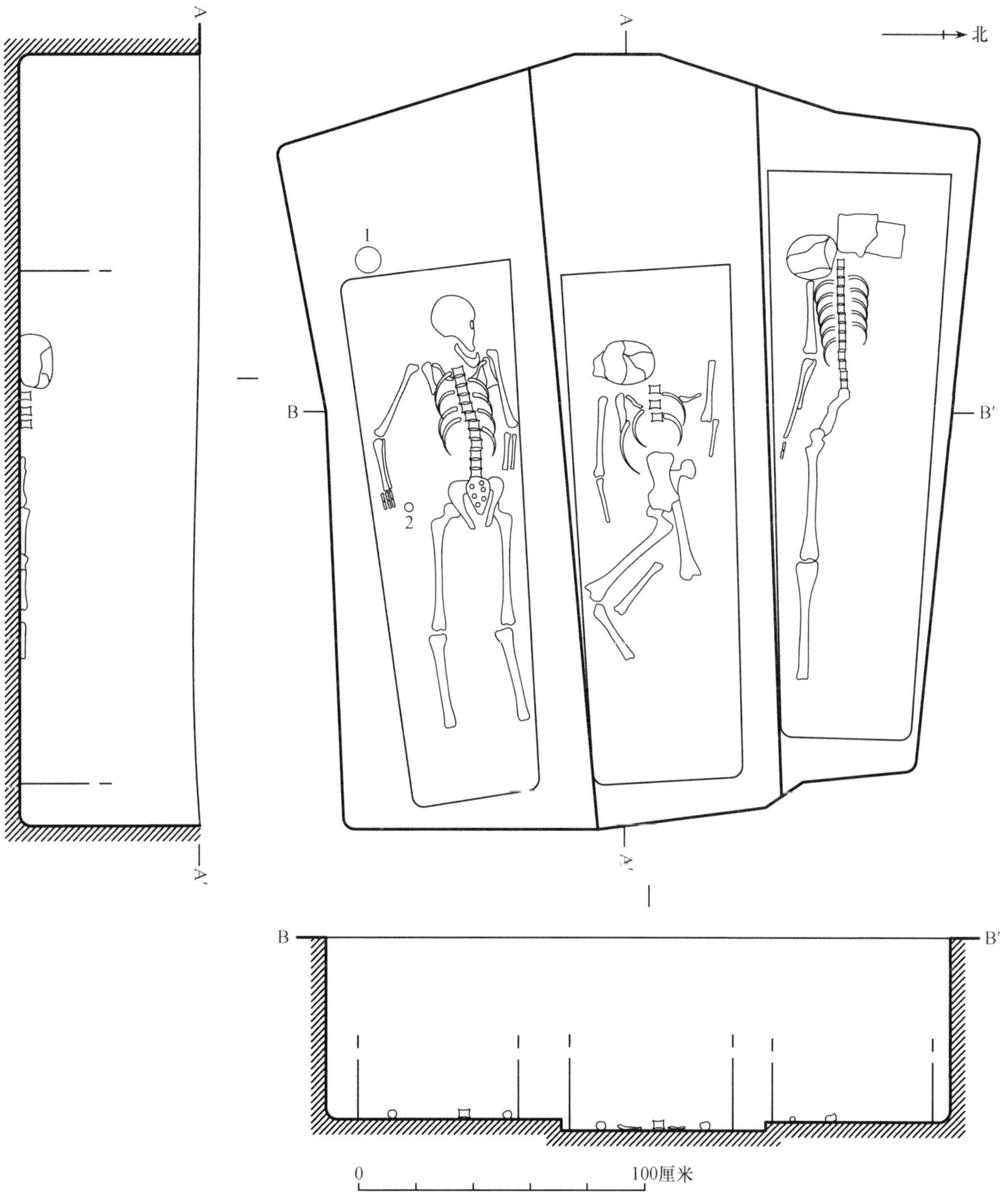

图二六四　M1平、剖面图
1. 灰陶罐　2. 铜钱

别不详。骨架头骨北部有两层青砖，上层为残砖，下层为整砖，其规格为长0.24、宽0.12、厚0.042米，此砖应为头枕。

墓内南棺随葬灰陶罐1件、铜钱1枚。陶罐（M1：1）位于南棺头外西部，铜钱（M1：2）位于骨架右手骨处。

（二）随葬品

灰陶罐　1件。标本M1：1，泥质灰陶，胎质较粗疏。口残，敞口，尖圆唇，束颈，溜肩，弧腹，下腹弧收，小平底，底部残破。素面。口径10、最大腹径12、底径7.4、高10、厚0.4～0.8厘米（图二六五；图版八六，6）。

铜钱　1枚。

同治重宝　1枚。标本M1：2，锈残，圆形，方穿，正、背面有圆郭，正面铸“同治重宝”四字，楷书，对读，背面穿左右满文“宝泉”二字，穿上下铸汉文“当十”二字。钱径2.6、穿宽0.7、郭宽0.4厘米，重4.13克（图二六六）。

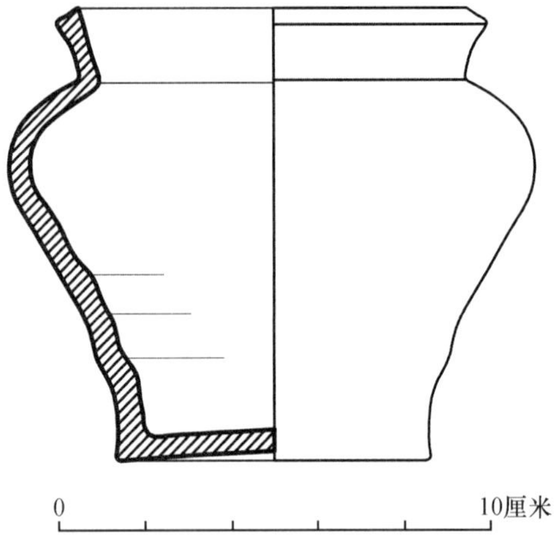

图二六五　M1出土灰陶罐
（M1：1）

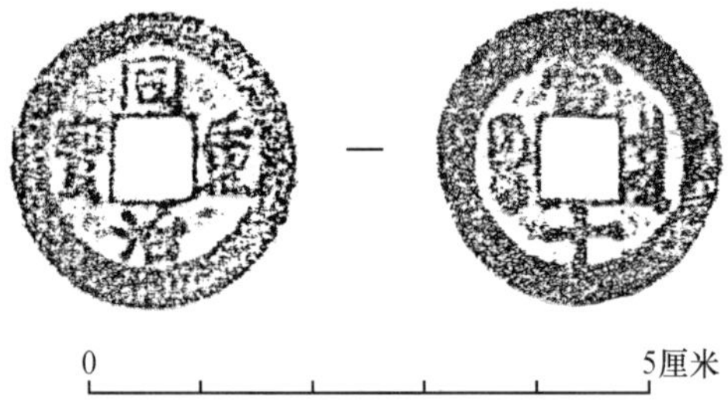

图二六六　M1出土同治重宝钱
（M1：2）

二、M10

（一）墓葬形制

M10位于Ⅱ区T0902西北部，南邻M8，北邻M12。开口于第2层下。长方形竖穴土圹三棺墓，南北向，方向358°。墓圹南北长2.7～2.8米，东西宽2.9米，墓口距地表深0.3米，墓口距墓底深0.7～1米，内填胶质花土，土质较硬。墓底内置三棺，并列于墓中部，东棺与中棺间距0.2～0.28米，中棺与西棺间距0.07～0.1米。中棺底部高出西棺底部0.14米，东棺底部高出中棺底部0.12米（图二六七；图版五二，2）。

东棺略呈梯形，北宽南窄，棺木半朽，长2米，宽0.56～0.66米；侧板长2米，残高0.2米，厚0.04米；前、后挡板长0.5～0.56米，用木略经加工。棺中因盗扰，人骨较乱，头向北，面向、葬式、性别不详。

中棺略呈梯形，棺木半朽，长1.9米，宽0.54～0.62米；侧板长1.9米，残高0.16米，残厚0.02

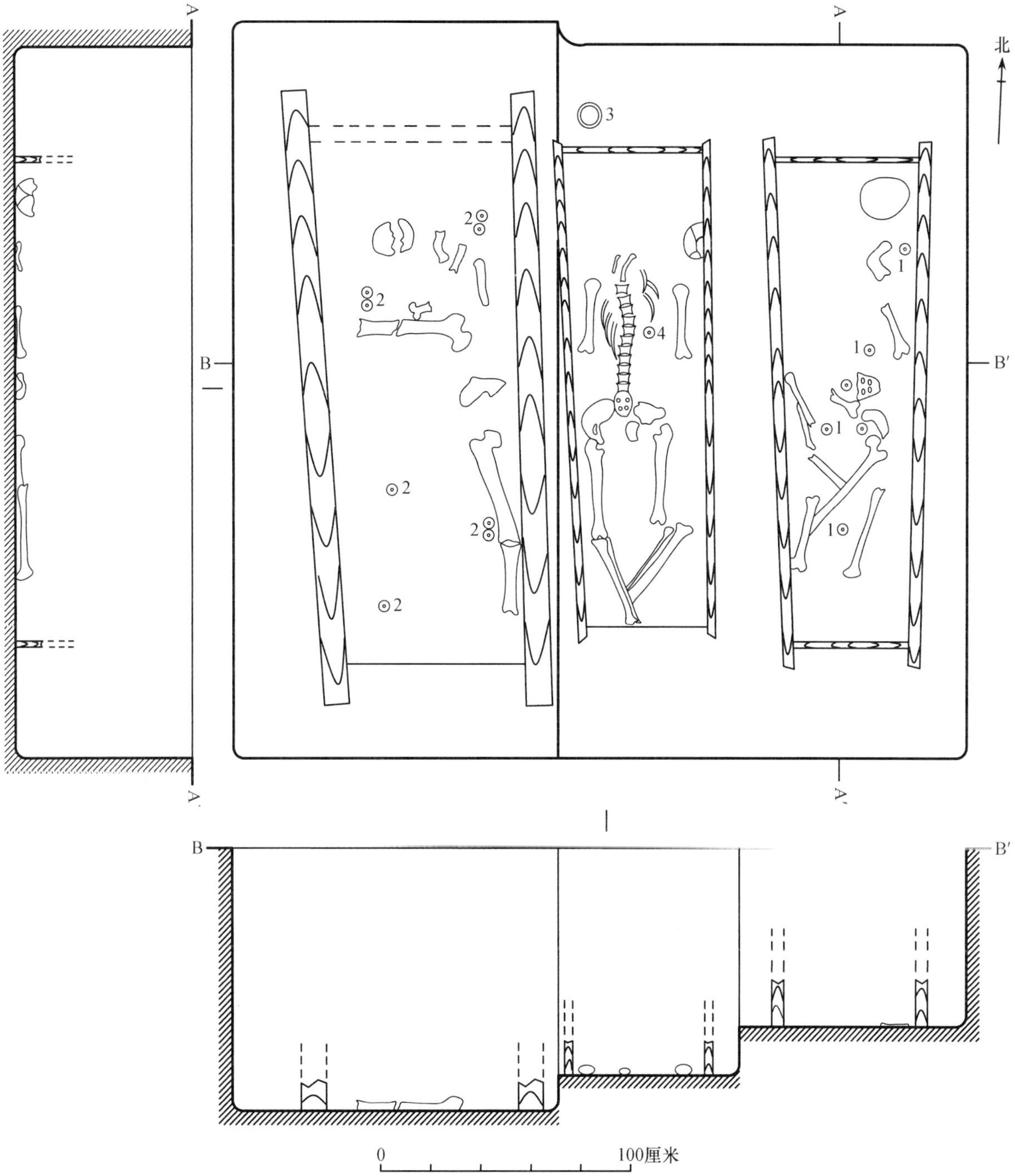

图二六七　M10平、剖面图
1、2、4. 铜钱　3. 半釉陶罐

米；前挡板长0.56米，残高0.1米，残厚0.02米；后挡板已腐朽，仅存朽痕。棺内葬人骨1具，头向北，面向不清，右腿骨压在左腿骨上，性别为女性。

西棺略呈梯形，棺木半朽，长2.06米，宽0.9～1米；侧板长2.3米，残高0.1米，残厚0.1米；前挡板已腐朽，仅存朽痕，朽痕长0.8米，残厚0.06米；后挡板仅见朽痕。侧板和挡板用木粗糙，未经细加工，表面可见枝节。棺中因盗扰严重，仅见部分人骨残骸，头向、面向、葬式、性别不详。

墓内随葬半釉陶罐1件、铜钱19枚。半釉陶罐（M10：3）位于中棺头外西部；铜钱6枚（M10：1）无规律散布于东棺内，10枚（M10：2）无规律散布于西棺内，3枚（M10：4）位于中棺中北部。

（二）随葬品

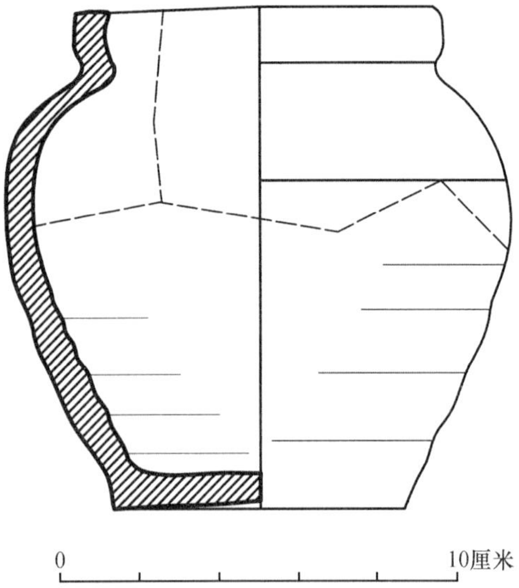

图二六八　M10出土半釉陶罐（M10：3）

半釉陶罐　1件。标本M10：3，砖红色胎，胎质粗疏，器口及外腹壁施半酱黄色釉，器内仅口部施一层较薄的酱黄色釉，釉色莹润光亮，器物内外壁见明显修坯旋痕。口残，直口，方圆唇，短颈，丰肩，弧腹，下腹弧收，平底。口径9.2、最大腹径12.8、底径7.4、高12、厚0.6～0.9厘米（图二六八；图版八六，5）。

铜钱　19枚。

万历通宝　2枚。标本M10：2-1，锈残，圆形，方穿，正、背面有圆郭，正面铸“万历通宝”四字，楷书，对读，背面无纹。钱径2.55、穿宽0.55、郭宽0.2厘米，重2.94克（图二六九，1）。

天启通宝　10枚。标本M10：1-1，锈残，圆形，方穿，正、背面有圆郭，正面铸“天启通宝”四字，楷书，对读，背面穿上部铸一“户”字。钱径2.6、穿宽0.6、郭宽0.3厘米，重2.47克（图二六九，2）。标本M10：2-2，锈残，圆形，方穿，正、背面有圆郭，正面铸“天启通宝”四字，楷书，对读，背面穿上部铸一“工”字。钱径2.6、穿宽0.6、郭宽0.3厘米，重2.92克（图二六九，3）。

崇祯通宝　6枚。标本M10：2-3，锈残，圆形，方穿，正、背面有圆郭，正面铸“崇祯通宝”四字，楷书，对读，背面无纹。钱径2.6、穿宽0.6、郭宽0.3厘米，重3.05克（图二六九，4）。标本M10：4-1，锈残，圆形，方穿，正、背面有圆郭，正面铸“崇祯通宝”四字，楷书，对读，背面无纹。钱径2.65、穿宽0.65、郭宽0.3厘米，重2.43克（图二六九，5）。

顺治通宝　1枚。标本M10：4-2，锈蚀残缺，圆形，方穿，正、背面有圆郭，正面铸“顺治通宝”四字，楷书，对读，背面穿左右铸满文“宝泉”二字，纪局名。钱径2.6、穿宽0.65、郭宽0.3厘米，重2.05克（图二六九，6）。

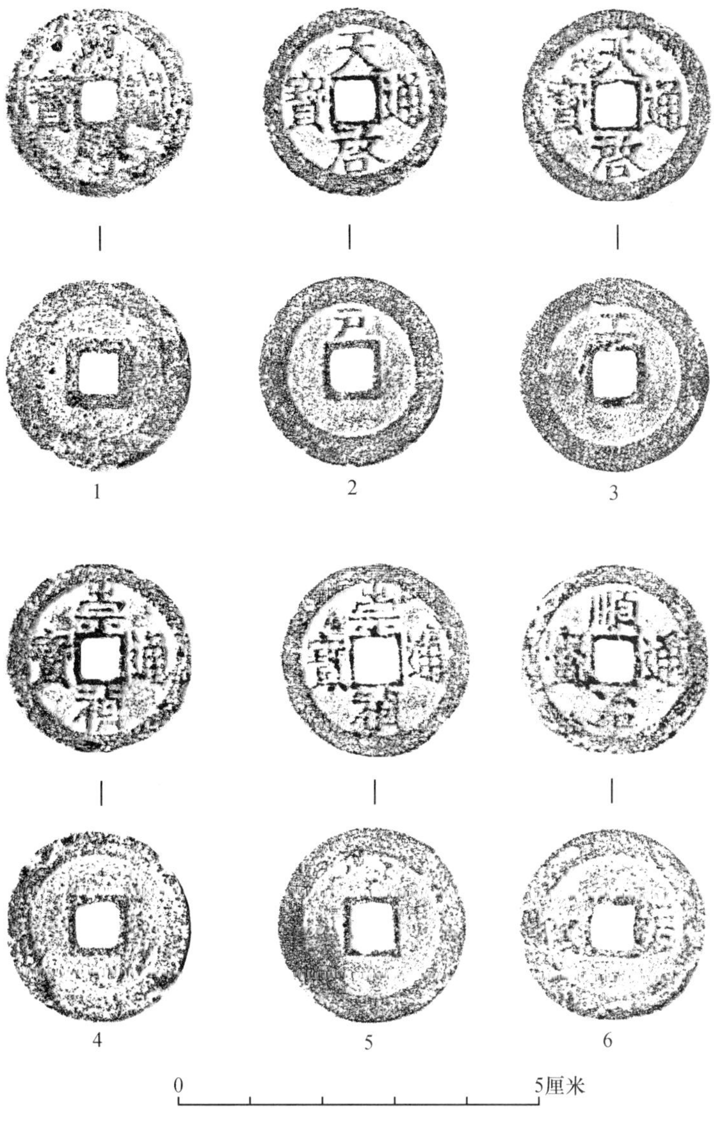

图二六九　M10出土铜钱

1. 万历通宝（M10：2-1）　2、3. 天启通宝（M10：1-1、M10：2-2）　4、5. 崇祯通宝（M10：2-3、M10：4-1）
6. 顺治通宝（M10：4-2）

三、M14

（一）墓葬形制

M14位于Ⅱ区T0803北部，北邻M16，东邻M15，南邻M13。开口于第2层下。梯形竖穴土圹三棺墓，东北—西南向，方向25°。墓圹南北长2.16～2.5米，东西宽2.1～2.24米，墓口距地表深0.42米，墓口距墓底深0.86～0.96米，内填花土，土质较硬，填土内含有少量碎骨、棺沫及棺钉等，该墓早期已被盗扰。墓底内置三棺，并列于墓中央（图二七〇；图版五三，1）。

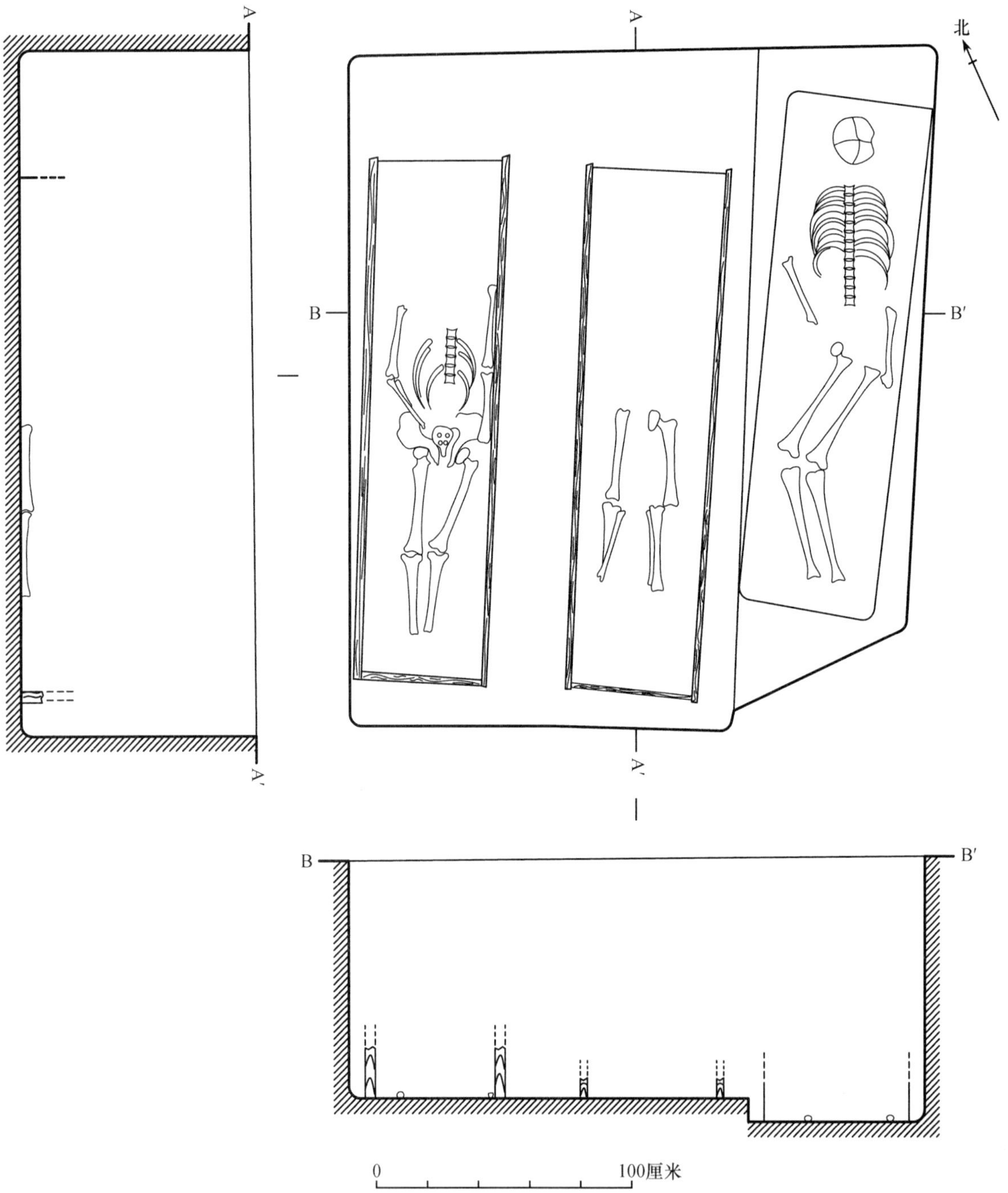

图二七〇　M14平、剖面图

东棺呈长方形，棺木已朽成沫，长1.88米，宽0.55米，残高0.14米。棺内葬人骨1具，骨架已朽，头骨已破，头向北，面向不清，仰身屈肢葬，性别不详。

中棺呈长方形，棺木已朽，长1.92米，宽0.54米，残高0.06米，棺底高于东棺0.09米；东西两边棺木厚0.015～0.02米，底厚0.005～0.01米。棺内骨架已被扰动，仅残留腿骨，头向、面向、葬式、性别不详。棺底铺有一层厚0.005～0.01米的生石灰。

西棺呈长方形，棺木已朽，长1.92米，宽0.54米，残高0.17米，棺底和中棺底基本平齐；棺东西两边棺木厚0.025～0.03米，底厚0.001～0.015米。棺内骨架已被扰动，无头骨，从残留的骨架可知，骨架呈仰身直肢葬，性别不详。棺底铺有一层厚0.005～0.01米的生石灰。

（二）随葬品

无。

四、M19

（一）墓葬形制

M19位于Ⅱ区T1615西北部，北邻M20。开口于第2层下。梯形竖穴土圹三棺墓，北宽南窄，南北向，方向354°。墓圹南北长2.47～2.52米，东西宽2.72～2.88米，墓口距地表深0.3米，墓口距墓底深0.73～1.15米，内填胶质花土，土质较硬。墓底内置三棺，并列于墓西部，东棺与中棺间距0.18～0.2米，中棺与西棺间距0.14～0.18米（图二七一；图版五三，2）。

东棺略呈梯形，北宽南窄，棺木腐朽严重，仅残留棺木朽痕，长1.84米，宽0.52～0.6米。棺内葬人骨1具，头向北，面向不清，仰身直肢葬，墓主颅骨较大，骨壁厚重，盆骨入口近心形，相对西棺较粗壮，初步推断为男性。

中棺略呈梯形，北宽南窄，棺木半朽，长2.04米，宽0.7～0.72米，残高0.34米；侧板残厚0.08～0.1米；前挡板残高0.12米，残厚0.04米；后挡板残高0.14米，残厚0.02米。侧板及前后挡板用木粗糙，未经细加工，表面可见枝节。棺内葬人骨1具，头向北，面向不清，仰身直肢葬，墓主颅骨较小，骨壁较薄，盆骨横径大于纵经，呈椭圆形，推断为女性。

西棺略呈梯形，北宽南窄，棺木腐朽严重，仅残存棺木朽痕，长1.74米，宽0.5～0.54米。棺内葬人骨1具，头向北，面向不清，葬式不详，性别不详。

墓内随葬铜钱4枚，1枚（M19：1）位于西棺中北部，3枚（M19：2）位于东棺中部。

（二）随葬品

铜钱　4枚。

乾隆通宝　4枚。标本M19：1-1，锈残，圆形，方穿，正、背面有圆郭，正面铸“乾隆通宝”四字，楷书，对读，背面穿左右铸满文“宝泉”二字，纪局名。钱径2.4、穿宽0.6、郭宽0.4厘米，重2.91克（图二七二，1）。标本M19：2-1，锈残，圆形，方穿，正、背面有圆郭，正面铸“乾隆通宝”四字，楷书，对读，背面穿左右铸满文“宝泉”二字，纪局名。钱径2.4、穿宽0.6、郭宽0.35厘米，重4克（图二七二，2）。

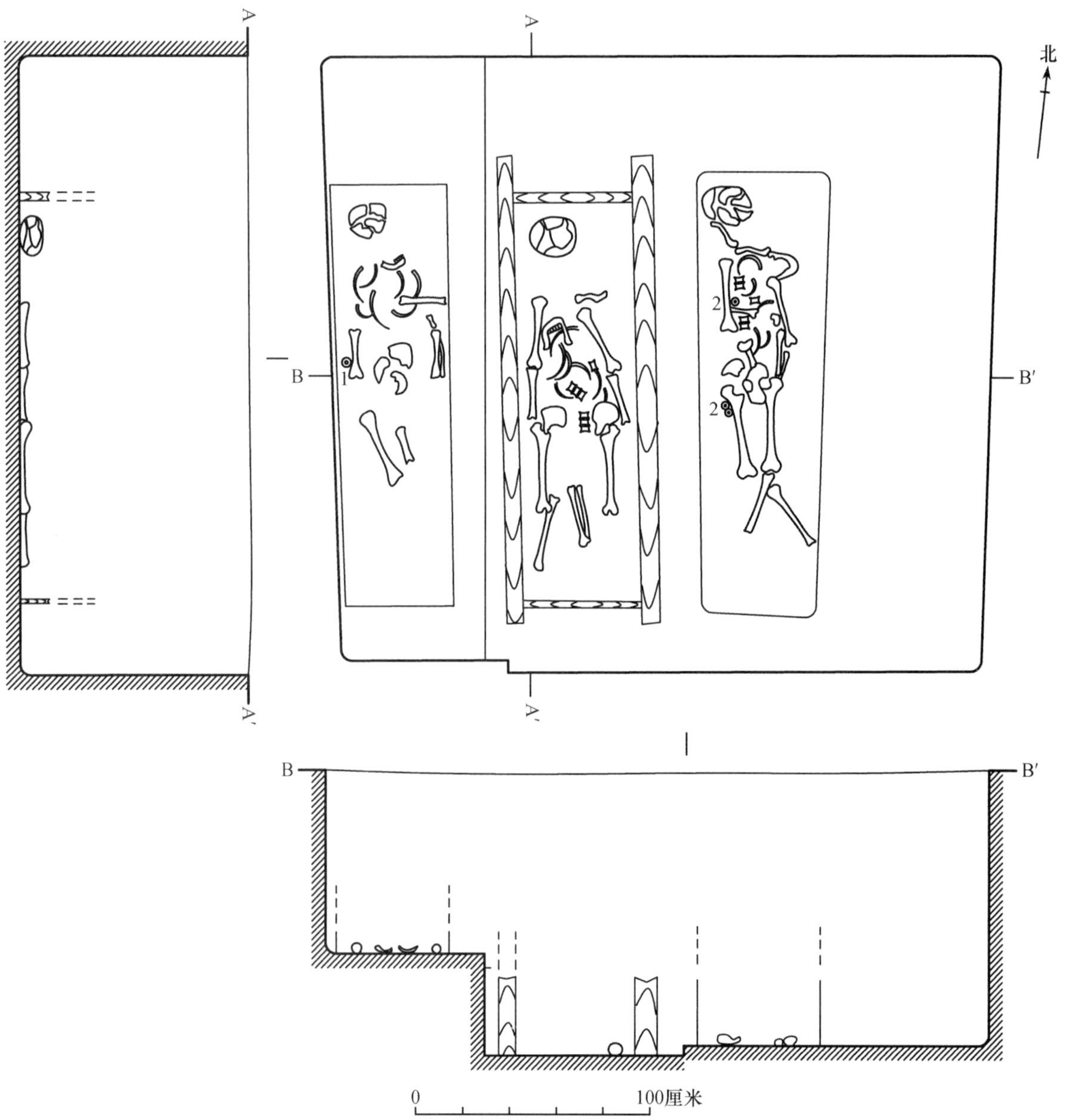

图二七一　M19平、剖面图

1、2. 铜钱

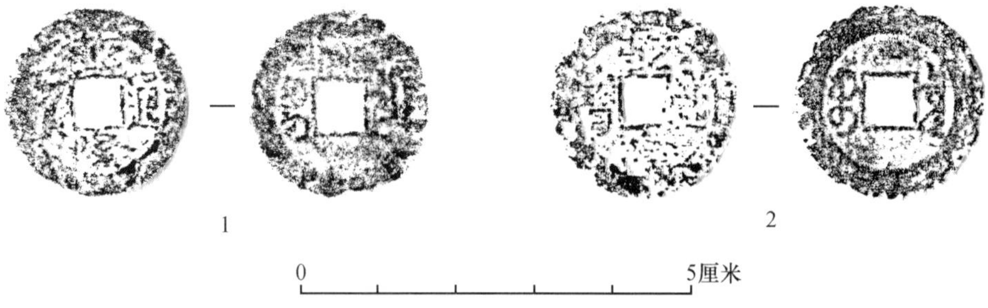

图二七二　M19出土乾隆通宝钱

1. M19：1-1　2. M19：2-1

五、M64

（一）墓葬形制

M64位于Ⅰ区T1405北部，南邻M63。开口于第2层下。梯形竖穴土圹三棺墓，北稍宽于南，南北向，方向344°。墓圹南北长3.08～3.1米，东西宽2.5～2.7米，墓口距地表深0.45米，墓口距墓底深0.9～0.95米，内填胶质花土，土质较硬。墓底内置三棺，并列于墓中部，中棺与西棺间距0.16米，中棺与东棺间距0.14～0.2米（图二七三；图版五四，1）。

东棺略呈梯形，北宽南窄，因盗扰严重，仅存棺木底板，长1.84米，宽0.52～0.64米，残高0.1米。棺内葬人骨1具，北宽南窄，仅存部分骨骸，头向、面向、葬式及性别不详。

中棺略呈梯形，棺木腐朽严重，长1.7米，宽0.46～0.54米，残高0.1米。棺内葬人骨1具，仅存部分骨骸，头向、面向、葬式及性别不详。

西棺略呈梯形，北宽南窄，棺木腐朽严重，长1.82米，宽0.4～0.52米，残高0.12米。棺内葬人骨1具，仅存头骨和下肢骨，头向北，面向不清，葬式及性别不详。

墓内随葬青白釉瓷罐2件、银戒指1件、铜钱6枚。青白釉瓷罐1件（M64：1）位于东棺头外东部，另1件（M64：2）位于西棺头外东部；银戒指（M64：5）位于东棺中部偏北；铜钱4枚（M64：3）无规律分散于西棺内，2枚（M64：4）位于东棺中部。

（二）随葬品

青白釉瓷罐　2件。标本M64：1，灰白胎，胎质坚硬，周身施青白色釉，釉层较薄，釉面匀净明亮，器口施酱褐色釉浆水，器体局部见窑渣、缩釉痕，器身见明显的修坯旋痕，器内有横向胎接痕一周。完整，直口，方圆唇，短颈，丰肩，弧腹，下腹弧收，胫外撇，细砂平底。口径8.4、最大腹径12.6、底径8、高12.2、厚0.3～0.6厘米（图二七四，1；图版八六，1）。标本M64：2，灰白胎，胎质坚硬，周身施青白色釉，釉层较薄，釉面匀净光亮，器口施酱色釉浆水，器内外有较少缩釉痕，器内有横向胎接痕一周，底部有凹弦纹一周。完整，直口，方圆唇，短颈，丰肩，弧腹，下腹弧收，胫外撇，细砂平底略凹。口径8、最大腹径13.4、底径8.2、高14.6、厚0.6～1厘米（图二七四，2；图版八六，2）。

银戒指　1件。标本M64：5，锈残，近圆形，两端呈扁条尖状，环体锤鍱、錾刻花瓣纹，略宽于两端。直径2.1厘米（图二七五，1；图版八五，7）。

铜钱　6枚。

乾隆通宝　4枚。标本M64：3-1，锈残，圆形，方穿，正、背面有圆郭，正面铸“乾隆通宝”四字，楷书，对读，背面穿左右铸满文“宝泉”二字，纪局名。钱径2.45、穿宽0.6、郭宽0.4厘米，重3.61克（图二七五，2）。

嘉庆通宝　2枚。标本M64：4-1，锈残，圆形，方穿，正、背面有圆郭，正面铸“嘉庆通宝”

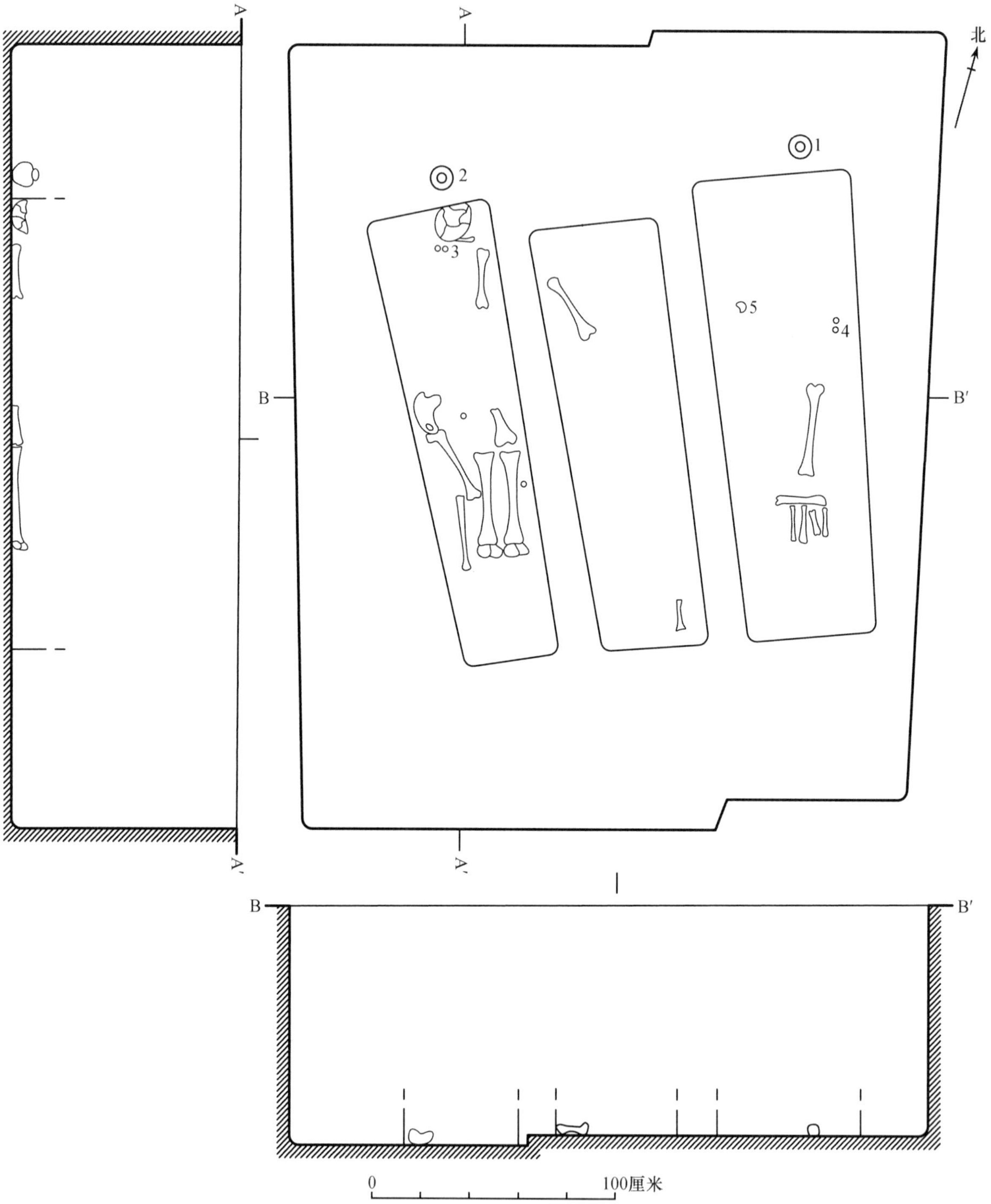

图二七三　M64平、剖面图

1、2. 青白釉瓷罐　3、4. 铜钱　5. 银戒指

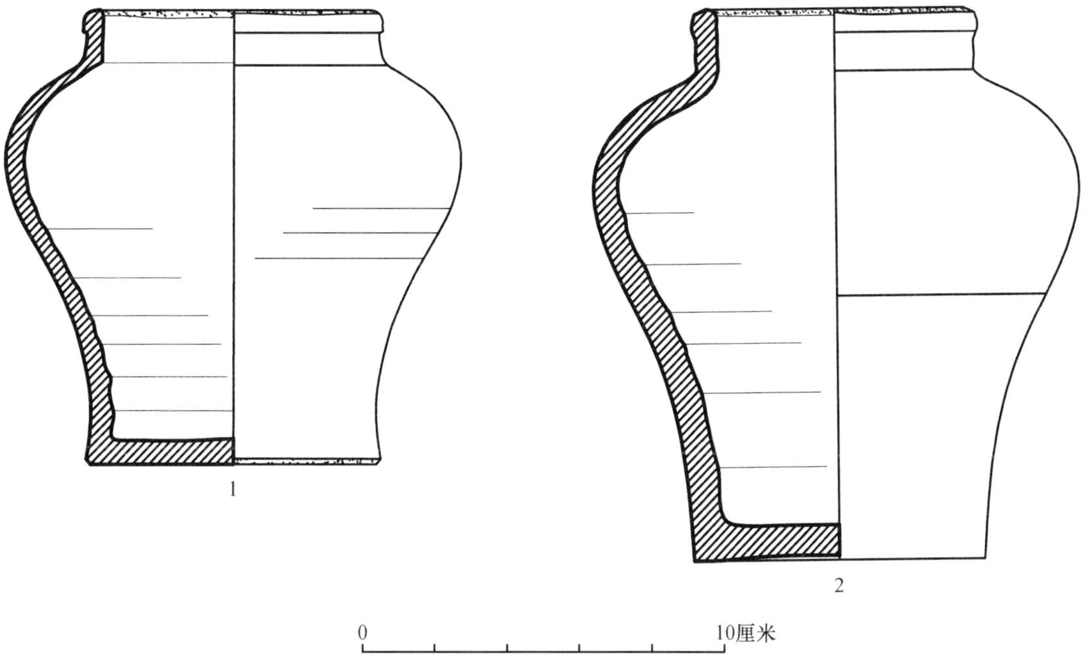

图二七四　M64出土青白釉瓷罐

1. M64：1　2. M64：2

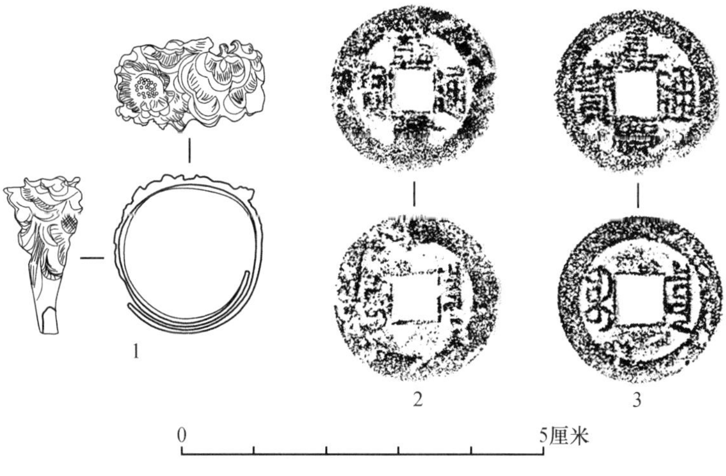

图二七五　M64出土器物

1. 银戒指（M64：5）　2. 乾隆通宝（M64：3-1）　3. 嘉庆通宝（M64：4-1）

四字，楷书，对读，背面穿左右铸满文“宝泉”二字，纪局名。钱径2.4、穿宽0.6、郭宽0.35厘米，重3.42克（图二七五，3）。

六、M65

（一）墓葬形制

M65位于Ⅰ区T1406西南部，南邻M64，北邻M66。开口于第2层下。长方形竖穴土圹三棺墓，南北向，方向354°。墓圹南北长2.65米，东西宽2.83米，墓口距地表深0.45米，墓口距墓底深1.16～1.32米，内填胶质花土，土质较硬。墓底内置三棺，并列于墓中部，中棺与西棺间距0.05～0.22米，中棺与东棺间距0.28～0.5米（图二七六；图版五四，2）。

东棺略呈梯形，北宽南窄，因盗扰严重，仅存棺底板和西侧板，长1.9米，宽0.54～0.6米，残高0.1米；侧板残长1.4米，残高0.1米，残厚0.02米；底板长1.9米。侧板和底板用木粗糙。棺内葬人骨1具，仅存部分骨骸，头向、面向、葬式及性别不详。

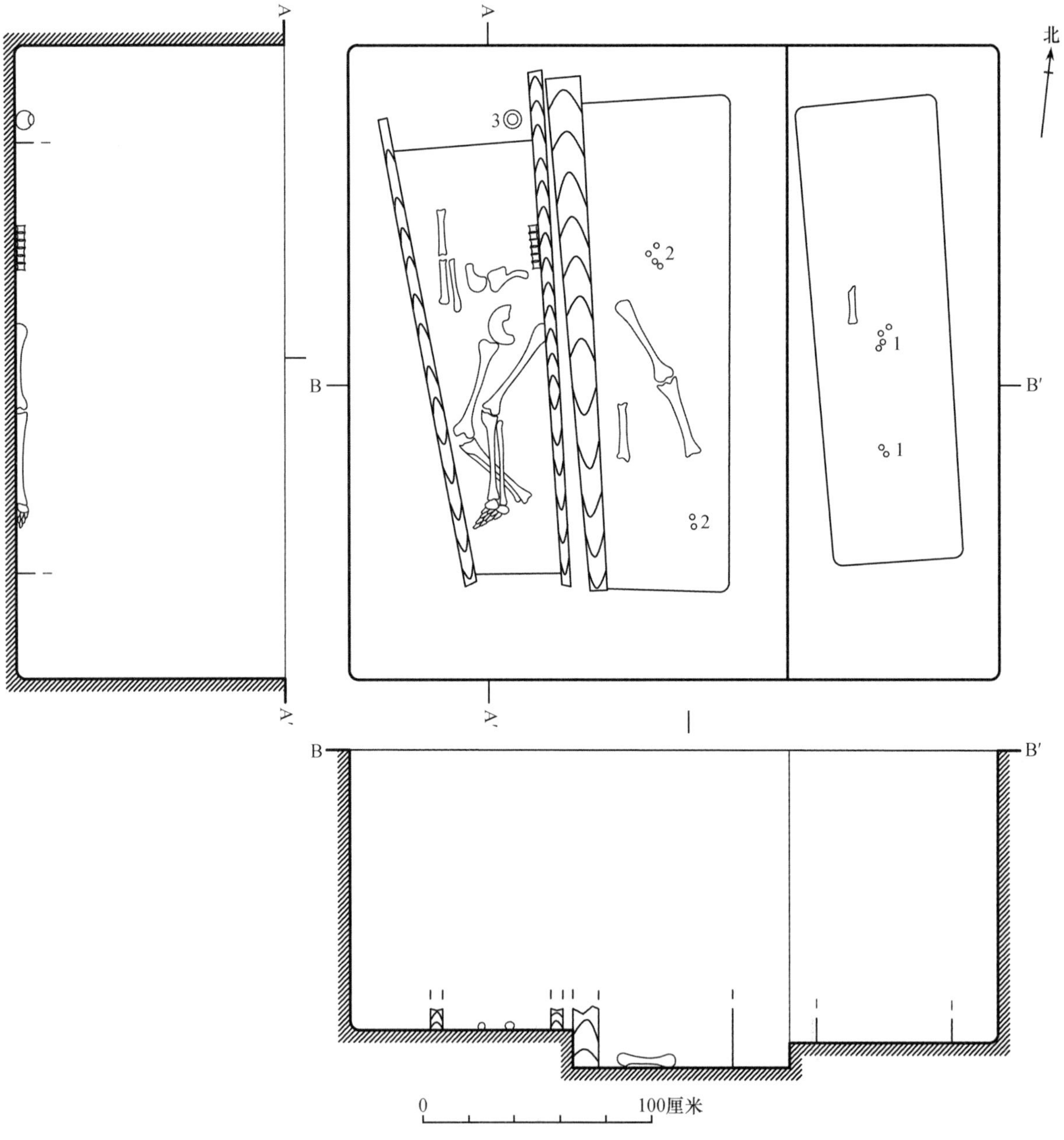

图二七六　M65平、剖面图
1、2. 铜钱　3. 半釉陶罐

中棺略呈梯形，棺木腐朽严重，仅存西侧板，长2.1米，宽0.6～0.62米，残高0.16米；侧板残高0.06～0.16米，残厚0.1米。侧板用木粗糙，未经细加工。棺内葬人骨1具，仅存部分下肢骨，头向、面向、葬式及性别不详。

西棺略呈梯形，棺木半朽，因盗扰严重，仅存东西侧板，长2.12米，宽0.46～0.64米；侧板残厚0.04～0.06米。棺内葬人骨1具，仅存头骨、下肢骨及部分上肢骨，头向、面向不详，骨架右腿微屈，压于左腿下，为男性。

墓内随葬半釉陶罐1件、铜钱12枚。半釉陶罐（M65：3）位于西棺头外北偏东处；铜钱6枚（M65：1）位于东棺内，6枚（M65：2）位于中棺内。

（二）随葬品

半釉陶罐　1件。标本M65：3，黄褐色胎，胎质粗疏，器口及外腹壁施半酱色釉，器内仅口部施一层较薄的酱色釉浆水，器体腹部有滴釉现象，器体修坯粗糙。口残，直口，方唇，束颈，溜肩，筒形腹，平底。口径12.8、最大腹径12、底径8.6、高11.2、厚0.6～1.2厘米（图二七七；图版八六，4）。

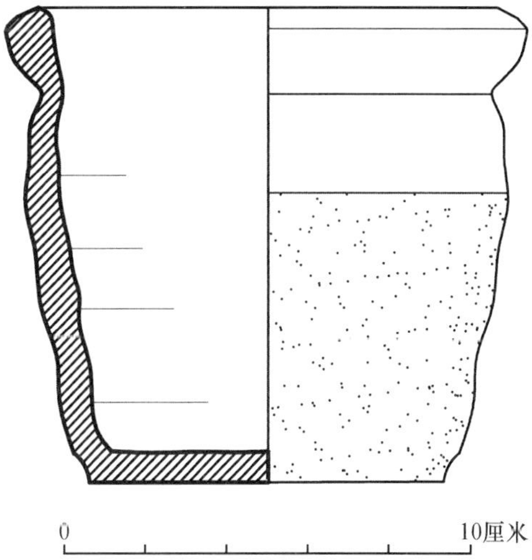

图二七七　M65出土半釉陶罐

（M65：3）

铜钱　12枚。

康熙通宝　3枚。标本M65：1-1，锈残，圆形，方穿，正、背面有圆郭，正面铸“康熙通宝”四字，楷书，对读，背面穿左右铸满文“宝泉”二字，纪局名。钱径2.8、穿宽0.6、郭宽0.4厘米，重3.28克（图二七八，1）。

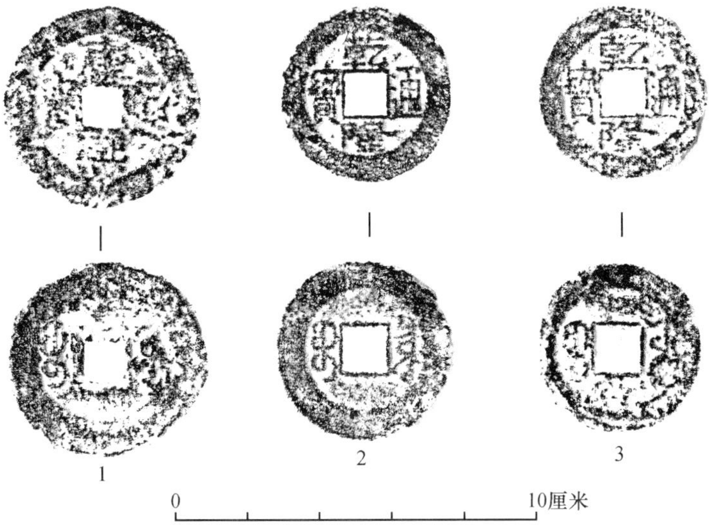

图二七八　M65出土铜钱

1. 康熙通宝（M65：1-1）　2、3. 乾隆通宝（M65：1-2、M65：2-1）

乾隆通宝　8枚。标本M65：1-2，锈残，圆形，方穿，正、背面有圆郭，正面铸“乾隆通宝”四字，楷书，对读，背面穿左右铸满文“宝泉”二字，纪局名。钱径2.45、穿宽0.55、郭宽0.4厘米，重3.79克（图二七八，2）。标本M65：2-1，锈残，圆形，方穿，正、背面有圆郭，正面铸“乾隆通宝”四字，楷书，对读，背面穿左右铸满文“宝泉”二字，纪局名。钱径2.4、穿宽0.6、郭宽0.35厘米，重3.73克（图二七八，3）。

另1枚锈残，钱文不可辨。

七、M109

（一）墓葬形制

M109位于Ⅰ区T1411东南部，南邻M110，北邻M108。开口于第2层下。梯形竖穴土圹三棺墓，西北宽东南窄，东西向，方向315°。墓圹东西长2.36～2.51米，南北宽2.6～2.76米，墓口距地表深0.7米，墓口距墓底深0.88～0.98米，内填胶质花土，土质湿黏。墓底内置三棺，并列于墓中央，南棺与中棺间距0.1～0.15米，中棺与北棺间距0.04～0.12米（图二七九；图版五五，1）。

南棺略呈梯形，西宽东窄，棺木腐朽无存，仅留朽木痕迹，长1.88米，宽0.54～0.64米，残高0.1米。棺内葬人骨1具，头向西，面向不详，仰身直肢葬，为女性。

中棺略呈梯形，西宽东窄，棺木半朽，长1.84米，宽0.64～0.76米，残高0.2米；侧板高0.2米，厚0.04米。棺内葬人骨1具，头向西，面向不详，仰身直肢葬，为女性。

北棺略呈梯形，西宽东窄，棺木半朽，长1.9米，宽0.52～0.7米，残高0.16米；侧板残高0.16米，厚0.02米。棺内葬人骨1具，头向西，面向南，仰身直肢葬，为男性。

墓内随葬玉蝉1件、玉烟嘴2件、玉石饰件1件、料珠3枚、银簪2件、鎏金银簪1件、鎏金银扁方1件、鎏金银耳环4件、鎏金银戒指2件、顶戴1件、铜烟锅2件、鎏金铜头饰1件、锡壶1件、尖底玻璃瓶1件、玻璃镜1件、铜钱13枚。南棺出土有锡壶1件（M109：1）、鎏金银耳环2件（M109：2-1、M109：2-2）、鎏金银扁方1件（M109：5）、银簪3件（M109：3-1、M109：3-2、M109：19）、鎏金铜头饰1件（M109：4）、玉蝉1件（M109：6）、尖底玻璃瓶1件（M109：7）、玻璃镜1件（M109：8）、玉石饰件1件（M109：13）、料珠3枚（M109：9）、鎏金银戒指2件（M109：10、M109：11）、玉烟嘴1件（M109：12-1）、铜烟锅1件（M109：12-2）。锡壶位于骨架左肩处，鎏金银耳环、玉蝉位于骨架头骨北侧，银簪位于骨架头骨南侧，铜头饰位于骨架头骨西北处，鎏金银扁方位于骨架头骨西侧，玉石饰件位于骨架头骨东南侧，尖底玻璃瓶、玻璃镜位于骨架右侧肋骨处，料珠位于骨架左侧肋骨与脊骨处，鎏金银戒指位于骨架右手骨处，玉烟嘴、铜烟锅位于骨架右手骨偏东部。中棺出土玉烟嘴（M109：15-1）、铜烟锅（M109：15-2）各1件，鎏金银耳环2件（M109：16-1、M109：16-2），玉烟嘴、铜烟锅位于骨架右手骨东部，银耳环位于骨架脊骨西侧。北棺出土顶戴1件（M109：18），位于骨架头骨西侧。铜钱10枚（M109：14）无规律分散于南棺内，3枚（M109：17）位于中棺骨架盆骨东侧。

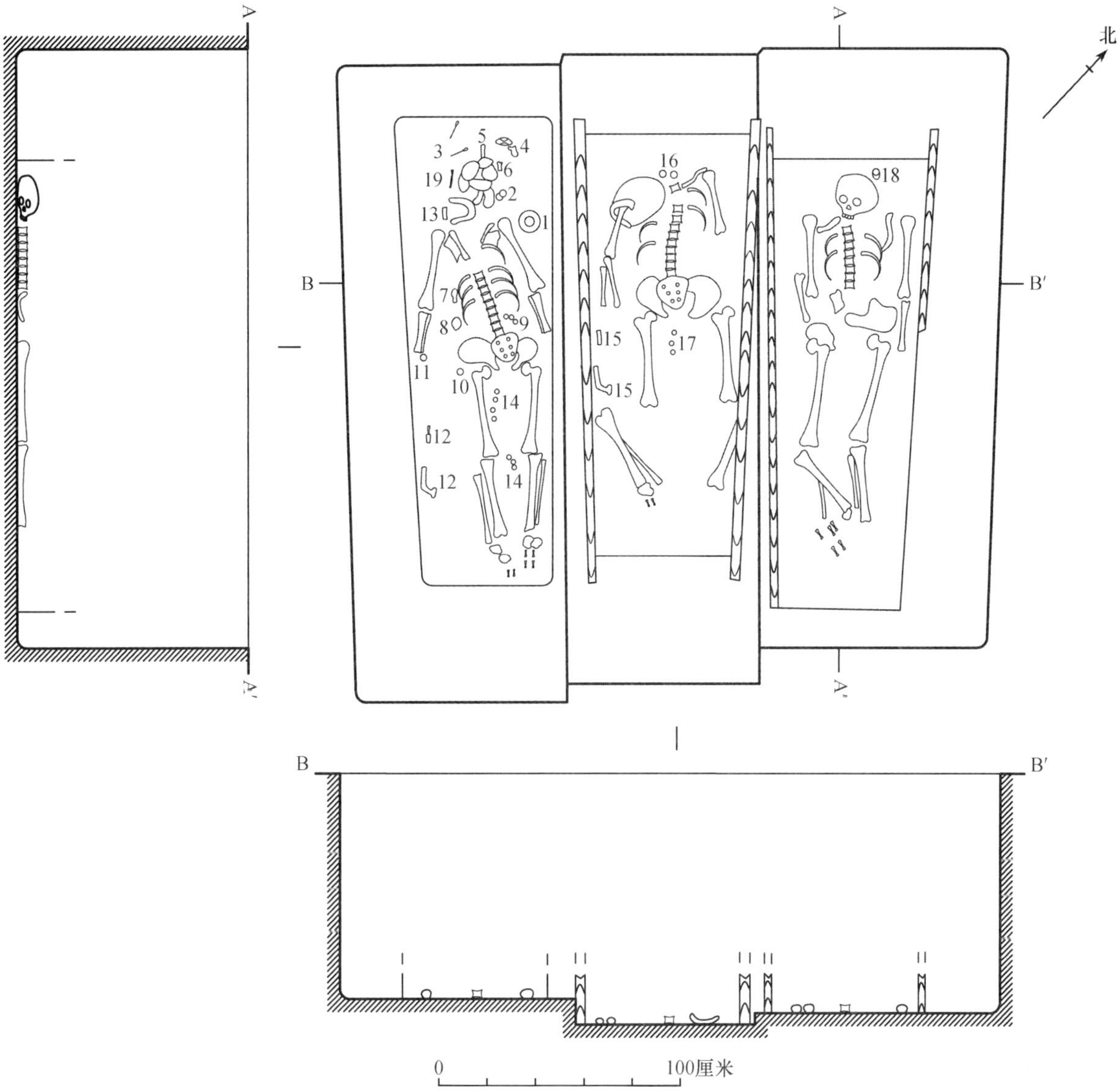

图二七九　M109平、剖面图

1. 锡壶　2、16. 鎏金银耳环　3. 银簪　4. 鎏金铜头饰　5. 鎏金银扁方　6. 玉蝉　7. 玻璃瓶　8. 玻璃镜　9. 料珠　10、11. 鎏金银戒指　12、15. 玉烟嘴、铜烟锅　13. 玉石饰件　14、17. 铜钱　18. 顶戴　19. 鎏金银簪

（二）随葬品

玉器小件　4件。

玉蝉　1件。标本M109：6，青玉质。完整，打磨光滑，刻划较精致，呈卧爬状，平面呈长方形，双目圆睁，四足展开，尾部下垂。长3、宽1.4、厚0.7厘米（图二八〇，5；图版八七，6）。

玉烟嘴　2件。标本M109：15-1，白玉质。完整，呈筒状圆柱体，首部较细，内凹外展。通长7.2、直径1.2、厚0.2厘米（图二八一，3；图版八七，4）。标本M109：12-1，青玉质。完整，较长，呈筒状圆柱体，首部较细，内凹外展。通长11.6、直径1.2、厚0.2厘米（图二八一，1；图版

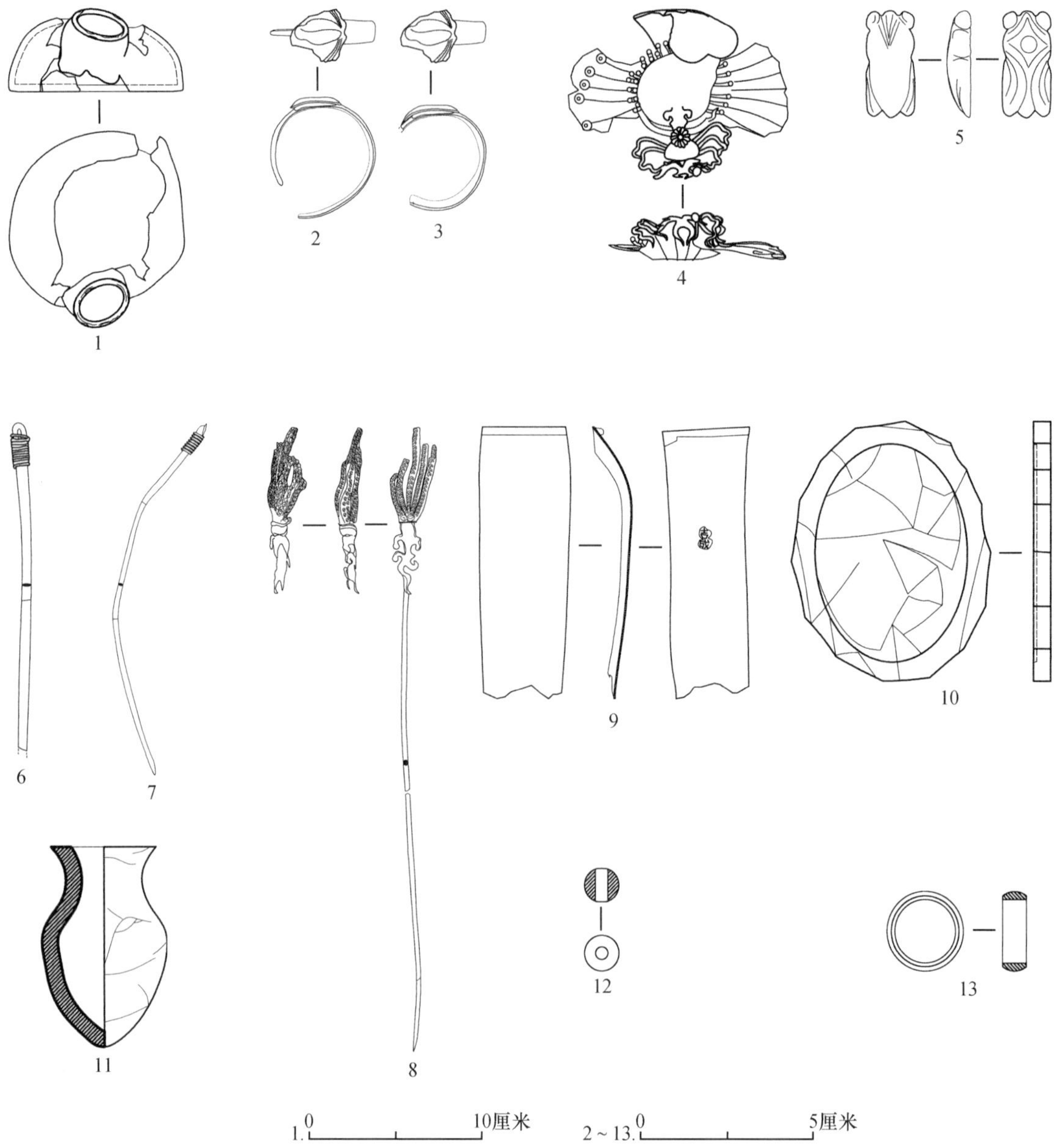

图二八〇　M109出土器物

1. 锡壶（M109：1）　2、3. 鎏金银耳环（M109：2-1、M109：2-2）　4. 鎏金铜头饰（M109：4）　5. 玉蝉（M109：6）　6、7. 银簪（M109：3-1、M109：3-2）　8. 鎏金银簪（M109：19）　9. 鎏金银扁方（M109：5）　10. 琉璃镜（M109：8）　11. 尖底玻璃瓶（M109：7）　12. 料珠（M109：9-1）　13. 鎏金银戒指（M109：10）

八七，2）。

玉石饰件　1块。标本M109：13，红褐色，润泽，玉质感强。完整，整体呈长方体，首部略扁平，尾部厚重，表面凹凸不平。长4.4、宽2.7、厚0.6～2厘米，重22.21克（图二八一，9；图版八七，5）。

料珠　3枚。标本M109：9-1，黄色。完整，圆球形，中间穿孔贯通。直径1、孔径0.35厘米

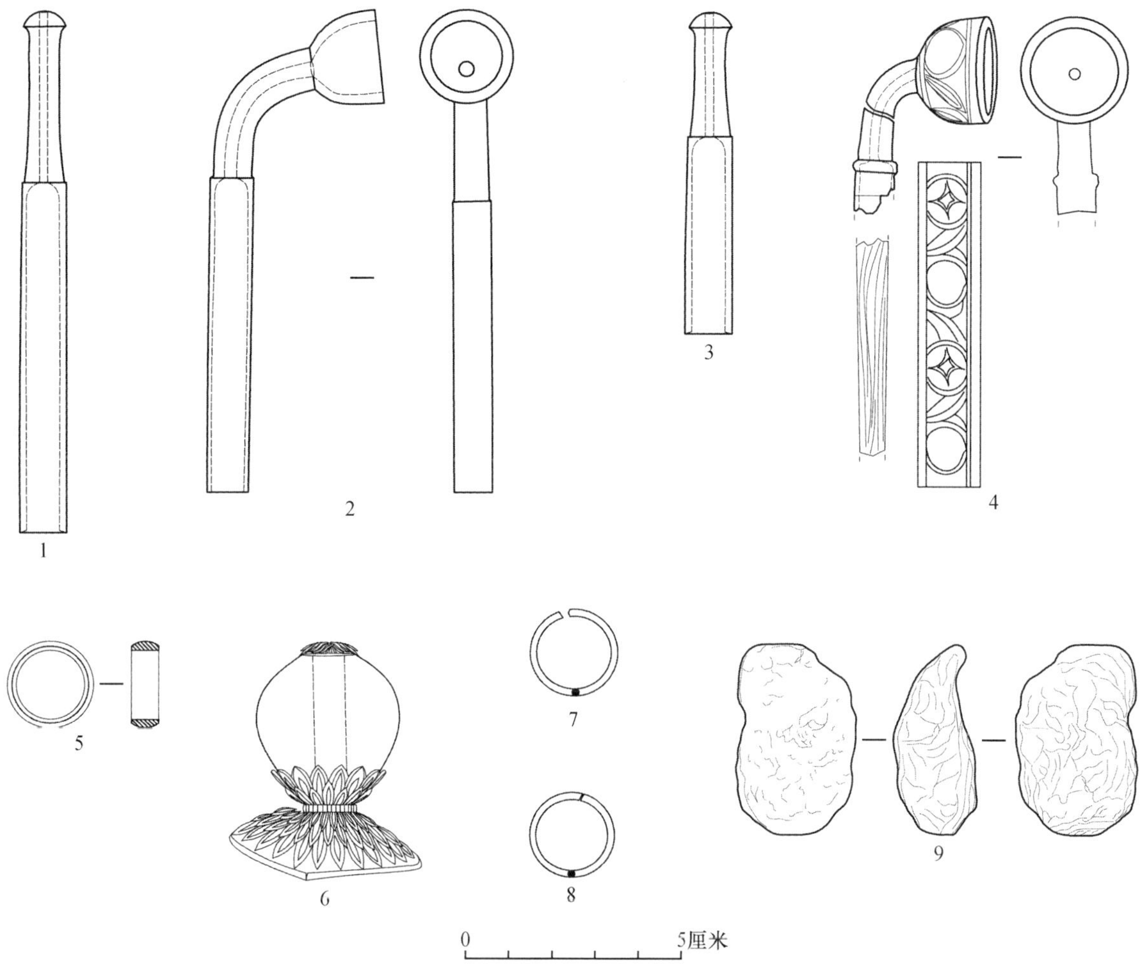

图二八一　M109出土器物

1、3. 玉烟嘴（M109：12-1、M109：15-1）　2、4. 铜烟锅（M109：12-2、M109：15-2）　5. 鎏金银戒指（M109：11）　6. 顶戴（M109：18）　7、8. 鎏金银耳环（M109：16-1、M109：16-2）　9. 玉石饰件（M109：13）

（图二八〇，12；图版八九，1）。

银饰件　10件。

银簪　2件。标本M109：3-1，锈残，簪首用银丝缠绕十一周，簪体呈扁方体，略弯曲，残断。残长9.2厘米（图二八〇，6；图版八八，4）。标本M109：3-2，锈残，簪首用银丝缠绕九周，簪体呈扁方体，略弯曲，残断，尾尖细。残长9.8厘米（图二八〇，7；图版八八，5）。

鎏金银簪　1件。标本M109：19，锈残，簪首掐丝为一佛手做“说法印”，簪体呈圆锥形，由头至尾逐渐变细，尾残断。通长17.4厘米（图二八〇，8；图版八八，2、3）。

鎏金银扁方　1件。标本M109：5，锈残，体呈长方形，首弯曲残断，背部刻有铭文“吉成”二字，尾残断缺失。残长7.6、宽2.6、厚0.1厘米（图二八〇，9；图版八八，1）。

鎏金银耳环　4件。标本M109：2-1、M109：2-2，锈残，通体鎏金，局部脱落。圆环形，一端呈圆柱体，尖细，中部断裂，一端呈扁长方形，首部呈荷花瓣状，花瓣两端残损断裂。直径3厘米（图二八〇，2、3；图版八八，7）。标本M109：16-1、M109：16-2，通体鎏金，局部脱落。锈残，圆环形。直径2厘米（图二八一，7、8；图版八八，6）。

鎏金银戒指　2件。标本M109：10，通体鎏金，局部脱落。锈残，圆环形。直径2.3厘米（图二八〇，13；图版八九，4）。标本M109：11，通体鎏金，局部脱落。锈残，圆环形。直径2厘米（图二八一，5；图版八九，3）。

铜器　3件。

铜烟锅　2件。标本M109：15-2，锈残，一端呈圆形，表面有刻划花纹，另一端呈圆柱状，与木质烟杆连接，烟杆剖面呈椭圆形，中间有孔，孔由锅至嘴渐细，烟杆腐朽残缺。残长10、直径2.4厘米（图二八一，4；图版八七，3）。标本M109：12-2，锈残，一端呈圆形，另一端呈圆柱状，与烟杆连接，烟杆剖面呈椭圆形，中间有孔，孔由锅至嘴渐细，烟杆腐朽残缺。通长10.8、直径2.2厘米（图二八一，2；图版八七，1）。

鎏金铜头饰　1件。标本M109：4，锈残，首部呈荷花瓣状，上面錾刻几何纹，花边向四周展开，一对略向下弯曲，一对向上卷起，中间镶嵌一圆形花蕊，中间镶嵌物缺失。直径4.6～5厘米（图二八〇，4；图版八九，5）。

顶戴　1件。标本M109：18，锈残，分两部分组成，上端呈球状，玻璃晶体，晶莹剔透，球体上部有孔贯通，用梅花铆钉、螺栓固定于底座，下部底座为莲花状，底部莲花瓣呈镂空状。球径3.3、通高5.3厘米（图二八一，6；图版八九，2）。

锡壶　1件。标本M109：1，残碎缺失，嘴与把已残损不见，腹部断裂，底呈圆形。底径10、高4.5厘米（图二八〇，1；图版八九，6）。

玻璃器　2件。

尖底玻璃瓶　1件。标本M109：7，红褐色。残，直口，平沿，束颈，长圆腹，尖底。通体有细密开片纹。口径3、腹径3.6、高5.6、厚0.4厘米（图二八〇，11；图版九〇，2）。

玻璃镜　1件。标本M109：8，残，平面呈十四边形，镜缘较厚，背部较光滑，镜片较薄。直径5.8～7.2、厚0.5厘米（图二八〇，10；图版九〇，3）。

铜钱　13枚。

嘉庆通宝　2枚。标本M109：14-1，锈残，圆形，方穿，正、背面有圆郭，正面铸“嘉庆通宝”四字，楷书，对读，背面穿左右铸满文“宝泉”二字，纪局名。钱径2.4、穿宽0.6、郭宽0.35厘米，重3.48克（图二八二，1）。

道光通宝　9枚。标本M109：14-2，锈残，圆形，方穿，正、背面有圆郭，正面铸“道光通宝”四字，楷书，对读，背面穿左右铸满文“宝源”二字，纪局名。钱径2.3、穿宽0.6、郭宽0.4厘米，重3.97克（图二八二，2）。标本M109：17-1，锈残，圆形，方穿，正、背面有圆郭，正面铸“道光通宝”四字，楷书，对读，背面穿左右铸满文“宝源”二字，纪局名。钱径2.2、穿宽0.7、郭宽0.3厘米，重3.45克（图二八二，3）。

另2枚锈残，钱文不辨。

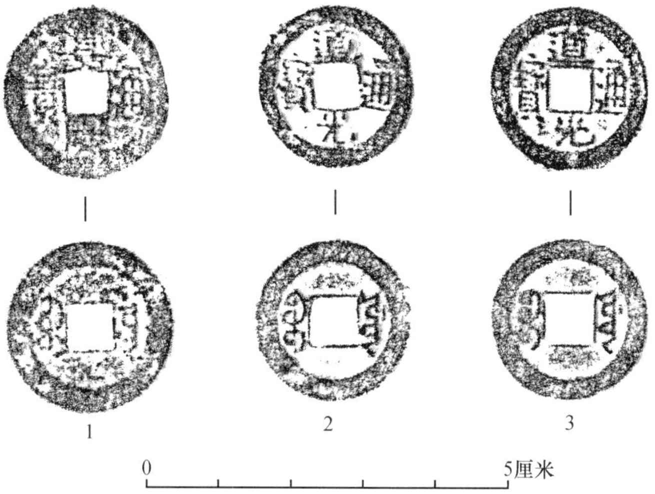

图二八二 M109出土铜钱
1. 嘉庆通宝（M109：14-1） 2、3. 道光通宝（M109：14-2、M109：17-1）

八、M110

（一）墓葬形制

M110位于Ⅰ区T1411南部，向南进入T1410，北邻M109。开口于第2层下。梯形竖穴土圹三棺墓，北宽南窄，南北向，方向20°。墓圹南北长2.2～2.74米，东西宽2.32～2.6米，墓口距地表深0.8米，墓口距墓底0.72～1米，内填胶质花土，土质湿黏，墓底内置三棺，并列于墓中央（图二八三；图版五五，2）。

东棺位于墓底东部，打破中棺，呈梯形，北宽南窄，长2.02米，宽0.49～0.6米，残高0.15米。棺内葬人骨1具，头向北，面向下，仰身直肢葬，骨架较凌乱，为男性。

中棺位于墓底中央，西部被西棺打破，东部被东棺打破，呈梯形，北宽南窄，长1.8米，宽0.47～0.7米，残高0.15米。棺内葬人骨1具，头向北，面向北，仰身直肢葬，为女性。

西棺位于墓底西部，且打破中棺，高于中棺0.28米，呈梯形，北宽南窄，长1.74米，宽0.44～0.6米，残高0.12米。棺内葬人骨1具，头向北，面向西，仰身直肢葬，为女性。

墓内随葬青花瓷鼻烟壶1件、铜钱10枚。青花瓷鼻烟壶（M110：2）位于东棺内；铜钱2枚（M110：1）位于中棺骨架下，8枚（M110：3）位于东棺骨架下。

（二）随葬品

青花瓷鼻烟壶 1件。标本M110：2，铜质半球形盖，残，直口，束颈，扁腹，椭圆形圈足，器表及底饰青花染地留白狮子、绣球、云纹，狮子共九个，寓意九世同堂、多福长寿。口径1.7、足径2.7、高8.2、厚0.3～0.4厘米（图二八四；图版九○，1）。

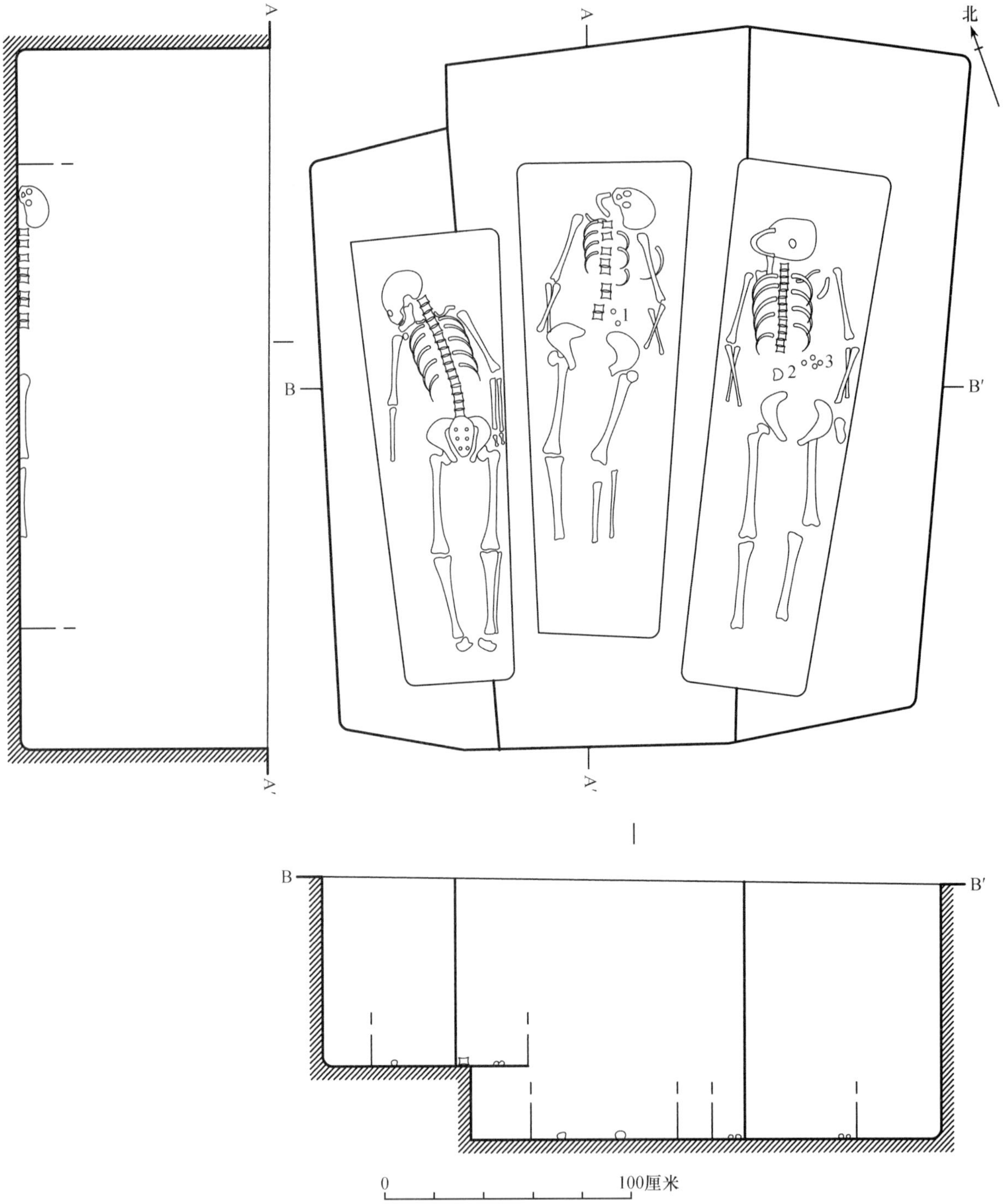

图二八三　M110平、剖面图

1、3. 铜钱　2. 瓷鼻烟壶

图二八四　M110出土青花瓷鼻烟壶
（M110∶2）

铜钱　10枚。

道光通宝　10枚。标本M110：1-1，锈残，圆形，方穿，正、背面有圆郭，正面铸“道光通宝”四字，楷书，对读，背面穿左右铸满文“宝泉”二字，纪局名。钱径2.31、穿宽0.65、郭宽0.3厘米，重3.97克（图二八五，1）。标本M110：3-1，锈残，圆形，方穿，正、背面有圆郭，正面铸“道光通宝”四字，楷书，对读，背面穿左右铸满文“宝泉”二字，纪局名。钱径3.25、穿宽0.6、郭宽0.3厘米，重3.54克（图二八五，2）

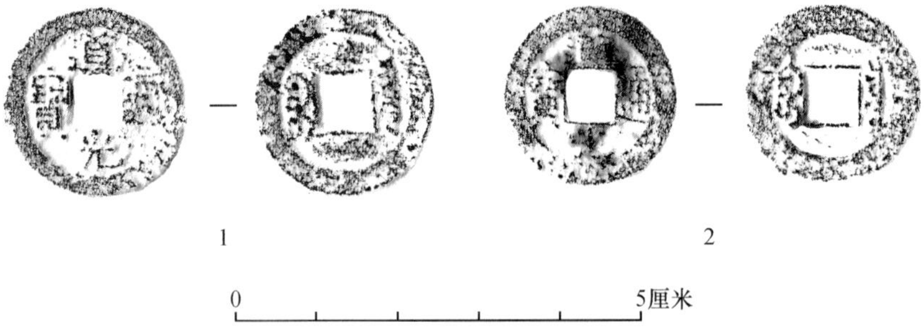

图二八五　M110出土道光通宝钱
1. M110：1-1　2. M110：3-1

九、M112

（一）墓葬形制

M112位于Ⅰ区T0911中东部，南邻M113。开口于第2层下。长方形竖穴土圹三棺墓，南北向，方向7°。墓圹南北长2.6～3米，东西宽3.2米，墓口距地表深0.8米，墓口距墓底深0.48～0.6米，内填胶质花土，土质湿黏。墓底内置三棺，并列于墓中东部，中棺与西棺间距0.14～0.18米，中棺与东棺间距0.16～0.2米（图二八六；图版五六，1）。

东棺略呈梯形，北宽南窄，棺木半朽，长2.18米，宽0.64～0.82米，残高0.3米；侧板残高0.3米，厚0.05～0.1米。棺内葬人骨1具，头向、面向、葬式、性别均不详。

中棺略呈梯形，北宽南窄，棺木腐朽严重，仅留朽木痕迹，长1.88米，宽0.6～0.7米，残高0.26米。棺内葬人骨1具，头向北，面向东，葬式不详，为女性。

西棺略呈梯形，北宽南窄，棺木腐朽无存，仅留朽木痕迹，长1.86米，宽0.62～0.7米，残高0.18米。棺内葬人骨1具，头向上，面向上，仰身直肢葬，为男性。

墓内随葬银簪1件、鎏金银簪2件、鎏金银押发1件、玻璃镜1面、铜钱13枚。银簪1件（M112：2）位于东棺东北部，2件（M112：3、M112：7）位于中棺骨架头骨西侧；鎏金银押发1件（M112：8）位于中棺骨架头骨西侧；玻璃镜（M112：5）位于西棺骨架右臂骨西侧；铜钱3枚（M112：6），位于西棺骨架肋骨与右腿骨处，另10枚无规律分散在东、中棺内，每棺各5枚。

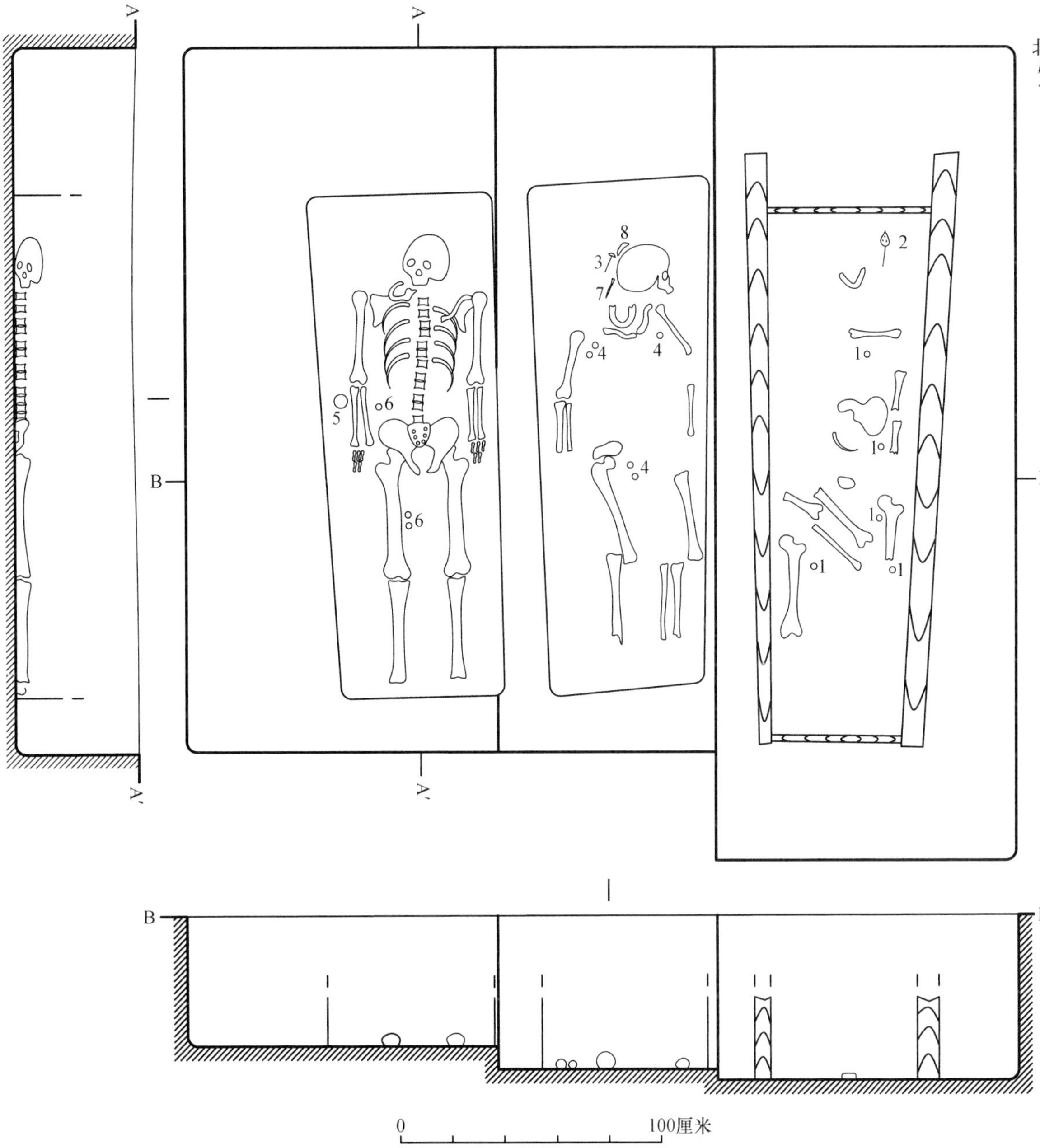

图二八六　M112平、剖面图
1、4、6. 铜钱　2、3. 鎏金银簪　5. 玻璃镜　7. 银簪　8. 鎏金银押发

（二）随葬品

银饰件　4件。

鎏金银簪　2件。标本M112：2，锈残，簪首与簪体为分别做成后接上，顶部呈葫芦状，簪首呈禅杖形，四周连环脱落，簪体呈圆锥形，尾尖细。通长14.2厘米（图二八七，1；图版九一，1）。标本M112：3，锈残，簪首呈五朵花瓣状向外展开，花蕊向上凸起，花蕊与花瓣紧贴，簪体

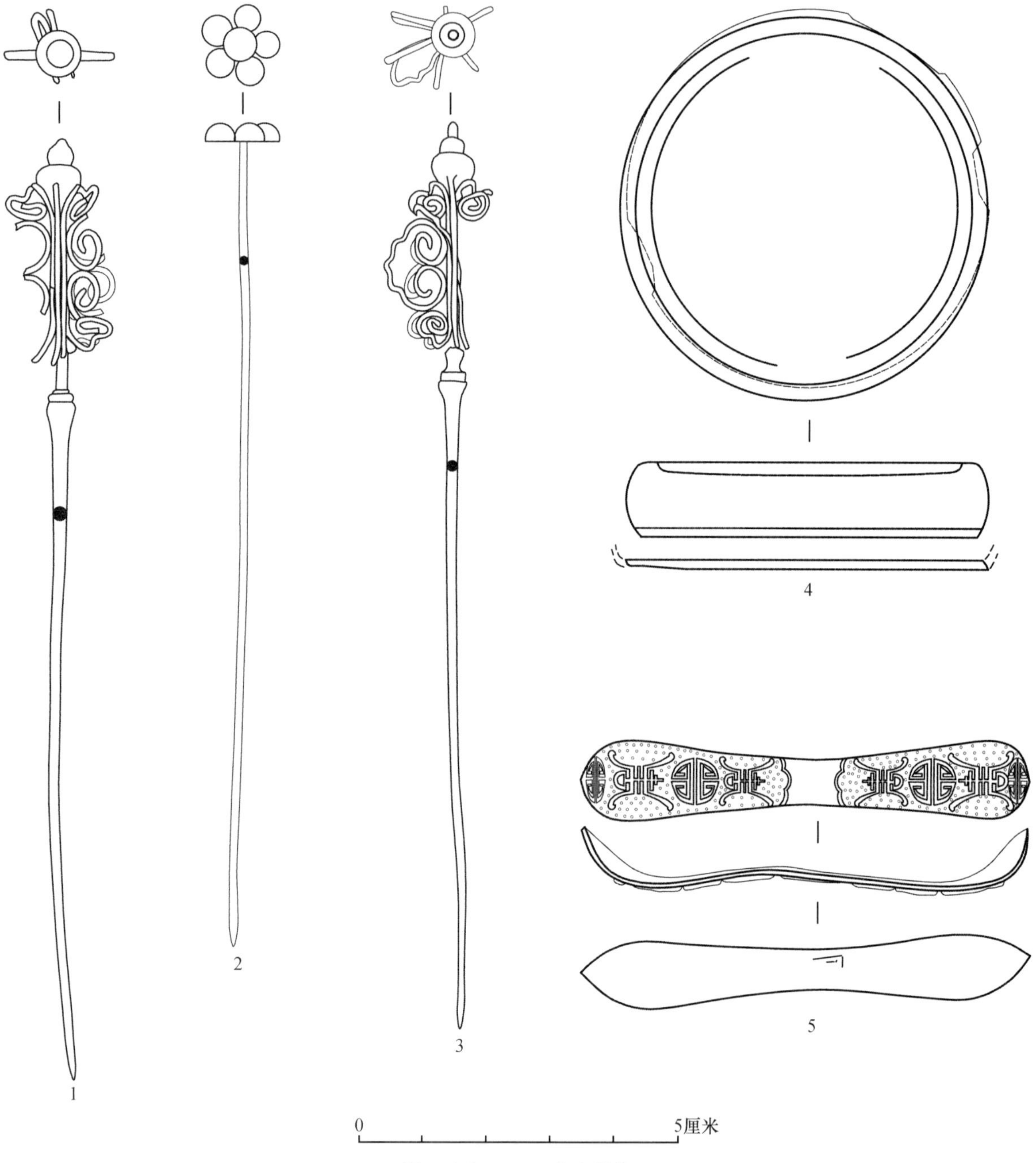

图二八七　M112出土器物

1、2. 鎏金银簪（M112：2、M112：3）　3. 银簪（M112：7）　4. 玻璃镜（M112：5）　5. 鎏金银押发（M112：8）

较细，呈圆锥形，尾尖。簪首直径1.1、通长12.4厘米（图二八七，2；图版九一，4）。

鎏金银押发　1件。标本M112：8，锈残，呈扁平长方形，中间束腰，两端均弯曲略弧，侧视呈“M”形，正面饰团“寿”字纹八组，背部较平滑，无纹。通长7、宽0.6～1.2、厚0.1厘米（图二八七，5；图版九一，3）。

银簪　1件。标本M112：7，锈残，簪体与簪首断开，簪首与簪体为分别做成后接上，顶部呈葫芦状，簪首呈禅杖形，四周连环脱落，簪体呈圆锥形，尾尖细。通长13.6厘米（图二八七，3；图版九一，2）。

玻璃镜　1面。标本M112：5，锈残，圆形，镜面略凹，光亮，照之见影，铜质圆形底托，锈残脱落。直径5.7、缘厚0.1、镜厚1.1厘米（图二八七，4；图版九〇，4）。

铜钱　13枚。

同治重宝　3枚。标本M112：6-1，锈残，圆形，方穿，正、背面有圆郭，正面铸“同治重宝”四字，楷书，对读，背面穿左右铸满文“宝泉”二字，穿上下铸汉文“当十”二字。钱径2.75、穿宽0.8、郭宽0.5厘米，重4.72克（图二八八，1）。

光绪通宝　10枚。标本M112：1-1，锈残，圆形，方穿，正、背面有圆郭，正面铸“光绪通宝”四字，楷书，对读，背面穿左右铸满文“宝泉”二字，纪局名。钱径1.9、穿宽0.55、郭宽0.2厘米，重2.07克（图二八八，2）。标本M112：4-1，锈残，圆形，方穿，正、背面有圆郭，正面铸“光绪通宝”四字，楷书，对读，背面穿左右铸满文“宝泉”二字，纪局名。钱径2.2、穿宽0.6、郭宽0.3厘米，重2.84克（图二八八，3）。

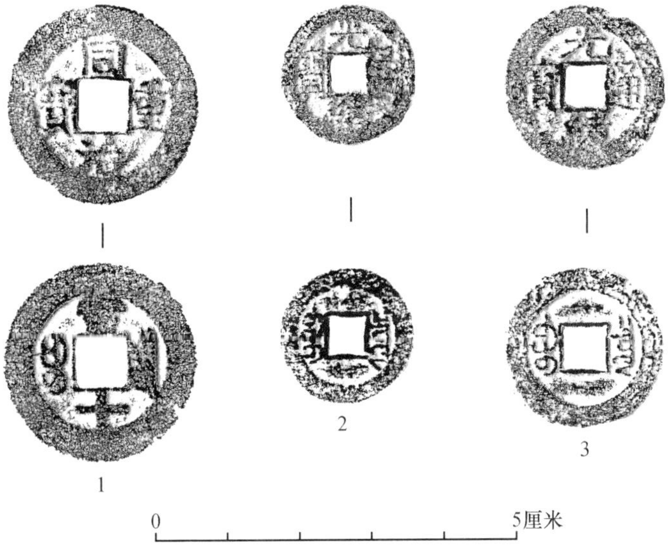

图二八八　M112出土铜钱

1. 同治重宝（M112：6-1）　2、3. 光绪通宝（M112：1-1、M112：4-1）

第六章　年代不详墓

22座。其中单棺墓12座，编号为M36、M38、M46、M47、M60、M61、M66、M67、M118、M123、M133、M137；双棺墓7座，编号为M25、M32、M119、M120、M121、M122、M124；三棺墓1座，编号为M63；火葬墓1座，编号为M55；搬迁墓1座，编号为M54。

第一节　单　棺　墓

单棺墓12座，编号为M36、M38、M46、M47、M60、M61、M66、M67、M118、M123、M133、M137。

一、M36

（一）墓葬形制

M36位于Ⅰ区T1401西北部，南邻M33，北邻M39。开口于第2层下。梯形竖穴土圹单棺墓，北宽南窄，南北向，方向350°。墓圹南北长2.4～2.44米，东西宽1.32～1.4米，墓口距地表深0.35米，墓口距墓底深1.3米，内填胶质花土，土质湿黏（图二八九；图版五六，2）。

墓底内置单棺，略呈梯形，北宽南窄，棺木腐朽严重，长1.82米，宽0.52～0.6米，残高0.26米。棺内葬人骨1具，头向北，面向东，仰身直肢葬，骨架左手骨压于左侧盆骨下，骨架保存较好，颅骨较小，骨壁较薄，乳突较小，下颌角度较大，盆骨入口近椭圆形，初步推断为女性。

墓内出土铜钱3枚（M36：1），位于骨架两侧肋骨和上肢骨处。

（二）随葬品

铜钱　3枚。

天圣元宝　1枚。标本M36：1-1，锈残，圆形，方穿，正、背面有圆郭，正面铸“天圣元宝”四字，楷书，旋读，背面无纹。钱径 2.4、穿宽 0.7、郭宽0.25厘米，重3.25克（图二九〇）。

另2枚锈残，字迹不清。

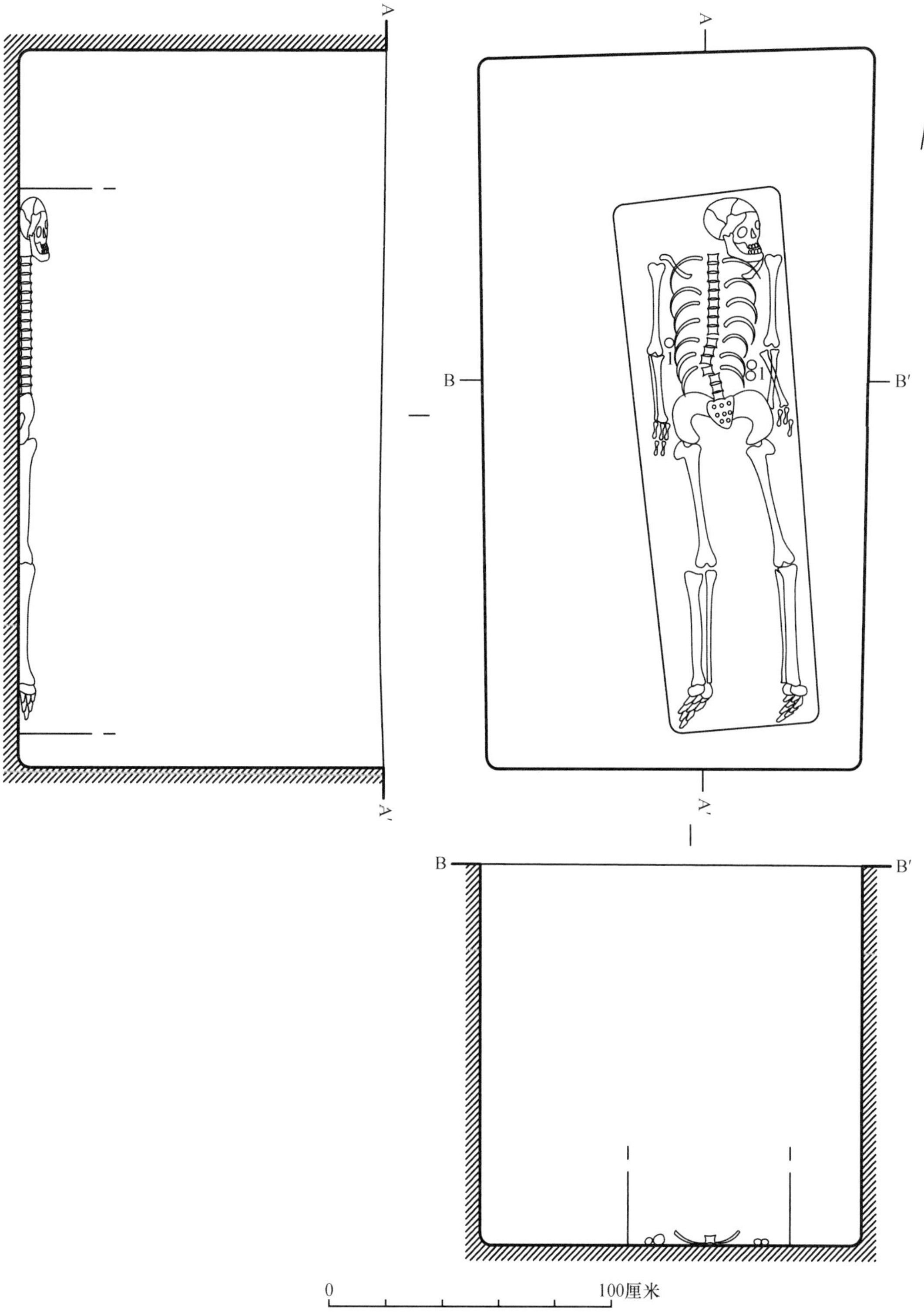

图二八九　M36平、剖面图
1. 铜钱

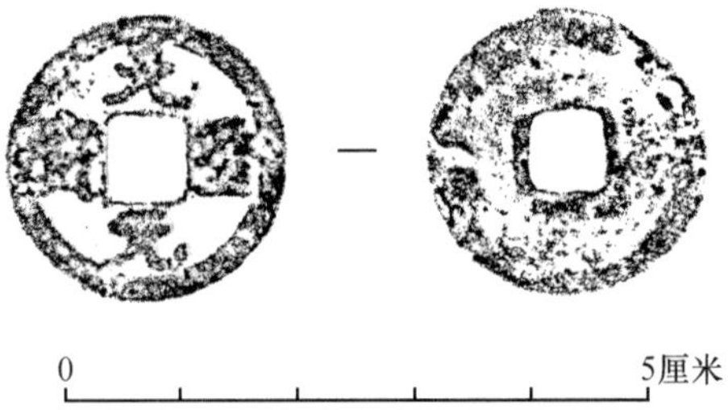

图二九〇　M36出土天圣元宝钱
（M36：1-1）

二、M38

（一）墓葬形制

M38位于Ⅰ区T1401中部，西邻M34，北邻M37。开口于第2层下。长方形竖穴土圹单棺墓，南北向，方向352°。墓圹南北长2.2米，东西宽1米，墓口距地表深0.35米，墓口距墓底深1.1米，内填胶质花土，土质湿黏（图二九一；图版五六，3）。

墓底内置单棺，略呈长方形，棺木腐朽严重，仅存棺痕，长1.86米，宽0.52米，残高0.1米。棺内葬人骨1具，因盗扰严重，仅存腿骨残骸，故头向、面向、葬式及性别不详。

（二）随葬品

无。

三、M46

（一）墓葬形制

M46位于Ⅰ区T1402西北部，北邻M47，北部被现代坑打破。开口于第2层下。梯形竖穴土圹单棺墓，北宽南窄，南北向，方向5°。墓圹南北长2.2米，东西宽1.4～1.46米，墓口距地表深0.34米，墓口距墓底深1.08米，内填胶质花土，土质较硬（图二九二；图版五七，1）。

墓底内置单棺，略呈梯形，北宽南窄，长1.8米，宽0.48～0.62米，残高0.24米。棺内葬人骨1具，头向北，面向东，仰身直肢葬，墓主颅骨较大，骨壁较厚重，枕外隆突发达，乳突大而粗，骨骼粗壮，推断为男性。

墓内随葬板瓦4块、铜钱6枚。板瓦分别位于骨架头骨左右，铜钱（M46：1）位于棺内中部骨架右臂与肋骨间。

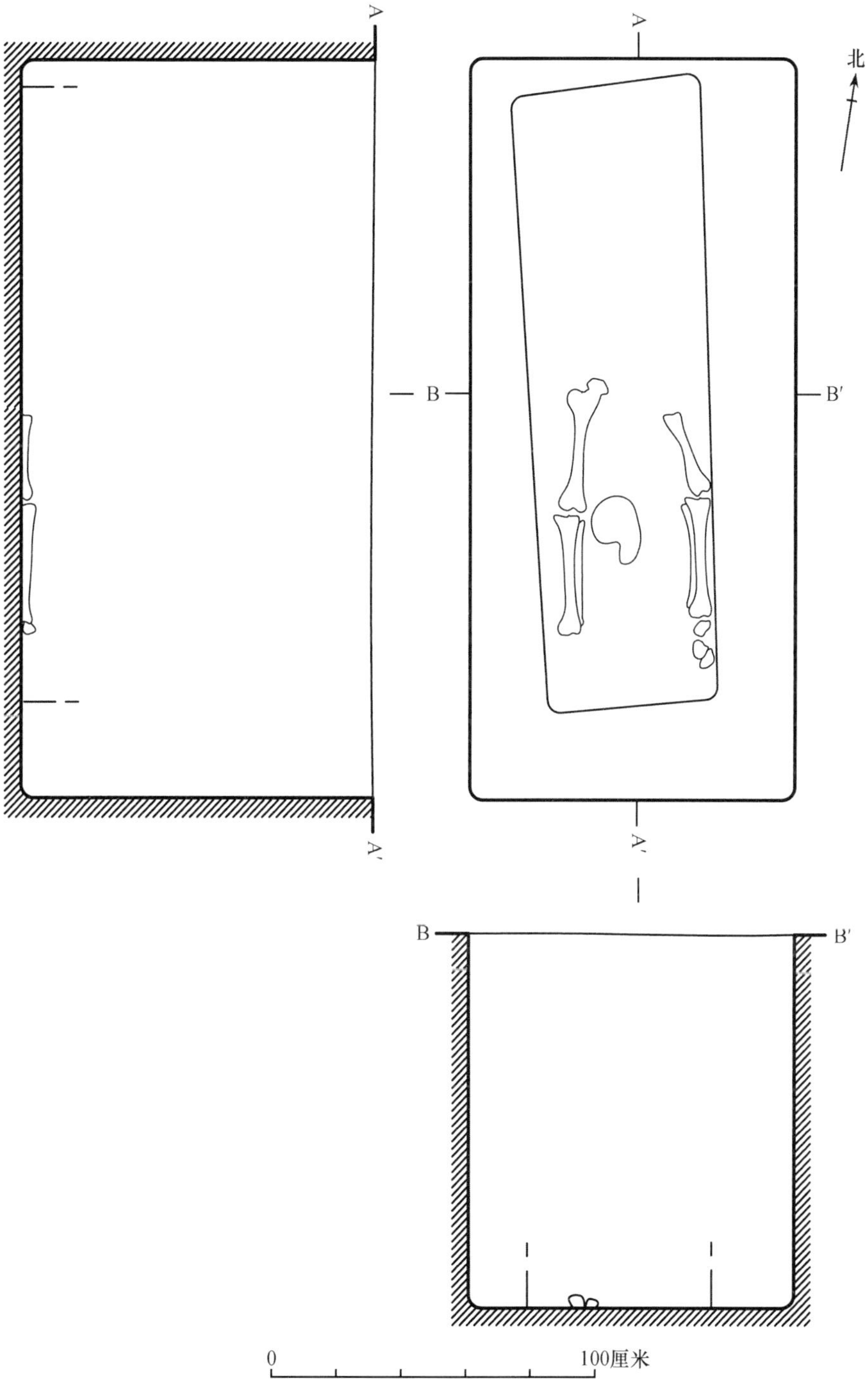

图二九一 M38平、剖面图

（二）随葬品

铜钱 6枚。

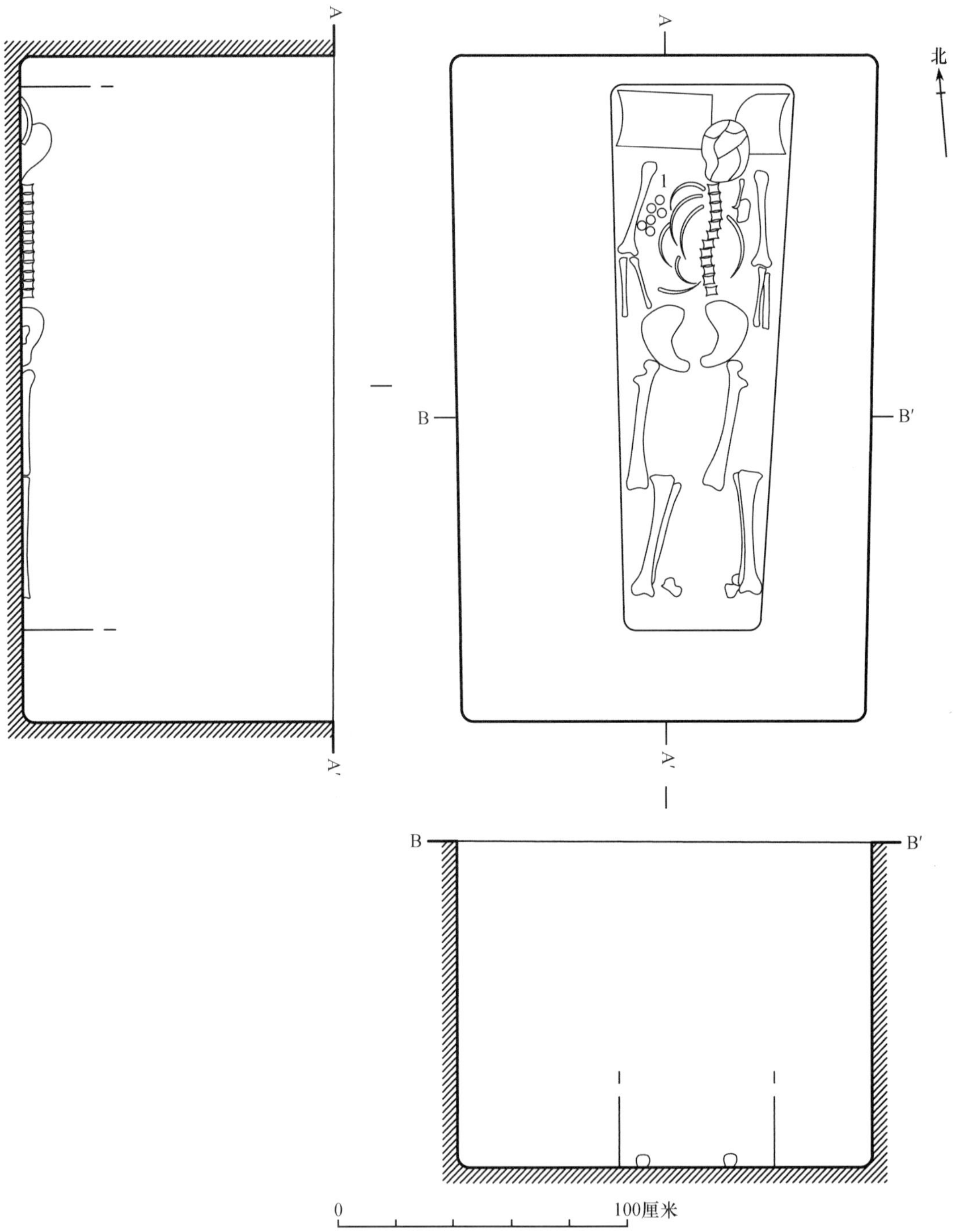

图二九二　M46平、剖面图
1. 铜钱

元丰通宝　1枚。标本M46：1-1，锈残，圆形，方穿，正、背面有圆郭，正面铸“元丰通宝”四字，行书，旋读，背面无纹。钱径2.35、穿宽0.65、郭宽0.3厘米，重2.16克（图二九三）。

另5枚为北宋钱币，字迹模糊。

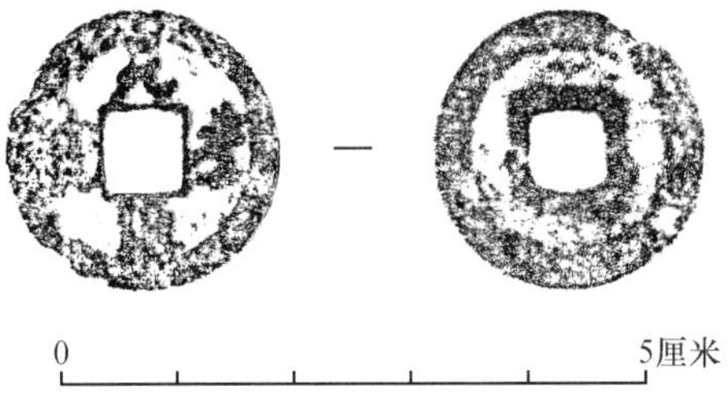

图二九三　M46出土元丰通宝钱
（M46：1-1）

四、M47

（一）墓葬形制

M47位于Ⅰ区T1402北部，南邻M46。开口于第2层下。梯形竖穴土圹单棺墓，北窄南宽，南北向，方向8°。墓圹南北长2.13米，东西宽1.18～1.23米，墓口距地表深0.34米，墓口距墓底深0.86米，内填胶质花土，土质较硬（图二九四；图版五七，2）。

墓底内置单棺，略呈梯形，北宽南窄，棺木已朽，长1.7米，宽0.53～0.68米，残高0.16米。棺内盗扰严重，仅发现少量头骨碎片。

（二）随葬品

无。

五、M60

（一）墓葬形制

M60位于Ⅰ区T1602东北部，西邻M61。开口于第2层下。梯形竖穴土圹单棺墓，北宽南窄，南北向，方向7°。墓圹南北长2.6米，东西宽1.06～1.32米，墓口距地表深0.34米，墓口距墓底深1.08米，内填胶质花土，土质较硬（图二九五；图版五七，3）。

墓底内置单棺，略呈梯形，北宽南窄，棺木腐朽严重，长1.72米，宽0.48～0.6米，残高0.14米。棺内葬人骨1具，骨架凌乱，头向北，面向、葬式、性别不详。

（二）随葬品

无。

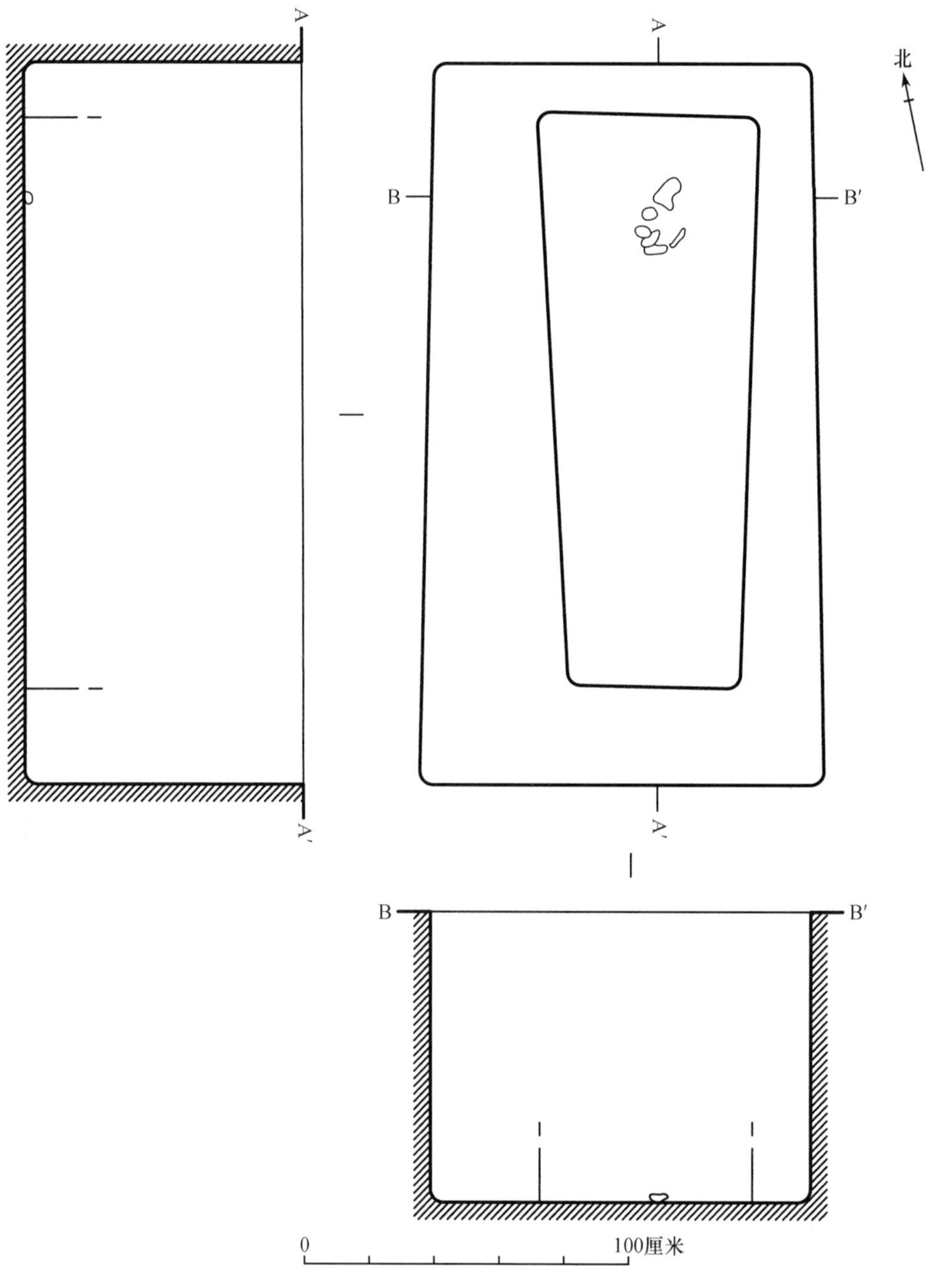

图二九四　M47平、剖面图

六、M61

（一）墓葬形制

M61位于Ⅰ区T1602北部，西邻M58，东邻M60。开口于第2层下。梯形竖穴土圹单棺墓，北宽南窄，南北向，方向10°。墓圹南北长2.46米，东西宽0.98～1.04米，墓口距地表深0.34米，墓口距墓底深0.88米，内填胶质花土，土质较硬（图二九六；图版五七，4）。

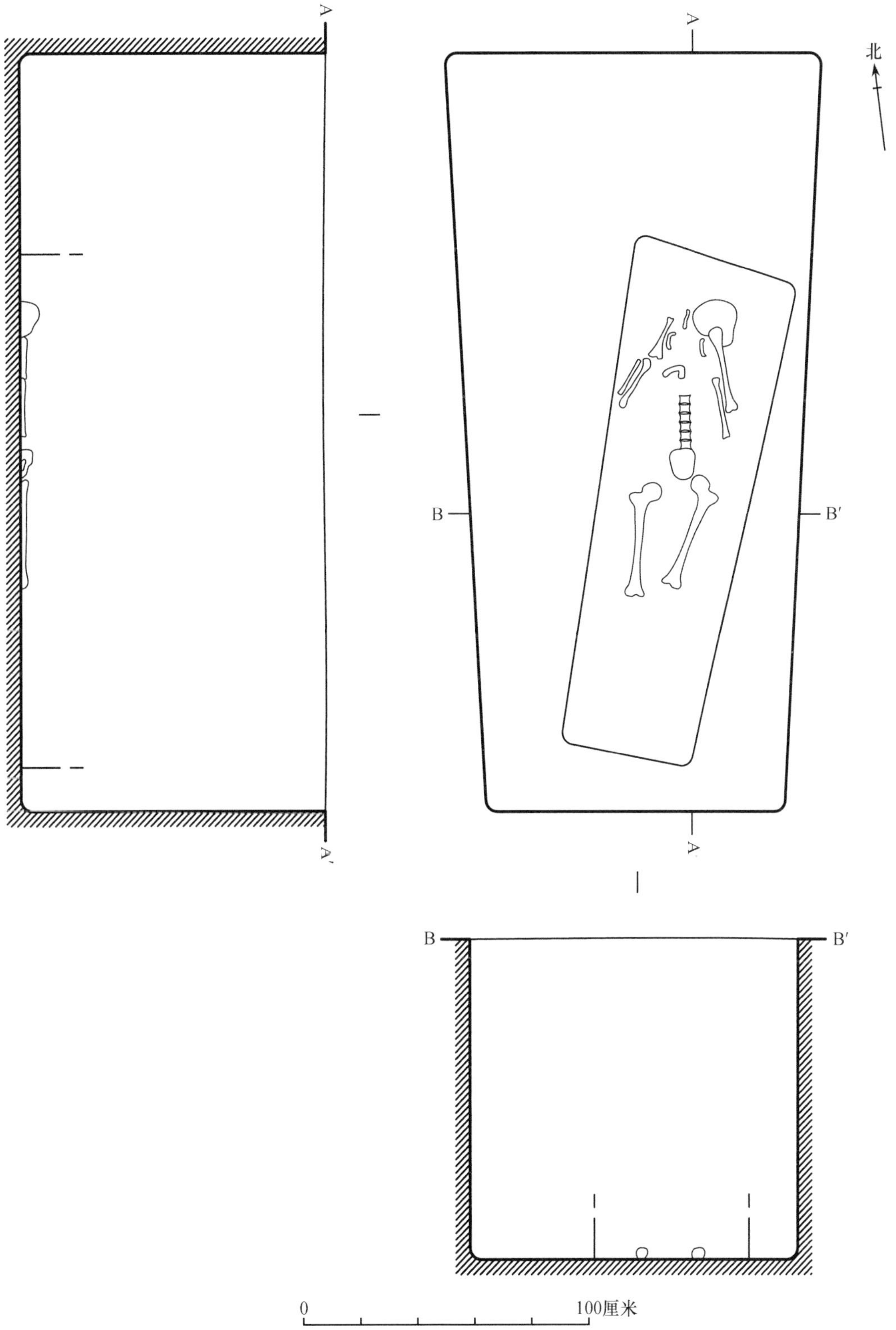

图二九五　M60平、剖面图

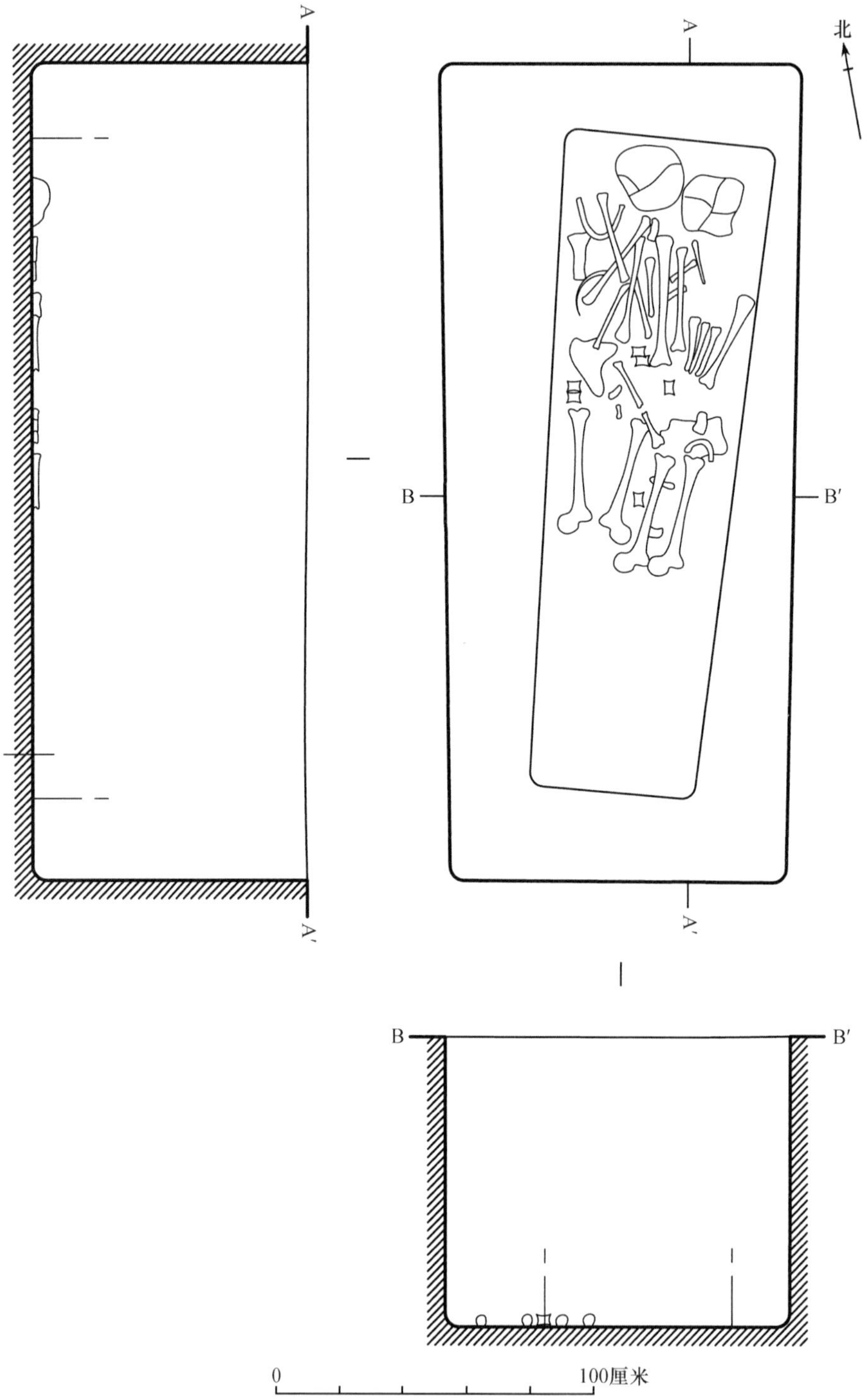

图二九六　M61平、剖面图

墓底内置单棺，略呈梯形，北宽南窄，棺木腐朽严重，长1.98米，宽0.48～0.62米，残高0.14米。棺内葬人骨2具，头均向北，东侧骨架面向不详，西侧骨架面向南，骨架经人为摆放，置于棺内北部，东侧骨架较纤细，西侧骨架略显粗壮，初步推断东侧为女性，西侧为男性。

（二）随葬品

无。

七、M66

（一）墓葬形制

M66位于Ⅰ区T1406西部，东南邻M65。开口于第2层下。近长方形竖穴土圹墓，南北向，方向356°。墓圹南北长2.16～2.2米，东西宽1.6～1.68米，墓口距地表深0.45米，墓口距墓底深0.72米，内填胶质花土，土质湿黏（图二九七；图版五八，1）。

墓底内置单棺，位于墓西部，呈梯形，北宽南窄，棺木半朽，长1.76米，宽0.52～0.56米，残高0.14米。棺内盗扰严重，未发现骨架。

（二）随葬品

无。

八、M67

（一）墓葬形制

M67位于Ⅰ区T1306东南部，东北邻M66。开口于第2层下。近长方形竖穴土圹单棺墓，南北向，方向9°。墓圹南北长2米，东西宽0.86～0.9米，墓口距地表深0.45米，墓口距墓底深0.75米，内填花土，土质较硬（图二九八；图版五八，2）。

墓底内置单棺，呈梯形，北宽南窄，棺木腐朽严重，仅存棺痕，长1.62米，宽0.52～0.56米，残高0.2米。棺内葬人骨1具，仅存部分骨架，头向北，面向、葬式不详，骨架保存较差，颅骨较小，骨壁较薄，乳突较小，下颌角度较大，推断为女性。

墓内随葬釉陶小碗1件（M67：1），位于棺内颅骨南侧偏东处。

（二）随葬品

釉陶小碗　1件。标本M67：1，砖红色粗胎，足底露胎，器体周身施酱色釉。口残，敞口，圆唇，束腰，小平底。口径5.6、底径3.2、高2.4、厚0.5～0.8厘米（图二九九）。

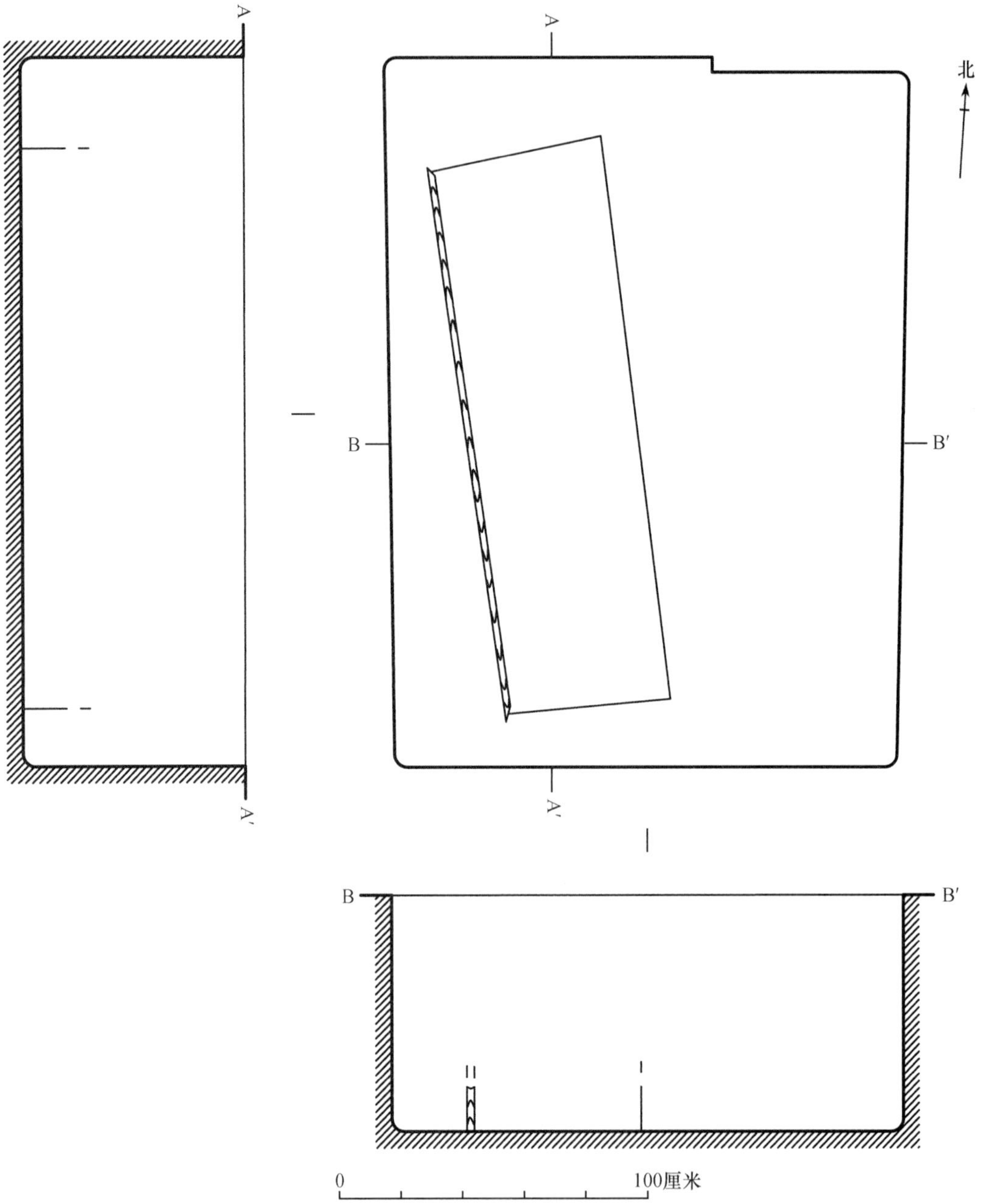

图二九七　M66平、剖面图

九、M118

（一）墓葬形制

M118位于Ⅰ区T0810西北部，北邻M120。开口于第2层下。梯形竖穴土圹单棺墓，北宽南窄，南北向，方向358°。墓圹南北长2.56米，东西宽1.54～1.84米，墓口距地表深0.7米，墓口距墓底深0.76米，内填胶质花土，土质较软（图三〇〇；图版五八，3）。

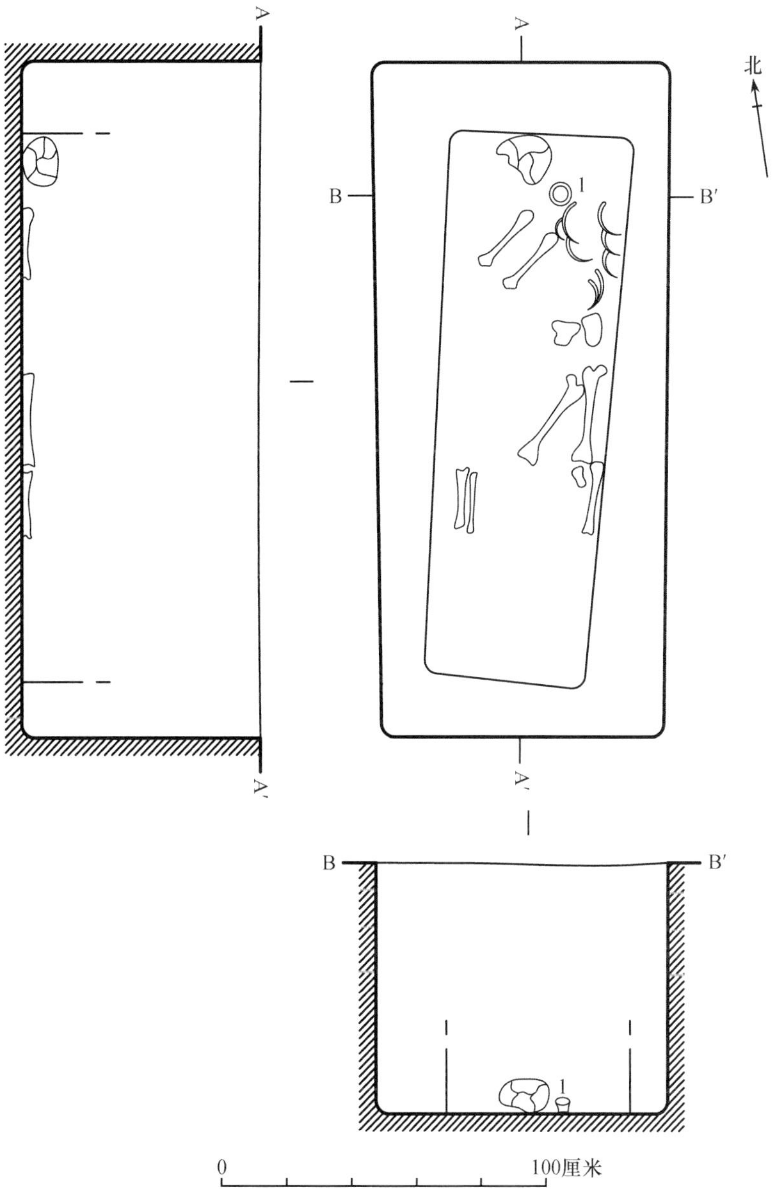

图二九八　M67平、剖面图

1. 釉陶小碗

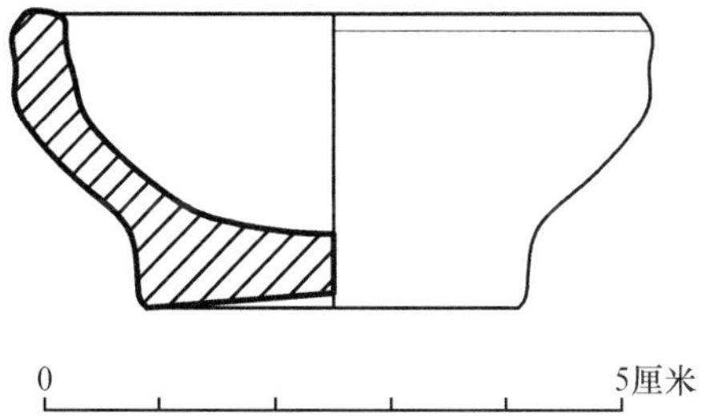

图二九九　M67出土釉陶小碗

（M67：1）

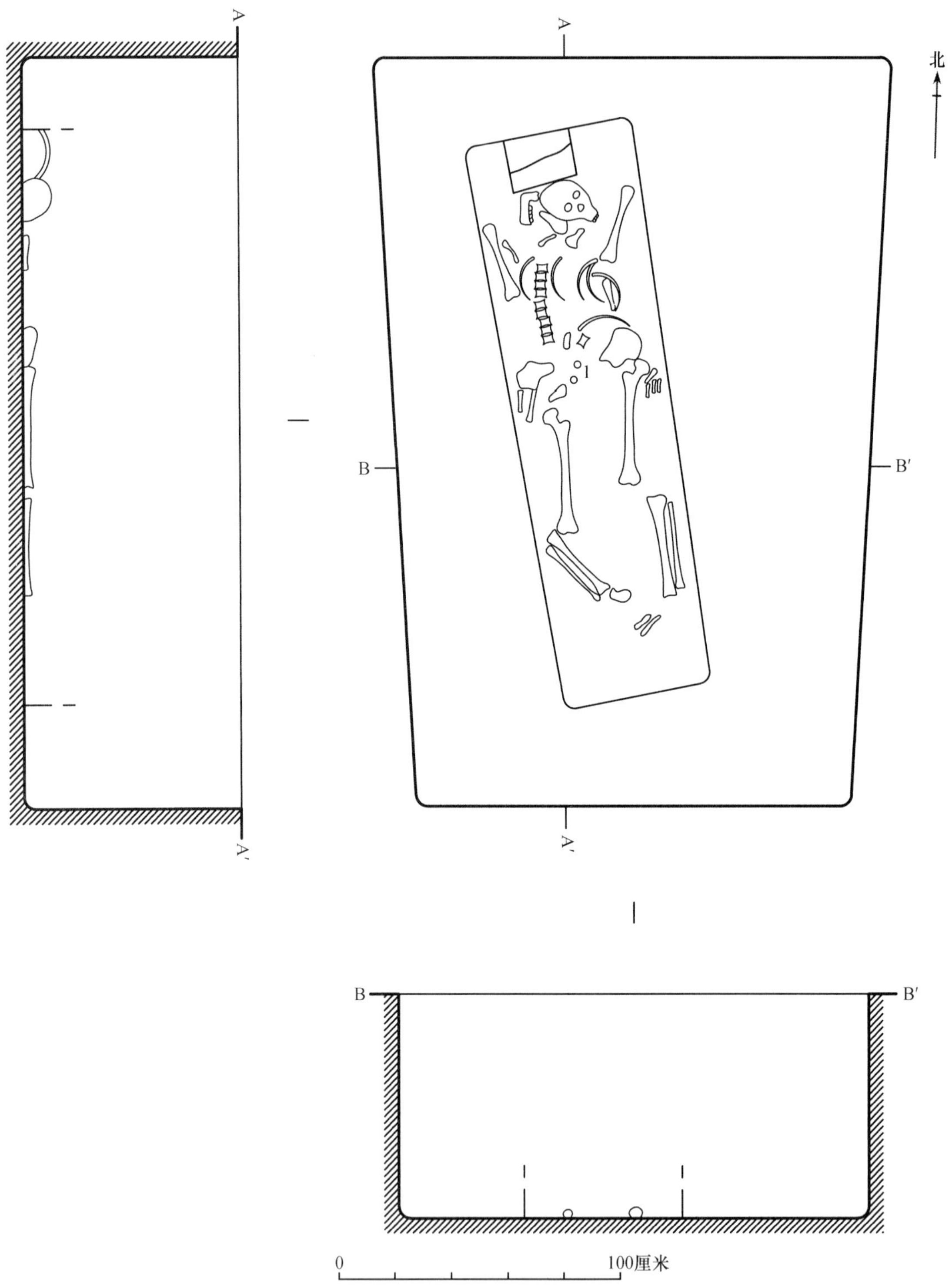

图三〇〇　M118平、剖面图
1. 铜钱

墓底内置单棺，略呈梯形，北宽南窄，棺木腐朽严重，长1.95米，宽0.52～0.6米，残高0.1米。棺内葬人骨1具，头向北，面向东，仰身直肢葬，为男性。棺内出土瓦1块，位于头骨顶部，长0.2、宽0.18、厚0.1米。

墓内随葬铜钱2枚（M118：1），位于盆骨间。

（二）随葬品

铜钱　2枚。

元丰通宝　1枚。标本M118：1-1，锈残，圆形，方穿，正、背面有圆郭，正面铸"元丰通宝"四字，篆书，旋读，背面无纹。钱径2.45、穿宽0.7、郭宽0.25厘米，重2.95克（图三〇一）。

崇宁通宝　1枚。锈残。

图三〇一　M118出土元丰通宝钱（M118：1-1）

十、M123

（一）墓葬形制

M123位于Ⅰ区T0711中部，北邻M122，南邻M124。开口于第2层下。梯形竖穴土圹单棺墓，南北向，方向340°。墓圹南北长2.66～2.82米，东西宽1.82～1.86米，墓口距地表深0.7米，墓口距墓底深1.18米，内填胶质花土，土质较软（图三〇二；图版五八，4）。

墓底内置单棺，略呈梯形，北宽南窄，部分残存，长2.04米，宽0.57～0.67米，残高0.38米；侧板高0.08米，厚0.04米；底板长1.9米，宽0.34～0.5米，厚0.02米。棺内葬人骨1具，头向北，面向、葬式、性别均不详。

墓内随葬铜钱7枚（M123：1），位于棺内中部。

（二）随葬品

铜钱　7枚。

景德元宝　1枚。标本M123：1-1，锈残，圆形，方穿，正、背面有圆郭，背郭磨损较甚，正面铸"景德元宝"四字，楷书，旋读，背面无纹。钱径2.35、穿宽0.6、郭宽0.2厘米，重1.98克（图三〇三，1）。

皇宋通宝　1枚。标本M123：1-2，锈残，圆形，方穿，正、背面有圆郭，背郭磨损较甚，正面铸"皇宋通宝"四字，楷书，对读，背面无纹。钱径2.45、穿宽0.75、郭宽0.25厘米，重3.08克（图三〇三，2）。

元丰通宝　1枚。标本M123：1-3，完整，圆形，方穿，正、背面有圆郭，背郭磨损较甚，正

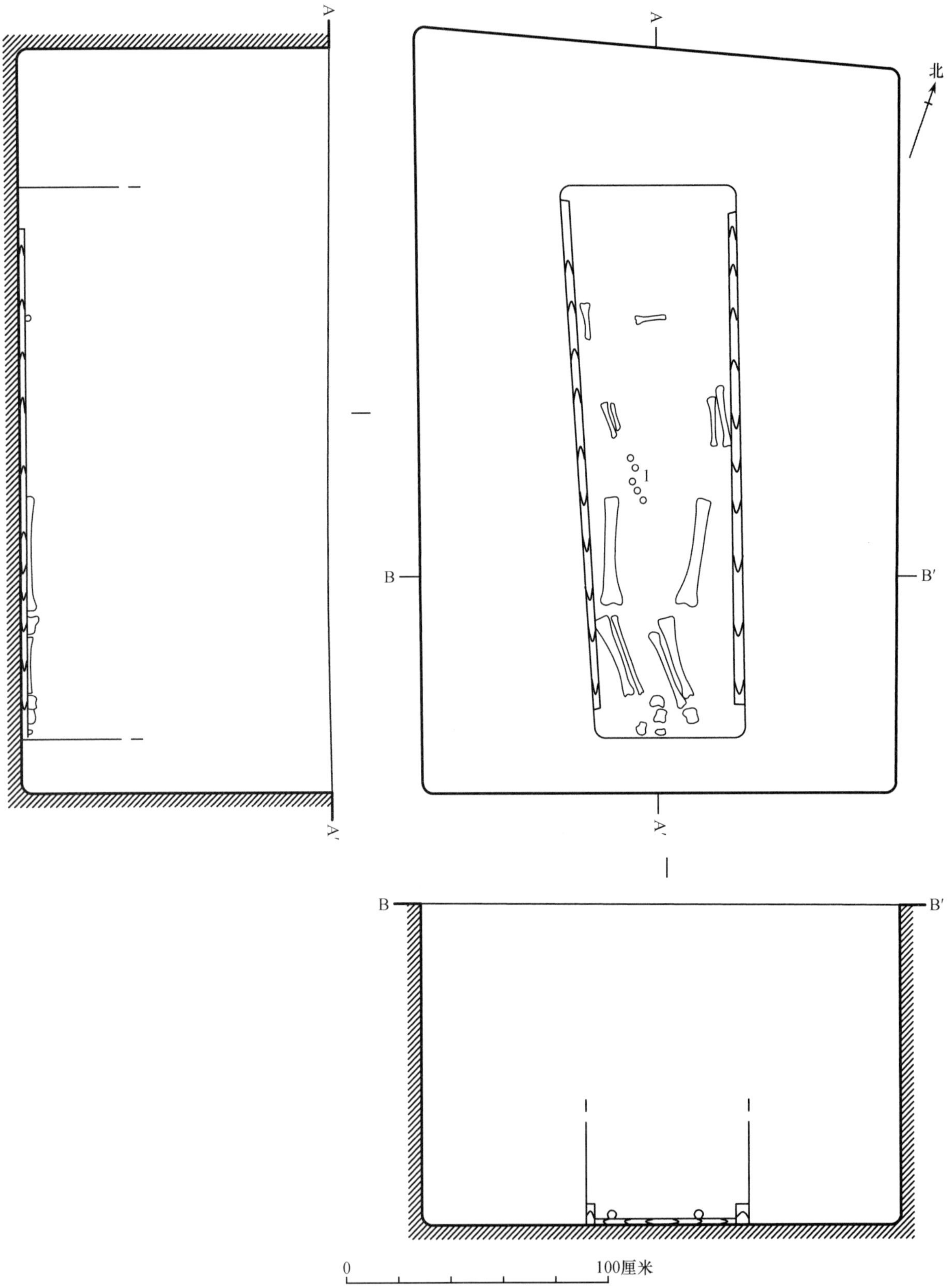

图三〇二　M123平、剖面图

1. 铜钱

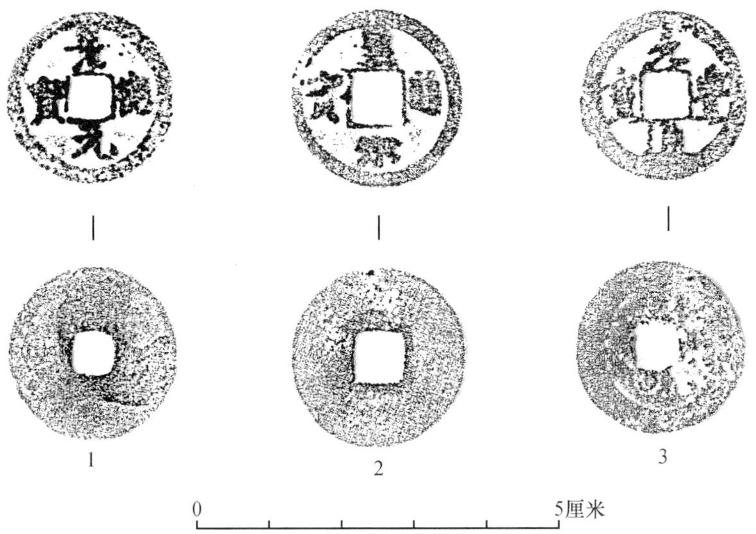

图三〇三　M123出土铜钱

1. 景德元宝（M123：1-1）　2. 皇宋通宝（M123：1-2）　3. 元丰通宝（M123：1-3）

面铸“元丰通宝”四字，行书，旋读，背面无纹。钱径2.34、穿宽0.65、郭宽0.35厘米，重3.07克（图三〇三，3）。

另外4枚锈残，钱文不可辨。

十一、M133

（一）墓葬形制

M133位于Ⅰ区T0116西北部，东邻M134，南邻M136。开口于第2层下。长方形竖穴土圹单棺墓，南北向，方向205°。墓圹南北长2.56米，东西宽1.2米，墓口距地表深0.6米，墓口距墓底深0.5米，墓圹四壁较整齐，内填胶质花土，土质湿黏（图三〇四；图版五九，1）。

墓底内置单棺，呈梯形，北窄南宽，棺木已朽，长2米，宽0.58～0.66米，残高0.14米。棺内未发现骨架，头向、面向、葬式及性别均不详，初步推断为迁葬墓。

（二）随葬品

无。

十二、M137

（一）墓葬形制

M137位于Ⅰ区T0115北部，北邻M136。开口于第2层下。长方形竖穴土圹单棺墓，南北向，方

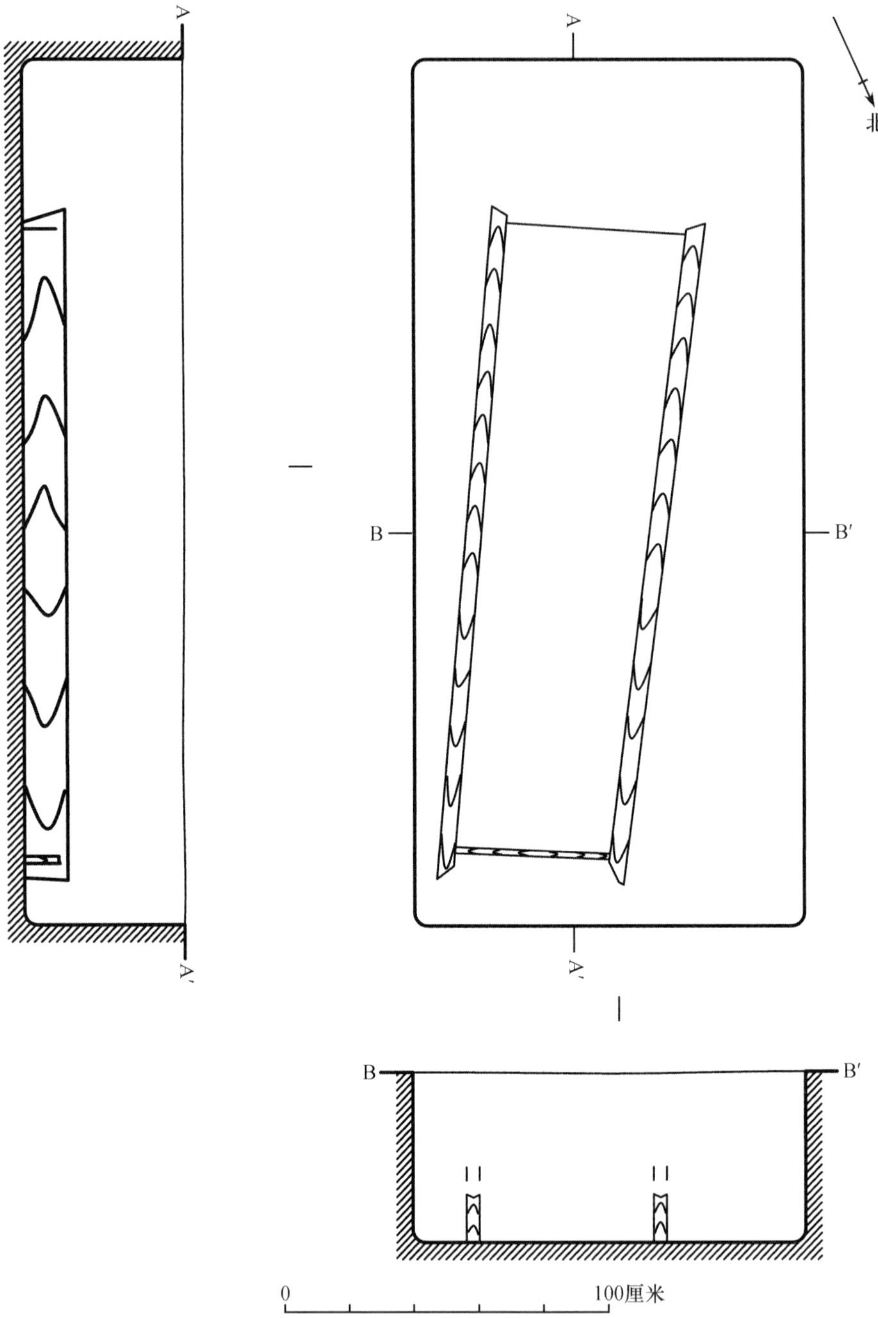

图三〇四　M133平、剖面图

向48°。墓圹南北长2.38米，东西宽1.4米，墓口距地表深0.6米，墓口距墓底深0.6米，墓圹四壁较整齐，内填胶质花土，土质湿黏（图三〇五；图版五九，2）。

墓底内置单棺，呈梯形，东宽西窄，棺木已朽，长2米，宽0.58～0.66米，残高0.14米。棺内骨架保存较好，头向东，面向南，仰身直肢葬，墓主颅骨较大，骨架粗壮，初步推断为男性。

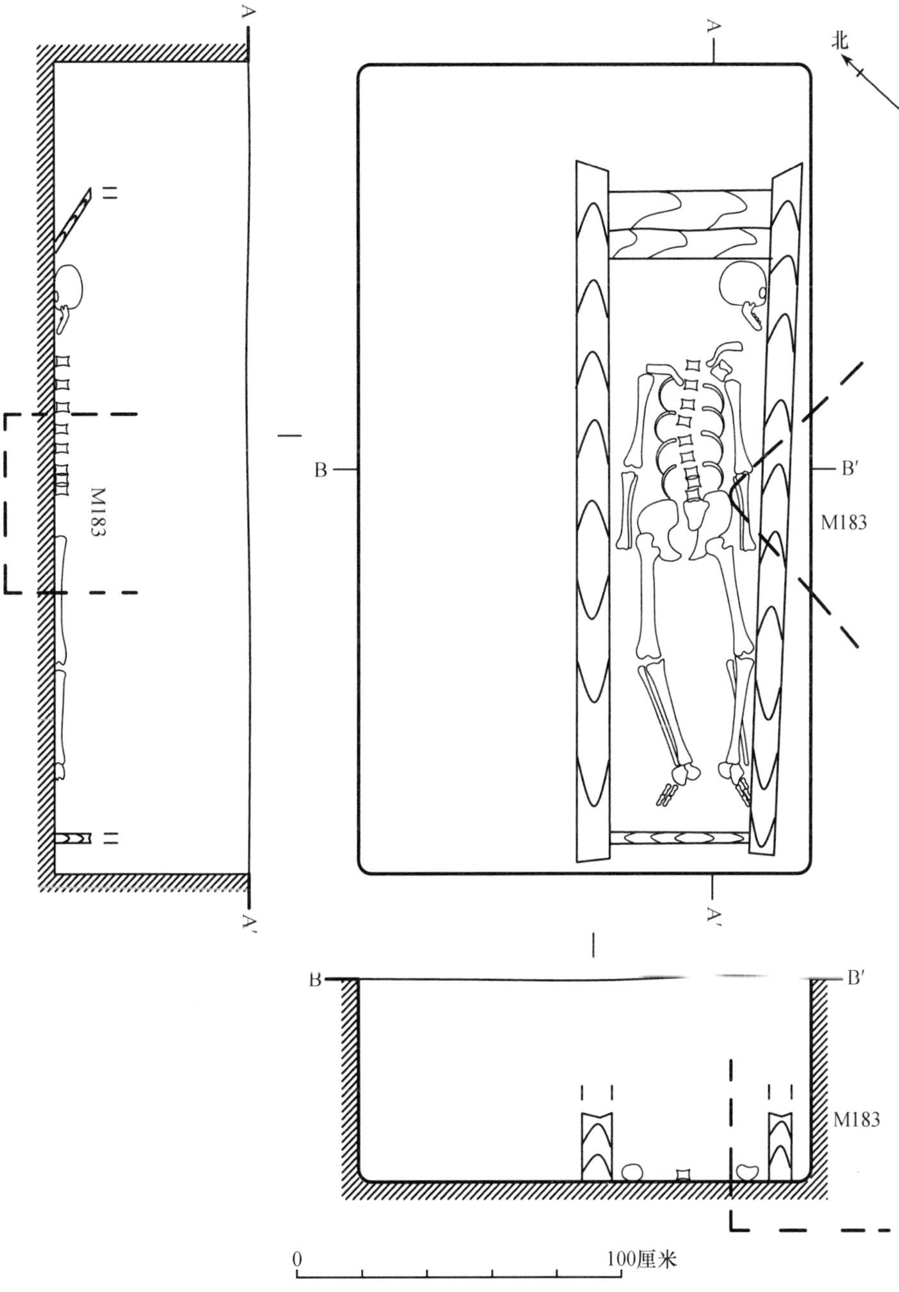

图三〇五　M137平、剖面图

（二）随葬品

无。

第二节　双　棺　墓

双棺墓7座，编号为M25、M32、M119、M120、M121、M122、M124。

一、M25

（一）墓葬形制

M25位于Ⅱ区T2009西北部，进入T2010。开口于第2层下。梯形竖穴土圹双棺墓，北宽南窄，南北向，方向29°。墓圹南北长2.3米，东西宽1.6～1.9米，墓口距地表深0.35米，墓口距墓底深0.6米，内填胶质花土，土质较硬。墓底内置双棺，并列置于墓中央，间距0.2米（图三〇六；图版五九，3）。

东棺略呈梯形，北宽南窄，棺木半朽，长1.76米，宽0.4～0.5米；侧板残高0.1米，残厚0.06米；前挡板残高0.06米，厚0.08米；后挡板残高0.1米，厚0.04米。棺板用木均经细加工，平面较平整、光滑。棺内葬人骨1具，头向北，面向西，葬式不详，墓主颅骨较小，骨壁较薄，推断为女性。

西棺略呈梯形，北宽南窄，棺木半朽，长1.84米，宽0.54～0.56米；侧板残高0.08米，厚0.04米；前挡板残高0.05米，厚0.03米；后挡板残高0.04米，厚0.02米。棺板用木均经细加工，平面较平整、光滑。棺内葬人骨1具，骨架凌乱，头向北，面向西，葬式不详，墓主颅骨较大，骨壁厚重，相对东棺较粗壮，初步推断为男性。

（二）随葬品

无。

二、M32

（一）墓葬形制

M32位于Ⅲ区T0102西部，东邻M31。开口于第2层下。梯形竖穴土圹双棺墓，北宽南窄，南北向，方向15°。墓圹南北长2.7米，东西宽1.7～1.8米，墓口距地表深0.35米，墓口距墓底深1.2米，内填胶质花土，土质湿黏。墓底内置双棺，并列于墓中南部（图三〇七；图版六〇，1）。

东棺略呈梯形，北宽南窄，棺木半朽，长1.82米，宽0.54～0.6米，残高0.1米；侧板残高0.1

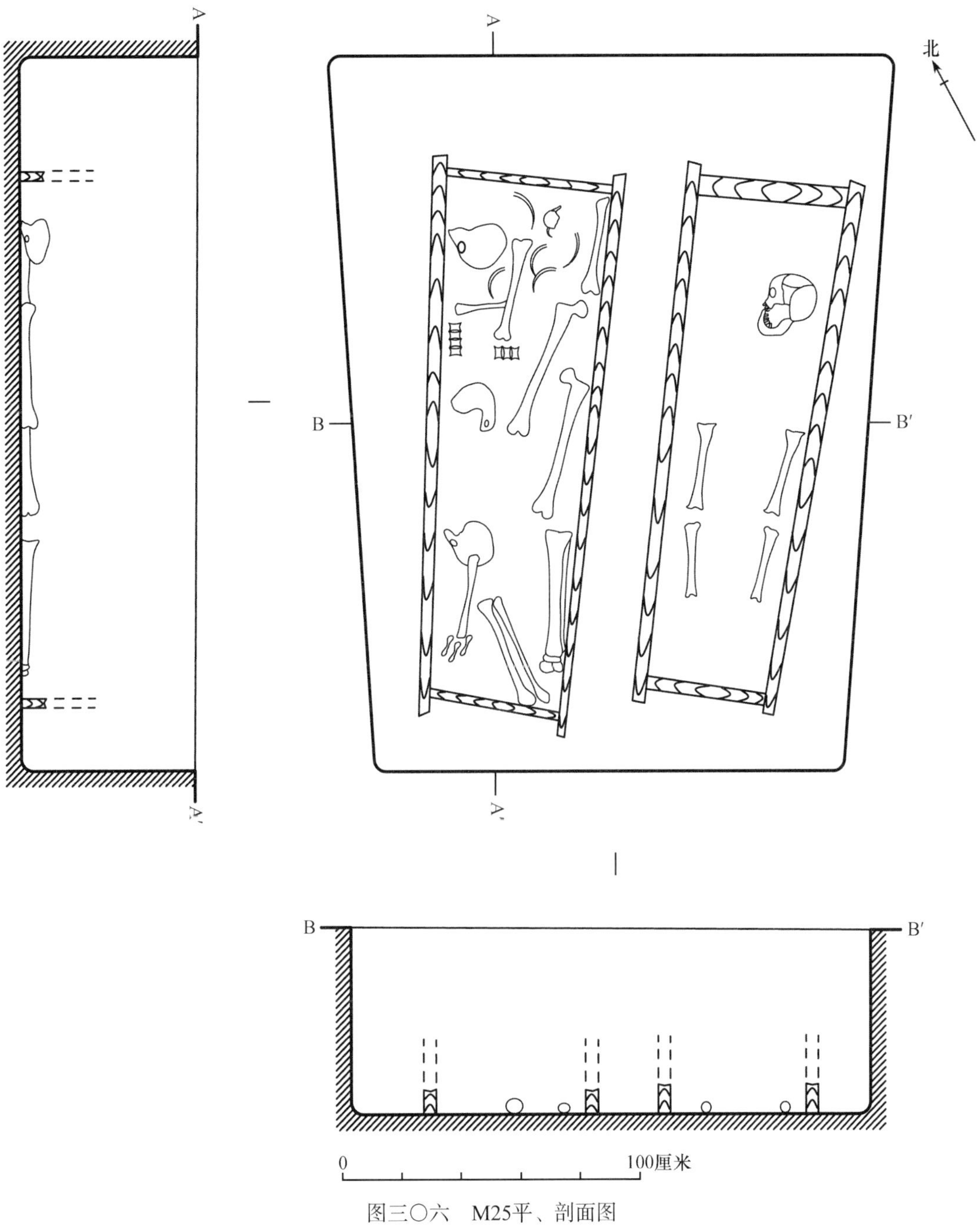

图三〇六　M25平、剖面图

米，残厚0.02～0.04米。棺板用木略粗糙，未经细加工。棺内葬人骨1具，头向东北，面向不清，仰身直肢葬，为男性。

西棺略呈长方形，棺木半朽，长1.9米，宽0.62米；侧板残高0.1米，残厚0.04米。棺内葬人骨1具，因盗扰严重，仅见头骨和少量骨头残骸，头向北，面向西，葬式、性别不详。

墓内随葬灰陶罐1件（M32：1），位于东棺头外北部。

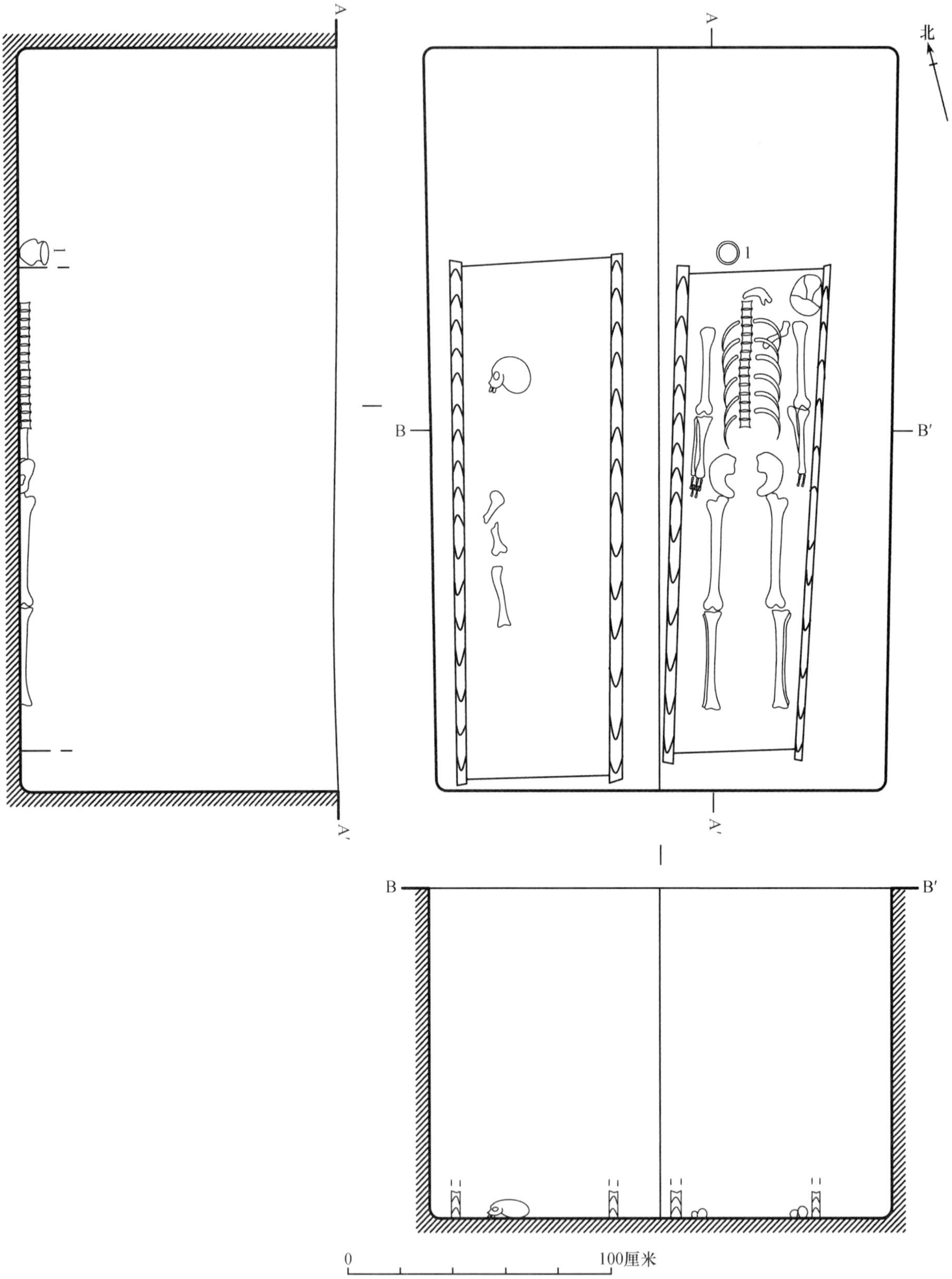

图三〇七　M32平、剖面图

1. 灰陶罐

（二）随葬品

灰陶罐　1件。标本M32：1，泥质灰陶，胎质粗疏，器表有明显修坯旋痕。口残，敞口，方圆唇，束颈，溜肩，弧腹，下腹弧收，小平底。素面。口径11、最大腹径11.6、底径6.6、高10.5、厚0.6～0.8厘米（图三〇八；图版九一，5）。

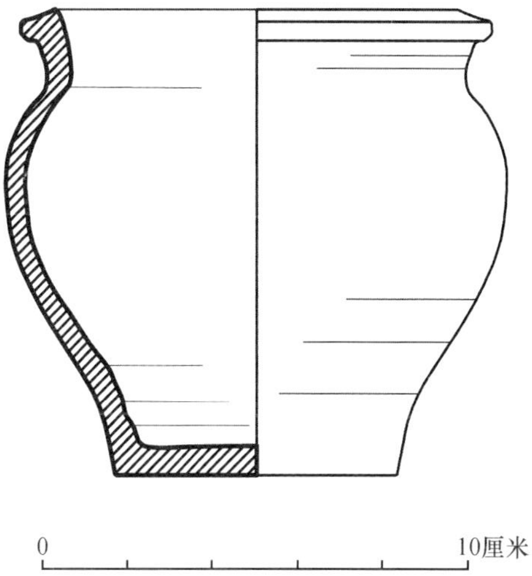

图三〇八　M32出土灰陶罐
（M32：1）

三、M119

（一）墓葬形制

M119位于Ⅰ区T0710东北部，北邻M124。开口于第2层下。梯形竖穴土圹双棺墓，北宽南窄，南北向，方向350°。墓圹南北长2.3～2.4米，东西宽1.76～1.84米，墓口距地表深0.8米，墓口距墓底深1.02～1.18米，内填胶质花土，土质湿黏。墓底内置双棺，并列于墓中央，间距0.08～0.14米（图三〇九；图版六〇，2）。

东棺略呈梯形，北宽南窄，棺木腐朽无存，仅留朽木痕迹，长1.7米，宽0.54～0.6米，残高0.1米。棺内葬人骨1具，头向北，面向东，侧身屈肢葬，为女性。骨架头骨枕青瓦1块，长0.22、宽0.18～0.2、厚0.02米，瓦面有两道直纹。

西棺略呈梯形，北宽南窄，棺木腐朽无存，仅留朽木痕迹，长1.88米，宽0.5～0.54米，残高0.26米。棺内葬人骨1具，头向北，面向不详，仰身直肢葬，为男性。

墓内随葬铜钱2枚（M119：1），位于西棺骨架腿骨处。

（二）随葬品

铜钱　2枚。

祥符通宝　1枚。标本M119：1-2，锈残，圆形，方穿，正、背面有圆郭，正面铸“祥符通宝”四字，楷书，旋读，背面无纹。钱径2.4、穿宽0.7、郭宽0.3厘米，重2.05克（图三一〇，2）。

熙宁元宝　1枚。标本M119：1-1，残缺，圆形，方穿，正、背面有圆郭，背郭不甚清晰，正面铸“熙宁元宝”四字，楷书，旋读，背面无纹。钱径2.4、穿宽0.75、郭宽0.25厘米，重2.59克（图三一〇，1）。

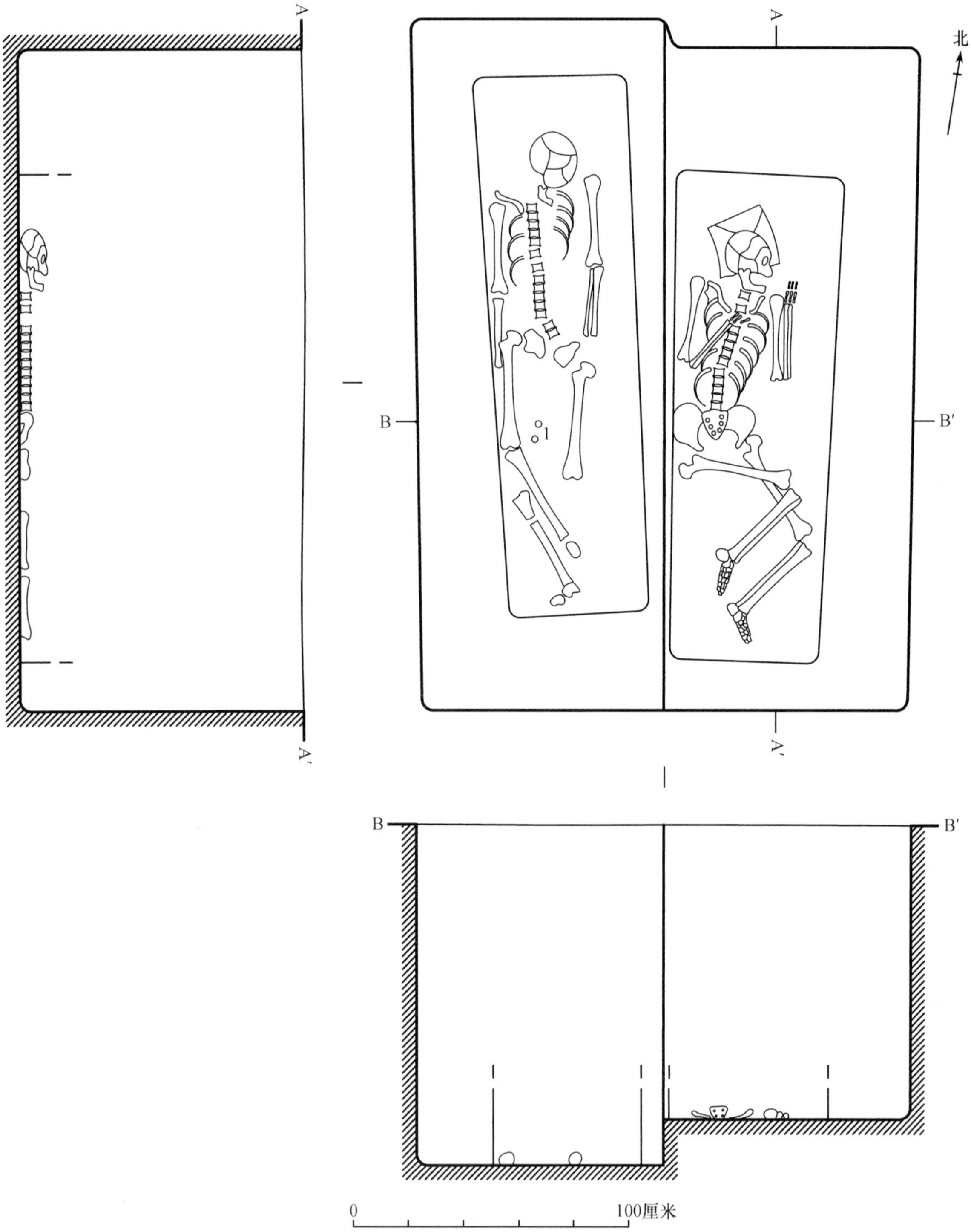

图三〇九　M119平、剖面图
1. 铜钱

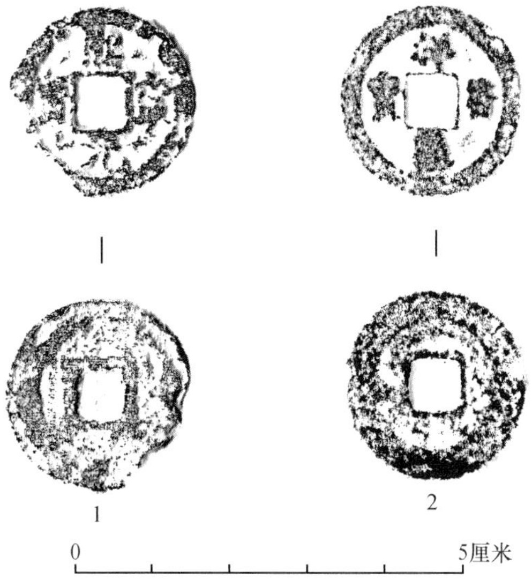

图三一〇　M119出土铜钱
1. 熙宁元宝（M119：1-1）　2. 祥符通宝（M119：1-2）

四、M120

（一）墓葬形制

M120位于Ⅰ区T0811西南部，南邻M118。开口于第2层下。梯形竖穴土圹双棺墓，北宽南窄，南北向，方向350°。墓圹南北长2.42米，东西宽1.76～1.98米，墓口距地表深0.7米，墓口距墓底深1～1.02米，内填胶质花土，土质较软。墓底内置双棺，并列于墓中央，间距0.2～0.24米（图三一一；图版六一，1）。

东棺略呈梯形，北宽南窄，棺木腐朽严重，长1.67米，宽0.35～0.5米，残高0.22米。棺内葬人骨1具，头向北，面向南，仰身直肢葬，为女性。

西棺略呈梯形，北宽南窄，棺木腐朽严重，长1.76米，宽0.53～0.58米，残高0.2米。棺内葬人骨1具，头向北，面向不详，仰身屈肢葬，为男性。

墓内随葬红陶罐1件、铜钱13枚。红陶罐（M120：3）位于东棺头外东部，铜钱3枚（M120：1）位于西棺中南部，10枚（M120：2）位于东棺中南部。

（二）随葬品

红陶罐　1件。标本M120：3，砖红色粗胎，器体内外壁有修坯旋痕。口残，敞口，方唇，束颈，溜肩，弧腹，下腹弧收，平底。口径11.4、最大腹径13.2、底径7.4、高12、厚0.8～1.6厘米（图三一二；图版九一，6）。

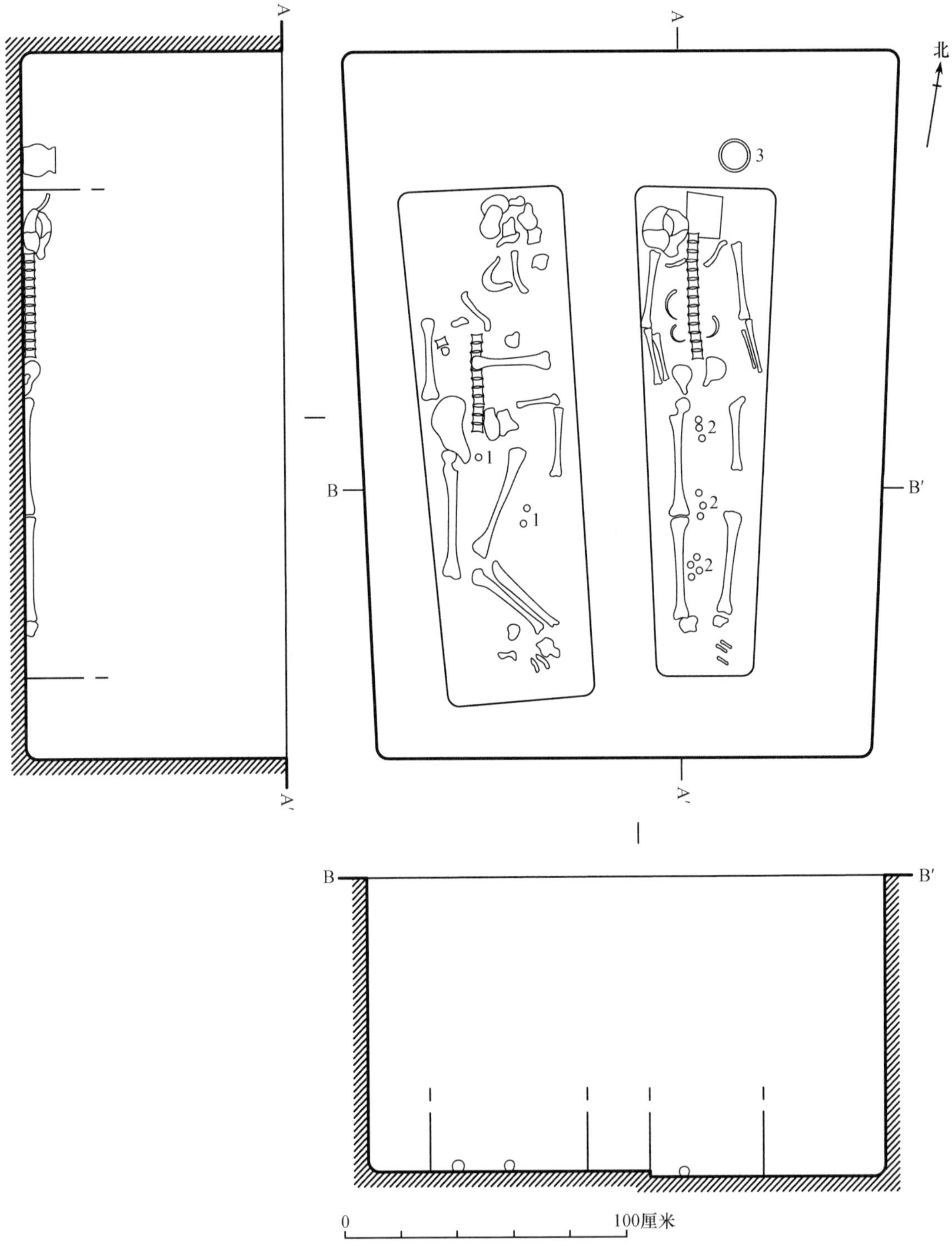

图三一一　M120平、剖面图

1、2. 铜钱　3. 红陶罐

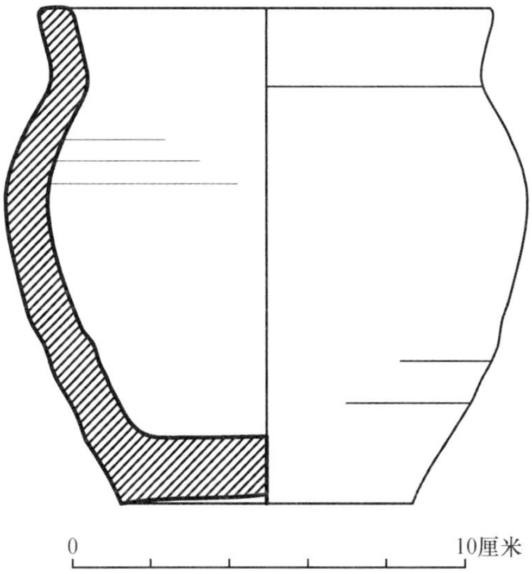

图三一二　M120出土红陶罐

（M120：3）

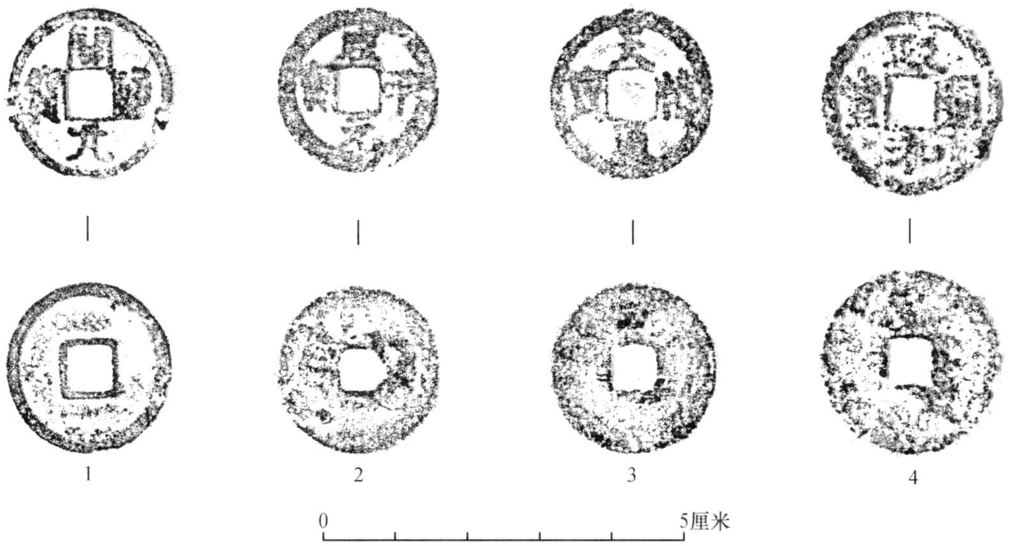

图三一三　M120出土铜钱

1. 开元通宝（M120：1-1）　2. 咸平元宝（M120：2-1）　3. 天禧通宝（M120：2-2）　4. 政和通宝（M120：2-3）

铜钱　13枚。

开元通宝　1枚。标本M120：1-1，锈残，圆形，方穿，正、背面有圆郭，正面铸“开元通宝”四字，隶书，对读，背面无纹。钱径2.3、穿宽0.7、郭宽0.3厘米，重 2.46克（图三一三，1）。

咸平元宝　1枚。标本M120：2-1，锈残，圆形，方穿，正、背面有圆郭，正面铸“咸平元宝”四字，楷书，旋读，背面无纹。钱径2.3、穿宽0.6、郭宽0.3厘米，重2.91克（图三一三，2）。

天禧通宝　1枚。标本M120：2-2，锈残，圆形，方穿，正、背面有圆郭，正面铸“天禧通宝”四字，楷书，旋读，背面无纹。钱径 2.35、穿宽0.6、郭宽0.25厘米，重2.6克（图三一三，3）。

政和通宝　1枚。标本M120：2-3，锈残，圆形，方穿，正、背面有圆郭，背郭不甚清晰，正面铸“政和通宝”四字，隶书，对读，背面无纹。钱径2.5、穿宽0.6、郭宽0.2厘米，重3.07克（图三一三，4）。

另9枚为北宋钱币，锈残，字迹模糊。

五、M121

（一）墓葬形制

M121位于Ⅰ区T0811西部，西邻M123。开口于第2层下。梯形竖穴土圹双棺墓，北宽南窄，南北向，方向341°。墓圹南北长2.5～2.7米，东西宽2.1～2.24米，墓口距地表深0.8米，墓口距墓底深1.16～1.28米，内填胶质花土，土质较软。墓底内置双棺，并列于墓中央，间距0.18～0.2米（图三一四；图版六一，2）。

东棺略呈梯形，北宽南窄，棺木保存较好，部分残损，长1.88米，宽0.38～0.54米，残高0.38米。棺内骨架保存较差，仅存3块碎骨，头向、面向、葬式、性别均不详。

西棺略呈梯形，北宽南窄，棺木保存相对较好，部分残损，长1.86米，宽0.5～0.63米。棺内葬人骨1具，骨架大部分不存，仅存4块碎骨，头向、面向、葬式、性别均不详。

墓内随葬铜钱5枚（M121：1），位于西棺南部。

（二）随葬品

铜钱　5枚。

皇宋通宝　1枚。标本M121：1-1，锈残，圆形，方穿，正、背面有圆郭，正面铸“皇宋通宝”四字，篆书，对读，背面无纹。钱径2.3、穿宽0.7、郭宽0.25厘米，重2.32克（图三一五，1）。

熙宁元宝　1枚。标本M121：1-2，锈残，圆形，方穿，正、背面有圆郭，背郭不甚清晰，正面铸“熙宁元宝”四字，楷书，旋读，背面无纹。钱径2.3、穿宽0.85、郭宽0.2厘米，重2.23克（图三一五，2）。

正隆元宝　1枚。标本M121：1-4，锈蚀残碎，圆形，方穿，正、背面有圆郭，正面铸“正隆元宝”四字，楷书，旋读，背面无纹。钱径2.45、穿宽0.8、郭宽0.2厘米，重1.45克（图三一五，4）。

大定通宝　1枚。标本M121：1-5，锈残，圆形，方穿，正、背面有圆郭，背郭不甚清晰，正面铸“大定通宝”四字，楷书，对读，背面无纹。钱径2.4、穿宽0.7、郭宽0.15厘米，重2.14克（图三一五，5）。

至大通宝　1枚。标本M121：1-3，锈残，圆形，方穿，正、背面有圆郭，背郭不甚清晰，正面铸“至大通宝”四字，楷书，对读，背面无纹。钱径2.3、穿宽0.7、郭宽0.3厘米，重2.52克（图三一五，3）。

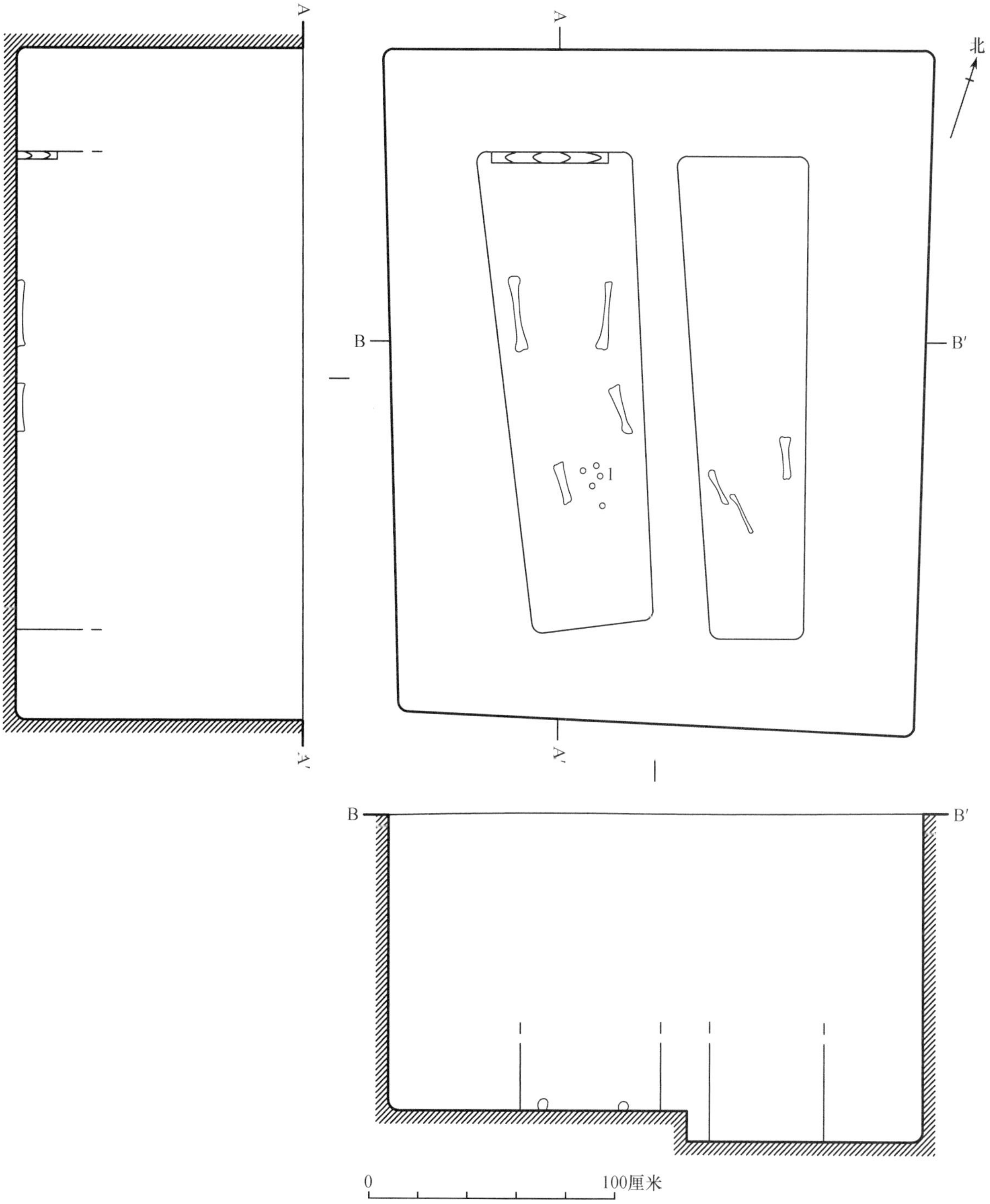

图三一四　M121平、剖面图
1. 铜钱

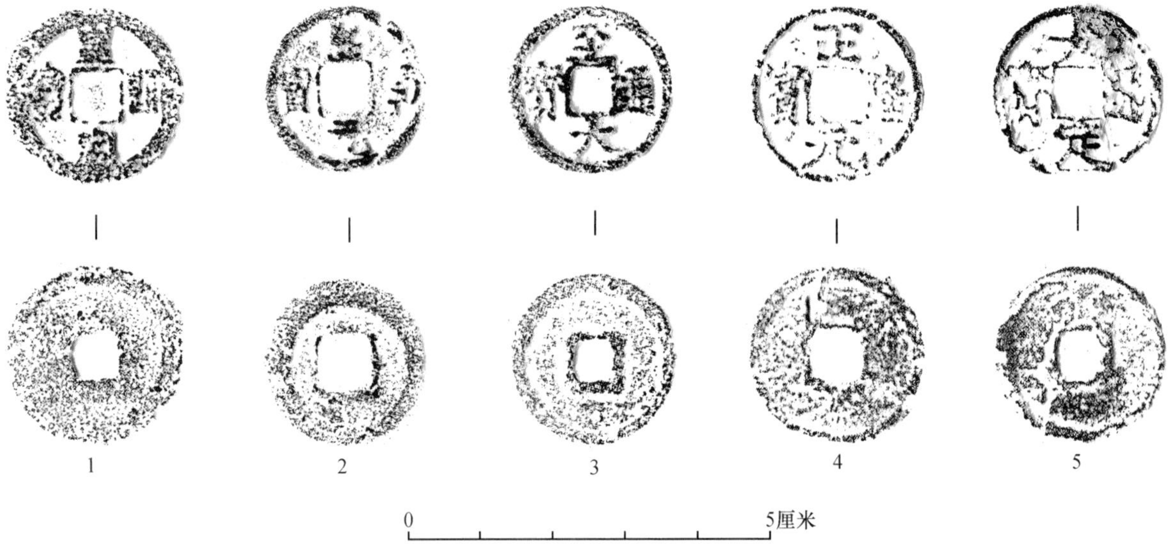

图三一五　M121出土铜钱

1. 皇宋通宝（M121：1-1） 2. 熙宁元宝（M121：1-2） 3. 至大通宝（M121：1-3） 4. 正隆元宝（M121：1-4）
5. 大定通宝（M121：1-5）

六、M122

（一）墓葬形制

M122位于Ⅰ区T0711西北部，南邻M123。开口于第2层下。近长方形竖穴土圹双棺墓，南北向，方向4°。墓圹南北长2.44米，东西宽2.3～2.34米，墓口距地表深0.7米，墓口距墓底深1.08～1.14米，内填胶质花土，土质较软。墓底内置双棺，并列于墓中央，间距0.44～0.58米（图三一六；图版六二，1）。

东棺略呈梯形，北宽南窄，棺木保存较好，部分残损，长2.01米，宽0.38～0.6米，残高0.08米；侧板残高0.08米，厚0.05米。棺内葬人骨1具，面向、葬式、性别均不详。

西棺略呈梯形，北宽南窄，棺木保存相对较好，部分残损，长1.78米，宽0.55～0.61米；底板残长1.75米，宽0.2米，厚0.04米。棺内葬人骨1具，面向、葬式、性别均不详。

墓内随葬铜钱11枚，其中3枚（M122：2）无规律分散在东棺骨架间，8枚（M122：1）无规律分散在西棺骨架间。

（二）随葬品

铜钱　11枚。

崇宁重宝　3枚。标本M122：1-1，锈残，圆形，方穿，正、背面有圆郭，正面铸“崇宁重宝”四字，楷书，对读，背面无纹。钱径3.05、穿宽0.9、郭宽0.25厘米，重6.49克（图三一七，

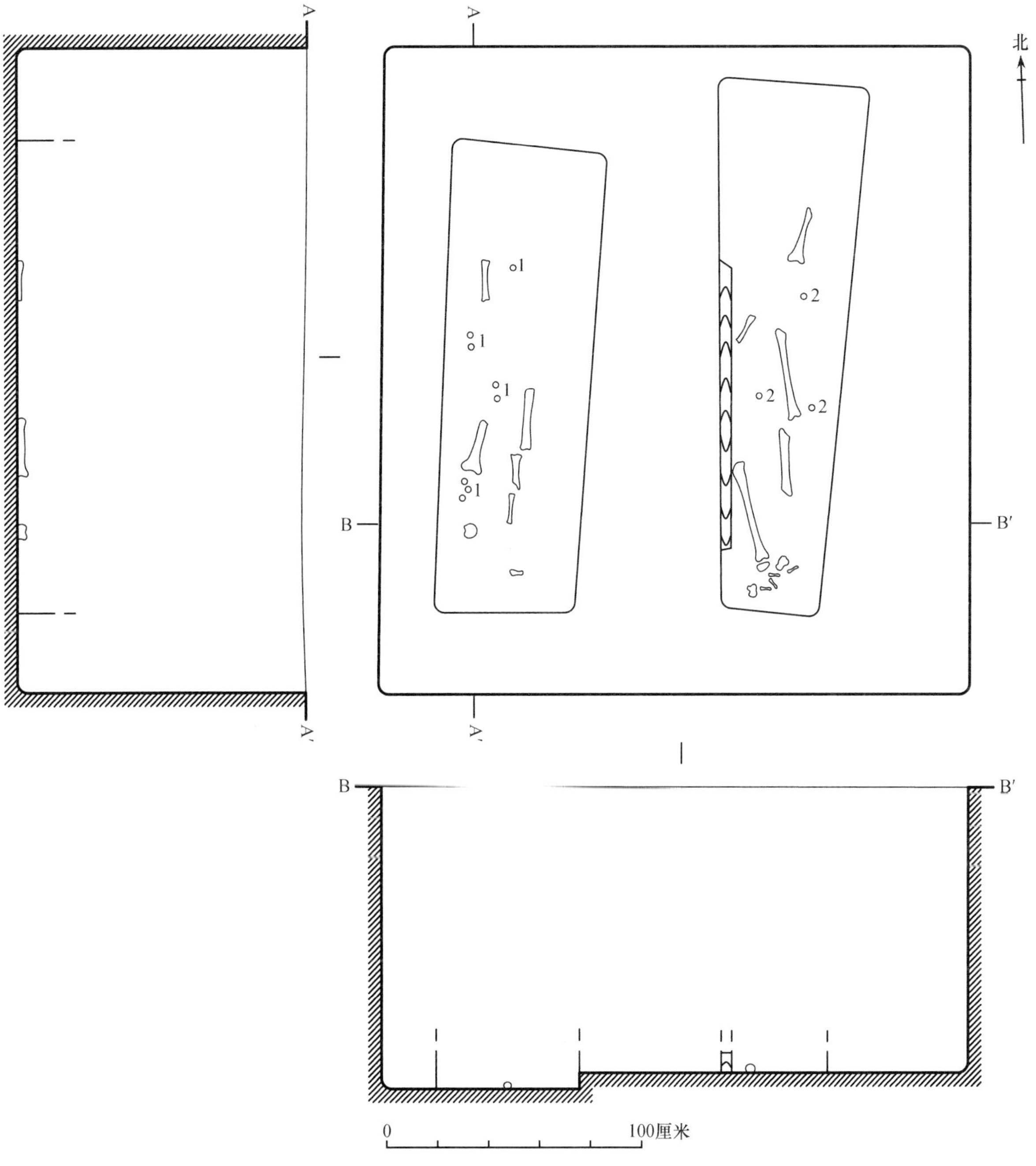

图三一六　M122平、剖面图
1、2. 铜钱

1）。标本M122：2-1，锈残，圆形，方穿，正、背面有圆郭，正面铸“崇宁重宝”四字，楷书，对读，背面无纹。钱径3.35、穿宽0.8、郭宽0.35厘米，重 6.13克（图三一七，2）。

正隆元宝　1枚。标本M122：1-2，锈残，圆形，方穿，正、背面有圆郭，正面铸 “正隆元宝”四字，楷书，旋读。钱径2.4、穿宽0.7、郭宽0.25厘米，重2.94克（图三一七，3）。

另7枚锈残，钱文不可辨。

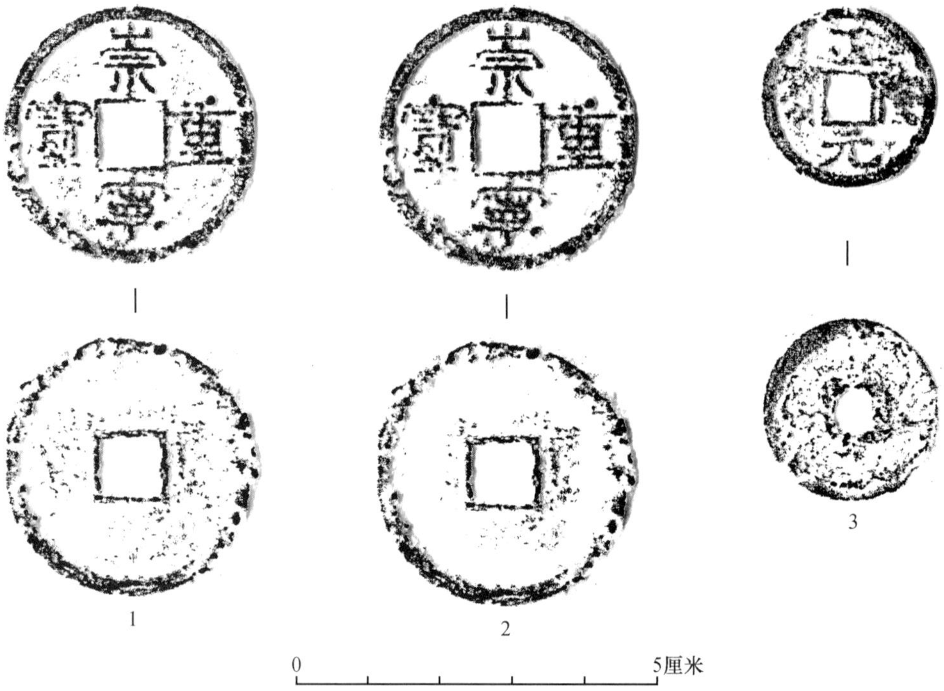

图三一七　M122出土铜钱

1、2. 崇宁重宝（M122：1-1、M122：2-1）　3. 正隆远宝（M122：1-2）

七、M124

（一）墓葬形制

M124位于Ⅰ区T0710北部，北部进入T0711，北邻M123。开口于第2层下。梯形竖穴土圹双棺墓，北宽南窄，南北向，方向10°。墓圹南北长2.74～2.8米，东西宽1.9～2.2米，墓口距地表深0.8米，墓口距墓底深1.25～1.3米，内填胶质花土，土质湿黏。墓底内置双棺，并列于墓中央，间距0.26米（图三一八；图版六二，2）。

东棺略呈梯形，北宽南窄，棺木半朽，长1.86米，宽0.5～0.54米，残高0.25米；侧板残高0.25米，厚0.02～0.05米。棺内葬人骨1具，骨架扰乱严重，头向北，面向、葬式、性别均不详。棺北部放置青瓦3块，长0.22、宽0.18～0.22、厚0.015～0.02米。

西棺略呈梯形，北宽南窄，棺木半朽，长1.7米，宽0.54～0.6米，残高0.2米；侧板残高0.2米，厚0.02米。棺内葬人骨1具，头向北，面向、葬式、性别均不详。

墓内随葬铜钱4枚，2枚（M124：1）位于东棺中南部，2枚（M124：2）位于西棺骨架南部。

（二）随葬品

铜钱　4枚。

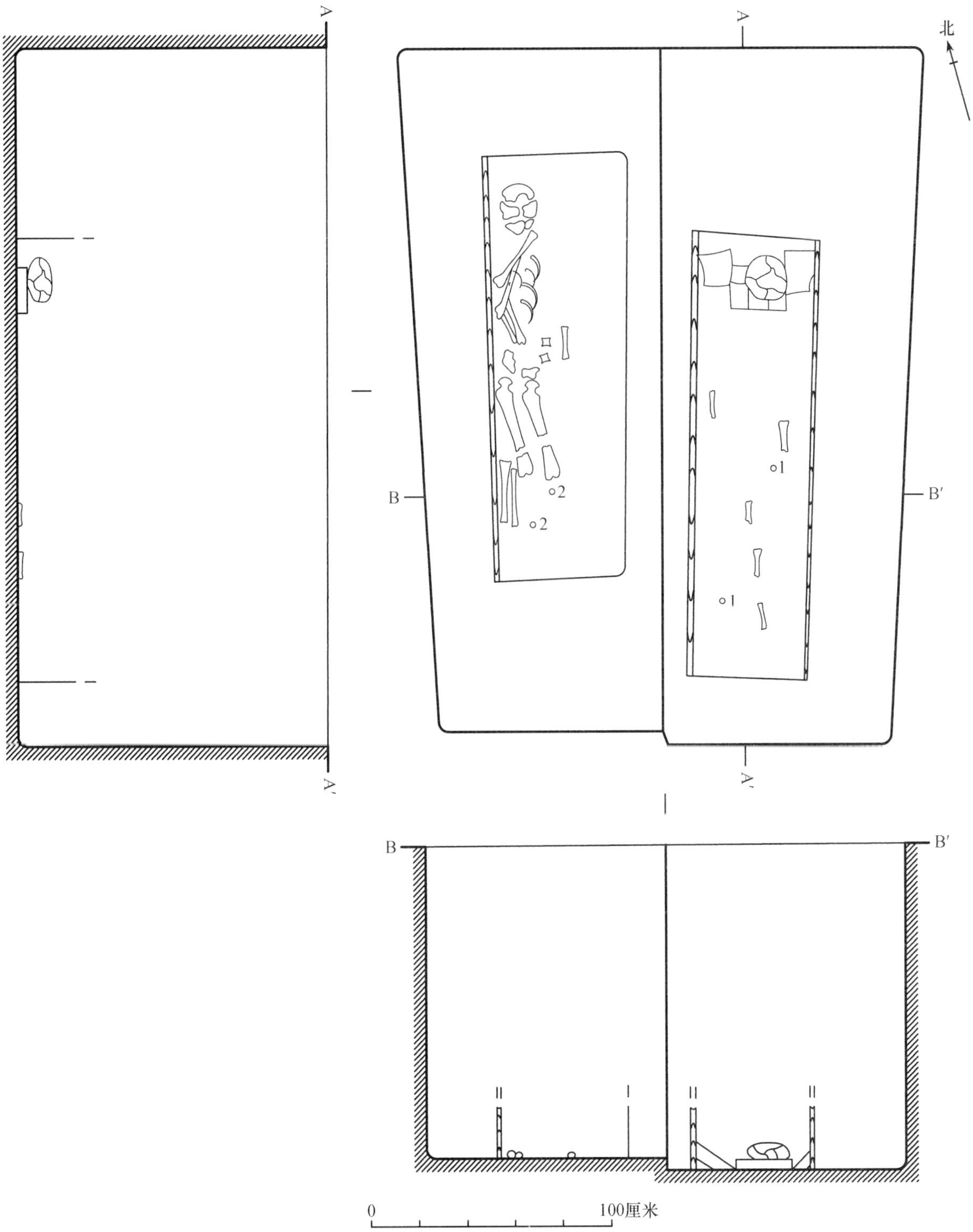

图三一八　M124平、剖面图
1、2. 铜钱

天禧通宝　1枚。标本M124：1-1，锈残，圆形，方穿，正、背面有圆郭，正面铸“天禧通宝”四字，楷书，旋读，背面无纹。钱径2.4、穿宽0.6、郭宽0.3厘米，重2.18克（图三一九，1）。

熙宁元宝　1枚。标本M124：2-1，锈残，圆形，方穿，正、背面有圆郭，背郭不甚清晰，正面铸“熙宁元宝”四字，楷书，旋读，背面无纹。钱径2.3、穿宽0.5、郭宽0.3厘米，重1.9克（图三一九，2）。

永乐通宝　1枚。标本M124：1-2，锈残，圆形，方穿，正、背面有圆郭，正面铸“永乐通宝”四字，楷书，对读。钱径2.35、穿宽0.6、郭宽0.35厘米，重2.02克（图三一九，3）。

另1枚锈残，钱文不可辨。

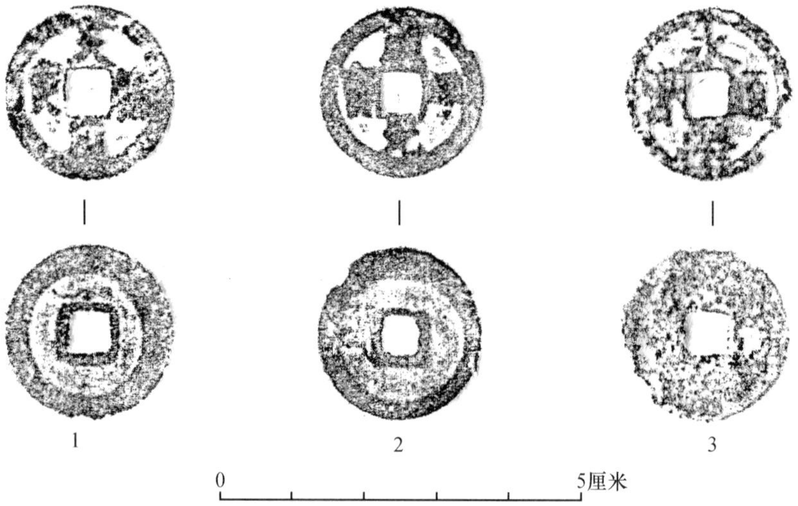

图三一九　M124出土铜钱

1. 天禧通宝（M124：1-1）　2. 熙宁元宝（M124：2-1）　3. 永乐通宝（M124：1-2）

第三节　三　棺　墓

三棺墓1座，编号为M63。

M63

（一）墓葬形制

M63位于Ⅰ区T1405东南部，西北邻M64。开口于第2层下。梯形竖穴土圹三棺墓，北宽南窄，南北向，方向350°。墓圹南北长3米，东西宽2.8～3米，墓口距地表深0.45米，墓口距墓底深0.66～1.12米，内填胶质花土，土质湿黏。墓底内置三棺，并列于墓中部，中棺与东棺间距0.18～0.22米，中棺与西棺间距0.4～0.43米（图三二〇；图版六三，1）。

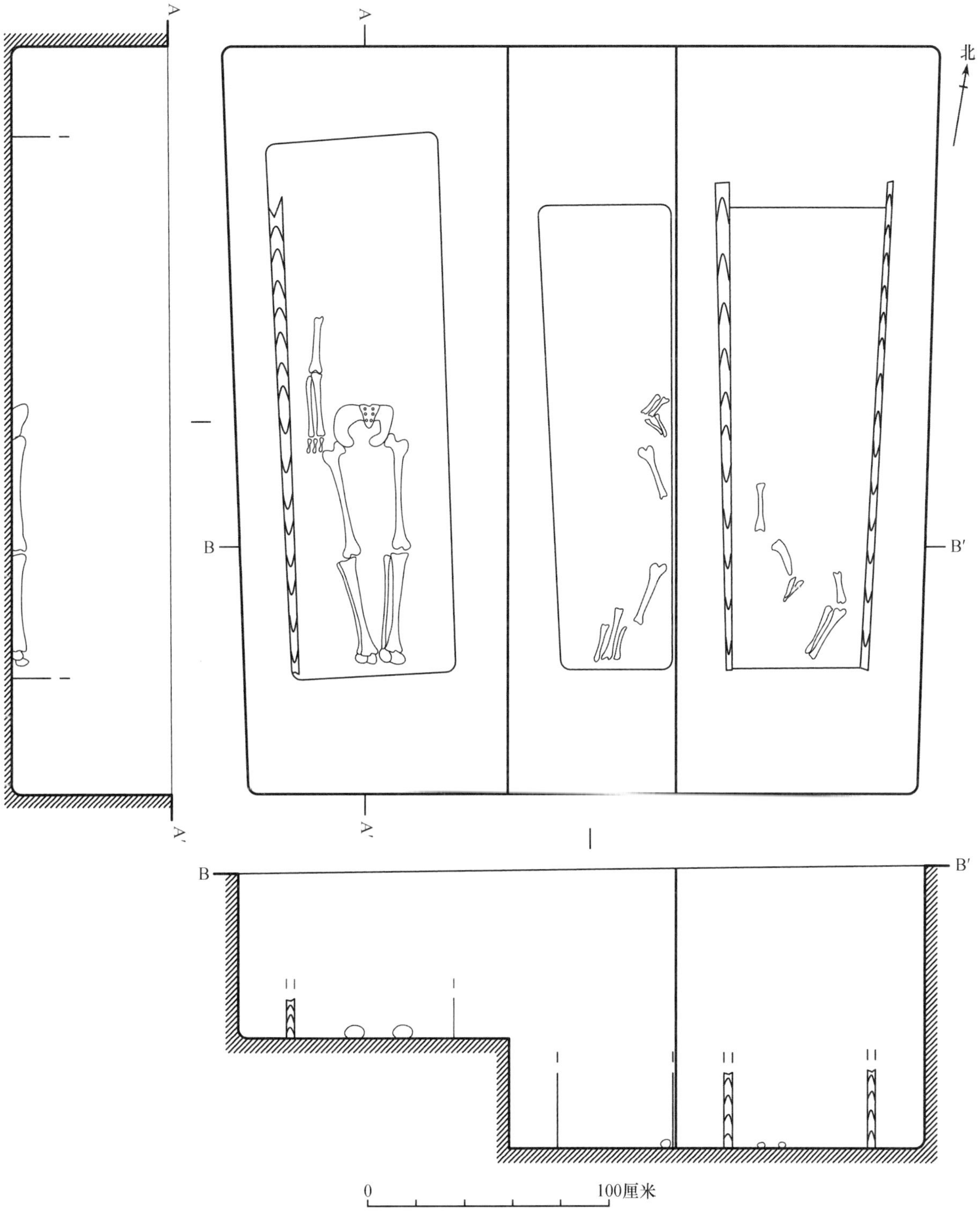

图三二〇　M63平、剖面图

东棺略呈梯形，北宽南窄，棺木半朽，长1.94米，宽0.6～0.72米；侧板残高0.3米，残厚0.02～0.06米。棺板用木较粗糙，表面可见枝节。棺内葬人骨1具，因盗扰严重，仅棺内南部见少量残骨骸，头向、面向、葬式、性别不详。

中棺略呈梯形，北宽南窄，棺木已朽，长1.88米，宽0.48～0.56米。棺内葬人骨1具，因盗扰严重，仅棺内南部见残骨，头向、面向、葬式、性别不详。

西棺略呈梯形，北宽南窄，棺木半朽，长2.14米，宽0.7～0.72米；西侧板残长1.92米，残高0.16米，残厚0.03～0.06米。棺内葬人骨1具，因盗扰严重，仅见右上肢骨和下肢骨，头向、面向、葬式、性别不详。

（二）随葬品

无。

第四节　搬　迁　墓

搬迁墓1座，编号为M54。

M54

（一）墓葬形制

M54位于Ⅰ区T1503西南部，北邻M55。开口于第2层下。长方形竖穴土圹双棺墓，东北—西南向，方向34°。墓圹长2.02米，宽1.48～1.5米，墓口距地表深0.34米，墓口距墓底深1.22～1.24米，内填胶质花土，土质较硬。墓底内置双棺，并列于墓中部，间距0.2～0.32米。墓内无骨架，棺木腐朽严重，仅存朽痕，为搬迁墓葬（图三二一；图版六三，2）。

东棺呈梯形，北宽南窄，棺木已腐朽，长1.84米，宽0.46～0.65米，残高0.06米。

西棺略呈梯形，北宽南窄，棺木腐朽严重，长1.85米，宽0.45～0.52米，残高0.6米。

（二）随葬品

无。

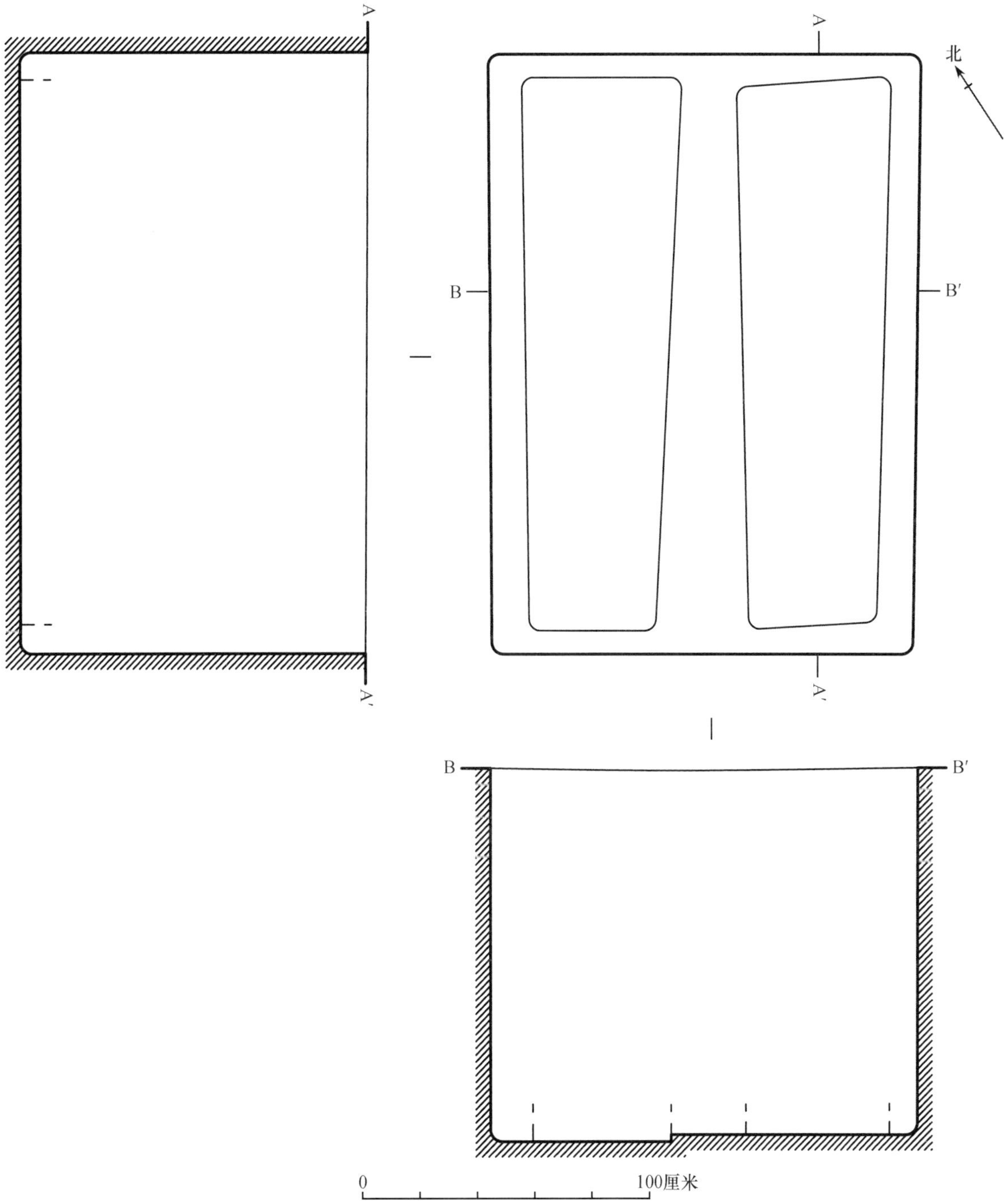

图三二一　M54平、剖面图

第五节　火　葬　墓

火葬墓1座，编号为M55。

M55

（一）墓葬形制

M55位于Ⅰ区T1503西部，南邻M54。开口于第2层下。长方形竖穴土圹单棺墓，南北向，方向

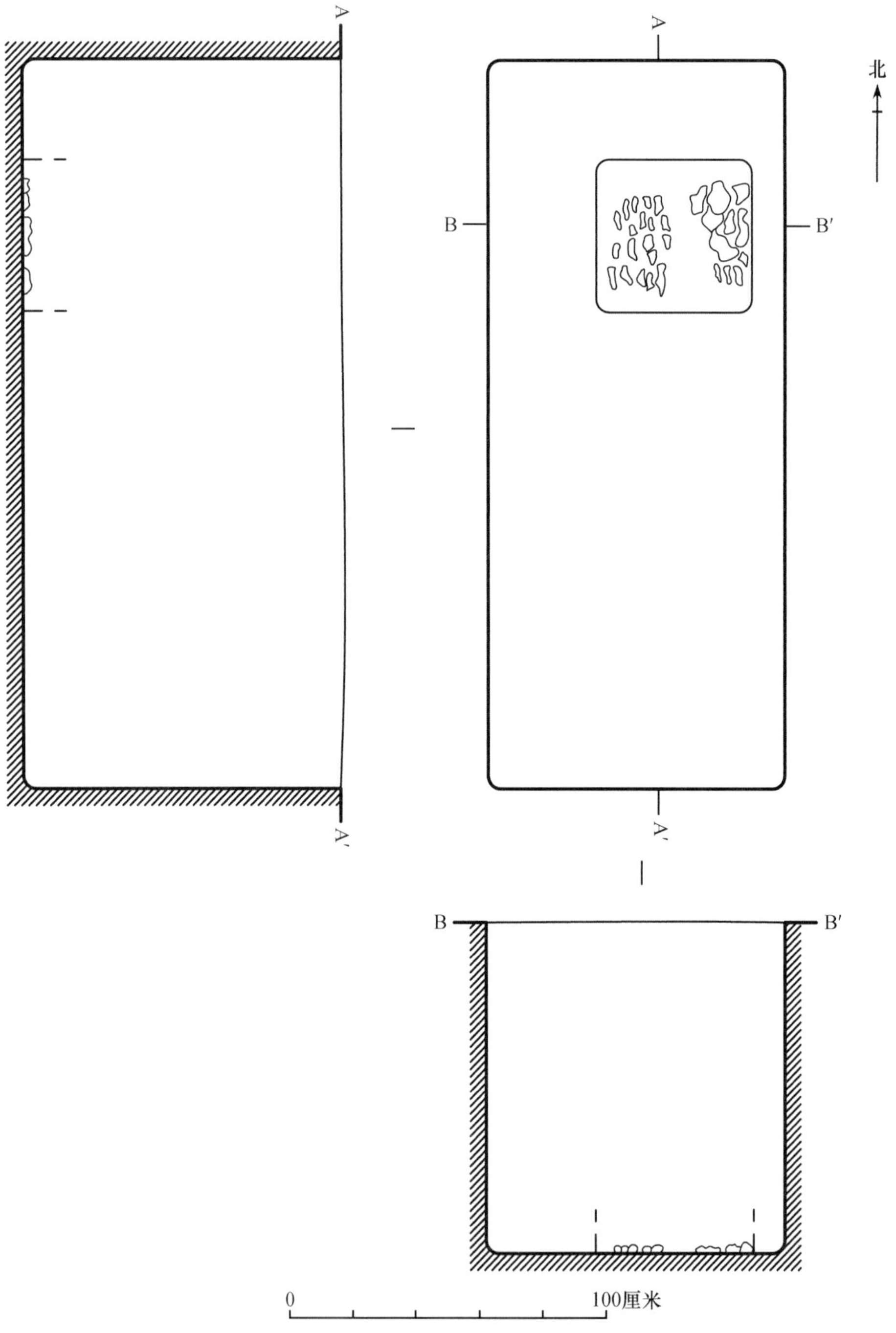

图三二二　M55平、剖面图

0°。墓圹长2.2米，宽0.94米，墓口距地表深0.34米，墓口距墓底深1米，内填胶质花土，土质较硬。棺匣位于墓北部偏东（图三二二；图版六三，3）。

棺匣呈长方形，腐朽严重，长0.5米，宽0.46米，残高0.04米。棺匣内葬烧骨一堆。

（二）随葬品

无。

第七章 结　　语

海淀中坞遗址发掘清代窑址7座、明代墓葬32座、清代墓葬86座，以及不能确定具体年代的明清时期搬迁墓葬22座。这些墓葬中一部分曾遭到盗掘，大部分保存较好，未受到后期破坏。明清墓葬可分为单棺墓、双棺墓和三棺墓等，出土陶器、瓷器、玉器、料器、玻璃器、骨器、金器、银器、铜器、铁器、锡器及铜钱等一批重要的随葬品。这批墓葬的考古资料是研究北京考古、历史的重要资料。

第一节　明代墓葬的时代与分组

明代墓葬32座，分布于Ⅰ、Ⅱ区。其中单棺墓13座，编号为M39、M41、M43、M49、M51、M56～M58、M70、M71、M76、M77、M125；双棺墓15座，编号为M33～M35、M37、M40、M42、M44、M45、M48、M50、M52、M53、M69、M74、M75；三棺墓2座，编号为M16、M17；搬迁墓1座，编号为M73；明堂1座，编号为M62。

32座明代墓葬中除M17、M35、M43、M73以外，均出土有随葬品，有陶器、瓷器、石器、骨器饰件、料器、铜器、铁器，其中以陶器为多。共出土铜钱211枚，其中新莽“大泉五十”1枚；唐代钱币10枚，皆为“开元通宝”；北宋钱币66枚，包含“太平通宝”3枚、“咸平元宝”2枚、“景德元宝”3枚、“祥符元宝”2枚、“天禧通宝”3枚、“天圣元宝”2枚、“皇宋通宝”10枚、“治平元宝”2枚、“熙宁元宝”8枚、“熙宁重宝”2枚、“元丰通宝”19枚、“元祐通宝”3枚、“绍圣元宝”1枚、“元符通宝”1枚、“圣宋元宝”1枚、“崇宁通宝”1枚、“崇宁重宝”1枚、“大观通宝”1枚、“政和通宝”1枚；金代钱币2枚，为“正隆元宝”1枚、“大定通宝”1枚；元代“至大通宝”1枚；明代钱币82枚，包含“洪武通宝”4枚、“永乐通宝”1枚、“宣德通宝”1枚、“弘治通宝”1枚、“嘉靖通宝”38枚、“隆庆通宝”4枚、“万历通宝”33枚；另50枚锈残严重，钱文不详。

M62出土铜钱53枚，大多数铜钱为唐、宋、金代，不过有3枚“洪武通宝”，说明其墓葬年代应当是明代早期。M42、M50、M52、M53、M56～M58、M69出土数量不等的北宋铜钱，M57还出土了明代早期钱币“宣德通宝”，M53出土了明代“洪武通宝”、“永乐通宝”、“嘉靖通宝”，且上述墓葬较集中，排列有序，说明其墓葬年代应当是明代中、早期。M16、M33、M34、M37、M40、M48、M49、M71、M74、M77、M125出土了明代钱币，大多为明代中、晚期“嘉靖通宝”、“万历通宝”，说明其墓葬年代应当是明代晚期。虽然通过铜钱的钱文不能确定墓葬的具体下葬年代，不过也可以大致判断出这批墓葬中时代最早的可能属于明代初年，最晚的为明代末年。

M44为双棺合葬墓，北京地区明清墓葬中的双棺合葬墓多为这种形制，加之M44出土半釉陶罐（M44：1），其制造工艺特征与北京射击场明代墓葬①M10出土半釉陶罐（M10：4）器形基本一致，因此判断M44为明代墓葬。M51、M75、M76出土的半釉陶罐制造工艺特征与也与北京射击场明代墓葬②M10出土半釉陶罐（M10：4）器形基本一致，因此判断M51、M75、M76亦为明代墓葬。M56出土釉陶罐（M56：2）与昌平沙河明代墓葬③M23出土釉陶罐（M23：2）器形近似，因此判断M56为明代墓葬。M69出土红陶罐（M69：1）符合明代罐类器物风格，因此判断M69为明代墓葬。

M35、M43虽未出土随葬品，但与上述墓葬较近，排列有序，也应为明代晚期墓葬。

从分布情况看，明代墓葬大部分都分布在Ⅰ区，其中M33～M35、M37、M39～M45、M48～M53、M56～M58、M62相距较近，可分为第一组；M70、M71、M73～M77为第二组。这两组墓葬可能属于两个家族。

第二节 清代墓葬的时代与分组

清代墓葬86座，分布于Ⅰ、Ⅱ、Ⅲ区。其中单棺墓32座，编号为M4、M11、M12、M21、M22、M68、M72、M78～M93、M102、M107、M116、M117、M126、M130、M132、M138、M139；双棺墓45座，编号为M2、M3、M5～M9、M13、M15、M18、M20、M23、M24、M26～M31、M59、M94～M101、M103～M106、M108、M111、M113～M115、M127～M129、M131、M134～M136、M140；三棺墓9座，编号为M1、M10、M14、M19、M64、M65、M109、M110、M112。共出土铜钱487枚。其中汉代钱币“五铢”1枚；北宋钱币5枚，包含“治平元宝”1枚、“元丰通宝”1枚、“景祐元宝”1枚、“元祐通宝”1枚、“政和通宝”1枚；明代钱币49枚，包含“洪武通宝”5枚、“永乐通宝”1枚、“嘉靖通宝”3枚、“万历通宝”7枚、“天启通宝”13枚、“崇祯通宝”20枚；清代钱币418枚，包含“顺治通宝”22枚、“康熙通宝”123枚、“雍正通宝”10枚、“乾隆通宝”65枚、“嘉庆通宝”60枚、“道光通宝”87枚、“同治重宝”8枚、“光绪通宝”26枚、“光绪重宝”2枚、“大清铜币”3枚、铜币10枚、“宣统通宝”2枚；另14枚锈残不明。

M10出土铜钱19枚，其中18枚为明代钱币，不过有1枚“顺治通宝”，说明其墓葬年代应当是清代早期。M12位于M10北部，虽然出土有1枚明代“崇祯通宝”铜钱，结合墓葬关系，判断其时

① 北京市文物局、北京市文物研究所：《北京奥运场馆考古发掘报告》，科学出版社，2007年。

② 北京市文物局、北京市文物研究所：《北京奥运场馆考古发掘报告》，科学出版社，2007年。

③ 北京市文物研究所：《昌平沙河：汉、西晋、唐、元、明、清代墓葬发掘报告》，科学出版社，2012年。

代也应为清初。另外M78、M79也出土了清代早期钱币“顺治通宝”，说明其墓葬年代应当是清代早期。M5～M8、M26、M80、M83～M86、M88、M89、M92、M95、M98、M134皆出土有“康熙通宝”，另外M81、M83、M87、M88出土有康熙时期青花罐及青白釉罐，且M87还出土“雍正通宝”。上述部分墓葬较集中，排列有序，说明其墓葬年代应当是清代早期。M13、M20也出土有“雍正通宝”，其年代也为清代早期；M11、M18、M19、M22～M24、M29、M65、M68、M72、M93、M94、M96、M111、M128、M129、M136皆出土有“乾隆通宝”，M59、M64、M104出土有“嘉庆通宝”，说明其墓葬年代应当是清代中期。另外，M24还出土有墓碑，上刻有死亡时间为乾隆甲申年（1764年），说明其墓葬年代为清代中期。M21、M30、M31、M103、M105、M106、M109、M110、M116、M140出土有“道光通宝”，M1、M97、M100出土有“同治重宝”，说明其墓葬年代应当是清代晚期；M27、M28、M99、M101、M108、M112、M113、M115、M117、M132、M138出土有清代光绪、宣统年间钱币，说明其墓葬年代应当是清代末期。另外，M14、M15、M82、M91、M102、M126、M130、M135、M139虽未出土随葬品，结合其形制及其与周围墓葬关系，判断其时代为清代。

从分布情况看，清代墓葬分布在Ⅰ、Ⅱ、Ⅲ区，其中M78～M91相距较近，排列有序，可分为第一组；M103～M110为第二组；M95～M102为第三组；M5～M15、M26为第四组；M18～M24为第五组。这五组墓葬可能属于不同的家族。

附　　表

附表一　明代墓葬登记表

墓号	所在探方	层位	方向	形制	墓圹（米）			葬具	葬式	随葬品
					长	宽	深			
M16	Ⅱ区T0804	②	0°	梯形竖穴土圹墓	2.64～3	1.7～3	0.9～1	三棺	西棺仰身直肢葬；其他不详	铜钱12枚（“元丰通宝”7枚；“嘉靖通宝”1枚；“隆庆通宝”2枚；“万历通宝”1枚；另1枚不详）
M17	Ⅱ区T0804	②	6°	梯形竖穴土圹墓	2.6～2 84	2.8	1.28～1.36	三棺	东棺仰身直肢葬；其他不详	无
M33	Ⅰ区T1401	②	354°	长方形竖穴土圹墓	2.2	1.56	0.6	双棺	东棺仰身直肢葬；西棺侧身直肢葬	铜钱4枚（“嘉靖通宝”1枚；“隆庆通宝”2枚；“万历通宝”1枚）
M34	Ⅰ区T1401	②	351°	梯形竖穴土圹墓	2.5～2.7	1.54	0.56～0.6	双棺	皆仰身直肢葬	半釉陶罐1件；铜钱7枚（“崇宁通宝”1枚；“嘉靖通宝”6枚）
M35	Ⅰ区T1501	②	10°	梯形竖穴土圹墓	2.56	1.6～1.74	0.48～0.52	双棺	皆仰身直肢葬	无
M37	Ⅰ区T1401	②	345°	梯形竖穴土圹墓	2.56～2.62	2.52	0.72	双棺	皆仰身直肢葬	铜钱5枚（“大观通宝”1枚；“万历通宝”4枚）
M39	Ⅰ区T1402	②	352°	近长方形竖穴土圹墓	2.3	1.4	1.18	单棺	不详	铜钱15枚（“皇宋通宝”1枚；“嘉靖通宝”2枚；另12枚不详）
M40	Ⅰ区T1402	②	348°	梯形竖穴土圹墓	2.2	1.96～2.04	0.64～0.68	双棺	东棺仰身直肢葬；西棺侧身直肢葬	铜簪1件；铜钱5枚（“天禧通宝”1枚；“熙宁元宝”1枚；“嘉靖通宝”2枚；“万历通宝”1枚）

续表

墓号	所在探方	层位	方向	形制	墓圹（米）			葬具	葬式	随葬品
					长	宽	深			
M41	Ⅰ区T1502	②	342°	长方形竖穴土圹墓	2.54	1.15	0.85	单棺	仰身直肢葬	“弘治通宝”1枚
M42	Ⅰ区T1502	②	350°	长方形竖穴土圹墓	2.74	1.7	1.42～1.56	双棺	西棺仰身直肢葬；东棺不详	红陶罐1件；铜钱4枚（“咸平元宝”1枚；“景德元宝”1枚；另2枚锈残，钱文不清）
M43	Ⅰ区T1602	②	342°	梯形竖穴土圹墓	2.2	0.9～1.02	0.55	单棺	仰身直肢葬	无
M44	Ⅰ区T1502	②	350°	梯形竖穴土圹墓	2.2～2.3	1.68～1.78	0.82～1.08	双棺	东棺仰身直肢葬；西棺不详	半釉陶罐1件
M45	Ⅰ区T1502	②	345°	梯形竖穴土圹墓	2.12～2.3	2.22～2.29	0.92～1.08	双棺	皆仰身直肢葬	半釉陶罐1件；铜钱2枚（“熙宁元宝”1枚；“元丰通宝”1枚）
M48	Ⅰ区T1502	②	351°	梯形竖穴土圹墓	2.2	1.5～1.6	1.14～1.2	双棺	西棺仰身直肢葬；东棺不详	铜钱3枚（“万历通宝”1枚；另2锈残，钱文不可辨）
M49	Ⅰ区T1502	②	346°	长方形竖穴土圹墓	2.3	1	0.86	单棺	仰身直肢葬	饰件12粒；铜钱10枚（“嘉靖通宝”5枚；“万历通宝”5枚）
M50	Ⅰ区T1503	②	355°	梯形竖穴土圹墓	2.28～2.4	1.44～1.66	0.7～0.9	双棺	东棺仰身直肢葬；西棺不详	半釉陶罐1件；红陶罐1件；“元丰通宝”1枚
M51	Ⅰ区T1602	②	6°	长方形竖穴土圹墓	2.6	1.04	1.04	单棺	仰身直肢葬	半釉陶罐1件
M52	Ⅰ区T1403	②	3°	近长方形竖穴土圹墓	2.2～2.4	1.6	0.78～0.86	双棺	西棺仰身直肢葬；东棺不详	铜钱10枚（“景德元宝”1枚；“皇宋通宝”1枚；“元丰通宝”1枚；另7枚锈残，钱文不可辨）
M53	Ⅰ区T1403	②	0°	近长方形竖穴土圹墓	2.28～2.7	1.6	1.24～1.34	双棺	不详	铜钱4枚（“皇宋通宝”1枚；“洪武通宝”1枚；“永乐通宝”1枚；“嘉靖通宝”1枚）
M56	Ⅰ区T1503	②	3°	长方形竖穴土圹墓	2.5	1.46	1.08	单棺	不详	釉陶罐1件；铜钱10枚（“元丰通宝”2枚；另8枚锈蚀严重，不可辨识）

续表

墓号	所在探方	层位	方向	形制	墓圹（米）			葬具	葬式	随葬品
					长	宽	深			
M57	Ⅰ区T1603	②	358°	近长方形竖穴土圹墓	2.3	1.28	0.98	单棺	侧身屈肢葬	瓷瓶1件；铜钱10枚（“祥符元宝”1枚；“治平元宝”1枚；“至大通宝”1枚；“宣德通宝”1枚；另6枚锈残严重，钱文不可辨）
M58	Ⅰ区T1602	②	353°	近长方形竖穴土圹墓	2.44	1.11～1.14	1.18	单棺	不详	半釉陶罐1件；铜钱3枚（“天圣元宝”1枚；另2枚锈残，钱文不可辨）
M62	Ⅰ区T1503	②	0°	长方形竖穴土圹墓	1.66	1.52	0.7	砖室	明堂	石砚台1件；铜镜1面；铁犁铧1件；铁灯碗2件；铜钱53枚（“开元通宝”10枚；“太平通宝”3枚；“咸平元宝”1枚；“景德元宝”1枚；“祥符元宝”1枚；“天禧通宝”2枚；“天圣元宝”1枚；“皇宋通宝”7枚；“治平元宝”1枚；“熙宁元宝”6枚；“熙宁重宝”1枚；“元丰通宝”7枚；“元祐通宝”3枚；“绍圣元宝”1枚；“元符通宝”1枚；“圣宋元宝”1枚；“政和通宝”1枚；“正隆元宝”1枚；“大定通宝”1枚；“洪武通宝”3枚）
M69	Ⅰ区T1606	②	280°	梯形竖穴土圹墓	2.1	1.8～1.9	1.12	双棺	皆仰身直肢葬	红陶罐1件；铜钱6枚（“大泉五十”1枚；“熙宁重宝”1枚；“崇宁重宝”1枚；另3枚锈残，钱文不可辨）
M70	Ⅰ区T1004	②	355°	长方形竖穴土圹墓	2.2	0.84	1.48	单棺	不详	红陶罐1件；铜钱3枚
M71	Ⅰ区T1004	②	355°	长方形竖穴土圹墓	2.3	1.2	1.43	单棺	仰身直肢葬	铜钱2枚（“万历通宝”1枚；另1枚锈残，钱文不可辨）
M73	Ⅰ区T1104	②	355°	长方形竖穴土圹墓	3	2	1.28	搬迁双棺	不详	无

续表

墓号	所在探方	层位	方向	形制	墓圹（米）			葬具	葬式	随葬品
					长	宽	深			
M74	Ⅰ区T1004	②	350°	长方形竖穴土圹墓	2.4	1.84	0.84～1	双棺	皆仰身直肢葬	半釉陶罐1件；半釉双系瓷罐1件；铜钱4枚（“万历通宝”3枚；另1枚锈残，钱文不可辨）
M75	Ⅰ区T1003	②	345°	长方形竖穴土圹墓	2.5	1.65	1.24	双棺	东棺仰身直肢葬；西棺侧身屈肢葬	半釉陶罐1件；铜钱2枚
M76	Ⅰ区T1003	②	350°	梯形竖穴土圹墓	2.4	1.5～1.68	1.1	单棺	仰身直肢葬	半釉陶罐1件；骨簪1件
M77	Ⅰ区T1104	②	350°	长方形竖穴土圹墓	2.14	0.92	0.82	单棺	仰身直肢葬	夹砂陶壶1件；“嘉靖通宝”20枚
M125	Ⅰ区T0710	②	354°	梯形竖穴土圹墓	2.64	1.52～1.74	1	单棺	不详	“万历通宝”16枚

附表二　清代墓葬登记表

墓号	所在探方	层位	方向	形制	墓圹（米）			葬具	葬式	随葬品
					长	宽	深			
M1	Ⅱ区T0102	②	270°	梯形竖穴土圹墓	2.2～2.6	1.98～2.46	0.6～0.64	三棺	南、北棺仰身直肢葬，中棺不详	灰陶罐1件；“同治重宝”1枚
M2	Ⅱ区T0202	②	58°	近长方形竖穴土圹墓	2.8～2.9	1.96	0.46～0.5	双棺	皆仰身直肢葬	灰陶罐1件
M3	Ⅱ区T0202	②	343°	梯形竖穴土圹墓	2.36～2.46	2.16～2.56	0.76～0.84	双棺	皆仰身直肢葬	灰陶罐2件；铜扁方1件
M4	Ⅱ区T0202	②	10°	长方形竖穴土圹墓	2.5	1	0.46	单棺	仰身直肢葬	灰陶罐1件；铜扣3件
M5	Ⅱ区T0901	②	5°	近长方形竖穴土圹墓	2.6～2.62	1.88～1.96	0.54～0.62	双棺	不详	铜钱2枚（“康熙通宝”1枚；另1枚不明）
M6	Ⅱ区T0901	②	3°	梯形竖穴土圹墓	2.38～2.6	2.2～2.4	0.68～0.74	双棺	西棺仰身屈肢葬；东棺不详	骨簪2件；铜钱5枚（“康熙通宝”3枚；另2枚锈残，其中1枚为“顺治通宝”）

续表

墓号	所在探方	层位	方向	形制	墓圹（米）			葬具	葬式	随葬品
					长	宽	深			
M7	Ⅱ区T0902	②	4°	长方形竖穴土圹墓	2.7 ~ 2.76	2.18	0.7 ~ 0.76	双棺	西棺侧身屈肢葬；东棺不详	半釉陶罐1件；“康熙通宝”5枚
M8	Ⅱ区T0902	②	2°	近长方形竖穴土圹墓	2.5 ~ 2.88	2.24	0.82 ~ 0.92	双棺	东棺仰身直肢葬；西棺不详	铜钱22枚（“顺治通宝”7枚；“康熙通宝”15枚）
M9	Ⅱ区T0802	②	2°	长方形竖穴土圹墓	2.9	1.5	1.04	双棺	皆仰身直肢葬	铜钱4枚（“五铢”1枚；“治平元宝”1枚；“元祐通宝”1枚；另1枚残碎，模糊不清）
M10	Ⅱ区T0902	②	358°	长方形竖穴土圹墓	2.7 ~ 2.8	2.9	0.7 ~ 1	三棺	不详	半釉陶罐1件；铜钱19枚（“万历通宝”2枚；“天启通宝”10枚；“崇祯通宝”6枚；“顺治通宝”1枚）
M11	Ⅱ区T0802	②	5°	长方形竖穴土圹墓	2.8	1.48	1	单棺	不详	“乾隆通宝”1枚
M12	Ⅱ区T0903	②	3°	长方形竖穴土圹墓	2.24	1.1	0.92	单棺	仰身直肢葬	铜钱3枚（“崇祯通宝”1枚；另2枚锈残，钱文不可辨）
M13	Ⅱ区T0803	②	3°	近长方形竖穴土圹墓	2.88 ~ 3.22	2.32	0.64 ~ 0.78	双棺	皆仰身直肢葬	银簪2件；铜钱5枚（“崇祯通宝”1枚；“雍正通宝”4枚）
M14	Ⅱ区T0803	②	25°	梯形竖穴土圹墓	2.16 ~ 2.5	2.1 ~ 2.24	0.86 ~ 0.96	三棺	西棺仰身直肢葬；东棺仰身屈肢葬；中棺不详	无
M15	Ⅱ区T0903	②	2°	梯形竖穴土圹墓	2.3	1.2 ~ 1.69	0.38 ~ 0.74	双棺	东棺仰身直肢葬；西棺仰身屈肢葬	无
M18	Ⅱ区T1614	②	10°	梯形竖穴土圹墓	2.7	1.7 ~ 1.93	0.88 ~ 1.16	双棺	皆仰身直肢葬	“乾隆通宝”1枚
M19	Ⅱ区T1615	②	354°	梯形竖穴土圹墓	2.47 ~ 2.52	2.72 ~ 2.88	0.73 ~ 1.15	三棺	东、中棺仰身直肢葬；西棺不详	“乾隆通宝”4枚
M20	Ⅱ区T1615、T1616	②	355°	梯形竖穴土圹墓	2.58 ~ 2.7	1.58 ~ 1.76	0.9 ~ 1.1	双棺	东棺仰身直肢葬；西棺不详	铜钱9枚（“康熙通宝”5枚；“雍正通宝”4枚）

续表

墓号	所在探方	层位	方向	形制	墓圹（米）			葬具	葬式	随葬品
					长	宽	深			
M21	Ⅱ区T1616	②	315°	长方形竖穴土圹墓	2.4	0.92	0.93	单棺	仰身直肢葬	“道光通宝”9枚
M22	Ⅱ区T1715	②	3°	梯形竖穴土圹墓	2.4	0.9～1	1	单棺	仰身直肢葬	夹砂陶锅1件；“乾隆通宝”3枚
M23	Ⅱ区T1715、T1716	②	6°	长方形竖穴土圹墓	2.4	1.7	0.94～1.06	双棺	西棺仰身直肢葬；东棺不详	半釉陶罐1件；“乾隆通宝”5枚
M24	Ⅱ区T1715	②	4°	梯形竖穴土圹墓	2.4	1.6～1.8	1.1～1.18	双棺	不详	银簪3件；“乾隆通宝”17枚
M26	Ⅱ区T0903	②	0°	梯形竖穴土圹墓	2.3～2.48	1.75～1.88	1.1～1.2	双棺	皆仰身直肢葬	瓷瓶1件；酱釉瓷罐1件；铜钱3枚（“万历通宝”2枚；“康熙通宝”1枚）
M27	Ⅲ区T0806	②	23°	近长方形竖穴土圹墓	2.5	1.96～2	1～1.1	双棺	西棺仰身直肢葬；东棺不详	“光绪重宝”2枚
M28	Ⅲ区T0605	②	343°	梯形竖穴土圹墓	2.8	1.8～2	0.84～1.2	双棺	东棺仰身直肢葬；西棺不详	银簪1件；“光绪通宝”4枚
M29	Ⅲ区T0605	②	346°	长方形竖穴土圹墓	2.4	1.6	1～1.1	双棺	东棺仰身直肢葬；西棺不详	“乾隆通宝”1枚
M30	Ⅲ区T0401	②	315°	梯形竖穴土圹墓	2.2～2.4	2.5～2.6	1.02～1.1	双棺	不详	灰陶罐2件；鎏金银簪1件；鎏金银扁方1件；银耳环1件；铜钱3枚（“洪武通宝”1枚；“道光通宝”2枚）
M31	Ⅲ区T0401	②	20°	近梯形竖穴土圹墓	2.1～2.24	1.64～1.84	1～1.1	双棺	西棺仰身直肢葬；东棺不详	银耳环1件；铜烟锅1件；“道光通宝”2枚
M59	Ⅰ区T1603	②	352°	长方形竖穴土圹墓	2.24～2.28	1.86	1.16～1.28	双棺	不详	铜钱10枚（“景祐元宝”1枚；“元丰通宝”1枚；“政和通宝”1枚；“洪武通宝”4枚；“永乐通宝”1枚；“嘉庆通宝”1枚，另1枚锈残）

续表

墓号	所在探方	层位	方向	形制	墓圹（米）			葬具	葬式	随葬品
					长	宽	深			
M64	Ⅰ区T1405	②	344°	梯形竖穴土圹墓	3.08～3.1	2.5～2.7	0.9～0.95	三棺	不详	青白釉瓷罐2件；银戒指1件；铜钱6枚（“乾隆通宝”4枚；“嘉庆通宝”2枚）
M65	Ⅰ区T1406	②	354°	长方形竖穴土圹墓	2.65	2.83	1.16～1.32	三棺	不详	半釉陶罐1件；铜钱12枚（“康熙通宝”3枚；“乾隆通宝”8枚；另1枚不详）
M68	Ⅰ区T1506	②	2°	梯形竖穴土圹墓	2.4	1.12～1.2	0.3	单棺	仰身直肢葬	半釉双系瓷罐1件；铜钱11枚（“万历通宝”3枚；“天启通宝”3枚；“崇祯通宝”4枚；“乾隆通宝”1枚）
M72	Ⅰ区T1104	②	355°	梯形竖穴土圹墓	2.34	1.2～1.26	1.12	单棺	不详	半釉陶罐1件；“乾隆通宝”2枚
M78	Ⅰ区T2306	②	350°	梯形竖穴土圹墓	2.8	1.38～1.52	1.1	单棺	不详	“顺治通宝”2枚
M79	Ⅰ区T2405	②	10°	梯形竖穴土圹墓	2.94	1.24～1.6	1.44	单棺	不详	青花莲塘鸳鸯纹瓷罐1件；“顺治通宝”4枚
M80	Ⅰ区T2305	②	355°	长方形竖穴土圹墓	3	1.5	0.9	单棺	不详	青花开光折枝莲纹瓷瓶1件；“康熙通宝”3枚
M81	Ⅰ区T2405	②	355°	梯形竖穴土圹墓	2.8	1.68～1.76	1.38	单棺	仰身直肢葬	青花缠枝莲纹瓷罐1件
M82	Ⅰ区T2305	②	0°	梯形竖穴土圹墓	2.72	1.06～1.26	0.58～0.88	单棺	仰身直肢葬	无
M83	Ⅰ区T2204	②	11°	梯形竖穴土圹墓	2.88	1.03～1.2	0.82	单棺	不详	青白釉瓷罐1件；“康熙通宝”2枚
M84	Ⅰ区T2404	②	349°	梯形竖穴土圹墓	2.9	1.42～1.5	0.64	单棺	不详	“康熙通宝”1枚
M85	Ⅰ区T2504	②	356°	梯形竖穴土圹墓	3.4	1.46～1.78	1.02	单棺	仰身直肢葬	铜钱2枚（“康熙通宝”1枚；另1枚锈残，钱文不详）
M86	Ⅰ区T2503	②	355°	梯形竖穴土圹墓	2.94	1.12～1.2	0.5	单棺	仰身直肢葬	“康熙通宝”2枚

续表

墓号	所在探方	层位	方向	形制	墓圹（米）			葬具	葬式	随葬品
					长	宽	深			
M87	Ⅰ区T2503	②	0°	长方形竖穴土圹墓	2.66	1.4	0.96	单棺	不详	青白釉瓷罐1件；“雍正通宝”2枚
M88	Ⅰ区T2203	②	315°	梯形竖穴土圹墓	3	1.36 ~ 1.4	0.74	单棺	不详	青白釉瓷罐1件；铜钱2枚（“康熙通宝”1枚；另1枚锈残，钱文不详）
M89	Ⅰ区T2204	②	350°	长方形竖穴土圹墓	2.44	1.1	0.3	单棺	侧身直肢葬	“康熙通宝”4枚
M90	Ⅰ区T2502	②	355°	近长方形竖穴土圹墓	2.66	1.18 ~ 1.2	0.92	单棺	仰身直肢葬	半釉陶罐1件；铜镜1面
M91	Ⅰ区T2502	②	358°	梯形竖穴土圹墓	2.48	1.44 ~ 1.84	0.9	单棺	仰身直肢葬	无
M92	Ⅰ区T2310	②	2°	梯形竖穴土圹墓	2.3	1 ~ 1.1	0.24	单棺	不详	“康熙通宝”2枚
M93	Ⅰ区T2509	②	275°	长方形竖穴土圹墓	2.64	1.18	0.9	单棺	仰身直肢葬	“乾隆通宝”2枚
M94	Ⅰ区T2308	②	50°	梯形竖穴土圹墓	2.9	2.24 ~ 2.36	1.1 ~ 1.16	双棺	东棺仰身直肢葬；西棺不详	银簪3件；鎏金银簪1件；“乾隆通宝”2枚
M95	Ⅰ区T2110	②	280°	梯形竖穴土圹墓	2.96 ~ 3.2	2.2 ~ 2.4	0.8	双棺	皆仰身直肢葬	“康熙通宝”4枚
M96	Ⅰ区T2111	②	26°	梯形竖穴土圹墓	2.5 ~ 2.6	1.8 ~ 2	0.6 ~ 0.74	双棺	皆仰身直肢葬	银簪3件；银扁方2件；鎏金银耳环1对；骨簪1件；铜钱2枚（“乾隆通宝”1枚；“嘉庆通宝”1枚）
M97	Ⅰ区T2111	②	103°	梯形竖穴土圹墓	3.1	1.86 ~ 2.18	0.66 ~ 0.7	双棺	皆仰身直肢葬	银簪1件；鎏金银耳环1件；顶戴1件；“同治重宝”2枚
M98	Ⅰ区T2010	②	275°	梯形竖穴土圹墓	3.5	2.2 ~ 2.4	0.95 ~ 1.07	双棺	北棺仰身直肢葬；南棺不详	半釉陶罐1件；铜钱48枚（“崇祯通宝”8枚；“顺治通宝”3枚；“康熙通宝”37枚）

续表

墓号	所在探方	层位	方向	形制	墓圹（米）			葬具	葬式	随葬品
					长	宽	深			
M99	Ⅰ区T2011	②	45°	梯形竖穴土圹墓	2.66	1.88～2.04	0.76～0.8	双棺	北棺仰身直肢葬；南棺不详	鎏金银耳环1件；鎏金银簪1件；鎏金银押发1件；铜烟锅1件；碧玉烟嘴1件；“光绪通宝”8枚
M100	Ⅰ区T1910	②	19°	梯形竖穴土圹墓	2.68	1.9～2.1	0.72～0.76	双棺	皆仰身直肢葬	“同治重宝”2枚
M101	Ⅰ区T2010	②	30°	梯形竖穴土圹墓	2.3	1.94～2.22	0.46～0.8	双棺	东棺仰身直肢葬；西棺不详	灰陶罐1件；铜发卡1件；“宣统通宝”1枚
M102	Ⅰ区T1909	②	345°	近长方形竖穴土圹墓	2.4	1.6～1.64	0.46	单棺	不详	无
M103	Ⅰ区T1611	②	350°	长方形竖穴土圹墓	2.7	2	0.68～0.7	双棺	东棺仰身直肢葬；西棺不详	半釉陶罐1件；铜钱30枚（“顺治通宝”3枚；“康熙通宝”26枚；“道光通宝”1枚）
M104	Ⅰ区T1511	②	346°	梯形竖穴土圹墓	2.66～2.7	1.96～2.04	1.14～1.25	双棺	东棺仰身直肢葬；西棺不详	银扁方1件；银簪2件；银耳环3件；鎏金银簪2件；银牙签、银耳勺1组；银饰件1套；“嘉庆通宝”31枚
M105	Ⅰ区T1511	②	38°	近长方形竖穴土圹墓	2.26～2.54	1.8	0.8	双棺	西棺仰身直肢葬；东棺不详	鎏金银耳环1对；顶戴1件；鎏金银簪1件；铜钱22枚（“嘉庆通宝”12枚；“道光通宝”10枚）
M106	Ⅰ区T1511	②	10°	近长方形竖穴土圹墓	2.7～2.82	2	0.7～0.8	双棺	皆仰身直肢葬	鎏金银簪3件；铜烟锅1件；白玉烟嘴1件；铜钱26枚（“嘉庆通宝”4枚；“道光通宝”22枚）
M107	Ⅰ区T1510	②	350°	梯形竖穴土圹墓	2.78	1.13～1.3	0.92	单棺	不详	半釉瓷罐1件
M108	Ⅰ区T1511	②	352°	梯形竖穴土圹墓	3.36	2～2.28	0.5～0.6	双棺	不详	半釉陶罐1件；铜钱7枚（“康熙通宝”1枚；“嘉庆通宝”5枚；“光绪通宝”1枚）

续表

墓号	所在探方	层位	方向	形制	墓圹（米）			葬具	葬式	随葬品
					长	宽	深			
M109	Ⅰ区T1411	②	315°	梯形竖穴土圹墓	2.36～2.51	2.6～2.76	0.88～0.98	三棺	皆仰身直肢葬	玉蝉1件；玉烟嘴2件；玉石饰件1件；料珠3枚；银簪2件；鎏金银簪1件；鎏金银扁方1件；鎏金银耳环4件；鎏金银戒指2件；鎏金铜头饰1件；顶戴1件；铜烟锅2件；锡壶1件；尖底玻璃瓶1件；玻璃镜1件；铜钱13枚（“嘉庆通宝”2枚；“道光通宝”9枚；另2枚锈残不详）
M110	Ⅰ区T1411	②	20°	梯形竖穴土圹墓	2.2～2.74	2.32～2.6	0.72～1	三棺	皆仰身直肢葬	青花瓷鼻烟壶1件；“道光通宝”10枚
M111	Ⅰ区T1010	②	352°	近长方形竖穴土圹墓	2.6	1.76～1.8	0.4～0.46	双棺	东棺仰身直肢葬；西棺不详	半釉陶罐2件；银耳环3件；“乾隆通宝”7枚
M112	Ⅰ区T0911	②	7°	长方形竖穴土圹墓	2.6～3	3.2	0.48～0.6	三棺	西棺仰身直肢葬；东、中棺不详	银簪1件；鎏金银簪2件；鎏金银押发1件；玻璃镜1件；铜钱13枚（“同治重宝”3枚；“光绪通宝”10枚）
M113	Ⅰ区T0911	②	7°	长方形竖穴土圹墓	2.58～2.64	1.92	0.78～0.8	双棺	不详	釉陶罐2件；“光绪通宝”2枚
M114	Ⅰ区T0910	②	358°	梯形竖穴土圹墓	2.36～2.4	1.48～1.76	1.06～1.08	双棺	东棺仰身直肢葬；西棺不详	骨簪1件；“嘉靖通宝”3枚
M115	Ⅰ区T0811	②	8°	梯形竖穴土圹墓	2.5～2.52	2～2.1	0.86～0.9	双棺	不详	铜钱4枚（“顺治通宝”1枚；“嘉庆通宝”2枚；“光绪通宝”1枚）

续表

墓号	所在探方	层位	方向	形制	墓圹（米）			葬具	葬式	随葬品
					长	宽	深			
M116	Ⅰ区T0811	②	295°	长方形竖穴土圹墓	2.8	1.2	0.84	单棺	不详	“道光通宝”1枚
M117	Ⅰ区T0810	②	335°	近长方形竖穴土圹墓	2.56	1.2 ~ 1.24	0.84	单棺	仰身直肢葬	“宣统通宝”1枚
M126	Ⅰ区T0710	②	357°	梯形竖穴土圹墓	2.3	1.62 ~ 1.78	0.7	单棺	仰身直肢葬	无
M127	Ⅰ区T0812	②	14°	梯形竖穴土圹墓	2.86 ~ 2.96	1.6 ~ 1.74	0.52 ~ 0.64	双棺	皆仰身直肢葬	灰陶罐1件；鎏金银簪1件；银簪3件
M128	Ⅰ区T0812	②	352°	梯形竖穴土圹墓	2.8 ~ 2.88	1.52 ~ 2	0.16 ~ 0.22	双棺	东棺仰身直肢葬；西棺不详	灰陶罐1件；鎏金银簪1件；鎏金银押发1件；铜钱2枚（“乾隆通宝”1枚；另1枚不详）
M129	Ⅰ区T0316	②	170°	梯形竖穴土圹墓	2.3	1.8 ~ 1.9	0.9 ~ 0.94	双棺	皆仰身直肢葬	铜镜1面；“乾隆通宝”4枚
M130	Ⅰ区T0317	②	340°	梯形竖穴土圹墓	2.5	2 ~ 2.6	0.9	单棺	不详	无
M131	Ⅰ区T0217	②	345°	梯形竖穴土圹墓	2.5 ~ 2.9	1.9 ~ 2	0.52 ~ 0.64	双棺	西棺仰身直肢葬；东棺不详	铜烟嘴1件；“道光通宝”17枚
M132	Ⅰ区T0217	②	23°	梯形竖穴土圹墓	2.56	1.4 ~ 1.5	0.56	单棺	仰身直肢葬	铜簪1件；“大清铜币”3枚
M134	Ⅰ区T0216	②	277°	长方形竖穴土圹墓	2.7	2.32	0.5 ~ 0.6	双棺	北棺仰身直肢葬；南棺不详	半釉陶罐2件；“康熙通宝”6枚
M135	Ⅰ区T0216	②	93°	梯形竖穴土圹墓	2.6	1.52 ~ 1.62	0.52 ~ 0.58	双棺	皆仰身直肢葬	无
M136	Ⅰ区T0116	②	30°	近长方形竖穴土圹墓	2.98 ~ 3.04	1.8	1.2	双棺	皆仰身直肢葬	“乾隆通宝”1枚
M138	Ⅰ区T0216	②	92°	长方形竖穴土圹墓	2.9	1.32	1	单棺	仰身直肢葬	铜币10枚
M139	Ⅰ区T0215	②	35°	长方形竖穴土圹墓	2	1.4	1.1	单棺	不详	无
M140	Ⅰ区T0215	②	345°	近长方形竖穴土圹墓	2.5 ~ 2.54	2.5	0.4 ~ 0.44	双棺	皆仰身直肢葬	金耳环1对；鎏金银扁方1件；鎏金耳勺形银簪1件；鎏金银簪8件；银镯1件；铜顶戴1件；铜钱7枚（“道光通宝”4枚；另3枚不详）

附表三　时代不明墓葬登记表

墓号	所在探方	层位	方向	形制	墓圹（米）			葬具	葬式	随葬品
					长	宽	深			
M25	Ⅱ区T2009	②	29°	梯形竖穴土圹墓	2.3	1.6～1.9	0.6	双棺	不详	无
M32	Ⅲ区T0102	②	15°	梯形竖穴土圹墓	2.7	1.7～1.8	1.2	双棺	东棺仰身直肢葬；西棺不详	灰陶罐1件
M36	Ⅰ区T1401	②	350°	梯形竖穴土圹墓	2.4～2.44	1.32～1.4	1.3	单棺	仰身直肢葬	铜钱3枚（“天圣元宝”1枚；另2枚锈残，字迹不清）
M38	Ⅰ区T1401	②	352°	长方形竖穴土圹墓	2.2	1	1.1	单棺	不详	无
M46	Ⅰ区T1402	②	5°	梯形竖穴土圹墓	2.2	1.4～1.46	1.08	单棺	仰身直肢葬	铜钱6枚（“元丰通宝”1枚；另5枚为北宋钱币，字迹模糊）
M47	Ⅰ区T1402	②	8°	梯形竖穴土圹墓	2.13	1.18～1.23	0.86	单棺	不详	无
M54	Ⅰ区T1503	②	34°	长方形竖穴土圹墓	2.02	1.48～1.5	1.22～1.24	双棺	搬迁墓	无
M55	Ⅰ区T1503	②	0°	长方形竖穴土圹墓	2.2	0.94	1	棺匣	火葬墓	无
M60	Ⅰ区T1602	②	7°	梯形竖穴土圹墓	2. 6	1.06～1.32	1.08	单棺	不详	无
M61	Ⅰ区T1602	②	10°	梯形竖穴土圹墓	2.46	0.98～1.04	0.88	单棺	仰身直肢葬	无
M63	Ⅰ区T1405	②	350°	梯形竖穴土圹墓	3	2.8～3	0.66～1.12	三棺	不详	无
M66	Ⅰ区T1406	②	356°	近长方形竖穴土圹墓	2.16～2.2	1.6～1.68	0.72	单棺	不详	无
M67	Ⅰ区T1306	②	9°	近长方形竖穴土圹墓	2	0.86～0.9	0.75	单棺	不详	釉陶小碗1件
M118	Ⅰ区T0810	②	358°	梯形竖穴土圹墓	2.56	1.54～1.84	0.76	单棺	仰身直肢葬	铜钱2枚（“元丰通宝”1枚；“崇宁通宝”1枚）
M119	Ⅰ区T0710	②	350°	梯形竖穴土圹墓	2.3～2.4	1.76～1.84	1.02～1.18	双棺	东棺侧身屈肢葬，西棺仰身直肢葬	铜钱2枚（“祥符通宝”1枚；“熙宁元宝”1枚）

续表

墓号	所在探方	层位	方向	形制	墓圹（米）			葬具	葬式	随葬品
					长	宽	深			
M120	Ⅰ区T0811	②	350°	梯形竖穴土圹墓	2.42	1.76～1.98	1～1.02	双棺	东棺仰身直肢葬；西棺仰身屈肢葬	红陶罐1件；铜钱13枚（“开元通宝”1枚；“咸平元宝”1枚；“天禧通宝”1枚；“政和通宝”1枚；另9枚为北宋钱币，字迹模糊，锈残）
M121	Ⅰ区T0811	②	341°	梯形竖穴土圹墓	2.5～2.7	2.1～2.24	1.16～1.28	双棺	不详	铜钱5枚（“皇宋通宝”1枚；“熙宁元宝”1枚；“正隆元宝”1枚；“大定通宝”1枚；“至大通宝”1枚）
M122	Ⅰ区T0711	②	4°	近长方形竖穴土圹墓	2.44	2.3～2.34	1.08～1.14	双棺	不详	铜钱11枚（“崇宁重宝”3枚；“正隆元宝”1枚；另7枚锈残，钱文不可辨）
M123	Ⅰ区T0711	②	340°	梯形竖穴土圹墓	2.65～2.82	1.82～1.86	1.18	单棺	不详	铜钱7枚（“景德元宝”1枚；“皇宋通宝”1枚；“元丰通宝”1枚；另4枚锈残，钱文不可辨）
M124	Ⅰ区T0710	②	10°	梯形竖穴土圹墓	2.74～2.8	1.9～2.2	1.25～1.3	双棺	不详	“天禧通宝”1枚；“熙宁元宝”1枚；“永乐通宝”1枚；另1枚锈残，钱文不可辨
M133	Ⅰ区T0116	②	205°	长方形竖穴土圹墓	2.56	1.2	0.5	单棺	不详	无
M137	Ⅰ区T0115	②	48°	长方形竖穴土圹墓	2.38	1.4	0.6	单棺	仰身直肢葬	无

附表四　清代窑址登记表

窑号	所在探访	层位	方向	形制	土圹（米）			用砖规格（米）		
					长	宽	高	长	宽	厚
Y1	ⅣT0203	①	坐西朝东	窑室近半圆形	5.8	2.6	0.28	0.3	0.14	0.06
Y2	ⅣT0202	①	坐北朝南	窑室近圆形	3.44	1.92	0.56 ~ 0.8	0.3	0.14	0.05
Y3	ⅣT0202	①	坐北朝南	窑室近正方形	7.24	2	0.7 ~ 0.82	0.3	0.15	0.06
Y4	ⅣT0202	①	坐西朝东	窑室弧角椭圆形	3.16	2.36	0.68	0.29、0.3	0.13、0.15	0.06
Y5	ⅣT0102	①	坐北朝南	窑室近圆形	3.84	2.6	1.3	0.2	0.16	0.06
Y6	ⅣT0102	①	坐北朝南	窑室近圆形	4.48	2.24	0.9	0.13	0.12	0.05
Y7	ⅣT0203	①	坐西朝东	窑室近弧角长方形	2.8	2.06	0.2	0.3	0.15	0.06

编 后 记

海淀中坞遗址在发掘和报告编写过程中得到了北京市文物研究所领导及同事们的热切关心和大力支持，是北京市文物研究所集体劳动的成果。朱志刚同志进行了辛苦的前期协调工作，从而使考古发掘顺利进行。发掘期间，得到了北京市南水北调工程建设委员会办公室的大力协助。海淀中坞遗址发掘资料整理期间，得益于北京市文物研究所工作基地的良好环境，使得工作顺利开展。在此衷心感谢。

本书第一章至第五章由于璞执笔，第六章、第七章由王策执笔。

于 璞

2017年1月9日

1. 考古专家现场验收

2. 发掘现场

考古专家现场验收、发掘现场

1. Y1 ~ Y7发掘现场

2. M78 ~ M91发掘现场

Y1 ~ Y7、M78 ~ M91发掘现场

1. Y3（南—北）

2. Y1（东—西）

3. Y7（东—西）

Y1、Y3、Y7

1. Y4（东—西）

2. 内壁

Y4

1. Y5（南—北）

2. Y6（南—北）

3. Y2（南—北）

Y2、Y5、Y6

1. M39（南—北）

2. M41（南—北）

3. M43（南—北）

M39、M41、M43

1. M49（南—北）

2. M51（南—北）

3. M56（南—北）

4. M57（南—北）

M49、M51、M56、M57

1. M58（南—北）

2. M70（南—北）

3. M71（南—北）

4. M76（南—北）

M58、M70、M71、M76

1. M77（南—北）

2. M125（南—北）

3. M33（南—北）

M33、M77、M125

1. M34（南—北）

2. M35（南—北）

M34、M35

1. M37（南—北）

2. M40（南—北）

M37、M40

图版一二

1. M42（南—北）

2. M44（南—北）

M42、M44

1. M45（南—北）

2. M48（西—东）

M45、M48

1. M50（南—北）

2. M52（南—北）

M50、M52

1. M53（南—北）

2. M69（东—西）

M53、M69

1. M74（南—北）

2. M75（南—北）

M74、M75

1. M16（南—北）

2. M17（南—北）

M16、M17

1. M73（南—北）

2. M62（东—西）

M62、M73

1. 砖室清理前（西—东）

2. 砖室清理后（西—东）

M62砖室

1. M4（南—北）

2. M11（南—北）

M4、M11

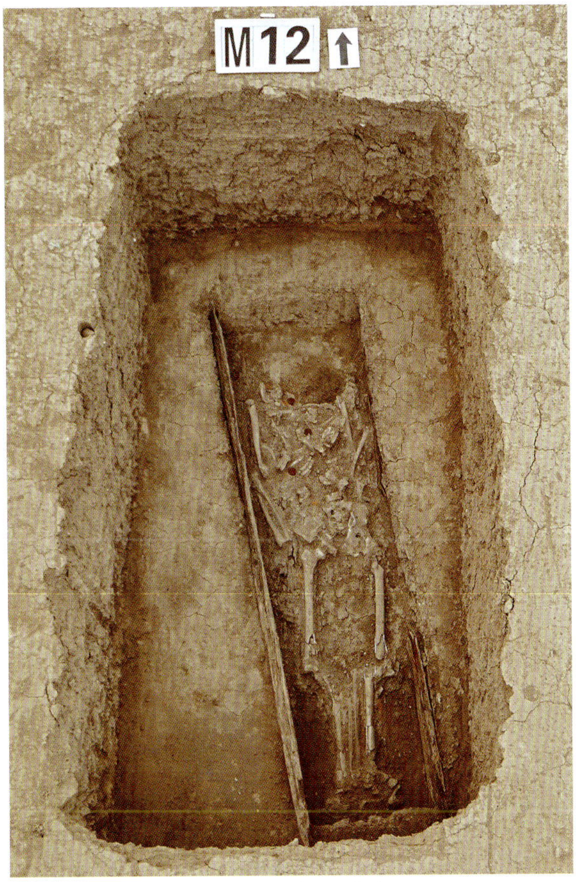

1. M12（南—北）

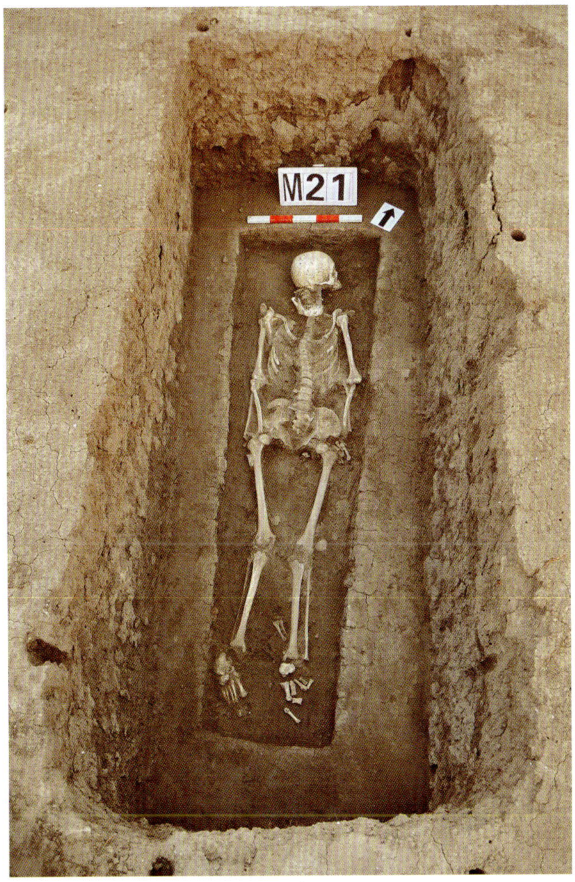

2. M21（南—北）

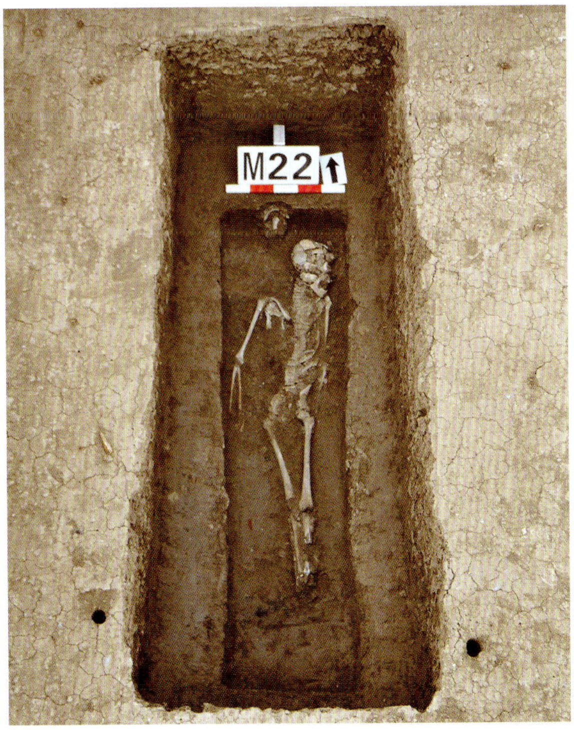

3. M22（南—北）

4. M68（南—北）

M12、M21、M22、M68

图版二二

1. M72（南—北）

2. M78（南—北）

3. M79（东—西）

M72、M78、M79

1. M80（南—北）

2. M81（南—北）

M80、M81

1. M82（南—北）

2. M83（南—北）

3. M84（南—北）

4. M85（南—北）

M82～M85

1. M86（南—北）

2. M87（南—北）

3. M88（东南—西北）

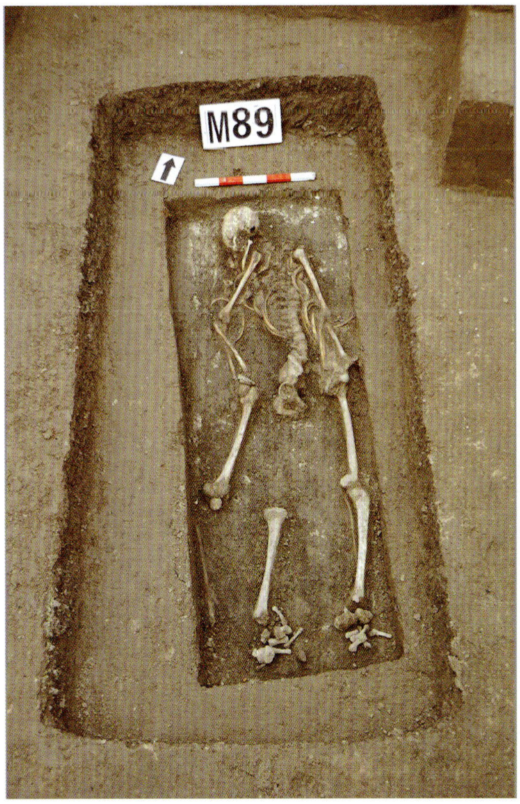

4. M89（南—北）

M86～M89

1. M90（南—北）

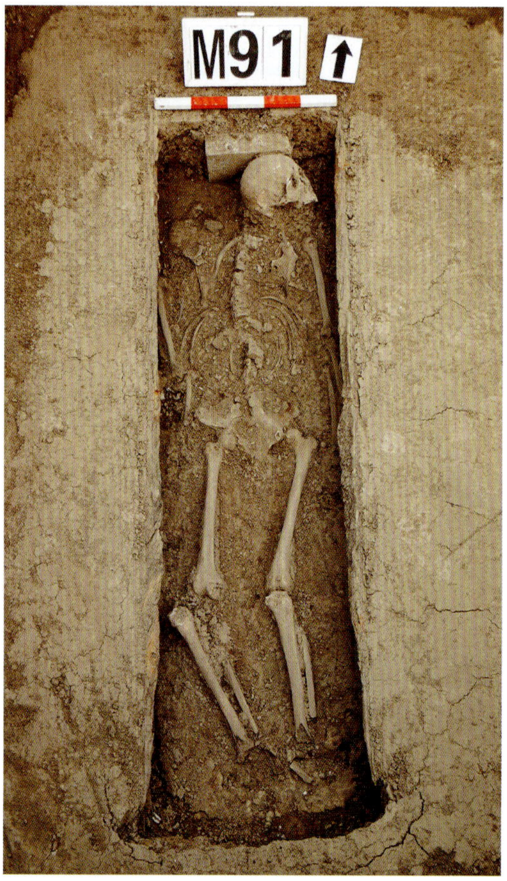

2. M91（南—北）

3. M92（南—北）

4. M93（东—西）

M90 ~ M93

1. M102（南—北）

2. M107（南—北）

3. M116（东—西）

4. M117（南—北）

M102、M107、M116、M117

1. M126（南—北）

2. M130（北—南）

3. M132（南—北）

4. M138（西—东）

M126、M130、M132、M138

1. M139（南—北）

2. M2（西—东）

M2、M139

1. M3（南—北）

2. M5（南—北）

M3、M5

1. M6（南—北）

2. M7（南—北）

M6、M7

1. M8（南—北）

2. M9（南—北）

M8、M9

1. M13（南—北）

2. M15（南—北）

M13、M15

图版三四

1. M18（南—北）

2. M20（南—北）

M18、M20

1. M23（南—北）

2. M24（南—北）

3. M24墓碑

M23、M24及M24墓碑

1. M26（南—北）

2. M27（南—北）

M26、M27

1. M28（南—北）

2. M29（南—北）

M28、M29

1. M30（东南—西北）

2. M31（南—北）

M30、M31

1. M59（南—北）

2. M94（西南—东北）

M59、M94

1. M95（东—西）

2. M96（南—北）

M95、M96

1. M97（西—东）

2. M98（东—西）

M97、M98

1. M99（西南—东北）

2. M100（南—北）

M99、M100

1. M101（南—北）

2. M103（南—北）

M101、M103

图版四四

1. M104（南—北）

2. M105（南—北）

M104、M105

1. M106（南—北）

2. M108（南—北）

M106、M108

1. M111（南—北）

2. M113（南—北）

M111、M113

1. M114（南—北）

2. M115（南—北）

M114、M115

1. M127（南—北）

2. M128（南—北）

M127、M128

1. M129（北—南）

2. M131（南—北）

M129、M131

1. M134（东—西）

2. M135（西—东）

M134、M135

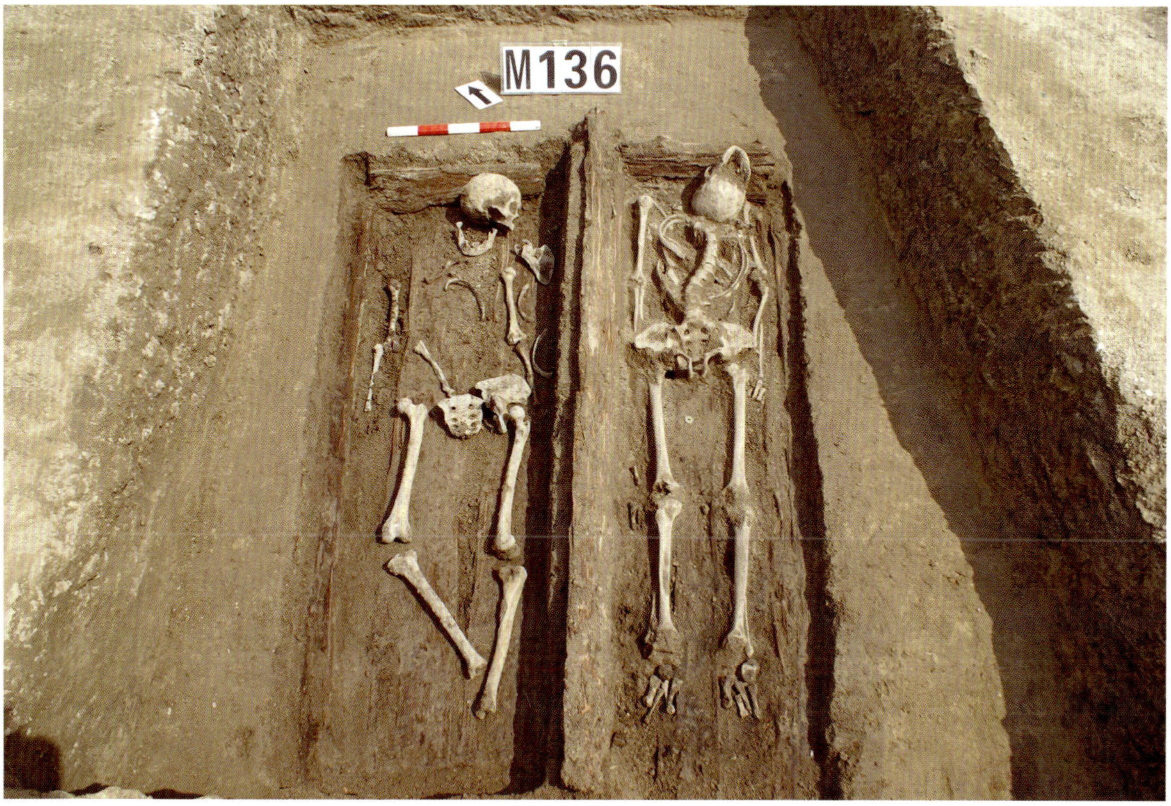

1. M136（西南—东北）

2. M140（南—北）

M136、M140

1. M1（东—西）

2. M10（南—北）

M1、M10

1. M14（西南—东北）

2. M19（北—南）

M14、M19

1. M64（南—北）

2. M65（南—北）

M64、M65

1. M109（东南—西北）

2. M110（西南—东北）

M109、M110

1. M112（南—北）

2. M36（南—北）

3. M38（南—北）

M36、M38、M112

1. M46（南—北）

2. M47（南—北）

3. M60（南—北）

4. M61（南—北）

M46、M47、M60、M61

1. M66（南—北）

2. M67（南—北）

3. M118（南—北）

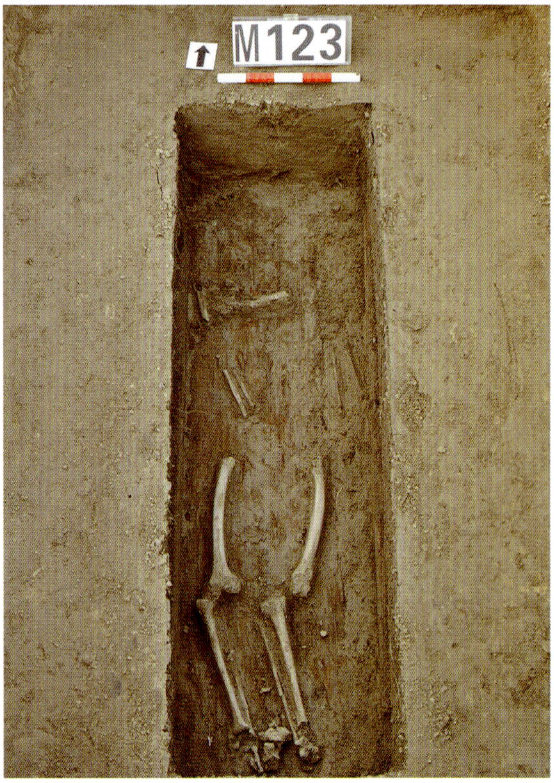

4. M123（南—北）

M66、M67、M118、M123

1. M133（北—南）

2. M137（西南—东北）

3. M25（南—北）

M25、M133、M137

1. M32（南—北）

2. M119（南—北）

M32、M119

1. M120（南—北）

2. M121（南—北）

M120、M121

1. M122（南—北）

2. M124（南—北）

M122、M124

1. M63（南—北）

2. M54（西南—东北）

3. M55（南—北）

M54、M55、M63

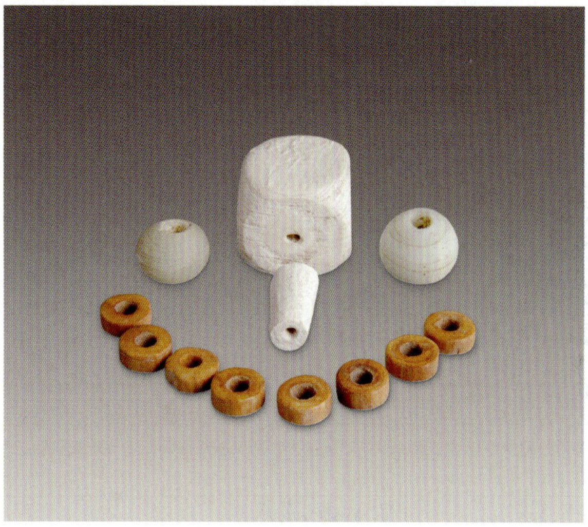

1. 饰件（M49：1）

2. 半釉陶罐（M51：1）

3. 釉陶罐（M56：2）

4. 半釉陶罐（M58：1）

5. 红陶罐（M70：1）

6. 瓷瓶（M57：2）

M49、M51、M56～M58、M70出土器物

1. 铜簪（M40：1）

2. 骨簪（M76：2）

3. 夹砂陶壶（M77：2）

4. 半釉陶罐（M76：1）

5. 半釉陶罐（M34：1）

6. 红陶罐（M42：1）

M34、M40、M42、M76、M77出土器物

1. 半釉陶罐（M44：1）

2. 半釉陶罐（M45：1）

3. 半釉陶罐（M74：2）

4. 半釉陶罐（M50：3）

5. 红陶罐（M69：1）

6. 红陶罐（M50：1）

M44、M45、M50、M69、M74出土陶罐

1. 半釉双系瓷罐（M74：3）

2. 半釉陶罐（M75：1）

3. 夹砂陶锅（M22：1）

4. 铁犁铧（M62：1）

5. 铁灯碗（M62：2-1）

6. 铁灯碗（M62：2-2）

M22、M62、M74、M75出土器物

1. 铜簪（M132：1）

2. 铜镜（M90：2）

3. 铜镜（M62：5）

4. 铜扣（M4：2）

5. 石砚台（M62：3）

6. 半釉双系瓷罐（M68：2）

7. 半釉陶罐（M72：1）

M4、M62、M68、M72、M90、M132出土器物

1. 莲塘鸳鸯纹罐（M79：2）

2. 缠枝莲纹罐（M81：1）

3. 开光折枝莲纹瓶（M80：1）

M79～M81出土青花瓷器

图版七〇

1. 灰陶罐（M4：1）

2. 青白釉瓷罐（M83：1）

3. 青白釉瓷罐（M87：2）

4. 青白釉瓷罐（M88：2）

5. 半釉陶罐（M7：2）

6. 半釉陶罐（M90：1）

M4、M7、M83、M87、M88、M90出土器物

1. 半釉瓷罐（M107：1）

2. 灰陶罐（M2：1）

3. 灰陶罐（M3：2）

4. 灰陶罐（M3：3）

5. 瓷瓶（M26：2）

6. 半釉陶罐（M23：2）

M2、M3、M23、M26、M107出土器物

1. 铜扁方（M3：1）

2. 骨簪（M6：3）

3. 骨杆玉首簪（M6：4）

4. 银簪（M24：4）

5. 银簪（M24：5）

6. 银簪（M24：3）

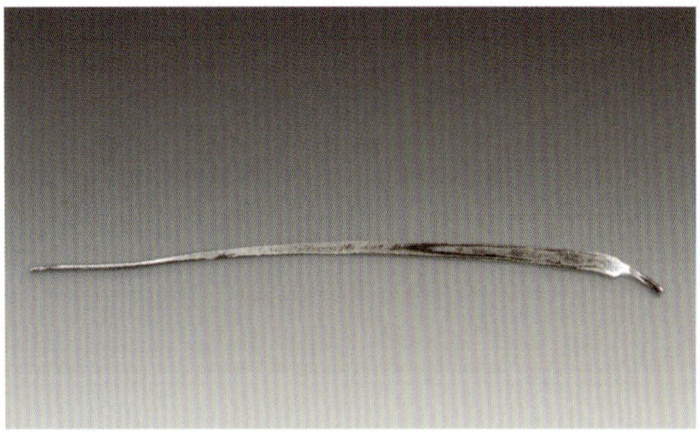

7. 银簪（M13：2）

8. 银簪（M13：3）

M3、M6、M13、M24出土器物

1. 鎏金银扁方（M30：2）

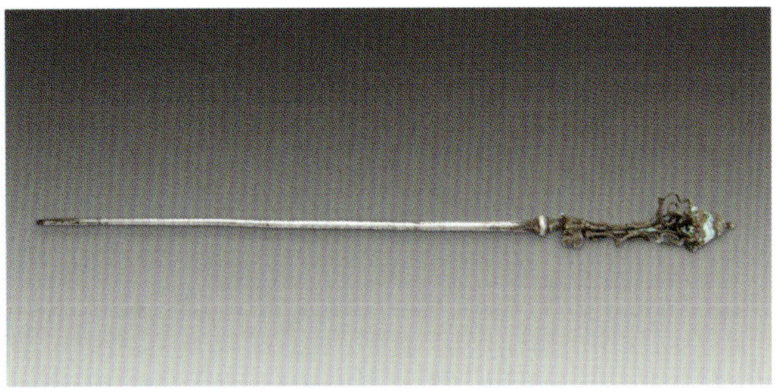

2. 银簪（M28：3）

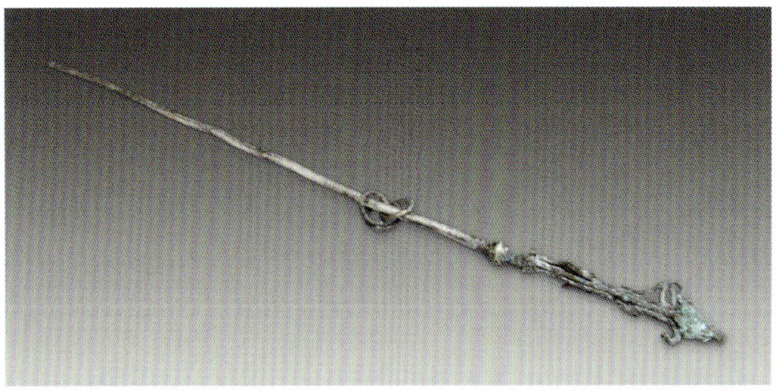

3. 鎏金银簪（M30：1）

4. 银簪（M94：4）

5. 酱釉瓷罐（M26：3）

6. 灰陶罐（M30：5）

7. 灰陶罐（M30：6）

M26、M28、M30、M94出土器物

图版七四

1. 银耳环（M30：3）

2. 银耳环（M31：2）

3. 银簪（M94：3）

4. 银簪（M94：2）

5. 鎏金银簪（M94：1）

6. 铜烟锅（M31：1）

M30、M31、M94出土器物

1. 银扁方（M96：3）

2. 银扁方（M96：4）

3. 银簪（M96：1）

4. 银簪（M96：2）

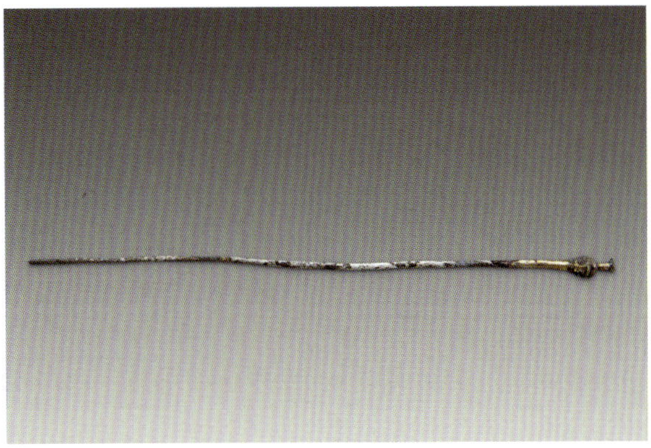

5. 银簪（M96：6）

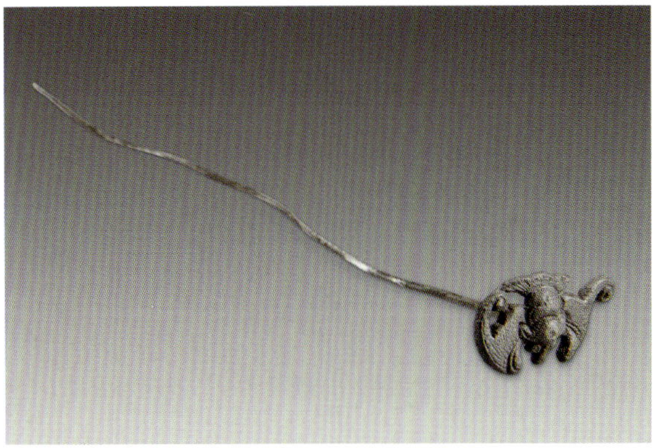

6. 银簪（M97：1）

M96、M97出土银器

1. 鎏金银耳环（M96：5）

2. 鎏金银耳环（M97：2）

3. 鎏金银耳环（M99：3）

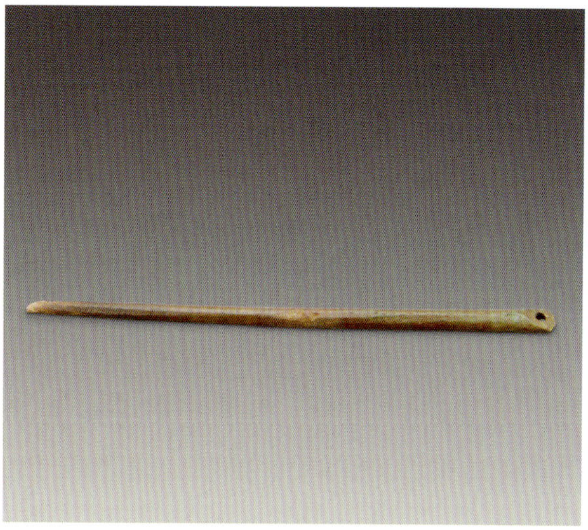

4. 骨簪（M96：7）

5. 半釉陶罐（M98：2）

6. 灰陶罐（M101：1）

M96～M99、M101出土器物

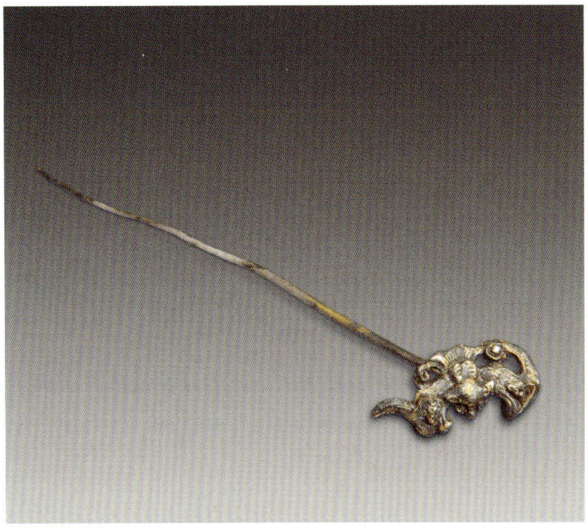

1. 鎏金银簪（M99：5）

2. 鎏金银押发（M99：6）

3. 铜烟锅（M99：2-1）

4. 碧玉烟嘴（M99：2-2）

5. 顶戴（M97：4）

6. 半釉陶罐（M103：3）

M97、M99、M103出土器物

1. 银扁方（M104：1）

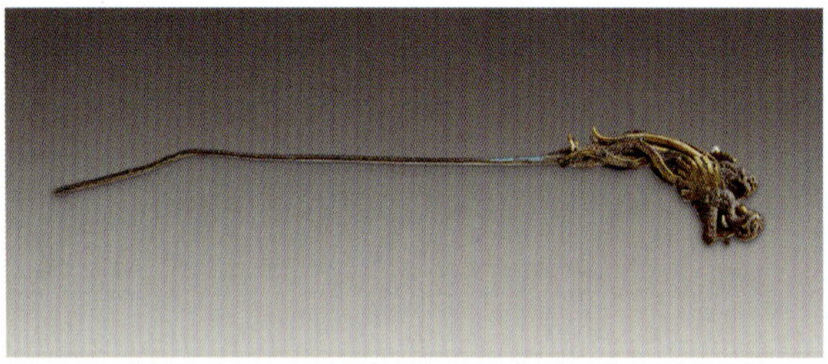

2. 鎏金银簪（M104：6）

3. 鎏金银簪首部（M104：6）

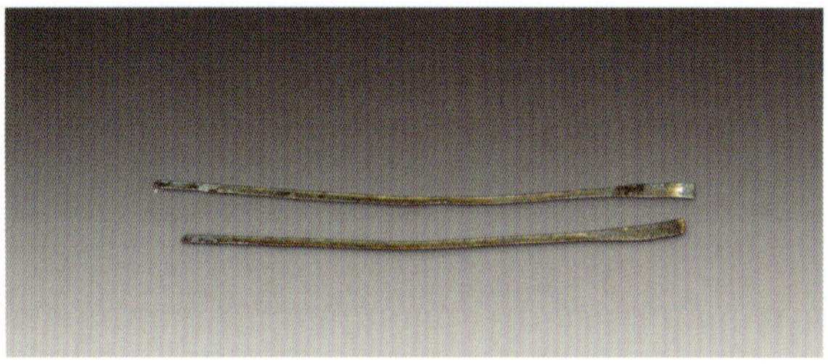

4. 铜发卡（M101：3）

5. 银簪（M104：2）

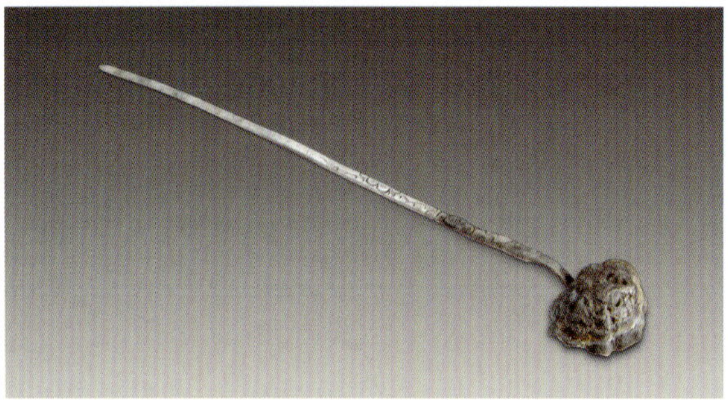

6. 银簪（M104：3）

7. 鎏金银簪（M104：4）

8. 银耳环（M104：5）

9. 鎏金银耳环（M105：1）

M101、M104、M105出土器物

1. 鎏金银簪（M106：3-2）

2. 鎏金银簪（M106：3-1）

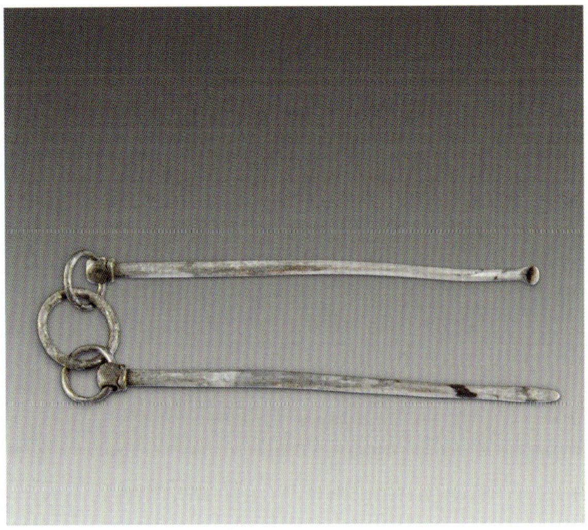

3. 银牙签、银耳勺（M104：10）

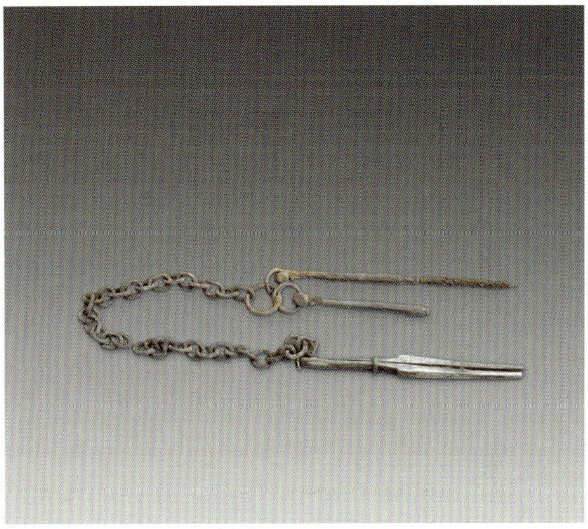

4. 银饰件（M104：7）

5. 鎏金银簪（M105：2）

6. 鎏金银簪（M106：4）

M104～M106出土器物

图版八〇

1. 顶戴（M105：4）

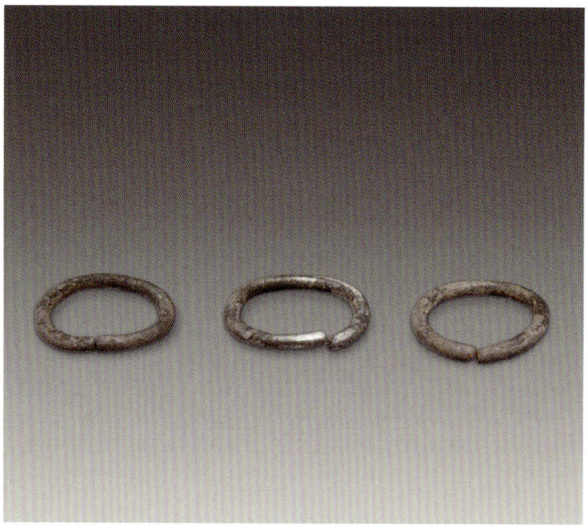
2. 银耳环（M111：2）

3. 铜烟锅（M106：2-1）

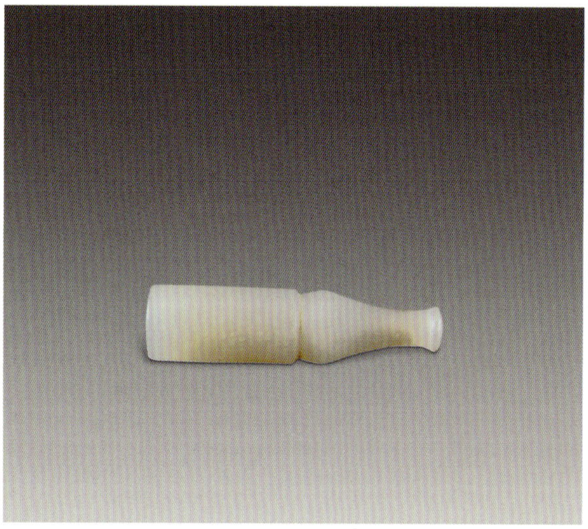
4. 白玉烟嘴（M106：2-2）

5. 半釉陶罐（M108：1）

6. 半釉陶罐（M111：3）

M105、M106、M108、M111出土器物

1. 半釉陶罐（M111：4）

2. 半釉陶罐（M134：1）

3. 釉陶罐（M113：1）

4. 釉陶罐（M113：3）

5. 灰陶罐（M127：3）

6. 灰陶罐（M128：1）

M111、M113、M127、M128、M134出土陶罐

图版八二

1. 骨簪（M114：2）

2. 鎏金银押发（M128：3）

3. 银簪（M127：1）

4. 鎏金银簪（M127：2）

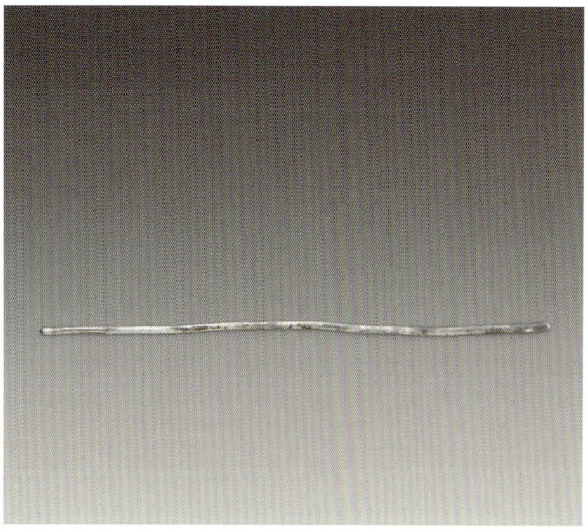

5. 银簪（M127：4）

6. 银簪（M127：5）

M114、M127、M128出土器物

1. 铜镜（M129：1）

2. 铜烟嘴（M131：3）

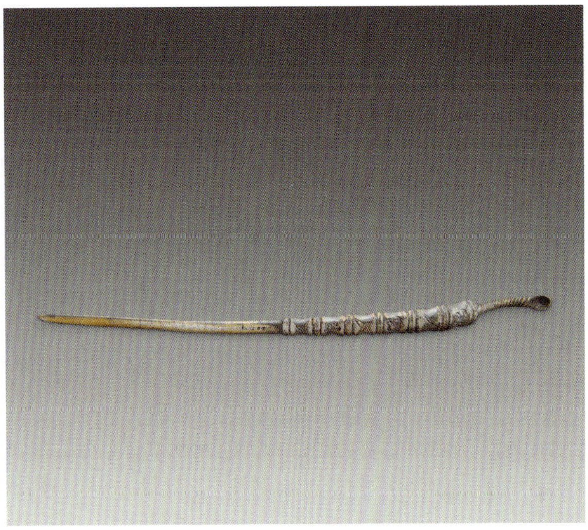
3. 鎏金银簪（M128：2）

4. 银镯（M140：12）

5. 金耳环（M140：2）

M128、M129、M131、M140出土器物

图版八四

1. 鎏金银扁方（M140：1）

2. 鎏金耳勺形银簪（M140：5）

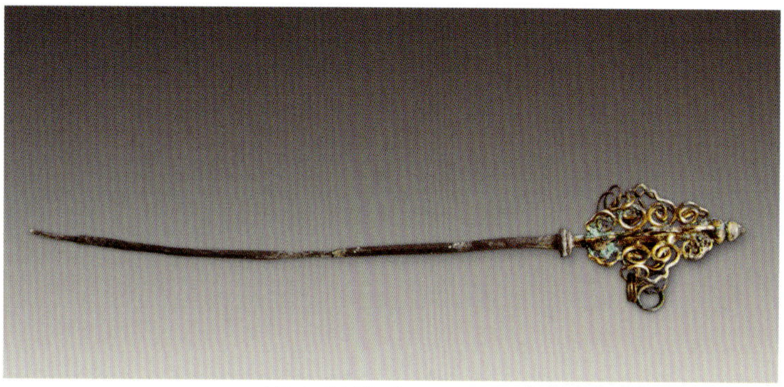

3. 鎏金银簪（M140：3）

4. 鎏金银簪首部（M140：3）

5. 鎏金银簪（M140：10）

6. 鎏金银簪首部（M140：10）

7. 鎏金银簪（M140：4）

8. 鎏金银簪首部（M140：4）

M140出土器物

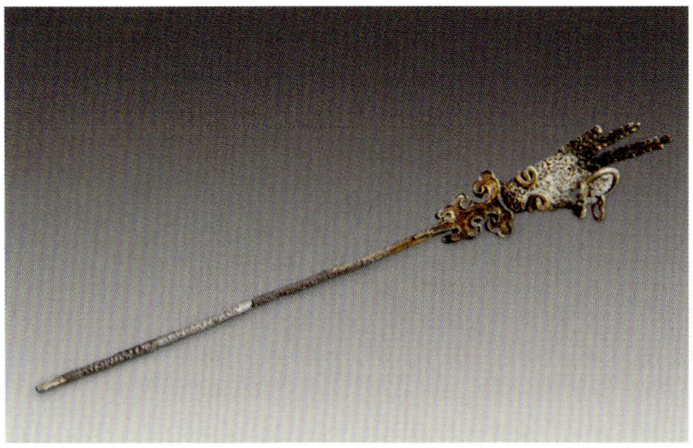

1. 鎏金银簪（M140：7）

2. 鎏金银簪首部（M140：7）

3. 鎏金银簪（M140：8）

4. 鎏金银簪（M140：9）

5. 鎏金银簪（M140：6）

6. 鎏金银簪（M140：11）

7. 银戒指（M64：5）

8. 铜顶戴（M140：15）

M64、M140出土器物

图版八六

1. 青白釉瓷罐（M64：1）

2. 青白釉瓷罐（M64：2）

3. 半釉陶罐（M134：3）

4. 半釉陶罐（M65：3）

5. 半釉陶罐（M10：3）

6. 灰陶罐（M1：1）

M1、M10、M64、M65、M134出土器物

1. 铜烟锅（M109：12-2）

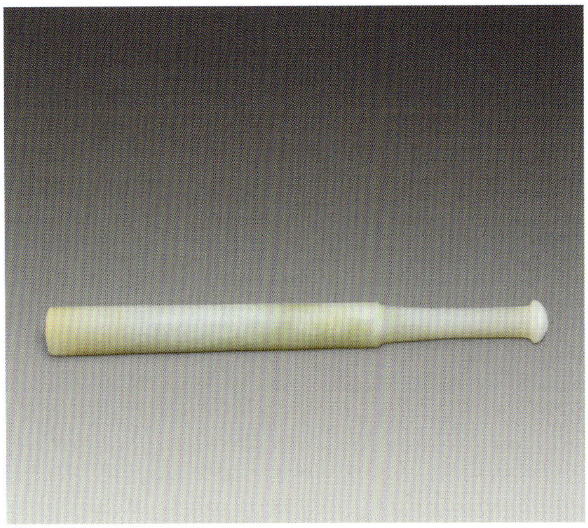

2. 玉烟嘴（M109：12-1）

3. 铜烟锅（M109：15-2）

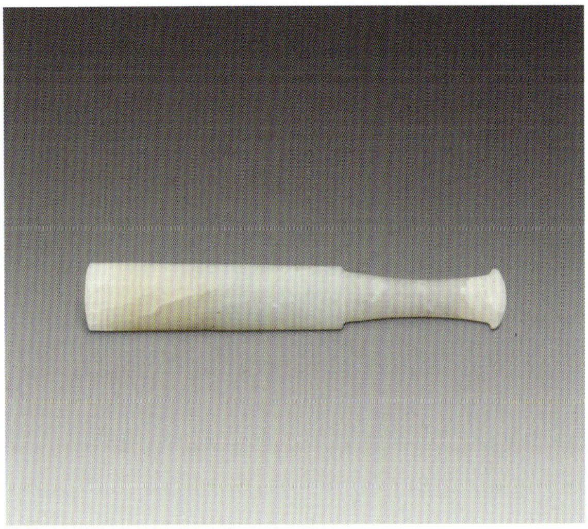

4. 玉烟嘴（M109：15-1）

5. 玉石饰件（M109：13）

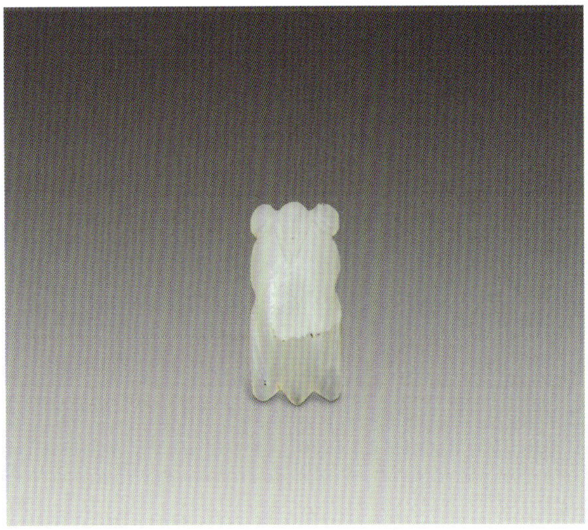

6. 玉蝉（M109：6）

M109出土器物

图版八八

1. 鎏金银扁方（M109：5）

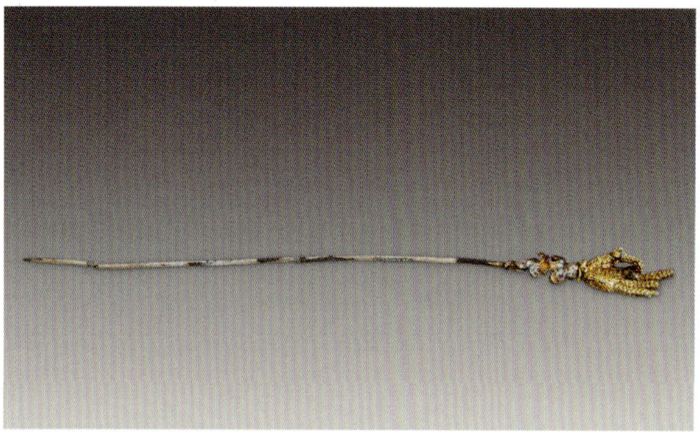

2. 鎏金银簪（M109：19）

3. 鎏金银簪首部（M109：19）

4. 银簪（M109：3-1）

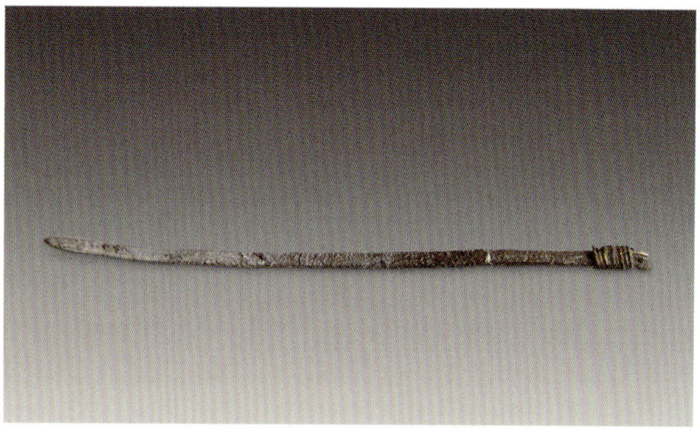

5. 银簪（M109：3-2）

6. 鎏金银耳环（M109：16）

7. 鎏金银耳环（M109：2）

M109出土器物

1. 料珠（M109：9）

2. 顶戴（M109：18）

3. 鎏金银戒指（M109：11）

4. 鎏金银戒指（M109：10）

5. 鎏金铜头饰（M109：4）

6. 锡壶（M109：1）

M109出土器物

1. 青花瓷鼻烟壶（M110：2）

2. 尖底玻璃瓶（M109：7）

3. 玻璃镜（M109：8）

4. 玻璃镜（M112：5）

M109、M110、M112出土器物

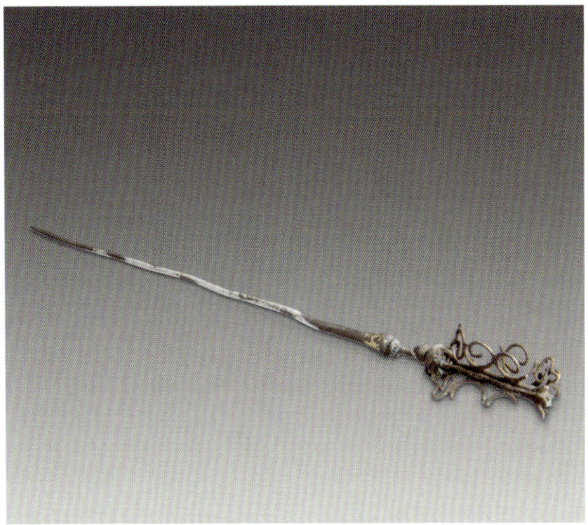

1. 鎏金银簪（M112：2）

2. 银簪（M112：7）

3. 鎏金银押发（M112：8）

4. 鎏金银簪（M112：3）

5. 灰陶罐（M32：1）

6. 红陶罐（M120：3）

M32、M112、M120出土器物